CISNES SALVAJES

Tres hijas de China

Jung Chang

CISNES SALVAJES

Tres hijas de China

Traducción de Gian Castelli Gair

CIRCE

Primera edición: Julio, 1994
Duodécima reimpresión: Marzo, 2003
Segunda edición: Enero, 2005
Novena reimpresión: Diciembre, 2013

Título original: «Wild Swans»
© 1991 by Globalflair Ltd.
© de la traducción: Gian Castelli, 1993
© de la presente edición: CIRCE Ediciones, S.L.U.
　　　　　　Milanesat, 25-27
　　　　　　Tel.: 93 204 09 90
　　　　　　08017 Barcelona

ISBN: 978-84-7765-232-8

Depósito legal: B. 12951-LII
Fotocomposición gama, s.l.
Travessera de les Corts, 55, 2.° 1.ª
08028 Barcelona

Impreso en España

A mi abuela y a mi padre,
quienes no vivieron lo suficiente para ver este libro

Nota de la autora

Mi nombre, «Jung», se pronuncia «Yung».*
Los nombres de los miembros de mi familia y de los personajes públicos son reales, y han sido escritos tal y como generalmente se les conoce. Los nombres de otras personas aparecen disfrazados.

Existen dos símbolos fonéticos de especial dificultad: la X y la Q se pronuncian, respectivamente, como *sh* y *ch*.

He modificado los nombres oficiales de ciertas organizaciones chinas con objeto de describir sus funciones con mayor precisión. Así, describo *xuan-chuan-bu* como «Departamento de Asuntos Públicos» en lugar de «Departamento de Propaganda», y *zhong-yang-wen-ge* como «Autoridad de la Revolución Cultural» en vez de «Grupo de la Revolución Cultural».

 * Para la presente edición, los nombres propios chinos han sido transcritos fonéticamente siguiendo el sistema pinyin, adoptado internacionalmente –e incluso por la propia República Popular China– en 1979 para eliminar las dificultades a que daba lugar la existencia de los distintos sistemas de romanización existentes hasta entonces (Wade-Giles anglosajón, Escuela Francesa del Lejano Oriente [EFEO], Lessing alemán, etc.). Según dicho sistema de transcripción fonética, nombres como Mao Tse-tung, Chu En-lai, etc., adoptaron la grafía, cada vez más familiar, de Mao Zedong, Zhou Enlai, etc. Así, la gran mayoría de los nombres de personas, lugares y cosas que aparecen en *Cisnes salvajes* respetan la grafía utilizada en el original, escrito en lengua inglesa. Las únicas excepciones se refieren a ciertos nombres dotados ya de su propia romanización castellana tradicional (Pekín y no Beijing, Yangtzê [río Yangtsé] y no Changjiang, Chiang Kai-shek y no Jiang Jieshi). *(N. del T.)*

Árbol genealógico familiar

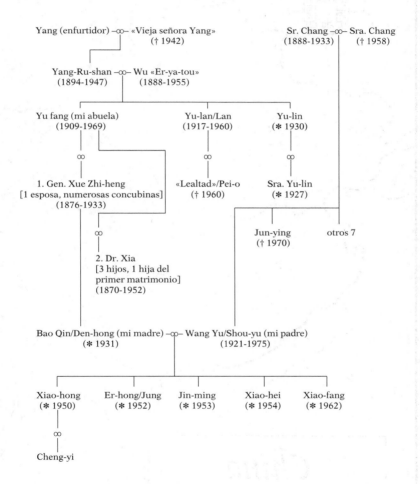

Yang (enfurtidor) –∞– «Vieja señora Yang»
(† 1942)

Sr. Chang –∞– Sra. Chang
(1888-1933)   († 1958)

Yang-Ru-shan –∞– Wu «Er-ya-tou»
(1894-1947)   (1888-1955)

Yu fang (mi abuela)
(1909-1969)

Yu-lan/Lan
(1917-1960)

Yu-lin
(∗ 1930)

∞

∞

∞

1. Gen. Xue Zhi-heng
[1 esposa, numerosas concubinas]
(1876-1933)

«Lealtad»/Pei-o
(† 1960)

Sra. Yu-lin
(∗ 1927)

∞

Jun-ying   otros 7
(† 1970)

2. Dr. Xia
[3 hijos, 1 hija del
primer matrimonio]
(1870-1952)

Bao Qin/Den-hong (mi madre) –∞– Wang Yu/Shou-yu (mi padre)
(∗ 1931)   (1921-1975)

Xiao-hong
(∗ 1950)

Er-hong/Jung
(∗ 1952)

Jin-ming
(∗ 1953)

Xiao-hei
(∗ 1954)

Xiao-fang
(∗ 1962)

∞

Cheng-yi

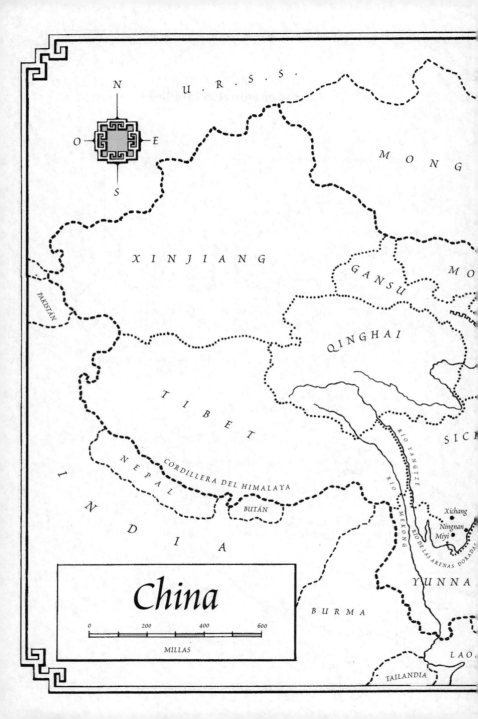

1

«Lirios dorados de ocho centímetros»

Concubina de un general de los señores de la guerra

(1909-1933)

A los quince años de edad, mi abuela se convirtió en concubina de un general de los señores de la guerra quien, por entonces, era jefe de policía del indefinido Gobierno nacional existente en China. Corría el año 1924, y el caos imperaba en el país. Gran parte de su territorio, incluido el de Manchuria, donde vivía mi abuela, se hallaba bajo la autoridad de los señores de la guerra. La relación fue organizada por su padre, funcionario de policía de la ciudad provincial de Yixian, situada en el sudoeste de Manchuria, a unos ciento sesenta kilómetros al norte de la Gran Muralla y a cuatrocientos kilómetros al nordeste de Pekín.

Al igual que la mayor parte de las poblaciones chinas, Yixian estaba construida como una fortaleza. Se hallaba rodeada por una muralla de nueve metros de altura y más de tres metros y medio de espesor que, edificada durante la dinastía Tang (618-907 d.C.), rematada por almenas y provista de dieciséis fortificaciones construidas a intervalos regulares, era lo bastante ancha como para desplazarse a caballo sin dificultad a lo largo de su parte superior. En cada uno de los puntos cardinales se abría una de las cuatro puertas de entrada a la ciudad, todas ellas dotadas de verjas exteriores de protección. Las fortificaciones, por su parte, se hallaban circundadas por un profundo foso.

El rasgo más llamativo de la ciudad era un alto campanario, lujosamente decorado y construido con una oscura arenisca. Había sido edificado originalmente en el siglo VI, coincidiendo con la introducción del budismo en la zona. Todas las noches, se hacía sonar la campana para indicar la hora, y a la vez era empleada como señal de alarma en caso de incendios o inundaciones. Yixian era una próspera ciudad de mercado. Las llanuras que la rodeaban producían algodón, maíz, sorgo, soja, sésamo, peras, manzanas y uvas. En las praderas y las colinas situadas al Oeste, los granjeros apacentaban ovejas y ganado vacuno.

Mi bisabuelo, Yang Ru-Shan, había nacido en 1894, cuando China entera se hallaba bajo el dominio de un emperador que residía en Pekín. La familia imperial estaba integrada por los manchúes que habían conquistado China en 1644 procedentes de Manchuria, territorio en el que mantenían su base. Los Yang eran han –chinos étnicos– y se habían aventurado al norte de la Gran Muralla en busca de nuevas oportunidades.

Mi bisabuelo era hijo único, lo que le convertía en un personaje de suprema importancia para su familia. Tan sólo los hijos podían perpetuar el nombre de las familias: sin ellos, la estirpe familiar se extinguiría, lo que para los chinos representaba la mayor traición a que uno podía someter a sus antepasados. Fue enviado a un buen colegio, con el objetivo de que superara con éxito los exámenes necesarios para convertirse en mandarín o funcionario público, entonces la máxima aspiración de la mayoría de los varones chinos. La categoría de funcionario traía consigo poder, y el poder representaba dinero. Sin poder o dinero, ningún chino podía sentirse a salvo de la rapacidad de la burocracia o de imprevisibles actos de violencia. Nunca había existido un sistema legal propiamente dicho. La justicia era arbitraria, y la crueldad era un elemento a la vez institucionalizado y caprichoso. Un funcionario poderoso *era* la ley. Tan sólo convirtiéndose en mandarín podía el hijo de una familia ajena a la nobleza escapar a ese ciclo de miedo e injusticia. El padre de Yang había decidido que su hijo no habría de continuar la tradición familiar de enfurtidores (fabricantes de fieltro), y tanto él como su familia realizaron los sacrificios necesarios para costear su educación. Las mujeres cosían hasta altas horas de la noche para los sastres y modistos locales. Con objeto de ahorrar, regulaban sus lámparas de aceite al mínimo absoluto necesario, lo que les producía lesiones visuales irreversibles. Las articulaciones de sus dedos se hinchaban a causa de las largas horas de trabajo.

De acuerdo con la costumbre de la época, mi bisabuelo se casó muy joven –a los catorce años de edad– con una mujer seis años mayor que él. Entonces, entre los deberes de la esposa se incluía el de ayudar a la crianza de su marido.

La historia de su esposa, mi bisabuela, era la típica de millones de mujeres chinas de la época. Provenía de una familia de curtidores llamada Wu. Al ser mujer y pertenecer a una familia en la que no existían intelectuales ni funcionarios, no fue bautizada con nombre alguno. Dado que era la segunda hija, era llamada simplemente «La muchacha número dos» (*Er-ya-tou*). Su padre había muerto cuando todavía era una niña, y pasó a ser educada por un tío. Un día, cuando sólo contaba seis años de edad, el tío estaba cenando con un amigo cuya mujer se encontraba embarazada. A lo largo de la cena, los dos hombres acordaron que si la criatura era un niño se casaría con la sobrina de seis años. Los dos jóvenes nunca llegaron a conocerse antes de la boda. De hecho, el enamoramiento era considerado algo casi vergonzoso, cual una desgracia familiar. No porque se tratara de un tabú –después de todo, existía en China una venerable tradición de amores románticos– sino porque los jóvenes no debían exponerse a situaciones en las que semejante cosa pudiera ocurrir, debido en parte a que cualquier encuentro entre ellos resultaba inmoral, y en parte a que el matrimonio se contemplaba fundamentalmente como un deber, como una alianza entre dos familias. Con suerte, uno llegaba a enamorarse después del matrimonio.

Tras catorce años de vida sumamente recogida, mi bisabuelo era poco más que un muchacho cuando llegó al matrimonio. La primera noche rehusó entrar en la cámara nupcial. Por el contrario, se acostó en el dormitorio de su madre y hubo que esperar a que se durmiera para llevarle al lecho de su esposa. Sin embargo, aunque era un niño mimado y aún necesitaba ayuda para vestirse, ésta afirmó que sabía bien cómo «plantar niños». Mi abuela nació un año después de la boda, en el quinto día de la quinta luna, a comienzos del verano de 1909. Su situación era mejor que la de su madre, ya que al menos obtuvo un nombre: Yu-fang. *Yu* –que significa «jade»– era su nombre de generación, compartido con el resto de los miembros de la misma, mientras que *fang* significa «flores fragantes».

El mundo en el que nació era absolutamente impredecible. El imperio manchú que había gobernado China durante más de doscientos sesenta años se tambaleaba. En 1894-1895, Japón atacó a China en Manchuria, y el país sufrió devastadoras derrotas y pérdidas de territorio. En 1900, la rebelión nacionalista de los bóxers fue sometida por ocho ejércitos extranjeros, de los que luego quedaron algunos contingentes en Manchuria y a lo largo de la Gran Muralla. Posteriormente, en 1904-1905, Japón y Rusia libraron una cruenta guerra en las llanuras de Manchuria. La victoria de Japón convirtió a este país en la fuerza externa dominante en Manchuria. En 1911, el emperador chino Pu Yi, de cinco años de edad, fue derrocado y se proclamó una república encabezada por la carismática figura de Sun Yat-sen.

El nuevo gobierno republicano no tardó en caer, y el país se descompuso en feudos. Manchuria quedó especialmente independizada de la república, dado que de ella había procedido la dinastía Manchú. Las potencias extranjeras –en especial Japón– intensificaron sus intentos por afianzarse en la zona. Las viejas instituciones se derrumbaron por efecto de tantas presiones, y ello tuvo como resultado un vacío de poder, moralidad y autoridad. Muchas personas intentaron ascender a posiciones elevadas sobornando a los potentados locales con espléndidos presentes de oro, plata y joyas. Mi bisabuelo no era lo bastante rico como para acceder a una posición lucrativa en la gran ciudad, y a los treinta años de edad no había pasado de ser funcionario de la comisaría de policía de su Yixian natal, entonces un lugar remoto y atrasado. Sin embargo, alimentaba sus propios planes, y contaba con un valioso activo: su hija.

Mi abuela era una belleza. Poseía un rostro ovalado de mejillas rosadas y piel brillante. Sus cabellos, largos, negros y relucientes, solían ir peinados en una espesa trenza que le llegaba a la cintura. Sabía ser recatada cuando la ocasión lo requería –esto es, la mayor parte del tiempo–, pero bajo su exterior discreto estallaba de energía contenida. Era menuda, de un metro sesenta de estatura aproximadamente; su figura era esbelta, y sus hombros suaves, lo que se consideraba un ideal de belleza.

Sin embargo, su mayor atractivo eran sus pies vendados, que en chino se denominan «lirios dorados de ocho centímetros» (san-tsun-gin-lian). Ello quería decir que caminaba «como un tierno sauce joven agitado por la brisa de primavera», cual solían decir los especialistas chinos en belleza femenina. Se suponía que la imagen de una mujer tambaleándose sobre sus pies vendados ejercía un efecto erótico sobre los hombres, debido en parte a que su vulnerabilidad producía un deseo de protección en el observador.

Los pies de mi abuela habían sido vendados cuando tenía dos años de edad. Su madre, quien también llevaba los pies vendados, comenzó por atar en torno a sus pies una cinta de tela de unos seis metros de longitud, doblándole todos los dedos –a excepción del más grueso– bajo la planta. A continuación, depositó sobre ellos una piedra de grandes dimensiones para aplastar el arco del pie. Mi abuela gritó de dolor, suplicándole que se detuviera, a lo que su madre respondió embutiéndole un trozo de tela en la boca. Tras ello, mi abuela se desmayó varias veces a causa del dolor.

El proceso duró varios años. Incluso una vez rotos los huesos, los pies tenían que ser vendados día y noche con un grueso tejido debido a que intentaban recobrar su forma original tan pronto se sentían liberados. Durante años, mi abuela vivió sometida a un dolor atroz e interminable. Cuando rogaba a su madre que la liberara de las ataduras, ésta rompía en sollozos y le explicaba que unos pies sin vendar destrozarían su vida entera y que lo hacía por su propia felicidad.

En aquellos días, cuando una muchacha contraía matrimonio, lo primero que hacía la familia del novio era examinar sus pies. Unos pies grandes y normales eran considerados motivo de vergüenza para la familia del esposo. La suegra alzaba el borde de la falda de la novia, y si los pies medían más de diez centímetros aproximadamente, lo dejaba caer con un brusco gesto de desprecio y partía, dejando a la novia expuesta a la mirada de censura de los invitados, quienes posaban la mirada en sus pies y murmuraban insultantes frases de desdén. En ocasiones, alguna madre se apiadaba de su hija y retiraba las vendas; sin embargo, cuando la muchacha crecía y se veía obligada a soportar el desprecio de la familia de su esposo y la desaprobación de la sociedad, solía reprochar a su madre haber sido demasiado débil.

La práctica del vendaje de los pies fue introducida originariamente hace unos mil años (según se dice, por una concubina del emperador). No sólo se consideraba erótica la imagen de las mujeres cojeando sobre sus diminutos pies sino que los hombres se excitaban jugando con los mismos, permanentemente calzados con zapatos de seda bordada. Las mujeres no podían quitarse la venda ni siquiera cuando ya eran adultas, pues en tal caso sus pies no tardaban en crecer de nuevo. Los vendajes sólo podían retirarse temporalmente durante la noche, en la cama, para ser sustituidos por zapatos de suela blanda. Los hombres rara vez veían desnudos unos pies vendados, pues solían aparecer cubiertos de carne descompuesta y despedían una fuerte pestilencia. De niña, recuerdo a mi abuela constantemente dolorida. Cuando regresábamos a casa después de hacer la compra, lo primero que hacía era sumergir los pies en una palangana de agua caliente al tiempo que exhalaba un suspiro de alivio. A continuación, procedía a recortarse trozos de piel muerta. El dolor no sólo era causado por la rotura de los huesos, sino también por las uñas al incrustarse en la planta del pie.

De hecho, el vendaje de los pies de mi abuela tuvo lugar en la época en que dicha costumbre desapareció para siempre. Cuando nació su hermana, en 1917, la práctica había sido prácticamente abandonada, por lo que ésta pudo escapar al tormento.

No obstante, durante la adolescencia de mi abuela, la actitud imperante en pequeñas poblaciones como Yixian continuaba favoreciendo la idea de que unos pies vendados eran fundamentales para lograr un buen matrimonio. Pero ello no era más que el comienzo. Los planes de su padre consistían en educarla ya como una perfecta dama, ya como una cortesana de lujo. Despreciando la tradición de la época –según la cual el analfabetismo era una muestra de virtud en las mujeres de clase inferior–, la envió a un colegio femenino que había sido creado en el pueblo en el año 1905. Asimismo, hubo de aprender a jugar al ajedrez chino, al *mah-jongg* y al *go*. Estudió dibujo y bordado. Su diseño favorito era el de los patos mandarines (que simbolizaban el amor debido a que siempre nadaban en parejas), y solía bordarlos en los diminutos zapatos que ella misma se fabricaba. Para rematar su lista de habilidades, se contrató a un tutor que la enseñó a tocar el *qin*, un instrumento musical similar a la cítara.

Mi abuela estaba considerada como la belleza de la ciudad. Sus habitantes afirmaban que destacaba «como una grulla entre las gallinas». En 1924, cumplió quince años y su padre comenzó a inquietarse, temiendo que estuviera comenzando a agotarse el plazo para capitalizar su única riqueza real y, con él, su única oportunidad de disfrutar de una vida regalada. Aquel mismo año, acudió a visitarles el general Xue Zhi-heng, inspector general de la policía metropolitana del Gobierno militar de Pekín.

Xue Zhi-heng había nacido en 1876 en el condado de Lulong, situado a unos ciento sesenta kilómetros al este de Pekín y justamente al sur de la Gran Muralla, allí donde las vastas llanuras del norte de China se funden con las montañas. Era el mayor de cuatro hermanos, hijos de un maestro rural. Era guapo y poseía una fuerte personalidad que impresionaba a cuantos le conocían. Los numerosos ciegos adivinadores del futuro que habían palpado su rostro habían predicho que alcanzaría una posición elevada. Era un hábil calígrafo, habilidad sumamente estimada por entonces, y en 1908 un militar llamado Wang Huai-qing, que se hallaba de visita en Lulong, advirtió la hermosa caligrafía sobre una placa que colgaba de la verja del templo mayor y pidió que le presentaran al hombre que la había realizado. Al general le agradó Xue, quien entonces contaba treinta y dos años de edad, y le ofreció convertirse en su edecán.

Gracias a su considerable eficacia, Xue no tardó en ser ascendido a oficial de intendencia. Ello implicaba frecuentes viajes, en los que comenzó a adquirir sus propios comercios de alimentación en la zona de Lulong y en los territorios situados al otro lado de la Gran Muralla, en Manchuria. Su rápida ascensión se vio estimulada al prestar ayuda al general Wang para sofocar un alzamiento en la Mongolia interior. Al cabo de poco tiempo, había amasado una fortuna con la que se diseñó y construyó una mansión de ochenta y una habitaciones en Lulong.

Durante la década posterior a la caída del imperio, la mayor parte del país no se hallaba sometida a la autoridad de gobierno alguno. En breve, diversos militares poderosos comenzaron a luchar por el control del Gobierno central de Pekín. La facción de Xue, encabezada por un jefe militar llamado Wu Pei-fu, dominó el Gobierno nominal de Pekín a comienzos de la década de los veinte. En 1922, Xue se convirtió en inspector general de la Policía Metropolitana y en uno de los dos jefes del Departamento de Obras Públicas de Pekín. Dominaba veinte regiones situadas a ambos lados de la Gran Muralla, y tenía bajo su mando a más de diez mil policías de caballería e infantería. Su posición en la policía le proporcionaba poder, mientras que su cargo en Obras Públicas aumentaba su influencia política.

Las alianzas eran poco sólidas. En mayo de 1923, la facción del general Xue decidió desembarazarse del presidente que había llevado al poder tan sólo un año antes, Li Yuan-hong. En unión con un general llamado Feng Yu-xiang (jefe militar cristiano convertido en personaje legendario por haber bautizado a sus tropas en masa con una manguera), Xue movilizó a sus diez mil hombres y rodeó los principales edificios gubernamentales de Pekín, solicitando las pagas atrasadas que el gobierno en quiebra debía a sus hombres. Su objetivo real era el de humillar al presidente Li y obligarle a dimitir. Li rehusó hacerlo, por lo que Xue ordenó a sus hombres cortar el suministro de agua y electricidad del palacio presidencial. Al cabo de unos pocos días, las condiciones en el interior del edificio se volvieron insostenibles, y en la noche del 13 de junio el presidente Li abandonó su maloliente residencia y huyó de la capital en dirección a la ciudad portuaria de Tianjin, situada a cien kilómetros al Sudeste.

En China, la autoridad de un cargo se basaba no sólo en quien lo ejercía sino en los sellos oficiales. Aunque estuviera firmado por el propio presidente, ningún documento era válido si no mostraba su sello. Sabiendo que nadie podría acceder a la presidencia sin ellos, el presidente Li dejó los sellos en poder de una de sus concubinas, convaleciente en un hospital de Pekín dirigido por misioneros franceses.

Ya en las cercanías de Tianjin, el tren del presidente Li fue detenido por policías armados, los cuales le exigieron la entrega de los sellos. Al principio, se negó a revelar dónde los había ocultado, pero al cabo de unas cuantas horas terminó por ceder. A las tres de la mañana, el general Xue acudió al hospital francés con la intención de arrebatárselos a la concubina. Al principio, la mujer se negó a mirar siquiera al hombre que esperaba junto a su cama: «¿Cómo puedo entregar los sellos del presidente a un simple policía?», dijo con altivez. Pero el general Xue, resplandeciente en su uniforme nuevo, mostraba un aspecto tan intimidante que no tardó en depositarlos en sus manos.

A lo largo de los cuatro meses que siguieron, Xue se sirvió de su policía para asegurarse de que Tsao Kun, el hombre que su facción deseaba elevar a la presidencia, ganara lo que se anunciaba como una de las primeras elecciones celebradas en China. Hubo que sobornar a los ochocientos cuatro miembros del Parlamento. Xue y el general Feng emplazaron a sus guardias en el edificio del Parlamento e hicieron saber que habría una generosa recompensa para todos aquellos que votaran como era debido, lo que hizo retornar a numerosos diputados de sus provincias. Cuando ya se hallaba todo preparado para la elección, había en Pekín quinientos cincuenta y cinco miembros del Parlamento. Cuatro días antes, y tras intensas negociaciones, les fueron entregados a cada uno cinco mil yuanes de plata, una suma entonces considerable. El 5 de octubre de 1923, Tsao Kun fue elegido presidente de China con cuatrocientos ochenta votos a favor. Xue fue recompensado con su ascenso a general. También fueron ascendidas diecisiete «consejeras especiales», todas ellas favoritas o concubinas de los diversos generales y jefes militares. Este episodio ha pasado a formar parte de la historia china como notorio ejemplo del modo en que unas elecciones pueden ser manipuladas, y la gente aún lo cita para argumentar que la democracia nunca funcionará en China.

A comienzos del verano del año siguiente, el general Xue visitó Yixian, población que, si bien no era de gran tamaño, sí resultaba importante desde el punto de vista estratégico. Fue más o menos en aquella zona donde el poder del Gobierno de Pekín comenzó a agotarse. Más allá, el poder recaía en manos del gran jefe militar del Nordeste, Chang Tso-lin, conocido como el Viejo Mariscal. Oficialmente, el general Xue se hallaba realizando un viaje de inspección, pero también tenía intereses personales en la zona. En Yixian poseía los principales almacenes de grano y las mayores tiendas, incluyendo una casa de empeños que hacía las veces de banco y emitía una moneda propia que circulaba en la población y sus alrededores.

Para mi bisabuelo, aquello representaba una ocasión única en la vida: nunca tendría otra de aproximarse tanto a un personaje realmente importante. Se las ingenió para encargarse personalmente de la escolta del general Xue y reveló a su esposa que planeaba casarle con su hija. No le pidió su beneplácito, sino que sencillamente se lo comunicó. Independientemente del hecho de que se tratara de un procedimiento habitual durante la época, sucedía también que mi bisabuelo despreciaba a su esposa.

Mi bisabuela lloró, pero no dijo nada. Su esposo le comunicó que no debía decir absolutamente nada a su hija. Ni siquiera se mencionó la posibilidad de consultar con ella. El matrimonio era una transacción, y no una cuestión de sentimientos. La muchacha sería informada cuando se organizara la boda.

Mi bisabuelo sabía que debía dirigirse al general Xue de un modo indirecto. Una oferta explícita de la mano de su hija reduciría su valor, y existía también la posibilidad de que fuera rechazada. Había que proporcionar al general Xue la ocasión de admirar lo que le estaba siendo ofrecido. En aquellos tiempos, una mujer respetable no podía ser presentada a un extraño, por lo que Yang tuvo que ingeniárselas para lograr que el general Xue viera a su hija. El encuentro tenía que parecer accidental.

En Yixian existía un espléndido templo budista de novecientos años de antigüedad. Construido con maderas nobles, alcanzaba una altura aproximada de unos treinta metros. Se hallaba situado en un elegante recinto en el que se alineaban hileras de cipreses que cubrían un área de más de un kilómetro cuadrado de extensión. En su interior había una estatua de Buda de nueve metros de altura pintada de vivos colores, y el interior del templo se hallaba cubierto de delicados murales en los que se describían escenas de su vida. Un lugar obvio al que Yang podía llevar a un importante personaje que se encontrara de visita. Por otra parte, los templos eran uno de los pocos lugares a los que las mujeres de buena familia podían acudir solas.

Mi abuela recibió la orden de acudir al templo en un día determinado. Para demostrar su reverencia por Buda, tomó baños perfumados y pasó largas horas meditando frente a un pequeño santuario aromatizado con incienso. La oración en el templo exigía un estado de máximo sosiego y la ausencia de cualquier emoción perturbadora. Acompañada por una sirvienta, partió en una carreta alquilada tirada por un caballo. Vestía una chaqueta de color azul huevo de pato con los bordes adornados por un bordado de hilo de oro que destacaba la sencillez de sus líneas y una hilera de botones de mariposa que recorría el costado derecho. Completaba su atavío una falda plisada de color rosado adornada con flores bordadas. Sus largos y oscuros cabellos habían sido peinados en una trenza, de cuya parte superior asomaba una peonía fabricada en seda verdinegra, la variedad menos frecuente. No llevaba maquillaje, pero sí iba ricamente perfumada, tal y como se consideraba apropiado para las visitas a los templos. Una vez en su interior, se arrodilló ante la gigantesca estatua del Buda. Tras realizar varios *kowtow** ante la imagen de madera, permaneció de rodillas frente a ella con las manos unidas en oración.

Mientras rezaba, llegó su padre acompañado por el general Xue. Los dos hombres contemplaron la escena desde la oscuridad de la nave. Mi bisabuelo había trazado su plan acertadamente. La posición en la que se hallaba arrodillada mi abuela revelaba no sólo sus calzones de seda, rematados en oro al igual que la chaqueta, sino también sus diminutos pies, calzados por zapatos de satén bordado.

Cuando concluyó su oración, mi abuela realizó tres kowtow más frente al Buda. Al ponerse en pie, perdió ligeramente el equilibrio, lo que no era difícil con los pies vendados, y extendió la mano para apoyarse en su doncella. El general Xue y su padre acababan de iniciar su avance. Mi abuela se ruborizó e inclinó la cabeza. A continuación, dio media vuelta y se dispuso a partir, lo que constituía la actitud adecuada. Su padre avanzó un paso y la presentó al general. Ella realizó una pequeña reverencia sin alzar el rostro en ningún momento.

Tal y como correspondía a un hombre de su posición, el general apenas comentó brevemente el encuentro con Yang, quien al fin y al cabo no era sino un subordinado de poca monta, pero mi bisabuelo pudo adivinar que se encontraba fascinado. El siguiente paso consistía en organizar un encuentro más directo. Un par de días después, Yang, corriendo el riesgo de arruinarse, alquiló el mejor teatro de la ciudad y contrató la representación de una ópera local, al tiempo que solicitaba la presencia del general Xue como invitado de honor. Al igual que la mayor parte de los teatros chinos, éste se hallaba construido alrededor de un espacio rectangular abierto al cielo y provisto de estructuras de madera en tres de sus costados; el cuarto constituía el escenario, el cual aparecía completamente desnudo y desprovisto tanto de telones como de decorados. La zona destinada al público se parecía más a un café que a un teatro occidental. Los hombres se sentaban en torno a varias mesas dispuestas en el patio central, comiendo, bebiendo y hablando en voz alta a lo largo de la representación. A un lado, algo más arriba, se hallaba el «círculo de los vestidos», donde las damas aparecían recatadamente sentadas ante mesas más pequeñas. Tras ellas esperaban sus doncellas. Mi bisabuelo lo había organizado todo de manera que su hija estuviera en un lugar en el que el general Xue pudiera verla con facilidad.

Esta vez, su atuendo era mucho más complicado que el día de la vi-

---

* *Kowtow, k'ou-shou o k'ou-t'ou*: saludo ceremonial chino consistente en postrarse frente a alguien o algo tocando la tierra con la frente. *(N. del T.)*

sita al templo. Llevaba un vestido de satén ricamente bordado y los cabellos adornados con joyas. Asimismo, podía dar rienda suelta a su vivacidad y energía naturales riendo y charlando con sus amigas. El general Xue apenas dirigió una mirada al escenario.

Después de la representación, se celebró un juego tradicional chino llamado adivinanzas de farol. Se llevaba a cabo en dos estancias separadas, una para los hombres y otra para las mujeres. En cada sala había docenas de farolillos de papel cuidadosamente elaborados, sobre los que se habían adherido una serie de adivinanzas escritas en verso. La persona que adivinaba el mayor número de respuestas obtenía un premio. Ni que decir tiene que el ganador masculino fue el general Xue. Entre las mujeres, el premio recayó en mi abuela.

Con ello, Yang había proporcionado al general Xue la ocasión de admirar la belleza y la inteligencia de su hija. La cualidad final era su talento artístico. Dos noches después, invitó al general a cenar a su casa. Era una noche clara y templada, y había luna llena: una atmósfera perfecta para escuchar el qin. Después de cenar, los hombres se sentaron en el mirador, y mi madre recibió la orden de interpretar música en el patio. Su actuación encantó al general Xue, sentado bajo un emparrado en el que flotaba el aroma de las jeringuillas. Más tarde, el general habría de revelar a mi abuela que con aquella representación a la luz de la luna le había arrebatado el corazón. Cuando nació mi madre, la bautizó con el nombre de Bao Qin, que significa «Preciosa cítara».

Antes de que concluyera la velada ya había pedido su mano; no directamente a ella, claro está, sino a su padre. No realizó una propuesta de matrimonio, sino que sugirió que mi abuela se convirtiera en su concubina. Pero era todo lo que había esperado Yang. Para entonces, la familia Xue habría ya dispuesto para el general un matrimonio basado en consideraciones de tipo social. En cualquier caso, los Yang eran demasiado humildes para dotarle de una esposa. Sin embargo, se esperaba que un hombre como el general Xue dispusiera de concubinas. Eran ellas, y no las esposas, quienes se hallaban destinadas al placer. Las concubinas podían llegar a adquirir un poder considerable, pero su categoría social era muy distinta de la de una esposa. Una concubina era una suerte de querida oficial que el hombre adquiría y abandonaba a voluntad.

La primera noticia que tuvo mi abuela acerca del destino que se le avecinaba fue cuando su madre se lo comunicó, pocos días antes del acontecimiento. Mi abuela inclinó la cabeza y lloró. Detestaba la idea de ser una concubina, pero su padre ya había tomado la decisión, y a nadie se le hubiera ocurrido enfrentarse a sus progenitores. Discutir una decisión paterna se consideraba «antifilial», y el comportamiento antifilial equivalía a una traición. Incluso si rehusaba someterse a los deseos de su padre, nadie la tomaría en serio. Su acción se interpretaría como una indicación de que quería permanecer con ellos. El único modo de negarse de un modo verosímil habría consistido en suicidarse, por lo que mi abuela se mordió los labios y no dijo nada. De hecho, no había nada que pudiera decir. Incluso decir que sí se hubiera considerado impropio de una dama, pues hubiera implicado que ansiaba separarse de sus padres.

Al advertir cuán desdichada se sentía, su madre le aseguró que se trataba de la mejor unión posible. Su esposo le había hablado del poder del general Xue: «En Pekín dicen: "Cuando el general Xue da una patada en el suelo, tiembla toda la ciudad."» Lo cierto es que mi abuela se había sentido considerablemente impresionada por el porte apuesto y marcial del general, a la vez que se sentía adulada por las palabras de admiración que había pronunciado ante su padre acerca de ella, palabras que ahora eran repasadas y embellecidas. Ninguno de los hombres de Yixian poseía el empaque del general, y a sus quince años de edad ignoraba lo que significaba realmente ser una concubina y confiaba en que podría conquistar el amor del general Xue y llevar una vida feliz.

El general Xue había dicho que podía quedarse en Yixian, en una casa que compraría especialmente para ella. Ello significaba que podría conservar la proximidad con su familia y, más importante aún, que no tendría que vivir en la residencia del general, donde habría tenido que someterse a la autoridad de su esposa y del resto de las concubinas, todas las cuales habrían tenido derechos de antigüedad sobre ella. En la residencia de un potentado como el general Xue, las mujeres eran prácticamente unas prisioneras viviendo en un estado de murmuración y calumnia permanentes provocado en gran parte por la inseguridad. La única seguridad de que gozaban era el favor de su esposo. La oferta del general Xue de comprarle una casa significaba mucho para mi abuela, al igual que su promesa de solemnizar la unión con una ceremonia nupcial completa. Ello suponía que ella y su familia adquirirían una importancia considerable. Asimismo, existía una consideración final sumamente importante para ella: ahora que su padre se hallaba satisfecho, confiaba en que mejorara el trato que daba a su madre.

La señora Yang sufría epilepsia, lo que la convertía en despreciable a los ojos de su marido. A pesar de mostrarse siempre humilde, él la trataba como si fuera una basura, sin mostrar inquietud alguna por su salud. Durante años, le reprochó no haberle dado un hijo. Mi bisabuela sufrió una larga serie de abortos tras el nacimiento de mi abuela, hasta que, en 1917, nació una nueva criatura. Una vez más, era una niña.

Mi bisabuelo se mostraba obsesionado por la idea de tener el dinero suficiente como para disponer de concubinas. La «boda» le permitió ver cumplido este deseo, pues el general Xue obsequió a la familia con espléndidos presentes nupciales de los que fue él el principal beneficiario. Los regalos eran realmente magníficos, tal y como correspondía a la categoría del general.

El día de la boda, llevaron a casa de los Yang una silla de mano tapizada con un grueso tejido de seda bordada con brillantes colores. Junto a ella, acudió una procesión en la que se portaban letreros, estandartes y farolillos de seda decorados con doradas imágenes del fénix, el símbolo más grandioso para una mujer. De acuerdo con la tradición, la ceremonia nupcial tuvo lugar al atardecer, entre una multitud de faroles rojos que alumbraban el crepúsculo. Había una orquesta de tambores, címbalos y penetrantes instrumentos de viento que interpretaron alegres melodías. El ruido se consideraba parte esencial de una buena boda, ya que el silencio habría sugerido que el acontecimiento tenía algo de vergonzoso. Mi abuela apareció espléndidamente ataviada de brillantes bordados, con un velo de seda roja cubriendo su cabeza y su rostro. Ocho hombres la transportaron hasta su nueva casa en la silla de mano. En el interior de ésta hacía un calor sofocante y, discretamente, retiró la cortinilla unos pocos centímetros. Atisbando bajo el velo, se alegró de ver la gente que contemplaba la procesión desde la calle. Aquello era muy distinto a lo que hubiera podido esperar una simple concubina: apenas una pequeña silla de mano tapizada con algodón simple de un soso color índigo y transportada por dos o, cuando más, cuatro personas, todo ello sin procesiones ni música. La comitiva recorrió toda la población, visitando sus cuatro entradas, tal y como exigía el ritual completo, y exhibiendo los lujosos regalos en carretas y en grandes cestos de mimbre transportados a su paso. Una vez hubo sido exhibida por toda la ciudad, llegó por fin a su nuevo hogar, una residencia grande y elegante. Al verla, se sintió satisfecha. La pompa y la ceremonia le hacían sentir que había ganado prestigio y estima. Ninguno de los habitantes de Yixian recordaba haber visto un acontecimiento semejante.

Cuando llegó a la casa, descubrió que allí la esperaba el general Xue, ataviado con su uniforme completo y rodeado por los dignatarios locales. El salón, estancia central de la casa, aparecía iluminado por velas rojas y brillantes lámparas de gas, y en él tuvo lugar la ceremonia del kowtow frente a las imágenes del Cielo y la Tierra. A continuación, todos se saludaron mutuamente por medio del kowtow y mi abuela, de acuerdo con la costumbre, penetró sola en la cámara nupcial mientras el general Xue partía a celebrar un espléndido banquete con los hombres.

El general Xue no abandonó la casa en tres días. Mi abuela se sentía feliz. Creía amarle, y él no dejaba de mostrar hacia ella una especie de áspero afecto. Sin embargo, rara vez hablaba con ella acerca de cuestiones serias, tal y como recomendaba el dicho tradicional: «Las mujeres poseen cabello largo e inteligencia corta.» En China, el hombre debía mantener una actitud discreta y distante incluso con su familia. Así pues, mi abuela guardó silencio y se limitó a aplicarle masaje en los dedos de los pies antes de levantarse por la mañana y a tocar el qin para él al llegar el atardecer. Al cabo de una semana, el general le comunicó que tenía que partir. No le dijo adónde iba, y ella sabía muy bien que no convenía preguntar. Su deber era esperarle hasta que regresara. Hubo de esperar seis años.

En septiembre de 1924 se desataron las luchas entre las dos principales facciones militares del norte de China. El general Xue fue ascendido a comandante en jefe de la guarnición de Pekín, pero al cabo de unas pocas semanas su viejo aliado cristiano –el general Feng– se pasó al bando contrario. El 3 de noviembre, fue obligado a dimitir Tsao Kun, a quien el general Xue y el general Feng habían ayudado a convertirse en presidente el año anterior. Aquel mismo día, la guarnición de Pekín fue disuelta y, dos días después, ocurrió lo propio con la policía. El general Xue se vio obligado a huir de la capital precipitadamente. Se retiró a una casa que poseía en Tianjin, en la concesión francesa, donde se gozaba de inmunidad extraterritorial. Se trataba del mismo lugar al que el presidente Li había huido un año antes, cuando Xue le expulsó del palacio presidencial.

Entretanto, mi abuela se vio atrapada por las continuas luchas. El control del Nordeste constituía un elemento vital en la lucha de todos los ejércitos, y las poblaciones situadas a lo largo de la vía del ferrocarril representaban objetivos particularmente importantes, en especial si –como era el caso de Yixian– se trataba de estaciones de empalme. Poco después de la partida del general Xue, la lucha llegó hasta las mismas murallas de la ciudad, junto a las que se desarrollaron feroces combates. Imperaban los saqueos. Una compañía italiana de armamento había anunciado a los empobrecidos jefes militares que aceptarían «pueblos saqueables» como garantía de sus suministros. Las violaciones eran igualmente frecuentes. Al igual que muchas otras mujeres, mi abuela hubo de ennegrecerse el rostro con hollín para adquirir un aspecto sucio y desagradable. Aquella vez, Yixian salió de la situación prácticamente intacta. La lucha terminó por desplazarse hacia el Sur y la situación volvió a la normalidad.

Para mi abuela, la «normalidad» equivalía a tener que encontrar métodos para matar el tiempo en su amplia residencia. La casa había sido construida al típico estilo chino, en torno a tres lados de un cuadrado. El costado sur del patio era un muro de dos metros de altura dotado de una verja que se abría hacia otro patio, guardado a su vez por una doble puerta con una aldaba redonda de latón.

Aquellas casas se hallaban diseñadas para soportar los extremos de un clima extremadamente duro, con temperaturas que oscilaban entre gélidos inviernos y ardientes veranos apenas separados por períodos de primavera u otoño. En verano, la temperatura podía ascender por encima de los 35 °C, pero en invierno caía hasta casi –30 °C, con vientos ululantes que atravesaban rugiendo las llanuras, procedentes de Siberia. El polvo se introducía en los ojos y arañaba la piel durante gran parte del año, y a menudo la gente se veía obligada a proteger su rostro y su cabeza con una máscara. En los patios interiores de las casas, todas las ventanas de las habitaciones principales se abrían al Sur para permitir la mayor entrada posible de sol, dejando que los muros del Norte soportaran el asalto del viento y el polvo. El costado norte de la casa contenía una sala de estar y el dormitorio de mi abuela; las alas que se extendían a ambos lados se hallaban destinadas a la servidumbre y al resto de las actividades. Los suelos de las estancias principales estaban cubiertos de baldosa, y las ventanas de madera forradas de papel. El tejado, inclinado, aparecía revestido de suaves tejas negras.

Desde el punto de vista local, se trataba de una casa lujosa, muy superior a la de sus padres, pero mi abuela se sentía sola y desdichada. Contaba con varios sirvientes, entre ellos un portero, un cocinero y dos doncellas. Su tarea no consistía tan sólo en servir, sino también en hacer las veces de guardianes y espías. El portero tenía instrucciones de no permitir la salida de mi abuela bajo ninguna circunstancia. Antes de su partida, y a modo de advertencia, el general Xue relató a mi abuela una historia referente a otra de sus concubinas. Tras descubrir que había mantenido una aventura con uno de los sirvientes masculinos, la había atado a la cama y le había introducido un trapo en la boca. A continuación, había hecho verter alcohol sobre el tejido, hasta que asfixió lentamente a la mujer. «Claro está, no podía concederle el placer de una muerte rápida. El acto más vil que puede cometer una mujer es traicionar a su marido», había dicho. En lo que se refería a cuestiones de infidelidad, un hombre como el general Xue sentiría mucho más odio por la mujer que por el hombre. «En cuanto a su amante, me limité a mandarlo fusilar», añadió en tono indiferente. Mi abuela nunca supo si todo aquello había sucedido realmente o no, pero a sus quince años de edad quedó inevitablemente petrificada al oírlo.

A partir de aquel momento, vivió en un estado constante de temor. Dado que apenas salía, se vio obligada a crearse un mundo propio entre aquellas cuatro paredes. Pero ni siquiera allí se sentía dueña de su propia casa, y había de dedicar largos ratos a halagar a sus sirvientes para evitar que inventaran historias acerca de ella (algo tan corriente que se consideraba casi inevitable). Les hacía numerosos presentes, y organizaba asimismo partidas de mah-jongg, ya que al ganador le correspondía siempre entregar una generosa propina a la servidumbre.

Nunca careció de dinero. El general Xue le enviaba una pensión fija que le era entregada mensualmente por el director de su casa de empeños, quien también se encargaba de los recibos de sus pérdidas en las partidas de mah-jongg.

La celebración de partidas de mah-jongg formaba parte habitual de la vida de las concubinas chinas, al igual que lo era fumar opio, una droga siempre disponible y considerada un medio de mantener satisfechas a las personas en su situación: drogadas... y dependientes. En su intento por luchar contra la soledad, muchas concubinas se convertían en adictas. El general Xue animó a mi abuela a desarrollar el hábito, pero ésta hizo caso omiso de sus recomendaciones.

Prácticamente las únicas veces que se le permitía salir de casa era cuando iba a la ópera. Aparte de eso, se veía obligada a permanecer todos los días sentada en casa, de la mañana a la noche. Leía mucho, especialmente obras de teatro y novelas, y cuidaba sus flores favoritas –balsamina, hibisco, dondiego y rosas de Sharon– en tiestos que conservaba en el patio, donde también cultivaba bonsáis. Su otro consuelo dentro de aquella jaula de oro era un gato que poseía.

Se le permitía visitar a sus padres, pero incluso eso era contemplado con malos ojos, y no podía quedarse a pasar la noche con ellos. Aunque se trataba de las únicas personas con las que podía hablar, visitarles se convirtió para ella en una pesadilla. Su padre había sido ascendido a jefe adjunto de la policía local por su relación con el general Xue, lo que le había permitido adquirir tierras y propiedades. Cada vez que mi abuela abría la boca para decir lo desdichada que era, su padre respondía con un sermón en el que afirmaba que una mujer virtuosa debería suprimir sus emociones y no desear nada que rebasara las obligaciones que debía a su esposo. El hecho de que le echara de menos era bueno, pues era virtuoso, pero las mujeres no debían protestar. De hecho, una mujer como es debido no debía tener siquiera puntos de vista propios; y si los tenía, desde luego no debía ser tan osada como para hablar de ellos. Solía citar un viejo dicho chino: «Si estás casada con un pollo, obedece al pollo; si estás casada con un perro, obedece al perro.»

Transcurrieron seis años. Al principio se cruzaron unas pocas cartas; luego, silencio total. Incapaz de eliminar su energía y su frustración sexual, imposibilitada siquiera de caminar a grandes zancadas debido a sus pies vendados, mi abuela se veía limitada a recorrer la casa a pasitos. Al principio, depositó todas sus esperanzas en recibir algún mensaje, a la vez que repasaba mentalmente una y otra vez su breve vida con el general. Llegó incluso a recordar con nostalgia la sumisión física y psicológica que sufría junto a él. Le echaba mucho de menos, a pesar de que sabía que no era sino una más de tantas de sus concubinas que salpicaban el territorio chino y de que nunca había alimentado la idea de pasar el resto de su vida con él. Incluso así, le añoraba, ya que representaba su única posibilidad de poder llevar una vida digna de ese nombre.

Sin embargo, a medida que las semanas se convertían en meses, y los meses en años, su nostalgia fue amortiguándose. Llegó a darse cuenta de que, para él, ella no era sino un juguete que podía coger y soltar según le apeteciera. Ya no tenía nada sobre lo que enfocar su inquietud, ahora permanentemente oprimida por una especie de camisa de fuerza. Las ocasiones en que lograba estirar sus extremidades se sentía tan agitada que no sabía qué hacer consigo misma. Algunas veces, llegaba a desplomarse inconsciente sobre el suelo. Habría de sufrir episodios similares durante el resto de su vida.

Por fin, un día, seis años después de haberle visto salir por la puerta como si tal cosa, apareció su «esposo». El reencuentro fue muy distinto de lo que había soñado al comienzo de su separación. Entonces, en sus fantasías, había planeado entregarse total y apasionadamente a él, pero ahora apenas lograba despertar en sí misma una reservada conciencia de su deber. Por otra parte, le angustiaba la idea de haber podido ofender a alguno de los sirvientes o de que éstos inventaran historias destinadas a congraciarse con el general y destrozar su vida. Pero todo transcurrió apaciblemente. El general, quien ya había superado la cincuentena, parecía haberse suavizado, y su aspecto ya no era tan majestuoso como antes. Tal y como mi abuela esperaba, en ningún momento mencionó dónde había estado, el motivo por el que había partido tan abruptamente ni por qué había vuelto, y ella no se lo preguntó. Aparte del hecho de que no deseaba recibir una reprimenda por mostrarse demasiado curiosa, lo cierto era que no le importaba.

De hecho, durante todo este tiempo el general no se había alejado mucho. Había llevado la vida tranquila propia de un rico dignatario retirado, dividiendo su tiempo entre su casa de Tianjin y su residencia campestre, situada en las proximidades de Lulong. El mundo en el que había prosperado se estaba convirtiendo en algo perteneciente al pasado. Los jefes militares se habían derrumbado junto con su sistema feudal, y la mayor parte de China se hallaba controlada por una única fuerza –el Kuomintang, o Ejército nacionalista– liderado por Chiang Kai-shek. Con objeto de señalar la ruptura con el caótico pasado de la nación y a la vez proporcionar la apariencia de estabilidad y de nuevo comienzo, el Kuomintang trasladó la capital desde Pekín («Capital Septentrional») a Nanjing («Capital Meridional»). En 1928, el cacique de Manchuria, Chang Tso-lin, conocido como el Viejo Mariscal, fue asesinado por los japoneses, quienes mostraban una actividad creciente en la zona. El hijo del Viejo Mariscal, Chang Hsueh-liang (conocido como el Joven Mariscal), se alió con el Kuomintang y unió formalmente a Manchuria con el resto de China. Sin embargo, el Gobierno del Kuomintang nunca llegó a establecerse de un modo real en aquella región.

La visita del general Xue a mi madre no duró mucho. Al igual que había sucedido la primera vez, anunció súbitamente su marcha al cabo de unos pocos días. La noche antes de partir, pidió a mi abuela que se trasladara a vivir con él a Lulong. La petición la dejó sin aliento. Si le ordenaba ir con él, sería como verse condenada a cadena perpetua bajo el mismo techo de su mujer y del resto de sus concubinas. Se sintió invadida por una oleada de pánico. Sin dejar de aplicarle masaje en los pies, le rogó suavemente que le permitiera quedarse en Yixian. Alabó su bondad al haber prometido a sus padres que no la separaría de ellos, y le recordó discretamente que su madre no gozaba de buena salud: acababa de dar a luz a su tercer hijo, el tan deseado varón. Dijo que preferiría observar sus deberes filiales de lealtad y al mismo tiempo servir, claro está, a su dueño y señor siempre que se dignara obsequiar a Yixian con su presencia. Al día siguiente, empaquetó las pertenencias de su esposo y éste partió solo. Tal y como había hecho al llegar, aprovechó su despedida para cubrir de joyas a mi abuela: oro, plata, jade, perlas y esmeraldas. Al igual que muchos hombres de su mentalidad, creía que era así como se conquistaba el corazón de una mujer. Sin embargo, para las mujeres como mi abuela las joyas constituían su única forma de seguro.

Poco tiempo después, advirtió que estaba embarazada. En el decimoséptimo día de la tercera luna de la primavera de 1931, dio a luz a una niña: mi madre. Escribió al general Xue para hacérselo saber, y él respondió diciendo que la llamara Bao Qin y que la llevara a Lulong tan pronto como se sintiera lo bastante fuerte para viajar.

Mi abuela se encontraba feliz con su niña. Ahora, pensó, su vida tenía un objetivo, y descargó todo su amor y su energía sobre mi madre. Transcurrió un año de felicidad. El general Xue escribió numerosas veces pidiéndole que fuera a Lulong, pero ella siempre se las arregló para evitarlo. Por fin, un día del verano de 1932 llegó un telegrama en el que se informaba a mi abuela de que el general Xue se encontraba seriamente enfermo y se le ordenaba llevar a su hija inmediatamente ante su presencia. El tono de la misiva dejaba bien claro que esta vez no debía negarse.

Lulong se encontraba a algo más de trescientos kilómetros de distancia, y para mi abuela el trayecto constituía un esfuerzo considerable, ya que nunca había viajado. Por otra parte, resultaba sumamente difícil viajar con los pies vendados; transportar equipaje era casi imposible, especialmente con un niño pequeño en brazos. Mi abuela decidió llevar con ella a su hermana Yu-lan, de catorce años de edad, a la que llamaba Lan.

El viaje fue toda una aventura. La zona se hallaba una vez más sumida en la agitación. En septiembre de 1931, y tras extender inexorablemente su influencia en la región, Japón había lanzado una invasión de Manchuria en gran escala y las tropas japonesas habían ocupado Yixian el 6 de enero de 1932. Dos meses más tarde, los japoneses proclamaron la fundación de un nuevo estado, al que denominaron Manchukuo («País manchú»). Su territorio cubría la mayor parte del nordeste de China (una extensión similar a la de Francia y Alemania juntas). Los japoneses declararon la independencia de Manchukuo, pero lo cierto es que la zona no dejaba de ser una marioneta de Tokio. En el poder instalaron a Pu Yi quien, de niño, había sido el último emperador de China. Al principio, le nombraron presidente, pero más tarde, en 1934, fue declarado Emperador de Manchukuo. Todo aquello tenía poca importancia para mi abuela, quien apenas mantenía contacto con el mundo exterior. En general, la población se mostraba fatalista en lo que se refería a sus líderes, dado que nadie podía intervenir en su selección. Para muchos, Pu Yi, en su condición de emperador Manchú e Hijo del Cielo, era el soberano lógico. Veinte años después de la revolución republicana, no había una nación unificada que pudiera reemplazar el mandato del emperador, ni existía en Manchuria un concepto generalizado de ciudadanía de algo llamado «China».

Un cálido día del verano de 1932, mi abuela, su hermana y mi madre tomaron el tren que conectaba Yixian con el Sur y abandonaron Manchuria a través del pueblo de Shanhaiguan, donde la Gran Muralla atraviesa las montañas casi hasta llegar al mar. A medida que el tren avanzaba por las llanuras costeras, podían advertir los cambios en el paisaje:

en lugar de las llanuras desnudas y pardoamarillentas de Manchuria, podían distinguir una tierra más oscura y una vegetación más densa, casi lujosa comparada con la del Nordeste. Poco después de atravesar la Gran Muralla, el tren enfiló tierra adentro, y aproximadamente una hora más tarde se detuvo en un pueblo llamado Changli donde se apearon frente a un edificio de tejados verdes parecido a las estaciones de ferrocarril de Siberia.

Mi abuela alquiló una carreta de caballos y se dirigió hacia el Norte a lo largo de una carretera polvorienta y llena de baches en dirección a la mansión del general Xue, situada a unos treinta kilómetros, junto a las murallas de un pequeño pueblo llamado Yanheying, que otrora había sido uno de los principales campamentos militares y, por ello, era visitado frecuentemente por los emperadores manchúes y su corte. Desde entonces, la carretera había adquirido el nombre de Ruta imperial. Se hallaba bordeada de álamos cuyas hojas de color verde pálido destellaban a la luz del sol. Tras ellos, sobre el terreno arenoso, se extendían huertos de melocotoneros. Sin embargo, cubierta de polvo y sacudida por las irregularidades del terreno, mi abuela apenas disfrutaba del paisaje. Sobre todo, le inquietaba no saber qué habría de encontrar al final de su trayecto.

Cuando vio la mansión por primera vez se sintió sobrecogida por su grandeza. La inmensa puerta principal se hallaba custodiada por hombres armados, quienes se mantenían en posición de firmes junto a enormes estatuas de leones reclinados. Había una hilera compuesta por ocho estatuas para atar a los caballos: cuatro de ellas representaban elefantes, y monos las restantes. Ambos animales habían sido elegidos por su afortunado sonido: en chino, las palabras «elefante» y «puesto importante» poseen el mismo sonido (*xiang*), lo que también ocurre en el caso de «mono» y «aristocracia» (*hou*).

A medida que la carreta atravesaba la verja exterior para entrar en el patio, lo único que mi abuela pudo ver fue un enorme muro blanco situado frente a ella; a un lado, se abría una segunda puerta. Se trataba de una clásica estructura china, diseñada con un muro de ocultamiento con el objeto de evitar que los extraños pudieran atisbar el interior de la propiedad, a la vez que de impedir que cualquier atacante pudiera disparar o irrumpir directamente a través de la verja principal.

Tan pronto como atravesaron la verja interior, mi abuela vio aparecer junto a ella a un sirviente que, con ademán autoritario, le arrebató la criatura. Otro sirviente la condujo escaleras arriba y la introdujo en la sala de estar de la esposa del general Xue.

Tan pronto como penetró en la estancia, mi abuela se arrodilló en un profundo kowtow y dijo: «Mis saludos, señora», tal y como exigía la etiqueta. A la hermana de mi abuela no se le permitió el acceso a la habitación, sino que por el contrario hubo de esperar fuera, como una sirvienta. No se trataba de un ataque personal: sencillamente, los parientes de las concubinas no recibían el trato otorgado a la familia. Una vez que mi abuela hubo realizado un número aceptable de kowtows, la esposa del general le dijo que podía incorporarse, utilizando para ello una fórmula de tratamiento con la que inmediatamente estableció el lugar que ocuparía mi abuela en la jerarquía familiar, esto es, como una simple querida de segundo orden más cercana a los altos sirvientes que a la esposa.

La esposa del general le ordenó sentarse. Mi abuela hubo de tomar una rápida decisión. En los hogares chinos tradicionales, el lugar en que uno se sienta refleja la categoría que posee. La esposa del general Xue se hallaba sentada en el extremo norte de la estancia, tal y como convenía a una dama de su alcurnia. Junto a ella, si bien separada por una mesa auxiliar, había otra silla igualmente enfrentada al Sur: el asiento del general. A lo largo de los dos costados de la estancia se extendían sendas hileras de sillas destinadas a visitantes de distintas categorías. Mi abuela retrocedió y se sentó en una de las más próximas a la puerta en señal de humildad. Sin embargo, la esposa del general le rogó que avanzara... un poco. No podía por menos de mostrar cierta generosidad.

Cuando mi abuela se hubo sentado, la esposa le dijo que a partir de entonces su hija sería criada como si su madre fuese ella (la esposa), y que sería a ella a quien llamaría «mamá» en lugar de a mi madre. Mi abuela debía tratar a la criatura como cualquier doncella de la casa, y comportarse de acuerdo con tal categoría.

Llamaron a una doncella para que despidiera a mi abuela, quien sintió como si se le partiera el corazón. Pero reprimió sus sollozos y no dio rienda suelta a su dolor hasta que no se encontró en su habitación. Aún tenía los ojos rojos cuando la requirieron para ser presentada a la segunda concubina del general Xue, su favorita, encargada de administrar la hacienda. Era una muchacha hermosa, con un rostro delicado, y para sorpresa de mi abuela era considerablemente amable. Sin embargo, no se atrevió a llorar delante de ella. En aquella atmósfera nueva y desconocida, percibía de un modo instintivo que la cautela sería su mejor política.

Algo más tarde, se le comunicó que iba a ser llevada a presencia de su «marido». El general se hallaba tendido sobre un *kang*. El kang era la cama típicamente utilizada en todo el norte de China: consistía en una gran superficie plana y rectangular de apenas un metro de altura, caldeada desde la parte inferior por una estufa de ladrillo. A su alrededor se arrodillaban un par de doncellas o concubinas, ocupadas en aplicarle masaje en las piernas y el estómago. El general Xue tenía los ojos cerrados, y su aspecto era terriblemente cetrino. Mi abuela se inclinó sobre el borde de la cama y silabeó su nombre suavemente. El general abrió los ojos y logró distender sus labios con una débil sonrisa. Mi abuela depositó a mi madre sobre la cama y dijo, «Ésta es Bao Qin». Con lo que pareció un enorme esfuerzo, el general Xue acarició la cabeza de mi madre y dijo, «Bao Qin ha salido a ti; es muy hermosa». A continuación, cerró los ojos.

Mi abuela pronunció el nombre de su esposo en voz alta, pero éste mantuvo los ojos cerrados. No era difícil adivinar que se encontraba gravemente enfermo, acaso moribundo, por lo que tomó de nuevo a mi madre en sus brazos y la oprimió fuertemente contra su pecho. Sin embargo, tan sólo disfrutó de unos segundos para ello antes de que la esposa del general, quien hasta entonces había estado revoloteando con impaciencia por la estancia, comenzara a tirarle de la manga. Ya en el exterior, la esposa previno a mi madre de que no debería importunar demasiado al amo; de hecho, sería mejor que no le viera en absoluto y que permaneciera en su habitación hasta que se solicitara su presencia.

Mi abuela se sintió aterrorizada. En su calidad de concubina, tanto su futuro como el de su hija se hallaban en peligro, acaso en un peligro mortal. Carecía de derechos. Si el general moría, se encontraría a merced de su esposa, quien poseería entonces un derecho absoluto sobre su vida o su muerte. Podía hacer lo que se le antojara: venderla a un hombre rico o, incluso, entregarla a un burdel, costumbre por entonces bastante corriente. En tal caso, mi abuela no volvería a ver a su hija. Sabía que ambas debían partir de allí lo antes posible.

Tan pronto regresó a su habitación, se esforzó por tranquilizarse y comenzó a planear su huida. Sin embargo, cuando intentaba pensar sentía como si su cabeza se inundara de sangre. Sentía sus piernas tan débiles que no podía caminar sin apoyarse en el mobiliario. No pudo evitar derrumbarse una vez más, y comenzó a sollozar. En parte, por rabia, ya que no lograba ver una vía de escape a su situación. Lo peor de todo era que pensaba que el general podía morir en cualquier momento, dejándola para siempre indefensa.

Poco a poco, logró dominar sus nervios y se esforzó por pensar con claridad. Comenzó a revisar la mansión de un modo sistemático. Se hallaba dividida en distintos patios distribuidos de tal modo que ocupaban una gran finca rodeada por altos muros. Había algunos cipreses, algunos abedules y algunos ciruelos de invierno, pero ninguno de ellos se encontraba lo suficientemente cerca de los muros. Con objeto de asegurar que ningún posible asesino contara con medio alguno de ocultarse, ni siquiera se observaba la presencia de grandes arbustos. Las dos puertas que conducían al exterior del jardín se encontraban cerradas con un candado, y la verja principal estaba guardada por sirvientes armados.

A mi abuela no se le permitía abandonar la zona amurallada. Se hallaba autorizada para ver al general a diario, pero tan sólo durante las visitas organizadas dispuestas para el resto de las mujeres. Apenas tenía oportunidad de deslizarse junto a su cama y murmurar, «Os saludo, mi señor».

Entretanto, comenzó a formarse una idea más clara del resto de los personajes que habitaban la casa. Aparte de la esposa del general, su segunda concubina parecía ser la persona más importante. Mi abuela descubrió que había ordenado a los sirvientes que la trataran bien, lo que facilitaba considerablemente su situación. En una hacienda de estas características, la actitud de los sirvientes se hallaba determinada por la categoría de aquellos a quienes se veían obligados a servir. Tan pronto adulaban a las personas más favorecidas como maltrataban a quienes habían caído en desgracia.

La segunda concubina tenía una hija algo mayor que mi madre, lo que representaba un vínculo adicional entre ambas mujeres, a la vez que constituía un motivo que explicaba el favor que la primera gozaba frente al general Xue, quien no tenía otros hijos aparte de mi madre.

Transcurrido un mes, durante el cual logró trabar bastante amistad con ambas concubinas, mi abuela acudió a presencia de la esposa del general y le comunicó que necesitaba regresar en busca de más ropa. La esposa le concedió su permiso, pero cuando mi abuela le preguntó si podía llevar consigo a su hija para que se despidiera de sus abuelos, respondió con una negativa. La estirpe de los Xue no había de abandonar el recinto del hogar paterno.

Así pues, mi abuela enfiló sola la polvorienta carretera que conducía a Changli. Una vez que el cochero la hubo dejado en la estación de ferrocarril, comenzó a hacer preguntas a las personas que por allí había. Descubrió dos jinetes dispuestos a proporcionarle el medio de transporte que precisaba. Tras esperar la caída de la noche, utilizó un atajo para regresar apresuradamente a Lulong en compañía de ellos y de sus caballos. Uno de los hombres la sentó en su silla y cabalgó en cabeza durante todo el trayecto sin soltar en ningún momento las riendas.

Cuando llegaron a la mansión, mi abuela se dirigió a una de las entradas posteriores y anunció su presencia con una señal preestablecida. Tras un corto intervalo que a ella se le antojó de varias horas –aunque apenas ocupó unos pocos minutos–, la verja se abrió y la luna iluminó la figura de su hermana, sosteniendo a mi madre en brazos. El cerrojo había sido abierto por su amiga, la segunda concubina, quien lo había destrozado con un hacha para que pareciera que alguien lo había forzado.

Mi abuela apenas dispuso de tiempo para abrazar rápidamente a mi madre. Por otra parte, tampoco deseaba despertarla, temerosa de que su llanto alertara a los guardas. Tras atar a mi madre a la espalda de uno de los jinetes, ella y su hermana montaron en los dos caballos y desaparecieron en la noche. Los jinetes habían recibido una recompensa generosa, por lo que procuraron apresurar el paso. Al amanecer se encontraban en Changli, y antes de que nadie pudiera dar la alarma, ambas mujeres habían tomado ya el tren que conducía al Norte. Al atardecer, cuando el tren hizo finalmente su entrada en Yixian, mi abuela se desplomó sobre el suelo y permaneció allí largo rato, incapaz de moverse.

Se hallaba relativamente a salvo, a casi trescientos kilómetros de Lulong y fuera del alcance de los habitantes de la hacienda Xue. No podía llevar a mi madre a casa por miedo a los sirvientes, por lo que rogó a una antigua amiga del colegio si no le importaría ocultarla en la suya. La amiga vivía en casa de su suegro, un médico manchú llamado doctor Xia, de quien se sabía que era un hombre bondadoso que jamás traicionaría a nadie, y menos a un amigo.

La hacienda Xue nunca hubiera perdido el tiempo en perseguir a mi abuela, una simple concubina. El problema era mi madre, una descendiente por línea directa. Mi abuela envió un telegrama a Lulong en el que informaba que mi madre había caído enferma durante el viaje en tren y había muerto. A ello siguió una espera angustiosa durante la que los estados de humor de mi abuela variaron constantemente. En ocasiones, confiaba en que la familia hubiera creído su relato pero, a continuación, se atormentaba a sí misma pensando que quizá no fuera así, que acaso se proponían enviar una pandilla de matones para secuestrarla a ella junto con su hija. Por fin, se consoló pensando que la familia Xue se hallaría demasiado preocupada por el inminente fallecimiento del patriarca para gastar energía en inquietarse acerca de ella, y que probablemente las mujeres que habitaban en la hacienda salían al fin y al cabo ganando con la ausencia de su hija.

Una vez se hizo a la idea de que la familia Xue iba a dejarla en paz, mi abuela se retiró discretamente a su casa de Yixian en compañía de mi madre. Ni siquiera le preocupaban ya los sirvientes, puesto que sabía que su «esposo» no había de acudir. No hubo noticias de Lulong durante más de un año, hasta que en el otoño de 1933 llegó un telegrama que informaba de que el general Xue había muerto, por lo que se reclamaba la presencia inmediata de mi abuela en Lulong para el funeral.

El general había muerto en Tianjin, en el mes de septiembre. Su cuerpo fue devuelto a Lulong en un féretro lacado cubierto por un manto de seda bordada. Le acompañaban otros dos ataúdes, uno igualmente lacado y revestido de seda y el otro fabricado de madera basta y sin forrar. El primero contenía el cuerpo de una de sus concubinas, quien se había envenenado con opio para acompañarle en el momento de su muerte, lo que se consideraba el máximo grado posible de lealtad conyugal. En su honor, la mansión del general Xue se vio posteriormente adornada con una placa escrita por el célebre general Wu Pei-fu. El segundo ataúd contenía los restos de otra concubina, muerta dos años atrás de fiebres tifoideas. Su cadáver había sido exhumado para ser nuevamente sepultado junto al general Xue, tal y como era la costumbre. El féretro era de madera sencilla debido a que la horrible enfermedad que había terminado con su vida la convertía en un símbolo de mala fortuna. Ambos féretros habían sido rellenados con recipientes de mercurio y carbón vegetal para evitar la descomposición de los cuerpos, y en las bocas de ambas mujeres había sido introducida una perla.

El general Xue y las dos concubinas fueron sepultados en la misma tumba; con el tiempo, tanto su esposa como el resto de las concubinas ocuparían un lugar junto a ellos. Durante el funeral, la tarea esencial de sostener una bandera para reclamar el espíritu del fallecido debía ser llevada a cabo por el hijo del muerto. Dado que el general no tenía hijos, su esposa adoptó a su sobrino –de diez años de edad– para que desempeñara tal labor. El muchacho se ocupó asimismo de otro ritual, consistente en arrodillarse junto al féretro y gritar «¡Cuidado con los clavos!». La tradición afirmaba que, en caso contrario, el fallecido podría herirse con ellos.

La sepultura había sido escogida por el propio general Xue según los principios de la geomancia. Se hallaba situada en un lugar hermoso y apacible desde el que se divisaban las distantes montañas situadas al Norte. La parte frontal daba a un arroyo que discurría entre los eucaliptos que se alzaban en dirección Sur. Dicha localización simbolizaba el deseo de dejar tras de sí elementos sólidos con los cuales contar: las montañas, por una parte, y el reflejo glorioso del sol frente a él como símbolo del nacimiento de la prosperidad.

Mi abuela, sin embargo, nunca conoció aquel lugar: hizo caso omiso de la llamada y no estuvo presente en el funeral. Poco después, el director de la casa de empeños dejó de hacerle llegar su pensión. Al cabo de una semana aproximadamente sus padres recibieron una carta de la esposa del general Xue, según la cual las últimas palabras de mi abuelo habían devuelto la libertad a mi abuela; ello resultaba excepcionalmente avanzado para la época, y ésta apenas podía creer en su buena fortuna. Con tan sólo veinticuatro años de edad, era libre.

2

«Incluso el agua fresca resulta dulce»

Mi abuela contrae matrimonio con un médico manchú

(1933-1938)

La carta de la esposa del general Xue también solicitaba a mis bisabuelos que hicieran regresar a su hija. Aunque el tema aparecía sugerido de modo indirecto, tal y como era tradicional, mi abuela supo que se le ordenaba abandonar la casa.

Su padre la recogió, si bien a regañadientes. Para entonces, ya había abandonado cualquier pretensión de ser un hombre de familia. Desde el momento en que se había visto vinculado al general Xue, su posición en la vida se había elevado. Además de ser nombrado jefe adjunto de la policía de Yixian y de ingresar en los círculos de las personas influyentes, se había convertido en un hombre relativamente rico, había adquirido algunas tierras y había comenzado a fumar opio.

Tan pronto obtuvo su promoción, adquirió una concubina, una mujer de Mongolia que le fue regalada por su jefe directo. La entrega de una concubina como presente a los colegas más jóvenes y prometedores constituía una costumbre habitual, y el jefe de policía local estaba encantado de poder complacer a un protegido del general Xue. Pero mi bisabuelo no tardó en comenzar la búsqueda de una nueva; a un hombre en su posición le convenía tener la mayor cantidad posible de mujeres, pues éstas constituían un símbolo de su categoría. No tuvo que buscar mucho: la concubina tenía una hermana.

Cuando mi abuela regresó al hogar de sus padres, se encontró con un panorama muy distinto al que había dejado atrás casi una década antes. En lugar de la sola presencia de su madre, desdichada y oprimida, ahora había tres esposas. Una de las concubinas había tenido una hija, que entonces tenía la misma edad que mi madre. La hermana de mi abuela, Lan, aún se encontraba soltera a la avanzada edad de dieciséis años, lo que era motivo de irritación para Yang.

Mi abuela había salido de un nido de intrigas para introducirse en otro. Su padre alimentaba un fuerte rencor contra ella y contra su madre. En lo que se refería a esta última, se sentía molesto por su simple presencia, y se mostraba aún más desagradable con ella ahora que tenía las dos concubinas, a las que favorecía sobre la primera. Comía en compañía de las concubinas, dejando a mi madre que comiera sola. En cuanto a mi abuela, se hallaba irritado con ella por regresar a la casa ahora que él había logrado crear un nuevo mundo a su alrededor.

Asimismo, la consideraba una gafe (*ke*) por el hecho de haber perdido a su marido. En aquellos tiempos, se consideraba supersticiosamente a las viudas como responsables de la muerte de sus esposos. Mi bisabuelo consideraba a su hija un símbolo de mala suerte, y deseaba expulsarla de casa.

Las dos concubinas le animaban a ello. Hasta la llegada de mi abuela, habían hecho las cosas en gran parte a su modo. Mi bisabuela era una mujer amable, e incluso débil. A pesar de que su categoría era, teóricamente, superior a la de las concubinas, lo cierto es que vivía a merced de sus caprichos. En 1930 dio a luz a un hijo, Yu-lin. Ello despojaba a las concubinas de su seguridad futura, ya que a la muerte de mi bisabuelo todos sus bienes pasarían automáticamente a poder del hijo, y ambas sufrían berrinches considerables cada vez que Yang demostraba el más mínimo afecto por su retoño. Desde el momento en que nació Yu-lin, renovaron su guerra psicológica contra mi bisabuela, logrando aislarla en su propia casa. Tan sólo se dirigían a ella para quejarse y protestar, y si le dirigían la mirada siempre era con expresión fría e impasible. Mi bisabuela no hallaba protección alguna en su marido, cuyo desprecio hacia ella no se había visto aplacado por el hecho de haberle dado un hijo. Pronto halló el modo de descubrir en ella nuevas faltas.

Mi abuela poseía un carácter más fuerte que el de su madre, y el infortunio sufrido a lo largo de una década la había endurecido. Incluso su padre mostraba cierto respeto hacia ella. Se dijo a sí misma que sus días de sumisión al padre habían terminado, y que en adelante iba a luchar por ella y por su madre. Mientras estuviera en la casa, las concubinas se verían forzadas a reprimirse, e incluso a sonreír aduladoramente de vez en cuando.

Tal era la atmósfera en la que mi madre vivió durante sus años formativos, desde los dos hasta los cuatro. A pesar de hallarse resguardada por el afecto de su madre, podía percibir la tensión que impregnaba el ambiente.

Mi abuela se había convertido en una hermosa joven que aún no alcanzaba la treintena. Poseía, además, notables dotes, y muchos hombres habían solicitado su mano a mi bisabuelo. Sin embargo, dado que había sido previamente una concubina, los únicos que se ofrecieron para desposarla como es debido eran pobres, y por ello nada tenían que hacer con el señor Yang.

Mi abuela ya había soportado bastante rencor y mezquindad en el mundo del concubinato, en el que no cabía otra elección que convertirse en víctima o en convertir a los demás en víctimas de una. No existía término medio. Todo lo que mi abuela quería era que la dejaran criar a su hija en paz.

Su padre no hacía más que importunarla con recomendaciones para que volviera a casarse. Unas veces, dejaba caer antipáticas indirectas; otras, le decía claramente que tenía que librarle de su presencia. Pero mi abuela no tenía un lugar a donde ir. No tenía dónde vivir, y no se le permitía buscar un empleo. Al cabo de un tiempo, incapaz de soportar las presiones, sufrió una crisis nerviosa.

Llamaron a un médico. Se trataba del doctor Xia, en cuya casa se había ocultado mi madre tres años antes tras escapar de la mansión del general Xue. Aunque había sido buena amiga de su nuera, el doctor Xia nunca había visto a mi abuela, tal y como recomendaba la estricta segregación sexual imperante en la época. La primera vez que entró en su habitación, se sintió tan impresionado por su belleza que retrocedió en confusión, salió de la estancia y murmuró al sirviente que no se encontraba bien. Por fin, logró recobrar su compostura y, tras tomar asiento, habló largamente con ella. Era el primer hombre que mi abuela había conocido al que pudiera revelar sus auténticos sentimientos, si bien con cierta dosis de discreción, como convenía a toda mujer que conversara con un hombre que no era su esposo. El doctor se mostró amable y afectuoso, y mi abuela pensó que nunca se había sentido tan comprendida. Ambos no tardaron en enamorarse, y el doctor Xia se le declaró. Es más, dijo a mi abuela que quería convertirla en su mujer legal y criar a mi madre como si se tratara de su propia hija. Mi abuela aceptó con lágrimas de alegría. Su padre se sintió igualmente feliz, aunque se apresuró a advertir al doctor Xia que no podría suministrar dote alguna. El doctor Xia le dijo que tal cuestión carecía por completo de importancia.

El doctor Xia había acumulado en Yixian una larga experiencia en medicina tradicional, y gozaba de una elevada reputación profesional. A diferencia de los Yang y de la mayor parte de los habitantes de China, no era un han, sino un manchú, descendiente de los primeros habitantes de Manchuria. En una época anterior, sus antepasados habían ejercido como doctores de la familia imperial manchú y habían recibido grandes honores a cambio de sus servicios.

El doctor Xia era bien conocido no sólo por su calidad como médico sino también por su amabilidad personal, que a menudo le llevaba a atender a los pobres gratuitamente. Era un hombre corpulento, de casi dos metros de altura, pero sus movimientos eran elegantes a pesar de su tamaño. Siempre se vestía con las largas túnicas tradicionales y se cubría con una chaqueta. Sus ojos eran castaños y de expresión bondadosa, y lucía una perilla y unos largos bigotes colgantes. Su rostro y su porte traslucían una enorme calma.

El doctor era ya un hombre de avanzada edad cuando se declaró a mi abuela. Tenía sesenta y cinco años y era viudo, con tres hijos adultos y una hija, todos ellos casados. Los tres hijos vivían con él en la misma casa. El mayor cuidaba de la hacienda y administraba la granja familiar; el segundo trabajaba como médico con su padre, y el tercero, casado con la amiga de mi abuela, era maestro. Entre todos, tenían ocho hijos, uno de los cuales ya estaba casado y había tenido un hijo a su vez.

El doctor Xia reunió a sus hijos en su despacho y les comunicó sus planes. Ellos le contemplaron con incredulidad, lanzándose miradas los unos a los otros. Se hizo un profundo silencio y, por fin, habló el mayor: «Imagino, padre, que lo que quieres decir es que será tu concubina.» El doctor Xia repuso que proyectaba tomar a mi abuela como su legítima esposa. Ello acarreaba tremendas repercusiones, ya que se convertiría en madrastra de todos ellos y debería ser tratada como un miembro más de la generación anterior, a la vez que disfrutaría de una categoría tan venerable como la de su esposo. En todos los hogares chinos corrientes, la generación más joven debía mostrar sumisión a las más antiguas, guardando en todo momento el decoro apropiado a sus distintas categorías, pero el doctor Xia observaba un sistema de etiqueta manchú aún más complicado. Las generaciones jóvenes debían mostrar su respeto hacia los mayores cada mañana y cada tarde, arrodillándose los hombres y haciendo una reverencia las mujeres. En los festejos, los hombres debían realizar un kowtow completo. El hecho de que mi abuela hubiera sido anteriormente concubina, unido a la diferencia de edad –lo que significaba que tendrían que rendir obediencia a alguien de categoría inferior y mucho más joven que ellos–, era más de lo que los hijos podían soportar.

Se reunieron con el resto de la familia, alimentando cada vez más su indignación. Incluso la nuera que había sido amiga de mi abuela en los tiempos del colegio se mostraba disgustada, ya que el matrimonio de su suegro la forzaría a mantener una relación completamente diferente con alguien que había sido compañera de clase. No podría comer a la misma mesa que su amiga, y ni siquiera podría sentarse junto a ella; tendría que atender a sus mínimos deseos e, incluso, saludarla por medio del kowtow.

Todos los miembros de la familia –hijos, nueras, nietos, incluso el bisnieto– acudieron por turnos a implorar al doctor Xia que «tuviera en cuenta los sentimientos» de «aquellos que eran de su propia sangre». Se arrodillaron, se postraron en kowtow, sollozaron y gritaron.

Suplicaron al doctor Xia que tuviera en cuenta el hecho de que era un manchú, y que, de acuerdo con las antiguas costumbres manchúes, un hombre de su categoría no debía casarse con una china han. El doctor Xia repuso que tal regla había sido abolida largo tiempo atrás. Sus hijos dijeron que todo buen manchú debiera observarla a pesar de todo. Insistieron una y otra vez en la diferencia de edad. El doctor Xia doblaba con mucho la edad de mi abuela. Uno de los miembros de la familia le recordó un viejo dicho: «La joven esposa de un esposo anciano es, en realidad, esposa de otro hombre.»

Lo que más le dolía al doctor Xia era el chantaje emocional, especialmente el argumento de que el hecho de tomar a una ex concubina por esposa legítima perjudicaría la posición social de sus hijos. El doctor *sabía* que sus hijos perderían prestigio, y se sentía culpable por ello, pero sentía que debía anteponer a ello la felicidad de mi abuela. Si la tomaba en calidad de concubina, sería ella quien no sólo perdería prestigio sino que se convertiría en esclava de toda la familia. Ni siquiera su amor por ella bastaría para protegerla si no la tomaba por legítima esposa.

El doctor Xia imploró a su familia que respetaran los deseos de un anciano, pero tanto ellos como la sociedad adoptaron la actitud de que un deseo irresponsable no debía ser tolerado. Algunos incluso insinuaron que comenzaba a padecer senilidad. Otros le dijeron: «Ya tienes hijos, nietos e incluso un bisnieto; tienes una familia grande y próspera. ¿Qué más deseas? ¿Qué necesidad tienes de *casarte* con ella?»

Las discusiones continuaron hasta hacerse interminables. Más y más parientes y amigos hicieron acto de presencia, todos ellos invitados por los hijos. Unánimemente, declararon que el matrimonio les parecía una idea desatinada. Por fin, descargaron su inquina sobre mi abuela. «¡Casarse de nuevo cuando el cadáver y los huesos de su primer marido aún están calientes!» «Esa mujer lo tiene todo planeado: rehúsa aceptar el concubinato con objeto de convertirse en tu esposa legítima. Si realmente te ama, ¿por qué no puede conformarse con ser tu concubina?» Entre otros proyectos que atribuían a mi abuela, afirmaban que había planeado la boda con el doctor Xia para conquistar el poder en la familia y luego maltratar a sus hijos y a sus nietos.

También insinuaron que pretendía hacerse con el dinero del doctor. Bajo toda aquella charla sobre la propiedad, la moralidad y los intereses del propio doctor Xia, discurría una serie de silenciosos cálculos acerca de su fortuna. Los parientes temían que mi abuela llegara a poner sus manos sobre la riqueza del doctor ya que, como esposa, habría de convertirse automáticamente en administradora de su hacienda.

El doctor Xia era un hombre rico. Poseía ochocientas hectáreas de terreno de labranza en el condado de Yixian, e incluso tenía algunas tierras al sur de la Gran Muralla. Su enorme casa de la ciudad se hallaba construida de ladrillos grises elegantemente silueteados con pintura blanca. Los techos eran encalados, y las habitaciones estaban empapeladas, por lo que las vigas y las junturas permanecían ocultas, lo que se consideraba una importante señal de prosperidad. Poseía asimismo una próspera consulta de medicina y una farmacia.

Cuando los familiares advirtieron que no iban a lograr nada, decidieron acudir directamente a mi abuela. Un día, la nuera que había sido su compañera de colegio acudió a visitarla. Después de tomar el té y de charlar de cosas sin importancia, la amiga se concentró en la misión que la había llevado allí. Mi abuela rompió a llorar y la tomó de la mano, un gesto íntimo habitual en ellas. ¿Qué haría ella en su situación?, preguntó. Al no obtener respuesta, insistió: «Sabes muy bien lo que significa ser una concubina. A ti no te gustaría serlo, ¿verdad? No sé si conoces una expresión de Confucio que dice: *Jiang-xin-bi-xin*. ¡Imagina que mi corazón fuera el tuyo!» A veces, la táctica de apelar a los preceptos de los sabios funcionaba mejor que una negativa directa.

La amiga regresó a su familia poseída por un gran sentimiento de culpabilidad, y notificó a todos su fracaso. Insinuó que le faltaba coraje para presionar más a mi abuela. Descubrió un aliado en De-gui, el segundo hijo del doctor Xia, quien ejercía como médico junto a su padre y por ello se hallaba más cercano a él que el resto de los hermanos. De-gui dijo que opinaba que debían permitir que se celebrara el matrimonio. El tercer hijo también comenzó a ablandarse cuando escuchó a su esposa describir el desconsuelo de mi abuela.

Los que más indignados se mostraban eran el hijo mayor y su mujer. Cuando ésta vio que los otros dos hermanos titubeaban, espetó a su marido:

—Por supuesto que no les importa. Tienen otros empleos, y esa mujer no puede arrebatárselos. Pero ¿y tú? Tú no eres más que el administrador de la hacienda del viejo, ¡y todo eso pasará a manos de *ella* y de su hija! ¿Qué será de mí y de mis hijos, pobres de nosotros? No tenemos nada a lo que recurrir. ¡Quizá sería mejor que nos muriéramos todos! ¡Quizá es eso lo que pretende tu padre! ¡Quizá debería suicidarme para hacerles a todos felices!

El discurso fue acompañado por grandes lamentos y copiosas lágrimas.

—Concédeme tan sólo hasta mañana —repuso su esposo en tono agitado.

Cuando el doctor Xia despertó a la mañana siguiente, halló a toda su familia, con excepción de De-gui (quince personas en total), arrodillada frente a su alcoba. En el momento en que hizo su aparición, su hijo mayor gritó!: «¡Kowtow!», y todos se postraron al unísono. A continuación, con voz temblorosa por la emoción, el hijo anunció:

—Padre, tus hijos, y toda tu familia, permaneceremos aquí postrados en kowtow frente a ti hasta la muerte o hasta que comiences a pensar en nosotros, tus familiares, y —sobre todo— en tu venerable persona.

El doctor Xia se enfureció tanto que su cuerpo comenzó a temblar. Ordenó a sus hijos que se pusieran en pie, pero antes de que nadie pudiera obedecer, el mayor habló de nuevo:

—No, padre, no nos moveremos. ¡No hasta que anules la boda!

El doctor Xia intentó razonar con él, pero el hijo continuó intimidándole con voz temblorosa. Finalmente, el doctor Xia dijo:

–Sé lo que pensáis. No me queda mucho tiempo en este mundo. Si lo que os preocupa es el futuro comportamiento de vuestra madrastra, debo decir que no albergo duda alguna de que os tratará a todos muy bien. Sé que es una buena persona. Espero que comprendáis que no puedo ofreceros otra garantía que su carácter...

Al oír mencionar la palabra «carácter», el hijo mayor soltó un resoplido de desprecio:

–¡Cómo puedes hablar de «carácter» tratándose de una concubina! ¡Para empezar, ninguna mujer decente hubiera aceptado convertirse en concubina!

A continuación, comenzó a insultar a mi abuela. Al oírlo, el doctor Xia no pudo controlarse. Alzó su bastón y comenzó a vapulear a su hijo.

Durante toda su vida, el doctor Xia había sido un modelo de calma y discreción. El resto de los miembros de la familia, aún de rodillas, contemplaban atónitos la escena. El bisnieto comenzó a chillar histéricamente. El hijo mayor se hallaba desconcertado, pero apenas tardó un segundo en recobrarse y en alzar de nuevo la voz, no sólo por el dolor físico sino por ver su orgullo herido a causa de verse apaleado frente a su familia. El doctor Xia, casi sin aliento por la ira y el esfuerzo, se detuvo. Inmediatamente, el hijo reanudó su sarta de insultos contra mi abuela. Su padre le gritó que se callara, y le golpeó con tanta fuerza que el bastón se partió en dos.

El hijo ponderó su humillación y su dolor durante unos instantes. A continuación, extrajo una pistola y miró al doctor Xia frente a frente.

–Un súbdito leal puede servirse de su muerte para protestar ante su emperador, y un buen hijo debe hacer lo mismo frente a su padre. ¡Que mi muerte sea mi mejor protesta!

Se oyó un disparo. El hijo se tambaleó y, por fin, se derrumbó sobre el suelo. Se había disparado una bala en el abdomen.

Una carreta tirada por caballos le trasladó apresuradamente a un hospital cercano, donde murió al día siguiente. Con certeza, no había pretendido matarse, sino tan sólo llevar a cabo un gesto lo suficientemente dramático para que su padre se viera obligado a ceder.

La muerte de su hijo sumió al doctor Xia en un profundo desconsuelo. Aunque exteriormente su aspecto era calmado como de costumbre, aquellos que le conocían podían advertir que su tranquilidad se hallaba impregnada de una profunda amargura. A partir de entonces, se mostró propenso a sufrir ataques de melancolía completamente ajenos a su tradicional imperturbabilidad.

Yixian hervía de indignación, rumores y acusaciones, lo que hizo que el doctor Xia –y, en especial, mi abuela– se sintieran personalmente responsables de su muerte. El doctor Xia quiso demostrar que no había de ser disuadido. Poco después del funeral por su primogénito, fijó una fecha para la boda. Advirtió a sus hijos que deberían mostrar el debido respeto a su nueva madre, y envió invitaciones a las personalidades de la ciudad. La costumbre exigía que todos acudieran y ofrecieran presentes. Asimismo, dijo a mi abuela que se preparara para una gran ceremonia. Ella, sin embargo, atemorizada por las acusaciones y el imprevisible efecto que pudieran tener en el doctor Xia, intentaba desesperadamente convencerse a sí misma de su inocencia. No obstante, experimentaba sobre todo una sensación de desafío. Consintió en la celebración del rito nupcial completo. El día de la boda, abandonó la casa de su padre en un lujoso carruaje al que acompañaba una procesión de músicos. De acuerdo con la costumbre manchú, su propia familia se encargó de alquilar un carruaje para que la transportara a lo largo de la mitad del trayecto que la separaba de su nueva casa, y el novio envió otro para cubrir el resto de la ruta. En el punto de encuentro, Yu-lin, su hermano de cinco años de edad, aguardó al pie de la carroza doblado sobre sí mismo, simbolizando con ello que la transportaba sobre sus espaldas hasta el carruaje del doctor Xia, proceso que repitió cuando llegaron a casa de éste. Una mujer no podía entrar por las buenas en la casa de un hombre, pues ello implicaría una grave pérdida de prestigio. Tenía que ser llevada al interior con objeto de denotar la debida reticencia.

Dos doncellas se encargaron de conducir a mi abuela a la estancia en la que debía celebrarse la ceremonia nupcial. El doctor Xia aguardaba frente a una mesa cubierta por un grueso tapete de seda bordada sobre la que descansaban las tablas del Cielo, la Tierra, el Emperador, los Antepasados y el Maestro. Lucía un sombrero decorado a modo de corona y adornado con un plumaje colgante en su parte posterior, e iba ataviado con una larga y amplia túnica bordada con mangas en forma de campana. Se trataba de una prenda tradicional manchú sumamente apropiada para la equitación y el arco, y derivada de los orígenes nómadas de los manchúes. Arrodillándose, realizó por cinco veces el kowtow frente a las tablas y, a continuación, penetró solo en la cámara nupcial.

A continuación, mi abuela –aún acompañada por sus dos asistentes– realizó cinco reverencias, llevándose cada vez la mano derecha al cabello en señal de saludo. No podía ejecutar el kowtow debido a lo complicado de su peinado. Hecho esto, siguió al doctor Xia al interior de la cámara nupcial y, una vez allí, se despojó del velo encarnado que cubría su cabeza. Las doncellas intercambiaron sendos jarrones vacíos en forma de cantimplora y partieron. El doctor Xia y mi abuela permanecieron sentados en silencio durante un rato y, por fin, el doctor Xia salió a saludar a los parientes e invitados. Durante varias horas, mi abuela se vio obligada a permanecer sola, sentada sobre el kang, frente a la ventana en la que aparecía un enorme recorte de papel rojo en el que se leía «doble felicidad». Esta costumbre se conocía con el nombre de «dejar que se asentara la felicidad», y simbolizaba la ausencia de turbación considerada cualidad esencial de cualquier mujer. Una vez que todos los invitados se hubieron marchado, un joven pariente del doctor Xia entró y tiró tres veces de la manga de mi abuela. Sólo entonces se le permitía descender del kang. Con la ayuda de dos asistentes, se despojó de su pesado atuendo bordado y se puso una sencilla túnica roja y unos pantalones del mismo color. Finalmente, se deshizo de su voluminoso peinado y de sus tintineantes joyas y se peinó con dos rizos sobre las orejas.

Así pues, en 1935, mi madre y mi abuela, quienes a la sazón contaban cuatro y veintiséis años de edad, respectivamente, se trasladaron a la confortable mansión del doctor Xia. En realidad, se trataba de un recinto independiente que constaba de la casa propiamente dicha y el dispensario, a los que había que añadir la farmacia, que daba a la calle. Era habitual que los médicos de fama dispusieran de farmacia propia. En la suya, el doctor Xue vendía medicinas chinas tradicionales, hierbas y extractos animales previamente elaborados en una rebotica por tres aprendices.

La fachada de la casa se hallaba dominada por unos aleros lujosamente decorados en rojo y oro. En el centro podía verse una placa escrita en caracteres dorados que anunciaban que se trataba de la residencia del doctor Xia. Detrás de la farmacia se extendía un pequeño patio al que daba una serie de habitaciones destinadas a los sirvientes y los cocineros. Más allá, el recinto se abría a un conjunto de patios más pequeños junto a los que habitaba la familia. Al fondo, se accedía a un gran jardín salpicado de cipreses y ciruelos de invierno. Los patios no tenían hierba, pues el clima era demasiado severo. Consistían en simples extensiones de tierra desnuda, oscura y áspera que se convertía en polvo durante el verano y en barro durante la breve primavera que deshelaba la nieve. Al doctor Xia le encantaban los pájaros, y poseía un jardín de aves. Todas las mañanas, hiciera el tiempo que hiciera, se complacía en escuchar los cantos y trinos de los pájaros mientras realizaba su *qigong*, una forma china de ejercicio físico a menudo denominada *t'ai chi*.

Tras la muerte de su hijo, el doctor Xia hubo de soportar el silencioso y constante reproche de su familia. Nunca comentó con mi abuela el dolor que ello le causaba. En China es imperativo para los hombres saber mantener las apariencias. Pero mi abuela, claro está, sabía lo que estaba pasando y sufría en silencio con él. Se mostraba sumamente afectuosa y atendía a sus necesidades de todo corazón.

Siempre se mostraba sonriente con los miembros de la familia, si bien éstos solían tratarla con un desprecio que encubrían bajo una máscara de respeto. Incluso la nuera que había ido al colegio con ella intentaba evitarla. El hecho de saber que se le consideraba responsable por la muerte del hijo mayor constituía un gran peso para mi abuela.

Todo su estilo de vida hubo de cambiar para adaptarse al uso manchú. Dormía sola en una estancia en compañía de mi madre, y el doctor Xia lo hacía en una habitación separada. Por la mañana temprano, mucho antes de levantarse, sus nervios comenzaban a tensarse, anticipándose a los sonidos que anunciaban la llegada de la familia. Tenía que lavarse apresuradamente y darles los buenos días uno por uno mediante un rígido código de saludos. Asimismo, tenía que peinarse de un modo sumamente complicado para que su cabellera pudiera soportar los enormes adornos que sostenían su peluca. Todo cuanto obtenía era una serie de gélidos «buenos días» que constituían prácticamente las únicas palabras que el resto de la familia le dirigía. Viéndoles hacer aquellas reverencias, era consciente del odio que alimentaba sus corazones, lo que hacía que se sintiera aún más herida por la hipocresía del ritual.

En las fiestas y otras ocasiones importantes, todos los miembros de la familia tenían que saludarla con reverencias y kowtows y ella, por su parte, debía ponerse en pie y mostrar que dejaba la silla vacía como símbolo de respeto a la madre fallecida y ausente. Las costumbres manchúes parecían conspirar para mantenerla apartada del doctor Xia. Ni siquiera debían comer juntos, y una de las nueras permanecía constantemente detrás de ella para servirla. Sin embargo, aquellas mujeres solían mantener un rostro tan frío que para mi abuela no resultaba fácil terminar su comida, y mucho menos disfrutarla.

En cierta ocasión, poco después de mudarse a casa del doctor Xia, mi madre acababa de instalarse sobre el kang en lo que le pareció un lugar agradable, cálido y cómodo cuando, súbitamente, vio que el rostro del doctor Xia se ensombrecía. Abalanzándose sobre ella, la apartó bruscamente del asiento que había ocupado. Se había sentado en su lugar especial. Fue la única vez que la pegó. Según la costumbre manchú, su sitio era sagrado.

El traslado a la casa del doctor Xia trajo consigo para mi abuela una gran dosis de libertad por primera vez en su vida, pero también la convirtió hasta cierto punto en una prisionera. Lo mismo puede decirse de mi madre. El doctor Xia se mostraba sumamente afectuoso con ella y la trataba como si fuera su propia hija. Ella le llamaba «padre», y él le había concedido su propio nombre, Xia –que aún hoy lleva– y un nuevo nombre de pila, De-hong, que se compone de dos caracteres: *Hong*, que significa «cisne salvaje», y *De*, un nombre de generación que significa «virtud».

Los familiares del doctor Xia no osaban insultar a mi abuela a la cara, pues ello habría equivalido a traicionar a su «madre», pero en lo que se refería a su hija, la cosa variaba. Aparte de las caricias de mi abuela, uno de los primeros recuerdos de mi madre es la tiranía a la que la sometían los miembros más jóvenes de la familia del doctor Xia. Ella intentaba no protestar y ocultar a su madre las heridas y magulladuras que sufría, pero mi abuela era consciente de lo que ocurría. Nunca dijo nada al doctor Xia, ya que no quería preocuparle ni crearle nuevos problemas con sus hijos, pero mi madre se sentía desdichada. A menudo suplicaba ser devuelta al hogar de sus abuelos o a la casa adquirida por el general Xue, donde todos la habían tratado como a una princesa, pero pronto advirtió que no debía continuar rogando que la llevaran «a casa» ya que con ello no conseguía otra cosa que hacer asomar las lágrimas a los ojos de su madre.

Los amigos más íntimos de mi madre eran sus animales. Tenía un búho, un pájaro miná que sabía pronunciar algunas frases sencillas, un halcón, un gato, unos ratones blancos y unos cuantos grillos y saltamontes que guardaba en frascos de vidrio. Aparte de su madre, el único ser humano en quien tenía un amigo era el cochero del doctor Xia, conocido como Gran Lee. El Gran Lee era un individuo duro y curtido, procedente de las montañas septentrionales de Hinggan, cercanas al punto en el que se unían las fronteras de China, Mongolia y la Unión Soviética. Poseía una piel oscura, cabellos ásperos, labios gruesos y nariz respingona, rasgos todos ellos muy poco corrientes entre los chinos. De hecho, su aspecto no era chino en absoluto. Era alto, delgado y nervudo. Su padre le había criado para ser cazador y trampero, para excavar raíces de ginseng y perseguir osos, zorros y ciervos. Durante algún tiempo, había prosperado con la venta de sus pieles, pero los de su oficio habían tenido que abandonar su modo de vida a causa de los bandidos, de los cuales los peores eran los que trabajaban para el Viejo Mariscal, Chang Tso-lin. El Gran Lee solía referirse a él como «ese forajido bastardo». Más tarde, cuando mi madre oyó decir que el Viejo Mariscal había sido un ardiente patriota antijaponés, recordó las burlas del Gran Lee con respecto a aquel «héroe» del Nordeste.

El Gran Lee cuidaba de los animales domésticos de mi madre, y solía llevarla de excursión con él. Aquel invierno la enseñó a patinar. En primavera, cuando la nieve y el hielo se fundían, ambos acudían juntos a contemplar a la gente realizando el importante rito anual de «barrer las tumbas» y plantar flores sobre las sepulturas de sus antepasados. En verano iban a pescar y a recoger setas, y en otoño salían hasta la linde del pueblo para cazar liebres.

Durante las largas tardes de Manchuria, cuando el viento aullaba a través de las llanuras y el hielo se acumulaba en el interior de las ventanas, el Gran Lee, acomodado sobre el kang, solía sentar a mi madre sobre sus rodillas y relatarle historias fabulosas acerca de las montañas del Norte. Posteriormente, ella se dormía con imágenes de árboles misteriosos y elevados, flores exóticas, pájaros de vivos colores que entonaban bellas melodías y raíces de ginseng que, en realidad, eran niñas pequeñas (tras desenterrarlas, había que atarlas con un lazo rojo pues, de otro modo, escapaban corriendo).

El Gran Lee hablaba también a mi madre del reino animal. Le hablaba de los tigres que merodeaban por las montañas del norte de Manchuria, cuyo buen corazón les impedía atacar al hombre a no ser que se sintieran amenazados. Adoraba a los tigres. Pero los osos eran otra cuestión: se trataba de animales feroces que convenía evitar a toda costa. Si uno se topaba con ellos, había que permanecer inmóvil hasta que bajaran la cabeza. El motivo es que el oso tiene un rizo de cabello sobre la frente que le impide ver cuando baja la testuz. Frente a un lobo, no había que volverse y echar a correr, ya que siempre nos daría alcance. Había que permanecer quieto frente a él y no aparentar temor. A continuación, había que alejarse caminando hacia atrás muy, muy despacio. Muchos años después, los consejos del Gran Lee habrían de salvar la vida de mi madre.

Un día, cuando aún contaba cinco años de edad, mi madre se hallaba en el jardín, hablando con sus animales, cuando los nietos del doctor Xia la rodearon en pandilla. Empezaron por zarandearla e insultarla y, por fin, comenzaron a golpearla y a empujarla de un lado a otro más violentamente. La arrinconaron en una esquina del jardín junto a la que se abría un pozo seco y la empujaron al interior. El pozo era considerablemente profundo, y mi madre se estrelló contra los escombros esparcidos por el fondo. Al cabo de un rato, alguien oyó sus gritos y llamó al Gran Lee, quien acudió corriendo con una escalera. El cocinero la sostuvo mientras él descendía. Para entonces, ya había llegado mi abuela, frenética de preocupación. A los pocos minutos, el Gran Lee salió a la superficie llevando en brazos a mi madre, semiinconsciente y cubierta de cortes y magulladuras. La depositó en brazos de mi abuela, quien la llevó al interior para que el doctor Xia examinara sus heridas. Se había roto una cadera, la cual habría de seguir dislocándosele ocasionalmente a lo largo de los años. El accidente le dejó, además, una leve cojera permanente.

Cuando el doctor Xia le preguntó qué había pasado, mi madre dijo que había sido empujada por el [nieto] «Número seis». Mi abuela, siempre pendiente del bienestar del doctor Xia, intentó acallarla, ya que el Número seis era el favorito del anciano. Cuando éste abandonó la estancia, mi abuela dijo a mi madre que no volviera a protestar acerca del Número seis para no disgustar al doctor Xia. Durante algún tiempo, mi madre se vio confinada a la casa a causa de su cadera. El resto de los niños la condenó al más absoluto ostracismo.

Inmediatamente después de aquel episodio, el doctor Xia comenzó a ausentarse durante períodos que a veces eran de varios días. Acudió a la capital provincial, Jinzhou, situada a unos cuarenta kilómetros al Sur, en busca de empleo. El ambiente familiar se había tornado insoportable, y el accidente de mi madre –que fácilmente podía haber tenido un resultado trágico– le convenció de que se imponía la necesidad de mudarse.

La decisión no era fácil. En China se consideraba un gran honor tener a varias generaciones de una misma familia viviendo bajo el mismo techo, hasta el punto de que algunas calles ostentaban nombres tales como el de las «Cinco Generaciones Bajo Un Techo» en conmemoración de dichas estirpes. La ruptura de una familia tan grande era considerada una tragedia que había que evitar a toda costa, pero el doctor Xia intentó alegrar a mi abuela explicándole que para él sería un alivio el hecho de no tener tanta responsabilidad.

Mi abuela se sintió enormemente aliviada, si bien intentó no demostrarlo. De hecho, ella misma había intentado presionar con discreción al doctor Xia para que efectuara el traslado, especialmente después de lo que había sucedido con mi madre. Había tenido más que suficiente con la presencia glacial de aquella gran familia cuyos miembros tan fríamente contribuían a su desdicha y en la que carecía tanto de intimidad como de compañía.

El doctor Xia dividió su patrimonio entre los miembros. Lo único que conservó para sí fueron los obsequios que sus antepasados habían recibido de los emperadores manchúes. A la viuda de su hijo mayor le entregó todas sus tierras. El segundo hijo heredó la farmacia, y la casa pasó a ser propiedad del pequeño. Cuidó de asegurar el bienestar del Gran Lee y del resto de los sirvientes, y cuando preguntó a mi abuela si no le importaría verse convertida en una mujer pobre, ésta repuso que le bastaría con tenerle a él y a su hija: «Cuando se tiene amor, incluso el agua fresca resulta dulce.»

Un gélido día de diciembre de 1936, la familia se reunió frente a la verja principal para despedirles. Nadie lloraba, a excepción de De-gui, el único hijo que había defendido el matrimonio. El Gran Lee los condujo a la estación en el carro de caballos, y una vez allí mi madre se despidió de él con lágrimas en los ojos. Al subir al tren, sin embargo, su congoja se tornó en excitación. Era la primera vez que viajaba en tren desde que tenía un año, y la alegría le obligaba a dar saltos sin parar mientras miraba por la ventanilla.

Jinzhou era una ciudad grande de casi cien mil habitantes, capital de una de las nueve provincias de Manchukuo. Se extiende a unos quince kilómetros de distancia de la costa, en la zona de Manchuria más próxima a la Gran Muralla. Al igual que Yixian, se trataba de una población amurallada, pero su rápido crecimiento ya había hecho que rebasara con mucho sus muros. Contenía cierto número de fábricas textiles y dos refinerías de petróleo. Constituía, asimismo, un importante nudo de ferrocarril, e incluso contaba con su propio aeropuerto.

Los japoneses la habían ocupado a comienzos de enero de 1932 tras una serie de sangrientos combates. Jinzhou estaba situada en una posición de gran importancia estratégica, y había desempeñado un papel fundamental en la conquista de Manchuria, la cual había originado un importante conflicto diplomático entre los Estados Unidos y Japón a la vez que había constituido un episodio crucial dentro de la larga cadena de acontecimientos que, diez años más tarde, condujeron al bombardeo de Pearl Harbor.

Cuando los japoneses desencadenaron su ataque sobre Manchuria en septiembre de 1931, el Joven Mariscal –Chang Hsueh-liang– se vio forzado a abandonar su capital, Mukden, en manos del enemigo. Trasladó su campamento a Jinzhou con un contingente de unos doscientos mil soldados y estableció allí su cuartel general. Inmediatamente, los japoneses bombardearon la ciudad desde el aire en lo que se considera uno de los primeros ataques aéreos de la historia. A continuación, las tropas japonesas entraron en Jinzhou arremetiendo violentamente contra todo lo que encontraban a su paso.

Aquélla era la ciudad en la que el doctor Xia, con sus sesenta y seis años de edad, hubo de comenzar de nuevo desde el principio. Tan sólo podía permitirse el alquiler de una choza de barro de apenas ocho metros cuadrados en una de las zonas bajas más pobres de la ciudad, situada junto a un río y bajo un risco. La mayor parte de sus vecinos eran demasiado pobres para permitirse un techo como es debido, por lo que se contentaban con extender sobre sus cuatro paredes unos trozos de hierro ondulado que luego lastraban con piedras en un intento de evitar que fueran arrastrados por los frecuentes vendavales. La zona se encontraba situada en la linde de la población, frente a los campos de sorgo que se extendían al otro lado del río. A su llegada, en el mes de diciembre, la tierra parduzca aparecía congelada, al igual que el río, que en aquella zona alcanzaba una anchura de treinta metros. En primavera, con el deshielo, el terreno que les rodeaba se convirtió en una ciénaga, y el hedor de las aguas residuales que habían permanecido congeladas durante el invierno llegó a atenazarse a su olfato de un modo permanente. Durante el verano, la zona se encontraba infestada de mosquitos, y las inundaciones constituían una amenaza permanente, ya que el río se elevaba muy por encima del nivel de las casas y los muros de contención se encontraban en un estado de conservación lamentable.

La sensación que más poderosamente asaltó a mi madre fue la de un frío casi insoportable. Todas las actividades –no sólo ya el sueño– debían realizarse sobre el kang, el cual ocupaba la mayor parte del espacio disponible en la choza a excepción de una pequeña estufa que descansaba en un rincón. Los tres tenían que dormir juntos sobre el kang. Carecían de electricidad y de agua corriente. El retrete era una choza de barro en la que se había instalado una letrina comunitaria.

Frente a la casa se alzaba un templo pintado de vivos colores y dedicado al Dios del Fuego. La gente que acudía a orar en él solía atar sus caballos frente a la casa de los Xia. Cuando el tiempo se tornó más cálido, el doctor Xia adquirió la costumbre de ir a pasear con mi madre a lo largo del río durante el atardecer y recitarle poemas clásicos mientras contemplaban las espléndidas puestas de sol. Mi abuela no les acompañaba: no era costumbre que los esposos salieran a pasear con sus mujeres y, en cualquier caso, sus pies vendados le hubieran hecho imposible disfrutar del paseo.

Se hallaban al borde de la inanición. En Yixian, la familia siempre había contado con un suministro constante de alimentos procedente de las tierras del doctor Xia, lo que significaba que nunca les faltaba arroz incluso después de que los japoneses se hubieran adueñado de su parte. Ahora, sus ingresos habían descendido drásticamente, y los japoneses se apropiaban de una cantidad aún mayor de los recursos existentes. Gran parte de la producción local de alimentos era exportada a Japón por la fuerza, y el nutrido Ejército japonés que ocupaba Manchuria consumía la mayor parte del arroz y el trigo restantes. La población local podía, en ocasiones, hacerse con algo de maíz o sorgo, pero incluso estos productos resultaban escasos. La dieta básica consistía en bellotas, de gusto y aroma repugnantes.

Mi abuela nunca había conocido semejante pobreza, pero aquélla fue la época más feliz de su vida. El doctor Xia la amaba, y tenía a su hija con ella todo el tiempo. Ya no se veía obligada a soportar los tediosos rituales manchúes, y la diminuta choza de barro se hallaba siempre alegrada por las risas. En ocasiones, ella y el doctor Xia pasaban las largas veladas jugando a las cartas. Las reglas dictaban que si el doctor Xia perdía, mi abuela había de propinarle tres cachetes, mientras que si era él quien ganaba, debía besar a su esposa tres veces.

Mi abuela contaba con numerosas amigas en la vecindad, lo que resultaba nuevo para ella. Como esposa de un médico, era respetada a pesar de su pobreza. Después de tantos años de verse humillada y tratada como una mercancía cualquiera, se sentía por fin rodeada de auténtica libertad.

De cuando en cuando, ella y sus amigas escenificaban antiguas representaciones manchúes para su propio disfrute, tocando tambores, cantando y bailando. Las melodías que interpretaban consistían en notas y ritmos sencillos y repetitivos, y las mujeres improvisaban la letra a lo largo de la obra. Las casadas cantaban acerca de su vida sexual, y las vírgenes hacían preguntas relacionadas con el sexo. Dado que en su mayor parte eran analfabetas, aquello proporcionaba a muchas la ocasión de aprender acerca de las circunstancias de la vida. Asimismo, se servían de sus cánticos para charlar sobre sus vidas y sus esposos y a la vez airear sus chismorreos.

A mi abuela le encantaban aquellas reuniones, y a menudo las ensayaba en casa. Se sentaba sobre el kang, golpeaba el tambor con la mano izquierda y componía la letra a medida que avanzaba. Con frecuencia, el doctor Xia sugería sus propias palabras. Mi madre era demasiado joven para asistir a aquellas reuniones, pero solía observar fascinada los ensayos de mi abuela, y se mostraba especialmente interesada en conocer el significado de las palabras que sugería el doctor Xia. A la vista de lo mucho que reían ambos, sabía que debían de ser sumamente divertidas. Sin embargo, cuando mi abuela se las repetía, «se desplomaba entre nubes y niebla», ignoraba por completo qué significaban.

La vida, no obstante, resultaba dura. Cada día era una nueva batalla por sobrevivir. El arroz y el trigo sólo podían encontrarse en el mercado negro, por lo que mi abuela comenzó a vender parte de las joyas que el general Xue le había regalado. Ella misma apenas comía: o bien decía que ya había comido, o bien afirmaba que no tenía hambre y que ya comería más tarde. Cuando el doctor Xia descubrió que estaba vendiendo sus joyas, la instó a que se detuviera: «Yo ya soy un anciano –dijo–. Algún día moriré, y entonces dependerás de esas alhajas para sobrevivir.»

El doctor Xia trabajaba como médico asalariado en una farmacia, lo que no le proporcionaba demasiadas ocasiones para demostrar su competencia. Sin embargo, trabajaba con ahínco y, poco a poco, su reputación creció, por lo que no tardaron en solicitar que acudiera al domicilio de un enfermo. Aquella tarde, cuando regresó, traía consigo un paquete envuelto en tela. Guiñando un ojo a su esposa y a mi madre, les desafió a que adivinaran qué contenía. Mi madre no podía separar los ojos del humeante paquete, y antes de gritar «¡Rollos al vapor!» ya lo estaba abriendo. Mientras devoraba los rollos, alzó la mirada y vio los ojos chispeantes del doctor Xia. Más de cincuenta años después, aún puede recordar su expresión de felicidad, e incluso hoy afirma que no puede recordar nada tan delicioso como aquellos simples rollos de trigo.

Las visitas a domicilio eran sumamente importantes para los médicos, puesto que las familias eran más propensas a pagar al que acudía que a aquel para quien trabajaba. Cuando los pacientes eran ricos o quedaban satisfechos, los médicos solían verse ricamente recompensados. Asimismo, era frecuente que los pacientes agradecidos obsequiaran a su médico con espléndidos regalos con motivo del Año Nuevo, así como en otras ocasiones especiales. Tras unas cuantas visitas a domicilio, la situación del doctor Xia comenzó a mejorar.

Al mismo tiempo, su reputación comenzó a extenderse. Un día, la esposa del gobernador provincial cayó en coma, y el dignatario llamó al doctor Xia, quien logró que recobrara el sentido. Aquello se consideraba equivalente a haber rescatado a alguien de la tumba. El gobernador ordenó que se fabricara una pancarta, en la que escribió de su puño y letra: «Al doctor Xia, quien da vida a las personas y a la sociedad.» Posteriormente, la pancarta recorrió las calles de la ciudad en procesión.

Poco después, el gobernador acudió al doctor Xia para solicitar otro tipo de ayuda. Tenía una esposa y doce concubinas, pero ninguna de ellas había logrado hacerle padre. El gobernador había oído que el doctor Xia era especialmente hábil en cuestiones de fertilidad. Éste prescribió unas pociones para el gobernador y sus trece consortes, varias de las cuales no tardaron en quedar embarazadas. De hecho, el problema residía en el gobernador, pero el diplomático doctor Xia había preferido medicar también a la esposa y a las concubinas. El gobernador se mostraba gozoso, y mandó fabricar una pancarta aún más grande para el doctor Xia, en la que inscribió como leyenda «La reencarnación de Kuanyin» (diosa budista de la fertilidad y la bondad). La nueva pancarta fue llevada hasta el domicilio del doctor Xia encabezando una procesión todavía más larga que la anterior. Después de aquello, la gente acudió a visitar al doctor Xia desde puntos tan alejados como Harbin, situado a más de seiscientos kilómetros al Norte. Comenzó a ser conocido como uno de los «cuatro célebres doctores de Manchukuo».

A finales de 1937, un año después de su llegada a Jinzhou, el doctor Xia pudo por fin trasladarse a una casa mayor situada en las afueras de la entrada norte de la ciudad. La nueva residencia era de una calidad muy superior a la choza junto al río. En lugar de barro, estaba construida de ladrillo rojo. En lugar de una habitación, tenía nada menos que tres dormitorios. El doctor Xia pudo así instalar de nuevo su despacho y utilizar el salón como consulta.

La casa se hallaba adosada al costado sur de un enorme patio que compartían con otras dos familias, pero la casa del doctor Xia era la única que se abría directamente a él. Las otras dos casas daban a la calle y lindaban con el patio mediante sólidos muros. Ni siquiera las ventanas se abrían a él. Cuando querían acceder al patio tenían que dar la vuelta y entrar por una puerta que daba a la calle. La parte norte del patio se hallaba limitada por una tapia. En su interior, crecían cipreses e ílex chinos entre los que las tres familias solían tender las cuerdas de la ropa. Había también algunas rosas de Sharon lo bastante resistentes como para sobrevivir a la crudeza de los inviernos. Durante el verano, mi abuela solía plantar sus plantas anuales favoritas: crisantemos, dalias, bálsamo de los jardines y dondiegos de día, de blancos bordes.

Mi abuela y el doctor Xia nunca tuvieron hijos. El doctor sostenía la teoría de que un hombre de sesenta y cinco años no debería eyacular, para así conservar su esperma, considerado como la esencia de un hombre. Años más tarde, mi abuela reveló a mi madre con aire misterioso que el doctor Xia había desarrollado a través del qigong una técnica que le permitía disfrutar del orgasmo sin eyacular. Conservaba una salud admirable en un hombre de su edad. Nunca estaba enfermo, y todos los días, incluso con temperaturas inferiores a –23 ºC, tomaba una ducha fría. De acuerdo con los dictados del *Zai-li-hui* (Sociedad de la Razón) –la secta cuasi religiosa a la que pertenecía– nunca probó el alcohol ni el tabaco.

A pesar de ser él mismo un médico, el doctor Xia no era aficionado a tomar medicamentos, pues insistía en que la buena salud se basaba en un cuerpo sólido. Se oponía de modo inflexible a cualquier tratamiento que, en su opinión, curara una parte del cuerpo a base de dañar otra, y nunca recurría a medicinas fuertes por temor a sus efectos secundarios. A menudo, mi madre y mi abuela tenían que medicarse a sus espaldas. Cuando caían enfermas, el doctor Xia siempre llamaba a otro médico, quien no sólo era un curandero chino tradicional sino también un chamán que sostenía la creencia de que ciertas dolencias eran causadas por espíritus malignos que habían de ser aplacados o exorcizados mediante técnicas religiosas especiales.

Mi madre era feliz. Por primera vez en su vida, notaba auténtico calor a su alrededor. Ya no experimentaba la tensión que había tenido que soportar durante los dos años que había vivido en casa de sus abuelos, y el año de abusos que había sufrido a manos de los nietos del doctor Xia pertenecía al pasado.

Se mostraba especialmente excitada ante la llegada de los festivales, los cuales tenían lugar con una frecuencia prácticamente mensual. Entre los chinos corrientes no existía el concepto de semana laboral. Tan sólo en las oficinas de la administración, las escuelas y las fábricas japonesas el domingo se consideraba un día libre. Para el resto de la gente, los festivales ofrecían la única ruptura con la rutina cotidiana.

El vigésimo tercer día de la duodécima luna, siete días antes de la llegada del Año Nuevo chino, dio comienzo el Festival de Invierno. Según la leyenda, era el mismo día en el que el Dios de la Cocina, quien, según las representaciones gráficas que de él se hacían, vivía sobre la estufa en compañía de su esposa, había subido al cielo para informar al Emperador Celestial del comportamiento de cada familia. Si éste había sido bueno, la cocina permanecería repleta de alimentos para la familia a lo largo del siguiente año. Así, era costumbre que aquel día se realizaran numerosos kowtows en todos los hogares frente a las imágenes del Señor y la Señora de la Cocina, tras lo cual ambos eran incinerados para simbolizar su ascenso a los cielos. La abuela siempre recomendaba a mi madre que se untara algo de miel en los labios. Asimismo, solía prender fuego a figuras de caballos y sirvientes en miniatura que fabricaba con plantas de sorgo de modo que los componentes de la real pareja disfrutaran de un servicio especial que les hiciera sentirse más satisfechos y, por tanto, se mostraran más inclinados a presentar al Emperador un informe positivo de los Xia.

Durante los días siguientes, prepararon toda clase de alimentos. Cortaron carne con formas especiales y trituraron arroz y habas de soja para fabricar harina con la que cocinar bollos, rollos y budines. A continuación, la comida se almacenó a la espera de la llegada del Año Nuevo. Con sus –20 °C de temperatura, la bodega constituía un frigorífico natural.

En la medianoche de la noche vieja china, se desencadenó un torrente de fuegos artificiales, lo que a mi madre le produjo una intensa emoción. Salió a la calle en pos de la abuela y del doctor Xia e hizo el kowtow en la dirección desde la que se suponía que debía llegar el Dios de la Fortuna. A su alrededor, numerosas personas hacían lo propio y, a continuación, se saludaban unas a otras con las palabras «Que la buena suerte sea contigo».

La gente intercambiaba obsequios con motivo del Año Nuevo chino. Cuando el alba iluminaba el blanco papel que cubría las ventanas abiertas hacia el Este, mi madre saltaba de la cama y se vestía con sus nuevas y mejores galas: chaqueta nueva, pantalones nuevos, calcetines nuevos y zapatos nuevos. A continuación, ella y su madre acudían a visitar a vecinos y amigos, obsequiando a todos los adultos con un kowtow. Por cada golpe de frente que realizaba sobre el suelo, mi madre obtenía una «envoltura roja» que contenía dinero. Aquellos paquetes constituían todo el dinero de bolsillo del que habría de disponer a lo largo del año.

Durante los quince días siguientes, los adultos se visitaron y se desearon buena suerte unos a otros. La buena suerte –en otras palabras, el dinero– constituía una obsesión para la mayor parte de los chinos corrientes. La gente era pobre, y en casa del doctor Xia, al igual que en muchas otras, la carne tan sólo abundaba relativamente durante los festivales.

Las festividades culminaban el décimo quinto día con una procesión de carnaval seguida, a la caída del sol, por un espectáculo de farolillos. La procesión representaba una visita de inspección realizada por el Dios del Fuego. El dios era transportado por todo el vecindario para prevenir a la gente del peligro que el fuego suponía: en efecto, dado que la mayoría de las casas estaban construidas en parte de madera y que el clima era seco y ventoso, el fuego representaba una permanente fuente de terror, por lo que la estatua del dios conservada en el templo recibía ofrendas a lo largo de todo el año. La procesión comenzaba en el templo del Dios del Fuego, frente a la choza de barro que los Xia habían ocupado al llegar a Jinzhou. Ocho jóvenes transportaban sobre una silla abierta una réplica de la misma estatua, la cual representaba a un gigante con el pelo, la barba, las cejas y la capa de color rojo. Tras ellos avanzaba una procesión de dragones y leones que se retorcían –cada uno de ellos compuesto por varios hombres– y de carrozas, zancos y bailarines de *yangge** que hacían ondear los extremos de largas piezas de seda de colores que ataban en torno a sus caderas. Los fuegos artificiales, tambores y címbalos producían un ruido ensordecedor. Mi madre brincaba detrás de la procesión. Notó que a pesar de que casi todos los hogares mostraban apetitosos platos dispuestos a lo largo del recorrido como ofrendas a la deidad, ésta pasaba rápidamente de largo sin tocar ninguno. «¡La buena voluntad para los dioses y las ofrendas para el estómago de las personas!», le dijo su madre. En aquellos tiempos de escasez, mi madre esperaba la llegada de los festivales con ansiedad, pues sólo entonces podía satisfacer su estómago. Se mostraba indiferente ante aquellas ocasiones con una asociación más poética que gastronómica, y esperaba con impaciencia el momento en que su madre hubiera de adivinar los acertijos inscritos en los espléndidos farolillos que colgaban frente a las puertas de los hogares durante el Festival de los Faroles o recorriera los jardines de los vecinos y admirara sus crisantemos en el noveno día de la novena luna.

Un año, con motivo de la Feria del Templo del Dios de la Ciudad, mi abuela le mostró una hilera de esculturas de arcilla que habían sido alineadas en el templo y redecoradas y pintadas con motivo de tal acontecimiento. Podían verse escenas del infierno en las que la gente sufría castigo por sus pecados. Mi abuela señaló una figura de arcilla a la que dos diablos de cabellos puntiagudos como las púas de los erizos y ojos saltones como los de los sapos extraían casi medio metro de lengua a la vez que se la cortaban. El atormentado, dijo, había sido un embustero en su vida anterior, y eso mismo habría de ocurrirle a mi madre si alguna vez decía mentiras.

---

* *Yangge* o *Yang-ke*: Canto de los que trasplantan el arroz y, más comúnmente, baile popular en el que los danzantes, unidos por los brazos, avanzan dos pasos y luego retroceden uno. (*N. del T.*)

Entre el zumbido de la multitud y los apetitosos puestos de comida había aproximadamente una docena de grupos de estatuas, cada una de las cuales ilustraba una lección moral. Mi abuela mostraba alegremente aquellas horribles escenas a mi madre, una después de otra, pero al llegar a uno de los grupos la apartó sin dar explicación alguna. Algunos años más tarde, mi madre descubrió que el conjunto representaba a una mujer que era cortada en dos por dos hombres. La mujer, una vez viuda, había vuelto a casarse, y los dos hombres la cortaban porque había pertenecido a ambos. En aquellos días, numerosas viudas se mostraban atemorizadas por la perspectiva y, en consecuencia, permanecían fieles a sus maridos muertos sin importarles la desdicha que ello trajera consigo. Algunas llegaban a suicidarse si sus familias insistían en que contrajeran nuevamente matrimonio. Fue entonces cuando mi madre se dio cuenta de que el hecho de casarse con el doctor Xia no había supuesto una decisión fácil para mi abuela.

3

«Todos comentan qué lugar tan afortunado es Manchukuo»

La vida bajo la dominación japonesa

(1938-1945)

A comienzos de 1938 mi madre ya casi había cumplido los siete años de edad. Era sumamente despierta, y se mostraba muy interesada por el estudio. Sus padres pensaron que debería ir al colegio tan pronto como comenzara el nuevo año escolar, poco después de la celebración del Año Nuevo chino.

La educación se hallaba estrechamente controlada por los japoneses, y en especial los cursos de historia y ética. La lengua oficial de las escuelas no era el chino, sino el japonés. A partir del cuarto grado de enseñanza elemental, todas las lecciones eran en japonés, y japoneses eran la mayor parte de los profesores.

El 11 de septiembre de 1939, cuando mi madre cursaba su segundo año de enseñanza elemental, Pu Yi –emperador de Manchukuo– y su esposa llegaron a Jinzhou en visita oficial. Mi madre resultó elegida para entregar un ramo de flores a la Emperatriz a su llegada. Sobre un estrado alegremente decorado esperaba una gran muchedumbre salpicada de banderitas amarillas de papel con los colores de Manchukuo. Mi madre recibió un enorme ramo de flores. Se sentía llena de confianza en sí misma mientras aguardaba entre la banda de música y un grupo de dignatarios ataviados con chaqués. Un muchacho que tendría aproximadamente la edad de mi madre permanecía severamente erguido junto a ella con el ramo de flores que debía entregar a Pu Yi. Cuando la real pareja hizo su aparición, la banda acometió el himno nacional de Manchukuo. Todos los presentes se pusieron firmes. Mi madre se adelantó e hizo una reverencia mientras sostenía el ramo con mano experta. La Emperatriz lucía un vestido blanco y unos elegantes guantes del mismo color que le llegaban a los codos. Mi madre pensó que era extraordinariamente hermosa. Se las arregló para hurtar la mirada en dirección a Pu Yi, quien vestía un uniforme militar, y pensó que tras sus gruesos lentes tenía «ojos de cerdito».

Aparte del hecho de que era una alumna modelo, uno de los motivos por los que mi madre había resultado elegida para entregar las flores a la Emperatriz era que, al igual que el doctor Xia, siempre rellenaba en los impresos el espacio destinado a la nacionalidad con la palabra «manchú», ya que se suponía que Manchukuo era el estado independiente de los manchúes. Pu Yi resultaba especialmente útil para los japoneses ya que la mayoría de las pocas personas que llegaban a reflexionar sobre ello pensaban que aún seguían bajo la soberanía del emperador manchú. El propio doctor Xia se consideraba un súbdito leal del mismo, actitud que compartía con mi abuela. Era tradicional que las mujeres demostraran el amor que sentían por su esposo mostrándose de acuerdo con él en todo, por lo que tal actitud representaba para mi abuela una disposición natural. Se sentía tan feliz junto al doctor Xia que no deseaba apartar sus opiniones de las de él en lo más mínimo.

En la escuela, mi madre aprendió que su país era Manchukuo, y que entre sus países vecinos se contaban dos repúblicas chinas: una, hostil, liderada por Chiang Kai-shek; otra, amistosa, encabezada por Wang Jing-wei (una marioneta al servicio de los japoneses). Nunca le habían inculcado el concepto de una China que incluyera a Manchuria.

Los alumnos eran educados para ser súbditos obedientes de Manchukuo, y una de las primeras canciones que aprendió mi madre fue la siguiente:

> Por la calle caminan muchachos rojos y muchachas verdes;
> todos comentan qué lugar tan afortunado es Manchukuo.
> Tú eres feliz y yo soy feliz;
> Todo el mundo vive en paz y trabaja alegremente libre
> de toda preocupación.

Los maestros afirmaban que Manchukuo era un paraíso terrenal. Pero incluso a pesar de su corta edad, mi madre podía advertir que el único paraíso era el que disfrutaban los japoneses. Los niños japoneses acudían a escuelas separadas, bien equipadas y caldeadas, y dotadas de suelos brillantes y ventanas limpias. Las escuelas destinadas a los niños locales se albergaban en viejos templos y casas semiderruidas donadas por mecenas privados. No tenían calefacción. Era frecuente que en invierno toda la clase tuviera que dar una vuelta a la manzana corriendo en mitad de una lección o que los niños azotaran el suelo con los pies para defenderse del frío.

Los maestros no sólo eran japoneses, sino que utilizaban asimismo métodos japoneses entre los que se incluía la costumbre de golpear a los niños de modo rutinario. El más leve fallo, equivocación o abandono de las reglas y etiqueta prescritas –tales como que una muchacha llevara el pelo medio centímetro por debajo de las orejas– eran castigados físicamente. Tanto los niños como las niñas eran duramente abofeteados en el rostro, y los primeros solían ser golpeados en la cabeza con un garrote de madera. Otro de los castigos consistía en permanecer arrodillado sobre la nieve durante horas.

Cuando los niños de la localidad se cruzaban con un japonés en la calle, debían hacer una reverencia y abrirle paso aunque el japonés fuera más joven que ellos. A menudo, los niños japoneses detenían a los niños locales y les abofeteaban sin motivo alguno. Los alumnos, por su parte, tenían que realizar complicadas reverencias frente a sus maestros cada vez que se encontraban con ellos. Mi madre solía bromear con sus amigas diciendo que la llegada de un maestro japonés era como un torbellino que soplara en una pradera: uno tan sólo veía la hierba que se inclinaba a su paso.

De igual modo, numerosos adultos se inclinaban ante los japoneses por temor a ofenderlos, si bien lo cierto es que al principio la presencia japonesa no alteró demasiado la vida de los Xia. Los puestos de alta y mediana importancia eran desempeñados por oriundos del lugar, ya se tratara de manchúes o chinos han como mi bisabuelo, quien aún conservaba su cargo policial en Yixian. En 1940, había en Jinzhou unos quince mil japoneses. Los vecinos de los Xia eran japoneses, y mi abuela se mostraba amigable con ellos. El marido era funcionario del Gobierno. Todas las mañanas, su mujer solía situarse frente a la verja con sus tres hijos y se inclinaba profundamente ante él cuando salía y subía a su *rickshaw** para ir al trabajo. Tras verle partir, se aplicaba a sus propias labores, consistentes en moldear bolas de combustible fabricadas con polvo de carbón. Por motivos que mi madre y mi abuela nunca llegaron a saber, siempre utilizaba para ello unos guantes de color blanco que no tardaban en adquirir un aspecto mugriento.

La japonesa visitaba a mi abuela con frecuencia. Se sentía sola, pues su marido pasaba la mayor parte del tiempo fuera de casa. Solía traer consigo un poco de sake, y mi abuela preparaba algo de comer, como verduras sazonadas con soja. Mi abuela hablaba algo de japonés, y su amiga sabía algunas palabras en chino. Se tarareaban canciones mutuamente e incluso derramaban algunas lágrimas cuando se emocionaban. A menudo se ayudaban la una a la otra con las labores del jardín. La vecina japonesa poseía para el cuidado de la tierra unas magníficas herramientas que eran la admiración de mi abuela. A menudo invitaban también a mi madre a jugar en su jardín.

---

* Pequeño cochecillo tirado por un hombre y antaño utilizado comúnmente en China como medio de transporte. *(N. del T.)*

Sin embargo, los Xia no podían evitar oír rumores acerca de las fechorías de los japoneses. Numerosos pueblos de las vastas llanuras de Manchuria eran incendiados, y los habitantes que sobrevivían eran encerrados en «aldeas estratégicas». Más de cinco millones de personas –aproximadamente una sexta parte de la población– perdieron sus hogares, y decenas de miles murieron. Los obreros eran explotados hasta la muerte en las minas japonesas para extraer materiales que luego se exportaban a Japón, ya que Manchuria era especialmente rica en recursos naturales. En numerosos casos, eran desabastecidos de sal, por lo que carecían de suficiente energía para huir.

Durante largo tiempo, el doctor Xia había argumentado que el Emperador no estaba informado de las vilezas que se cometían debido a que se hallaba prácticamente prisionero de los japoneses. Sin embargo, cuando Pu Yi dejó de referirse a Japón como «nuestro país vecino y amigo» para otorgarle el tratamiento de «país hermano mayor» y, por fin, de «país progenitor», el doctor Xia descargó el puño sobre la mesa y dijo que era un «cobarde y un fatuo». Incluso entonces, afirmaba que no estaba seguro del nivel de responsabilidad que había de atribuirse al Emperador por todas aquellas atrocidades. Hasta que, un día, dos sucesos traumáticos vinieron a modificar el mundo de los Xia.

Un día de finales de 1941, el doctor Xia estaba en su consulta cuando un hombre al que jamás había visto entró en la habitación. Iba vestido con harapos, y su escuálido cuerpo aparecía casi doblado en dos. El hombre explicó que era un culi* empleado en el ferrocarril, y que llevaba algún tiempo sufriendo espantosos dolores de estómago. Su labor consistía en transportar pesadas cargas desde el amanecer hasta el anochecer durante los trescientos sesenta y cinco días del año. No sabía si lograría continuar así, pero lo cierto era que si perdía su trabajo no podría sacar adelante a su esposa y a su hijo recién nacido.

El doctor Xia le dijo que su estómago era incapaz de digerir los ásperos alimentos que ingería. El 1 de junio de 1939, el Gobierno había anunciado que a partir de entonces el arroz quedaba reservado para los japoneses y un pequeño número de colaboradores. La mayor parte de la población local había pues de subsistir con una dieta de bellotas y sorgo, sumamente difíciles de digerir. El doctor Xia le proporcionó gratuitamente un medicamento y ordenó a mi madre que le diera una pequeña bolsa de arroz que había adquirido ilegalmente en el mercado negro.

Poco después, el doctor Xia supo que el hombre había muerto en un campo de trabajos forzados. Tras abandonar la consulta, había consumido el arroz, había regresado a las obras del ferrocarril y lo había vomitado durante el trabajo. Un guardia japonés había observado la presencia de granos de arroz en el vómito y el hombre había sido detenido como «delincuente económico» y enviado a un campo de detención. Dado su estado de debilidad, tan sólo había podido sobrevivir unos po-

---

* Culis (*coolies*): En diversos países de Oriente, trabajadores o criados indígenas. (*N. del T.*)

cos días. Al saber la noticia de su muerte, su esposa había decidido ahogarse junto con el pequeño.

Aquel incidente sumió al doctor Xia y a mi abuela en una profunda amargura. Ambos se sentían responsables de la muerte del hombre. El doctor Xia repetía con frecuencia «¡El arroz no sólo puede salvar vidas, sino también matar! ¡Tres vidas por un pequeño saco!» Comenzó a referirse a Pu Yi como «ese tirano».

Poco después, la familia se vio sacudida más de cerca por una nueva tragedia. El hijo menor del doctor Xia trabajaba en Yixian como maestro de escuela. Al igual que en todas las escuelas de Manchukuo, en el despacho del director colgaba un gran retrato de Pu Yi ante el que todo el mundo debía saludar al penetrar en la estancia. Un día, el hijo del doctor Xia olvidó saludar ante el retrato de Pu Yi. El director le gritó que se inclinara inmediatamente y le abofeteó en el rostro con tal violencia que le hizo perder el equilibrio. El hijo del doctor Xia montó en cólera:

−¿Es que tengo que inclinarme todos los días? ¿Acaso no puedo permanecer en pie un instante? Ya lo había saludado durante la reunión de la mañana...

El director le abofeteó de nuevo y gritó:

−¡Es tu Emperador! ¡Todos los manchúes necesitáis aún aprender los modales más elementales!

El hijo del doctor Xia vociferó:

−¡Qué dice usted, si eso no es más que un trozo de papel!

En ese instante, otros dos maestros, ambos oriundos del lugar, entraron e impidieron que dijera nada que pudiera incriminarle aún más. Por fin, logró dominarse e incluso realizó una especie de reverencia ante el retrato.

Aquella tarde, recibió la visita de un amigo, quien le reveló que corría el rumor de que había sido tachado de «delincuente de pensamiento», delito que a la sazón se castigaba con penas de prisión, e incluso con la muerte. El hijo del doctor Xia huyó, y su familia jamás volvió a saber nada de él. Lo más probable es que fuera capturado y que muriera en prisión o en un campo de trabajo. El doctor nunca logró recuperarse de aquel disgusto, que le convirtió en enemigo acérrimo de Manchukuo y de Pu Yi.

Pero la historia no terminó ahí. Debido al «crimen» cometido por su hermano, los matones locales comenzaron a acosar a De-gui, el único hijo del doctor Xia que aún vivía. Le exigían dinero a cambio de protección y le acusaban de haber incumplido su deber como hermano mayor. De-gui les pagó, pero con ello sólo consiguió que le exigieran aún más. Por fin, hubo de vender la farmacia y abandonar Yixian para trasladarse a Mukden, donde abrió un nuevo local.

Para entonces, el éxito del doctor Xia aumentaba por momentos. No sólo trataba a los locales, sino también a los japoneses. A veces, después de reconocer a un alto cargo japonés o a un colaborador, decía «Ojalá se muriera», pero su postura personal jamás modificaba su actitud profesional. «Un paciente es un ser humano –solía decir–. Eso es lo único que un médico debe tener siempre presente. No debe importarnos qué clase de ser humano sea.»

Entretanto, mi abuela se había llevado a su madre a vivir con ella a Jinzhou. Cuando abandonó la casa familiar para contraer matrimonio con el doctor Xia, mi bisabuela se había quedado sola con su esposo –quien continuaba despreciándola– y con las dos concubinas mongolas, que la odiaban. Comenzó a sospechar que estas últimas intentaban envenenarla a ella y a su hijo pequeño, Yu-lin. Para comer, utilizaba siempre palillos de plata, ya que los chinos viven en la creencia de que este metal se ennegrece al contacto con el veneno, y jamás probaba sus alimentos –ni permitía que Yu-lin lo hiciera– si el perro no los había probado previamente. Un día, poco después de la partida de mi abuela, el perro cayó muerto. Por primera vez en su vida, sostuvo una fuerte discusión con su marido y, con el apoyo de su suegra, la anciana señora Yang se trasladó junto con Yu-lin a una casa de alquiler. La vieja señora Yang se hallaba tan disgustada con su hijo que partió junto a ellas y no volvió a verle hasta que éste la visitó en su lecho de muerte.

Durante los tres primeros años, el señor Yang les envió a regañadientes una pensión mensual. A comienzos de 1939, sin embargo, el dinero dejó de llegar, y el doctor Xia y mi abuela hubieron de encargarse de alimentar a los tres. En aquellos días no existía un sistema legal como es debido ni, en consecuencia, leyes de contribución para el sostenimiento de la familia, por lo que toda esposa se encontraba enteramente a merced de su marido. Al morir la anciana señora Yang en 1942, mi bisabuela y Yu-lin se trasladaron a Jinzhou para vivir en la casa del doctor Xia. Mi bisabuela se consideraba a sí misma –al igual que a su hijo– una ciudadana de segunda clase destinada a vivir de la caridad. Pasaba el tiempo lavando la ropa de la familia y limpiando obsesivamente el hogar, a la vez que se mostraba exageradamente obsequiosa con su hija y con el doctor Xia. Era una piadosa budista, e incluía en sus oraciones diarias a Buda el ruego de que no la reencarnara en una mujer. «Permíteme que me convierta en un perro o un gato, pero no en una mujer», murmuraba constantemente mientras paseaba por la casa deshaciéndose en excusas a cada paso.

Mi abuela también había traído a Jinzhou a su hermana Lan, a quien quería entrañablemente. Lan se había casado con un ciudadano de Yixian que resultó ser homosexual y que la había ofrecido como presente a un rico tío suyo para el que trabajaba, dueño de una fábrica de aceites vegetales. El tío ya había violado a varios miembros femeninos de la familia, incluyendo a su joven nieta. Dada su condición de cabeza de familia, y dado el inmenso poder que ejercía sobre todos sus miembros, Lan no osaba contradecirle. Sin embargo, cuando su esposo se ofreció para entregarla al socio comercial de su tío, se negó en redondo. Mi abuela tuvo que pagar al marido para que la repudiara (*xiu*), dado que las mujeres no podían pedir el divorcio. Por fin, mi abuela la llevó a Jinzhou, donde contrajo matrimonio con un hombre llamado Pei-o.

Pei-o era uno de los guardianes de la prisión, y la pareja visitaba con frecuencia a mi abuela. Las historias que relataba Pei-o hacían que a mi madre se le pusieran los pelos de punta. La prisión estaba atestada de prisioneros políticos. Pei-o solía contarles cuán valientes eran, y cómo maldecían a los japoneses, incluso mientras éstos les torturaban. La tortura era una práctica habitual, y los prisioneros no recibían tratamiento médico alguno. Sencillamente, se les abandonaba hasta que sus heridas sanaban o se pudrían.

El doctor Xia recibió la oferta de acudir para tratar a los prisioneros. Durante una de sus primeras visitas, Pei-o le presentó a un amigo suyo llamado Dong, uno de los verdugos que manejaba el garrote. El prisionero era atado a una silla y alrededor de su cuello se ataba una soga que, a continuación, era lentamente apretada. La muerte tardaba largo rato en llegar.

El doctor Xia sabía por su cuñado que a Dong le remordía la conciencia, y que cada vez que tenía que aplicar el garrote a alguien había de emborracharse primero. El doctor Xia invitó a Dong a su casa. Le ofreció regalos y le sugirió que quizá podría evitar tensar la cuerda al máximo. Dong repuso que vería qué podía hacer. Normalmente, siempre había un japonés presente o, en su defecto, un colaborador de confianza, pero algunas veces, si la víctima no era lo bastante importante, los japoneses ni siquiera se molestaban en asistir. En otras ocasiones, partían antes de que el prisionero muriera. En tales ocasiones, sugirió Dong, quizá podría detener la acción del garrote antes de la muerte.

Después de ser agarrotados, los cadáveres eran introducidos en delgadas cajas de madera y transportados en un carro hasta una pequeña extensión de terreno baldío en las afueras de un poblado llamado La Colina Meridional, donde eran arrojados a una fosa poco profunda. El lugar se hallaba infestado de perros salvajes que se alimentaban de los cuerpos. También se arrojaban a la fosa numerosas niñas recién nacidas asesinadas por sus familias, lo que asimismo constituía una práctica habitual en aquellos tiempos.

El doctor Xia trabó amistad con el viejo carretero, al que de vez en cuando entregaba dinero. En ocasiones, el carretero acudía a la consulta y comenzaba a hablar de la vida de un modo aparentemente incoherente hasta que, por fin, su conversación derivaba hacia el cementerio: «Les he dicho a las almas de los muertos que no es culpa mía que se encuentren allí. Les he dicho que, en lo que a mí se refería, les deseaba todo lo mejor. Regresad el año que viene en vuestro aniversario, almas muertas. Pero, entretanto, si queréis partir en busca de otros cuerpos mejores en los cuales reencarnaros, acudid en la dirección hacia la que apuntan vuestras cabezas. Es la mejor ruta que podéis seguir.» Dong y el carretero nunca hablaban entre sí de lo que hacían, y el doctor nunca llevó la cuenta exacta del número de personas que habían salvado. Acabada la guerra, los «cadáveres» rescatados se pusieron de acuerdo para reunir el dinero necesario para comprarle a Dong una casa nueva y algo de terreno. Para entonces, el carretero ya había muerto.

Uno de los hombres a quienes salvaron la vida era un primo lejano de mi abuela llamado Han-chen que había desempeñado un papel de importancia en el movimiento de resistencia. Dado que Jinzhou era el principal nudo ferroviario al norte de la Gran Muralla, se convirtió en el punto de encuentro de los japoneses antes de su ataque a China propiamente dicha, el cual dio comienzo en julio de 1937. Había enormes medidas de seguridad. La organización de Han-chen se vio infiltrada por un espía y todos los miembros del grupo fueron arrestados y torturados. En primer lugar, les introdujeron por la nariz agua mezclada con guindillas picantes; a continuación, los abofetearon con zapatos dotados de agudos clavos que asomaban por las suelas. Por fin, la mayoría fueron ejecutados. Durante largo tiempo, los Xia dieron a Han-chen por muerto, hasta que un día el tío Pei-o les reveló que aún se hallaba vivo aunque, eso sí, a la espera de su ejecución. El doctor Xia se puso inmediatamente en contacto con Dong.

La noche de la ejecución, el doctor Xia y mi madre acudieron a La Colina Meridional con un carruaje. Lo estacionaron tras un macizo de árboles y esperaron. Podían oír a los perros que hozaban junto a las fosas, de las que surgía el hedor de la carne en descomposición. Por fin, apareció un carro. En la oscuridad, pudieron distinguir débilmente la silueta del viejo carretero que descendía del vehículo y arrojaba algunos cuerpos de los que transportaba en las cajas de madera. Esperaron a que se marchara y se acercaron a la fosa. Removiendo entre los cadáveres, terminaron por encontrar a Han-chen, pero no pudieron determinar si se hallaba vivo o muerto. Por fin, advirtieron que aún respiraba. Había sido torturado tan salvajemente que no podía caminar, por lo que, con gran esfuerzo, lo introdujeron en el carro y le condujeron a su casa.

Le ocultaron en una estancia diminuta situada en uno de los rincones más apartados de la casa. Su única puerta daba a la alcoba de mi madre, la cual, a su vez, sólo poseía acceso a través de la habitación de sus padres. Nadie podría dar con ella por casualidad. Dado que la casa era la única que tenía acceso directo al jardín, Han-chen podía pasear en él a salvo siempre y cuando montara alguien guardia.

Existía el peligro de que se produjera una redada por parte de la policía o de los comités vecinales de la localidad. Ya desde los comienzos de su ocupación, los japoneses habían organizado un sistema de control de vecindarios. Para ello, habían nombrado jefes de aquellas unidades a los personajes más importantes de cada distrito, y dichos jefes vecinales colaboraban en la recaudación de impuestos y en la organización de una vigilancia permanente en busca de «elementos ilegales». En realidad, aquello no era más que una forma institucionalizada de gansterismo en el que la «protección» y la información constituían las llaves de acceso al poder. Asimismo, los japoneses ofrecían generosas recompensas por denunciar a las personas. La policía de Manchukuo representaba una amenaza menos grave que los civiles ordinarios. De hecho, muchos de los policías eran profundamente antijaponeses. Una de sus principales labores consistía en verificar el registro de las personas, y solían realizar frecuentes registros domiciliarios. Sin embargo, anunciaban su llegada gritando «¡Verificación de registros! ¡Verificación de registros!», por lo que cualquiera que deseara esconderse disponía de suficiente tiempo para ello. Cada vez que Han-chen o mi abuela escuchaban aquel grito, esta última se apresuraba a ocultarle en un montón de sorgo seco almacenado en la habitación del fondo para ser utilizado como leña. Los policías entraban tranquilamente en la casa, se sentaban, tomaban una taza de té y decían a mi abuela en tono de disculpa «Lo sentimos. Esto, ya sabe, no es más que una formalidad...».

En aquella época, mi madre tenía once años. Aunque sus padres no le decían lo que estaba ocurriendo, sabía que no debía hablar de la presencia de Han-chen en la casa. Aprendió a ser discreta desde la niñez.

Mi abuela cuidó a Han-chen hasta que, poco a poco, logró devolverle la salud. Al cabo de tres meses, se encontraba con fuerzas suficientes para partir. La despedida fue sumamente emotiva. «Hermana mayor, cuñado mayor –dijo–, nunca olvidaré que os debo la vida. Tan pronto como tenga ocasión, os pagaré la deuda que he contraído con vosotros.» Tres años después habría de regresar para cumplir su promesa al pie de la letra.

Parte de la educación de mi madre y de sus compañeras de clase consistía en contemplar los noticiarios que relataban los éxitos bélicos de los japoneses. Lejos de sentirse avergonzados de su brutalidad, los japoneses se servían de ello como sistema para despertar el miedo. En las películas podía verse a soldados japoneses cortando a personas por la mitad y a prisioneros atados a estacas y abandonados a la voracidad de los perros. Las películas incluían asimismo detallados primeros planos de los ojos aterrorizados de las víctimas al ver aproximarse a sus atacantes. Los japoneses, entretanto, vigilaban a las colegialas de once y doce años para asegurarse de que no cerraran los ojos ni intentaran introducirse pañuelos en la boca para ahogar sus gritos. Como consecuencia de aquello, mi madre tuvo pesadillas durante años.

En 1942, habiendo desplegado sus ejércitos a lo largo de China, el sudeste asiático y el océano Pacífico, los japoneses comenzaron a verse faltos de mano de obra. Todas las muchachas que integraban la clase de mi madre se vieron reclutadas a la fuerza para trabajar en una fábrica textil junto con niñas japonesas. Para ello, las japonesas era transportadas en camiones, pero las colegialas de la localidad habían de caminar más de seis kilómetros al día. Asimismo, las japonesas llevaban consigo almuerzos consistentes en carne, verduras y fruta, mientras que las chinas debían contentarse con unas acuosas gachas preparadas con un maíz mohoso junto al que flotaban gusanos muertos.

Las muchachas japonesas se ocupaban de tareas sencillas, tales como la limpieza de las ventanas. Las locales, sin embargo, debían manejar complicadas máquinas giratorias que exigían una depurada técnica y que resultaban peligrosas incluso para los adultos. Su función primordial era la de reenlazar los hilos rotos mientras las máquinas funcionaban a toda velocidad. Si no advertían la rotura del hilo o no lo reenlazaban con la suficiente rapidez eran salvajemente golpeadas por los supervisores japoneses.

Las muchachas vivían aterrorizadas. La combinación de nerviosismo, frío, hambre y cansancio originaba numerosos accidentes. Más de la mitad de las compañeras de mi madre resultaron heridas. Un día, mi madre fue testigo de cómo una lanzadera salía despedida de una de las máquinas y arrancaba un ojo a la muchacha situada junto a ella. El supervisor japonés no dejó de reprenderla durante todo el trayecto hasta el hospital por no haber tenido más cuidado.

Cuando concluyó su período laboral en la fábrica, mi madre ingresó en la enseñanza media. Los tiempos habían cambiado desde la época en que mi abuela era niña, y las jóvenes ya no se veían confinadas a las cuatro paredes de sus hogares. Resultaba socialmente aceptable que realizaran estudios a nivel medio. No obstante, varones y mujeres recibían educaciones distintas. En las chicas, el objetivo era convertirlas en «esposas amables y buenas madres», tal y como rezaba el lema del instituto. Aprendían lo que los japoneses denominaban «modales de mujer»: cuidado de la casa, cocina y costura, ceremonia del té, arreglo floral, bordado, dibujo y conocimientos de arte. La asignatura más importante era cómo complacer al esposo. Incluía cómo vestirse, cómo peinarse, cómo hacer una reverencia y, sobre todo, cómo obedecer a ciegas. Como decía mi abuela, mi madre parecía tener «huesos rebeldes», y apenas logró aprender ninguna de aquellas habilidades. Ni siquiera la cocina.

Algunos exámenes se realizaban en forma de tareas prácticas, tales como la preparación de algún plato en particular o el arreglo de una colección floral. El tribunal solía estar formado por funcionarios locales chinos y japoneses que no sólo calificaban los exámenes sino que juzgaban la valía de las muchachas, cuyas fotografías –en las que aparecían ataviadas con hermosos delantales diseñados por ellas mismas– eran expuestas en los tablones de anuncios junto con las tareas que les habían sido encomendadas. A menudo, los funcionarios japoneses elegían a sus novias entre las muchachas, dado que el Gobierno estimulaba el emparejamiento entre los invasores y las conquistadas. Algunas muchachas eran asimismo seleccionadas para viajar a Japón y contraer matrimonio con hombres a los que no conocían, a lo que éstas –o más a menudo sus familias– solían mostrarse bien dispuestas. Durante las etapas finales de la ocupación, una de las amigas de mi madre resultó seleccionada para su traslado a Japón, pero perdió el barco y la rendición japonesa la sorprendió aún en Jinzhou. A partir de entonces, mi madre comenzó a mirarla con mala cara.

Al contrario de sus predecesores chinos mandarines, quienes rechazaban las actividades físicas, los japoneses eran sumamente dados a los deportes, afición que mi madre también compartía. Ya se había recobrado de su lesión de cadera, y no era mala corredora. En cierta ocasión, fue seleccionada para participar en una importante competición. Se entrenó durante semanas, y contemplaba con considerable animación la llegada del gran día. Sin embargo, pocos días antes de la carrera, el entrenador –también chino– la llevó aparte y le rogó que no intentara ganarla. Añadió que no podía explicar el motivo, pero mi madre lo comprendió. Sabía que a los japoneses no les gustaba resultar derrotados por los chinos en ninguna disciplina. En la carrera participaba otra de las muchachas locales, y el entrenador pidió a mi madre que le transmitiera la misma recomendación sin decirle de dónde procedía. El día de la carrera, mi madre ni siquiera terminó entre las seis primeras. Sus amigas advirtieron que tampoco lo había intentado, pero su compañera no pudo evitar hacerlo y llegó en primer lugar.

Los japoneses no tardaron en obtener su venganza. Todas las mañanas tenía lugar una asamblea presidida por el director del instituto, a quien habían puesto el sobrenombre de Pollino debido a que su nombre, leído al modo chino (*Mao-li*), sonaba como la palabra «pollino» (*maolü*). Solía esperar sus órdenes con una voz áspera y gutural para señalar las cuatro profundas reverencias que debían dedicarse a los cuatro puntos designados. En primer lugar, «¡Adoración distante de la capital imperial!», en dirección a Tokio. A continuación, «¡Adoración distante de la capital nacional!», en dirección a Hsinking, capital de Manchukuo. Después, «¡Adoración reverente del Emperador Celestial!», refiriéndose al Emperador de Japón y, por fin, «¡Adoración reverente del retrato imperial!», lo que significaba inclinarse ante el retrato de Pu Yi. Tras dichos saludos, se realizaba una reverencia menos profunda como saludo a los profesores.

Aquella mañana en particular, y una vez completada la serie de reverencias, la muchacha que había ganado la carrera el día anterior fue súbitamente apartada de su fila por el Pollino, quien afirmó que su reverencia a Pu Yi había sido inferior a los noventa grados establecidos. Tras abofetearla y propinarle varias patadas, anunció que quedaba expulsada, lo que constituía una catástrofe tanto para ella como para su familia.

Sus padres se apresuraron a casarla con un insignificante funcionario gubernamental. Tras la derrota de Japón, su esposo fue tachado de colaboracionista y, en consecuencia, la muchacha tan sólo pudo obtener empleo en una planta química. Entonces no existían controles de contaminación, y cuando mi madre regresó a Jinzhou en 1984 y logró localizarla, se hallaba casi ciega a causa de los productos químicos. Sin embargo, mostró un notable sarcasmo al referirse a las ironías de su vida: tras vencer a los japoneses en una carrera, había terminado por sufrir el trato dado a los colaboracionistas. Aun así, afirmó que no se arrepentía de haber obrado como lo hizo.

Para los habitantes de Manchukuo no resultaba sencillo enterarse de lo que sucedía en el resto del mundo, ni del curso que seguía la guerra con Japón. El frente se hallaba a gran distancia, las noticias sufrían una estricta censura y la radio no escupía otra cosa que propaganda. Sin embargo, comenzaron a intuir que Japón se encontraba en apuros a través de una serie de indicios, especialmente el empeoramiento del suministro de alimentos.

Las primeras noticias propiamente dichas llegaron durante el verano de 1943, cuando los periódicos informaron de que uno de los aliados de Japón –Italia– se había rendido. A mediados de 1944, algunos de los civiles japoneses que trabajaban en las oficinas gubernamentales de Manchukuo comenzaron a ser reclutados. Por fin, el 29 de julio de 1944, los B-29 norteamericanos aparecieron por primera vez en el cielo de Jinzhou, si bien no bombardearon la ciudad. Los japoneses ordenaron que se construyeran refugios antiaéreos en todos los hogares, y en las escuelas se estableció de modo obligatorio la realización de un simulacro de bombardeo diariamente. Un día, una de las niñas de la clase de mi madre cogió un extintor y lo descargó sobre un profesor japonés al que odiaba especialmente. Poco tiempo antes, las consecuencias de ello hubieran sido inmediatas, pero en aquella ocasión logró salir impune. Comenzaban a volverse las tornas.

Hacía largo tiempo que se llevaba a cabo una campaña para el exterminio de moscas y ratas. Los alumnos tenían que cortar los rabos de las ratas, introducirlos en un sobre y entregárselos a la policía. Las moscas debían ser introducidas en frascos de vidrio. La policía contaba una por una las ratas y moscas muertas. Un día, en 1944, mi madre entregó un frasco de vidrio lleno hasta rebosar de moscas y el policía de Manchukuo le dijo «Aquí no hay ni para un almuerzo.» Al ver su rostro de sorpresa, añadió: «¿Acaso no lo sabes? A los nipones les encantan las moscas muertas. ¡Las fríen y se las comen!» El irónico destello de sus ojos reveló a mi madre que aquel oficial ya no consideraba tan temibles a los japoneses.

Mi madre se sentía emocionada y expectante, pero durante el otoño de 1944, su felicidad se vio oscurecida por un nubarrón: su hogar ya no era tan feliz como antes. Percibía la existencia de discordia entre sus padres.

La décimo quinta noche de la octava luna del año chino era la fecha del festival del medio otoño, un festival dedicado a la unión familiar. Al llegar aquella noche, y de acuerdo con la tradición, mi abuela solía llenar una mesa de melones, pasteles y bollos bajo la luz de la luna. El motivo de que aquella fecha sirviera para conmemorar la unión familiar era que la palabra china que designa «unión» (*yuan*) es la misma que se utiliza para referirse a algo «redondo» o «intacto»; asimismo, la luna de otoño suele presentar un aspecto espléndidamente esférico durante esta época. De igual modo, todos los manjares consumidos durante aquel día tenían que ser redondos.

Bajo la plateada luz de la luna, mi abuela solía relatar a mi madre historias acerca de este satélite: la mayor de sus sombras correspondía a una gigantesca casia que un cierto señor, Wu Gang, había intentado cortar durante toda su vida. Sin embargo, el árbol estaba encantado, por lo que sus intentos se hallaban condenados a un perpetuo fracaso. Mi madre, fascinada, solía elevar la vista al firmamento mientras escuchaba sus palabras. Se sentía hipnotizada por la belleza de la luna llena, pero aquella noche no se le permitía describirla, ya que su madre le prohibía pronunciar la palabra «redondo» debido a que la familia del doctor Xia se había visto desmembrada. El doctor Xia se mostraba melancólico a lo largo de toda la jornada, así como durante varios días antes y después de la festividad, y mi abuela perdía incluso su habitual gracia narrativa.

Durante la noche del festival de 1944, mi abuela y mi madre se hallaban sentadas bajo un emparrado cubierto de melones y habichuelas, contemplando el firmamento vasto y despejado a través de sus rendijas. Mi madre comenzó a decir:

–Esta noche, la luna está especialmente redonda... –Pero mi abuela la interrumpió bruscamente y rompió a llorar súbitamente. A continuación, entró corriendo en la casa y mi madre la oyó lamentarse y gritar:

–¡Vuelve con tu hijo y con tus nietos! ¡Déjanos a mi hija y a mí y sigue por tu camino! –Por fin, jadeando entre sus sollozos, dijo–: ¿Fue culpa mía o tuya que tu hijo se quitara la vida? ¿Por qué tenemos que soportar esa carga año tras año? No soy yo quien te impide ver a tus hijos. Son ellos los que se han negado a venir a visitarte...

Desde que habían abandonado Yixian, tan sólo les había visitado Degui, el segundo hijo del doctor Xia. Ante todo aquello, el doctor no pronunció una sola palabra.

A partir de entonces, mi madre percibió que algo extraño sucedía. El doctor Xia se volvió cada vez más taciturno, por lo que procuraba instintivamente evitarle. De vez en cuando, mi abuela se deshacía en lágrimas mientras se murmuraba a sí misma que ella y el doctor Xia nunca podrían ser completamente felices debido al alto precio que habían pagado por su amor. En aquellas ocasiones, solía estrechar a mi madre con fuerza entre sus brazos, diciéndole que era lo único que tenía en la vida.

Cuando el invierno descendió sobre Jinzhou sorprendió a mi madre en un estado de ánimo desacostumbradamente melancólico. Ni siquiera una segunda aparición de los B-29 norteamericanos en el límpido y frío cielo de diciembre bastó para elevar sus ánimos.

Los japoneses se mostraban cada vez más susceptibles. Un día, una de las amigas de mi madre se hizo con un libro escrito por un escritor chino cuya obra había sido prohibida. Marchó con él al campo en busca de un lugar tranquilo en el que leerlo, y por fin halló una caverna en la que se introdujo creyendo que se trataba de un refugio antiaéreo vacío. Al tantear en la oscuridad, su mano tocó algo parecido a un interruptor de corriente. De repente, comenzó a sonar un timbre. Había tocado una alarma. Se había introducido en un arsenal de armamento. Sintió que sus piernas cedían. Intentó correr, pero sólo logró avanzar un par de cientos de metros antes de que los soldados japoneses la capturaran y se la llevaran a rastras.

Dos días después, todos los alumnos del colegio fueron transportados hasta una desolada extensión de terreno cubierta de nieve situada en las afueras de la puerta oeste, junto a una de las curvas del río Xiao-ling. Los residentes locales habían sido igualmente convocados por los jefes del vecindario. A los niños se les dijo que habían de ser testigos del «castigo de una malvada persona que había desobedecido al Gran Japón». De pronto, mi madre vio cómo su amiga era arrastrada por soldados japoneses hasta un punto situado justamente frente a ella. Se encontraba encadenada y apenas podía andar. Había sido torturada, y tenía el rostro tan hinchado que mi madre apenas podía reconocerla. A continuación, los soldados japoneses alzaron sus rifles y los apuntaron en dirección a la muchacha, quien parecía querer decir algo, aunque no lograba emitir sonido alguno. Se oyó el estampido de los disparos y el cuerpo de la joven se desplomó mientras su sangre salpicaba la nieve. Pollino, el director de escuela japonés, recorría con la mirada las hileras de alumnas en formación. Con un tremendo esfuerzo, mi madre intentó ocultar sus emociones. Se forzó a sí misma a contemplar el cuerpo de su amiga, tendido sobre un brillante charco rojo que se extendía en medio de la blancura de la nieve.

Oyó cómo alguien intentaba suprimir un sollozo. Era la señorita Tanaka, una joven maestra japonesa por la que sentía gran simpatía. Inmediatamente, Pollino cayó sobre ella, abofeteándola y pateándola. La maestra cayó al suelo e intentó apartarse de sus botas, pero él siguió propinándole feroces patadas. Había traicionado a la raza japonesa, chillaba. Por fin, Pollino se detuvo, alzó la mirada hacia sus pupilas y, con un rugido, ordenó que se pusieran en marcha.

Mi madre dirigió una última mirada hacia el cuerpo encorvado de su maestra y el cadáver de su amiga, e hizo un esfuerzo por tragarse el odio que sentía.

4

«Esclavos carentes de un país propio»

Bajo el dominio de distintos amos

(1945-1947)

En mayo de 1945, corrió en Jinzhou la noticia de que Alemania se había rendido y de que la guerra en Europa había concluido. Los aviones estadounidenses sobrevolaban la zona con mucha más frecuencia que antes, pues los B-52 eran enviados a bombardear otras ciudades de Manchuria. Jinzhou, sin embargo, no sufrió ataques. Por la ciudad se extendió la sensación de que la derrota japonesa se hallaba cercana.

El 8 de agosto, las alumnas de la escuela de mi madre recibieron la orden de acudir a un santuario para rezar por la victoria de Japón. Al día siguiente, penetraron en Manchukuo tropas soviéticas y mongolas. Llegaron noticias que afirmaban que los norteamericanos habían lanzado dos bombas atómicas sobre Japón, y la población local recibió aquella nueva con vítores. Los días que siguieron se vieron salpicados de alarmas de bombardeo, y las clases se interrumpieron. Mi madre se quedó en casa, ayudando en la construcción de un refugio antiaéreo.

El 13 de agosto, los Xia supieron que Japón estaba negociando la paz. Dos días después, un vecino que trabajaba en el Gobierno irrumpió en su casa y les dijo que iba a emitirse un importante comunicado a través de la radio. El doctor Xia interrumpió su quehacer y se sentó en el patio junto a mi abuela. El locutor dijo que el Emperador japonés se había rendido. Inmediatamente después anunció la noticia de que Pu Yi había abdicado como Emperador de Manchukuo. La gente salió a la calle en un estado de enorme excitación, y mi madre acudió a su escuela a comprobar qué situación reinaba allí. El lugar parecía desierto, con excepción de un leve rumor procedente de uno de los despachos. Encaramándose para ver qué ocurría, observó a través de la ventana a un grupo de maestros japoneses que, agrupados, sollozaban.

Aquella noche, apenas logró pegar ojo, y al alba ya se encontraba en pie. Cuando abrió la puerta principal por la mañana observó una pequeña multitud reunida en la calle. Sobre el camino yacían los cuerpos de una mujer y dos niños japoneses. Un oficial japonés se había hecho el *hara-kiri*, y los miembros de su familia habían sido linchados.

Una mañana, poco después de la rendición, los vecinos japoneses de los Xia fueron hallados muertos. Algunos dijeron que se habían envenenado. En todo Jinzhou, los japoneses se suicidaban o eran linchados. Sus hogares eran saqueados, y mi madre advirtió que, de pronto, uno de sus vecinos más pobres parecía poseer gran número de valiosos bienes para su venta. Los escolares se vengaban de los maestros japoneses, apaleándolos ferozmente. Algunos japoneses abandonaban a sus hijos pequeños en el umbral de los hogares de las familias locales con la esperanza de que así pudieran salvarse. Cierto número de mujeres japonesas habían sido violadas, por lo que muchas decidieron afeitarse la cabeza para intentar hacerse pasar por hombres.

Mi madre se mostraba preocupada por la señorita Tanaka, quien era la única maestra de la escuela que nunca había abofeteado a sus alumnos, a la vez que la única japonesa que había mostrado congoja ante la ejecución de su amiga. Preguntó a sus padres si podrían ocultarla en su hogar. Mi abuela mostró inquietud ante la idea, pero no dijo nada. El doctor Xia se limitó a asentir con la cabeza.

Así, mi madre tomó prestadas algunas ropas de su tía Lan, que era aproximadamente de la misma talla que la maestra, y logró encontrar a la señorita Tanaka, quien se había atrincherado en su apartamento. Las ropas le sentaban como un guante. Su altura era ligeramente superior a la de la japonesa media, por lo que podía pasar fácilmente por china. Si alguien les preguntaba, dirían que se trataba de una prima de mi madre. Los chinos tienen tantos primos que nadie logra seguir la pista de todos. La instalaron en la habitación del fondo, la misma que en otra época había servido de refugio a Han-chen.

El vacío que dejó la rendición japonesa y el derrumbamiento del régimen de Manchukuo trajo consigo otras víctimas aparte de los japoneses. La ciudad se hallaba sumida en el caos. Por la noche se oían disparos y frecuentes gritos pidiendo ayuda. Los miembros masculinos de la familia –incluidos los aprendices del doctor Xia y el hermano de mi abuela, Yu-lin, quien entonces contaba quince años de edad– se turnaron noche tras noche para montar guardia en el tejado armados con piedras, hachas y cuchillos. A diferencia de mi abuela, mi madre no se mostraba asustada en absoluto, lo que dejaba atónita a aquélla: «Por tus venas corre la sangre de tu padre», solía decir.

Los saqueos, violaciones y asesinatos continuaron durante los ocho días posteriores a la rendición, momento en que se informó a la población de la llegada de una nueva fuerza militar: el Ejército rojo soviético. El 23 de agosto, los jefes vecinales ordenaron a los residentes que acudieran al día siguiente a la estación de ferrocarril para dar la bienvenida a los rusos. El doctor Xia y mi abuela permanecieron en casa, pero mi madre se unió a una muchedumbre enorme y entusiasta de jóvenes que portaban banderolas de papel en forma de triángulo. Al llegar el tren, la multitud comenzó a agitar sus banderas y a gritar «*Wula*» (imitación china de *Ura*, palabra rusa que significa «Hurra»). Mi madre se había imaginado a los soldados soviéticos como héroes victoriosos dotados de barbas impresionantes y a lomos de enormes caballos. Lo que vio, sin embargo, fue un grupo de pálidos jóvenes vestidos con harapos. Aparte del atisbo ocasional de alguna que otra figura misteriosa que pasaba en automóvil, aquéllos eran los primeros blancos que mi madre había visto jamás.

En Jinzhou se estacionaron unos mil soldados soviéticos. A su llegada, la gente se mostraba agradecida por la ayuda que les habían prestado para librarse de los japoneses, pero los rusos trajeron consigo nuevos problemas. Las escuelas habían cerrado con motivo de la rendición de Japón, por lo que mi madre recibía clases particulares. Un día, cuando regresaba a casa desde el domicilio de su tutor, vio un camión estacionado junto a la carretera: junto a él se veían unos cuantos soldados rusos que ofrecían hatillos hechos con tela. Los tejidos habían sufrido un racionamiento estricto bajo los japoneses. Mi madre se acercó para echar un vistazo, y comprobó que las telas procedían de la fábrica en la que había trabajado durante la escuela primaria. Los rusos se dedicaban a cambiarlas por relojes de pared o de pulsera y por chucherías. Mi madre recordó que en algún lugar de la casa había un antiguo reloj enterrado en el fondo de un armario. Regresó corriendo y lo localizó. A pesar de la contrariedad que le había producido descubrir que no funcionaba, los soldados rusos se mostraron encantados y le entregaron a cambio una pieza de tela blanca estampada con un delicado dibujo de flores rosadas. Durante la cena, todos los miembros de la familia sacudieron la cabeza con asombro ante aquellos extraños forasteros que tanto apreciaban la posesión de viejos relojes inútiles y otras baratijas.

Los rusos no sólo se dedicaban a la distribución de bienes procedentes de las fábricas, sino también al desmantelamiento de factorías enteras, incluidas las dos refinerías de petróleo de Jinzhou, cuyos equipos enviaban a la Unión Soviética. Calificaban aquel proceso de «reparaciones de guerra», pero para los habitantes locales equivalía al derrumbamiento total de su industria.

Los soldados rusos irrumpían en las casas de la gente y sencillamente se apropiaban de todo aquello que les gustaba, y en especial de relojes y vestidos. Por Jinzhou se extendieron como la pólvora historias que relataban violaciones de mujeres chinas por parte de los rusos. Muchas de ellas se ocultaron por temor a sus «libertadores» y, muy pronto, la ciudad hervía de cólera y ansiedad.

70

La casa de los Xia se alzaba fuera de los muros de la ciudad, y se hallaba pobremente protegida. Una amiga de mi madre se ofreció para prestarles una casa situada en el interior del recinto y rodeada por altos muros de piedra. La familia se trasladó inmediatamente, llevándose consigo a la maestra japonesa amiga de mi madre. La mudanza tuvo como consecuencia que mi madre tenía que recorrer diariamente una distancia mucho mayor hasta el domicilio de su tutor: casi treinta minutos de caminata. El doctor Xia insistió en llevarla por la mañana y recogerla por la tarde, pero mi madre no quería obligarle a caminar tan lejos, por lo que recorría parte del trayecto por sí sola y se encontraba con él a mitad de camino. Un día, un *jeep* cargado de soldados rusos que reían a carcajadas se detuvo no lejos de ella y sus ocupantes saltaron del vehículo y echaron a correr en su dirección. Mi madre corrió tan velozmente como pudo, perseguida por los rusos. Tras unos cuantos cientos de metros, distinguió a lo lejos la silueta de su padrastro agitando el bastón. Los rusos se hallaban ya muy cerca de ella, y mi madre decidió internarse en una guardería infantil desierta que conocía bien y cuyo interior era como un laberinto. Permaneció allí oculta durante más de una hora y, por fin, huyó por la puerta trasera y llegó a casa sana y salva. El doctor Xia había visto cómo los rusos entraban en el edificio en persecución de mi madre pero al poco rato, y con inmenso alivio, los había visto salir de nuevo, evidentemente desorientados por la distribución del interior.

Al cabo de poco más de una semana después de la llegada de los rusos, el jefe del comité vecinal ordenó a mi madre que asistiera a una de sus reuniones, la cual tendría lugar a la tarde siguiente. Cuando llegó allí, vio a un grupo de chinos desharrapados que, acompañados por algunas mujeres, disertaban acerca de la lucha que habían sostenido durante ocho años para derrotar a los japoneses y lograr que los ciudadanos corrientes gobernaran por fin China. Eran los comunistas: los comunistas chinos. Habían llegado a la ciudad el día anterior sin anuncio previo y sin causar estrépito alguno. Las mujeres comunistas que asistían a la reunión iban ataviadas con vestiduras informes exactamente iguales a las de los hombres. Mi madre pensó para sí misma: ¿Cómo podéis vanagloriaros de haber vencido a los japoneses? Ni siquiera tenéis ropas o armas decentes. Para ella, los comunistas mostraban un aspecto aún más pobre y desastrado que los pordioseros.

Se sintió desilusionada, porque los había imaginado altos, fuertes y sobrehumanos. Su tío Pei-o –el guardián de prisiones– y Dong, el verdugo, le habían dicho que los prisioneros comunistas eran los más valerosos: «Son los que tienen los huesos más fuertes –solía decir su tío–. Cantan, gritan consignas y maldicen a los japoneses hasta el último instante antes de morir estrangulados», decía Dong.

Los comunistas instalaron carteles en los que se exhortaba a la población a mantener el orden y comenzaron a arrestar a colaboracionistas y ciudadanos que habían trabajado para las fuerzas de seguridad japonesas. Entre los detenidos figuraba Yang, el padre de mi abuela, quien aún era jefe adjunto de la policía de Yixian. Lo encarcelaron en su propia prisión y su superior, el jefe de policía, fue ejecutado. Los comunistas no tardaron en restaurar el orden y en poner la economía nuevamente en marcha. La situación del suministro de alimentos, antes desesperada, mejoró sensiblemente. El doctor Xia pronto pudo comenzar a visitar de nuevo a sus pacientes, y la escuela de mi madre abrió otra vez sus puertas.

Los comunistas se alojaban en los hogares de la población local. Parecían honrados y sencillos, y solían charlar con las familias: «Nos faltan ciudadanos educados –solían decirle a uno de los amigos de mi madre–. Únete a nosotros. Te nombraremos jefe de condado.»

Necesitaban reclutar gente. Tras la rendición japonesa, tanto los comunistas como el Kuomintang habían intentado ocupar la mayor cantidad de territorio posible, pero el Kuomintang disponía de un ejército mucho mayor, a la vez que mejor equipado. Ambos bandos maniobraban para consolidar sus posiciones antes de reanudar la guerra civil, parcialmente suspendida durante los ocho años anteriores para sostener la lucha contra los japoneses. De hecho, ya se habían desencadenado las hostilidades entre ellos. Manchuria constituía un campo de batalla fundamental debido a sus recursos económicos. Dada su proximidad al territorio, las fuerzas comunistas habían sido las primeras en ocupar Manchuria, y casi sin ayuda por parte de las tropas rusas. Sin embargo, los norteamericanos procuraban promover la consolidación de Chiang Kaishek en la zona enviando decenas de miles de soldados del Kuomintang al norte del país. En un momento dado, los norteamericanos intentaron desembarcar parte de dichas tropas en Huludao, un puerto situado a unos cincuenta kilómetros de Jinzhou, pero hubieron de retroceder bajo el fuego de los comunistas chinos. Las fuerzas del Kuomintang fueron obligadas a desplazarse hacia el sur de la Gran Muralla y a reanudar el trayecto hacia el Norte por tren. Los Estados Unidos les proporcionaban cobertura aérea. En total, desembarcaron en el norte de China más de cincuenta mil *marines* que ocuparon Pekín y Tianjin.

Los rusos reconocieron oficialmente al Kuomintang de Chiang Kaishek como el gobierno legítimo del país. Para el 11 de noviembre, el Ejército rojo soviético había abandonado la zona de Jinzhou y había retrocedido hasta el norte de Manchuria, obedeciendo parcialmente el compromiso de Stalin de retirarse de la región a los tres meses de la victoria. Ello permitió a los chinos comunistas un control independiente de la ciudad. Una tarde de finales de noviembre, mi madre regresaba a casa desde el instituto cuando vio numerosos soldados que recogían apresuradamente sus armas y equipos y se encaminaban hacia la puerta sur de la ciudad. Sabía que en la campiña cercana se habían desarrollado violentos combates, y adivinó que los comunistas se preparaban para marcharse.

Su retirada formaba parte de la estrategia del líder comunista Mao

Zedong, según la cual no debían defenderse las ciudades –pues en dichas disputas sería el Kuomintang quien llevaría la ventaja– sino que convenía retroceder hacia las zonas rurales. «Así, rodearemos las ciudades con nuestros campos y, por fin, terminaremos conquistándolas», fue la doctrina de Mao durante aquella nueva etapa.

Al día siguiente de la retirada de los comunistas de Jinzhou, un nuevo ejército hizo su entrada en la ciudad: el cuarto en un período de otros tantos meses. En este caso, las tropas lucían uniformes limpios y contaban con relucientes armas norteamericanas. Era el Kuomintang. Los vecinos salían de sus casas y se agrupaban en las estrechas callejuelas embarradas entre aplausos y vítores. Mi madre se abrió paso hasta la cabecera de la emocionada multitud. De pronto, se sorprendió a sí misma agitando los brazos y profiriendo alegres vítores. Aquellos soldados –pensaba para sí misma– sí que tenían el aspecto de ser los vencedores de los japoneses. Regresó corriendo a casa en un estado de gran excitación, impaciente por describir a sus padres el elegante aspecto de los nuevos soldados.

En Jinzhou reinaba una atmósfera festiva. Los ciudadanos se disputaban el privilegio de invitar a las tropas a sus casas. Un oficial acudió a vivir a casa de los Xia. Se comportaba de modo extremadamente respetuoso, y agradó a todos los miembros de la familia. Mi abuela y el doctor Xia estaban convencidos de que el Kuomintang sabría mantener la ley y el orden y de que, por fin, garantizarían la paz.

Sin embargo, la buena voluntad que aquellas gentes habían mostrado frente al Kuomintang no tardó en convertirse en amarga desilusión. La mayor parte de los oficiales procedían de otras partes de China, y se dirigían a los habitantes de Jinzhou como *Wang-guo-nu* («Esclavos carentes de un país propio»), advirtiéndoles de hasta qué punto deberían mostrarse agradecidos al Kuomintang por librarles de los japoneses. Una tarde, se celebró en el instituto de mi madre una fiesta para las estudiantes y los oficiales del Kuomintang. La hija de uno de ellos, de tres años de edad, recitó un discurso que comenzaba: «Nosotros, el Kuomintang, hemos luchado contra los japoneses durante ocho años y os hemos liberado a vosotros, hasta ahora esclavos de Japón...» Mi madre y sus amigas abandonaron la estancia.

Del mismo modo, mi madre se mostraba repugnada por el modo en que el Kuomintang se había lanzado a la caza de concubinas. A comienzos de 1946, Jinzhou comenzaba a llenarse de tropas. El instituto de mi madre era el único instituto femenino de la ciudad, y sobre él se abatían enjambres de oficiales y funcionarios en busca de concubinas y, ocasionalmente, esposas. Algunas de las muchachas contrajeron matrimonio por su propia voluntad, mientras que otras no supieron negarse ante sus familiares, convencidos de que el matrimonio con un oficial constituiría para ellas un buen punto de partida frente a la vida.

Con quince años de edad, mi madre era una de las más apetecibles jóvenes casaderas del momento. Se había convertido en una muchacha sumamente atractiva y popular, y era la alumna estrella del instituto. Ya había recibido propuestas de numerosos oficiales, pero comunicó a sus padres que no quería a ninguno. Uno de ellos –jefe de Estado Mayor de uno de los generales– amenazó con enviar una silla de manos en su busca tras ver rechazados sus galones dorados. Cuando planteó su propuesta al doctor Xia y a mi abuela, mi madre estaba escuchando al otro lado de la puerta. Al oír aquello, irrumpió en la habitación y le dijo cara a cara que si lo hacía, ella misma se quitaría la vida durante el trayecto. Afortunadamente, su unidad fue trasladada poco después.

Mi madre se había hecho a la idea de conservar el privilegio de escoger a su esposo. Le irritaba el trato concedido a las mujeres, y aborrecía el sistema de concubinato. Sus padres la apoyaban, pero la avalancha de ofertas les obligaba a desarrollar una complicada y agotadora diplomacia para encontrar modos de negarse sin sufrir por ello severas represalias.

Una de las maestras de mi madre era una joven llamada Liu que sentía un profundo afecto por ella. En China, cuando alguien te aprecia, intenta a menudo convertirte en miembro honorario de su familia. Aunque en aquellos tiempos los chicos y las chicas no tenían que soportar una segregación tan severa como durante la época de mi abuela, lo cierto es que tampoco disfrutaban de demasiadas oportunidades de estar juntos, por lo que la presentación de amigos o amigas a los hermanos o hermanas constituía un modo habitual de lograr que se conocieran aquellos jóvenes a quienes disgustaba la idea de un matrimonio organizado. La señorita Liu hizo las presentaciones entre mi madre y su hermano, pero el señor y la señora Liu hubieron de aprobar previamente la relación.

A comienzos de 1946, en vísperas del Año Nuevo chino, mi madre fue invitada a pasar las festividades en casa de los Liu, quienes poseían una mansión de considerable tamaño. El señor Liu era uno de los más prósperos comerciantes de Jinzhou. Su hijo, de unos diecinueve años de edad, daba la sensación de ser ya un hombre de mundo; vestía un traje de color verde oscuro de cuyo bolsillo superior asomaba un pañuelo, lo que resultaba enormemente sofisticado y atrevido en una ciudad de provincias como era Jinzhou. Se había matriculado en una universidad de Pekín, donde estudiaba lengua y literatura rusas. Mi madre, quien ya había obtenido la aprobación de la familia del joven, se sintió profundamente impresionada por él. No tardaron en enviar un emisario al doctor Xia con la petición de mano aunque, claro está, sin decirle nada a ella.

El doctor Xia era más liberal que la mayoría de los hombres de su tiempo, y requirió el parecer de mi madre acerca de la cuestión. Ella aceptó convertirse en «amiga» del joven señor Liu. En aquellos tiempos, si un muchacho y una joven eran vistos conversando públicamente, se asumía que debían estar, cuando menos, prometidos. Mi madre ansiaba poder disfrutar de un poco de diversión y libertad, así como trabar amistad con jóvenes de su edad sin tener que verse obligada a contraer matrimonio. Conociéndola, el doctor Xia y mi abuela se mostraron cautelosos con los Liu y prefirieron rechazar los presentes de rigor. Según la tradición china, la familia de una joven no debe aceptar una propuesta matrimonial de inmediato, ya que ello supondría mostrar demasiada ansiedad. La aceptación de los regalos hubiera equivalido a indicar un consentimiento implícito. Al doctor Xia y a mi abuela les inquietaba la posibilidad de que se produjera un malentendido.

Mi madre salió con el joven Liu durante una temporada. Se sentía atraída por sus buenos modales, y todos sus parientes, amigas y vecinos coincidían en que había hallado un compañero ideal. El doctor Xia y mi abuela opinaban que ambos formaban una pareja magnífica, y le escogieron como yerno en privado. Sin embargo, mi madre le consideraba superficial. Advirtió que nunca viajaba a Pekín, sino que permanecía en casa disfrutando de una vida de *dilettante*. Un día, descubrió que ni siquiera había leído el célebre clásico chino del siglo XVIII titulado *El sueño en el Pabellón rojo*, libro bien conocido por cualquier chino culto. Cuando le comunicó su disgusto, el joven Liu dijo alegremente que los clásicos chinos no eran su fuerte, y que lo que más le gustaba en realidad era la literatura extranjera. En un intento de reafirmar su superioridad, añadió: «¿Y tú, has leído *Madame Bovary*? No sólo es mi novela favorita sino, en mi opinión, la mejor obra de Maupassant.»

Mi madre había leído *Madame Bovary*, y sabía que había sido escrita por Flaubert, y no por Maupassant. Aquella fatua manifestación restó numerosos puntos de su consideración hacia Liu, pero prefirió evitar el enfrentamiento con él en ese momento, pues ello habría sido considerado como una actitud «cascarrabias».

A Liu le encantaba el juego, especialmente el mah-jongg que, sin embargo, aburría a muerte a mi madre. Poco tiempo después, una tarde en que se encontraban en mitad de una partida, una doncella entró y preguntó: «¿Qué doncella preferiría el amo Liu que le sirviera en la cama?» Liu contestó despreocupadamente: «Tal doncella.» Mi madre temblaba de furia, pero Liu se limitó a alzar las cejas, como si su reacción le sorprendiera. Seguidamente, dijo: «En Japón es una costumbre perfectamente normal. Todo el mundo lo hace. Se llama *si-qin* («cama con servicio»).» Intentaba hacer que mi madre se sintiera provinciana y celosa, lo que en China se contemplaba tradicionalmente como uno de los peores vicios que podía tener una mujer, y más que suficiente para justificar que su marido la repudiara. Una vez más, mi madre guardó silencio, si bien interiormente hervía de rabia.

Decidió que no podría ser feliz con un esposo que contemplara el flirteo y el sexo extramarital como aspectos esenciales de la «masculinidad». Quería alguien que la amara y que no quisiera herirla con aquella clase de actitudes. Aquella misma tarde, decidió poner fin a la relación.

Pocos días después, el viejo señor Liu murió súbitamente. En aquellos días, era muy importante gozar de un funeral espectacular, especialmente si el fallecido era cabeza de familia. Un funeral que no se encontrara a la altura de las expectativas de los parientes y la sociedad no lograría sino atraer la desaprobación general sobre la familia. Los Liu deseaban una ceremonia complicada, y no una simple procesión desde la casa al cementerio. Se hicieron venir monjes para que leyeran el sutra budista de «inclinar la cabeza» en presencia de todos los familiares. A continuación, los miembros de la familia rompieron en lágrimas. Desde entonces, y hasta el momento del entierro, fijado para el cuadragésimo noveno día después del fallecimiento, el sonido de los sollozos y lamentos debería oírse sin interrupción desde primeras horas de la mañana hasta la medianoche, acompañados por la constante incineración de dinero artificial destinado a su uso en el otro mundo por parte del difunto. Muchas familias no lograban sostener aquel maratón, y preferían alquilar a plañideras profesionales para que realizaran el trabajo. Los Liu, sin embargo, eran demasiado filiales para hacer una cosa así por lo que se ocuparon personalmente de los lamentos, con la ayuda de sus numerosos familiares.

Cuarenta y dos días después de su muerte, el cadáver del señor Liu, previamente depositado en un féretro de madera de sándalo espléndidamente labrado, fue situado en una marquesina instalada en el patio. Se suponía que durante las siete últimas noches antes de su sepultura, el difunto ascendería a una alta montaña del otro mundo y, desde allí, contemplaría a toda su familia; sólo se sentiría feliz si comprobaba que cada uno de sus miembros se encontraba bien y bajo la protección del resto. De otro modo –pensaban– nunca lograría el descanso. La familia solicitó, pues, la presencia de mi madre en calidad de futura nuera.

Ella se negó. Lamentaba la muerte del viejo señor Liu, quien siempre se había mostrado amable con ella, pero si asistía a su funeral nunca podría evitar tener que contraer matrimonio con su hijo. Al domicilio de los Xia llegó un continuo afluir de mensajeros procedentes de casa de los Liu.

El doctor Xia dijo a mi madre que el hecho de romper la relación en aquel momento equivalía a defraudar al difunto señor Liu, lo que se consideraba deshonroso. Si bien no hubiera opuesto objeción alguna a tal ruptura en una situación normal, opinaba que, dadas las circunstancias, sus deseos debían subordinarse a exigencias de mayor importancia. Mi abuela también era de la opinión de que debía acudir. Por si fuera poco, añadió: «¿Cuándo se ha oído hablar de que una muchacha rechace a un hombre porque haya tenido amantes o haya confundido el nombre de un escritor extranjero? A todos los jóvenes les gusta divertirse y andar de picos pardos. Además, no tienes que preocuparte de doncellas ni de concubinas. Posees un carácter fuerte, y sabrás mantener controlado a tu esposo.»

Aquello no se asemejaba al concepto de vida que deseaba mi madre, y así lo manifestó. Interiormente, mi abuela coincidía con ella, pero le asustaba que mi madre siguiera en casa debido a las constantes proposiciones de los oficiales del Kuomintang. «Podemos decir que no a uno, pero no a todos ellos –dijo a mi madre–. Si no te casas con Zhang, tendrás que aceptar a Lee. Piénsalo: ¿acaso no es Liu mucho mejor que los otros? Si te casas con él, ningún oficial podrá volver a molestarte. Paso las noches y los días angustiada pensando en qué podría sucederte. No podré descansar hasta que no tengas tu casa.» Pero mi madre dijo que prefería morir a casarse con alguien que no pudiera proporcionarle felicidad... y amor.

Los Liu se enfurecieron con mi madre, al igual que el doctor Xia y mi abuela. Durante días, discutieron, suplicaron, engatusaron, gritaron y sollozaron sin éxito. Finalmente, por primera vez desde que el día en que la había golpeado de niña por ocupar su sitio sobre el kang, el doctor Xia montó en cólera con mi madre. «Lo que estás haciendo es traer la vergüenza al nombre de Xia. ¡No quiero tener una hija como tú!» Mi madre se puso en pie y respondió con las siguientes palabras: «De acuerdo, pues. No tendrás que tener una hija como yo. ¡Me marcho!» Dicho esto, salió precipitadamente de la estancia, empaquetó sus cosas y abandonó la casa.

En la época de mi abuela, a nadie se le hubiera ocurrido irse de casa de semejante modo. Una mujer no podía obtener empleo alguno sino como sirvienta, e incluso para ello había de poseer referencias. Pero los tiempos habían cambiado. Aunque la mayor parte de las familias lo consideraban un último recurso, las mujeres de 1946 podían vivir solas y encontrar trabajo en campos como la educación o la medicina. En la escuela de mi madre existía un departamento de formación docente que ofrecía enseñanza y alojamiento gratuitos a aquellas muchachas que hubieran completado tres años de estudios. Aparte de un examen previo, la única condición que se requería era que las licenciadas pasaran a trabajar como profesoras. La mayoría de las alumnas del departamento procedían de familias pobres que no disponían de medios para pagarles una educación o de personas que dudaban de sus posibilidades de ingreso en una universidad, por lo que rehusaban permanecer en el instituto. Hasta 1945, las mujeres no pudieron contemplar la posibilidad de acceder a la universidad. Bajo el mandato de los japoneses, no podían pasar del instituto, donde lo único que aprendían era, fundamentalmente, cómo llevar una familia.

Hasta entonces, mi madre nunca había contemplado siquiera el ingreso en aquel departamento, considerado generalmente una posibilidad secundaria, pues siempre había considerado que tenía madera para la universidad. En el departamento cundió una ligera sorpresa cuando se recibió la solicitud, pero ella les convenció de su ferviente deseo de ingresar en la profesión docente. Aún no había concluido sus tres años obligatorios de escuela, pero ya era conocida como una alumna estrella. El departamento se mostró encantado de aceptarla después de someterla a un examen que no tuvo dificultad alguna en aprobar. Se trasladó a vivir a la escuela, y mi abuela no tardó en correr a suplicarle que regresara a casa. Mi madre se alegró de alcanzar la reconciliación;

prometió acudir a casa con frecuencia y quedarse a dormir a menudo, pero insistió en conservar su cama en la escuela. Estaba decidida a no depender de ninguna persona, por mucho que ésta la amara. Para ella, el departamento resultaba ideal. Le garantizaba un empleo tras su graduación en un momento en que numerosos licenciados universitarios no lograban encontrar trabajo. Otra ventaja era su gratuidad, ya que el doctor Xia comenzaba a sufrir los efectos de la mala administración económica.

Los miembros del Kuomintang a cargo de las fábricas –al menos los de aquellas que no habían sido desmanteladas por los rusos– mostraban una notoria incapacidad para poner una vez más la economía en marcha. Lograron poner en funcionamiento algunas fábricas muy por debajo de su capacidad, pero se embolsaban ellos mismos la mayor parte de los ingresos que producían.

Sus intrusos procedían a trasladarse a las elegantes viviendas que los japoneses habían abandonado. La casa contigua al antiguo domicilio de los Xia –la que había pertenecido al funcionario japonés– se hallaba ahora ocupada por un funcionario del Kuomintang y una de sus nuevas concubinas. El alcalde de Jinzhou, un tal señor Han, había sido un don nadie local. De pronto, se vio convertido en alguien rico gracias a la venta de propiedades confiscadas a los japoneses y sus colaboradores. Se hizo con varias concubinas, y los habitantes de la localidad comenzaron a referirse al Ayuntamiento como «la hacienda de Han», atestado como estaba de sus parientes y amigos.

Cuando el Kuomintang ocupó Yixian, mi bisabuelo Yang fue liberado de su prisión (o acaso pudo comprar su libertad). Los lugareños creían –muy acertadamente– que los funcionarios del Kuomintang hacían verdaderas fortunas gracias a los antiguos colaboracionistas. Yang intentó protegerse a sí mismo casando a la única hija que le quedaba (a quien había tenido hasta entonces viviendo con una de sus concubinas) con un oficial del Kuomintang. Sin embargo, aquel hombre era tan sólo capitán, por lo que no poseía el poder suficiente para prestarle una protección real. Las propiedades de Yang fueron confiscadas, y el anciano se vio reducido a vivir como un mendigo, a «permanecer en cuclillas junto a las alcantarillas», en palabras de los habitantes de la localidad. Cuando su esposa se enteró de aquello, prohibió a sus hijos que le dieran dinero alguno o hicieran nada por ayudarle.

En 1947, poco más de un año después de su puesta en libertad, comenzó a desarrollar un bocio canceroso en el cuello. Al advertir que se estaba muriendo, envió un mensaje a Jinzhou con el ruego de que se le permitiera ver a sus hijos. Mi bisabuela se negó, pero el anciano continuó enviando mensajes en los que les suplicaba que fueran. Por fin, su mujer se ablandó. Mi abuela, Lan y Yu-lin partieron hacia Yixian en tren. Hacía diez años que mi abuela no veía a su padre, y lo halló convertido en una sombra derrotada de lo que había sido en otro tiempo. Al ver a sus hijos, corrieron abundantes lágrimas por las mejillas del viejo Yang.

A éstos les costaba trabajo perdonarle el modo en que había tratado a su madre –y a ellos mismos–, y se dirigieron a él empleando fórmulas más bien distantes. El anciano suplicó a Yu-lin que le llamara «padre», pero Yu-lin se negó. El rostro desfigurado de Yang era la imagen de la desesperación. Mi abuela suplicó a su hermano que le llamara «padre», aunque sólo fuera por una vez. Por fin, Yu-lin lo hizo, apretando los dientes. Su padre le tomó de la mano y le dijo: «Intenta convertirte en profesor, o si lo prefieres monta un pequeño negocio. Nunca intentes conseguir un empleo como funcionario. Te arruinaría del mismo modo que me ha arruinado a mí.» Aquéllas fueron las últimas palabras que dirigió a su familia.

Cuando murió, tan sólo una de sus concubinas se hallaba junto a él. Era tan pobre que ni siquiera podía permitirse la compra de un ataúd. Su cadáver fue introducido en una maleta vieja y destartalada y sepultado sin otro ceremonial. Al entierro no asistió ni uno solo de los miembros de su familia.

La corrupción se hallaba tan extendida que Chiang Kai-shek organizó una institución especial destinada a combatirla. Se conocía como la «Escuadra para el Azote de los Tigres», debido a que los ciudadanos comparaban a los funcionarios corruptos con temibles tigres y tal denominación estimulaba, por tanto, sus quejas y denuncias. Sin embargo, no tardó en ponerse de manifiesto que ello no constituía sino un medio de aquellos que eran realmente poderosos para extorsionar económicamente a los ricos. El «azote de los tigres» constituía una actividad sumamente lucrativa.

Mucho peores que aquello eran los flagrantes saqueos. El doctor Xia recibía regularmente la visita de grupos de soldados que lo saludaban respetuosamente y, a continuación, decían con voz exageradamente servil: «Honorable doctor Xia, algunos de nuestros colegas se encuentran en graves apuros económicos. ¿Cree usted que podría prestarnos algún dinero?» No era prudente negarse. Cualquiera que se enfrentara al Kuomintang se exponía a ser acusado de comunista, lo que por lo general implicaba ser detenido y, con frecuencia, torturado. Los soldados solían asimismo entrar en la consulta como si se tratara de su casa y exigir tratamiento y medicinas gratis. Al doctor Xia esto no le importaba demasiado –lo consideraba el deber de un médico frente a cualquier ser humano–, pero en algunas ocasiones los soldados se limitaban a arrebatarle las medicinas sin pedírselas para luego venderlas en el mercado negro. Existía una terrible escasez de medicinas.

A medida que se intensificaba la guerra civil, creció el número de soldados estacionados en Jinzhou. Las tropas del Gobierno central –sometidas directamente a las órdenes de Chiang Kai-shek– se mostraban relativamente bien disciplinadas, pero aquellas que no recibían sueldo alguno del Gobierno central se veían obligadas a «vivir de la tierra».

En el departamento de formación docente, mi madre entabló una estrecha amistad con una hermosa y vivaracha joven de diecisiete años llamada Bai. Mi madre admiraba y respetaba a Bai. Cuando le habló del desencanto que le había producido el Kuomintang, Bai le dijo que «contemplara el bosque, y no los árboles aislados»: toda fuerza, dijo, tiene sus defectos. Bai se mostraba apasionadamente partidaria del Kuomintang: tanto, que se había unido a uno de sus servicios de inteligencia. En uno de los cursos de formación, se le indicó de modo inequívoco que debería informar acerca de sus compañeros. Ella se negó. Pocas noches después, sus compañeros de curso oyeron un disparo procedente de su dormitorio. Al abrir la puerta, la vieron tendida en la cama, boqueando, con el rostro mortalmente pálido. La almohada estaba manchada de sangre. Murió sin alcanzar a decir una palabra. Los periódicos publicaron la historia calificándola de «caso de color melocotón», que significa crimen pasional. Afirmaban que había sido asesinada por un amante celoso. Pero nadie lo creyó. Bai se había comportado siempre de un modo sumamente recatado en lo que se refería a los hombres. Mi madre oyó decir que la habían matado porque había intentado marcharse.

La tragedia no concluyó ahí. La madre de Bai trabajaba como empleada de hogar fija en casa de una acaudalada familia que poseía una pequeña tienda de objetos de oro. La muerte de su única hija la sumió en un profundo desconsuelo, lo que se combinaba con la cólera que le producían las calumniosas sugerencias de los periódicos que afirmaban que su hija había tenido varios amantes que se peleaban por ella y que habían terminado por matarla. El más sagrado tesoro de una mujer era su castidad, y se suponía que debía defenderla hasta la muerte. Varios días después de la muerte de Bai, su madre se ahorcó. Su amo recibió la visita de unos matones que le acusaron de ser responsable de su muerte. No era mal pretexto para exigir dinero, y el hombre no tardó en perder su establecimiento.

Un día, alguien llamó con los nudillos a la puerta de los Xia, y un hombre en las postrimerías de la treintena y ataviado con el uniforme del Kuomintang entró y se inclinó frente a mi abuela, dirigiéndose a ella como «hermana mayor» y al doctor Xia como «cuñado mayor». Tardaron unos instantes en darse cuenta de que aquel hombre elegante y saludable era Han-chen, el mismo que había sido torturado y salvado del garrote y al que habían ocultado durante tres meses en su casa hasta que recuperó la salud. Junto a él, también de uniforme, se había presentado un joven alto y esbelto que más parecía un estudiante que un soldado. Han-chen lo presentó como su amigo Zhu-ge. A mi madre le cayó bien inmediatamente.

Desde su último encuentro, Han-chen se había convertido en un oficial de grado superior de los servicios de inteligencia del Kuomintang, y se hallaba a cargo de una de sus ramas para todo el ámbito de Jinzhou. Al partir, dijo: «Hermana mayor, tu familia me devolvió la vida. Si alguna vez necesitas algo, sea lo que sea, no tienes más que decirlo, porque así se hará.»

Han-chen y Zhu-ge comenzaron a realizar frecuentes visitas, y Han-chen no tardó en buscar empleo en los servicios de inteligencia tanto para Dong –el antiguo verdugo que había salvado su vida– como para Pei-o, cuñado de mi abuela y antiguo funcionario de prisiones.

Zhu-ge se hizo muy amigo de la familia. Había estado estudiando ciencias en la Universidad de Tianjin, de donde había huido para unirse al Kuomintang tras caer la ciudad en manos japonesas. En una de sus visitas, mi madre le presentó a la señorita Tanaka, la misma que había estado viviendo con los Xia. Ambos se enamoraron, se casaron y se marcharon a vivir juntos a un apartamento alquilado. Un día, Zhu-ge estaba limpiando su arma cuando rozó el gatillo accidentalmente y ésta se disparó. La bala atravesó limpiamente el suelo y mató al hijo pequeño del dueño, que descansaba tendido en su cama. La familia no osó denunciar a Zhu-ge debido al temor que les inspiraban los servicios de inteligencia, para los cuales nada había tan fácil como acusar a quien quisieran de ser un comunista. Su palabra era ley, y gobernaban sobre la vida y la muerte. La madre de Zhu-ge entregó una fuerte suma de dinero a la familia a modo de compensación. Zhu-ge se mostraba desconsolado, pero la familia del difunto ni siquiera se atrevía a mostrarse disgustada con él. Por el contrario, le demostraban una gratitud exagerada por miedo a que adivinara que el episodio habría de excitar su odio y pudiera hacerles algún daño. El joven no lograba soportar aquella situación, por lo que no tardó en marcharse.

El marido de Lan –el tío Pei-o– prosperaba en los servicios de inteligencia. Estaba tan encantado con sus nuevos jefes que se cambió el nombre a *Xiao-shek* («Lealtad a Chiang Kai-shek»). Era miembro de un grupo de tres hombres a las órdenes de Zhu-ge. Al principio, su labor consistía en purgar a todos aquellos que se habían mostrado projaponeses, pero la vigilancia no tardó en incluir también a todos los estudiantes que mostraban simpatías procomunistas. Durante una época, Lealtad Pei-o hizo lo que se exigía de él, pero su conciencia pronto empezó a remorderle: no quería ser responsable de enviar gente a la cárcel ni de elegir a las víctimas de una futura extorsión. Pidió el traslado y obtuvo un empleo de guarda nocturno en uno de los controles de la ciudad. Los comunistas habían abandonado Jinzhou, pero no se habían alejado mucho, y se enzarzaban en continuas batallas con el Kuomintang en los campos circundantes. Las autoridades de Jinzhou intentaban mantener un control férreo sobre los bienes más importantes para evitar que los comunistas se hicieran con ellos.

El hecho de trabajar en los servicios de inteligencia daba poder a Lealtad, y ello a su vez le proporcionaba dinero. Poco a poco, comenzó a cambiar. Empezó a fumar opio, a beber en exceso, a jugar y a frecuentar burdeles, y no tardó en contraer una enfermedad venérea. En un intento de lograr que se comportara, mi abuela le ofreció dinero, pero él siguió como antes. No obstante, se daba perfecta cuenta de que la comida cada vez era más escasa en casa de los Xia, por lo que a menudo invitaba a éstos a los almuerzos que ofrecía en su domicilio. El doctor Xia no permitía a mi abuela que acudiera. «Se trata de riquezas adquiridas por medios ilícitos y ninguno de nosotros va a tocarlas», decía. Sin embargo, la idea de un poco de comida decente constituía una tentación demasiado fuerte para mi abuela, quien ocasionalmente se trasladaba furtivamente a casa de Pei-o en compañía de Yu-lin y de mi madre en busca de una comida como es debido.

Cuando el Kuomintang llegó a Jinzhou por primera vez, Yu-lin tenía quince años de edad. Había estado estudiando medicina con el doctor Xia, quien le auguraba un prometedor futuro como médico. Para entonces, mi abuela ya había asumido la posición de cabeza femenina de la familia, dado que su madre, su hermana y su hermano dependían de su esposo para vivir. Así, comenzó a pensar que ya era hora de que Yu-lin se casara. No tardó en decidirse por una mujer tres años mayor que él y procedente de una familia pobre, lo que significaba que sería hábil y trabajadora. Mi madre acudió con mi abuela a visitar a la futura novia; cuando ésta entró en el salón para recibir a los recién llegados, llevaba puesta una túnica verde que había tenido que pedir prestada para la ocasión. La pareja contrajo matrimonio en un registro judicial en 1946: la novia había alquilado un velo blanco de seda al estilo occidental. Yu-lin tenía dieciséis años, y su esposa diecinueve.

Mi abuela rogó a Han-chen que le buscara un trabajo a Yu-lin. Una de las mercancías básicas era la sal, y las autoridades habían prohibido que se vendiera a los habitantes del campo. Por supuesto, ello se debía a que ellos mismos habían montado su propio negocio. Han-chen consiguió para Yu-lin un empleo de «guardia de sal», lo que varias veces le hizo verse envuelto casi directamente en pequeñas escaramuzas con las guerrillas comunistas y otras facciones del propio Kuomintang que intentaban apoderarse de la sal. En aquellas refriegas moría mucha gente. Yu-lin no sólo encontraba aquel trabajo peligroso sino que su conciencia le atormentaba. Al cabo de pocos meses, dimitió.

Para entonces, el Kuomintang había comenzado a perder poco a poco el control del campo, por lo que le era más y más difícil reclutar nuevos miembros. Los jóvenes se mostraban cada vez más reacios a convertirse en «cenizas de bomba» (*pao-hui*). La guerra civil se había vuelto mucho más sangrienta. El número de víctimas era enorme, y crecía el riesgo de verse reclutado por el Ejército bien de grado, bien por fuerza. El único modo de evitar que Yu-lin vistiera el uniforme consistía en adquirir para él algún tipo de seguro. Así pues, mi abuela pidió a Han-chen que le buscara un empleo en el servicio de inteligencia. Para su sorpresa, éste se negó, afirmando que aquél no era lugar para un joven decente.

Mi abuela no se dio cuenta de que Han-chen se hallaba desesperado con su trabajo. Al igual que Lealtad Pei-o, se había convertido en un adicto al opio, bebía copiosamente y visitaba prostitutas. Se estaba consumiendo a ojos vista. Han-chen siempre había sido un hombre autodisciplinado, dotado de un poderoso sentido de la moralidad, y tal actitud resultaba sumamente impropia de él. Mi abuela pensó que quizá el antiguo remedio del matrimonio conseguiría devolverle al buen camino, pero cuando se lo sugirió, Han-chen respondió que no podía tomar una esposa porque no deseaba vivir. Mi abuela se sintió conmocionada al oír aquello, e insistió para que le dijera el motivo. Han-chen, sin embargo, se limitó a sollozar y dijo con amargura que no podía decírselo y que, de todos modos, ella tampoco habría podido ayudarle.

Han-chen se había unido al Kuomintang porque odiaba a los japoneses, pero las cosas no habían salido como él esperaba. El hecho de formar parte de los servicios de inteligencia significaba que difícilmente podía evitar que sus manos se mancharan con la sangre inocente de algunos de sus compatriotas chinos. Y no podía marcharse. Lo que le había sucedido a la amiga de mi madre, Bai, era lo mismo que les ocurría a todos aquellos que intentaban abandonar. Probablemente, Han-chen pensaba que el único modo de salir de allí era el suicidio, pero el suicidio constituía un gesto tradicional de protesta, por lo que podría acarrear problemas a la familia. Han-chen debió de llegar a la conclusión de que lo único que podía hacer era morir de muerte «natural», motivo por el cual maltrataba su cuerpo hasta tales extremos y se negaba a seguir ningún tipo de tratamiento.

En la víspera del Año Nuevo chino de 1947, regresó al hogar de su familia en Yixian para pasar los festivales con su hermano y su anciano padre. Como si intuyera que aquél había de ser su último encuentro, decidió quedarse. Cayó gravemente enfermo, y murió durante el verano. Había revelado a mi abuela que el único pesar que le producía la muerte era no poder cumplir con su deber filial y organizar un grandioso funeral para su padre.

Sin embargo, no murió sin cumplir sus obligaciones para con mi abuela y su familia. Aunque se había negado a introducir a Yu-lin en el servicio de inteligencia, le consiguió una tarjeta de documentación que le identificaba como funcionario de inteligencia del Kuomintang. Yu-lin nunca trabajó para el sistema, pero su pertenencia a la organización garantizaba su inmunidad frente a cualquier intento de reclutamiento forzoso, por lo que pudo quedarse y ayudar al doctor Xia en la farmacia.

Uno de los profesores que había en la facultad de mi madre era un joven llamado Kang que enseñaba literatura china. Era sumamente inteligente e instruido, y mi madre sentía un tremendo respeto hacia él. Kang le dijo a ella y a otras muchachas que se había visto involucrado en actividades antikuomintang en la ciudad de Kunming, situada al sudoeste de China, y que su novia había resultado muerta por una granada de mano durante una manifestación. Sus discursos eran claramente procomunistas, y causaron en mi madre una fuerte impresión.

Una mañana de comienzos de 1947, el viejo portero de la universidad detuvo a mi madre cuando ésta atravesaba la verja. A continuación, le entregó una nota y le dijo que Kang se había marchado. Lo que mi madre ignoraba era que Kang había recibido un aviso, ya que algunos de los agentes de inteligencia del Kuomintang trabajaban en secreto para los comunistas. En aquella época, mi madre no sabía gran cosa de los comunistas, ni estaba tampoco al tanto de que Kang fuera uno de ellos. Todo lo que sabía era que el profesor que más admiraba había tenido que huir porque se encontraba a punto de ser arrestado.

La nota era de Kang, y consistía tan sólo en una palabra: «Silencio.» Mi madre vio en aquel término dos posibles significados. Podía referirse a uno de los versos de un poema que Kang había escrito en memoria de su novia –«Silencio... en el que crecen nuestras fuerzas»–, en cuyo caso podía considerarse una exhortación al optimismo. Pero también podía considerarse una advertencia para que no fuera a cometer ningún acto alocado. Para entonces, mi madre había adquirido reputación de persona intrépida, lo que la convertía en una líder entre los estudiantes.

Al poco tiempo, llegó una nueva directora. Era delegada del Congreso Nacional del Kuomintang y, según se decía, se hallaba relacionada con el servicio secreto. Con ella llegaron unos cuantos agentes de inteligencia, incluido uno llamado Yao-han que se convirtió en supervisor político encargado de la tarea especial de vigilar a los estudiantes. El supervisor académico era el Secretario Comarcal de Partido para el Kuomintang.

En aquella época, el amigo más cercano de mi madre era un primo lejano llamado Hu cuyo padre poseía una cadena de almacenes en las ciudades de Jinzhou, Mukden y Harbin y tenía una esposa y dos concubinas. Su mujer le había dado un hijo, el primo Hu, pero las concubinas no. Por ello, la madre del primo Hu se convirtió en objeto de intensos celos por parte de ambas. Una noche en que el esposo se encontraba fuera de casa, las concubinas vertieron un somnífero en la comida de la señora Hu y en la de un joven sirviente, tras lo cual acostaron a ambos en la misma cama. Cuando el señor Hu regresó y encontró a su esposa acostada con el criado y aparentemente borracha como una cuba, enloqueció de furia; encerró a su mujer en un cuartito diminuto situado en un remoto rincón de la casa y prohibió a su hijo que volviera a verla. Como por otra parte alimentaba la sospecha sorda de que todo aquello no hubiera sido más que un complot de las concubinas, no repudió ni expulsó a su esposa, acción que hubiera constituido la humillación definitiva tanto para ella como para él. Le preocupaba que las concubinas pudieran perjudicar a su hijo, por lo que envió a éste a un colegio interno de Jinzhou. Fue en aquella ciudad donde mi madre le conoció. Entonces, ella tenía siete años y él doce. Su madre, reducida a aquel confinamiento solitario, no tardó en perder el juicio.

El primo Hu creció hasta convertirse en un muchacho sensible y reservado. Nunca logró superar lo ocurrido, y algunas veces hablaba con mi madre de ello. La historia hacía reflexionar a mi madre acerca de la espantosa vida que habían llevado las mujeres en su propia familia y las numerosas tragedias que habían acaecido a tantas otras madres, hijas, esposas y concubinas. Le enfurecía el estado de impotencia de las mujeres y la barbarie de algunas costumbres ancestrales disfrazadas con los mantos de «tradición» e incluso de «moralidad». Aunque se habían producido ciertamente algunos cambios, éstos se hallaban aún sepultados por los terribles prejuicios existentes. Mi madre aguardaba con impaciencia la llegada de una actitud más radical.

En la facultad aprendió que existía una fuerza política que había prometido cambios abiertamente: eran los comunistas. La información le llegó procedente de una buena amiga, una joven de dieciocho años llamada Shu que había roto con su familia y vivía en la facultad debido a que su padre había pretendido obligarla a contraer matrimonio con un muchachito de doce. Un día, Shu se despidió de mi madre: ella y el joven con quien se amaba en secreto pensaban huir para unirse a los comunistas. «Ellos son nuestra esperanza», fueron sus palabras de despedida.

Fue más o menos en aquella época cuando mi madre comenzó a establecer una estrecha relación con el primo Hu, quien había descubierto que estaba enamorado de ella al advertir los celos que le producía la presencia del joven señor Liu, a quien consideraba un petimetre. Se mostró encantado cuando mi madre rompió con Liu, y a partir de entonces iba a visitarla casi todos los días.

Una tarde del mes de marzo de 1947, fueron juntos al cine. Había dos clases distintas de entradas: una de ellas daba derecho a asiento; la otra, mucho más barata, obligaba a estar de pie. El primo Hu compró una entrada de asiento para mi madre y otra de pie para él, afirmando que no llevaba suficiente dinero encima. Mi madre juzgó aquello un poco extraño, por lo que de vez en cuando dirigía alguna que otra mirada fugaz en su dirección. Cuando había transcurrido la mitad de la película, vio a una joven elegantemente vestida acercarse a su primo y deslizarse lentamente junto a él. Durante una fracción de segundo, sus manos se tocaron. Al momento, se puso en pie e insistió en marcharse. Cuando salieron, exigió una explicación. Al principio, el primo Hu intentó negar que hubiera ocurrido nada, pero cuando mi madre dejó bien claro que no pensaba tragarse aquella historia dijo que se lo explicaría más tarde. Había cosas, dijo, que mi madre no podía comprender por ser demasiado joven. Cuando llegaron a casa de mi madre, ésta se negó a dejarle entrar. Durante los días que siguieron, el primo acudió repetidas veces de visita, pero nunca logró pasar.

Transcurrida una temporada, mi madre se mostraba ya dispuesta a aceptar una disculpa y una reconciliación, y no hacía más que escrutar la verja de entrada para comprobar si Hu se encontraba allí. Una tarde en que nevaba copiosamente, le vio entrar en el patio acompañado de otro hombre. No se encaminó a la parte de la casa que ocupaba mi madre, sino que se dirigió en derechura a la zona en la que habitaba el inquilino de los Xia, un hombre llamado Yu-wu. Al cabo de un rato, Hu reemergió y se dirigió con paso apresurado a las habitaciones de mi madre. En tono urgente, le comunicó que abandonaba Jinzhou inmediatamente debido a que la policía le perseguía. Cuando mi madre le preguntó el motivo, todo lo que dijo fue: «Porque soy comunista», tras lo cual desapareció en la nieve.

De pronto, a mi madre se le ocurrió que el incidente del cine debía de haber sido una misión clandestina del primo Hu. Sintió que se le partía el corazón, porque ahora ya no tendría ocasión de reconciliarse con él. Advirtió que su casero, Yu-wu, debía de ser también un comunista clandestino. El motivo por el que habían traído a Hu al domicilio de Yu-wu era para ocultarle. El primo Hu y Yu-wu no habían conocido sus respectivas identidades hasta aquella tarde. Ambos se daban cuenta que no cabía siquiera considerar la posibilidad de que el primo Hu se quedara allí, ya que su relación con mi madre era demasiado bien conocida, y si el Kuomintang acudía en su busca Yu-wu sería igualmente descubierto. Aquella misma noche, el primo Hu intentó alcanzar la zona controlada por los comunistas, situada a unos treinta kilómetros más allá de los límites de la ciudad. Poco después, cuando comenzaban a aflorar los primeros capullos de la primavera, Yu-wu recibió noticias de que Hu había sido capturado al abandonar la ciudad. Su acompañante había sido muerto a tiros. Un informe posterior afirmaba que Hu había sido ejecutado.

A lo largo de los últimos tiempos, mi madre se había ido volviendo más y más antikuomintang. Los comunistas constituían la única alternativa que conocía, y se había visto particularmente atraída por sus promesas de poner fin a las injusticias cometidas con las mujeres. Hasta entonces, con quince años edad, nunca se había sentido preparada para adoptar un compromiso total. La noticia de la muerte del primo Hu terminó de decidirla, y resolvió unirse a los comunistas.

5

«Se vende hija por diez kilos de arroz»

En lucha por una Nueva China

(1947-1948)

Yu-wu había llegado a la casa unos cuantos meses antes; llevaba una carta de presentación de un amigo común. Los Xia, que acababan de mudarse de su residencia prestada a una gran casa situada dentro de los muros y en las cercanías de la puerta norte, habían estado buscando un inquilino rico que les ayudara con el alquiler. Yu-wu llegó vistiendo el uniforme de oficial del Kuomintang y acompañado por una mujer –a la que presentó como su esposa– y un niño pequeño. De hecho, la mujer no era su esposa, sino su ayudante. El niño era de ella, y su verdadero esposo se encontraba en algún lugar remoto luchando con el Ejército regular comunista. Poco a poco, aquella «familia» se convirtió en una familia real. Posteriormente, llegaron a tener otros dos niños y sus respectivos cónyuges volvieron a casarse.

Yu-wu se había unido al Partido Comunista en 1938. Poco después de la rendición japonesa había sido enviado a Jinzhou desde Yan'an, ciudad que en tiempo de guerra era cuartel general de los comunistas, y se le había nombrado responsable de recoger y entregar información a las fuerzas comunistas situadas en los alrededores de la ciudad. Operaba bajo la identidad de jefe militar del Kuomintang, cargo que los comunistas habían conseguido comprarle. En aquella época, los puestos del Kuomintang, incluso dentro del sistema de inteligencia, se encontraban prácticamente al alcance del mejor postor. Algunas personas adquirían puestos para proteger a sus familias del reclutamiento forzoso y de los abusos de los matones; otros lo hacían para poder, a su vez, dedicarse a la extorsión económica. Debido a su importancia estratégica, Jinzhou contaba con numerosos oficiales, lo que facilitaba la infiltración comunista del sistema.

Yu-wu había planeado su papel a la perfección. Organizaba numerosas cenas y fiestas de juego, en parte para conseguir nuevos contactos y en parte para tejer una estructura protectora en torno suyo. Entremezclado con las constantes idas y venidas de oficiales del Kuomintang y de funcionarios del servicio de inteligencia discurría un interminable río de «primos» y «amigos». Siempre se trataba de personas diferentes, pero nadie hacía preguntas.

Yu-wu contaba con otro posible disfraz para aquellos frecuentes visitantes. La consulta del doctor Xia siempre estaba abierta, y los «amigos» de Yu-wu podían entrar desde la calle sin llamar la atención y luego atravesar la consulta hasta el patio interior. El doctor Xia toleraba las bulliciosas fiestas de Yu-wu sin poner objeciones, a pesar incluso de que su secta, la Sociedad de la Razón, prohibía el juego y el alcohol. Mi madre se sintió extrañada, pero lo atribuyó al carácter tolerante de su padrastro. Algunos años después, al volver la vista atrás, cayó en el convencimiento de que el doctor Xia había conocido –o adivinado– la verdadera identidad de Yu-wu.

Cuando mi madre se enteró de que su primo Hu había muerto a manos del Kuomintang, fue a ver a Yu-wu y le dijo que quería trabajar para los comunistas. Él la rechazó, aduciendo que era aún demasiado joven.

Mi madre se había convertido en un personaje bastante importante dentro de su escuela, y confiaba en que los comunistas terminarían por establecer contacto con ella. Lo hicieron, pero se tomaron el tiempo que consideraron preciso hasta comprobarlo todo sobre ella. De hecho, antes de partir hacia la zona comunista, su amiga Shu había hablado de mi madre con su propio contacto comunista, y posteriormente se lo había presentado como un amigo. Un día, aquel hombre se acercó a ella y le dijo de buenas a primeras que acudiera cierto día al túnel del ferrocarril situado a medio camino entre las estaciones norte y sur de Jinzhou. Allí, dijo, se pondría en contacto con ella un apuesto joven de veintitantos años de edad y acento de Shanghai. Aquel hombre, que como supo posteriormente se llamaba Liang, se convirtió en su control.

El primer trabajo que se le encomendó fue distribuir obras escritas tales como *Acerca de los gobiernos de coalición*, de Mao Zedong, y panfletos de la reforma agraria y otras políticas comunistas. Dicho material había de ser introducido en la ciudad de modo clandestino, por lo general oculto en grandes fardos de tallos de sorgo destinados a servir como combustible. A continuación, los panfletos eran reempaquetados y a menudo arrollados en el interior de grandes pimientos verdes.

Algunas veces, la esposa de Yu-lin compraba los pimientos y vigilaba la calle para advertir la presencia de los compañeros de mi madre cuando acudían a recoger el material. También ayudaba a ocultar los panfletos entre las cenizas de las diversas estufas, bajo pilas de cajas de medicamentos chinos o montones de leña. Los estudiantes debían leer aquel material en secreto, aunque podían leerse novelas progresistas más o menos abiertamente: entre las favoritas se encontraba *La madre*, de Máximo Gorki.

Un día, un ejemplar de uno de los panfletos que había estado distribuyendo mi madre –*La nueva democracia*, de Mao– terminó por llegar a manos de una amiga de la escuela bastante despistada, quien lo introdujo en su bolso y se olvidó de su existencia. Cuando acudió al mercado, abrió el bolso para coger dinero y el panfleto cayó al suelo. Dos agentes del servicio de inteligencia que pasaban por allí lo reconocieron rápidamente por el papel delgado y amarillento en que estaba impreso. La muchacha fue detenida e interrogada. Murió torturada.

Numerosas personas habían muerto a manos de los servicios de inteligencia del Kuomintang, y mi madre sabía que se arriesgaba a ser torturada si la capturaban. Aquel incidente, lejos de intimidarla, aumentó su osadía. También su moral se vio enormemente estimulada por el hecho de que ahora se sentía parte del movimiento comunista.

Manchuria representaba el campo de batalla crucial de la guerra civil, y lo que sucediera en Jinzhou se estaba convirtiendo en un elemento más y más crítico para decidir el resultado de la lucha por el dominio de China. No existía un frente fijo en el sentido de línea única de batalla. Los comunistas controlaban la zona norte de Manchuria y gran parte de la campiña; el Kuomintang mantenía el control de las principales ciudades –con la excepción de Hairbin, situada en el Norte–, así como los puertos de mar y la mayor parte de las líneas de ferrocarril. A finales de 1947, los ejércitos comunistas de la zona superaban por primera vez en número a los de sus oponentes. A lo largo del año, más de trescientos mil soldados del Kuomintang habían sido puestos fuera de combate. Numerosos campesinos se unían al Ejército comunista o desplazaban sus simpatías para colaborar con él. El motivo principal de ello era que los comunistas habían desarrollado una reforma agraria basada en «la tierra para quien la trabaja», y los campesinos pensaban que el único modo de conservar sus tierras era prestarles su apoyo.

Por entonces, los comunistas controlaban gran parte de la zona de Jinzhou. Los campesinos se mostraban reacios a entrar en la ciudad para vender sus productos debido a que para ello tenían que atravesar los controles del Kuomintang, en los que o bien eran extorsionados y obligados a pagar enormes sumas o bien veían sus productos sencillamente confiscados. En la ciudad, el precio del grano se disparaba casi a diario, situación que empeoraba debido a las manipulaciones de comerciantes codiciosos y oficiales corruptos.

Al llegar el Kuomintang, había emitido un nuevo papel moneda conocido con el nombre de dinero Ley. Sin embargo, sus autoridades se mostraron incapaces de controlar la inflación. Al doctor Xia siempre le había preocupado qué sería de mi abuela y de mi madre cuando él muriera (y ya casi tenía ochenta años). Había estado invirtiendo sus ahorros en el nuevo dinero porque confiaba en el Gobierno. Transcurrido un tiempo, el dinero Ley se vio sustituido por otra moneda, el Guanjin, que pronto adquirió tan poco valor que cuando mi madre quiso pagar las tasas de la facultad, hubo de alquilar un rickshaw para transportar el enorme montón de billetes necesarios (para salvar la cara, Chiang Kai-shek se había negado a imprimir ningún billete superior a diez mil yuanes). Todos los ahorros del doctor Xia desaparecieron.

La situación económica fue deteriorándose gradualmente durante el invierno de 1947-1948. Se multiplicaban las protestas en contra de la escasez de alimentos y el aumento de los precios. Jinzhou constituía la fuente principal de suministro de los grandes ejércitos que el Kuomintang mantenía en el Norte, y a mediados de diciembre de 1947 una muchedumbre de veinte mil personas tomó por asalto dos grandes almacenes de grano bien abastecidos.

Sin embargo, había un negocio que sí prosperaba: el tráfico de muchachas jóvenes destinadas a los burdeles o vendidas como esclavas a los ricos. La ciudad aparecía alfombrada de mendigos que ofrecían a sus hijos a cambio de comida. Durante varios días mi madre vio frente a su facultad a una mujer demacrada, harapienta y de aspecto desesperado que permanecía tendida sobre el suelo congelado. Junto a ella aguardaba una chiquilla de unos diez años de edad cuyos rasgos aparecían entumecidos por la miseria. Del cuello de su túnica surgía un palo sobre el que la madre había clavado un cartel escrito torpemente: «Se vende hija por diez kilos de arroz.»

Entre aquellos que no lograban llegar a fin de mes se encontraban los profesores. Llevaban tiempo solicitando un aumento de sueldo, a lo que el Gobierno había respondido incrementando el coste de la educación. Tal medida apenas había surtido efecto, ya que las familias no podían permitirse la subida. Un profesor de la facultad de mi madre murió intoxicado tras devorar un trozo de carne que había recogido en la calle. Sabía que aquella carne estaba podrida, pero tenía tanta hambre que decidió correr el riesgo.

Para entonces, mi madre se había convertido en presidenta del sindicato de estudiantes. Su control en el partido, Liang, le había dado instrucciones de que intentara atraerse las simpatías del resto de los profesores, y no sólo de los alumnos, y ella había emprendido una campaña destinada a recolectar dinero para los profesores. En compañía de otras muchachas, acudía a los cines y teatros, y allí, antes de que comenzara la función, exhortaba a los asistentes a realizar donaciones. También organizaron revistas musicales y rastrillos de venta, pero los beneficios fueron escasos... las personas que acudían eran demasiado pobres o demasiado mezquinas.

Un día se topó con una amiga suya, nieta de un general de brigada y casada con un oficial del Kuomintang. La amiga le contó que aquella noche iba a celebrarse un banquete para unos cincuenta oficiales –con sus respectivas esposas– en uno de los restaurantes más elegantes de la ciudad. En aquella época, los oficiales del Kuomintang llevaban una vida social sumamente activa. Mi madre corrió a la facultad y se puso en contacto con tanta gente como pudo. Les dijo que se reunieran a las cinco de la tarde en el lugar más emblemático de la ciudad: su torre de piedra de casi veinte metros de alto, construida en el siglo XI. Cuando llegó allí, a la cabeza de un nutrido contingente, había ya más de un centenar de muchachas aguardando sus órdenes. Mi madre les expuso su plan. A eso de las seis de la tarde vieron gran número de oficiales que llegaban en carruajes y rickshaws. Las mujeres iban ataviadas de punta en blanco, vestidas de seda y satén y cargadas de joyas que tintineaban a su paso.

Cuando mi madre calculó que los comensales ya se encontrarían en plena colación, ella y un grupo de muchachas desfilaron al interior del restaurante. La decadencia del Kuomintang había llegado a tales extremos que las medidas de seguridad se hallaban increíblemente relajadas. Mi madre se encaramó a una silla. Su sencilla túnica de algodón azul oscuro la convertía en la viva imagen de la austeridad frente a todas aquellas joyas y sedas bordadas. Pronunció un breve discurso acerca de la difícil situación en que se encontraban los profesores y finalizó con las siguientes palabras: «Todos sabemos que sois personas generosas. Sin duda, vosotros seréis los primeros en alegraros de tener esta ocasión de demostrarlo abriendo vuestros bolsillos.»

Los oficiales se encontraban en un apuro. Ninguno de ellos quería parecer mezquino. De hecho, puede decirse que se veían más o menos obligados a realizar un gesto de ostentación. Por otra parte, claro está, querían librarse de aquellas molestas intrusas. Las muchachas recorrieron las mesas repletas de manjares y anotaron la contribución de cada uno de los oficiales. A continuación, acudieron a los respectivos domicilios de éstos a primera hora de la mañana siguiente y recogieron el importe de sus compromisos. Los profesores se mostraron enormemente agradecidos a las muchachas, quienes les entregaron inmediatamente el dinero para que pudieran utilizarlo antes de que su valor se desplomara, o sea, en cuestión de horas.

No se tomaron represalias contra mi madre, quizá porque los comensales se sentían avergonzados por haberse dejado sorprender de aquella manera y no querían incrementar su ridículo... aunque, claro está, toda la ciudad se enteró inmediatamente del episodio. Mi madre había logrado con éxito invertir las reglas del juego en contra de ellos. La estupefacción que le había producido la extravagancia de la élite del Kuomintang frente al espectáculo de la gente que se moría de hambre en las calles había aumentado aún más su compromiso con los comunistas.

Del mismo modo que los alimentos constituían el principal problema en el interior de la ciudad, el campo sufría una dramática escasez de ropa, ya que el Kuomintang había prohibido la venta de tejidos al exterior. Una de las principales tareas de los guardas de las murallas, entre ellos Lealtad Pei-o, era evitar que la gente sacara telas de contrabando para vendérselas a los comunistas. Los contrabandistas eran una mezcla de especialistas en mercado negro, gente a sueldo de los funcionarios del Kuomintang y comunistas infiltrados.

El procedimiento habitual era que Lealtad y sus compañeros detuvieran los carros y confiscaran las telas. A continuación, dejaban en libertad al contrabandista con la esperanza de que al poco retornaría con otro cargamento del que pudieran también apropiarse. En ocasiones, acordaban con los contrabandistas un porcentaje destinado a sus bolsillos. Tanto si llegaban a un acuerdo como si no, los guardas vendían de todos modos las telas a las zonas controladas por los comunistas. Lealtad y sus colegas prosperaban cada vez más.

Una noche, un carromato sucio y anodino se detuvo frente al puesto de guardia de Lealtad. Éste representó su pantomima habitual, golpeando con un palo el fardo de telas cargado al fondo del vehículo en la esperanza de intimidar a su conductor y obtener un acuerdo lo más provechoso posible. Mientras calculaba el valor del cargamento y la tenacidad del carretero, confiaba también en distraerle lo bastante como para descubrir el nombre de su jefe a lo largo de la conversación. Lealtad no mostraba apresuramiento alguno, ya que se trataba de un envío considerable: más de lo que podía sacarse de la ciudad antes del amanecer.

Se sentó junto al conductor y le ordenó dar media vuelta y regresar al interior de la ciudad con el cargamento. El conductor, acostumbrado a recibir órdenes arbitrarias, hizo lo que se le ordenaba.

Mi abuela estaba en su cama, profundamente dormida, cuando oyó golpes en la puerta a eso de la una de la madrugada. Al abrir, se encontró frente a frente con Lealtad, quien le dijo que quería dejar el cargamento en la casa durante la noche. Mi abuela se vio obligada a aceptar, ya que la tradición china hace que sea prácticamente imposible decir «no» a un pariente. Las obligaciones para con la familia y los parientes siempre tienen prioridad sobre el juicio moral de cada uno. Al doctor Xia, que aún dormía, no le dijo nada.

Mucho antes de que amaneciera, Lealtad reapareció acompañado de dos carromatos; trasladó el cargamento a su interior y partió justamente cuando el alba comenzaba ya a teñir el cielo. Menos de media hora después, apareció un destacamento de policías armados que acordonaron la casa. El conductor del carromato –a sueldo de un departamento distinto del servicio de inteligencia– había informado a sus jefes y éstos, claro está, querían que les fuera devuelta su mercancía.

El doctor Xia y mi abuela hubieron de sufrir considerables molestias pero, al menos, el botín había desaparecido. Para mi madre, sin embargo, la redada representó casi una catástrofe. Conservaba algunos panfletos comunistas ocultos en la casa y, tan pronto como hizo su aparición la policía, se precipitó con ellos hacia el cuarto de baño. Una vez allí, los introdujo en sus pantalones, enguatados y anudados en los tobillos para conservar el calor, y se puso una gruesa chaqueta de invierno. A continuación, salió tan despreocupadamente como supo, fingiendo que se dirigía a la escuela. Los policías la detuvieron y anunciaron que iban a registrarla. Ella les gritó que contaría a su «tío» Zhu-ge cómo la habían tratado.

Hasta entonces, los policías habían ignorado por completo las conexiones que tenía la familia dentro del servicio de inteligencia. Igualmente, desconocían quién había confiscado los tejidos. La administración de Jinzhou se encontraba sumida en una confusión completa debido al enorme número de unidades distintas del Kuomintang estacionadas en la ciudad y al hecho de que cualquiera que tuviera un arma y alguna forma de protección podía ejercer un poder arbitrario. Cuando Lealtad y sus hombres se habían apropiado del cargamento, el conductor no les había preguntado para quién trabajaban.

Tan pronto como mi madre mencionó el nombre de Zhu-ge, la actitud del oficial al mando cambió. Zhu-ge era amigo de su jefe. A una señal suya, sus subordinados bajaron las armas y abandonaron su actitud de insolencia y desafío. El oficial saludó ceremoniosamente y murmuró profusas disculpas por haber molestado a tan augusta familia. Por su parte, los policías rasos se mostraron aún más decepcionados que su jefe: si no había botín, significaba que no habría dinero y si no había dinero no habría comida. Arrastrando los pies, se retiraron con expresión malhumorada.

En aquella época había en Jinzhou una nueva universidad, la Universidad Nordeste del Exilio, formada por estudiantes y profesores que habían huido del norte de Manchuria, ocupado por los comunistas. A menudo, las políticas comunistas habían sido sumamente severas, y varios terratenientes habían sido asesinados. En las poblaciones, incluso los pequeños empresarios y fabricantes eran denunciados y sus propiedades confiscadas. La mayor parte de los intelectuales procedían de familias relativamente prósperas, y muchos de ellos habían sido testigos del sufrimiento de sus parientes bajo la dominación comunista o habían sido ellos mismos denunciados.

En la Universidad del Exilio había una facultad de medicina, y mi madre deseaba ingresar en ella. Su ambición siempre había sido llegar a ser médico. Ello obedecía en parte a la influencia del doctor Xia y en parte a que la profesión médica era la que más posibilidades de independencia ofrecía a una mujer. Liang apoyaba la idea con gran entusiasmo ya que el Partido, decía, tenía planes para ella. En febrero de 1948, ingresó en la Facultad de Medicina con horario parcial.

La Universidad del Exilio era un campo de batalla en el que el Kuomintang y los comunistas competían ferozmente por ganar influencia. El Kuomintang era consciente de su mala situación en Manchuria, por lo que animaba activamente a los estudiantes e intelectuales para que se trasladaran al Sur. Los comunistas, por su parte, no querían perder a sus más ilustrados ciudadanos, por lo que modificaron su programa de reforma agraria y promulgaron una orden según la cual los capitalistas urbanos habían de ser bien tratados y los intelectuales de las familias acaudaladas debían ser protegidos. Armados con aquella política de moderación, los activistas clandestinos de Jinzhou intentaron persuadir a los estudiantes y profesores para que se quedaran. Ello se convirtió en la principal actividad de mi madre.

A pesar del cambio de política de los comunistas, algunos de los profesores y estudiantes decidieron que era más seguro huir. A finales de junio zarpó un barco repleto de estudiantes con destino a la ciudad de Tianjin, situada a unos cuatrocientos kilómetros al Sudoeste. Cuando llegaron allí, descubrieron que no había comida ni lugar alguno donde pudieran alojarse. El Kuomintang local les animó a que se unieran al Ejército. «¡Luchad por regresar a vuestra tierra!», les dijeron. No era para eso para lo que habían huido de Manchuria. Algunos obreros comunistas en la clandestinidad que habían embarcado con ellos les animaron a resistir, y ese 5 de julio los estudiantes se manifestaron en el centro de Tianjin en demanda de alimentos y hospedaje. Las tropas abrieron fuego y numerosos estudiantes resultaron heridos, muchos de ellos de gravedad. Algunos de ellos murieron.

Cuando las noticias llegaron a Jinzhou, mi madre decidió inmediatamente organizar un movimiento de apoyo a los estudiantes que habían partido a Tianjin. Convocó una reunión de los líderes de sindicatos estudiantiles de las siete facultades superiores y técnicas, quienes votaron por el establecimiento de una Federación de Sindicatos Estudiantiles de Jinzhou. Mi madre fue elegida presidenta. Decidieron enviar un telegrama de solidaridad a los estudiantes de Tianjin y organizar una marcha que llegaría hasta el cuartel general del general Chiu, responsable de la aplicación de la ley marcial, donde presentarían una petición.

Los amigos de mi madre aguardaban ansiosamente en la facultad, en espera de instrucciones. Era un día húmedo y gris, y el suelo era una masa de barro pegajoso. Oscureció, y aún no había señales de mi madre ni de los otros seis líderes estudiantiles. Por fin, llegaron noticias de que la policía había reventado el mitin y los había detenido a todos. El informador había sido Yao-han, supervisor político de la escuela de mi madre.

Fueron conducidos al cuartel general. Tras un intervalo de espera, el general Chiu entró en la estancia. Se sentó tras una mesa y comenzó a hablarles en tono paciente y paternalista, mostrando aparentemente más pesadumbre que enfado. Eran jóvenes, dijo, por lo que era normal que se comportaran de un modo precipitado. Pero ¿qué sabían de política? ¿Acaso no se daban cuenta de que estaban siendo utilizados por los comunistas? Deberían limitarse a sus libros. Dijo que los pondría en libertad si firmaban una confesión admitiendo sus errores e identificando a los comunistas que se camuflaban entre ellos. A continuación, hizo una pausa para observar el efecto de sus palabras.

Mi madre halló insufribles tanto su discurso como su actitud en general. Adelantándose, dijo en voz alta:

–Díganos, general, ¿qué error hemos cometido?

El general comenzó a irritarse:

–Habéis sido utilizados por los bandidos comunistas para causar problemas. ¿No os parece eso suficiente error?

Mi madre gritó de nuevo:

–¿Qué bandidos comunistas? Nuestros amigos murieron en Tianjin porque, siguiendo vuestro consejo, habían huido de los comunistas. ¿Acaso merecían que les disparaseis? ¿Acaso hemos hecho algo irrazonable?

Tras cruzar algunas palabras altisonantes, el general golpeó la mesa con el puño y llamó a gritos a sus guardias.

–Acompáñenla por las instalaciones –dijo, y añadió, volviéndose hacia mi madre–: ¡Es preciso que se dé cuenta de dónde está!

Antes de que los soldados pudieran sujetarla, mi madre saltó hacia él y golpeó también ella la mesa con el puño:

–¡Esté donde esté, no he hecho nada malo!

Para cuando quiso darse cuenta, mi madre se encontraba fuertemente sujeta por ambos brazos y unos hombres la alejaban a rastras de la mesa. Recorrieron un pasillo y descendieron por unas escaleras hasta alcanzar una habitación en tinieblas. En el extremo más alejado pudo ver un hombre vestido con harapos. Parecía hallarse sentado sobre un banco y apoyado contra una columna. Su cabeza colgaba hacia un costado. Mi madre se dio cuenta de que el hombre estaba atado a la columna y de que le habían atado los muslos al banco. Dos hombres procedían a situar unos ladrillos bajo sus talones. Cada ladrillo que añadían hacía surgir de sus labios un gemido profundo y ahogado. Mi madre notó que su cabeza se inundaba de sangre, y creyó oír el chasquido de huesos al quebrarse. A los pocos instantes, estaba contemplando el interior de otra estancia. El oficial que hacía las veces de guía le indicó un hombre que, no lejos de donde ambos se encontraban, colgaba de una viga de madera por las muñecas, desnudo de la cintura para arriba. Sus cabellos caían formando una masa enmarañada, por lo que mi madre no pudo verle la cara. Sobre el suelo descansaba un brasero junto al que un hombre fumaba tranquilamente un cigarrillo. Mientras mi madre observaba, el hombre extrajo una barra de hierro de las brasas; la punta era del tamaño del puño de un hombre y estaba al rojo vivo. Con una sonrisa, la apoyó sobre el pecho del hombre que colgaba de la viga. Mi madre pudo oír un agudo grito de dolor y un horrible chisporroteo, vio el humo que surgía de la herida y a su nariz llegó un denso olor a carne quemada. Sin embargo, no gritó ni se desmayó. El horror había despertado en ella una rabia poderosa y apasionada que le proporcionaba una fuerza inmensa y parecía superar cualquier temor.

El oficial le preguntó si aceptaría ahora firmar una confesión. Ella se negó, repitiendo que no sabía de la existencia de comunista alguno en el grupo. La arrojaron al interior de una pequeña estancia en la que había una cama y unas cuantas sábanas. Allí pasó varios días, oyendo los gritos de aquellos que eran torturados en las celdas cercanas y negándose a las repetidas demandas de sus captores para que les proporcionara una lista de nombres.

Por fin, un día fue conducida a la parte trasera del edificio, donde se abría un patio cubierto de escombros y hierbajos. Le ordenaron permanecer firme contra un muro. Junto a ella habían apoyado contra la pared a un hombre que había sido inequívocamente torturado y apenas podía tenerse en pie. Perezosamente, unos cuantos soldados tomaron posiciones. Sintió que un hombre le tapaba los ojos. Aunque no podía ver, cerró los ojos. Se hallaba dispuesta a morir, orgullosa de estar dando su vida por una gran causa.

Oyó disparos, pero no sintió nada. Al cabo de un minuto aproximadamente, le quitaron el trapo que le cubría los ojos y miró a su alrededor, parpadeando. El hombre que había visto antes se encontraba tendido en el suelo. El oficial que la había trasladado a los calabozos se acercó con una amplia sonrisa, una de sus cejas enarcada por la sorpresa que le producía comprobar que aquella jovenzuela de diecisiete años no se hubiera convertido en un despojo suplicante. Con gran calma, mi madre le dijo que no tenía nada que confesar.

La devolvieron a su celda. Nadie la molestó ni la torturó. Al cabo de unos cuantos días más, fue puesta en libertad. A lo largo de la semana anterior, el movimiento comunista clandestino había estado pulsando todos sus resortes. Mi abuela había acudido al cuartel general todos los días, llorando, suplicando y amenazando con suicidarse. El doctor Xia había visitado a sus más poderosos pacientes, a los que había obsequiado con lujosos presentes. Las conexiones de la familia dentro del servicio de inteligencia también se habían movilizado. Mucha gente había apoyado a mi madre por escrito, declarando que no se trataba de una comunista sino que tan sólo era joven e impulsiva.

Lo que le había ocurrido no causó en ella el menor desánimo. Tan pronto salió de la prisión se dispuso a organizar un funeral en homenaje a los estudiantes muertos en Tianjin. Las autoridades concedieron su autorización. En Jinzhou reinaba una profunda cólera por lo que les había ocurrido a aquellos jóvenes que, después de todo, habían partido siguiendo el consejo del Gobierno. Al mismo tiempo, los colegios y facultades se apresuraron a anunciar el adelanto del fin de curso y la cancelación de diversos exámenes en la confianza de que los estudiantes se dispersaran y volvieran a sus casas.

Llegado este punto, el movimiento clandestino recomendó a sus miembros que partieran hacia las zonas controladas por los comunistas. A aquellos que no desearan o no pudieran hacerlo se les ordenó que suspendieran sus actividades clandestinas. El Kuomintang estaba desatando una feroz represión en la que demasiados activistas estaban siendo detenidos y ejecutados. Liang partiría, y pidió a mi madre que le acompañara, pero mi abuela se negó a permitirlo. Mi madre no era sospechosa de ser comunista, dijo, pero si marchaba con ellos comenzaría a serlo.

¿Y qué pasaría con los que la habían apoyado? Si partía ahora, todas aquellas personas tendrían problemas.

Así pues, se quedó. Pero ansiaba entrar en acción. Recurrió a Yu-wu, la única persona de entre las que quedaban que le constara que trabajaba para los comunistas. Yu-wu no conocía a Liang, ni tampoco a los contactos de mi madre. Pertenecían a dos sistemas clandestinos distintos que operaban completamente separados, con objeto de que si alguien era detenido y no podía soportar la tortura, tan sólo pudiera revelar un número limitado de nombres.

Jinzhou constituía la fuente básica de suministro para todos los ejércitos del Kuomintang en el Nordeste, a la vez que su centro logístico. Dichos ejércitos se componían de más de medio millón de hombres, dispersados a lo largo de vías de ferrocarril vulnerables o concentrados en unas pocas zonas cada vez más estrechas en torno a las principales ciudades. Durante el verano de 1948, había en Jinzhou unos doscientos mil soldados del Kuomintang, si bien repartidos en varias unidades de mando distintas. Chiang Kai-shek había mantenido rencillas con varios de sus principales generales, lo que había desorganizado las líneas de mando y había creado una grave desmoralización. Las diferentes fuerzas se mostraban mal coordinadas, y a menudo desconfiaban entre sí. Muchos estrategas, incluyendo sus asesores norteamericanos, opinaban que Chiang debía abandonar Manchuria definitivamente, y la clave de cualquier retirada, ya fuera forzada o «voluntaria», por mar o por ferrocarril, consistía en conservar Jinzhou. La ciudad se encontraba a poco más de ciento cincuenta kilómetros al norte de la Gran Muralla, muy cercana al territorio chino propiamente dicho, donde la posición del Kuomintang aún parecía relativamente segura, y era fácil obtener refuerzos desde el mar ya que Huludao se encontraba a tan sólo cincuenta kilómetros al Sur y se hallaba conectada por una vía de ferrocarril aparentemente segura.

Durante la primavera de 1948, el Kuomintang había comenzado a construir un nuevo sistema de defensa en torno a Jinzhou. Consistía en bloques de cemento encastrados en estructuras de acero. Los comunistas, pensaban, no disponían de carros blindados, su artillería era pobre y no poseían experiencia alguna en el ataque de posiciones fortificadas. La idea consistía en rodear la ciudad de pequeñas fortalezas autosuficientes cada una de las cuales pudiera operar como unidad independiente incluso en el caso de verse rodeada. Las fortalezas se hallarían comunicadas por zanjas de dos metros de anchura y otros dos de profundidad que a su vez estarían protegidas por un cerco continuo de alambre de espino. El general Wei Li-huang, comandante supremo de Manchuria, acudió en visita de inspección y declaró el sistema inexpugnable.

Sin embargo, el proyecto nunca llegó a concluirse. Ello se debió en parte a la falta de materiales y a la mala planificación pero, sobre todo, a la corrupción. El encargado de los trabajos de construcción desviaba materiales para su venta en el mercado negro, y a los obreros no se les pagaba lo bastante para comer. Ya en septiembre, cuando las fuerzas comunistas comenzaron a aislar la ciudad, tan sólo se había completado una tercera parte del sistema, en su mayor parte una serie de pequeños fortines de cemento incomunicados entre sí. Otras partes aparecían apresuradamente construidas con arcilla extraída de las viejas murallas de la ciudad.

Para los comunistas resultaba esencial conocer aquel sistema y la disposición de las tropas del Kuomintang. Por entonces, los comunistas estaban reuniendo una fuerza descomunal –aproximadamente un cuarto de millón de hombres– con vistas a una gran batalla decisiva. El comandante en jefe de todos los ejércitos comunistas, Zhu De, envió un telegrama al jefe militar de la zona, Lin Biao: «Tomad Jinzhou... y controlaremos toda China.» Antes del ataque final, se solicitó del grupo de Yu-wu información actualizada. Éste necesitaba urgentemente más colaboradores, por lo que al recibir la visita de mi madre en busca de trabajo se mostró tan encantado como sus superiores.

Los comunistas habían enviado a algunos oficiales disfrazados al interior de la ciudad con objeto de efectuar tareas de reconocimiento, pero un hombre que paseara solo de noche por los alrededores no tardaba en atraer la atención. La presencia de una pareja de enamorados resultaría mucho menos llamativa. Para entonces, las normas del Kuomintang habían considerado por completo aceptable que jóvenes de ambos sexos fueran vistos en público en compañía uno del otro. Dado que los oficiales de reconocimiento eran varones, mi madre resultaría ideal para el papel de novia.

Yu-wu le dijo que se presentara en un lugar acordado a una hora determinada. Debía vestir una túnica de color azul claro y lucir una flor de seda roja en los cabellos. El oficial comunista llevaría consigo un ejemplar del periódico del Kuomintang –el *Diario Central*– doblado en forma de triángulo, y se identificaría enjugándose tres veces el sudor de la mejilla izquierda y otras tres veces la mejilla derecha.

El día acordado, mi madre acudió a un pequeño templo situado nada más atravesar la vieja muralla del Norte pero aún dentro del perímetro de defensas. Un hombre que llevaba el periódico doblado triangularmente se acercó a ella y realizó las señas de identificación correctas. Mi madre se acarició la mejilla derecha tres veces con la mano derecha y luego la mejilla izquierda tres veces con la mano izquierda. Por fin, le tomó del brazo y echaron a andar.

Mi madre no comprendía del todo qué estaba haciendo el hombre, pero no hizo preguntas. La mayor parte del tiempo caminaron en silencio, hablando tan sólo cuando pasaban junto a alguien. La misión transcurrió sin incidentes.

A ésta siguieron más, durante las que reconocieron los alrededores de la ciudad y las arterias vitales de comunicación: las vías de ferrocarril.

Una cosa era obtener la información, y otra muy distinta sacarla de la ciudad. Para finales de julio, los controles habían sido firmemente cerrados, y todo aquel que intentaba entrar o salir era minuciosamente registrado. Yu-wu consultó a mi madre, en cuyo ingenio y valor había aprendido a confiar. Los vehículos de los oficiales de rango superior podían entrar y salir sin ser registrados, y mi madre pensó en un contacto que podría utilizarse. Una de sus compañeras de facultad era nieta de uno de los jefes militares locales, el general Ji, y el hermano de la muchacha era a su vez coronel de la brigada de su abuelo.

Los Ji eran una familia de Jinzhou y poseían influencias considerables. Ocupaban una calle entera, apodada «calle Ji», en la que poseían una enorme propiedad dotada de un extenso y bien cuidado jardín. Mi madre había paseado a menudo por aquel jardín con su amiga, y se llevaba bastante bien con el hermano de ésta, Hui-ge.

Hui-ge era un apuesto joven a mediados de la veintena y estaba licenciado en ingeniería. A diferencia de muchos otros jóvenes pertenecientes a familias ricas y poderosas, no era en absoluto un petimetre. A mi madre le gustaba, y él sentía por ella la misma simpatía. Poco a poco, comenzó a frecuentar el domicilio de los Xia y a invitar a mi madre a tomar el té. A mi abuela le encantaba: era sumamente educado y le consideraba un partido extraordinario.

Muy pronto, Hui-ge comenzó a invitar a mi madre a salir con él. Al principio les acompañaba su hermana en calidad de carabina, pero al cabo de poco rato desaparecía con cualquier excusa insustancial. Cuando estaban solas, solía alabar a su hermano en presencia de mi madre, afirmando que era el favorito de su abuelo. También debía de hablar con él acerca de mi madre, pues ésta descubrió que el joven sabía muchas cosas de ella, incluyendo el hecho de que había sido detenida por sus actividades radicales. Descubrieron que tenían mucho en común. Hui-ge se mostraba muy franco en lo que se refería al Kuomintang. En una o dos ocasiones, dio un leve tirón a su uniforme y suspiró, diciendo que ojalá terminara pronto la guerra y pudiera regresar a su trabajo como ingeniero. Dijo a mi madre que creía que los días del Kuomintang estaban contados, y ella tuvo la sensación de que al decírselo le estaba revelando sus más ocultos pensamientos.

Ella sabía que le apreciaba, pero se preguntaba si tras los actos de él no se ocultarían motivos políticos. Dedujo que debía de estar intentando transmitirle un mensaje, y con ello también a los comunistas. Y el mensaje tenía que ser: no me gusta el Kuomintang, y estoy dispuesto a ayudarte.

Se convirtieron en conspiradores tácitos. Un día, mi madre sugirió que Hui-ge podría rendirse a los comunistas con un pequeño destacamento de tropas (cosa que ocurría con cierta frecuencia). Él le respondió que era un oficial de Estado Mayor, por lo que no controlaba tropas en el frente. Mi madre le dijo que intentara persuadir a su abuelo para cambiar de bando, pero él, apesadumbrado, repuso que lo más probable era que el viejo lo mandara fusilar si tan sólo osaba sugerírselo.

Mi madre seguía informando a Yu-wu, y éste le dijo que continuara cultivando la amistad de Hui-ge. Al cabo de poco tiempo, Yu-wu le dijo que debía pedirle a Hui-ge que la llevara a efectuar un recorrido en su jeep fuera de los límites de la ciudad. Realizaron aquel tipo de excursiones en tres o cuatro ocasiones y, cada vez, cuando llegaban junto a una de las primitivas letrinas de barro, mi madre decía que tenía que utilizarla. A continuación, descendía del vehículo y ocultaba sus mensajes en un agujero de la pared mientras él aguardaba en su jeep. Nunca le hizo ninguna pregunta. Sus conversaciones se centraban cada vez más en las inquietudes del joven acerca de sí mismo y de su familia. De un modo indirecto, sugirió que los comunistas podrían ejecutarle:

–¡Me temo que muy pronto no seré más que un alma incorpórea llamando a la Puerta Oeste!

(Se suponía que el Cielo del Oeste era el destino de los muertos, debido a que se consideraba el reino de la paz eterna. Así pues, al igual que en la mayor parte de los lugares del resto de China, los campos de ejecución de Jinzhou se encontraban a la salida de la Puerta Oeste.) Cuando decía aquello, solía mirar a mi madre con aire interrogante, invitándola claramente a contradecirle.

Mi madre estaba segura de que los comunistas le perdonarían por lo que había hecho por ellos, y aunque se consideraba algo implícito, solía responder en tono de confianza:

«¡No pienses en esas cosas tan tristes!» o «¡Estoy segura de que a ti no te ocurrirá eso!».

La situación del Kuomintang continuó su deterioro durante la última parte del verano, y no sólo como resultado de las acciones militares. La corrupción desencadenó el caos. A finales de 1947, la inflación había crecido hasta la increíble cifra de más de un cien mil por ciento, y había de incrementarse aún en las zonas controladas por el Kuomintang hasta un dos millones ochocientos setenta mil por ciento a finales de 1948. En Jinzhou, el precio del sorgo –el principal grano disponible– aumentaba setenta veces de un día para otro. La población civil se enfrentaba día a día a una situación cada vez más desesperada a medida que cada vez más comida iba a parar al Ejército, cuyos jefes revendían posteriormente gran parte de ella en el mercado negro.

El alto mando del Kuomintang se hallaba dividido en cuanto a la estrategia que debían seguir. Chiang Kai-shek recomendaba abandonar Mukden, la mayor ciudad de Manchuria, y concentrarse en la defensa de Jinzhou, pero se mostraba incapaz de imponer a sus generales una estrategia coherente. Parecía depositar todas sus esperanzas en una mayor intervención norteamericana. El derrotismo impregnaba las filas de su Alto Estado Mayor.

Para septiembre, el Kuomintang conservaba tan sólo tres puntos fuertes en Manchuria: Mukden, Changchun (la vieja capital de Manchukuo, Hsinking) y Jinzhou, así como los cuatrocientos ochenta kilómetros de línea férrea que los unían. Los comunistas estaban rodeando las tres ciudades simultáneamente, y el Kuomintang ignoraba de dónde provendría el ataque principal. De hecho, éste había de desatarse sobre Jinzhou, la más meridional de las tres ciudades y la llave estratégica del camino hacia el resto, ya que, una vez hubiera caído, las otras dos verían interrumpida su fuente de suministro. Los comunistas podían desplazar grandes cantidades de tropas de un sitio a otro sin que el enemigo lo advirtiera, pero el Kuomintang dependía de las líneas férreas –sometidas a constantes ataques– y, en menor medida, del transporte aéreo.

El asalto de Jinzhou comenzó el 12 de septiembre de 1948. Un diplomático norteamericano que volaba a Mukden, John F. Melby, anotó en su diario el 23 de septiembre: «A lo largo del pasillo que conduce a Manchuria, en dirección Norte, la artillería comunista destrozaba sistemáticamente el aeródromo de Chinchow [Jinzhou].» Al día siguiente, 24 de septiembre, las fuerzas comunistas se acercaron. Veinticuatro horas más tarde, Chiang Kai-shek ordenó al general Wei Li-huang que se abriera paso desde Mukden con quince divisiones para aliviar la situación de Jinzhou. El general Wei vaciló, y para el 26 de septiembre los comunistas prácticamente habían aislado la ciudad.

El 1 de octubre se completó el círculo que rodeaba Jinzhou. Aquel mismo día, cuarenta kilómetros al Norte, cayó la ciudad natal de mi madre, Yixian. Chiang Kai-shek voló a Mukden para asumir personalmente el mando. Ordenó que siete divisiones más se unieran a la batalla de Jinzhou, pero hasta el 9 de octubre, dos semanas después de dar la orden, ni siquiera consiguió que el general Wei lograra salir de Mukden. Incluso entonces, lo hizo con sólo once divisiones en lugar de quince. El 6 de octubre, Chiang Kai-shek voló a Huludao y ordenó a las tropas que allí estaban que acudieran en defensa de Jinzhou. Algunas lo hicieron, pero de un modo tan mal organizado que no tardaron en verse aisladas y aniquiladas.

Los comunistas se preparaban para convertir el asalto a Jinzhou en un asedio. Yu-wu fue a ver a mi madre y le propuso una misión crucial: consistía en introducir clandestinamente varios detonadores en uno de los depósitos de munición, precisamente el que suministraba a la división de Hui-ge. Las municiones se encontraban almacenadas en un gran patio cuyos muros aparecían rematados por alambre de espino (según se rumoreaba, electrificado). Todo aquel que entraba y salía era registrado. Los soldados que vivían en el interior de las instalaciones se pasaban la mayor parte del tiempo jugando y bebiendo. Algunas veces, llevaban unas cuantas prostitutas y los oficiales organizaban bailes en un improvisado club. Mi madre dijo a Hui-ge que quería ir y echar un vistazo a uno de aquellos bailes. Él asintió y no le hizo más preguntas.

Al día siguiente, un hombre al que mi madre no había visto nunca le entregó los detonadores. Ella los introdujo en su bolso y acudió al depósito en compañía de Hui-ge. Nadie los registró. Cuando estuvieron dentro, pidió a Hui-ge que le enseñara el lugar, pero dejó el bolso en el automóvil, tal y como le habían pedido que hiciera. Otros activistas habían de encargarse de recoger los detonadores cuando se perdieran de vista. Mi madre paseó con deliberada lentitud para dar más tiempo a los hombres, y Hui-ge no tuvo inconveniente alguno en complacerla.

Aquella noche, la ciudad se vio sacudida por una gigantesca explosión. Las detonaciones se sucedían unas a otras como una reacción en cadena, y la dinamita y las bombas iluminaban el cielo como un espectacular despliegue de fuegos artificiales. La calle en la que se encontraba el depósito estaba en llamas. Las ventanas habían quedado destrozadas dentro de un radio de aproximadamente cincuenta metros. A la mañana siguiente, Hui-ge invitó a mi madre a la mansión de los Ji. Tenía los ojos hundidos y no se había afeitado. Resultaba evidente que no había pegado ojo. La saludó con algo más de reserva que de costumbre.

Tras un denso silencio, le preguntó si conocía la noticia. La expresión que mostró ella debió de confirmar sus peores temores: que él mismo había contribuido a paralizar su propia división. Dijo que habría una investigación.

–Me pregunto si la fuerza de esta explosión me arrancará la cabeza de los hombros –suspiró– o atraerá sobre mí una recompensa.

Mi madre, que sentía compasión por él, le dijo con aplomo:

–Estoy segura de que se te considera por encima de toda sospecha. No me cabe duda de que serás recompensado.

Al oír aquello, Hui-ge se puso en pie y saludó militarmente.

–¡Agradezco tu promesa! –dijo.

Para entonces, los obuses de la artillería comunista habían comenzado a caer sobre la ciudad. Cuando mi madre oyó por primera vez el silbido de las bombas que volaban sobre su cabeza se sintió un poco asustada. Más tarde, sin embargo, cuando el bombardeo arreció, comenzó a acostumbrarse a ello. Era como una especie de trueno permanente. La mayor parte de las personas perdían el miedo bajo una especie de indiferencia fatalista. El asedio sirvió también para quebrar el rígido ritual manchú del doctor Xia: por primera vez, todos los miembros de la familia comieron juntos, hombres y mujeres, amos y sirvientes. Hasta entonces, lo habían hecho nada menos que en ocho grupos distintos, cada uno de los cuales consumía una comida diferente. Un día, mientras estaban sentados en torno a la mesa disponiéndose a cenar, un obús entró con gran estrépito por la ventana que se abría sobre el kang en el que jugaba el hijo de Yu-lin, de un año de edad, y se detuvo bajo la mesa del comedor. Afortunadamente, como muchos otros obuses, era defectuoso.

Una vez comenzó el asedio, cesó la posibilidad de conseguir alimentos, ni siquiera en el mercado negro. Cien millones de dólares del Kuomintang apenas bastaban para comprar una libra de sorgo. Al igual que la mayor parte de las familias que podían permitírselo, mi abuela había almacenado un poco de sorgo y de habas de soja, y el marido de su hermana, Lealtad Pei-o, se sirvió de sus contactos para obtener algún suministro extraordinario. El asno de la familia resultó muerto por un trozo de metralla durante el asedio, así que se lo comieron.

El 8 de octubre, los comunistas situaron casi un cuarto de millón de soldados en posición de ataque. El bombardeo se volvió mucho más intenso y aumentó asimismo la precisión de los disparos. El general Fan Han-jie –comandante en jefe del Kuomintang– decía que parecían seguirle allí donde fuera. Numerosas baterías artilleras fueron neutralizadas, y las fortalezas del incompleto sistema de defensa se vieron, al igual que la carretera y los nudos ferroviarios, sometidas a un nutrido fuego. Las líneas del teléfono y el telégrafo resultaron cortadas, y el sistema eléctrico se vino abajo.

El 13 de octubre las defensas exteriores se derrumbaron. Más de cien mil soldados del Kuomintang retrocedieron atropelladamente hacia el interior de la ciudad. Aquella noche, una banda compuesta aproximadamente por una docena de soldados desgreñados irrumpió en la casa de los Xia pidiendo comida. No habían comido en dos días. El doctor Xia les saludó cortésmente y la esposa de Yu-lin comenzó inmediatamente a cocinar una enorme cacerola de fideos de sorgo. Cuando estuvieron listos, los depositó sobre la mesa de la cocina y entró en la habitación contigua para avisar a los soldados. Al volver la espalda, una granada aterrizó en la cacerola y estalló, esparciendo los fideos por toda la cocina. Ella se arrojó bajo una estrecha mesa situada frente al kang. Uno de los soldados estuvo a punto de adelantársele, pero la esposa de Yu-lin le asió de una pierna y le apartó. Mi abuela se mostró horrorizada. «¿Qué hubiera ocurrido si llega a volverse hacia ti y aprieta el gatillo?», siseó con furia cuando estuvieron fuera del alcance de sus oídos.

Hasta las etapas finales del asedio, los bombardeos mostraron una precisión impresionante: muy pocas casas civiles resultaron alcanzadas, aunque la población hubo de sufrir los efectos de los terribles incendios que producían las bombas sin disponer de agua con la que apagarlos. El cielo aparecía completamente oscurecido por un humo oscuro y espeso e, incluso durante el día, era imposible ver más allá de unos pocos metros. El estruendo de la artillería era ensordecedor. Mi madre podía oír los lamentos de la gente, pero nunca lograba determinar de dónde venían ni qué estaba ocurriendo.

El 14 de octubre dio comienzo la ofensiva final. Novecientas piezas de artillería bombardearon la ciudad sin pausa. Casi todos los miembros de la familia se resguardaron en un improvisado refugio antiaéreo que habían excavado previamente, pero el doctor Xia se negó a abandonar la casa. Se sentó tranquilamente sobre el kang en la esquina de su estancia situada junto a la ventana y oró silenciosamente a Buda. En un momento determinado, catorce gatitos entraron corriendo en la estancia, y el anciano se mostró encantado: «Un lugar en el que intenta refugiarse un gato es un lugar afortunado», dijo. Ni una sola bala penetró en su cuarto... y todos los gatitos sobrevivieron. La única otra persona que se negó a descender al refugio fue mi bisabuela, quien se limitó a enroscarse en su habitación bajo la mesa de roble que había junto al kang. Cuando concluyó la batalla, los gruesos edredones y mantas que cubrían la mesa parecían un colador.

Durante uno de los bombardeos, mientras estaban en el refugio, el hijito de Yu-lin dijo que tenía que hacer pipí. Su madre le acompañó al exterior y, unos segundos después, el costado del refugio que habían ocupado previamente se derrumbó. Mi madre y mi abuela tuvieron que salir y refugiarse en la casa. Mi madre se acurrucó junto al kang de la cocina, pero muy pronto el costado de ladrillo del kang comenzó a sufrir el impacto de trozos de metralla y la casa comenzó a temblar. Salió corriendo al jardín posterior. El cielo estaba ennegrecido por el humo. Las balas volaban por el aire y rebotaban por todos sitios, estrellándose contra los muros; el ruido era similar al de una lluvia poderosa mezclada con gritos y lamentos.

Durante la madrugada del día siguiente, un grupo de soldados del Kuomintang irrumpieron en la casa arrastrando consigo a unos veinte civiles aterrorizados de todas las edades: eran los residentes de las casas colindantes. Los soldados estaban al borde de la histeria. Procedían de un puesto de artillería emplazado en un templo situado al otro lado de la calle y chillaban sin parar a los civiles asegurando que alguno de ellos tenía que haber revelado su posición. Gritaban una y otra vez que querían saber quién había sido. Al ver que nadie hablaba, agarraron a mi madre y la empujaron contra una pared, acusándola a ella. Mi abuela, horrorizada, sacó apresuradamente unas pequeñas piezas de oro y las introdujo en las manos de los soldados. Ella y el doctor Xia se postraron de rodillas ante los soldados y les suplicaron que dejaran en libertad a mi madre. La esposa de Yu-lin afirmó posteriormente que había sido la única vez que había visto al doctor Xia realmente asustado. El anciano rogaba una y otra vez a los soldados: «Es mi hijita. Por favor, creedme, ella no lo hizo...»

Los soldados se quedaron con el oro y dejaron libre a mi madre, pero a punta de bayoneta obligaron a todos los presentes a entrar en dos habitaciones y los dejaron allí encerrados, para evitar, según dijeron, que pudiesen enviar más señales al enemigo. Dentro de las habitaciones reinaba una oscuridad total, y la atmósfera era sobrecogedora. Sin embargo, mi madre no tardó en advertir que el bombardeo amainaba. Los sonidos procedentes del exterior cambiaron. Mezcladas con el silbido de las balas se oían las explosiones de las granadas de mano y el entrechocar de las bayonetas. Algunas voces gritaban: «¡Deponed las armas y os perdonaremos la vida!» Podían escucharse escalofriantes alaridos y gritos de ira y de dolor. A continuación, los gritos y los disparos fueron acercándose cada vez más y mi madre oyó el sonido de las botas sobre los adoquines a medida que los soldados del Kuomintang corrían calle abajo.

Por fin, el alboroto amainó un poco y los Xia pudieron oír golpes sobre la puerta lateral de la casa. El doctor Xia se acercó cautelosamente a la puerta de la habitación y la abrió poco a poco: los soldados del Kuomintang se habían marchado. A continuación, se acercó a la puerta lateral y preguntó quién llamaba. Una voz respondió: «El Ejército popular. Hemos venido a liberaros.» El doctor Xia abrió la puerta y entraron rápidamente varios hombres vestidos con uniformes viejos y deformados. A pesar de la oscuridad, mi madre vio que llevaban toallas blancas arrolladas alrededor de la manga izquierda como si se tratara de brazaletes y que mantenían sus armas preparadas para atacar y con las bayonetas caladas. «No tengáis miedo –dijeron–. No os haremos daño. Somos *vuestro* Ejército. El Ejército del pueblo.» Dijeron que querrían registrar la casa en busca de soldados del Kuomintang. Aunque hablaban educadamente, no cabía considerarlo como una simple petición. No obstante, no estropearon nada, ni pidieron comida ni robaron. Tras el registro, se despidieron cortésmente de la familia y se marcharon.

En realidad, hasta que los soldados entraron en la casa nadie se había dado cuenta de que los comunistas habían efectivamente tomado la ciudad. Mi madre no cabía en sí de júbilo. Esta vez no se sintió defraudada por los uniformes desgarrados y polvorientos de los soldados comunistas.

Las personas que se habían refugiado en casa de los Xia se mostraban ansiosas por retornar a sus hogares para comprobar si éstos habían sido dañados o saqueados. De hecho, una de las casas había quedado destruida por una explosión, y una mujer embarazada que había logrado quedarse en ella había resultado muerta.

Poco después de que se marcharan los vecinos se oyó una nueva llamada en la puerta lateral. Mi madre acudió a abrir: frente a ella se agrupaban media docena de aterrorizados soldados del Kuomintang. Su aspecto era lamentable, y sus ojos mostraban una mirada enloquecida por el miedo. Se arrodillaron para saludar al doctor Xia y a mi abuela con un largo kowtow y suplicaron que se les proporcionaran ropas civiles. Los Xia se compadecieron de ellos y les entregaron algunas prendas viejas que ellos se apresuraron a ponerse sobre los uniformes antes de partir.

Al despuntar el alba, la esposa de Yu-lin abrió la puerta principal. Frente a ella podían verse varios cadáveres tendidos. Dejó escapar un grito de terror y corrió de nuevo al interior de la casa. Mi madre oyó su grito y salió a ver qué pasaba. Había cadáveres por toda la calle. A muchos de ellos les faltaban las cabezas y las extremidades; otros mostraban las entrañas desparramadas por el suelo. Algunos no eran más que amasijos sanguinolentos. De los postes del telégrafo colgaban brazos, piernas y trozos de carne humana. Las alcantarillas abiertas aparecían atascadas por una mezcla de aguas rojizas, escombros y despojos humanos.

La batalla de Jinzhou había sido colosal. El ataque final había durado treinta y una horas y en muchos aspectos había representado un hito decisivo en el curso de la guerra. Murieron veinte mil soldados del Kuomintang y otros ochenta mil fueron capturados. Cayeron prisioneros no menos de dieciocho generales, entre ellos el comandante supremo de las Fuerzas Armadas de Jinzhou –general Fan Han-jie– quien había intentado escapar disfrazado de civil. Mientras los prisioneros de guerra desfilaban por las calles camino de los campos de internamiento, mi madre vio a una amiga suya que avanzaba en compañía de su esposo, oficial del Kuomintang. Ambos caminaban envueltos en mantas para defenderse del frío de la mañana.

Era costumbre de los comunistas no ejecutar a aquellos que rindieran sus armas, así como tratar bien a los prisioneros. Con ello lograban ganarse las simpatías de los soldados rasos, muchos de los cuales procedían de humildes familias campesinas. Los comunistas no mantenían campos de prisioneros. Tan sólo conservaban a los oficiales de rango medio y alto y dispersaban al resto casi inmediatamente. Solían celebrar reuniones para los soldados en los que éstos eran invitados a «descargar su amargura» y a hablar acerca de sus duras condiciones de vida como campesinos desprovistos de tierra. La revolución, decían los comunistas, se hallaba centrada sobre un único objetivo: proporcionarles tierras. A los soldados se les enfrentaba con una elección: podían regresar a sus hogares, en cuyo caso se les proporcionaba el billete necesario, o podían permanecer con los comunistas para acabar con el Kuomintang y evitar que nadie pudiera jamás volver a arrebatarles sus tierras. La mayor parte optaban por quedarse y unirse al Ejército comunista. Algunos, claro está, se enfrentaban a la imposibilidad física de regresar a sus casas mientras continuara la guerra. Mao había aprendido de los antiguos manuales bélicos chinos que el modo más efectivo de conquistar a las personas consistía en conquistar sus corazones y sus mentes. Así, la política seguida frente a los prisioneros demostró ser enormemente eficaz. Especialmente a partir de la toma de Jinzhou, eran cada vez más los soldados del Kuomintang que, sencillamente, se dejaban capturar. Durante la guerra civil, más de un millón setecientos cincuenta mil soldados del Kuomintang se rindieron para pasarse al bando comunista. Durante el último año de la guerra civil, las bajas en combate apenas representaban el veinte por ciento del número total de tropas perdidas por el Kuomintang.

Uno de los oficiales de mayor rango capturados tenía a su hija consigo cuando le detuvieron. La muchacha se encontraba en avanzado estado de gestación. El oficial preguntó al comandante de las tropas comunistas si podía quedarse en Jinzhou con ella. Éste respondió que no convenía que un padre ayudara a su hija a dar a luz, y que en su lugar enviaría a una camarada femenina para que la asistiera. El oficial del Kuomintang pensó que tan sólo decía aquello para quitárselo de encima, pero posteriormente supo que su hija había sido muy bien tratada, y que la camarada femenina no había sido otra que la propia esposa del comandante comunista. La política de trato a los prisioneros representaba una intrincada combinación de cálculo político y consideraciones humanitarias, y ello constituía uno de los factores cruciales de la victoria comunista. Su objetivo no consistía simplemente en aplastar al ejército enemigo sino, a ser posible, lograr asimismo su desintegración. En la derrota del Kuomintang la desmoralización tuvo tanta importancia como las propias armas.

Tras la batalla, la prioridad fundamental consistía en labores de recogida y limpieza, lo que en gran parte era llevado a cabo por los soldados comunistas. Los habitantes se mostraban también ansiosos por ayudar, ya que querían deshacerse de los cuerpos y escombros que rodeaban sus casas lo antes posible. Durante días, podían verse largos convoyes de carromatos cargados de cadáveres y enormes colas de personas cargadas al hombro con cestas que serpenteaban hacia el exterior de la ciudad. A medida que fue posible ir de un lado a otro de nuevo, mi madre descubrió que muchas de las personas que antes conocía habían muerto, algunas como consecuencia de impactos directos; otras, sepultadas bajo los escombros al derrumbarse sus hogares.

La mañana siguiente al fin del asedio, los comunistas colgaron carteles en los que solicitaban de la población que reanudara su vida normal lo más rápidamente posible. El doctor Xia colgó su placa alegremente decorada para indicar que su farmacia volvía a estar abierta. Posteriormente, las autoridades comunistas le comunicaron que había sido el primer médico en hacer tal cosa. La mayor parte de los comercios reabrieron el 20 de octubre a pesar de que las calles aún no habían sido despojadas por completo de cadáveres. Dos días después, los colegios reabrieron sus puertas y las oficinas reanudaron su horario normal de apertura.

El problema más inmediato era la comida. El nuevo gobierno exhortaba a los campesinos a acudir a la ciudad para vender sus productos, y para animarlos fijó los precios al doble de lo que alcanzaban en el campo. El precio del sorgo cayó rápidamente: de cien millones de dólares del Kuomintang por libra a dos mil doscientos dólares. Cualquier trabajador ordinario podía comprar cuatro libras de sorgo con lo que ganaba en un día. El temor a la hambruna se desvaneció. Los comunistas entregaron cupos de ayuda de grano, sal y carbón a los pobres. El Kuomintang jamás había hecho nada parecido, y la población se sintió considerablemente impresionada.

Otra cosa que estimuló la buena voluntad de la población fue la disciplina de los soldados comunistas. No sólo no se producían saqueos ni violaciones, sino que muchos hacían incluso más de lo debido por mostrar una conducta ejemplar, lo que contrastaba poderosamente con el comportamiento de las tropas del Kuomintang.

La ciudad, sobrevolada a menudo por amenazadores aviones norteamericanos, permaneció en estado de máxima alerta. El 23 de octubre, una considerable fuerza del Kuomintang intentó sin éxito retomar Jinzhou con un movimiento de pinza realizado desde Huludao y el Nordeste. Tras la pérdida de Jinzhou, los grandes ejércitos situados en torno a Mudken y Changchun no tardaron en desmembrarse o rendirse, y para el 2 de noviembre toda Manchuria se hallaba ya en poder de los comunistas.

Los comunistas demostraron ser enormemente eficaces en lo que se refería a restaurar el orden y poner de nuevo en marcha la economía. Los bancos de Jinzhou reabrieron sus puertas el 3 de diciembre, y el suministro eléctrico se reanudó al día siguiente. El 29 de diciembre se publicó un comunicado que anunciaba un nuevo sistema de administración urbana por el que se formarían comités de residentes en lugar de los antiguos comités de vecindad. Dichos comités habían de convertirse en una institución clave del sistema comunista de administración y control. Al día siguiente se restableció el suministro de agua corriente y el día 31 la estación de ferrocarril reanudó su servicio.

Los comunistas lograron incluso detener la inflación, y fijaron una tasa de cambio favorable para convertir el dinero del Kuomintang, desprovisto de todo valor, en dinero comunista de la «Gran Muralla».

Desde el momento en que llegaron las fuerzas comunistas, mi madre había anhelado dedicarse a trabajar para la revolución. Se sentía fuertemente comprometida con la causa comunista, y tras algunos días de impaciente espera recibió la visita de un representante del Partido que le fijó una cita para ver al encargado del trabajo juvenil en Jinzhou, un tal camarada Wang Yu.

6

«Hablando de amor»

Un matrimonio revolucionario

(1948-1949)

Mi madre partió para visitar al camarada Wang un templado día de otoño, la mejor época del año en Jinzhou. El calor del verano había desaparecido, y el aire se había vuelto más fresco, pero el tiempo aún era lo bastante cálido como para vestir ropa de verano. Felizmente, el viento y el polvo que asolaban la población durante gran parte del año brillaban por su ausencia.

Llevaba una amplia túnica tradicional de color azul claro y una blanca bufanda de seda, y acababa de cortarse el pelo según la nueva moda revolucionaria. Al entrar en el patio del nuevo cuartel general del Gobierno provincial vio a un hombre que, situado bajo un árbol y de espaldas a ella, procedía a cepillarse los dientes junto al borde de un macizo de flores. Mi madre esperó a que terminara, y cuando alzó la cabeza vio que tendría poco menos de treinta años, facciones muy oscuras y unos ojos grandes y melancólicos. Bajo su viejo uniforme se adivinaba que era delgado, y creyó calcular en él una estatura ligeramente inferior a la suya. Todo su aspecto tenía algo de soñador. Mi madre pensó que parecía un poeta. «Camarada Wang, soy Xia De-hong, de la Asociación de Estudiantes –dijo–. He venido para informarle de nuestras actividades.»

«Wang» era el *nom de guerre* del hombre que había de ser mi padre. Había entrado en Jinzhou con las fuerzas comunistas unos pocos días antes. Desde finales de 1945, había sido uno de los dirigentes de la guerrilla local y ahora era jefe del secretariado y miembro del comité del Partido Comunista que gobernaba Jinzhou. Muy pronto había de ser nombrado jefe del Departamento de Asuntos Públicos de la ciudad, organismo que se ocupaba de la educación, el nivel de alfabetización, la salud, la prensa, los espectáculos, los deportes, la juventud y los sondeos de opinión pública. Se trataba de un puesto importante.

Había nacido en 1921 en Yibin, en la provincia sudoeste de Sichuan, situada a unos dos mil kilómetros de Jinzhou. Yibin, que entonces tenía una población de aproximadamente treinta mil habitantes, se encuentra allí donde el río Min se une al río de las Arenas Doradas para formar el Yangtzê, el río más largo de China. La zona que circunda Yibin es una de las más fértiles de Sichuan, y se conoce como el Granero del Cielo. El cálido y nebuloso clima de la región la convierte en el lugar ideal para el cultivo del té. Gran parte del té negro que hoy se consume en Gran Bretaña proviene de allí.

Mi padre fue el séptimo de una familia de nueve hermanos. Su padre había trabajado como aprendiz de un fabricante de tejidos desde los doce años de edad. Cuando alcanzó la edad adulta, él y su hermano –quien también trabajaba en la misma fábrica– decidieron abrir su propio negocio. Al cabo de unos años, comenzaron a prosperar y pudieron comprar una buena casa.

Su antiguo patrono, sin embargo, sentía celos de su éxito y les puso un pleito, acusándolos de haberle robado dinero para montar su negocio. El juicio duró siete años, y los hermanos se vieron obligados a gastar todos sus recursos en su propia defensa. Todos cuantos se hallaban relacionados con el tribunal les extorsionaban, y la codicia de los funcionarios parecía insaciable. Mi abuelo fue enviado a prisión. El único modo en que su hermano podía sacarle de la cárcel era convenciendo a su antiguo patrono de que retirara los cargos. Para ello tenía que conseguir mil monedas de plata. Aquello terminó de destruirles, y mi tío abuelo murió poco después, a la edad de treinta y cuatro años, víctima de la fatiga y la preocupación.

Mi abuelo se encontró a cargo de dos familias, con un total de quince personas bajo su responsabilidad. Reemprendió su antiguo negocio y a finales de la década de los veinte comenzó a prosperar de nuevo. Sin embargo, atravesaban una época de cruentas luchas entre señores de la guerra que exigían elevados impuestos. Ello, combinado con los efectos de la Gran Depresión, dificultaba enormemente el funcionamiento de una fábrica textil. En 1933, mi abuelo murió a los cuarenta y cinco años de edad debido a la tensión y al exceso de trabajo. Hubo que vender el negocio para pagar sus deudas y la familia se dispersó. Algunos se alistaron como soldados, lo que normalmente se consideraba el último recurso de todos los posibles, ya que las frecuentes luchas hacían que resultara fácil perder la vida en combate. El resto de los hermanos y primos se buscaron empleos diversos, y las muchachas se casaron lo mejor que pudieron. Una de las primas de mi padre, de quince años de edad y muy unida a él, se vio obligada a casarse con un adicto al opio varias décadas mayor que ella. Cuando vinieron a buscarla con la silla de mano, mi padre echó a correr tras ella, pues ignoraba si algún día volvería a verla.

A mi padre le encantaban los libros, y comenzó a aprender la lectura de la prosa clásica a los tres años de edad, lo que resultaba una edad notablemente excepcional. Un año después de la muerte de mi abuelo, hubo de abandonar el colegio. Sólo tenía trece años, y odiaba la idea de tener que renunciar a sus estudios. Tenía que encontrar un empleo, por lo que al año siguiente –en 1935– abandonó Yibin y descendió por el Yangtzê hasta Chongqing, una ciudad entonces mucho más grande. Encontró trabajo como aprendiz en una tienda de alimentos en la que trabajaba doce horas al día. Una de sus tareas consistía en transportar el enorme narguile de su patrono cada vez que éste se trasladaba por la ciudad en una silla de bambú transportada a hombros por dos personas. El único propósito de todo aquello era que su patrono pudiera alardear de permitirse un empleado que le transportara el narguile, artefacto que podía haber sido fácilmente transportado en la silla. Mi padre no recibía paga alguna, tan sólo una cama y dos frugales comidas al día. No cenaba, por lo que todas las noches se acostaba con el estómago asaltado por calambres. Estaba constantemente obsesionado por el hambre.

Su hermana mayor vivía también en Chongqing. Se había casado con un maestro de escuela, y mi abuela había ido a vivir con ellos tras la muerte de su esposo. Un día, mi padre estaba tan hambriento que entró en la cocina de su hermana y se comió una batata fría. Cuando su hermana lo descubrió, se enfureció con él y gritó: «¡Bastante difícil me resulta mantener a nuestra madre! ¡No puedo permitirme alimentar también a mi hermano!» Mi padre se sintió tan dolido que salió corriendo de la casa y no regresó nunca más.

Pidió a su patrono que le diera de cenar. Éste no sólo se negó, sino que comenzó a maltratarle. Furioso, mi padre le abandonó, regresó a Yibin y vivió a base de hacer trabajos ocasionales de aprendiz en una tienda tras otra. No sólo se enfrentaba al sufrimiento en su propia vida, sino que lo hallaba por doquier en torno a él. Todos los días, cuando caminaba en dirección al trabajo, se cruzaba con un anciano que vendía bollos. El viejo, que ya sólo podía caminar encorvado, era ciego, y llamaba la atención de los viandantes cantando una canción conmovedora. Cada vez que mi padre escuchaba aquella canción, se decía a sí mismo que la sociedad debía cambiar.

Comenzó a buscar una salida. Siempre había recordado la primera vez que había oído la palabra «comunismo»: había sido en 1928, cuando tan sólo contaba siete años de edad. Estaba jugando cerca de su casa cuando vio una gran muchedumbre que se había congregado en un cruce de caminos cercano. Se abrió paso como pudo hasta la primera fila: allí vio a un joven sentado en el suelo con las piernas cruzadas. Tenía las manos atadas a la espalda; junto a él había un hombre fornido armado con un enorme sable. Curiosamente, al joven se le permitió hablar durante un rato de sus ideales y de algo que llamaba comunismo. A continuación, el verdugo descargó la espada sobre su nuca. Mi padre gritó y se tapó los ojos. La experiencia le sobrecogió profundamente, pero también le impresionó la valentía y la calma que había mostrado el joven frente a la muerte.

Durante la segunda mitad de la década de los treinta, los comunistas comenzaban ya a contar con una importante infraestructura incluso en confines tan remotos como Yibin. Su objetivo fundamental era resistir a los japoneses. Chiang Kai-shek había adoptado una política de no resistencia frente a la ocupación de Manchuria por los japoneses y los núcleos cada vez más numerosos del Ejército nipón en territorio chino, concentrándose por el contrario en sus intentos por aniquilar a los comunistas. Éstos, por su parte, habían popularizado una consigna, «Los chinos no deben luchar contra los chinos», y habían presionado a Chiang Kai-shek para que enfocara sus esfuerzos en combatir a los japoneses. En diciembre de 1936, Chiang fue secuestrado por dos de sus propios generales, uno de ellos el joven mariscal manchú Chang Hsuehliang. Fue salvado en parte por los comunistas, quienes contribuyeron a su liberación a cambio de su acuerdo de formar un frente unido contra Japón. Chiang Kai-shek hubo de consentir, si bien no con demasiado entusiasmo, ya que sabía que aquello permitiría a los comunistas sobrevivir y desarrollarse. «Los japoneses son una enfermedad de la piel –dijo–, pero los comunistas son una enfermedad del corazón.» Aunque se suponía que los comunistas y el Kuomintang eran aliados, los primeros se veían aún forzados a desarrollar la mayor parte de sus actividades de modo clandestino.

En julio de 1937, los japoneses iniciaron su invasión generalizada del territorio chino propiamente dicho. Mi padre, al igual que muchos otros, se mostró horrorizado y desesperado por lo que estaba ocurriendo en su país. En aquella época comenzó a trabajar en una librería que vendía publicaciones de izquierda. Por las noches, aprovechando sus funciones de vigilante nocturno, devoraba un libro tras otro.

A sus honorarios de la tienda añadió un pequeño complemento trabajando por las tardes como «explicador» de películas. Muchas de las películas que entonces se proyectaban eran norteamericanas y mudas. Su tarea consistía en permanecer junto a la pantalla y explicar lo que estaba sucediendo, ya que los filmes no estaban ni doblados ni subtitulados. Asimismo, se unió a un grupo de teatro antijaponés en el que, dados sus rasgos jóvenes y delicados, solía interpretar papeles de mujer.

A mi padre le encantaba el grupo de teatro. A través de los amigos que allí conoció entró por primera vez en contacto con los comunistas en la clandestinidad. El empeño comunista por combatir a los japoneses y crear una sociedad justa inflamaba su imaginación, y en 1938, a la edad de diecisiete años, ingresó en el Partido. En aquella época, el Kuomintang vigilaba estrechamente las actividades comunistas en Sichuan. Nanjing, la capital, había caído en manos de los japoneses en diciembre de 1937, y Chiang Kai-shek se había visto forzado a trasladar su Gobierno a Chongqing. Dicho traslado desencadenó un frenesí de actividad policial en Sichuan, y el grupo de teatro de mi padre fue disuelto por la fuerza. Algunos de sus amigos fueron arrestados. Otros tuvieron que huir. Mi padre se sentía frustrado por no poder hacer nada por su país.

Pocos años antes, las fuerzas comunistas habían atravesado remotas zonas de Sichuan durante los casi diez mil kilómetros de su Larga Marcha, la cual terminó por llevarles a una pequeña población del Noroeste llamada Yan'an. Los compañeros del grupo de teatro habían hablado a menudo de Yan'an como un lugar incorrupto y eficiente en el que reinaba la camaradería: el sueño de mi padre. Así, a comienzos de 1940 inició su larga marcha particular hacia Yan'an. Primero viajó a Chongqing, donde uno de sus cuñados, oficial del Ejército de Chiang Kai-shek, escribió una carta para ayudarle a atravesar las zonas ocupadas por el Kuomintang y atravesar el bloqueo que Chiang Kai-shek había dispuesto en torno a Yan'an. Tardó casi cuatro meses en realizar el viaje, y llegó por fin en abril de 1940.

Yan'an se encuentra en la Meseta Amarilla, una zona árida y remota del noroeste de China. Dominada por una pagoda de nueve alturas, gran parte de la ciudad consistía en hileras de cuevas excavadas en los amarillentos riscos. Mi padre había de hacer de aquellas cuevas su hogar durante más de cinco años. Mao Zedong y sus dispersas fuerzas habían llegado allí en diferentes etapas entre 1935 y 1936, al final de la Larga Marcha, tras lo cual habían hecho de Yan'an la capital de su república. La población estaba rodeada de territorio hostil; su principal ventaja era su aislamiento, que la convertía en un objetivo difícil de atacar.

Tras un corto período en una escuela del Partido, mi padre solicitó el ingreso en una de las más prestigiosas instituciones del mismo, la Academia de Estudios Marxistas-Leninistas. El examen de ingreso era bastante duro, pero gracias a sus lecturas nocturnas en el desván de la librería de Yibin obtuvo el primer puesto. Sus compañeros de ingreso quedaron estupefactos. Muchos de ellos procedían de grandes ciudades como Shanghai, y desde el principio le habían considerado un paleto de provincias. De este modo fue como mi padre se convirtió en el investigador más joven de la Academia.

A mi padre le encantaba Yan'an. En su opinión, quienes allí vivían eran gente llena de entusiasmo, optimismo y voluntad. Como todos los demás, los líderes del Partido vivían con sencillez, lo que suponía un notable contraste con los funcionarios del Kuomintang. Yan'an no era una democracia, pero se le antojaba un paraíso de justicia comparado con el lugar de donde procedía.

En 1942, Mao inició una campaña de rectificación por la que se invitaba a hacer críticas sobre el modo en que se gobernaba Yan'an. Un grupo de jóvenes investigadores de la Academia encabezados por Wang Shiwei, y entre los que se incluía mi padre, exhibieron carteles en los que criticaban a sus líderes y exigían más libertad y el derecho a una mayor expresión individual. Su acción causó tal revuelo que el propio Mao acudió a leer los carteles.

A Mao no le gustó lo que vio, y convirtió su campaña en una caza de brujas. Wang Shi-wei fue acusado de trotskista y de espía. De mi padre, entonces el miembro más joven de la Academia, dijo Ai Si-qi –máximo exponente del marxismo en China y uno de los líderes de la misma– que había «cometido una equivocación sumamente ingenua». Anteriormente, Ai Si-qi había alabado a menudo a mi padre, calificándole de poseer una mente brillante y aguzada. Mi padre y sus amigos fueron sometidos a implacables críticas y durante meses se les obligó a realizar sesiones intensivas de autocrítica en las reuniones del Partido. Se les dijo que habían causado el caos en Yan'an y que habían debilitado la unidad y disciplina del Partido, lo que podía perjudicar la gran causa que tenía como objetivo salvar a China de los japoneses, la pobreza y la injusticia. Una y otra vez, los líderes del Partido les inculcaron la necesidad absoluta de mostrar una sumisión completa al Partido por el bien de la causa.

La Academia se cerró, y mi padre fue enviado a enseñar historia antigua de China a campesinos semianalfabetos que habían alcanzado el puesto de funcionarios en la Escuela Central del Partido. Sin embargo, aquel episodio había hecho de él un converso. Como tantos otros jóvenes, había depositado su vida y su fe en Yan'an. No podía dejarse decepcionar tan fácilmente. Consideró la severidad con que había sido tratado no sólo justificada sino incluso como una noble experiencia que había de limpiar su alma para la misión de salvar a China. Creía que el único modo en que aquello podía conseguirse era a través de medidas disciplinarias –acaso drásticas– entre las que había que incluir un inmenso sacrificio personal y la subordinación total del individuo.

Había también actividades menos exigentes. Realizó un recorrido de las zonas circundantes recolectando poesía popular y aprendió a bailar con gracia y elegancia al estilo occidental, lo que resultaba sumamente popular en Yan'an (muchos de los líderes comunistas, incluyendo el futuro primer ministro, Zhou Enlai, hacían lo propio). Al pie de las secas y polvorientas colinas discurría formando meandros el río Yan, el cual, repleto de cieno y de color amarillo oscuro, constituye uno de los afluentes que alimentan el majestuoso río Amarillo. En él solía mi padre nadar a menudo; le encantaba practicar el estilo espalda mientras contemplaba la sencilla pagoda.

La vida en Yan'an era dura pero estimulante. En 1942, Chiang Kai-shek reforzó su bloqueo. El suministro de alimentos, ropa y otras necesidades se vio drásticamente reducido. Mao exhortó a todos a coger la azada y la rueca y producir por sí mismos los bienes de primera necesidad. Mi padre terminó convirtiéndose en un excelente hilandero.

Permaneció en Yan'an durante toda la guerra. A pesar del bloqueo, los comunistas habían reforzado su control sobre amplias zonas, especialmente en el norte de China, detrás de las líneas japonesas. Mao había calculado acertadamente, y los comunistas habían obtenido un espacio vital indispensable. Al terminar la guerra, afirmaban controlar en mayor o menor medida un total de noventa y cinco millones de personas –el veinte por ciento de la población– distribuidas en dieciocho áreas de base. Igualmente importante, habían adquirido experiencia acerca de cómo gobernar y administrar la economía en las más duras condiciones, lo que les resultó sumamente útil. Su habilidad organizativa y su sistema de control eran siempre fenomenales.

El 9 de agosto de 1945, las tropas soviéticas inundaron el nordeste de China. Dos días después, los comunistas chinos les ofrecieron cooperación militar contra los japoneses, pero su oferta fue rechazada: Stalin apoyaba a Chiang Kai-shek. Aquel mismo día, los comunistas chinos comenzaron a enviar unidades armadas y asesores políticos al interior de Manchuria, una iniciativa que, como todos comprendían, había de ser de crucial importancia.

Un mes después de la rendición japonesa, mi padre recibió la orden de abandonar Yan'an y dirigirse a un lugar llamado Chaoyang y situado en el sudoeste de Manchuria, a unos mil cien kilómetros al Este, cerca de la frontera con la Mongolia Interior.

En noviembre, después de caminar durante dos meses, mi padre y los miembros de su pequeño grupo llegaron a Chaoyang. La mayor parte del territorio consistía en áridas colinas y montañas. Era casi tan pobre como Yan'an. La zona había formado parte de Manchukuo hasta tres meses antes. Un pequeño grupo de comunistas locales había proclamado su propio «gobierno». El antiguo Kuomintang clandestino hizo lo propio, y nuevas tropas comunistas acudieron desde Jinzhou –situada a unos ochenta kilómetros–, arrestaron al gobernador del Kuomintang y lo ejecutaron... por «conspiración para derrocar el Gobierno comunista».

El grupo de mi padre se hizo cargo de la situación con la autorización de Yan'an, y al cabo de un mes la administración funcionaba ya normalmente en toda el área de Chaoyang, en la que vivían aproximadamente cien mil personas. Mi padre fue nombrado jefe adjunto de la zona. Una de las principales acciones del nuevo Gobierno consistió en exhibir carteles anunciando los aspectos de su política: puesta en libertad de todos los prisioneros; clausura de todas las casas de empeño (los artículos empeñados podrían recuperarse sin cargo alguno); cierre de los burdeles y concesión a las prostitutas de seis meses de sostenimiento por parte de sus dueños; apertura de todos los almacenes de grano para distribución del mismo entre los más necesitados; confiscación de todas las propiedades de japoneses y colaboracionistas y protección de la industria y el comercio chinos.

Aquellas medidas resultaron enormemente populares, ya que beneficiaban a los pobres, esto es, la inmensa mayoría de la población. Chaoyang nunca había conocido un gobierno que pudiera calificarse siquiera de moderadamente bueno; había sido saqueado por diferentes ejércitos durante el período de los señores de la guerra y posteriormente ocupado y exprimido por los japoneses durante más de una década.

Pocas semanas después de que mi padre iniciara su nueva labor, Mao envió a sus fuerzas la orden de retirarse de todas las ciudades vulnerables y de las principales rutas de comunicación para retornar al campo: «dejad la carretera y ocupad el terreno que se extiende a ambos lados de ella», y «rodead las ciudades desde el campo». La unidad de mi padre se retiró de Chaoyang hacia el interior de las montañas. Con la excepción de algunos arbustos campestres y algún que otro avellano y frutal silvestre, se trataba de una zona casi completamente desprovista de vegetación. Por la noche, la temperatura descendía en torno a los –35 °C y soplaban vientos helados y huracanados. Casi no había qué comer. Tras el júbilo de contemplar la derrota de Japón y su propia y súbita expansión a grandes zonas del Nordeste, la aparente victoria de los comunistas parecía convertirse en cenizas. Mi padre y sus hombres, refugiados en cuevas y míseras cabañas campesinas, padecían un ánimo sombrío.

Tanto los comunistas como el Kuomintang maniobraban para obtener ventaja frente a la reanudación de la guerra civil a gran escala. Chiang Kai-shek había vuelto a instalar su capital en Nanjing y, con ayuda de Norteamérica, había transportado gran cantidad de tropas al norte de China con órdenes secretas de ocupar todos los lugares estratégicos a la mayor velocidad posible. Los norteamericanos enviaron a China a uno de sus principales generales, George Marshall, para que intentara persuadir a Chiang de formar un gobierno de coalición en el que los comunistas actuaran a modo de socios minoritarios. El 10 de enero de 1946 se firmó una tregua que había de entrar en vigor el día 13. El día 14, el Kuomintang entró en Chaoyang e inmediatamente comenzó a organizar un enorme cuerpo policial armado y una red de inteligencia, así como a armar a las patrullas de los terratenientes locales. En conjunto, reunieron una fuerza de cuatro mil hombres destinada a exterminar a los comunistas de la zona. En febrero, mi padre y sus hombres se hallaban en fuga, retrocediendo más y más hacia territorios cada vez más inhóspitos. La mayor parte del tiempo se veían obligados a ocultarse con los campesinos más pobres. En abril no había ya ningún lugar al que pudieran escapar, y hubieron de disgregarse en grupos más pequeños. La guerra de guerrillas constituía el único modo de sobrevivir. Al fin, mi padre instaló su cuartel general en un lugar conocido como el Poblado de las Seis Haciendas, situado en una zona montañosa en la que nace el río Xiaoling, a unos cien kilómetros al oeste de Jinzhou.

Los guerrilleros contaban con muy pocas armas: se veían obligados a arrebatar la mayor parte a la policía local o a «tomarlas prestadas» de las patrullas a sueldo de los terratenientes. La otra fuente disponible de armamento eran el Ejército y la policía de Manchukuo, a los que los comunistas intentaban especialmente reclutar por sus armas y su experiencia en combate. En la zona de mi padre, el principal objetivo de la política comunista consistía en reducir los alquileres y el interés sobre los préstamos que los campesinos tenían que pagar a los terratenientes. Asimismo, solían confiscar el grano y los tejidos de estos últimos para distribuirlos entre los agricultores más pobres.

Al principio sus progresos eran lentos, pero en julio, cuando el sorgo ya había alcanzado su altura completa previa a la cosecha y era lo bastante espeso como para ocultarles, las distintas unidades de la guerrilla pudieron celebrar una reunión en el Poblado de las Seis Haciendas, bajo un árbol enorme que crecía a la entrada del templo. Mi padre abrió la sesión refiriéndose a *El borde del agua*, historia china equivalente a *Robin Hood*: «Éste es nuestro "Palacio de Justicia". A él hemos acudido para discutir el mejor modo de liberar a la gente del mal y defender la justicia en nombre del cielo.»

En aquella época, las guerrillas de mi padre luchaban básicamente en dirección Oeste, y las zonas que ocupaban incluían numerosos pueblos habitados por mongoles. En noviembre de 1946, cuando el invierno ya casi se había asentado, arreciaron los ataques del Kuomintang. Un día, mi padre estuvo a punto de ser capturado en una emboscada. Tras un feroz tiroteo, logró escapar de milagro. Sus ropas habían quedado hechas jirones y, para regocijo de sus compañeros, el pene le colgaba fuera de los pantalones.

Rara vez dormían dos noches seguidas en un mismo lugar, y a menudo se veían obligados a trasladarse varias veces en una misma noche. Nunca podían quitarse la ropa para dormir, y la vida era para ellos una sucesión ininterrumpida de emboscadas, asedios y huidas. En la unidad había algunas mujeres, y mi padre decidió trasladarlas a ellas, a los heridos y a los imposibilitados a una zona más segura situada al Sur, en las proximidades de la Gran Muralla. Ello requería un largo y peligroso viaje a través de regiones controladas por el Kuomintang. El más mínimo ruido podía ser fatal, por lo que mi padre ordenó que los bebés se dejaran atrás con los campesinos de la zona. Una mujer no lograba hacerse a la idea de abandonar a su hijo por lo que, al final, mi padre hubo de decirle que tendría que elegir entre dejarlo o afrontar un consejo de guerra. Lo dejó.

Durante los meses siguientes, la unidad de mi padre se desplazó hacia el Este, aproximándose a Jinzhou y a la línea ferroviaria clave que unía Manchuria con China propiamente dicha. Hasta la llegada del Ejército comunista regular, lucharon en las colinas situadas al oeste de Jinzhou. El Kuomintang desató sobre ellos cierto número de «campañas de aniquilación», todas sin éxito. Las acciones de la unidad comenzaron a obtener resonancia. Mi padre, que ya contaba veinticinco años de edad, era tan bien conocido que se había puesto precio a su cabeza, y la zona de Jinzhou comenzó a llenarse de carteles de SE BUSCA. Mi madre había visto aquellos carteles, y empezó a oír hablar mucho de él y de su guerrilla a sus parientes en el servicio de inteligencia del Kuomintang.

Cuando la unidad de mi padre fue forzada a retirarse, las fuerzas del Kuomintang regresaron y arrebataron a los campesinos la comida y las ropas que los comunistas habían confiscado a los terratenientes. En muchos casos, los campesinos fueron torturados, y algunos fueron asesinados, generalmente aquellos que –hambrientos como estaban– ya habían consumido los alimentos y no podían devolverlos.

En el Poblado de las Seis Haciendas, el hombre que había poseído mayor cantidad de tierras –un tal Jin Ting-quan, que era asimismo jefe de policía– había violado salvajemente a numerosas mujeres de la localidad. Cuando huyó con el Kuomintang la unidad de mi padre fue la encargada de presidir la reunión que decidió la apertura de su casa y de su granero. Cuando Jin regresó con el Kuomintang, los campesinos fueron obligados a humillarse ante él y a devolver cuantos bienes les habían proporcionado los comunistas. Aquellos que ya habían dado cuenta de la comida fueron torturados y sus casas destrozadas. Un hombre que rehusó hacer el kowtow o devolver la comida murió quemado a fuego lento.

Durante la primavera de 1947, comenzaron a cambiar las cosas, y en marzo el grupo de mi padre logró reconquistar la población de Chaoyang. Muy pronto, toda la zona circundante se hallaba en sus manos. Para celebrar su victoria se organizaron un banquete y diversos festejos. Mi padre era sumamente ingenioso inventando acertijos basados en los nombres de las personas, lo que le hacía considerablemente popular entre sus camaradas.

Los comunistas pusieron en práctica la reforma agraria, confiscando las tierras que hasta entonces habían pertenecido a un pequeño número de terratenientes y redistribuyéndolas equitativamente entre los campesinos. En el Poblado de las Seis Haciendas, los campesinos se negaron al principio a aceptar las tierras de Jin Ting-quan, incluso a pesar del hecho de que éste había sido arrestado. Aunque permanecía bajo custodia, continuaban inclinándose y humillándose ante él. Mi padre visitó a numerosas familias campesinas y, poco a poco, fue conociendo la horrible verdad acerca de Jin. El Gobierno de Chaoyang lo sentenció a morir ante el pelotón de fusilamiento, pero la familia del hombre que había sido quemado vivo decidió –con el apoyo de las familias de otras víctimas– darle muerte del mismo modo. Cuando las llamas comenzaron a lamer su piel, Jin apretó los dientes y no profirió ni siquiera un gemido hasta que el fuego le rodeó el corazón. Los funcionarios comunistas enviados para llevar a cabo la ejecución no impidieron aquel linchamiento por parte de los campesinos. Aunque los comunistas se oponían a la tortura en teoría y por principio, los funcionarios habían recibido instrucciones de no intervenir si los campesinos querían desahogar su ira en actos arrebatados de venganza.

Las personas como Jin no sólo habían sido ricos terratenientes, sino que habían ejercido deliberadamente un poder absoluto y arbitrario sobre las vidas de los habitantes locales. Recibían el nombre de *e-ba* («déspotas feroces»).

En algunas zonas, las masacres afectaron incluso a los señores corrientes, a quienes se conocía como «piedras», esto es, obstáculos para la revolución. La política frente a los «piedras» era la siguiente: «En caso de duda, mátalos.» Mi padre no estaba de acuerdo con ello, y dijo a sus subordinados y a quienes acudían a los mítines que tan sólo debían ser condenados a muerte aquellos que incuestionablemente tuvieran las manos manchadas de sangre. En los informes que enviaba a sus superiores afirmaba repetidamente que el Partido debía ser cuidadoso con las vidas humanas, y que un exceso de ejecuciones no haría más que perjudicar a la revolución. Fue en parte la actitud de muchos como mi padre lo que obligó al Partido a promulgar en 1948 urgentes instrucciones destinadas a detener los excesos de violencia.

Durante todo aquel tiempo, las fuerzas del Ejército comunista no dejaban de acercarse. A comienzos de 1948, las guerrillas de mi padre se unieron al Ejército regular, y éste fue puesto a cargo de un sistema de obtención de información que había de abarcar la zona de Jinzhou-Huludao; su labor consistía en vigilar el despliegue de las fuerzas del Kuomintang e informarse de su situación en lo que a alimentos se refería. Gran parte de dicha información procedía de agentes emplazados en el interior del Kuomintang, entre ellos Yu-wu. Fue a través de aquellos informes como mi padre oyó hablar de mi madre por primera vez.

El delgado hombrecillo de expresión soñadora que mi madre vio aquella mañana de octubre cepillándose los dientes en el patio era célebre entre sus compañeros por su pulcritud. Se cepillaba los dientes todos los días, lo que constituía una novedad para el resto de los guerrilleros y campesinos que habitaban en los poblados en los que había luchado. A diferencia de los demás, que se limitaban a soplar por la nariz sobre el suelo, él se servía de un pañuelo que lavaba siempre que podía. Nunca mojaba su toalla facial en el lavabo público como el resto de los soldados, ya que las enfermedades oculares se hallaban sumamente extendidas. Era también conocido como una persona culta y aficionada a la lectura, y siempre, incluso en acción, solía llevar consigo algunos volúmenes de poesía clásica.

Cuando vio por primera vez los carteles de SE BUSCA y oyó a sus parientes hablar acerca de aquel peligroso «bandido», mi madre advirtió que no sólo le temían, sino que también le admiraban, y al verle por primera vez no se sintió en absoluto decepcionada por el hecho de que el legendario guerrillero no tuviera un aspecto batallador en absoluto.

Mi padre también había oído hablar del valor de mi madre, así como del hecho –completamente fuera de lo común– de que ya con diecisiete años tuviera a hombres a sus órdenes. Una mujer emancipada y admirable, había pensado, aunque también él se la había imaginado como un feroz dragón. Para su gran alegría, encontró que era hermosa y femenina, diríase que incluso coqueta. Hablaba con suavidad, persuasión y

–cosa rara en China– precisión. Para él, aquello representaba una cualidad extraordinariamente importante, ya que detestaba el lenguaje habitual, florido, indolente y vago.

Mi madre observó que le gustaba reír, y que tenía los dientes blancos y relucientes a diferencia de la mayor parte de los otros guerrilleros, quienes mostraban una dentadura oscura y carcomida. También se sintió atraída por su conversación. Aquel muchacho se le antojó una persona culta e ilustrada: desde luego, no la clase de joven que confundiría a Flaubert con Maupassant.

Cuando mi madre le dijo que estaba allí para realizar un informe de su sindicato de estudiantes, él le preguntó qué libros estaban leyendo éstos. Mi madre le entregó una lista y le preguntó si querría acudir a darles algunas conferencias sobre filosofía e historia marxistas. Él aceptó, y le preguntó cuántas personas había en su facultad, a lo que ella respondió sin titubear con la cifra exacta. A continuación, mi padre le preguntó qué proporción del alumnado apoyaba a los comunistas; una vez más, ella respondió con un cálculo preciso.

Unos días más tarde, el joven se presentó dispuesto a comenzar su ciclo de conferencias. Asimismo, ofreció a los estudiantes un recorrido de la obra de Mao y explicó algunas de sus teorías básicas. Era un excelente orador, y las muchachas –mi madre incluida– estaban deslumbradas.

Un día, comunicó a los estudiantes que el Partido estaba organizando un viaje a Harbin, la capital temporal de los comunistas, situada en el norte de Manchuria. Harbin había sido construida en gran parte por los rusos, y se conocía como el París de Oriente debido a sus anchos bulevares, sus edificios ornamentales, sus elegantes tiendas y sus cafés de estilo europeo. El viaje se presentaba como un recorrido turístico, pero su motivo real era que el Partido temía que el Kuomintang intentara reconquistar Jinzhou y querían sacar de la ciudad a los profesores y estudiantes procomunistas –así como a las élites profesionales, tales como los médicos– en previsión de que lo lograran. Sin embargo, no querían confesarlo para no alarmar a la población. Mi madre y cierto número de amigos suyos formaban parte del grupo de ciento setenta personas que resultó por fin elegido.

A finales de noviembre, mi madre partió en tren hacia el Norte en un estado de enorme excitación. Fue en Harbin, cubierta de nieve, salpicada de románticos edificios antiguos e inundada de una atmósfera rusa meditativa y poética, donde mis padres se enamoraron. Mi padre escribió allí algunos hermosos poemas para mi madre. No sólo estaban compuestos en un estilo clásico y elegante –lo que ya de por sí poseía un mérito considerable– sino que a través de ellos pudo mi madre descubrir que se trataba también de un buen calígrafo, lo que aún elevó más su estima hacia él.

La víspera de Año Nuevo, mi padre invitó a mi madre y a una amiga común a sus apartamentos. Estaba alojado en un hotel ruso que parecía sacado de un cuento de hadas, ya que estaba dotado de un tejado de dos aguas de vivos colores y tenía los bordes de las ventanas y la terraza adornados con un delicado enlucido. Al entrar, mi madre se encontró frente a una botella que descansaba sobre una mesita rococó. La etiqueta aparecía escrita en caracteres extranjeros: *Champagne*. En realidad, mi padre nunca había bebido champán anteriormente; tan sólo había leído acerca de él en libros de autores extranjeros.

Para entonces entre los compañeros y compañeras de mi madre ya se había corrido la voz de que estaban enamorados. Mi madre, en su calidad de líder estudiantil, acudía con frecuencia a presentar largos informes a mi padre, y la gente advirtió que no regresaba hasta altas horas de la madrugada. Mi padre tenía buen número de admiradoras aparte de ella, incluida la amiga que fue con ellos aquella noche, pero incluso ésta podía advertir por cómo miraba a mi madre, por sus traviesos comentarios y por el modo en que ambos aprovechaban cualquier ocasión para hallarse físicamente próximos que él también estaba enamorado de ella. Cuando a eso de la medianoche la amiga se dispuso a partir supo que mi madre se quedaría con él. Mi padre descubrió una nota bajo la botella de champán vacía: «¡Y bien! ¡Ya no habrá motivo para que yo beba champán! ¡Espero que la botella esté siempre llena para vosotros!»

Aquella noche, mi padre preguntó a mi madre si se hallaba prometida con alguna otra persona. Ella le contó sus relaciones anteriores, y dijo que el único hombre al que realmente había amado era su primo Hu, pero que éste había sido ejecutado por el Kuomintang. A continuación, y de acuerdo con el nuevo código comunista de moralidad, el cual se apartaba radicalmente del pasado para imponer la igualdad entre hombres y mujeres, también él le reveló a ella las relaciones que había mantenido hasta entonces. Le contó que había estado enamorado de una mujer de Yibin, pero que la historia había concluido cuando él partió hacia Yan'an. En Yan'an y en la guerrilla había tenido algunas amigas, pero la guerra había hecho imposible pensar siquiera en la posibilidad del matrimonio. Una de sus antiguas novias había de casarse con Chen Boda, el jefe de la sección de mi padre en la Academia de Yan'an, quien posteriormente alcanzaría un poder inmenso como secretario de Mao.

Tras escuchar mutuamente el sincero relato de sus vidas, mi padre dijo que iba a escribir al Comité del Partido para la Ciudad de Jinzhou solicitando permiso para «hablar de amor» (*tan-lian-ai*) con mi madre, con vistas a un futuro matrimonio. Tal era el procedimiento obligatorio. Mi madre supuso que debía de ser similar al permiso que se solicita del cabeza de familia, y de hecho eso era exactamente: el Partido Comunista era el nuevo patriarca. Aquella noche, después de su conversación, mi madre recibió el primer regalo de mi padre, una novela romántica rusa titulada *Es simplemente amor*.

Al día siguiente, mi madre escribió a casa para contar que había conocido a un hombre que le gustaba mucho. La reacción inmediata de su madre y del doctor Xia no fue de entusiasmo sino de inquietud, ya que mi padre era funcionario, y los funcionarios siempre habían sido mal vistos entre los chinos corrientes. Aparte de otros vicios, su poder arbitrario hacía que no se les supusiera capaces de tratar a las mujeres dignamente. La presunción inmediata de mi abuela fue que mi padre ya estaba casado y quería a mi madre como concubina. Después de todo, ya había superado con mucho la edad masculina habitual en Manchuria para el matrimonio.

Transcurrido aproximadamente un mes, se juzgó que el grupo de Harbin podía retornar sin peligro a Jinzhou. El Partido dijo a mi padre que tenía permiso para «hablar de amor» con mi madre. Otros dos hombres habían solicitado la misma autorización, pero llegaron demasiado tarde. Uno de ellos era Liang, su antiguo control en la clandestinidad. Despechado, pidió ser trasladado de Jinzhou. Ni él ni el otro hombre habían dicho lo más mínimo a mi madre sobre sus intenciones.

Cuando mi padre regresó, le comunicaron que había sido nombrado jefe del Departamento de Asuntos Públicos de Jinzhou. Pocos días después, mi madre le llevó a conocer a su familia. Tan pronto como traspasó el umbral de la puerta, mi abuela le hizo el vacío, y cuando él intentó saludarla, se negó a responderle. Mi padre mostraba un aspecto oscuro y terriblemente demacrado como resultado de las penurias que había sufrido durante su época de guerrillero, y mi abuela estaba convencida de que debía de tener bastante más de cuarenta años y que, por ello, era imposible que no se hubiera casado anteriormente. El doctor Xia le trató cortésmente, pero con distante formalidad.

Mi padre no se quedó mucho rato. Cuando partió, mi abuela se deshizo en lágrimas. Ningún funcionario podía ser bueno, gritaba. Pero el doctor Xia había comprendido ya a través de la entrevista con mi padre y de las explicaciones de mi madre que los comunistas ejercían un control tan estrecho sobre sus miembros que un funcionario como mi padre no tendría posibilidad alguna de engañarles. Mi abuela se tranquilizó, pero sólo en parte: «Pero es de Sichuan. ¿Qué pueden saber de él los comunistas si procede de tan lejos?»

Se mantuvo firme en sus dudas y sus críticas, pero el resto de la familia se puso de parte de mi padre. El doctor Xia se llevaba muy bien con él, y ambos solían charlar durante horas. Yu-lin y su esposa también le apreciaban mucho. La mujer de Yu-lin provenía de una familia muy pobre. Su madre había sido obligada a contraer un matrimonio no deseado después de que su abuelo se la jugara a las cartas y perdiera. Su hermano había sido capturado en una redada de los japoneses y había sido condenado a realizar tres años de trabajos forzados que terminaron destruyéndole físicamente.

Desde el día en que contrajo matrimonio con Yu-lin había tenido que levantarse todos los días a las tres de la madrugada para preparar los distintos platos que exigía la complicada tradición manchú. Mi abuela dirigía la casa y, aunque en teoría eran miembros de la misma generación, la esposa de Yu-lin se sentía inferior debido a que tanto ella como su marido dependían de los Xia. Mi padre había sido la primera persona que se había esforzado por tratarla de igual a igual –lo que en China constituía una considerable ruptura con el pasado– y a menudo había regalado a la pareja entradas para el cine, entretenimiento que ambos adoraban. Era el primer funcionario que habían conocido que no se daba importancia, y la esposa de Yu-lin se hallaba convencida de que los comunistas traerían consigo importantes mejoras.

Menos de dos meses después de regresar de Harbin, mi madre y mi padre presentaron su solicitud. El matrimonio había sido tradicionalmente un contrato entre familias, y nunca había habido registros civiles ni certificados de boda. Ahora, para todos aquellos que «se habían unido a la Revolución», el Partido actuaba como cabeza de familia. Sus criterios se definían por medio de la fórmula «28-7-regimiento-1», lo que significaba que el hombre había de tener por lo menos veintiocho años de edad, haber sido miembro del Partido durante al menos siete años y poseer un rango equivalente al de jefe de regimiento. El «1» se refería al único requisito que debía poseer la mujer, esto es, haber trabajado para el Partido durante un período mínimo de un año. De acuerdo con el sistema chino de estimación de edad, según el cual se tiene un año en el momento de nacer, mi padre tenía veintiocho años; había sido miembro del Partido durante más de diez años y ocupaba una posición equivalente a la de jefe adjunto de división. Mi madre, por su parte, aunque no era miembro del Partido, logró que su labor en la clandestinidad se aceptara como equivalente al «1»; además, desde su regreso de Harbin había estado trabajando con dedicación absoluta para una organización llamada Federación de Mujeres que estaba encargada de los asuntos femeninos: a través de ella se supervisaban la liberación de las concubinas y el cierre de los burdeles y se movilizaba a las mujeres para que fabricaran calzado para el Ejército; asimismo, se organizaban su educación y su empleo, se les informaba de sus derechos y se aseguraba que no hubieran de contraer matrimonio en contra de sus deseos.

La Federación de Mujeres constituía ahora la «unidad de trabajo» –o *danwei*– de mi madre, una institución sometida por entero al control del Partido y a la que todas las ciudadanas de las zonas urbanas habían de pertenecer. En ella, al igual que en un ejército, se regulaban prácticamente todos los aspectos de la vida de las empleadas. Mi madre se suponía obligada a vivir en las instalaciones de la Federación y a obtener de ella autorización para contraer matrimonio. En el caso de mi padre, funcionario de rango, la Federación lo dejaba en manos del Comité del Partido para la Ciudad de Jinzhou. Dicho comité se apresuró a otorgar su consentimiento escrito, pero el rango de mi padre exigía asimismo la autorización del Comité Provincial del Partido para el Oeste de Liaoning. Dando por sentado que no habría ningún problema, mis padres fijaron fecha para la boda el 4 de mayo, decimoctavo cumpleaños de la novia.

Al llegar el día indicado, mi madre recogió su colchoneta y su ropa y se dispuso a trasladarse a los apartamentos de mi padre. Vestía su túnica blanca favorita y una bufanda blanca de seda. Mi abuela estaba horrorizada. Resultaba del todo inusitado que una novia fuera caminando hasta la casa del novio. El hombre tenía que enviarle una silla de manos. El hecho de trasladarse a pie constituía un símbolo de que la mujer no tenía valor alguno para el hombre y que éste no la deseaba en realidad. «¿A quién le preocupan hoy esas tonterías?», dijo mi madre mientras ataba su colchoneta. Pero mi abuela se mostró aún más espantada ante la idea de que su hija no fuera a gozar de una magnífica boda tradicional. Desde el momento en que las niñas nacían, las madres comenzaban a guardar cosas para su ajuar. De acuerdo con la costumbre, el de mi madre incluía una docena de edredones forrados de satén, almohadones con patos mandarines bordados a mano, cortinas y un dosel decorado con el que cubrir una cama de cuatro columnas. Mi madre, sin embargo, consideraba las ceremonias tradicionales actos anticuados e innecesarios. Tanto ella como mi padre preferían evitar tal tipo de rituales, ya que pensaban que nada tenían que ver con sus sentimientos. El amor era lo único que importaba a aquellos dos revolucionarios.

Mi madre se trasladó a pie hasta la vivienda de mi padre llevando consigo su colchoneta. Éste, como todos los funcionarios, vivía en el mismo edificio en el que trabajaba, que en su caso era el del Comité Ciudadano del Partido. Los empleados vivían en hileras de *bungalows* dotados de puertas correderas y distribuidos en torno a un enorme patio. Al anochecer, cuando mi madre se encontraba arrodillada para quitarle las zapatillas a mi padre, llamaron con los nudillos a la puerta. Al abrirla vieron a un hombre que portaba un mensaje para mi padre del Comité Provincial del Partido. En él se decía que aún no podían contraer matrimonio. Tan sólo la fuerza con que apretó los labios dejó traslucir lo desdichada que se sintió mi madre al oír aquello. Se limitó a inclinar la cabeza, recogió su colchoneta en silencio y partió con un sencillo «Hasta luego». No hubo lágrimas ni escenas... ni tan siquiera muestras visibles de cólera. Aquel momento quedó grabado de un modo indeleble en la mente de mi padre. Cuando yo era niña, solía decirme: «Debías haber visto la elegancia de tu madre –y, a continuación–: ¡Cómo han cambiado los tiempos! ¡Tú no eres como tu madre! Tú no harías algo así: ¡arrodillarte para descalzar a un hombre!»

La causa del retraso había sido que el Comité Provincial sospechaba de mi madre a causa de sus conexiones familiares. La interrogaron a fondo acerca de cómo su familia había llegado a entrar en contacto con el servicio de inteligencia del Kuomintang. Le dijeron que tenía que ser completamente sincera, como si estuviera prestando declaración ante un tribunal.

Hubo de explicar por qué algunos oficiales del Kuomintang habían pretendido su mano, así como el motivo de su amistad con tantos miembros de la Liga Juvenil del Kuomintang. Señaló que sus amigos eran las personas más antijaponesas y con mayor conciencia social que conocía, y que cuando el Kuomintang había llegado a Jinzhou en 1945 lo habían contemplado como el Gobierno de China. Ella misma podría haberse unido a ellos, pero a los catorce años de edad era aún demasiado joven. De hecho, además, la mayor parte de sus amigos no habían tardado en pasarse a los comunistas.

El Partido se mostraba dividido: el Comité Ciudadano mantenía la opinión de que los amigos de mi madre habían actuado por motivos patrióticos; algunos de los líderes provinciales, sin embargo, contemplaban todo aquello con franca sospecha. Se solicitó a mi madre que «trazara una línea de separación» entre ella y sus amigos. «Trazar una línea» entre las personas constituía un mecanismo clave introducido por los comunistas para incrementar el abismo que existía entre aquellos que estaban «dentro» y los que se habían quedado «fuera». Nada –ni siquiera las relaciones personales– se dejaba al azar, ni se permitía tampoco que nada tuviera un proceso fluido. Si quería casarse, tendría que dejar de ver a sus amigos.

Sin embargo, lo más doloroso para mi madre era lo que le estaba ocurriendo a Hui-ge, el joven coronel del Kuomintang. Tan pronto como concluyó el asedio, y superado ya el regocijo inicial por la victoria de los comunistas, la primera inquietud de mi madre había sido comprobar si Hui-ge seguía bien. Atravesó corriendo las calles empapadas en sangre hasta llegar a la mansión de los Ji, pero allí no encontró nada: ni calle, ni casas... tan sólo un gigantesco montón de escombros. Hui-ge había desaparecido.

En primavera, cuando se disponía a contraer matrimonio, descubrió que estaba vivo, y que permanecía prisionero... en Jinzhou. Durante el asedio se las había arreglado para huir hacia el Sur, y había llegado hasta Tianjin; sin embargo, cuando los comunistas tomaron Tianjin en enero de 1949 había sido recapturado y devuelto a Jinzhou.

Hui-ge no estaba considerado como un prisionero de guerra corriente. La influencia de su familia en Jinzhou lo incluía en la categoría de «serpientes en sus antiguas guaridas», nombre por el que se designaba a los personajes más poderosos de cada localidad. Estas personas resultaban especialmente peligrosas para los comunistas debido a que suscitaban una gran lealtad de la población local, por lo que sus inclinaciones anticomunistas suponían una amenaza para el nuevo régimen.

Mi madre confiaba en que Hui-ge sería bien tratado tan pronto se supiera lo que había hecho, y comenzó inmediatamente a interceder por él. De acuerdo con el procedimiento habitual, la primera persona con quien debía hablar era con su jefe inmediato dentro de la unidad a la que pertenecía –esto es, la Federación de Mujeres– quien, a su vez, había de trasladar la petición a una autoridad superior. Mi madre ignoraba quién tendría la última palabra. Acudió a Yu-wu –quien no sólo conocía su contacto con Hui-ge sino que, de hecho, lo había ordenado– y le rogó que intercediera por el coronel. Yu-wu redactó un informe describiendo las actividades de Hui-ge, pero añadió que quizá había obrado por amor hacia mi madre, y que quizá ni siquiera llegara a ser consciente de que estaba ayudando a los comunistas, cegado, como estaba, por el amor.

Mi madre acudió a otro líder clandestino que sabía lo que había hecho el coronel. También él se negó a asegurar que Hui-ge hubiera estado colaborando con los comunistas. De hecho, rehusó mencionar en absoluto el papel del coronel en el proceso de transmisión de información a los comunistas con objeto de poder acaparar él todo el mérito. Mi madre dijo que el coronel y ella no habían estado enamorados, pero no podía probarlo. Citó las solicitudes y promesas veladas que había habido entre ellos, pero las autoridades se limitaron a contemplarlas como pruebas de que el coronel estaba intentando hacerse con un «seguro de vida», actitud ante la que el Partido se mostraba especialmente severo.

Todo aquello tenía lugar en la época en que mi madre y mi padre se preparaban para contraer matrimonio, y el episodio arrojó cierta sombra sobre su relación. No obstante, mi padre comprendía el dilema de mi madre, y pensaba que Hui-ge debía recibir un trato justo. En este sentido, no permitió que el hecho de que mi abuela hubiera preferido al coronel como yerno influyera en su juicio.

A finales de mayo, llegó por fin la autorización para que se celebrara la boda. Mi madre se encontraba en una reunión de la Federación de Mujeres cuando alguien entró y le deslizó una nota en el interior de la mano. Se trataba de un mensaje del jefe ciudadano del Partido, Lin Xiaoxia, quien era asimismo sobrino del general supremo que había mandado las fuerzas comunistas en Manchuria, Lin Biao. Se hallaba escrito en verso, y decía sencillamente: «Las autoridades provinciales han dado su consentimiento. Es imposible que quieras seguir metida en esa reunión. ¡Sal de ahí de una vez y cásate!»

Mi madre intentó conservar la calma mientras se aproximaba a la mujer que presidía la reunión y le entregaba la nota. Ésta asintió, permitiéndole marchar. Corrió sin detenerse hasta la vivienda de mi padre, vestida aún con su traje Lenin, una especie de uniforme para los empleados gubernamentales que consistía en una chaqueta de solapas que se estrechaba en la cintura y se complementaba con unos amplios pantalones. Cuando abrió la puerta, vio a Lin Xiao-xia y a los otros líderes del Partido con sus guardaespaldas. Acababan de llegar. Mi padre dijo que acababan de enviar un carruaje para recoger al doctor Xia. Lin preguntó: «¿Y qué hay de tu suegra? –Mi padre no dijo nada.– Eso no está bien», dijo Lin, y ordenó que también a ella acudiera a buscarla un carruaje. Mi madre se sintió muy dolida, pero atribuyó la actitud de mi padre al odio que éste sentía hacia las conexiones de mi abuela con el servicio de inteligencia del Kuomintang. Aun así, pensó, ¿qué culpa tenía su madre? No se le ocurrió que el comportamiento de mi padre pudiera representar una reacción frente al modo en que la abuela le había tratado.

No hubo ceremonia nupcial de ninguna clase: tan sólo una pequeña reunión. El doctor Xia se acercó a felicitar a la pareja. Durante un rato, todos se sentaron a comer cangrejos frescos suministrados por el Comité Ciudadano del Partido como golosina especial. Los comunistas estaban intentando instituir la frugalidad en las bodas debido a que éstas se habían considerado tradicionalmente un motivo de derroche enorme y completamente desproporcionado en relación con lo que la gente podía permitirse. No era en absoluto inusual que las familias se arruinaran con tal de celebrar una boda espléndida. Mis padres comieron los dátiles y cacahuetes que solían servirse en las bodas de Yan'an y un fruto seco llamado *longan* que representa el símbolo tradicional de una unión feliz y la llegada de hijos. Al cabo de un rato, el doctor Xia y la mayor parte de los invitados se marcharon. Más tarde, cuando ya había concluido su reunión, hizo acto de presencia un grupo de la Federación de Mujeres.

El doctor Xia y mi abuela no se habían enterado de la boda, ni tampoco se lo había dicho el conductor del primer carruaje. Mi abuela no se enteró de que su hija iba a casarse hasta que llegó el segundo carruaje. Mientras avanzaba apresuradamente por el sendero y su silueta se iba haciendo más clara a través de la ventana, las mujeres de la Federación comenzaron a cuchichear entre ellas y a continuación salieron atropelladamente por la puerta trasera. Mi padre también salió. Mi madre se hallaba al borde de las lágrimas. Sabía que las mujeres de su grupo despreciaban a mi abuela no sólo debido a sus relaciones con el Kuomintang sino también porque había sido una concubina. Lejos de haberse emancipado en tales cuestiones, muchas mujeres comunistas de ascendencia inculta y campesina aún conservaban los usos tradicionales. Para ellas, ninguna muchacha como es debido se habría convertido jamás en concubina, y ello a pesar de que los comunistas habían estipulado que las concubinas disfrutarían de la misma categoría que las esposas y que podrían disolver el matrimonio unilateralmente. Aquellas mujeres de la Federación eran las mismas que se suponía que debían encargarse de implementar las políticas de emancipación del Partido.

Mi madre intentó disimular, contando a la abuela que su esposo había tenido que regresar al trabajo: «Entre los comunistas, no es costumbre dar permisos por boda. De hecho, yo misma me disponía a volver a mi puesto.» Mi abuela juzgó descabellado que una ocasión tan singular como una boda pudiera tratarse de un modo tan intrascendente, pero los comunistas habían roto ya para ella tantas reglas referentes a los valores tradicionales que la consideró tan sólo una más.

En aquella época, una de las actividades de mi madre consistía en enseñar a leer y escribir a las mujeres de la factoría textil en la que había trabajado para los japoneses a la vez que en informarles de la igualdad entre el hombre y la mujer. La fábrica continuaba siendo propiedad privada, y uno de los capataces persistía en su costumbre de golpear a las empleadas siempre que le apetecía. Mi madre contribuyó significativamente a su despido, y ayudó a las obreras a elegir su propia capataz femenina. Sin embargo, cualquier reconocimiento que hubiera podido obtener por ello resultó oscurecido por el disgusto de la Federación con respecto a otra cuestión.

Una de las funciones principales de la Federación de Mujeres era la de fabricar calzado de algodón para el Ejército. Mi madre no sabía hacer zapatos, por lo que se las arregló para que fueran su madre y sus tías quienes se ocuparan de ello. Todas ellas habían sido adiestradas en la confección de complicados zapatos bordados, y mi madre presentó orgullosamente a la Federación una gran cantidad de zapatos exquisitamente fabricados que superaba con mucho la cantidad que le correspondía. Para su sorpresa, en lugar de ser felicitada por su ingenio, hubo de enfrentarse a una reprimenda como si fuera una chiquilla. Las campesinas de la Federación no podían concebir que hubiera una mujer sobre la faz de la tierra que ignorara cómo fabricar un zapato. Era como si les hubieran dicho que había alguien que no sabía comer. En consecuencia, fue criticada en las reuniones de la Federación por su «decadencia burguesa».

Mi madre no se llevaba bien con algunas de sus jefas de la Federación. Eran mayores que ella, campesinas conservadoras que habían tenido que sudar la gota gorda en la guerrilla y que sentían antipatía por esas lindas y educadas muchachas de ciudad que –como mi madre– atraían inmediatamente la atención de los comunistas. Cuando mi madre solicitó su ingreso en el Partido, la rechazaron aduciendo que no era digna de ello.

Cada vez que iba a su casa tenía que enfrentarse a un torrente de críticas. Se le acusaba de mostrarse demasiado apegada a su familia, lo que se condenaba como un hábito burgués y, en consecuencia, hubo de resignarse a ver cada vez menos a su madre.

En aquella época, existía una norma tácita según la cual ningún revolucionario podía pasar la noche lejos de su oficina con excepción de los sábados. El lugar que mi madre tenía asignado para dormir se hallaba en la Federación de Mujeres, separada de la vivienda de mi padre por un pequeño muro de arcilla. Por las noches, mi madre solía trepar el muro y atravesar un pequeño jardín hasta la habitación de mi padre, tras lo cual regresaba al suyo antes de despuntar el alba. No tardó en ser descubierta, y tanto él como ella fueron criticados en las reuniones del Partido. Los comunistas habían acometido una reorganización radical que no sólo afectaba a las instituciones sino también a las vidas de las personas, especialmente de aquellas que «se habían incorporado a la revolución». La idea consistía en que toda cuestión personal era también política; de hecho, no cabía ya considerar nada como personal o privado. La mezquindad adquirió carta de naturaleza como actitud política, y las reuniones se convirtieron en un foro por medio del cual los comunistas descargaban toda suerte de animosidades personales.

Mi padre se vio obligado a realizar una autocrítica verbal, y a mi madre se le ordenó hacer lo propio por escrito. Se les acusaba de «haber antepuesto el amor» cuando su principal prioridad debería haber sido la revolución. Ante aquello, mi madre se consideró víctima de una injusticia. ¿Qué daño podía hacerle a la revolución que pasara la noche con su marido? Podría haber comprendido el sentido de aquella apreciación en los días de la guerrilla, pero no entonces. Le dijo a mi padre que no quería escribir aquella autocrítica, pero para su consternación éste la reprendió, diciendo: «La revolución aún no está ganada. La guerra continúa. Hemos roto las reglas y debemos admitir nuestros errores. Toda revolución precisa de una disciplina férrea. Hay que obedecer al Partido incluso si uno no lo entiende o no se muestra de acuerdo con él.»

Poco después, ocurrió una catástrofe completamente inesperada. Un poeta llamado Bian que había pertenecido a la delegación de Harbin y había llegado a trabar una estrecha amistad con mi madre intentó suicidarse. Bian era uno de los seguidores de la escuela de poesía «Luna Nueva», uno de cuyos principales exponentes era Hu Shi, quien llegó a ser embajador del Kuomintang en los Estados Unidos. Dicha corriente se concentraba en la estética y la forma y se hallaba sometida principalmente a la influencia de Keats. Bian se había unido a los comunistas durante la guerra, pero al hacerlo descubrió que su poesía se consideraba incompatible con la revolución, en la que se buscaba más la propaganda que la autoexpresión. Parte de su mente lo aceptó, pero no pudo evitar convertirse en un amargado y sucumbir a la depresión. Comenzó a pensar que ya nunca podría volver a escribir y, sin embargo –decía–, tampoco se sentía capaz de vivir sin su poesía.

Su intento de suicidio cayó como una bomba en el Partido. Para su imagen resultaba contraproducente que alguien pudiera sentirse tan desilusionado con la Liberación que intentara matarse a sí mismo. Bian trabajaba en Jinzhou como profesor en la escuela de funcionarios del Partido, muchos de los cuales eran analfabetos. La organización escolar del Partido ordenó una investigación y llegó a la conclusión de que Bian había intentado matarse debido al amor no correspondido que sentía... hacia mi madre. En sus reuniones críticas, la Federación de Mujeres sugirió que mi madre había dado esperanzas a Bian para luego despreciarle por una presa más sustanciosa: mi padre. Mi madre se puso furiosa y exigió que le presentaran pruebas de tal acusación. Ni que decir tiene que tales pruebas nunca pudieron presentarse.

En esta ocasión, mi padre la defendió. Sabía que durante el viaje a Harbin –época durante la que se suponía que mi madre y Bian habían mantenido citas regulares– ella estaba ya enamorada de él, y no del poeta. Había visto a Bian leyéndole sus poemas a mi madre, sabía que ésta le admiraba y no pensaba que hubiera en ello nada malo. Sin embargo, ni uno ni otro fueron capaces de detener la avalancha de murmuraciones. Las mujeres de la Federación se mostraron especialmente virulentas.

Durante el período culminante de aquella época de cotilleos, mi madre se enteró de que su intercesión por Hui-ge había sido rechazada. Se volvió loca de angustia. Había hecho una promesa a Hui-ge, y ahora se sentía como si le hubiera engañado. Había ido a visitarle regularmente a la cárcel para darle noticias de sus esfuerzos por conseguir que revisaran su caso, y le parecía inconcebible que los comunistas no le perdonaran. Se había mostrado sinceramente optimista frente a él y había intentado animarle. Esta vez, sin embargo, cuando Hui-ge vio sus ojos, hinchados y enrojecidos, y su rostro distorsionado por el esfuerzo de ocultar su desesperación, supo que ya no había esperanza. Sentados frente a los guardias a ambos lados de una mesa sobre la que debían mantener sus manos, sollozaron juntos. Hui-ge tomó las manos de mi madre entre las suyas, y ella no las retiró.

Mi padre fue informado de las visitas de mi madre a la cárcel. Al principio, no dijo nada. Comprendía su postura. Gradualmente, sin embargo, comenzó a irritarse. El escándalo desencadenado en torno al intento de suicidio de Bian se hallaba en su punto álgido, y ahora comenzaba a rumorearse que su esposa mantenía una relación con un coronel del Kuomintang... ¡cuando se suponía que aún no había concluido su luna de miel! Se puso furioso, pero sus sentimientos personales no constituyeron el factor decisivo de su aceptación de la actitud del Partido frente al coronel. Dijo a mi madre que si el Kuomintang regresaba, serían personas como Hui-ge las primeras en servirse de su autoridad para devolverlo al poder. Los comunistas, dijo, no podían permitirse tal lujo: «Nuestra revolución es una cuestión de vida o muerte.» Cuando mi madre intentó contarle cómo Hui-ge había ayudado a los comunistas respondió que sus visitas a la cárcel no le habían hecho ningún bien, y mucho menos el hecho de cogerle la mano. Desde tiempos de Confucio, los hombres y las mujeres habían tenido que ser marido y mujer –o al menos amantes– para tocarse en público, e incluso en tales circunstancias resultaba considerablemente inusual. El hecho de que mi madre y Hui-ge hubieran sido vistos cogidos de la mano se entendió como prueba de que habían estado enamorados, y de que los servicios prestados por Hui-ge a los comunistas no habían sido el resultado de las motivaciones «correctas». Para mi madre resultaba difícil no mostrarse de acuerdo con él, pero ello no la hizo sentirse menos desolada.

Su sensación de verse continuamente atrapada en dilemas imposibles se vio incrementada por lo que estaba ocurriendo con varios de sus parientes y personas allegadas. Los comunistas habían anunciado al llegar que todo aquel que hubiera trabajado para el Kuomintang debería presentarse inmediatamente ante ellos. Su tío Yu-lin nunca había trabajado para los servicios de inteligencia, pero poseía una identificación que le acreditaba como miembro del mismo y creyó su deber informar de ello a las autoridades. Su esposa y mi abuela intentaron disuadirle, pero él se mantuvo convencido de que era mejor decir la verdad. Se encontraba en una situación difícil. Si no se hubiera presentado y los comunistas hubieran averiguado algo acerca de él –lo que dada su fenomenal organización no hubiera sido de extrañar– se habría visto inmerso en serios aprietos. Sin embargo, al acudir voluntariamente les había proporcionado motivos de sospecha. El veredicto del Partido fue: «Tiene una mancha en su historial político. No se le castigará, pero sólo puede ser empleado bajo control.» Como casi todos los demás, aquel veredicto no fue pronunciado por un tribunal, sino por un organismo del propio Partido. No existía una definición clara de su significado pero, como resultado de ello, la vida de Yu-lin habría de depender durante tres décadas de la atmósfera política y de sus jefes de Partido. En aquellos días, Jinzhou poseía un Comité Ciudadano del Partido relativamente benigno, por lo que se le autorizó a seguir ayudando al doctor Xia en la farmacia.

El cuñado de mi abuela, Lealtad Pei-o, fue exiliado al campo para realizar labores manuales. Dado que no tenía las manos manchadas de sangre, se le sentenció a una condena bajo supervisión. Aquello significaba que en lugar de ir a la cárcel sería controlado (con la misma eficacia) dentro de la propia sociedad. Su familia decidió trasladarse al campo con él, pero antes de partir Lealtad hubo de ingresar en un hospital. Había contraído una enfermedad venérea. Los comunistas habían emprendido una importante campaña destinada a erradicar este tipo de enfermedades, y cualquiera que las padeciera estaba obligado a ponerse bajo tratamiento médico.

Su trabajo bajo supervisión duró tres años. Era más o menos como un empleo vigilado en libertad bajo palabra. Las personas en situación de supervisión gozaban de cierta libertad, pero tenían que presentarse a la policía a intervalos regulares con un informe detallado de todo cuanto habían hecho –e incluso pensado– desde su última visita. Además, se hallaban sometidas a una observación permanente por parte de la policía.

Cuando concluía su período de vigilancia formal se unían a gente como Yu-lin en una categoría menos rígida de vigilancia discreta. Una de sus formas más comunes era el sándwich, esto es, mantenerse bajo la estrecha vigilancia de dos vecinos específicamente encargados de ello, lo que también se conocía como «sándwich de pan rojo y relleno negro». Evidentemente, no sólo dichos vecinos sino también cualquier otro podía –y debía– informar del poco fiable «negro» a través de los comités de residentes. La «justicia popular» era absolutamente hermética, a la vez que un instrumento fundamental de gobierno dado que situaba a numerosos ciudadanos en colaboración activa con el Estado.

Zhu-ge, el oficial de inteligencia de docto aspecto que se había casado con la señorita Tanaka, fue condenado a trabajos forzados de por vida y exiliado a una remota zona fronteriza (posteriormente habría de ser liberado junto con varios antiguos funcionarios del Kuomintang gracias a la amnistía de 1959). Su esposa fue devuelta a Japón. Al igual que en la Unión Soviética, casi todos los condenados a prisión no iban a la cárcel, sino a campos de trabajo en los que a menudo se realizaban labores peligrosas o se trabajaba en zonas altamente polucionadas.

Algunos importantes personajes del Kuomintang, entre los que se incluían funcionarios del servicio de inteligencia, escaparon al castigo. El supervisor académico de la facultad de mi madre había sido secretario de distrito del Kuomintang, pero existían pruebas de que había contribuido a salvar la vida de numerosos comunistas y simpatizantes (incluida mi madre) por lo que su caso fue pasado por alto.

La directora y dos profesoras, quienes habían trabajado para los servicios de inteligencia, lograron ocultarse y terminaron por huir a Taiwan. Lo mismo hizo Yao-han, el supervisor político responsable de la detención de mi madre.

Los comunistas perdonaron también la vida a altos picatostes tales como el «último emperador» –Pu Yi– y algunos generales de elevado rango... porque les resultaban útiles. La política declarada de Mao era: «Matamos a los pequeños Chiang Kai-sheks. No matamos a los grandes Chiang Kai-sheks.» Mantener vivo a Pu Yi, razonaba, sería «bien recibido en el extranjero». Nadie podía oponerse abiertamente a tal política, pero en privado era motivo de gran descontento.

Para la familia de mi madre, aquélla fue una época de enorme ansiedad. Su tío Yu-lin y su tía Lan, el destino de la cual se hallaba inexorablemente ligado al de su marido, Lealtad, sufrían un completo ostracismo y se encontraban en un agudo estado de incertidumbre acerca de su futuro. La Federación de Mujeres ordenaba a mi madre escribir una autocrítica tras otra, ya que su dolor indicaba que tenía «cierta debilidad por el Kuomintang».

Fue también objeto de murmuraciones por visitar a un prisionero, Hui-ge, sin obtener la autorización previa de la Federación. Nadie le había dicho que debía hacerlo. La Federación dijo que no se le habían puesto obstáculos anteriormente porque preferían mostrar cierta consideración con aquellos para quienes «la revolución era algo nuevo»; por ello, estaban esperando para comprobar el tiempo que tardaba en alcanzar su propio sentido de la disciplina y solicitar instrucciones del Partido. «¿Pero para qué cosas debo pedir permiso?», preguntó. «Para todo», fue la respuesta. La necesidad de obtener autorización para ese «todo» no especificado había de convertirse en un elemento fundamental del régimen comunista. Asimismo, significaba que la gente aprendía a no tomar iniciativa alguna por sí misma.

Mi madre se vio aislada y rechazada dentro de aquella Federación que era todo su mundo. Se rumoreaba que había sido utilizada por Hui-ge para obtener su ayuda en la preparación de un regreso del Kuomintang. «En vaya lío se ha metido –exclamaban las mujeres–, y todo por haber sido "ligera". ¡Eso viene de tener tantas relaciones con los hombres! ¡Y qué hombres!» Mi madre se sentía rodeada de dedos acusadores. Sentía que aquellos que se suponía eran sus camaradas en un nuevo y glorioso movimiento de liberación se dedicaban a poner en tela de juicio su carácter y su dedicación, una dedicación por la que había arriesgado la vida. Fue criticada incluso por haber abandonado la reunión de la Federación de Mujeres para casarse: un pecado denominado «anteponer el amor». Mi madre dijo que el jefe de la ciudad le había permitido ausentarse. La presidenta repuso: «Pero tú tenías que haber mostrado una actitud correcta dando preferencia a la reunión.»

Con apenas dieciocho años, mi madre, recién casada y hasta entonces llena de esperanza por una nueva vida, se sentía miserablemente confusa y aislada. Siempre había confiado en su propio sentido del bien y del mal, pero de pronto su instinto parecía entrar en conflicto con las posturas de su causa, y a menudo con el juicio de su marido, al que amaba. Por primera vez, comenzó a dudar de sí misma.

No culpaba de nada al Partido ni a la revolución. Tampoco podía culpar a las mujeres de la Federación debido a que eran sus camaradas y parecían ser la voz del Partido. Así, descargó su resentimiento sobre mi padre. Sentía que su lealtad básica no era hacia ella, y que siempre parecía ponerse de acuerdo con sus camaradas en su contra. Entendía que acaso para él fuera difícil manifestarle su apoyo en público, pero al menos lo quería en privado... y no lo conseguía. Desde el comienzo de su matrimonio, hubo entre mis padres una diferencia fundamental. La devoción de mi padre al comunismo era absoluta: sentía que debía hablar el mismo lenguaje en privado que en público, incluso frente a su esposa. Mi madre era mucho más flexible. Su entrega se veía atenuada tanto por la razón como por la emoción. Mi madre reservaba un espacio para la vida privada; mi padre, no.

Comenzó a encontrar Jinzhou insoportable, y dijo a mi padre que quería marcharse de allí cuanto antes. Él se mostró de acuerdo, a pesar de que se encontraba a punto de recibir un ascenso. Solicitó un traslado del Comité Ciudadano del Partido, aduciendo como motivo que quería regresar a su población natal, Yibin. Los miembros del Comité se mostraron sorprendidos, ya que eso era precisamente lo que acababa de decirles que no quería hacer. A lo largo de la historia china, había sido norma establecida que los funcionarios fueran destinados a poblaciones situadas lejos de sus ciudades natales para evitar problemas de nepotismo.

Durante el verano de 1949, los comunistas avanzaban en dirección Sur a un ritmo imparable: habían capturado la capital de Chiang Kaishek, Nanjing, y su inminente llegada a Sichuan parecía cosa segura. La experiencia adquirida en Manchuria les había demostrado que necesitaban desesperadamente contar con administradores locales... y leales.

El Partido aprobó el traslado de mi padre. Dos meses después de su boda –y menos de un año después de la Liberación– se veían desplazados de la ciudad de residencia de mi madre por las murmuraciones y el desprecio.

La alegría de mi madre ante la Liberación se había tornado en una angustiosa melancolía. Bajo el Kuomintang, había podido descargar su tensión por medio de la acción, y estaba convencida de estar haciendo lo correcto, lo que le proporcionaba valor. Ahora sentía constantemente que estaba equivocada. Cuando intentaba comentarlo con mi padre, éste le decía que la transformación de una persona en comunista constituía un proceso laborioso. Así debía ser.

7

«Atravesando los cinco desfiladeros»

La Larga Marcha de mi madre

(1949-1950)

Justamente antes de su partida de Jinzhou, a mi madre le fue concedido el ingreso provisional en el Partido gracias al alcalde en funciones quien, dotado de mayor autoridad que la Federación de Mujeres, argumentó que la necesitaba debido a que iba a trasladarse a otro lugar. Aquella decisión significaba que podría convertirse en miembro propiamente dicho al cabo de un año si se consideraba que se había mostrado digna de ello.

Mis padres tenían que unirse a un grupo de más de cien personas que viajaban hacia el Sudoeste, en su mayor parte a Sichuan. El grueso del grupo estaba formado por hombres, funcionarios comunistas del Sudoeste. Las pocas mujeres que había eran manchúes que habían contraído matrimonio con sichuaneses. Para el viaje, se habían organizado en unidades y se les habían proporcionado uniformes verdes. La guerra civil aún retumbaba a lo largo de su camino.

El 27 de julio de 1949, mi abuela, el doctor Xia y las amigas y amigos más íntimos de mi madre –la mayor parte de los cuales se hallaban bajo sospechas ante los comunistas– acudieron a la estación a decirles adiós. Mientras se despedía en el andén, mi madre se sentía dividida por sentimientos contradictorios. Una parte de su corazón se sentía como un pájaro que por fin fuera a escapar de su jaula y echar a volar; la otra se preguntaba cuándo –e incluso *si*– volvería a ver de nuevo a aquellas personas a las que tanto amaba, especialmente a su madre. El viaje estaba lleno de peligros, y Sichuan continuaba en poder del Kuomintang. Además, se encontraba a más de mil quinientos kilómetros de distancia –inconcebiblemente lejos– y no tenía la más mínima idea de si alguna vez podría regresar a Jinzhou. Sentía unos deseos insoportables de llorar, pero contuvo las lágrimas porque no quería entristecer a su madre más de lo que ya estaba. Mientras el andén desaparecía en la distancia, mi padre intentó consolarla. Le dijo que debía ser fuerte, y que como joven estudiante que era y «recién unida a la revolución», necesitaba «atravesar los cinco desfiladeros», lo que significaba adoptar una actitud completamente distinta frente a la familia, la profesión, el amor, el estilo de vida y las labores manuales a través de la aceptación de las dificultades y los traumas. La teoría del Partido era que las personas educadas como ella lo había sido tenían que dejar de comportarse como burgueses y parecerse más a los campesinos, los cuales constituían el ochenta por ciento de la población. Mi madre había escuchado aquellas teorías cientos de veces. Aceptaba la necesidad de autorreformarse para encajar con la nueva China (de hecho, acababa de escribir un poema que versaba sobre la necesidad de enfrentarse en el futuro al desafío de «la tormenta de arena»), pero también ansiaba más ternura y comprensión personal, y se sentía resentida por el hecho de que mi padre no se los proporcionara.

Cuando el tren llegó a Tianjin, situado a unos cuatrocientos kilómetros al Sudoeste, tuvo que detenerse ya que allí se interrumpía la línea. Mi padre le dijo que le gustaría enseñarle la ciudad. Tianjin era un enorme puerto en el que hasta poco antes Estados Unidos, Japón y unos cuantos países europeos habían disfrutado de concesiones o enclaves extraterritoriales (aunque entonces mi madre no lo sabía, el general Xue había muerto en la concesión francesa de Tianjin). Existían barrios enteros construidos con estilos diferentes, y algunos edificios eran grandiosos: elegantes palacios franceses de finales de siglo, ligeros *palazzi* italianos; recargadas mansiones austrohúngaras de estilo rococó... Era una extraordinaria condensación de ostentación por parte de ocho naciones distintas, todas las cuales habían intentado impresionarse unas a otras a la vez que impresionar a los chinos. Aparte de los bancos japoneses –chatos, pesados y grisáceos– que había conocido en Manchuria y los bancos rusos de tejados verdes y delicados muros rosados y amarillos, era la primera vez que mi madre veía edificios como aquéllos. Mi padre había leído gran cantidad de literatura extranjera, y las descripciones de los edificios europeos siempre le habían fascinado. Aquélla era la primera vez que los veía con sus propios ojos. Mi madre podía adivinar los esfuerzos de mi padre por contagiarle su entusiasmo, pero aún estaba mustia. Paseando por aquellas calles bordeadas de olorosos árboles, sentía que ya echaba de menos a su madre, y no lograba ahuyentar la ira que sentía hacia mi padre por su envaramiento y por no decirle una palabra de consuelo. A pesar de todo, sabía que él intentaba torpemente animarla.

La línea de ferrocarril averiada no había sido más que el principio.

Tuvieron que hacer el resto del camino a pie, a lo largo de una ruta salpicada de patrullas de terratenientes locales, bandidos y unidades militares del Kuomintang abandonadas ante el avance de los comunistas. El grupo tan sólo contaba con tres rifles, uno de ellos en poder de mi padre, pero en cada una de las etapas del viaje las autoridades locales les proporcionaban como escolta un pelotón de soldados dotado, por lo general, con un par de ametralladoras.

Cargados a la espalda con sus colchonetas y otras pertenencias, tenían que recorrer largas distancias todos los días, a menudo por caminos difíciles. Los que habían estado en la guerrilla ya estaban acostumbrados a ello, pero al cabo de un día mi madre tenía las plantas de los pies cubiertas de ampollas. No había modo de detenerse a descansar. Sus compañeros le aconsejaron que al terminar el día metiera los pies en agua caliente y dejara escapar el líquido perforando las ampollas con una aguja y un cabello. El alivio fue instantáneo, pero al día siguiente sintió un dolor atroz cuando intentó caminar de nuevo. Cada mañana, apretaba los dientes y seguía adelante.

Durante la mayor parte del trayecto no vieron carreteras. El avance era penoso, especialmente cuando llovía: la tierra se convertía en una resbaladiza masa de barro, y mi madre se caía incontables veces. Al final del día se hallaba cubierta de lodo. Cada día, cuando alcanzaban su destino, se limitaba a dejarse caer y permanecer allí, incapaz de moverse.

Un día tuvieron que recorrer más de cincuenta kilómetros bajo una lluvia torrencial. La temperatura superaba con mucho los treinta grados, y mi madre avanzaba completamente empapada de lluvia y sudor. Tenían que trepar una montaña no especialmente alta –apenas llegaría a los mil metros– pero ella ya estaba completamente exhausta. Sentía el peso de la colchoneta como si se tratara de una enorme piedra. Tenía los ojos taponados por el sudor que manaba de su frente. Cuando abría la boca para intentar tomar un poco de aire, le parecía que no iba a conseguir inhalar el suficiente como para respirar. Ante sus ojos volaban miles de estrellas, y apenas podía arrastrar un pie para ponerlo delante del otro. Cuando alcanzaron la cima, pensó que sus penurias habían terminado, pero se equivocaba: descender era casi tan difícil como subir. Los músculos de sus pantorrillas parecían haberse convertido en gelatina. Se trataba de un territorio agreste, y aquel sendero estrecho y empinado se deslizaba a lo largo del borde de un precipicio de gran altura. Las piernas le temblaban, y no dudaba que de un momento a otro se precipitaría en el abismo. En varias ocasiones tuvo que asirse a los árboles para evitarlo.

Cuando ya hubieron salvado la montaña, hallaron en su camino varios ríos, todos ellos profundos y turbulentos. El nivel del agua le llegaba a la cintura, y le resultaba casi imposible no perder pie. En mitad de uno de ellos, tropezó y ya se sentía a punto de ser arrastrada cuando un hombre se agachó y la agarró. En aquel momento, casi se deshizo en sollozos, especialmente porque en aquel instante pudo distinguir a lo lejos a una amiga suya que era transportada en brazos a través del río por su marido. Aunque el marido era un funcionario de alto rango y tenía derecho a un automóvil, había renunciado a tal privilegio para caminar con su mujer.

Mi padre no llevaba a mi madre, sino que iba en un jeep con su guardaespaldas. Su rango le daba derecho a un medio de transporte de los que hubiera disponibles, ya fuera un jeep o un caballo. A menudo, mi madre había confiado en que la llevara, o al menos en que le permitiera dejar la colchoneta en el automóvil, pero él nunca se lo había ofrecido. Al día siguiente de casi ahogarse en el río, por la tarde, decidió ponerle las cosas claras. Había tenido un día terrible. Más aún, no paraba de vomitar. ¿Acaso no podía permitirle viajar con él en el jeep de vez en cuando? Él respondió que no le era posible debido a que, dado que ella no tenía derecho a coche, se consideraría un favoritismo. Se sentía obligado a combatir la antiquísima tradición china del nepotismo. Además, se suponía que mi madre debía soportar penurias. Cuando le mencionó que a su amiga la había llevado en brazos su marido, mi padre repuso que aquello era totalmente distinto: la amiga era una comunista veterana. Durante los años treinta, había mandado una unidad guerrillera junto con Kim Il Sung, quien posteriormente llegó a ser presidente de Corea del Norte, y había peleado contra los japoneses en el Nordeste en condiciones escalofriantes. Entre la larga lista de sufrimientos de su carrera revolucionaria había que incluir la pérdida de su primer marido, quien había sido ejecutado por orden de Stalin. Mi madre, dijo, no podía compararse con aquella mujer. Al fin y al cabo, ella no era más que una joven estudiante. Si los demás pensaban que estaba siendo mimada, tendría serios problemas. «Es por tu propio bien –dijo, recordándole que aún se encontraba pendiente su solicitud para ser nombrada miembro de pleno derecho del Partido. Y añadió–: La elección es tuya: puedes entrar en el coche o puedes entrar en el Partido, pero no en ambos.»

No le faltaba razón. La revolución era fundamentalmente una revolución campesina, y los campesinos llevaban una vida perpetuamente dura. Se mostraban especialmente susceptibles ante cualquier persona que gozara o persiguiera la comodidad. Todo aquel que tomara parte en la revolución debía endurecerse hasta el punto de que llegara a ser insensible a las calamidades. Mi padre lo había hecho en Yan'an y también en la guerrilla.

Mi madre comprendió la teoría, pero ello no impidió que siguiera pensando que mi padre no sentía compasión alguna por la fatiga y los sufrimientos que padecía mientras se arrastraba transportando su colchoneta, sudando, vomitando y sintiendo las piernas como si fueran de plomo.

Una noche ya no pudo soportarlo más y estalló en lágrimas por primera vez. Por lo general, el grupo pasaba las noches en lugares tales como almacenes vacíos o aulas de colegios. Aquella noche se encontraban en un templo, agrupados unos junto a otros en el suelo. Mi padre se hallaba tendido junto a ella. Cuando comenzó a llorar, mi madre volvió la cabeza y la hundió en la manga, intentando sofocar sus sollozos. Al momento, mi padre despertó y le tapó la boca con la mano apresuradamente. A través de las lágrimas, mi madre oyó que susurraba en su oído: «¡No dejes que te oigan llorar! ¡Si lo hacen, serás criticada!» Ser criticada representaba un problema serio. Significaba que sus camaradas no la considerarían digna de «pertenecer a la revolución», quizá incluso una cobarde. Notó cómo le introducía atropelladamente un pañuelo en la mano para que pudiera ahogar sus gemidos.

Al día siguiente, el jefe de la unidad de mi madre –el mismo hombre que la había salvado de ser arrastrada por el río– la condujo aparte y le dijo que había tenido quejas de gente que la había oído llorar. Decían que se había comportado como «una de esas lindas damiselas de las clases explotadoras». No por ello dejaba de mostrarse compasivo, pero se veía obligado a transmitir lo que decían los demás. Era una vergüenza echarse a llorar por haber tenido que caminar unos pasos, dijo. No se estaba comportando como una auténtica revolucionaria. A partir de entonces, mi madre no volvió a llorar ni una sola vez, aunque a menudo sentía ganas de hacerlo.

Continuó como pudo. La zona más peligrosa de cuantas tenían que atravesar era la provincia de Shandong, rendida a los comunistas apenas un par de meses antes. Un día, caminaban a través de un profundo valle cuando de pronto cayó sobre ellos una lluvia de balas. Mi madre se refugió tras una roca. El tiroteo continuó durante unos diez minutos, y cuando cesó descubrieron que uno de los miembros del grupo había muerto intentando rodear a los asaltantes, que resultaron ser bandidos. Muchos otros habían sido heridos. Tras enterrar al muerto en la cuneta, mi padre y el resto de los funcionarios cedieron sus caballos a los heridos.

Tras soportar cuarenta días de marcha y varias escaramuzas más, alcanzaron la ciudad de Nanjing, antigua capital del Gobierno del Kuomintang, situada a unos mil cien kilómetros al sur de Jinzhou. Se conoce como «El horno de China», y aun a mediados de septiembre lo parecía. El grupo se había alojado en unos barracones. El colchón de bambú de la cama de mi madre mostraba una oscura silueta humana grabada por el sudor de aquellos que lo habían utilizado antes que ella. El grupo tenía que realizar ejercicios de adiestramiento militar bajo aquel calor abrasador, aprendiendo a enrollar sus colchonetas, sus polainas y sus mochilas a toda velocidad y practicando marchas rápidas cargados sin soltar sus pertrechos. Dado que formaban parte del Ejército, habían de observar una estricta disciplina. Vestían uniformes caqui, y camisas y prendas interiores de áspero algodón. Los uniformes tenían que permanecer abrochados hasta la garganta, y jamás se les permitía desabotonarse el cuello. Mi madre tenía dificultades para respirar y, al igual que todos los demás, mostraba una enorme mancha oscura de sudor en la espalda.

Asimismo, llevaban una gorra doble de algodón que debían encajarse con fuerza en la cabeza hasta ocultar por completo los cabellos. Ello hacía sudar copiosamente a mi madre, por lo que el borde de su gorra aparecía permanentemente empapado.

De vez en cuando se les permitía salir, y lo primero que hacía en tales ocasiones era devorar numerosos polos de hielo. Muchos de los miembros del grupo no habían estado nunca en una gran ciudad aparte de su breve estancia en Tianjin, por lo que se mostraron tremendamente excitados ante el descubrimiento de los polos y compraron varios de ellos para llevárselos a los camaradas que aguardaban en los barracones, envolviéndolos cuidadosamente en sus blancas toallas de mano y guardándolos en las mochilas. Su asombro fue grande cuando, al llegar, descubrieron que todo lo que quedaba de ellos era un poco de agua.

En Nanjing tuvieron que asistir a charlas políticas, algunas de ellas pronunciadas por Deng Xiaoping –el futuro líder de China– y por el general Chen Yi, futuro ministro de Asuntos Exteriores. Mi madre y sus colegas se sentaban a la sombra sobre el césped de la Universidad Central mientras los conferenciantes permanecían de pie bajo el ardiente sol durante dos o tres horas sin descanso. A pesar del calor, siempre lograban hipnotizar al auditorio con su oratoria.

Un día, mi madre y su unidad tuvieron que correr varios kilómetros a toda velocidad y completamente cargados hasta la tumba del padre fundador de la república, Sun Yat-sen. Cuando regresaron, mi madre sintió un dolor en la parte inferior del abdomen. Aquella noche se celebraba una representación de la Ópera de Pekín en otra parte de la ciudad, con la actuación de una de las estrellas más célebres del país. Mi madre había heredado la pasión de la abuela por la Ópera de Pekín, por lo que esperaba la ocasión con ansiedad.

Aquella tarde, ella y sus compañeros partieron en fila india en dirección al teatro, situado a unos ocho kilómetros de distancia. Mi padre iba en su automóvil. Durante el camino, mi madre notó que se agudizaba el dolor de su abdomen y pensó en volver, aunque por fin decidió no hacerlo. A mitad de la representación, el dolor se hizo insoportable. Se acercó a mi padre y le rogó que la llevara de regreso en el coche, sin mencionar el dolor que sentía. Él buscó con la mirada a su chófer y lo vio sentado con la boca abierta, completamente abstraído. Volviéndose hacia mi madre, dijo: «¿Cómo puedo interrumpir su recreo tan sólo porque mi mujer quiera marcharse?» Mi madre perdió todo interés por explicarle el dolor que sentía y giró abruptamente sobre sus talones.

Soportando un dolor enloquecedor, caminó de regreso hasta los barracones. Todo le daba vueltas. Tan sólo veía una enorme oscuridad tachonada de brillantes estrellas, y le pareció que caminaba a través de algodón en rama. No podía distinguir el camino, y perdió la cuenta del tiempo que llevaba caminando. Cuando llegó a los barracones, los encontró desiertos. Menos los guardias, todo el mundo se había marchado a la ópera. Se las ingenió para meterse en la cama. Observó que tenía los pantalones empapados de sangre. Tan pronto como apoyó la cabeza sobre la cama, se desmayó. Había perdido su primer hijo, y no había nadie junto a ella.

Mi padre regresó poco después. Dado que iba en coche, llegó antes que la mayoría. Se encontró a mi madre derrumbada sobre la cama. Al principio, pensó que tan sólo estaba agotada. Sin embargo, al ver la sangre advirtió que se hallaba inconsciente. Salió corriendo en busca de un médico, quien dictaminó que había sufrido un aborto. Siendo como era un médico militar, carecía de experiencia al respecto, por lo que telefoneó a un hospital de la ciudad y pidió que enviaran una ambulancia. El hospital accedió, pero con la condición de que los gastos de ambulancia y operación les fueran abonados en dólares de plata. Aunque no tenía dinero propio, mi padre aceptó sin titubear. El hecho de «estar en la revolución» le proporcionaba a uno automáticamente derecho a un seguro médico.

Mi madre no había muerto por muy poco. Hubieron de hacerle una transfusión de sangre y un raspado de útero. Cuando abrió los ojos tras la operación, vio a mi padre sentado junto a la cama. Lo primero que le dijo al verle fue: «Quiero el divorcio.» Mi padre se disculpó profusamente. No había sospechado que pudiera estar embarazada (de hecho, ella tampoco). Mi madre sabía que no había tenido la menstruación, pero lo había atribuido a la fatiga de aquella marcha incansable. Mi padre le dijo que hasta entonces había ignorado qué era un aborto. Prometió ser mucho más considerado en el futuro y, una y otra vez, le aseguró que la amaba y que enmendaría su conducta.

Mientras mi madre estaba en coma, se había encargado de lavar sus ropas empapadas en sangre, lo que resultaba sumamente desacostumbrado en un chino. Al final, mi madre accedió a no pedir el divorcio, pero dijo que quería regresar a Manchuria para continuar sus estudios de medicina. Dijo a mi padre que ella nunca podría satisfacer a la revolución por mucho que lo intentara: lo único que lograba obtener eran críticas. «Será mejor que me marche», dijo. «¡No debes hacer eso! –repuso mi padre con ansiedad–. Lo interpretarán como una señal de que huyes de las calamidades y las privaciones. Te considerarán una desertora y no tendrás futuro alguno. Incluso si la universidad te acepta, nunca podrás conseguir un buen trabajo. Te verás discriminada durante el resto de tu vida.» Mi madre no era aún consciente de que existía una obligatoriedad inquebrantable de fidelidad al sistema debido a que, como todo, se trataba de una ley no escrita. Sin embargo, captó el tono de ansiedad de su voz. Una vez que te habías unido a la revolución ya nunca podías abandonarla.

Continuaba en el hospital cuando, el 1 de octubre, se les dijo a ella y a sus camaradas que permanecieran atentos y a la espera de una transmisión especial que sería reproducida a través de altavoces instalados al efecto alrededor del hospital. Todos se reunieron para escuchar cómo Mao proclamaba la fundación de la República Popular desde la Puerta de la Paz Celeste de Pekín. Mi madre lloró como una niña. La China con la que había soñado, por la que había luchado y en cuyo advenimiento había confiado había llegado por fin, pensó: un país al que podía entregarse en cuerpo y alma. Mientras escuchaba la voz de Mao anunciando que «el pueblo chino se ha alzado», se reprendió a sí misma por haber vacilado. Sus sufrimientos eran triviales comparados con la grandiosa causa de la salvación de China. Sintiéndose profundamente orgullosa y henchida de entusiasmo nacionalista, se juró a sí misma no apartarse jamás de la revolución. Cuando concluyó la breve proclama de Mao, ella y sus camaradas rompieron en vítores y arrojaron sus gorras al aire, gesto este último que los comunistas chinos habían aprendido de los rusos. Por fin, tras enjugarse las lágrimas, celebraron todos un pequeño festejo.

Pocos días antes de sufrir el aborto, mis padres se fotografiaron juntos formalmente por primera vez. En la imagen resultante aparecen ambos vestidos con uniforme del Ejército y contemplando la cámara con aire pensativo y melancólico. La fotografía fue tomada para conmemorar su entrada en la antigua capital del Kuomintang, y mi madre se apresuró a enviar una copia a la abuela.

El 3 de octubre, la unidad de mi padre recibió la orden de traslado. Las fuerzas comunistas se acercaban a Sichuan. Mi madre aún tenía que permanecer otro mes en el hospital y, posteriormente, se le permitió recuperarse en una magnífica mansión que había pertenecido a H. H. Kung, el principal financiero del Kuomintang y cuñado de Chiang Kaishek. Cierto día, se comunicó a su unidad que habían de trabajar como extras en un documental sobre la liberación de Nanjing. Se les proporcionaron ropas civiles y aparecieron vestidos como ciudadanos corrientes que daban la bienvenida a los comunistas. Aquella reconstrucción, no del todo inexacta, fue proyectada en toda China en calidad de «documental», lo que en el futuro habría de constituir una práctica habitual.

Mi madre permaneció en Nanjing durante casi dos meses más. De vez en cuando le llegaba un telegrama o un fajo de cartas de mi padre. Le escribía todos los días, y enviaba las misivas cada vez que encontraba una oficina de correos en funcionamiento. En todas ellas le decía lo mucho que la amaba, prometía una vez más enmendarse e insistía en que no debía regresar a Jinzhou y abandonar la revolución.

Hacia finales de diciembre, se le dijo a mi madre que había sitio para ella en un vapor que partiría con otras personas que también habían quedado atrás por motivos de salud. Debían reunirse en el muelle a la caída de la noche, ya que los bombardeos del Kuomintang hacían demasiado peligrosa la travesía durante el día. El muelle estaba cubierto por una fría capa de niebla. Las pocas luces con que contaba habían sido apagadas como medida de precaución contra los bombardeos. Un gélido viento del Norte impulsaba ráfagas de nieve a través del río. Mi madre tuvo que esperar durante horas, pataleando furiosamente con sus pies entumecidos y apenas abrigados por unos delgados zapatos de algodón conocidos con el nombre de «zapatos de la liberación» y adornados en ocasiones con consignas tales como «Derrotemos a Chiang Kai-shek» y «Defendamos nuestra tierra» pintados en las suelas.

El vapor les transportó hacia el Oeste a lo largo del Yangtzê. Durante los primeros trescientos kilómetros aproximadamente –hasta la población de Anqing–, sólo se desplazaba durante la noche, deteniéndose durante el día y echando amarras entre las cañas de la margen norte del río para ocultarse de los aviones del Kuomintang. La embarcación transportaba un contingente de soldados que instalaron baterías de ametralladoras en cubierta, así como gran cantidad de equipo militar y municiones. De vez en cuando se producían escaramuzas con fuerzas del Kuomintang y patrullas de los terratenientes. Un día, mientras se deslizaban al interior de los cañaverales para echar amarras y pasar el día, fueron sorprendidos por un nutrido tiroteo y algunas tropas del Kuomintang intentaron abordar el barco. Mi madre se ocultó con el resto de las mujeres bajo cubierta mientras los guardias rechazaban el ataque. A continuación, el vapor hubo de zarpar de nuevo y anclar algo más arriba.

Cuando llegaron a las gargantas del Yangtzê, allí donde comienza Sichuan y el río se estrecha peligrosamente, tuvieron que trasladarse a dos embarcaciones más pequeñas procedentes de Chongqing. La carga militar y algunos de los guardias fueron transferidos a una de las embarcaciones, y el resto del grupo ocupó la segunda.

Las gargantas del Yangtzê se conocían como las Puertas del Infierno. Una tarde, el brillante sol invernal desapareció súbitamente. Mi madre corrió a cubierta a comprobar qué pasaba. A ambos lados del barco se elevaban enormes riscos perpendiculares que se inclinaban sobre la embarcación como si se hallaran a punto de aplastarla. Estaban cubiertos de espesa vegetación, y eran tan altos que casi oscurecían el cielo. Cada uno de ellos parecía aún más empinado que el anterior, y su aspecto parecía resultado de la acción de una espada gigantesca.

Las pequeñas embarcaciones pelearon durante días contra corrientes, remolinos, rápidos y rocas sumergidas. Algunas veces, la fuerza de la corriente las hacía retroceder, produciendo en sus ocupantes la sensación de que habrían de zozobrar en cualquier momento. A menudo, mi madre experimentaba la certeza de que iban a estrellarse contra los riscos, pero el timonel siempre se las arreglaba para evitarlo en el último instante.

Los comunistas no habían logrado conquistar Sichuan hasta el mes anterior. La provincia estaba aún infestada de tropas del Kuomintang que habían quedado allí abandonadas al rendir Chiang Kai-shek su resistencia y huir a Taiwan. El peor momento fue cuando una de aquellas bandas de soldados del Kuomintang disparó contra el primer barco, en el que se transportaba la munición. Éste sufrió el impacto directo de un obús, y mi madre estaba en cubierta cuando de pronto lo vio estallar a apenas cien metros por delante de ellos. Pareció como si de repente el río entero se hubiera incendiado. Sobre la embarcación en la que viajaba mi madre se precipitaron grandes trozos de madera en llamas, y durante unos instantes pareció que no podrían evitar chocar con los restos que aún ardían en el agua. Sin embargo, cuando la colisión ya parecía inevitable, lograron deslizarse a tan sólo unos centímetros de ellos. Nadie mostró signo alguno de miedo ni de alivio. Parecían todos paralizados por el temor a morir. La mayor parte de los guardias que viajaban en el primer barco resultaron muertos.

Mi madre entraba en un mundo de clima y naturaleza completamente nuevos. Los precipicios que se abrían entre los riscos aparecían cubiertos de gigantescos juncos trepadores que hacían aquella atmósfera mágica aún más exótica. Docenas de monos saltaban de rama en rama entre el abundante follaje. Las interminables montañas, empinadas y magníficas, constituían una novedad fascinante después de las aplastadas llanuras que rodeaban Jinzhou.

En ocasiones, la embarcación anclaba al pie de estrechas escalinatas de negros peldaños de piedra que parecían ascender interminablemente a lo largo del costado de montañas cuya cumbre se ocultaba entre las nubes. A menudo, había pequeños poblados en las cimas. Debido a la espesa y constante niebla, sus habitantes tenían que mantener encendidas las lámparas de aceite de colza incluso durante el día. Hacía frío, y un viento húmedo azotaba las montañas y el río. Para mi madre, los campesinos locales mostraban una complexión terriblemente oscura. Eran pequeños, huesudos y dotados de unos rasgos mucho más amplios y afilados que la gente a la que se hallaba habituada. Vestían una especie de turbante hecho de un largo trozo de tela que arrollaban en torno a sus cabezas. Al principio, mi madre pensó que guardaban luto, ya que en China dicho estado se simboliza con el color blanco.

A mediados de enero, llegaron a Chongqing, ciudad que había sido capital del Kuomintang durante la guerra contra los japoneses. Allí, mi madre hubo de trasladarse a una embarcación más pequeña para salvar la siguiente etapa hasta la ciudad de Luzhou, situada a unos ciento cincuenta kilómetros de distancia río arriba. Al llegar, recibió un mensaje de mi padre en el que le comunicaba que habían enviado un sampán a recogerla y que podía partir inmediatamente hacia Yibin. Fue la primera noticia que tuvo de que había llegado vivo a su destino. Para entonces, se había desvanecido el rencor que sentía hacia él. Hacía cuatro meses que no le veía, y le echaba de menos. Se había imaginado la excitación que debió de sentir él durante el trayecto al ver tantos lugares descritos por los poetas antiguos, y experimentó un arrebato de ternura ante la certeza de que habría escrito numerosos poemas para ella a lo largo del viaje.

Pudo partir aquella misma tarde. Cuando despertó a la mañana siguiente pudo notar el calor del sol que penetraba a través de la delgada capa de neblina. Las colinas que bordeaban el curso del río eran verdes y apacibles, y mi madre se tumbó, se relajó y escuchó el chapoteo del agua contra la proa del sampán. Llegó a Yibin aquella tarde, precisamente en la víspera del Año Nuevo chino. Su primera visión de la ciudad fue como la llegada de una aparición: la delicada imagen de una ciudad flotando entre las nubes. A medida que el barco se aproximaba al muelle, sus ojos escrutaban la muchedumbre en busca de mi padre. Por fin, logró distinguir difusamente su silueta a través de la niebla. Allí estaba, de pie, ataviado con un gabán militar desabrochado. Tras él se encontraba su guardaespaldas. La orilla era ancha y estaba cubierta de arena y guijarros. Pudo ver la ciudad que trepaba hasta la cumbre de la colina. Algunas de las casas habían sido construidas sobre zancos de madera largos y delgados, y parecían oscilar con el viento como si fueran a derrumbarse en cualquier instante.

El barco amarró en el muelle del promontorio que se elevaba junto a un extremo de la ciudad. Un barquero instaló una pasarela de madera y el guardaespaldas de mi padre la cruzó y cargó la colchoneta de mi madre. Ella comenzó a descender cuidadosamente hacia tierra firme y mi padre extendió los brazos para ayudarla. Aunque no se consideraba correcto abrazarse en público, mi madre adivinó que él se hallaba tan emocionado como ella, y se sintió poseída de una felicidad inmensa.

8

«Regresar a casa ataviado con sedas bordadas»

La familia y los bandidos

(1949-1951)

Durante todo el camino, mi madre se había preguntado cómo sería Yibin. ¿Tendría electricidad? ¿Habría montañas tan altas como las que bordeaban el Yangtzê? ¿Tendría teatros? A medida que ascendía por la colina en compañía de mi padre, se sintió extasiada al comprobar que acababa de llegar a un lugar hermosísimo. Yibin se extiende sobre una colina que domina un promontorio situado en la confluencia de dos ríos, uno de ellos lodoso, el otro cristalino. Pudo ver luces eléctricas que brillaban en las hileras de cabañas. Los muros eran de barro y bambú, y las tejas curvas y delgadas que cubrían los tejados se le antojaban delicadas, casi de fino encaje, en comparación con las pesadas piezas que se precisaban para soportar los vientos y la nieve de Manchuria. En la distancia, podía distinguir a través de la niebla pequeñas casas de bambú y barro construidas en las laderas de montañas verdes y oscuras cubiertas por alcanforeros, secuoyas y arbustos de té. Al fin se sintió aliviada, en gran parte por el hecho de que mi padre permitiera que el guardaespaldas acarreara su colchoneta. Después de pasar por tantas ciudades y pueblos asolados por la guerra, le entusiasmaba ver un lugar libre de sus efectos. Allí, la guarnición del Kuomintang, compuesta por siete mil hombres, se había rendido sin disparar un solo tiro.

Mi padre vivía en una elegante mansión que había sido confiscada por el nuevo Gobierno para destinarla a oficinas y viviendas, y mi madre se instaló con él. Tenía un jardín lleno de plantas que nunca había visto antes: nanmus, papayas y bananos que crecían sobre un terreno cubierto de verde musgo. En una alberca nadaban peces de colores, y había incluso una tortuga. El dormitorio de mi padre tenía un sofá-cama doble, el lecho más suave en el que jamás había dormido mi madre, quien hasta entonces sólo había conocido los kangs de ladrillo. Incluso en invierno, lo único que se necesitaba en Yibin era una colcha. No había vientos glaciales ni una capa de polvo perpetua, como en Manchuria. Uno no tenía que cubrirse el rostro con una bufanda de gasa para poder respirar. El pozo no estaba cubierto con una tapa; de él asomaba un poste de bambú al que se había atado un cubo para extraer agua. La gente lavaba la ropa en placas de piedra pulidas y brillantes ligeramente inclinadas, y luego la frotaba con cepillos de fibra de palma. Aquellas operaciones habrían sido imposibles de realizar en Manchuria, donde las prendas se habrían visto inmediatamente cubiertas de polvo o congeladas. Por primera vez en su vida, mi madre podía comer arroz y verduras frescas todos los días.

Las semanas que siguieron representaron la auténtica luna de miel de mis padres. Por primera vez, mi madre podía vivir con mi padre sin ser criticada por «anteponer el amor». La atmósfera general era relajada; los comunistas se mostraban entusiasmados por sus rápidas victorias, y los colegas de mi padre no insistían en que las parejas casadas durmieran juntas únicamente los sábados por la noche.

Yibin había caído apenas dos meses antes, el 11 de diciembre de 1949. Mi padre había llegado seis días después y había sido nombrado jefe del condado, en el que vivían más de un millón de personas, de las cuales cien mil residían en la propia ciudad de Yibin. Había llegado en barco con un grupo de más de cien estudiantes que se habían «unido a la revolución» en Nanjing. Cuando el barco ascendía por el Yangtzê se había detenido en primer lugar en la central eléctrica de Yibin, situada en la margen opuesta a la ciudad, lugar que en su día había sido uno de los baluartes de la clandestinidad. Varios cientos de trabajadores salieron al muelle para recibir al grupo de mi padre. Agitaban pequeñas banderitas de papel rojo con cinco estrellas pintadas –la nueva bandera de la China comunista– y gritaban consignas de bienvenida. Las banderas tenían las estrellas mal puestas, ya que los comunistas locales ignoraban su ubicación correcta. Mi padre saltó a tierra en compañía de otro oficial para dirigirse a los obreros, quienes se mostraron encantados cuando le oyeron hablar en dialecto Yibin. En lugar de la habitual gorra militar que todo el mundo llevaba, se había puesto una vieja gorra de ocho picos del tipo que solía llevar el Ejército comunista durante las décadas de 1920-1930, lo que a los habitantes de la localidad se les antojó bastante inusual y elegante.

Luego cruzaron el río en el barco, hasta la ciudad. Mi padre había estado ausente diez años. Siempre había sentido un enorme afecto por su familia, especialmente por su hermana pequeña, a quien había escrito entusiastas misivas desde Yan'an en las que le hablaba de su nueva vida y de sus deseos de que la joven pudiera reunirse allí con él algún día. Las cartas habían ido dejando de llegar a medida que el Kuomintang estrechaba su bloqueo, y la primera noticia que había recibido la familia de mi padre después de muchos años había sido la fotografía que se hizo con mi madre en Nanjing. Durante los siete años anteriores ni siquiera habían sabido si se encontraba vivo. Le habían echado de menos, habían llorado al pensar en él y habían orado a Buda por su regreso sano y salvo. Con la fotografía, él les había enviado una nota comunicándoles que pronto estaría en Yibin y avisando de que se había cambiado de nombre. Como muchos otros, mientras estaba en Yan'an había adoptado un *nom de guerre*: Wang Yu. *Yu* significaba «Desinteresado hasta el punto de parecer estúpido». Tan pronto como llegó, mi padre retomó su verdadero apellido, Chang, pero le incorporó su *nom de guerre* y se hizo llamar Chang Shou-yu, que significaba «Mantente *Yu*».

Mi padre, que diez años antes había partido como un aprendiz pobre, hambriento y explotado, regresaba ahora sin haber cumplido aún treinta años convertido en un hombre poderoso. Se trataba de un sueño chino tradicional conocido con la denominación de *yi-jin-huan-xiang*, «regresar a casa ataviado con sedas bordadas». Sus familiares se sentían enormemente orgullosos de él, y no podían esperar el momento de ver qué aspecto tenía después de todos aquellos años, ya que habían oído decir toda clase de cosas extrañas acerca de los comunistas. Y su madre, claro está, tenía especiales deseos de conocer a su nueva esposa.

Mi padre hablaba y reía en tono sonoro y jovial. Era la imagen de una alegría desatada y casi infantil. Después de todo, no había cambiado, pensó su madre con un suspiro de alivio y felicidad. A través de su reserva tradicional y ancestral, la familia mostraba su alegría por medio de sus ojos anhelantes y llenos de lágrimas. Tan sólo su hermana pequeña demostraba su excitación. Hablaba vívidamente mientras jugaba con sus largas trenzas, que de vez en cuando lanzaba por encima del hombro cuando inclinaba la cabeza para dar mayor énfasis a sus palabras. Mi padre sonreía, reconociendo el tradicional gesto sichuanés de regocijo femenino. Casi lo había olvidado a lo largo de sus diez años de austeridad en el Norte.

Había mucho tiempo perdido por recuperar. La madre de mi padre, quien se encargaba de relatarle todo cuanto había ocurrido en la familia desde su partida, le dijo que había una única cosa que le preocupaba: qué sería, dijo, de su hija mayor, la que había cuidado de ella en Chongqing. El marido de aquella hija había muerto dejándole algunas tierras, y ella había contratado a unos cuantos trabajadores para cuidarla. Circulaban numerosos rumores respecto a la reforma agraria de los comunistas, y a la familia le preocupaba que pudiera ser considerada como terrateniente y tener que contemplar cómo le eran arrebatadas sus tierras. Las mujeres se emocionaban, vertiendo sus inquietudes en recriminaciones: «¿Qué va a pasar con ella? ¿Cómo va a poder vivir? ¿Cómo pueden los comunistas hacer una cosa así?»

Mi padre se sentía dolido y exasperado. Estalló: «¡Llevo tanto tiempo esperando este día, el día en que pudiera compartir con vosotros nuestra victoria! La injusticia va a ser cosa del pasado. Es hora de adoptar una actitud positiva, de alegrarse. Pero sois todas tan desconfiadas, tan críticas. Lo único que buscáis es encontrar faltas...» A continuación, rompió a llorar como un chiquillo. Las mujeres también lloraron. Para él, se trataba de lágrimas de decepción y frustración. Para ellas, debía de tratarse de sentimientos más complejos, entre ellos, la duda y la incertidumbre.

La madre de mi padre vivía en la antigua casa de la familia, situada nada más salir de la ciudad. La había heredado de su esposo a la muerte de éste. Se trataba de una casa de campo moderadamente lujosa: baja, construida de madera y ladrillo y separada de la carretera por un muro. Tenía un amplio jardín en su parte frontal, y en la parte trasera se extendía un campo de ciruelos de invierno que despedían un delicioso perfume y un espeso bosquecillo de bambúes que le proporcionaba una atmósfera similar a la de un jardín encantado. Todo aparecía inmaculadamente limpio. Las ventanas refulgían, y no se veía una mota de polvo. Los muebles estaban construidos con madera de padauk, reluciente y olorosa, de un color rojo oscuro que a veces se aproxima casi al negro. Mi madre se enamoró de la casa desde su primera visita, el mismo día en que llegó a Yibin.

Se trataba de una ocasión importante. Según la tradición china, la persona que más poder ejerce sobre una mujer casada es su suegra, y frente a ella debe mostrarse completamente obediente y permitir incluso que la tiranice. Más tarde, cuando esa misma mujer se convierta en suegra, podrá hacer lo mismo con su propia nuera. La liberación de las nueras constituía una cuestión importante dentro de la política comunista, y abundaban los rumores según los cuales las nueras comunistas eran dragonas arrogantes dispuestas a esclavizar a sus suegras. Todo el mundo estaba con el alma en vilo esperando a ver cómo se comportaría mi madre.

Mi padre tenía una enorme familia, y aquella tarde todos sus miembros se reunieron en la casa. Mientras se aproximaba a la verja principal, mi madre oyó susurrar a la gente: «¡Ya llega, ya llega!» Los adultos acallaban a sus pequeños, entretenidos en saltar de un lado a otro en su intento de obtener un atisbo de la extraña nuera comunista que llegaba desde el lejano Norte.

Cuando mi madre entró en el salón con mi padre vio a su suegra sentada en el extremo más alejado de la estancia sobre un severo sillón de madera de padauk tallada. Numerosas sillas talladas de padauk se alineaban formando dos hileras hasta donde ella se encontraba. Entre cada dos de ellas había una pequeña mesa que sostenía un jarrón u otra clase de ornamento. Mientras avanzaba por el pasillo central, mi madre advirtió que su suegra mostraba una expresión sumamente apacible, y que sus rasgos se caracterizaban por pómulos prominentes (heredados por mi padre), ojos pequeños, barbilla afilada y labios delgados y ligeramente curvados hacia abajo en los extremos. Era una mujer diminuta, y sus ojos parecían constantemente semicerrados, como si se hallara sumida en la meditación. Mi madre se acercó lentamente a ella en compañía de mi padre y se detuvo frente a su silla. A continuación, se arrodilló e hizo tres kowtows. De acuerdo con el ritual tradicional, se trataba del procedimiento correcto, pero todos se habían preguntado si la joven comunista lo realizaría. La estancia se llenó de suspiros de alivio. Los primos y hermanas de mi padre susurraban a su madre, ahora evidentemente satisfecha: «¡Qué nuera tan encantadora! ¡Tan gentil, tan bonita y tan respetuosa! ¡Madre, eres realmente una mujer afortunada!»

Mi madre se sentía considerablemente orgullosa de su pequeña conquista. Ella y mi padre habían estado un rato discutiendo acerca del mejor procedimiento. Los comunistas habían anunciado que iban a abolir la costumbre del kowtow, que consideraban un insulto a la dignidad humana, pero mi madre prefirió hacer una excepción para aquella ocasión. Mi padre se mostró de acuerdo con ella. No quería herir a su madre ni ofender a su esposa (y mucho menos después del aborto); por otra parte, aquel kowtow era distinto. Se hallaba destinado a proporcionar una imagen positiva de los comunistas. Sin embargo, él no lo realizaría, a pesar de que se suponía que también debía hacerlo.

Todas las mujeres de la familia de mi padre eran budistas, y una de sus hermanas, llamada Jun-ying y aún soltera, era especialmente devota. Llevó a mi madre a postrarse en kowtow frente a una estatua de Buda, a los santuarios de los antepasados familiares expuestos durante el Año Nuevo chino e incluso a los bosquecillos de ciruelos y bambúes del jardín trasero. Mi tía Jun-ying creía que cada flor y cada árbol poseían su propio espíritu. Solía pedir a mi madre que hiciera el kowtow doce veces frente a los bambúes para implorarles que no florecieran, fenómeno que los chinos consideraban un augurio catastrófico. A mi madre todo aquello le divertía considerablemente. Le recordaba su niñez y le proporcionaba la ocasión de desatar sus propios impulsos infantiles. Mi padre no lo aprobaba, pero ella le tranquilizó diciendo que no era más que una actuación destinada a mejorar una vez más la imagen de los comunistas. El Kuomintang había anunciado que los comunistas abolirían todas las costumbres tradicionales, y mi madre afirmó que era importante que la gente se diera cuenta de que no sucedía así.

La familia de mi padre se comportó muy amablemente con mi madre. A pesar de su formalidad inicial, mi abuela era una mujer de trato sumamente agradable. Rara vez emitía algún juicio, y nunca se mostraba crítica con los demás. Las redondas facciones de la tía Jun-ying aparecían señaladas por marcas de viruela, pero sus ojos eran tan dulces que cualquiera podía advertir que se trataba de una mujer bondadosa con la que uno podía sentirse tranquilo y a salvo. Mi madre no pudo evitar comparar a sus nuevos parientes políticos con su propia madre. Si bien no exudaban la energía y vivacidad que se advertían en ésta, su cortesía y serenidad lograban que mi madre se sintiera por completo en casa. La tía Jun-ying cocinaba deliciosos platos de cocina sichuanesa repletos de especias y completamente distintos de la insípida comida de las regiones del Norte. Dichos platos poseían nombres exóticos que encantaban a mi madre: «La lucha entre el tigre y el dragón», «Pollo a la concubina imperial», «Pato picante en salsa», «Dorados pollitos que graznan al amanecer»...

Mi madre acudía a la casa con frecuencia, y solía comer con la familia mientras contemplaba por la ventana el huerto de ciruelos, almendros y melocotoneros que en primavera se extendían como un océano de flores blancas y rosadas. Entre las mujeres de la familia Chang encontró una atmósfera cálida y afectuosa que le hacía sentirse profundamente apreciada.

Mi madre no tardó en obtener un puesto en el Departamento de Asuntos Públicos del Gobierno del condado de Yibin. Pasaba muy poco tiempo en la oficina. La principal prioridad consistía en alimentar a la población, lo que comenzaba a resultar difícil.

El Sudoeste se había convertido en el último baluarte del Gobierno del Kuomintang, y un cuarto de millón de soldados habían quedado abandonados en Sichuan al huir Chiang Kai-shek a Taiwan en diciembre de 1949.

Por si fuera poco, Sichuan era uno de los pocos lugares en los que los chinos no habían ocupado la campiña antes de conquistar las ciudades. Numerosas unidades del Kuomintang, desorganizadas pero a menudo bien armadas, controlaban aún gran parte del territorio del sur de Sichuan, y la mayor parte de los alimentos disponibles se hallaban en manos de terratenientes simpatizantes del Kuomintang. Los comunistas necesitaban urgentemente suministros con que alimentar a las ciudades, así como a sus propias fuerzas y a las numerosas tropas del Kuomintang que iban rindiéndose.

Al principio, intentaron enviar emisarios para comprar comida. Muchos de los principales terratenientes habían contado tradicionalmente con sus propios ejércitos privados, que ahora se unían a las bandas de soldados del Kuomintang. Pocos días después de que mi madre llegara a Yibin, dichas fuerzas desencadenaron un alzamiento en gran escala al sur de Sichuan.

Yibin se enfrentaba a la amenaza del hambre.

Los comunistas comenzaron a enviar grupos de funcionarios escoltados por guardias armados para recolectar alimentos. Prácticamente la totalidad de la población se vio movilizada. Las oficinas del Gobierno estaban vacías. De todo el funcionariado del Gobierno del condado de Yibin, tan sólo quedaron atrás dos mujeres: una era la recepcionista, y la otra acababa de tener un niño.

Mi madre participó en numerosas de aquellas expediciones, que solían durar varios días. En su unidad había trece personas: siete civiles y seis soldados. El equipo de mi madre consistía en una colchoneta, un saco de arroz y un pesado paraguas construido con un lienzo pintado con aceite de *t'ung*,* todo lo cual debía transportar a sus espaldas. El equipo debía caminar durante días a través de una campiña agreste atravesando lo que los chinos llaman «rastros de intestino de oveja», esto es, estrechos y traicioneros senderos de montaña que se curvaban en torno a profundas gargantas y precipicios. Cuando llegaban a un poblado, acudían al cuchitril más miserable e intentaban establecer una relación con los misérrimos campesinos, diciéndoles que los comunistas proporcionarían a la gente como ellos una tierra propia y una existencia feliz. A continuación, les preguntaban qué terratenientes tenían reservas de arroz. La mayoría de los campesinos habían heredado un miedo y una suspicacia tradicionales frente a cualquier tipo de autoridad. Muchos de ellos apenas habían oído hablar vagamente de los comunistas, y todo cuanto había llegado a sus oídos era negativo; mi madre, no obstante, había transformado rápidamente su dialecto del Norte en acento local y se mostraba particularmente comunicativa y convincente. La explicación de las nuevas políticas demostró ser su especialidad. Si el equipo lograba obtener información respecto a los terratenientes, acudía a ellos e intentaba persuadirles para que vendieran sus productos en puntos designados en los que se les pagaría contra la entrega de la mercancía. Algunos, asustados, cedían sin demasiada dificultad. Otros, sin embargo, informaban a las bandas armadas de la ruta que seguía el equipo. Mi madre y sus camaradas fueron tiroteados con frecuencia, y pasaban las noches a la defensiva. En ocasiones, tenían que trasladarse de un lugar a otro para evitar los ataques.

Al principio, pernoctaban con los campesinos más pobres. Sin embargo, si los bandidos descubrían que alguien les había ayudado asesinaban sin dudar a toda la familia. Tras algunas de estas masacres, los miembros del equipo decidieron que no podían poner en peligro las vidas de personas inocentes, por lo que comenzaron a dormir a la intemperie o en el interior de templos abandonados.

En su tercera expedición, mi madre comenzó a vomitar y a sufrir mareos. Estaba embarazada de nuevo. Regresó a Yibin exhausta y desesperada por conseguir un poco de descanso, pero su equipo tenía que partir de nuevo inmediatamente. No se habían difundido sino vagas recomendaciones acerca de qué debían hacer las mujeres embarazadas, y mi madre se encontraba indecisa acerca de si debía ir o no. Quería ir, y ciertamente atravesaban una época en la que se imponía la abnegación y se consideraba vergonzoso protestar por motivo alguno. Sin embargo, se sentía atemorizada por el recuerdo del aborto que había tenido hacía tan sólo cinco meses y por la posibilidad de sufrir otro en medio de cualquier paraje solitario en el que no hubiera ni médicos ni medio alguno de transporte. Además, las expediciones habían de sostener enfrentamien-

---

* *Yu-t'ung*: de *yu*, aceite, y *t'ung*, árbol del que se obtiene. Aceite brillante, amarillento, impermeable y tóxico extraído del árbol de su mismo nombre y utilizado en lugar del aceite de linaza para pinturas y barnices. *(N. del T.)*

tos casi diarios con los bandidos, y era importante ser capaz de correr, y correr deprisa. Tan sólo caminar ya la mareaba.

Aun así, decidió ir. En la expedición había otra mujer, asimismo embarazada. Una tarde, el equipo decidió hacer un alto para almorzar en un patio desierto. Presumían que el dueño habría huido, ahuyentado probablemente por su presencia. Los muros de barro de apenas un metro de altura que rodeaban el recinto cubierto de hierbajos se habían derrumbado en varios sitios. La verja de madera estaba entreabierta y crujía mecida por la brisa de primavera. Mientras el cocinero del grupo preparaba el arroz en la cocina abandonada, apareció un hombre de mediana edad. Su aspecto era el de un campesino: calzaba sandalias de paja y llevaba unos pantalones holgados y un gran trozo de tela a modo de delantal enfundado en uno de los costados de una faja de algodón. Su cabeza aparecía cubierta por un sucio turbante. Les dijo que una banda de hombres pertenecientes a un célebre grupo de bandidos conocidos como la Brigada del Sable se encaminaba en aquella dirección, y que se hallaban especialmente interesados en capturar a mi madre y a la otra mujer del grupo porque sabían que se trataba de esposas de funcionarios comunistas.

El hombre no era un campesino corriente. Con el Kuomintang, había sido el cacique del municipio local que gobernaba una serie de pequeñas aldeas, incluida aquella en la que se encontraban los miembros de la expedición. Al igual que hacía con todos los terratenientes y antiguos miembros del Kuomintang, la Brigada del Sable había intentado obtener su colaboración. Él se había unido a la brigada, pero quería mantener abiertas sus opciones y había optado por avisar a los comunistas para asegurar su futuro. Así pues, les reveló la mejor ruta de escape.

Inmediatamente, el grupo se dispuso a emprender la huida. Sin embargo, mi madre y la otra mujer no podían desplazarse a mucha velocidad, por lo que el cacique las condujo a través de una oquedad del muro y las ayudó a ocultarse en un almiar cercano. El cocinero se entretuvo en la cocina para envolver el arroz ya cocinado y verter agua fría sobre el *wok**** con objeto de enfriarlo y poder llevarlo consigo. El arroz y el wok eran demasiado preciosos para abandonarlos, y un wok de hierro era difícil de conseguir, especialmente en tiempo de guerra. Dos de los soldados permanecieron en la cocina ayudándole y apremiándole. Por fin, el cocinero cogió el arroz y el wok y los tres partieron a la carrera en dirección a la puerta posterior. Los bandidos, sin embargo, entraban ya por la verja frontal y los alcanzaron al cabo de pocos metros. Cayeron sobre ellos y los apuñalaron. Sin embargo, andaban cortos de municiones, por lo que no pudieron disparar al resto del grupo, aún visible a cierta distancia. Mi madre y la otra mujer, ocultas en la paja del almiar, no fueron descubiertas.

---

* *Wok*: sartén china de metal con fondo convexo utilizada para freír, hervir o cocer los alimentos al vapor. *(N. del T.)*

Poco después, la banda fue capturada junto con el cacique, quien era a la vez uno de los jefes de la misma y una de las «serpientes en sus antiguas guaridas», lo que le convertía en candidato a ser ejecutado. Sin embargo, había avisado al grupo y había salvado la vida de las dos mujeres. En aquella época, las condenas a muerte debían ser ratificadas por un consejo de revisión formado por tres hombres. Casualmente, el presidente del tribunal no era otro que mi padre. El segundo miembro era el marido de la otra mujer embarazada, y el tercero era el jefe local de policía.

Los miembros del tribunal se enfrentaban por dos contra uno. El marido de la otra mujer había votado perdonar la vida al cacique. Mi padre y el jefe de policía habían votado por ratificar la condena a muerte. Mi madre intercedió frente al tribunal para que dejaran vivir al hombre, pero mi padre se mostró inflexible. Dijo a mi madre que aquello era exactamente con lo que había contado él: había elegido avisar precisamente a aquella expedición porque sabía que en ella se encontraban las esposas de dos importantes funcionarios. «Tiene demasiada sangre en las manos –dijo mi padre. Mientras, el marido de la otra mujer mostraba vehementemente su desacuerdo–. Pero –continuó mi padre, descargando el puño sobre la mesa–, si no podemos ser indulgentes se debe *precisamente* al hecho de que se trataba de nuestras mujeres. Si dejamos que los sentimientos personales influyan en nuestras decisiones, ¿qué diferencia habrá entre la nueva China y la vieja?» El cacique fue ejecutado.

Mi madre no pudo perdonar a mi padre por aquello. Pensaba que el hombre no debía morir debido a la gran cantidad de vidas que había salvado y a que mi padre, en particular, le «debía» una. En su opinión que, sin duda, habría sido compartida por la mayor parte de la gente, el proceder de mi padre constituía la prueba de que no la atesoraba, a diferencia de lo que había demostrado el marido de la otra mujer.

Apenas había concluido el juicio cuando el grupo de mi madre fue enviado a una nueva expedición. Aún se sentía sumamente mal debido a su estado, y vomitaba y se fatigaba constantemente. Había estado experimentando dolores abdominales desde que tuviera que correr a buscar refugio en el almiar. El marido de la otra mujer embarazada decidió que no iba a permitir a ésta que fuera de nuevo. «Protegeré a mi mujer embarazada –dijo– y a todas aquellas mujeres que lo estén. A ninguna mujer embarazada debería permitírsele arrostrar tales peligros.» Sin embargo, hubo de enfrentarse a la feroz oposición de la jefa de mi madre, la señora Mi, una campesina que había luchado con la guerrilla. Ninguna campesina –decía– hubiera soñado con permitirse un descanso por el hecho de estar embarazada. Aquellas mujeres, por el contrario, trabajaban hasta el momento del parto, y circulaban innumerables historias acerca de algunas que se habían cortado el cordón umbilical con una hoz y habían proseguido a continuación su labor. La señora Mi había parido a su propio hijo en un campo de batalla y se había visto obligada a abandonarlo allí mismo, ya que el llanto de un niño podría haber puesto en peligro a toda la unidad. Así, tras haber perdido a su hijo, parecía desear que las demás hubieran de correr una suerte parecida. Insistió en enviar de nuevo a mi madre, y para ello esgrimió un argumento notablemente persuasivo. En aquella época no se permitía la boda de ningún miembro del Partido, con la excepción de oficiales de rango relativamente superior (aquellos que alcanzaban la categoría de «28-7-regimiento-1»). Por ello, cualquier mujer embarazada debía necesariamente ser miembro de la élite. Si ellas no iban, ¿cómo podía el Partido convencer a las demás para que fueran? Mi padre se mostró de acuerdo con ella, y dijo a mi madre que debía ir.

A pesar del temor que sentía de abortar de nuevo, mi madre aceptó aquella decisión. Se sentía preparada para morir, pero había confiado en que mi padre se opondría a su partida... y en que así lo diría. De ese modo, habría sentido que había antepuesto su seguridad a otras consideraciones. Sin embargo, advirtió que mi padre, antes que nada, sentía lealtad hacia la revolución, lo que le produjo una amarga decepción.

Pasó varias semanas dolorosas y agotadoras caminando por colinas y montañas. Las escaramuzas eran cada vez más frecuentes. Casi todos los días llegaban noticias de otros grupos cuyos miembros habían sido torturados y asesinados por los bandidos. Se mostraban especialmente sádicos con las mujeres. Un día, el cadáver de una de las sobrinas de mi padre fue arrojado a las puertas de la ciudad: había sido violada y apuñalada, y tenía la vagina destrozada y ensangrentada. Otra joven fue asimismo capturada por la Brigada del Sable durante una escaramuza. Rodeados por los comunistas, los bandidos habían atado a la mujer y la habían ordenado gritar a sus camaradas que les permitieran escapar. Ella, por el contrario, había gritado: «¡Adelante, no os preocupéis por mí!» A cada uno de sus gritos, uno de los bandidos le había cortado un trozo de carne con un cuchillo. Había muerto horriblemente mutilada. Tras varios incidentes de aquel tipo, se decidió que las mujeres no debían volver a ser enviadas en expediciones de aprovisionamiento.

En Jinzhou, entretanto, mi abuela no había cesado de preocuparse por su hija. Tan pronto como le llegó carta de ella diciendo que había llegado a Yibin, decidió acudir para comprobar si se encontraba bien. En marzo de 1950, completamente sola, inició su Larga Marcha particular a través de China.

No sabía nada del resto de aquel inmenso país, e imaginaba que Sichuan no sólo era una región montañosa y aislada sino que también carecería de las necesidades cotidianas para la vida. Su primer instinto le impulsó a llevar consigo una gran cantidad de bienes de primera necesidad. Sin embargo, en el país continuaban las revueltas, y la ruta que había de seguir continuaba asolada por las luchas; se dio cuenta de que iba a tener que transportar su propio equipaje y, probablemente, caminar durante gran parte del trayecto, lo que resultaba sumamente difícil si se tenían los pies vendados. Por fin, decidió transportar tan sólo un pequeño petate que pudiera acarrear por sí misma.

Sus pies habían crecido desde que contrajera matrimonio con el doctor Xia. Tradicionalmente, los manchúes no eran dados al vendaje de pies, por lo que mi abuela se había despojado de sus ligaduras y había visto cómo sus pies crecían ligeramente. Aquel proceso fue casi tan doloroso como el vendaje inicial. Evidentemente, los huesos rotos no podían soldarse de nuevo, por lo que los pies no recuperaron su forma original sino que continuaron encogidos y tullidos. Mi abuela quería que tuvieran un aspecto normal, por lo que solía rellenar sus zapatos con algodón.

Antes de partir, Lin Xiao-xia –el hombre que la había llevado a la boda de mis padres– le entregó un documento en el que se certificaba que era madre de una revolucionaria; con aquel salvoconducto, las organizaciones del Partido que encontrara a lo largo del camino le suministrarían alimentos, alojamiento y dinero. Siguió prácticamente la misma ruta de mis padres. Parte del recorrido lo realizó en tren; a veces, viajaba en camiones y, cuando no había otro medio de transporte, caminaba. En cierta ocasión en que viajaba en un camión descubierto con otras mujeres y niños emparentados con familias comunistas, el camión se detuvo unos minutos para que los niños hicieran pipí. En ese instante, una lluvia de balas acribilló las planchas de madera que formaban uno de sus costados. Mi abuela se agachó en la parte trasera mientras las balas silbaban a escasos centímetros de su cabeza. Los guardias devolvieron el fuego con ametralladoras y lograron dominar a los atacantes, que resultaron ser soldados rezagados del Kuomintang. Mi abuela resultó ilesa, pero varios niños y guardias murieron.

Cuando llegó a Wuhan, una de las grandes ciudades de la China central, situada a unos dos tercios del camino, le dijeron que la siguiente etapa, que debería realizar en barco a lo largo del Yangtzê, no resultaba segura debido a los bandidos. Tendría que aguardar un mes hasta que la situación se tranquilizara. A pesar de ello, el barco que la transportó sufrió numerosos ataques desde las orillas. Se trataba de una embarcación bastante antigua, y la cubierta era lisa y descubierta por lo que los guardias edificaron con sacos de arena un muro protector de metro y pico de alto a babor y estribor. Lo dotaron de ranuras para sus propios fusiles, y parecía una fortaleza flotante. Cada vez que eran atacados, el capitán ponía los motores a toda máquina e intentaba salvar el ataque lo más aprisa posible mientras los guardias respondían al fuego desde sus troneras fortificadas. Mi abuela descendía a la bodega y aguardaba a que cesara el tiroteo.

En Yichang, cambió a una embarcación más pequeña y atravesó las gargantas del Yangtzê. En mayo se encontraba ya cerca de Yibin, en un barco cubierto por hojas de palma que navegaba apaciblemente, deslizándose entre las cristalinas ondas y la brisa impregnada del olor del azahar.

El barco navegaba río arriba impulsado por una docena de remeros. A medida que remaban, cantaban arias de óperas tradicionales de Sichuan e improvisaban canciones basadas en los nombres de las poblaciones que dejaban atrás, las leyendas de las colinas y los espíritus de los bosquecillos de bambú. También cantaban sobre sus estados de ánimo. Mi abuela se sintió sumamente divertida por las canciones amorosas que, con los ojos brillantes, solían cantar a una de las pasajeras. No podía entender la mayor parte de las expresiones que utilizaban debido a que hablaban en dialecto Sichuan, pero podía adivinar que contenían referencias al sexo por el modo en que los pasajeros reían a hurtadillas con placer y turbación. Ya había oído hablar de los habitantes de Sichuan, de los que se decía que eran tan sabrosos y picantes como su propia comida. Se sentía feliz. Ignoraba que mi madre se había encontrado varias veces al borde de la muerte, y tampoco sabía nada de su aborto.

Llegó a su destino a mediados de mayo. El viaje había durado más de dos meses. Mi madre, quien llevaba tiempo sintiéndose enferma y apesadumbrada, no cabía en sí de gozo al verla otra vez. Mi padre no se alegró tanto. Yibin representaba para él la primera vez que había estado solo con mi madre en una situación semiestable. Acababa, por así decirlo, de dejar a su suegra, y aquí estaba de nuevo cuando él confiaba en tenerla a mil quinientos kilómetros de distancia. Era perfectamente consciente de que él nunca podría igualar los lazos que existían entre madre e hija.

Mi madre hervía de rencor contra mi padre. Desde que se había agudizado la amenaza de los bandidos, se había reinstaurado un sistema de vida cuasi militar. Por otra parte, apenas pasaban noches juntos debido a los frecuentes desplazamientos de ambos. Mi padre estaba de viaje la mayor parte del tiempo, investigando las condiciones de vida en las zonas rurales, escuchando las quejas de los campesinos y resolviendo toda clase de problemas, entre los que destacaba el del suministro de alimentos. Incluso cuando estaba en Yibin, mi madre solía quedarse trabajando hasta tarde en la oficina. En resumen, se veían cada vez menos y comenzaban a distanciarse de nuevo.

La llegada de mi abuela reabrió las viejas heridas. Se le asignó una habitación en el patio en el que vivían mis padres. En aquellos días, los funcionarios vivían de un sistema de subsidio general llamado *gong-ji-zhi*. No recibían salario alguno, pero el Estado les proporcionaba alojamiento, comida y ropa a la vez que se ocupaba de sus necesidades diarias. A ello añadía una mínima cantidad en metálico, igual que en el Ejército. Todo el mundo debía comer en cantinas en las que la comida era escasa y poco apetitosa. No se permitía a nadie cocinar en casa, incluso si disponía de una fuente alternativa de ingresos.

Cuando mi abuela llegó, comenzó a vender parte de sus joyas para comprar comida en el mercado. Tenía especial empeño en cocinar para mi madre, ya que, tradicionalmente, se consideraba imprescindible que las mujeres embarazadas comieran bien. Sin embargo, no tardaron en llegar quejas de la señora Mi, quien afirmaba que mi madre era una burguesa que obtenía un trato especial y consumía preciosos combustibles, tales como la comida, que otros habían de recolectar en el campo. También se la criticaba calificándola de mimada: la presencia de su madre era perjudicial para su reeducación. Mi padre realizó una autocrítica frente a la organización del Partido y ordenó a mi abuela que dejara de cocinar en casa. Aquello disgustó tanto a ella como a mi madre. «¿Acaso eres incapaz de defenderme aunque sólo sea por una vez? –dijo mi madre con amargura–. ¡El niño que llevo dentro es tan tuyo como mío, y necesita alimento!» Por fin, mi padre cedió en parte: mi abuela podría cocinar en casa dos veces a la semana, pero no más. Incluso aquello equivalía a una violación de las normas, dijo.

Por fin, resultó que mi abuela estaba violando una norma aún más importante. Tan sólo a los funcionarios de cierto rango les estaba permitido tener a sus parientes viviendo con ellos, y mi madre no alcanzaba dicha categoría. Dado que nadie recibía salario alguno, el Estado era el responsable de alimentar a aquellos que dependían de él, y procuraba que su cifra no se disparara. A ello se debía que mi padre permitiera que fuera la tía Jun-ying quien mantuviera a su madre. Mi madre señaló que la abuela no tenía por qué constituir una carga para el Estado, ya que poseía suficientes joyas como para mantenerse a sí misma, y además había sido invitada a quedarse en casa de la tía Jun-ying. La señora Mi dijo que mi abuela no tenía por qué estar allí en primer lugar y que debía regresar a Manchuria. Mi padre se mostró de acuerdo.

Mi madre discutió acaloradamente con él, pero él dijo que las normas eran las normas, y que personalmente haría lo posible para que éstas se observaran. En la antigua China, uno de los principales vicios había sido el hecho de que los poderosos se hallaban por encima de las normas, por lo que uno de los pilares fundamentales de la revolución comunista era que los funcionarios debían someterse a ellas al igual que todos los demás. Mi madre se echó a llorar. Tenía miedo de abortar de nuevo. ¿No querría mi padre tener en cuenta su seguridad y permitir que mi abuela se quedara hasta después del parto? Él continuó negándose. «La corrupción empieza siempre con detalles pequeños como éste. Éstas son la clase de cosas que pueden acabar desgastando nuestra revolución.» Mi madre no halló ningún argumento que pudiera convencerle. No tiene sentimientos, pensó. No antepone mis intereses. No me ama.

Mi abuela hubo de partir, cosa que mi madre jamás habría de perdonar a mi padre. La anciana había pasado con su hija poco más de un mes después de pasar dos meses viajando a través de China con grave riesgo de su vida. Le asustaba la posibilidad de que mi madre pudiera abortar de nuevo, y no confiaba en los servicios médicos de Yibin. Antes de marcharse, fue a ver a mi tía Jun-ying y la saludó con un solemne kowtow, diciendo que dejaba a mi madre a su cargo. Mi tía también se sentía apesadumbrada. Estaba preocupada por mi madre, y hubiera querido que la abuela estuviera allí durante el parto. Intercedió por ella ante su hermano, pero éste no se dejó conmover.

Con el corazón lleno de amargura y los ojos llenos de amargas lágrimas, mi abuela descendió lentamente hasta el muelle en compañía de mi madre, dispuesta a abordar el pequeño barquichuelo que habría de transportarla de nuevo Yangtzê abajo como inicio del largo e incierto viaje de regreso a Manchuria. Mi madre permaneció en la orilla, agitando la mano mientras la embarcación desaparecía entre la niebla y preguntándose si volvería a ver alguna vez a su madre.

Julio de 1950. Para mi madre, el período provisional de un año de pertenencia al Partido tocaba a su fin, y su célula la sometía constantemente a severos interrogatorios. Sólo poseía tres miembros: mi madre, el guardaespaldas de mi padre y la jefa de mi madre, la señora Mi. Había tan pocos miembros del Partido en Yibin que aquellos tres habían terminado por unirse de un modo un tanto incongruente. Los otros dos, ambos miembros reconocidos, se inclinaban por rechazar la solicitud de mi madre, pero no se decidían a emitir una negativa abierta. Se limitaban a interrogarla y a forzarla a realizar interminables autocríticas.

Por cada autocrítica, surgían numerosas críticas nuevas. Los dos camaradas de mi madre insistían en que se había comportado de un modo «burgués». Decían que no había querido salir al campo para contribuir al aprovisionamiento; cuando mi madre señaló que sí había acudido –de acuerdo con los deseos del Partido– respondieron: «Ah, pero ése no era tu deseo.» Luego, la acusaron de haber disfrutado de una alimentación privilegiada –y, por si fuera poco, cocinada en casa por su madre– y de haber sucumbido a la enfermedad más que la mayoría de las mujeres embarazadas. La señora Mi también la criticó debido al hecho de que su madre había fabricado ropas para el bebé. «¿Quién ha oído nunca que un bebé haya de vestir ropas nuevas? –dijo–. ¡Qué derroche tan burgués! ¿Por qué no puede arropar a la criatura con trapos viejos como todo el mundo?» El hecho de que mi madre hubiera dejado traslucir su tristeza ante la partida de mi abuela fue considerado como la prueba definitiva de que «anteponía la familia», algo considerado un grave delito.

El verano de 1950 fue el más caluroso que se recordaba; la atmósfera se hallaba impregnada de humedad y las temperaturas alcanzaban los cuarenta grados. Mi madre había mantenido la costumbre de lavarse a diario, y también hubo de recibir críticas por ello. Los campesinos –especialmente los del Norte, de donde procedía la señora Mi– se lavaban muy rara vez debido a la escasez de agua. En la guerrilla, los hombres y las mujeres solían competir para ver quién tenía más insectos revolucionarios (piojos). La higiene se consideraba algo antiproletario. Cuando el húmedo verano dio paso al fresco otoño, el guardaespaldas de mi padre descargó sobre ella una nueva acusación: mi madre «se estaba comportando como una de las altas damas de los oficiales del Kuomintang» debido a que había utilizado el agua caliente sobrante del lavado de mi padre. En aquella época, existía una norma destinada a ahorrar combustible que dictaba que tan sólo los oficiales de cierto rango tenían derecho a lavarse con agua caliente. Mi padre entraba dentro de dicho grupo, pero mi madre no. Las mujeres de la familia de mi padre le habían advertido seriamente que no tocara el agua fría cuando se acercara el momento del parto. Tras la crítica del guardaespaldas, mi padre dejó de permitir que mi madre utilizara su agua. Ésta sentía ganas de gritarle por no ponerse de su parte contra las interminables intromisiones que había de sufrir en los procesos más irrelevantes de su vida cotidiana.

El continuo entrometimiento del Partido en las vidas de las personas constituía la base fundamental del proceso conocido como «reforma del pensamiento». Mao no sólo perseguía una absoluta disciplina externa sino también el total sometimiento de los pensamientos del individuo, ya fueran profundos o no. Todas las semanas, aquellos que se encontraban «en la revolución» celebraban una reunión destinada al «examen del pensamiento». Todos habían de criticarse a sí mismos por haber concebido pensamientos incorrectos y eran posteriormente criticados por los demás. Las reuniones tendían a verse dominadas por personas soberbias y mezquinas que utilizaban a los asistentes para descargar sus envidias y frustraciones; la gente de origen campesino solía utilizarles para atacar a quienes procedían de un pasado «burgués». La idea era que la gente debía reformarse para parecerse más a los campesinos, porque la revolución comunista era esencialmente una revolución campesina. Este proceso estimulaba los sentimientos de culpabilidad de las personas ilustradas: habían vivido mejor que los campesinos, y ello era un hecho que debían subrayar en sus autocríticas.

Las reuniones representaban un importante medio de control para el Partido. Consumían el tiempo libre de la gente y eliminaban la esfera privada. La mezquindad que las dominaba se justificaba aduciendo que la investigación de los detalles personales proporcionaba un modo de asegurar una limpieza espiritual profunda. De hecho, la mezquindad constituía una de las principales características de una revolución en la que se estimulaban el entrometimiento y la ignorancia, y la envidia se vio incorporada al sistema de control. La célula de mi madre la interrogó semana tras semana, mes tras mes, intentando extraer de ella interminables autocríticas.

Ella se vio obligada a consentir aquel proceso agotador. La vida de un revolucionario carecía de sentido si el Partido lo rechazaba. Era como la excomunión para un católico. Por otra parte, no era sino el procedimiento habitual. Mi padre lo había atravesado y lo había aceptado como parte de las exigencias necesarias para «unirse a la revolución». De hecho, aún lo soportaba. El Partido nunca había ocultado el hecho de que se trataba de un proceso doloroso, y él le dijo a ella que debía considerar su angustia como algo normal.

Al concluir todo aquello, los dos camaradas de mi madre votaron en

Mi abuelo, el general Xue Zhi-heng,
jefe de policía bajo el gobierno
de los señores de la guerra en Pekín,
de 1922 a 1924.

Mi madre *(a la izquierda)* en compañía de su madre y su padrastro, el doctor Xia.
En el centro, De-gui, segundo hijo del doctor Xia. *En el extremo derecho,*
el hijo de De-gui. Jinzhou, hacia 1939.

El doctor Xia.

Mi madre, entonces una
colegiala de trece años.
Manchukuo, 1944.

El primo Hu, primer novio de mi madre.
En el anverso de esta fotografía figura un
poema escrito por él:

El viento y el polvo son mis compañeros,
Los confines de la tierra son mi hogar.

El exiliado.

En 1947, tras ser puesto en libertad
gracias a los esfuerzos de su padre, el
primo Hu le entregó esta fotografía a un
amigo para que se la hiciera llegar a mi
madre y ésta supiera que vivía. Debido
al asedio, el amigo no vio a mi madre
hasta después de la toma de Jinzhou por
los comunistas. Al verla enamorada de
mi padre, decidió no darle la fotografía,
la cual le entregó por fin tras un
encuentro casual en 1985; fue entonces
cuando mi madre supo que el
primo Hu había muerto durante la
Revolución Cultural.

Lan, mi tía abuela, y su marido, Lealtad, con su hijo recién nacido,
poco después de que Lealtad entrara a formar parte del servicio
secreto del Kuomintang. Jinzhou, 1946.

Las fuerzas comunistas atacan Jinzhou. Octubre de 1948.

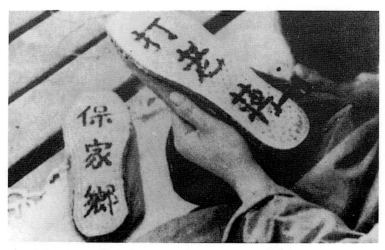

**Consignas pintadas en las suelas de los zapatos llamados «de la liberación»
durante la guerra civil: «Salvaguardemos nuestra tierra»** *(a la izq.)*
y «Pisoteemos a Chiang Kai-shek» *(a la dcha.).*

Soldados comunistas desfilando bajo consignas del Kuomintang,
que adornan una de las puertas de la ciudad y que resistieron el asedio
de Jinzhou. 1948.

Mis padres en Nanjing, antigua capital del Kuomintang, durante su viaje desde Manchuria a Sichuan. Septiembre de 1949. Ambos visten el uniforme del Ejército comunista.

Jin-ming y yo (con dos años y un lazo en el pelo) en brazos de mi abuela; mi madre con Xiao-hei y Xiao-hong, (de pie). Chengdu, finales de 1954.

Mi padre durante el viaje de Manchuria a Sichuan a finales de 1949. Se trata de una fotografía que en mi opinión refleja especialmente bien su personalidad.

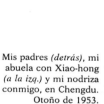

Mis padres *(detrás)*, mi abuela con Xiao-hong *(a la izq.)* y mi nodriza conmigo, en Chengdu. Otoño de 1953.

Despedida para mi madre antes de su partida de Yibin, junio, 1953. *De izq. a dcha., en primera fila:* la hermana pequeña de mi padre, mi madre; *segunda fila:* mi abuela paterna, yo, mi abuela materna, Xiao-hong, Jin-ming y la tía Jun-ying.

Jung a los seis años.

Con Xiao-hong *(izq.)*, Xiao-hei *(detrás)* y Jin-ming *(dcha.)* en la exposición floral anual de Chengdu, 1958.

Mi madre con *(de izq. a dcha.)*: Xiao-hong, Jin-ming, Xiao-hei y yo. Chengdu, a principios de 1958. Esta fotografía se tomó a toda prisa para que mi padre se la pudiera llevar a Yibin con el fin de enseñársela a mi abuela, gravemente enferma.

contra de su admisión en el Partido, y ella cayó en una profunda depresión. Se había volcado a la revolución, y no lograba aceptar la idea de que la revolución no la aceptara a ella. Resultaba especialmente mortificante el hecho de pensar que no podía unirse por completo a la misma a causa de motivos completamente mezquinos e irrelevantes decididos por dos personas cuyo modo de pensar parecía estar a años luz de lo que ella había imaginado que era la ideología del Partido. Se le estaba manteniendo apartada de una organización progresista por culpa de gente retrógrada, y sin embargo la revolución parecía estar diciéndole que era ella quien obraba mal. En los resquicios de su mente anidaba otro argumento más práctico que ni siquiera osaba mencionarse a sí misma: resultaba vital ingresar en el Partido, ya que de otro modo se vería condenada al desdoro y al ostracismo.

Con estos pensamientos bullendo en su mente, comenzó a sentir que el mundo entero la atacaba. Temía ver a la gente, y pasaba sola tanto tiempo como podía, llorando para sí. Incluso aquello debía ocultar, ya que se hubiera considerado como una falta de fe en la revolución. Descubrió que no podía culpar al Partido, el cual –en su opinión– aún conservaba la razón, por lo que pasó a culpar a mi padre, primero por dejarla embarazada y, después, por no apoyarla cuando se veía atacada y rechazada. En numerosas ocasiones se paseó a lo largo del muelle, observando las lodosas aguas del Yangtzê, y otras tantas pensó en suicidarse para castigarle, imaginándoselo lleno de remordimientos cuando descubriera que se había matado.

La recomendación de su célula tenía que ser aprobada por una autoridad superior consistente en tres intelectuales de mentes abiertas. Todos ellos pensaron que mi madre había sido tratada injustamente, pero las normas del Partido hacían que no fuera fácil cuestionar la recomendación de la célula. Así pues, la decisión fue aplazada. Ello no resultaba difícil, ya que rara vez coincidían los tres a la vez en un mismo lugar. Al igual que mi padre y el resto de los oficiales masculinos, solían hallarse ausentes en diversas partes del condado, recolectando alimentos y luchando contra los bandidos. Sabiendo que Yibin apenas contaba con defensa alguna y desesperados por el hecho de que todas sus rutas de escape –tanto hacia Taiwan como hacia Indochina y Burma a través de Yunnan– estuvieran cortadas, un considerable ejército de grupos aislados del Kuomintang, terratenientes y bandidos puso sitio a la ciudad. Durante algún tiempo, pareció como si ésta fuera a sucumbir. Mi padre se apresuró a regresar del campo tan pronto como oyó hablar del asedio.

La campiña comenzaba nada más salir de las murallas, y la vegetación llegaba a pocos metros de la puerta. Utilizándola como camuflaje, los atacantes lograron alcanzar las murallas y comenzaron a asaltar la puerta norte con enormes arietes. En vanguardia combatía la Brigada del Sable, compuesta en gran parte por campesinos desarmados que habían bebido «agua sagrada» y se creían, por ello, inmunes a las balas.

Tras ellos, avanzaban los soldados del Kuomintang. Al principio, el jefe del Ejército comunista intentó dirigir el fuego al Kuomintang, y no a los campesinos, a quienes confiaba en asustar lo bastante como para lograr su retirada.

Aunque mi madre estaba embarazada de siete meses, se unió al resto de las mujeres que llevaban agua y comida a los defensores de las murallas y transportaban a los heridos a retaguardia. Se comportó con gran valentía. Al cabo de una semana aproximadamente, los atacantes abandonaron el asedio y los comunistas contraatacaron y eliminaron prácticamente la totalidad de la resistencia armada de la región de una vez por todas.

Inmediatamente después de aquello comenzó la reforma agraria en la región de Yibin. Aquel verano, los comunistas habían propuesto una ley que constituía la clave de su programa para la transformación de China. El concepto básico, que ellos denominaban «el regreso de la tierra a casa», consistía en redistribuir todas las tierras de labranza, los animales de tiro y las casas de tal modo que todo granjero poseyera aproximadamente la misma cantidad de tierras. A los terratenientes se les permitiría conservar una parcela en las mismas condiciones que a todos los demás. Mi padre fue una de las personas encargadas de implementar el programa. Mi madre fue excusada de trasladarse a los pueblos debido a su avanzado estado de gestación.

Yibin era una zona rica. Un dicho local afirmaba que con un año de trabajo los campesinos podían vivir fácilmente dos. Sin embargo, tantas décadas de guerras incesantes habían terminado por devastar la tierra, a lo que había que añadir los fuertes impuestos recaudados para la lucha y para los ocho años de guerra contra Japón. El latrocinio había aumentado al trasladar Chiang Kai-shek su capital de guerra a Sichuan, y los funcionarios y politicastros corruptos se habían abatido sobre la provincia. La gota que colmó el vaso había llegado cuando el Kuomintang convirtió Sichuan en su reducto final en 1949 y aplicó unos impuestos exorbitantes antes de la llegada de los comunistas. Todo aquello, unido a la codicia de los terratenientes, había logrado sumir a tan rica provincia en una abrumadora pobreza. El ochenta por ciento de los campesinos carecían de lo suficiente para alimentar a sus familias. Si la cosecha se perdía, muchos de ellos se veían reducidos a nutrirse con hierbas y hojas de batatas, alimento que normalmente se arrojaba a los cerdos. La penuria se extendía por doquier, y la esperanza de vida apenas alcanzaba los cuarenta años. La miseria en que se hallaban sumidas tan ricas tierras había sido uno de los primeros motivos por los que mi padre se sintió atraído por el comunismo.

En Yibin, la reforma agraria se desarrolló de modo casi incruento, en gran parte debido a que los terratenientes más feroces ya habían participado en las rebeliones que estallaron durante los primeros nueve meses de gobierno comunista y casi todos habían perecido en combate o habían sido ejecutados. Sin embargo, sí hubo algunos episodios violentos. En uno de estos casos, un miembro del Partido violó a todas las mujeres de la familia de un terrateniente y a continuación las mutiló cortándoles los pechos. Mi padre ordenó que fuera ejecutado.

Un grupo de bandidos había capturado a un joven comunista, un graduado universitario que había salido al campo en busca de comida. El jefe de la banda ordenó que fuera cortado por la mitad. Más tarde, fue capturado y apaleado hasta morir por uno de los líderes comunistas de la reforma agraria que había sido amigo del hombre asesinado. A continuación, el líder arrancó el corazón del jefe de los bandidos y lo devoró para demostrar su venganza. Mi padre ordenó que fuera relevado de su puesto, pero no fusilado. Argumentó que, si bien había cometido una atrocidad, la víctima no había sido una persona inocente, sino un asesino que, además, se contaba entre los más crueles.

La reforma agraria tardó un año en completarse. En la mayoría de los casos, lo peor que les ocurrió a los terratenientes fue la pérdida de la mayor parte de sus tierras y haciendas. Los así llamados terratenientes progresistas –aquellos que no se habían unido a la rebelión armada o que incluso habían colaborado con la clandestinidad comunista– fueron bien tratados. Mis padres tenían amigos cuyas familias eran terratenientes locales y a cuyas viejas haciendas habían acudido en ocasiones a cenar antes de que fueran confiscadas y repartidas entre los campesinos.

Mi padre se mostraba completamente absorto por su trabajo, y no se encontraba en la ciudad el 8 de noviembre, día en que mi madre dio a luz a su primer hijo: una niña. Dado que el doctor Xia había dado a mi madre el nombre De-hong, en el que se incorporaba el carácter correspondiente a «cisne salvaje» (*Hong*) acompañado del apellido generacional (*De*), mi padre llamó a mi hermana Xiao-hong, que significa «parecida» (*Xiao*) a mi madre. Siete días después del nacimiento de mi hermana, la tía Jun-ying hizo trasladar a mi madre desde el hospital a casa de los Chang en una litera de bambú transportada por dos hombres. Cuando mi padre regresó, pocas semanas después, dijo a mi madre que como comunista no debiera haber permitido que otro ser humano la transportara. Ella repuso que lo había hecho debido a que, de acuerdo con la sabiduría tradicional, las mujeres no debían caminar hasta transcurridos unos cuantos días después del parto. A ello respondió mi padre: «¿Y qué hay de las campesinas que tienen que seguir trabajando en el campo nada más dar a luz?»

Mi madre continuaba sumida en una profunda depresión. Ignoraba si podía permanecer en el Partido o no. Incapaz de descargar su ira sobre mi padre o el Partido, terminó culpando a su hijita de su desdicha. Cuatro días después de regresar del hospital, mi hermana se pasó una noche entera llorando. Mi madre, al borde de un ataque de nervios, acabó gritándole y propinándole unos fuertes cachetes. La tía Jun-ying, que dormía en la habitación contigua, entró corriendo y dijo: «Estás agotada.

Permíteme que cuide de ella.» A partir de entonces, fue mi tía quien cuidó a mi hermana. Cuando mi madre regresó a su propia vivienda unas cuantas semanas después, mi hermana se quedó con la tía Jun-ying en el hogar familiar.

Mi madre ha recordado hasta hoy con arrepentimiento y amargura la noche en que golpeó a mi hermana. Xiao-hong solía esconderse cuando mi madre acudía a visitarla, y –en una trágica inversión de lo que le había ocurrido a ella de niña en la mansión del general Xue– ésta no permitía a la niña que la llamara «madre».

Mi tía encontró un ama de cría para mi hermana. Según el sistema de subsidios, el Estado pagaba un ama de cría por cada niño recién nacido en la familia de un oficial, a la vez que proporcionaba revisiones médicas gratuitas para dichas nodrizas, consideradas empleadas del Estado. No eran sirvientas, y ni siquiera tenían que lavar pañales. El Estado podía permitirse el lujo de pagarlas debido a que, según las normas del Partido que afectaban a los miembros de la revolución, los únicos autorizados para contraer matrimonio eran los funcionarios de alto rango, y éstos apenas producían descendencia.

La nodriza tendría apenas veinte años, y su propio hijo había nacido muerto. Se había casado con un miembro de una familia de terratenientes que para entonces había perdido los ingresos que antaño les proporcionaba la tierra. No quería trabajar como campesina, pero quería permanecer con su marido, quien enseñaba y vivía en la ciudad de Yibin. A través de amigos comunes, se puso en contacto con mi tía y entró a vivir en casa de la familia Chang en compañía de su marido.

Poco a poco, mi madre comenzó a salir de su depresión. Tras el parto, se le permitió disfrutar de treinta días de vacaciones reglamentarias que pasó con su suegra y la tía Jun-ying. Sin embargo, cuando regresó al trabajo se trasladó a un nuevo puesto en la Liga de Juventudes Comunistas de la ciudad de Yibin, a la sazón ocupada en una absoluta reorganización de la región. La región de Yibin, que ocupa un área de unos diecinueve mil quinientos kilómetros cuadrados y cuenta con una población de más de dos millones de personas, fue nuevamente dividida en nueve condados rurales y una ciudad, Yibin. Mi padre se convirtió en miembro del comité de cuatro personas que gobernaba la totalidad de la región, así como en jefe del Departamento de Asuntos Públicos de la misma.

Aquella reorganización supuso el traslado de la señora Mi y la llegada de una nueva superiora para mi madre: la Jefa del Departamento de Asuntos Públicos de la ciudad de Yibin, bajo cuyo control se hallaba la Liga de las Juventudes. A pesar de las normas formales, la personalidad del superior resultaba para cualquier persona mucho más importante en la China comunista que en Occidente. La actitud del jefe es la actitud del Partido. El hecho de tener un jefe agradable puede suponer una diferencia esencial en la vida de cada uno.

La nueva jefa de mi madre era una mujer llamada Zhang Xi-ting. Tanto ella como su marido habían pertenecido a una unidad militar que formaba parte de las fuerzas encargadas de conquistar el Tíbet en 1950. Sichuan representaba el estacionamiento previo de las fuerzas destinadas a dicha región, que los chinos han consideraban poco menos que el quinto pino. Ambos habían solicitado ser licenciados y, en su lugar, habían sido enviados a Yibin. El marido de Zhang Xi-ting se llamaba Liu Jie-ting. Había cambiado su nombre a *Jie-ting* («Unido a Ting») como prueba de la admiración que sentía por su mujer. La pareja llegó a ser conocida como «los dos Tings».

En primavera, mi madre fue ascendida a Jefa de la Liga de Juventudes, un puesto importante para una mujer que aún no había cumplido los veinte años de edad. Para entonces, ya había recobrado su equilibrio y gran parte de su antigua vitalidad. Tal era, pues, la atmósfera en la que fui concebida, en junio de 1951.

9

«Cuando un hombre adquiere poder, hasta sus gallinas y perros conocen la gloria»

La vida con un hombre incorruptible

(1951-1953)

Mi madre pertenecía ahora a una célula del Partido compuesta por ella, la señora Ting y una tercera mujer que había formado parte del movimiento clandestino de Yibin y con la que se llevaba muy bien. El constante entrometimiento y las exigencias de autocrítica cesaron inmediatamente. Los miembros de su nueva célula no tardaron en pronunciarse a favor de su reconocimiento como miembro del Partido, consideración que le fue concedida en el mes de julio.

Su nueva jefa, la señora Ting, no era una mujer hermosa, pero su figura esbelta, su boca sensual, su rostro pecoso, sus ojos vivaces y su inteligente conversación destilaban energía y denotaban una poderosa personalidad. Mi madre no tardó en cobrar por ella un profundo afecto.

En lugar de atacarla como la señora Mi, la señora Ting dejaba que mi madre hiciera lo que quisiera, entre otras cosas leer novelas. Hasta entonces, la lectura de un libro de edición no marxista hubiera hecho caer sobre ella una lluvia de críticas acusándola de ser una burguesa intelectual. La señora Ting permitía a mi madre ir al cine sola, lo que constituía un considerable privilegio ya que en aquella época aquellos que se hallaban «integrados en la revolución» tan sólo podían ver películas soviéticas (e incluso eso sólo si formaban parte de un grupo organizado), mientras que los cines públicos de propiedad privada aún mostraban viejas películas norteamericanas tales como las de Charlie Chaplin. Otra cosa que significaba mucho para mi madre era el hecho de que ahora se le permitía bañarse en días alternos.

Un día, mi madre acudió al mercado con la señora Ting y compró dos metros de fino algodón rosado estampado con flores procedente de Polonia. Ya había visto la tela anteriormente, pero no había osado comprarla por miedo de ser criticada como persona frívola. Poco después de su llegada a Yibin, había tenido que devolver su uniforme militar y regresar a su traje Lenin. Bajo él vestía una camisa áspera, informe y sin teñir. No había norma alguna que obligara a vestir aquella prenda, pero quien no lo hiciera al igual que los demás se exponía a ser objeto de críticas. Mi madre llevaba tiempo deseando añadir a su vestimenta un toque de color. Ella y la señora Ting regresaron a toda prisa a casa de los Chang en estado de gran excitación. Al poco tiempo, se habían hecho fabricar cuatro blusas, dos para cada una. Al día siguiente, se pusieron una bajo sus chaquetas Lenin. Mi madre se sacó el cuello rosado y pasó el día en un profundo estado de nervios y emoción. La señora Ting se mostró aún más osada: no sólo se sacó el cuello por encima del uniforme sino que se arremangó, de tal modo que mostraba una larga franja de rosa en cada brazo.

Mi madre se sintió sobrecogida, casi atemorizada, ante semejante rebeldía. Tal y como esperaban, recibieron numerosas miradas de desaprobación, pero la señora Ting alzó la barbilla, desafiante: «¿A quién le importa?», dijo a mi madre. Ésta se sintió enormemente aliviada; si contaba con la aprobación de su jefa, podía hacer caso omiso de cualquier crítica, ya fuera ésta tácita o verbal.

Uno de los motivos por los que a la señora Ting no le asustaba saltarse un poco las normas era que contaba con un marido poderoso y menos escrupuloso que el de mi madre en el ejercicio de su poder. De nariz y barbilla afiladas, algo cargado de hombros y de la misma edad que mi padre, el señor Ting era jefe del Departamento de Organización del Partido para la región de Yibin, lo que representaba un puesto sumamente importante, dado que dicho departamento era el encargado de los ascensos, degradaciones y castigos. Asimismo, en él se conservaban los expedientes de cada miembro del Partido. A todo ello había que añadir el hecho de que el señor Ting, al igual que mi padre, era uno de los miembros del comité de cuatro hombres que gobernaba la región de Yibin.

En la Liga de las Juventudes, mi madre trabajaba con personas de su propia edad. Todas ellas habían recibido mejor educación que ella, eran más despreocupadas y se mostraban más dispuestas a ver el lado humorístico de las cosas que las viejas, soberbias y advenedizas campesinas del Partido con las que había trabajado hasta entonces. A sus nuevas colegas les gustaba bailar, ir juntas de *picnic* y charlar de sus libros y sus ideas.

Para mi madre, el hecho de tener un puesto de responsabilidad significaba que era tratada con mayor respeto, respeto que aumentó al advertir la gente que se trataba de una mujer extraordinariamente dinámica y capacitada. A medida que fue obteniendo mayor confianza en sí misma y dependiendo menos de mi padre, comenzó a sentirse menos disgustada con él. Además, empezaba a acostumbrarse a sus actitudes: había dejado ya de esperar que la antepusiera a todo lo demás, por lo que se sentía mucho más en paz con el mundo.

Otra de las ventajas del ascenso de mi madre era que le permitía traer a su madre a vivir permanentemente en Yibin. A finales de agosto de 1951, mi abuela y el doctor Xia llegaron tras un viaje agotador. Los sistemas de transporte volvían a funcionar normalmente, y habían realizado todo el trayecto en tren y en barco. En su calidad de parientes de un funcionario del Gobierno, se les había asignado alojamiento a cargo del Estado en una casa de tres habitaciones situada en un complejo para huéspedes. Recibían también de manos del director de la casa de huéspedes una ración gratuita de suministros tales como arroz y combustible, así como una pequeña paga con la que podían adquirir otros alimentos. Mi hermana y su nodriza fueron a vivir con ellos, y mi madre comenzó a dedicar la mayor parte del poco tiempo libre de que disponía a visitarles y disfrutar de los deliciosos platos que preparaba mi abuela.

Mi madre estaba encantada de tener con ella a mi abuela y al doctor Xia, a quien adoraba. Se mostró especialmente feliz de que hubieran podido alejarse de Jinzhou, ya que acababa de estallar la guerra en Corea, a las puertas de Manchuria. Había habido un momento, a finales del año 1950, en que las tropas norteamericanas se habían estacionado en las márgenes del río Yalu, en la frontera entre Corea y China y habían bombardeado y arrasado con sus aviones diversas poblaciones de Manchuria.

Una de las primeras cosas que quiso saber mi madre fue qué había sido del joven coronel Hui-ge. Se mostró desconsolada al enterarse de que había sido ejecutado por un pelotón de fusilamiento junto a la curva del río que había frente a la puerta oeste de Jinzhou.

Para los chinos, una de las peores cosas que podían ocurrir era no contar con un funeral apropiado. Creían que los muertos no podían hallar la paz hasta que su cuerpo se encontrara cubierto y reposando en la profundidad de la tierra. Se trataba de una creencia religiosa, pero también poseía un aspecto práctico: un cuerpo no enterrado estaba condenado a ser despedazado por los perros salvajes y a ver sus huesos picoteados por los pájaros. Antiguamente, los cuerpos de los ejecutados habían sido expuestos durante tres días como ejemplo para la población, tras lo cual eran recogidos y sometidos a un somero enterramiento. Ahora, los comunistas habían emitido una orden según la cual las familias debían enterrar inmediatamente a todo pariente ejecutado. Si no podían hacerlo, la tarea era llevada a cabo por sepultureros contratados por el Gobierno.

Mi abuela había acudido personalmente al lugar de la ejecución. El cuerpo de Hui-ge, acribillado a balazos, había sido abandonado en el suelo en compañía de otros muchos. Había sido fusilado con otras quince personas, y su sangre había manchado de rojo oscuro la blanca nieve. En la ciudad ya no quedaba nadie de su familia, por lo que mi abuela contrató a unos sepultureros profesionales para que le proporcionaran un entierro digno. Ella misma llevó una larga pieza de seda roja en la que envolver su cadáver. Mi madre le preguntó si entre los fusilados habían visto a más personas conocidas. Así era. Mi abuela se había tropezado con una mujer a la que conocía, la cual había acudido a recoger los cuerpos de su marido y de su hermano. Ambos habían sido jefes de distrito del Kuomintang.

Mi madre se sintió igualmente horrorizada al enterarse de que mi abuela había sido denunciada... ¡por su propia cuñada, la esposa de Yu-lin! Ésta llevaba tiempo sintiéndose explotada por mi abuela, ya que se veía obligada a realizar todos los trabajos duros del hogar mientras, según ella, mi abuela hacía una vida de gran señora. Dado que los comunistas habían animado a todos a que denunciaran «la opresión y la explotación», la señora de Yu-lin encontró un marco político en el que descargar sus rencores. Cuando mi abuela recogió el cadáver de Hui-ge, la señora Yu-lin la denunció por mostrar una disposición favorable hacia un criminal. El vecindario convocó una «asamblea de lucha» destinada a «ayudar» a mi abuela a comprender sus «faltas». Ella hubo de asistir pero, sabiamente, decidió no decir nada y fingir que aceptaba humildemente las críticas. Interiormente, sin embargo, hervía de furia contra su cuñada y los comunistas.

El episodio no contribuyó a mejorar las relaciones entre mi abuela y mi padre. Cuando éste descubrió lo que había hecho montó en cólera y dijo que la anciana sentía más simpatía hacia el Kuomintang que hacia los comunistas. Sin embargo, resultaba evidente que experimentaba también una punzada de celos: mi abuela apenas le dirigía la palabra, pero había sentido en tiempos un profundo afecto por Hui-ge y le había considerado un buen partido para mi madre.

Ésta se vio arrinconada entre ambos fuegos, así como entre sus sentimientos personales, su amargura por la muerte de Hui-ge, sus sentimientos políticos y su dedicación a la causa comunista.

La ejecución del coronel había formado parte de una campaña destinada a suprimir a los contrarrevolucionarios. Su objetivo era eliminar a todos aquellos defensores del Kuomintang que habían ejercido algún poder o influencia, y había sido desencadenada como consecuencia de la guerra de Corea, iniciada en junio de 1950. Cuando las tropas de los Estados Unidos llegaron hasta la frontera con Manchuria, Mao temió que Norteamérica pudiera atacar China, lanzar los ejércitos de Chiang Kai-shek contra el continente o ambas cosas a la vez. Por ello, envió a Corea más de un millón de hombres para luchar contra Estados Unidos del lado de los norcoreanos.

Aunque el Ejército de Chiang Kai-shek nunca llegó a atacar desde Taiwan, los Estados Unidos sí organizaron una invasión en el sudoeste de China con fuerzas del Kuomintang procedentes de Burma. En las zonas costeras eran igualmente frecuentes los ataques aéreos, a los que hubo que añadir el envío de numerosos agentes secretos y varios actos de sabotaje. Aún merodeaban gran cantidad de bandidos y soldados del Kuomintang, y en las tierras del interior se producían rebeliones de cierta importancia. A los comunistas les inquietaba que los simpatizantes del Kuomintang pudieran intentar derribar su nuevo y recién establecido orden, así como que Chiang Kai-shek pudiera intentar el regreso y todos ellos se agruparan para formar una quinta columna. Asimismo, querían demostrar a la gente que habían alcanzado el poder dispuestos a conservarlo, y la eliminación de sus oponentes constituía un modo de transmitir a la población esa sensación de estabilidad que tanto había anhelado. No obstante, las opiniones se hallaban divididas acerca del grado de severidad necesario. El nuevo Gobierno decidió no mostrarse pusilánime. Como se afirmaba en un documento oficial: «Si no los matamos, serán ellos quienes regresen y nos maten a nosotros.»

A mi madre no le convencía el argumento, pero decidió que no valía la pena discutir de ello con mi padre. De hecho, apenas le veía, ya que éste pasaba largo tiempo en el campo enfrentándose a diversos problemas. Incluso cuando estaba en la ciudad, rara vez podía estar con ella. Se suponía que los funcionarios debían trabajar desde las ocho de la mañana hasta las once de la noche, siete días a la semana, y siempre había uno de los dos que llegaba a casa tan tarde que casi no tenían tiempo de hablar. Su hija no vivía con ellos, y ambos almorzaban en la cantina, por lo que no disfrutaban de lo que hubiera podido llamarse vida familiar.

Completada ya la reforma agraria, mi padre hubo de partir de nuevo, esta vez para supervisar la construcción de la primera carretera propiamente dicha con que contaría la región. Al principio, el único enlace entre Yibin y el mundo exterior había sido el río. El Gobierno decidió construir una carretera que conectara con el Sur y la provincia de Yunnan. En un año, y sin utilizar maquinaria alguna, se construyeron más de ciento treinta kilómetros de carretera a través de un terreno sumamente ondulado atravesado por numerosos ríos. La mano de obra se componía de campesinos que trabajaban a cambio de comida.

Durante las excavaciones, los campesinos toparon con el esqueleto de un dinosaurio, el cual resultó ligeramente dañado. Mi padre realizó una autocrítica y se aseguró de que fuera cuidadosamente excavado y enviado a un museo de Pekín. También envió soldados para montar guardia en algunas tumbas que se remontaban al año 200 y de las que los campesinos habían estado retirando ladrillos para construir cochiqueras.

Un día, dos campesinos resultaron muertos por un corrimiento de tierras. Mi padre caminó toda la noche por senderos de montaña hasta llegar a la escena del accidente. Era la primera vez que los campesinos locales veían a un funcionario del rango de mi padre, y se sintieron conmovidos al comprobar lo preocupado que se mostraba por su bienestar. En el pasado había sido un hecho asumido que los funcionarios tan sólo se interesaban por llenarse los bolsillos, y al ver el gesto de mi padre los habitantes de la localidad comenzaron a pensar que los comunistas eran una gente magnífica.

Entretanto, una de las tareas principales de mi madre consistía en obtener apoyo para el nuevo Gobierno, especialmente entre los obreros de las fábricas. Desde comienzos de 1951 había estado visitando factorías, pronunciando discursos, escuchando quejas y resolviendo problemas. Su labor incluía explicar a los jóvenes obreros qué era el comunismo y animarles a unirse a la Liga de Juventudes y al Partido. Vivió largas temporadas en dos fábricas, ya que se esperaba de los comunistas que vivieran y trabajaran entre obreros y campesinos –tal y como solía hacer mi padre– para conocer sus necesidades.

Nada más salir de la ciudad había una fábrica dedicada a la construcción de circuitos aislantes. Al igual que en muchas otras fábricas, sus condiciones de vida eran espantosas, y docenas de mujeres se veían forzadas a dormir en un enorme cobertizo construido de paja y bambú. La comida era menos que insuficiente: a pesar del agotador trabajo que realizaban, las obreras apenas obtenían carne un par de veces al mes. Muchas de ellas debían permanecer de pie sobre un charco de agua fría durante ocho horas seguidas lavando los aislantes de porcelana. La malnutrición y la falta de higiene habían convertido la tuberculosis en una enfermedad corriente. Los cuencos y los palillos nunca se lavaban adecuadamente, y se almacenaban siempre mezclados unos con otros.

En marzo, mi madre comenzó a escupir un poco de sangre. Supo inmediatamente que había contraído la tuberculosis, pero siguió trabajando. Se sentía feliz porque nadie se entrometía en su vida. Creía en lo que estaba haciendo, y se mostraba emocionada por el resultado de su esfuerzo: las condiciones de trabajo de la fábrica mejoraban, las jóvenes obreras la apreciaban, y gracias a ella muchas anunciaron su fidelidad a la causa comunista. Se hallaba sinceramente convencida de que la revolución necesitaba su devoción y autosacrificio, y trabajaba durante todo el día, siete días a la semana. Sin embargo, tras varios meses de esfuerzo ininterrumpido resultó evidente que se encontraba sumamente enferma. En sus pulmones se habían formado cuatro cavidades, y con la llegada del verano descubrió que estaba embarazada de mí.

Un día de finales de noviembre, mi madre se desmayó en la puerta de entrada a la fábrica. Rápidamente, fue trasladada a un pequeño hospital de la ciudad construido originariamente por unos misioneros extranjeros. Allí recibió los cuidados de un grupo de chinos católicos. Quedaban aún un sacerdote y unas cuantas monjas europeas que vestían hábitos religiosos. La señora Ting animó a mi abuela para que le llevara alimentos, y mi madre comenzó a comer en cantidades enormes: algunos días consumía un pollo entero, diez huevos y casi medio kilo de carne. Como resultado, mi desarrollo alcanzó proporciones gigantescas en el interior de su útero, y ella misma engordó trece kilos y medio.

El hospital contaba con ciertas cantidades de medicamentos norteamericanos para hacer frente a la tuberculosis. Un día, la señora Ting irrumpió por las buenas y se hizo con un lote de los mismos para mi madre. Cuando mi padre lo descubrió, pidió a la señora Ting que devolviera al menos la mitad, pero ella le espetó: «¿Y qué sentido tiene eso? Lo que me he llevado ni siquiera es suficiente para una persona. Si no lo crees, ve y pregúntaselo al doctor. Además, tu mujer trabaja bajo mis órdenes y cualquier decisión acerca de ella me corresponde a mí.» Mi madre se mostró inmensamente agradecida a la señora Ting por enfrentarse a mi padre. Éste no insistió. Evidentemente, sus sentimientos estaban divididos entre la inquietud que le producía el estado de salud de mi madre y sus propios principios, según los cuales los intereses de su esposa no debían anteponerse a los de las personas corrientes, por lo que cierta cantidad de aquellos medicamentos hubiera debido reservarse para otros.

Gracias a mi enorme tamaño y al modo en que crecía –en sentido ascendente–, las cavidades de sus pulmones se comprimieron y comenzaron a cicatrizar. Los médicos le dijeron que debía agradecérselo a su bebé, pero mi madre pensó que el mérito correspondía probablemente a la medicina norteamericana que había podido tomar gracias a la señora Ting. Permaneció en el hospital durante tres meses, hasta febrero de 1952, época en la que su embarazo contaba ya ocho meses. Un día recibió repentinamente la orden de partir «por su propia seguridad». Una amiga le contó en secreto que en Pekín habían descubierto algunas armas en la residencia de un sacerdote extranjero, y que todos los sacerdotes y monjas extranjeros se hallaban sujetos a graves sospechas.

Mi madre no quería marcharse. El hospital estaba rodeado por un hermoso jardín repleto de preciosos nenúfares, y encontraba los cuidados profesionales y la limpieza del entorno –tan raros en China en aquella época– sumamente apaciguadores. Sin embargo, no tenía elección, y fue trasladada al Hospital Popular Número Uno. El director de aquel hospital nunca había asistido anteriormente a un parto. Había trabajado como médico en el Ejército del Kuomintang hasta que su unidad se amotinó y se pasó a los comunistas. Le preocupaba que mi madre pudiera morir en el parto ya que, teniendo en cuenta sus antecedentes y la posición de mi padre, ello podría acarrearle serios problemas.

Cuando ya se aproximaba la fecha de mi nacimiento, el director sugirió a mi padre que mi madre fuera trasladada a un hospital situado en una ciudad más grande en el que hubiera mejores instalaciones y tocólogos especialistas. Tenía miedo de que mi nacimiento desencadenara un súbito alivio de presión que pudiera provocar la reapertura de las cavidades pulmonares de mi madre con la consiguiente hemorragia. Pero mi padre se negó: dijo que, dado que los comunistas habían jurado combatir los privilegios personales, su esposa recibiría el mismo trato que todos los demás. Cuando mi madre lo oyó, pensó con amargura que su esposo siempre parecía obrar en contra de sus intereses y que poco le importaba que viviera o muriera.

Nací el 25 de marzo de 1952. Debido a la complejidad del caso, se convocó la presencia de un segundo cirujano residente en otro hospital. Había diversos médicos presentes, acompañados por personal sanitario encargado de los equipos de oxígeno y transfusión de sangre. También estaba la señora Ting. En China, tradicionalmente, los hombres no asisten a los partos, pero el director pidió a mi padre que aguardara en el exterior de la sala de partos ya que se trataba de un caso especial... a la vez que para protegerse a sí mismo en caso de que algo saliera mal. Fue un alumbramiento sumamente difícil. Cuando hubo emergido mi cabeza, mis hombros –desacostumbradamente anchos– se atascaron. Además, estaba demasiado gorda. Las enfermeras tiraron de mi cabeza con las manos, y por fin logré deslizarme al exterior completamente azulada y amoratada, y casi medio asfixiada. En primer lugar, los médicos me metieron en agua caliente, y luego en agua fría. A continuación, me sostuvieron por los pies y me propinaron un fuerte cachete. Por fin, comencé a llorar con considerable energía, y todos se echaron a reír de alivio. Pesé casi cinco kilos, y los pulmones de mi madre no sufrieron daño alguno.

Una doctora me sostuvo en brazos y me presentó a mi padre, cuyas primeras palabras fueron: «¡Dios mío, esta criatura tiene los ojos saltones!» Mi madre se sintió profundamente afligida ante aquel comentario. La tía Jun-ying dijo: «¡No, lo que tiene son unos ojos enormes y preciosos!»

Como solía suceder en China en toda ocasión y momento, existía una receta especial considerada lo mejor que podía consumir una mujer después del parto: huevos escalfados en zumo de azúcar sin refinar con un arroz fermentado y glutinoso. Mi abuela preparó ambos platos en el hospital –donde, como en todos, había cocinas en las que los pacientes y sus familias podían cocinar sus propios alimentos– y los tenía ya listos cuando mi madre pudo empezar a comer.

Cuando la noticia de mi nacimiento llegó a oídos del doctor Xia, éste exclamó: «Ah, ha nacido otro cisne salvaje.» Así, recibí el nombre de Er-hong, que significa «Segundo Cisne Salvaje».

Le elección de mi nombre fue prácticamente la última acción que realizó el doctor Xia en su larga vida. Murió cuatro días después de mi nacimiento, a los ochenta y dos años de edad. Se encontraba reclinado sobre la cabecera de la cama, bebiendo un vaso de leche. Mi abuela salió unos instantes de la estancia, y cuando regresó para recoger el vaso vio que la leche se había derramado y que el vaso había caído al suelo. Murió instantáneamente y sin dolor.

En China, los funerales constituían acontecimientos sumamente importantes. La gente corriente llegaba a menudo a arruinarse con tal de organizar una grandiosa ceremonia, y mi abuela había amado profundamente al doctor Xia y quería hacerle todos los honores. Hubo tres cosas en las que insistió como inexcusables: en primer lugar, un buen féretro; segundo, que éste fuera transportado en angarillas por porteadores y no arrastrado en carro; y tercero, que hubiera monjes budistas que cantaran los sutras funerarios y músicos que tocaran el *suona*, un estridente instrumento de viento-madera empleado tradicionalmente en los funerales. Mi padre asintió a la primera y segunda de sus demandas, pero se negó a la tercera. Los comunistas consideraban toda ceremonia extravagante un gasto absurdo y feudal. Tradicionalmente, sólo las personas de muy baja condición eran enterradas en silencio. El ruido se consideraba un elemento importante de todo funeral, ya que lo convertía en un acontecimiento público: ello le proporcionaba «apariencia» y demostraba también respeto por el fallecido. Mi padre insistió en que no habría ni monjes ni suona, y entre él y mi abuela se desató una disputa colosal. Para ella, aquellas tres condiciones resultaban elementos esenciales a los que no pensaba renunciar. En mitad de la discusión, se desmayó a causa de la ira y la aflicción. Otro de los motivos de su angustia era el hecho de verse sola en el momento más amargo de su vida. No le reveló a mi madre lo que había ocurrido por miedo a apenarla, y la circunstancia de que ésta se encontrara en el hospital obligó a mi abuela a enfrentarse directamente con mi padre. Después del funeral, sufrió una depresión nerviosa y hubo de ser hospitalizada durante casi dos meses.

El doctor Xia fue enterrado en un cementerio situado en la cima de una colina, en la linde de Yibin, sobre el Yangtzê. Su tumba fue excavada a la sombra de pinos, cipreses y alcanforeros. Durante el corto tiempo que había pasado en Yibin, el doctor Xia se había ganado el cariño y el respeto de todos aquellos que le conocieron. Cuando murió, el director de la casa de huéspedes en la que había vivido se ocupó de organizar todo para que mi abuela no tuviera que molestarse y ordenó a sus empleados que acompañaran la silenciosa procesión funeraria.

El doctor Xia había disfrutado de una vejez feliz. Le encantaba Yibin y había disfrutado intensamente con todas las flores exóticas que prosperaban en aquel clima subtropical tan distinto del de Manchuria. Había gozado hasta el último momento de una salud extraordinaria. En Yibin –con su casa y patio propios y libres de gastos– había llevado una buena vida; él y mi abuela habían estado bien atendidos, y habían recibido siempre un abundante suministro de alimentos. En una sociedad carente de Seguridad Social, el sueño de todo chino consistía en recibir los cuidados oportunos durante la vejez, y el doctor Xia lo había conseguido, lo que no dejaba de ser un logro considerable.

El doctor Xia se había llevado muy bien con todo el mundo, incluyendo a mi padre, quien le respetaba profundamente como hombre de principios. El doctor Xia consideraba a mi padre un hombre sumamente culto. Solía decir que había visto muchos funcionarios en su vida, pero nunca uno como mi padre. La sabiduría popular afirmaba que «no hay funcionario incorrupto», pero mi padre nunca se había aprovechado de su posición, ni siquiera para salvaguardar los intereses de su familia.

Los dos hombres solían hablar durante horas. Compartían numerosos valores éticos pero, mientras los de mi padre aparecían disfrazados de ideología, los del doctor Xia se basaban en conceptos humanitarios. En cierta ocasión, el doctor Xia le dijo a mi padre:

–Creo que los comunistas han hecho muchas cosas buenas. Pero también habéis matado a demasiada gente. Gente que no debería haber muerto.

–¿Como quién? –preguntó mi padre.

–Como los maestros de la Sociedad de la Razón.

La Sociedad de la Razón había sido la secta cuasi religiosa a la que había pertenecido el doctor Xia. Sus líderes habían sido ejecutados como parte de la campaña destinada a «eliminar contrarrevolucionarios». El nuevo régimen había suprimido todas las sociedades secretas debido a que éstas exigían la lealtad de sus miembros, y los comunistas no querían lealtades divididas.

–No eran malas personas, y debíais haber permitido la existencia de la Sociedad –añadió el doctor Xia.

Se produjo una larga pausa. Mi padre intentó defender a los comunistas, diciendo que la lucha contra el Kuomintang había sido una cuestión de vida o muerte. El doctor Xia podía advertir que ni siquiera él estaba completamente convencido de lo que decía, pero que sentía que debía defender al Partido.

Cuando mi abuela abandonó el hospital marchó a vivir con mis padres. Con ella se trasladaron asimismo mi hermana y su nodriza. Yo compartía una habitación con mi propia ama de cría, una mujer que había tenido a su propio hijo doce días antes de mi nacimiento y había aceptado el trabajo porque necesitaba dinero desesperadamente. Su esposo, un obrero manual, estaba en la cárcel por jugar y traficar con opio, actividades ambas ilegalizadas por los comunistas. Yibin, con una cifra estimada de veinticinco mil adictos, había sido uno de los principales centros de comercio de opio, sustancia que anteriormente había circulado como el papel moneda. El tráfico de opio se había hallado estrechamente relacionado con el gansterismo, y había servido para cubrir una parte sustancial del presupuesto del Kuomintang. A los dos años de su llegada a Yibin, los comunistas habían erradicado la costumbre de fumar opio.

Para alguien situado en la posición de mi nodriza no había Seguridad Social ni subsidio de paro. Sin embargo, cuando entró a trabajar para nosotros el Estado le pagaba un salario que ella enviaba a su suegra, a quien había dejado al cuidado de su propio bebé. Mi nodriza era una mujer diminuta de piel suave, ojos extrañamente grandes y redondos y un pelo largo y exuberante que mantenía recogido en un moño. Era una mujer sumamente bondadosa, y me trataba como si yo fuera su propia hija.

Tradicionalmente, los hombros cuadrados se consideraban feos en una muchacha, por lo que los míos fueron fuertemente atados para obligarlos a adoptar la inclinación deseada. Las ataduras me hacían llorar con tanta fuerza que la nodriza solía desatarme los brazos y los hombros, permitiéndome que saludara con la mano y me abrazara a la gente que entraba en la casa, cosa que me gustó hacer desde muy pequeña. Mi madre siempre atribuyó mi carácter extrovertido al hecho de haberse sentido feliz durante mi embarazo.

Vivíamos en la mansión del antiguo terrateniente, en la que mi padre había instalado su despacho. Tenía un enorme jardín en el que crecían pimenteros chinos, bosquecillos de bananos y montones de flores y plantas subtropicales de dulce aroma que cuidaba un jardinero a sueldo del Gobierno. Mi padre cultivaba sus propios tomates y chiles. Disfrutaba de su trabajo, pero también era uno de sus principios que todo funcionario comunista debía realizar alguno de los trabajos físicos que tan despreciados habían sido en otra época por los mandarines.

Mi padre se mostraba muy afectuoso conmigo. Cuando comencé a gatear, se tumbaba sobre su estómago para hacer de «montaña», y yo me dedicaba a subir y bajar trepando por él.

Poco después de mi nacimiento, mi padre fue ascendido a gobernador de la región de Yibin. Ello le convertía en la segunda autoridad de la zona después del primer secretario del Partido. (Formalmente, el Partido y el Gobierno eran entes distintos, si bien en la realidad resultaban inseparables.)

Al principio, tras su regreso a Yibin, su familia y sus viejos amigos habían confiado en que los ayudara. En China se daba por hecho que cualquiera que ocupara una posición de importancia cuidaría siempre de sus parientes. Existía un dicho bien conocido: «Cuando un hombre adquiere poder, hasta sus gallinas y perros conocen la gloria.» Mi padre, sin embargo, pensaba que el nepotismo y el favoritismo constituían una resbaladiza pendiente que conducía a la corrupción, la cual representaba a su vez la raíz de todos los males de la antigua China. También sabía que los habitantes de la localidad le observarían para comprobar cómo se comportaban los comunistas, por lo que de sus actos dependería la imagen que llegaran a formarse del comunismo.

Su severidad le había apartado ya de su familia. Uno de sus primos le había solicitado una recomendación para un empleo de taquillero en uno de los cines locales. Mi padre le dijo que lo solicitara por la vía oficial. Tal comportamiento resultaba insólito, y después de aquello nadie volvió a pedirle un favor. Sin embargo, poco después de ser nombrado gobernador, ocurrió algo. Uno de sus hermanos mayores era un experto en té y trabajaba en una compañía dedicada a la comercialización de este producto. A comienzos de los cincuenta, la economía marchaba bien, la producción aumentaba y la Junta Local del Té quiso nombrarle director. Todos los ascensos que superaban cierto nivel tenían que ser aprobados por mi padre. Cuando la recomendación aterrizó sobre su mesa, la vetó. Su familia se indignó, al igual que mi madre. «¡No eres tú quien le asciende, sino la dirección! –estalló ésta–. ¡No tienes por qué ayudarle, pero tampoco por qué obstaculizarle!» Mi padre dijo que su hermano no era lo suficientemente capaz, y que nunca habría sido propuesto para un ascenso de no haber sido hermano del gobernador. Existía una larga tradición –observó– según la cual había que anticiparse a los deseos de un superior. Los miembros del Consejo de Dirección del Té se mostraron igualmente indignados, ya que la actitud de mi padre implicaba que su recomendación había perseguido otros motivos. Al final, mi padre se las había arreglado para ofender a todo el mundo, y su hermano no volvió a hablarle jamás.

Sin embargo, no se arrepintió. Estaba librando su propia cruzada contra las antiguas costumbres, e insistió en aplicar a todo el mundo los mismos criterios. Sin embargo, dado que no existía un modelo objetivo de ecuanimidad, se veía obligado a confiar en su propio instinto, haciendo lo imposible por ser justo. Nunca consultaba con sus colegas, en parte debido a que sabía que ninguno de ellos le diría jamás que uno de sus parientes no se merecía algo.

Su cruzada moral personal alcanzó su punto culminante en 1953 con la institución del sistema de niveles dentro del servicio civil. Todos los funcionarios y empleados del Gobierno fueron divididos en veintiséis niveles. El sueldo del nivel 26 –el más bajo– era una vigésima parte del salario que se percibía en el nivel más alto. Sin embargo, la verdadera diferencia residía en los subsidios y los privilegios. El sistema determinaba prácticamente todo, desde si el abrigo de alguien debía ser de costosa lana o de algodón barato hasta el tamaño del apartamento de cada uno y la conveniencia de instalar en él un retrete privado.

Los niveles también determinaban el grado de acceso que cada funcionario tenía a la información. Una parte importante del sistema comunista chino consistía en el hecho de que la información no sólo se hallaba estrechamente controlada, sino también considerablemente dividida y racionada, y no sólo frente al público en general –al cual apenas le llegaba nada– sino también dentro del propio Partido.

Aunque las consecuencias reales de esto no resultaron evidentes en un principio, ya en aquella época intuyeron los funcionarios que el sistema de niveles iba a representar un elemento crucial de sus vidas, y todos se mostraban nerviosos ante la incertidumbre del nivel que obtendrían. Mi padre, cuyo nivel había sido ya designado como el 11 por las autoridades superiores, fue el encargado de aprobar todos los niveles propuestos para los funcionarios de la región de Yibin. Entre ellos, el marido de su hermana menor, a quien consideraba su favorito. Le degradó en dos niveles. El departamento de mi madre había recomendado para ella un nivel 15, pero mi padre la relegó al 17.

Aquel sistema de niveles no se encontraba directamente relacionado con la posición de cada uno en el servicio civil. Un individuo podía ascender sin por ello aumentar de nivel. Durante casi cuatro décadas, mi madre obtuvo únicamente dos ascensos de nivel, en 1962 y 1982, y en cada ocasión ascendió tan sólo un nivel, por lo que en 1990 aún se encontraba en el nivel 15. Con aquel sistema, a comienzos de los ochenta aún no se le permitía adquirir un billete de avión o un asiento blando en los trenes, privilegios que sólo podían adquirir los funcionarios de nivel 14 o superior. Así, gracias a los escrúpulos mostrados por mi padre en 1953, se encontraba aún –casi cuarenta años después– un escalón por debajo de la categoría necesaria para poder viajar cómodamente dentro de su propio país. No podía ocupar una habitación de hotel que tuviera baño privado, ya que a tal privilegio sólo se tenía derecho a partir del nivel 13. Cuando solicitó que le cambiaran el contador eléctrico de su apartamento por otro de mayor potencia, la dirección del bloque le comunicó que ello sólo estaba permitido para funcionarios a partir del nivel 13.

Con frecuencia, las cosas más apreciadas por la población local eran las que más enfurecían a la familia de mi padre, cuya reputación ha sobrevivido hasta hoy. Un día, en 1952, el director de la Escuela Número Uno de Enseñanza Media mencionó a mi padre que estaba teniendo dificultades en hallar alojamiento para sus maestros. «En tal caso, cuente usted con la casa de mi familia: es demasiado grande para sólo tres personas», respondió mi padre al instante a pesar del hecho de que aquellas personas eran su madre, su hermana Jun-ying y un hermano retrasado y de que los tres adoraban su casa y su jardín encantado. En la escuela se mostraron jubilosos. No tanto su familia, aunque encontró para ellos una casa pequeña en el centro de la población. Su madre no se mostró demasiado entusiasmada pero, como mujer amable y comprensiva que era, no dijo nada.

No todos los funcionarios eran tan incorruptibles como mi padre. Poco después de subir al poder, los comunistas hubieron de enfrentarse a una crisis. Habían logrado obtener el apoyo de millones de personas a base de prometer limpieza en su gobierno, pero algunos funcionarios habían comenzado a aceptar sobornos o a conceder privilegios a sus familias y amigos. Otros celebraban extravagantes banquetes, lo que en China constituye no sólo una de las aficiones tradicionales –casi un vicio– sino también un modo de entretener y alardear simultáneamente. Todo ello, claro está, a cuenta y en nombre del Estado en un momento en el que el Gobierno se encontraba extremadamente escaso de dinero, ya que intentaba reconstruir su destrozada economía y al mismo tiempo librar en Corea una guerra que estaba devorando aproximadamente el cincuenta por ciento de su presupuesto.

Algunos funcionarios comenzaron a malversar a gran escala. El régimen empezó a inquietarse: sentía que se estaban erosionando tanto los sentimientos de buena voluntad que lo habían arrastrado al poder como la disciplina y dedicación que habían asegurado su éxito. A finales de 1951, decidió lanzar un movimiento contra la corrupción, el derroche y la burocracia. Se denominó Campaña de los Tres Anti. El Gobierno ejecutó a algunos oficiales corruptos, encarceló a otros varios y despidió a muchos más. Incluso algunos veteranos del Ejército comunista que se habían visto implicados en malversaciones y desfalcos a gran escala fueron ejecutados como ejemplo. A partir de entonces, se castigó con dureza la corrupción, que en consecuencia se convirtió durante las dos décadas siguientes en un fenómeno inusual entre los funcionarios.

Mi padre estuvo al frente de aquella campaña en la región de Yibin. En la zona no había altos funcionarios culpables de corrupción, pero él creyó importante demostrar que los comunistas cumplían su promesa de mantener la limpieza dentro del Gobierno. Ante cada infracción, por nimia que fuera, todo funcionario estaba obligado a realizar una autocrítica: por ejemplo, si habían utilizado un teléfono oficial para hacer una llamada privada o si se habían servido de una hoja de papel del Estado para escribir una carta personal. Los funcionarios se volvieron tan escrupulosos en lo que se refería a la utilización de los bienes propiedad del Estado que la mayoría ni siquiera utilizaban la tinta de su oficina para escribir otra cosa que no fueran comunicaciones oficiales. Cada vez que debían redactar algo personal, cambiaban de pluma.

Se estableció un celo puritano en torno a dichas normas. Mi padre estaba convencido de que tales minucias contribuían a crear una actitud nueva entre los chinos: la propiedad pública había quedado por primera vez estrictamente separada de la privada; los funcionarios ya no trataban el dinero público como si fuera propio, ni abusaban de sus posiciones. La mayor parte de las personas que trabajaban con mi padre adoptaron su misma actitud, en el sincero convencimiento de que sus esmerados esfuerzos se hallaban íntimamente ligados a la noble causa de edificar una nueva China.

La Campaña de los Tres Anti se hallaba dirigida a los miembros del Partido. Sin embargo, para toda transacción corrupta hacen falta dos partes, y los instigadores se encontraban a menudo fuera del Partido. Destacaban especialmente los «capitalistas», los dueños de las fábricas y los comerciantes, sobre quienes apenas se había intervenido. Los viejos hábitos se hallaban profundamente arraigados. Durante la primavera de 1952, poco después del lanzamiento de la Campaña de los Tres Anti, se anunció simultáneamente el inicio de una nueva campaña, dirigida a los capitalistas, que recibió el nombre de Campaña de los Cinco Anti. Los cinco objetivos de la misma eran el soborno, la evasión de impuestos, el fraude, el robo de propiedad estatal y la obtención de información económica por medio de la corrupción. La mayor parte de los capitalistas fueron hallados culpables de uno o varios de estos delitos, castigados por lo general con una multa. Los comunistas se sirvieron de esta campaña para persuadir y (más frecuentemente) intimidar a los capitalistas, si bien de tal modo que se obtuviera el mejor provecho de su utilidad para la economía. Los encarcelados no fueron muchos.

Aquellas dos campañas paralelas consolidaron los mecanismos de control –únicos en China– que se habían desarrollado originariamente en los primeros días del comunismo. El elemento más importante fue la «campaña de masas» (*qiun-zhong yun-dong*), creada por organismos conocidos con el nombre de «equipos de trabajo» (*gong-zuo-zu*).

Los equipos de trabajo eran organismos ad hoc compuestos principalmente por empleados de las oficinas gubernamentales y encabezados por altos funcionarios del Partido. El Gobierno central de Pekín solía enviar destacamentos a las provincias para investigar a los funcionarios y empleados provinciales. Éstos, a su vez, formaban equipos que controlaban a los del siguiente nivel, y el proceso se repetía hasta alcanzar las bases. Normalmente, nadie podía formar parte de un equipo de trabajo que no hubiera sido previamente investigado a lo largo de cada campaña en particular.

Se enviaron equipos a todas las organizaciones en las que había de desarrollarse la campaña con objeto de movilizar a la gente. Casi todas las tardes se celebraban asambleas obligatorias para estudiar las instrucciones emitidas por las autoridades superiores. Los miembros de los equipos hablaban, peroraban e intentaban persuadir a los presentes para que denunciaran a los sospechosos. Se animaba a la gente a depositar sus quejas en buzones provistos a tal efecto. A continuación, el equipo de trabajo estudiaba todos los casos. Si la investigación confirmaba el cargo o descubría nuevos motivos de sospecha, el equipo formulaba un veredicto que era posteriormente sometido al siguiente nivel de autoridad para su aprobación.

No existía un sistema de apelación propiamente dicho, aunque toda persona sobre la que se levantaran sospechas podía solicitar que le fueran mostradas las pruebas y era generalmente autorizada a contribuir alguna forma de autodefensa. Los equipos de trabajo podían imponer una amplia variedad de condenas, entre las que se incluían la crítica pública, el despido del puesto de trabajo y diversas formas de vigilancia; la pena más severa que podían dictar era el envío de una persona al campo para realizar labores manuales. Tan sólo los casos más graves pasaban al sistema judicial, sometido al control del Partido. Cada campaña iba acompañada de una serie de normas emitidas por las más altas instancias, y los equipos de trabajo debían atenerse estrictamente a ellas. Sin embargo, en cada caso individual solía influir asimismo el juicio e incluso el temperamento de los miembros de los grupos de trabajo.

En cada campaña, todos aquellos que integraban la categoría designada por Pekín como objetivo eran sometidos a cierto grado de escrutinio, si bien más por parte de sus compañeros de trabajo y vecinos que por la propia policía. Ello constituía una de las innovaciones cruciales de Mao, y perseguía involucrar a toda la población en los mecanismos de control. Según el criterio del régimen, pocos delincuentes podían escapar a la atenta mirada del pueblo, especialmente en una sociedad dotada de una mentalidad de vigilancia ya ancestral. No obstante, la «eficacia» se conseguía a cambio de un precio desmesurado, ya que las campañas se desarrollaban sobre la base de criterios muy vagos, por lo que muchas personas inocentes resultaban condenadas como resultado de venganzas personales e incluso de simples rumores.

La tía Jun-ying había estado trabajando como tejedora para contribuir al sostenimiento de su madre, de su hermano retrasado y de sí misma. Todas las noches trabajaba hasta altas horas de la madrugada, y llegó a sufrir graves daños en los ojos a causa de la luz mortecina con que se alumbraba. En 1952 ya había conseguido ahorrar y pedir prestado suficiente dinero para comprar dos máquinas más, lo que le permitió contratar los servicios de dos amigas. Aunque los ingresos se repartían, era mi tía quien teóricamente debía pagar las máquinas, dado que era la propietaria de las mismas. Durante la Campaña de los Cinco Anti, cualquiera que empleara los servicios de otras personas era considerado sospechoso en cierto grado. Se investigaban hasta los negocios más modestos, tales como el de la tía Jun-ying quien, en realidad, no dirigía sino una cooperativa. Mi tía pensó en pedir a sus amigas que la abandonaran, pero no quería que pensaran que las estaba despidiendo. Por fin, fueron ellas quienes le pidieron permiso para irse. Les preocupaba que empezaran a circular habladurías y mi tía llegara a pensar que procedían de ellas.

A mediados de 1953, las campañas de los Tres Anti y los Cinco Anti habían remitido. Los capitalistas habían sido puestos bajo control y el Kuomintang ya estaba erradicado. Las asambleas multitudinarias cesaron tan pronto como los funcionarios comprendieron que la mayor parte de la información que se desprendía de ellas era poco fiable. Los casos comenzaron a examinarse a nivel individual.

En mayo de 1953, mi madre ingresó en el hospital para dar a luz a su tercer hijo, un niño que recibió el nombre de Jin-ming. Se trataba del mismo hospital de misioneros en el que había estado ingresada durante mi embarazo; para entonces, sin embargo, los misioneros habían sido expulsados, al igual que había sucedido en el resto del país. Mi madre acababa de ser ascendida al puesto de jefa del Departamento de Asuntos Públicos de la ciudad de Yibin, y aún trabajaba a las órdenes de la señora Ting, quien a su vez había sido nombrada secretaria del Partido en dicha ciudad. En aquella época, mi abuela –aquejada de una grave crisis de asma– se encontraba también ingresada en el hospital, al igual que yo misma, que a la sazón sufría una infección en el ombligo. Mi nodriza permanecía conmigo en el hospital. Dado que pertenecíamos a una familia «de la revolución», recibíamos un tratamiento correcto y gratuito. Los médicos tendían a ceder las escasas camas de hospital disponibles a los funcionarios y a sus familias. No existía ningún servicio de salud pública para el grueso de la población, y los campesinos, por ejemplo, tenían que pagar.

Mi hermana y mi tía Jun-ying vivían en el campo con unos amigos, por lo que mi padre estaba solo en casa. Un día, la señora Ting acudió a su casa para presentar un informe sobre su trabajo. Al poco rato, dijo que le dolía la cabeza y que quería echarse. Mi padre la acostó en una de las camas y, al hacerlo, ella se abrazó a él e intentó besarle y acariciarle. Mi padre retrocedió de inmediato. «Debe de encontrarse usted muy cansada», dijo, y abandonó inmediatamente la estancia. Pocos minutos después, regresó en estado de gran agitación. Llevaba consigo un vaso de agua que depositó sobre la mesilla de noche. «Debe saber que amo a mi esposa», dijo y, antes de que la señora Ting tuviera ocasión de hacer nada, se encaminó a la puerta y la cerró tras él. Bajo el vaso de agua había depositado un trozo de papel en el que aparecían escritas las palabras «Moral comunista».

Pocos días después, mi madre abandonó el hospital. Tan pronto como atravesó el umbral con su hijo recién nacido, mi padre dijo:

–Abandonaremos Yibin tan pronto como sea posible. Para siempre.

Mi madre no podía imaginar qué mosca le había picado. Él le reveló lo sucedido y añadió que la señora Ting hacía tiempo que le tenía echado el ojo. Mi madre se mostró más desconcertada que furiosa:

–Pero ¿por qué quieres marcharte tan pronto? –preguntó.

–Se trata de una mujer muy decidida –repuso mi padre–. Podría intentarlo de nuevo. Además, es muy vengativa. Temo sobre todo que pueda intentar perjudicarte a ti, lo que no sería difícil dado que trabajas a sus órdenes.

–¿Tan mala es? –inquirió mi madre–. Es cierto que oí algunos rumores de que había seducido a su carcelero cuando estuvo presa por el Kuomintang, pero a algunas personas les encanta difundir habladurías. En cualquier caso, no me sorprende que se sienta atraída por ti –sonrió–, pero ¿realmente crees que intentaría perjudicarme? Es la mejor amiga que tengo aquí.

–No lo entiendes... existe una cosa que llamamos «la ira que surge de la vergüenza» (nao-xiu-cheng-nu), y sé que eso es lo que ella siente ahora. Yo no me comporté con el suficiente tacto. Debí de avergonzarla, y ahora me arrepiento. Me temo que en el acaloramiento de aquellos instantes obedecí a mi primer impulso. Es de esa clase de mujeres que siempre buscan la venganza.

Para mi madre no resultaba difícil imaginar el modo en que mi padre habría rechazado a la señora Ting, pero no podía creer que alimentara tanta malicia, ni podía imaginar qué calamidades podía abatir sobre ellos. En consecuencia, mi padre le contó lo que sabía acerca del señor Shu, su predecesor en el puesto de gobernador de Yibin.

El señor Shu había sido un pobre campesino que se había unido al Ejército Rojo durante la Larga Marcha. La señora Ting no le había caído bien, y la había criticado acusándola de ser demasiado coqueta. También había censurado el modo en que peinaba sus cabellos, recogidos en delgadas trenzas, lo que entonces se consideraba poco menos que indecente. En diversas ocasiones le dijo que debía cortarse las trenzas, pero ella se negó, diciéndole que se ocupara de sus propios asuntos. Con ello no consiguió sino que él redoblara sus críticas, lo que aumentó la hostilidad de la señora Ting hacia Shu. Por fin, decidió vengarse de él con ayuda de su marido.

En el despacho del señor Shu trabajaba una mujer que había sido concubina de un funcionario del Kuomintang que posteriormente había huido a Taiwan. La dama en cuestión había intentado provocar con sus encantos al señor Shu –un hombre casado– y habían comenzado a surgir rumores acerca de la posibilidad de que ambos hubieran iniciado una aventura. La señora Ting consiguió que la mujer firmara una declaración en la que afirmaba que el señor Shu le había hecho proposiciones y posteriormente la había obligado a tener relaciones sexuales con él. Aunque se trataba del gobernador, la mujer accedió, considerando que los Ting eran personas más temibles. El señor Shu fue acusado de servirse de su posición para mantener relaciones amorosas con una antigua concubina del Kuomintang, lo que se consideraba un delito inexcusable para un comunista veterano.

El método habitual en China para hacer caer en desgracia a una persona consistía en reunir distintos cargos y proporcionar así mayor gravedad a su caso. Los Ting lograron descubrir un nuevo «delito» del que acusar al señor Shu. En cierta ocasión, éste se había mostrado en desacuerdo con una política promovida desde Pekín y había escrito a los líderes supremos del Partido para expresarles su opinión. Según las normas del Partido, no hacía con ello sino ejercer su derecho; es más: como veterano de la Larga Marcha, se encontraba en una posición privilegiada para ello. En su carta decía que no tenía intención de implementar dichas directrices hasta que no recibiera una respuesta al respecto. Los Ting se sirvieron de ello para afirmar que se había opuesto al Partido.

Aunando ambas acusaciones, el señor Ting había propuesto el cese del señor Shu y su expulsión del Partido. Éste negó vehementemente ambos cargos. El primero, dijo, era sencillamente falso. Jamás había hecho proposiciones a aquella mujer, sino que se había limitado a comportarse cortésmente con ella. En cuanto al segundo, no había hecho nada malo y nunca había sido su intención enfrentarse al Partido. El Comité del Partido que gobernaba la región se componía de cuatro personas: el propio señor Shu, el señor Ting, mi padre y el primer secretario. El señor Shu hubo de someterse al juicio de los otros tres. Mi padre le defendió. Estaba convencido de la inocencia del señor Shu, y consideraba su carta absolutamente legítima.

Cuando llegó el momento de votar, mi padre perdió, y el señor Shu fue relevado de su cargo. El primer secretario del Partido había apoyado al señor Ting. Uno de los motivos de su actitud era que el señor Shu había pertenecido a la rama «mala» del Ejército Rojo. A comienzos de la década de los treinta había ejercido como oficial de alto rango en lo que en su día se denominó el Cuarto Frente de Sichuan. Dicho ejército se había unido a la rama del Ejército Rojo encabezada por Mao durante la Larga Marcha en 1935. Su jefe, un extravagante personaje llamado Zhang Guo-tao, había desafiado a Mao en la lucha por el liderazgo del Ejército Rojo y había perdido, tras lo cual había abandonado el Ejército Rojo con sus tropas. Finalmente, y tras sufrir importantes bajas, se había visto obligado a unirse de nuevo a éste. Sin embargo, se había pasado al Kuomintang en 1938, tras la llegada de los comunistas a Yan'an. Debido a ello, todos los que habían pertenecido al Cuarto Frente habían de soportar permanentemente un estigma que obligaba a poner en tela de juicio su lealtad a Mao. Se trataba de una cuestión especialmente delicada, ya que la mayoría de los integrantes del Cuarto Frente procedían de Sichuan.

Tras la llegada al poder de los comunistas, esta clase de estigmas se extendieron a todos aquellos aspectos de la revolución no controlados directamente por Mao y entre ellos los grupos clandestinos, en los que habían intervenido muchos de los comunistas más valerosos, consagrados... y mejor educados. En Yibin, todos los antiguos miembros de la clandestinidad se habían sentido presionados de un modo u otro. Entre las complicaciones añadidas había que incluir el hecho de que muchas de las personas que habían formado parte del movimiento clandestino local procedían de familias pudientes que habían resultado perjudicadas por la llegada al poder de los comunistas. Adicionalmente, su elevado grado de educación –superior al de aquellos que habían llegado con el Ejército comunista, procedentes en su mayor parte de familias campesinas y a menudo analfabetas– los había convertido en objeto de todas las envidias.

Aunque él mismo había sido anteriormente guerrillero, mi padre se sentía instintivamente mucho más cercano a los militantes clandestinos. En cualquier caso, se negaba a respaldar cualquier forma de insidioso ostracismo, por lo que salió en defensa de los antiguos miembros de la clandestinidad. «Resulta ridículo dividir a los comunistas en "clandestinos" y "legales"», solía decir. De hecho, la mayor parte de los colaboradores que buscaba para trabajar con él habían pertenecido a la clandestinidad, ya que eran los más capaces.

Mi padre opinaba que era inaceptable considerar sospechosos a hombres que, como el señor Shu, habían pertenecido al Cuarto Frente, y luchó por su rehabilitación. En primer lugar, le aconsejó que abandonara Yibin para evitar nuevos problemas, cosa que éste hizo después de comer por última vez con mi familia. Fue trasladado a Chengdu, capital de la provincia de Sichuan, donde se le asignó un puesto como funcionario en el Departamento Forestal Provincial. Desde allí envió numerosas apelaciones al Comité Central de Pekín utilizando como referencia el nombre de mi padre. Éste escribió también para apoyar dichas apelaciones. Mucho después, el señor Shu fue absuelto de haberse opuesto al Partido, pero la acusación –más leve– de mantener relaciones extramatrimoniales siguió en pie. La concubina que había realizado la acusación no se atrevió a retractarse, pero aportó un relato de las supuestas proposiciones tan débil e incoherente que resultaba evidente que había sido inventado para indicar a los miembros del comité de investigación que las acusaciones eran falsas. Al señor Shu le fue concedido un puesto relativamente importante en el Ministerio Forestal de Pekín, pero jamás recuperó su antigua posición.

Lo que mi padre intentaba transmitir a mi madre era que los Ting no se detendrían ante nada para arreglar viejas cuentas. Tras ponerle otros ejemplos, insistió en que debían partir de inmediato. Al día siguiente viajó a Chengdu, situado a una jornada de camino en dirección Norte. Una vez allí, se fue derecho a ver al gobernador de la provincia –a quien conocía bien– y solicitó su traslado, aduciendo para ello que le resultaba difícil trabajar en su ciudad natal y enfrentarse a las expectativas de sus numerosos parientes. Dado que carecía de pruebas contra los Ting, guardó los motivos reales para sí mismo.

El gobernador, Lee Da-zhang, era el mismo que había respaldado la solicitud de la esposa de Mao, Jiang Qing, para ingresar en el Partido. Expresó su comprensión ante la situación de mi padre y prometió ayudarle a obtener el traslado, aunque –afirmó– no quería que partiera de inmediato, ya que todos los puestos equivalentes de Chengdu se encontraban cubiertos. Mi padre dijo que no podía esperar, y que estaba dispuesto a aceptar cualquier cosa. Tras intentar disuadirle por todos los medios, el gobernador terminó por rendirse y le dijo que podía ocupar el puesto de jefe del Departamento de Arte y Educación. «No obstante –le advirtió–, se trata de un puesto muy por debajo de tu capacidad.» Mi padre respondió que no le importaba mientras tuviera una labor que realizar.

Estaba tan preocupado que ni siquiera regresó a Yibin, sino que envió un mensaje a mi madre pidiéndole que se uniera a él tan pronto como le fuera posible. Las mujeres de su familia protestaron, afirmando que no cabía siquiera considerar un traslado de mi madre cuando hacía tan poco tiempo que había dado a luz, pero mi padre estaba aterrorizado por lo que pudiera hacer la señora Ting, y tan pronto como transcurrió el período de convalecencia puerperal envió a su guardaespaldas a Yibin para recogernos.

Se decidió que mi hermano Jin-ming permaneciera allí, ya que aún se le consideraba demasiado pequeño para viajar. Tanto su nodriza como la de mi hermana querían también quedarse para poder estar cerca de sus familias. Además, la nodriza de Jin-ming se había encariñado mucho con el niño y había pedido a mi madre que le permitiera quedarse con él. Mi madre se mostró de acuerdo, ya que tenía absoluta confianza en ella.

Mi madre, mi abuela, mi hermana y yo abandonamos Yibin una madrugada de finales de junio acompañadas de mi nodriza y el guardaespaldas. Provistas de nuestro escaso equipaje, que apenas bastaba para llenar un par de maletas, nos metimos todas en un jeep. En aquella época, los funcionarios del rango de mis padres no poseían patrimonio alguno fuera de unas cuantas prendas de vestir. Recorrimos diversos caminos de tierra llenos de baches y por la mañana llegamos a la ciudad de Neijiang. Era un día de calor sofocante, y tuvimos que esperar varias horas a que llegara el tren.

Cuando la locomotora entró por fin en la estación, decidí súbitamente que tenía que hacer mis necesidades, y mi nodriza hubo de tomarme en brazos y llevarme hasta el extremo del andén. Mi madre, temiendo que el tren partiera sin nosotras, intentó detenerla, pero ella, que nunca había visto un tren anteriormente y carecía del concepto de horario, se volvió hacia ella y dijo en tono majestuoso: «¿Es que no puede decirle al cochero que espere? Er-hong tiene que hacer pipí.» Creía que, al igual que ella, todo el mundo supeditaría sus necesidades a las mías.

Debido a la diferencia de categoría que nos separaba, hubimos de dividirnos en varios grupos al subir al tren. Mi madre se trasladó a un vagón de literas de segunda clase en compañía de mi hermana; mi abuela ocupó un asiento tapizado de otro vagón y mi nodriza y yo nos dirigimos a lo que se denominaba el «compartimento para mamás con niños», en el que ella disponía de un asiento y yo de una cuna. El guardaespaldas se instaló en un cuarto vagón de asientos duros.

A medida que el tren avanzaba lentamente resoplando, mi madre contemplaba los arrozales y las plantaciones de caña de azúcar. Los escasos campesinos que caminaban sobre las crestas de barro desnudos de cintura para arriba parecían medio dormidos bajo sus sombreros de paja de ala ancha. Los arroyos formaban un entramado por el que fluían a intervalos, obstruidos aquí y allá por diminutos diques de lodo que dirigían el agua al interior de las numerosas divisiones del arrozal.

Mi madre permanecía en un estado pensativo. Por segunda vez en cuatro años, ella, su marido y su familia se veían obligados a abandonar un lugar al que se sentían profundamente ligados. Primero había sido su ciudad de residencia, Jinzhou, y ahora era la de mi padre, Yibin. Al parecer, la revolución no había solucionado sus problemas. Por el contrario, había causado otros nuevos. Por primera vez, reflexionó vagamente acerca del hecho de que la revolución, en tanto que producto de los seres humanos, no podía sino verse obstaculizada por los fallos de éstos. Sin embargo, no se le ocurrió pensar que esa misma revolución hacía muy poco por resolver esos mismos problemas, ni tampoco que, de hecho, se sustentaba sobre algunos de ellos, acaso los más graves.

A primera hora de la tarde, cuando el tren ya se aproximaba a Chengdu, se sorprendió a sí misma anhelando la nueva vida que había de disfrutar allí. Había oído hablar mucho de Chengdu, en otros tiempos capital de un antiguo reino y conocida con el nombre de «La ciudad de la seda» debido a lo que constituía su producción más célebre. También la llamaban «La ciudad del hibisco», planta de la que se decía que llegaba a sepultar la ciudad con sus pétalos tras las tormentas de verano. Contaba entonces veintidós años. A su misma edad, sólo que aproximadamente veinte años antes, su madre vivía en una mansión de Manchuria, prácticamente en calidad de prisionera de su esposo, un señor de la guerra permanentemente ausente. Bajo la atenta mirada de los sirvientes, se había sentido entonces como juguete y propiedad de los hombres. Mi madre, al menos, era un ser humano independiente. Fueran cuales fuesen sus problemas, tenía la seguridad de que no cabía comparación alguna con la odisea de su madre como mujer de la antigua China. Se dijo a sí misma que tenía mucho que agradecer a la revolución comunista. A medida que el tren entraba en la estación de Chengdu, se sintió una vez más resuelta a lanzarse de lleno a la consecución de aquella gran causa.

10

«El sufrimiento hará de vosotros mejores comunistas»

Mi madre bajo sospecha

(1953-1956)

Mi padre fue a esperarnos a la estación. La atmósfera era de un aire estancado y opresivo, y mi madre y mi abuela estaban extenuadas por el traqueteo del coche la noche anterior y el agobiante calor que había inundado los vagones del tren durante todo el recorrido. Fuimos trasladadas a una casa de huéspedes propiedad del Gobierno provincial de Sichuan que habría de constituir temporalmente nuestro alojamiento. El traslado de mi madre había sido tan súbito que aún no se le había asignado ningún puesto de trabajo ni había habido tiempo de organizar adecuadamente la cuestión de nuestra vivienda.

Chengdu era la capital de Sichuan, la provincia más populosa de China, con aproximadamente sesenta y cinco millones de habitantes. Era una ciudad grande en la que vivían más de medio millón de personas, y había sido fundada en el siglo v a.C. Marco Polo la había visitado en el siglo XIII y se había mostrado profundamente impresionado por su prosperidad. Su diseño era similar al de Pekín, con antiguos palacios y grandes puertas de entrada dispuestas según un eje Norte-Sur que dividía limpiamente la ciudad en dos partes, Este y Oeste. En 1953 había desbordado ya su diseño original y se encontraba dividida en tres distritos administrativos: oriental, occidental y suburbios.

Al cabo de pocas semanas de nuestra llegada, a mi madre le fue asignado un trabajo. Mi padre había sido consultado previamente al respecto pero –aún de acuerdo con las viejas tradiciones chinas– no así mi madre. Mi padre respondió que cualquier cosa serviría con tal de que no tuviera que trabajar directamente bajo sus órdenes, por lo que fue nombrada jefa del Departamento de Asuntos Públicos del Distrito Oriental de la ciudad. Dado que la unidad de trabajo de cada uno era la responsable de su alojamiento, le fueron asignadas habitaciones en un patio tradicional perteneciente a su departamento. Allí nos trasladamos todos menos mi padre, quien permaneció en la *suite* con que contaba en su oficina. Nuestra vivienda formaba parte del mismo complejo en el que estaba la administración del Distrito Oriental. La mayoría de las oficinas gubernamentales habían sido instaladas en grandes mansiones confiscadas a los funcionarios del Kuomintang y a los terratenientes más acaudalados. Todos los empleados del Gobierno –incluidos los funcionarios de alto rango– vivían en su oficina. No se les permitía cocinar en casa, y siempre comían en la cantina. Allí acudían también para aprovisionarse de agua hervida que transportaban en termos.

El sábado era el único día que las parejas casadas podían pasar en mutua compañía. Entre los funcionarios, «pasar el sábado» se había convertido en un eufemismo de hacer el amor. Gradualmente, aquella vida de estilo militar fue suavizándose un poco y las parejas casadas pudieron pasar más tiempo juntas. Casi todas, sin embargo, siguieron viviendo y pasando la mayor parte del tiempo en sus oficinas.

El departamento de mi madre se ocupaba de una amplia variedad de actividades, entre ellas la educación primaria, la salud, el ocio y los sondeos públicos de opinión. A sus veintidós años de edad, mi madre se hallaba a cargo de todas ellas en la medida en que afectaban a unas doscientas cincuenta mil personas. Estaba tan ocupada que casi nunca la veíamos. El Gobierno quería establecer un monopolio (conocido con el nombre de «transacciones y comercializaciones unificadas») sobre el comercio de las mercancías fundamentales, tales como el grano, el algodón, el aceite comestible y la carne. La idea consistía en conseguir que los campesinos vendieran exclusivamente al Gobierno, el cual se encargaría a su vez de racionarlos entre la población urbana y aquellas partes del país menos favorecidas.

Cuando el Partido Comunista Chino lanzaba una nueva política, solía acompañarla con una campaña propagandística destinada a explicar la misma a la población. Parte de la labor de mi madre consistía en intentar convencer a la gente de que todo cambio era a mejor. En esta ocasión, el núcleo del mensaje era que China poseía una enorme población y que el problema de su alimentación y vestido nunca había llegado a resolverse definitivamente; ahora, el Gobierno quería asegurarse de que las necesidades básicas eran distribuidas de modo ecuánime y que nadie se veía obligado a morirse de hambre mientras otros se permitían el lujo de almacenar grano y otros productos de primera necesidad. Mi madre puso manos a la obra con gran entusiasmo. Incluso en los últimos meses de embarazo de su cuarto hijo, iba de un lado a otro en su bicicleta e intervenía todos los días en asambleas interminables. Le gustaba su trabajo, y creía en lo que hacía.

No acudió al hospital hasta el último momento. Su cuarto hijo, un niño, nació el 15 de septiembre de 1954. Una vez más, se trató de un parto difícil. El médico se preparaba ya para regresar a su casa cuando mi madre le detuvo. Estaba sangrando de un modo anormal, y sabía que algo no iba bien. Insistió en que el médico se quedara y la sometiera a una revisión. Faltaba un fragmento de placenta. Su búsqueda y hallazgo se consideraba una operación de envergadura, por lo que el médico le administró anestesia general y revisó de nuevo su útero. Al fin, hallaron el fragmento, lo que probablemente salvó su vida.

A la sazón, mi padre estaba en el campo intentando obtener apoyo para el programa de monopolios del Estado. Acababa de ser ascendido a nivel 10 y nombrado director adjunto del Departamento de Asuntos Públicos de toda la provincia de Sichuan. Una de sus principales obligaciones consistía en realizar un constante sondeo de la opinión pública: ¿qué pensaba la gente acerca de cada política en particular? ¿Qué quejas tenían? Dado que los campesinos constituían la inmensa mayoría de la población, tenía que viajar al campo a menudo para averiguar sus posturas y sus opiniones. Al igual que mi madre, creía apasionadamente en su trabajo, al que consideraba un medio de mantener al Partido y al Gobierno en contacto con el pueblo.

Siete días después del parto, uno de los colegas de mi padre envió un automóvil al hospital para trasladarla a casa. Se consideraba comúnmente aceptado que si el esposo estaba en la organización del Partido la encargada de cuidar de su esposa. Mi madre aceptó agradecida, ya que su «casa» estaba a media hora de camino a pie. Cuando mi padre regresó pocos días más tarde, administró a su colega una severa reprimenda. Las normas estipulaban que mi madre sólo podría viajar en un coche oficial si era en compañía de mi padre. La utilización del mismo en su ausencia habría de contemplarse como un acto de nepotismo, dijo. El colega de mi padre dijo que había autorizado el uso del automóvil debido a que mi madre acababa de ser sometida a una seria intervención que la había dejado en un estado de debilidad extrema. Las normas son las normas, repuso mi padre. Una vez más, a mi madre le costó trabajo aceptar aquella rigidez puritana. Era la segunda vez que mi padre la atacaba inmediatamente después de sufrir un parto difícil. ¿Por qué no había estado él ahí para llevarla a casa? –preguntó–. De ese modo no habría habido que violar las normas. Él respondió que había estado ocupado con su trabajo, que era sumamente importante. Mi madre comprendía su entrega –ella misma la compartía– pero no por eso dejó de sentirse amargamente mortificada.

Dos días después de nacer, mi hermano Xiao-hei contrajo un eccema. Mi madre pensó que se debía a que el verano anterior no había podido comer aceitunas verdes hervidas debido a lo ocupada que la había mantenido su trabajo. Los chinos creen que las aceitunas dan salida a un exceso de calor corporal que, de otro modo, aparece en forma de erupciones térmicas. Durante varios meses, hubo que atar las manos de Xiao-hei a los barrotes de la cuna para evitar que se rascara. Cuando ya tenía seis meses de edad, fue enviado a un hospital de dermatología. Al mismo tiempo, mi abuela hubo de partir hacia Jinzhou a toda prisa, pues su madre estaba enferma.

La nodriza de Xiao-hei era una campesina de Yibin dotada de largos cabellos, negros y exuberantes, y ojos coquetos. Había matado accidentalmente a su propio hijo asfixiándolo sin querer al quedarse dormida sobre él después de darle el pecho acostada. A través de un contacto familiar había acudido a ver a mi tía Jun-ying para rogarle que le diera una recomendación para mi familia. Quería viajar a una gran ciudad y divertirse. A pesar de la oposición de algunas mujeres de la localidad, que afirmaban que el único motivo por el que quería viajar a Chengdu era para verse libre de su marido, mi tía le dio la carta de recomendación. Aunque nunca se había casado, Jun-ying se negaba a mostrarse envidiosa del placer de los demás, especialmente del placer sexual; de hecho, se alegraba siempre sinceramente por ellos. Era una mujer llena de comprensión y sumamente tolerante con las debilidades humanas que rara vez se permitía emitir juicios.

Al cabo de pocos meses, comenzó a circular el rumor de que la nodriza estaba teniendo una aventura amorosa con uno de los sepultureros del complejo. Mis padres consideraban que tales cosas eran asuntos estrictamente privados, por lo que hicieron la vista gorda.

Cuando mi hermano ingresó en el hospital dermatológico, la nodriza partió con él. Los comunistas habían logrado erradicar en gran medida las enfermedades venéreas, pero en uno de los pabellones había aún algunos pacientes aquejados de las mismas, y un día la nodriza fue sorprendida en la cama de uno de ellos. Los responsables del hospital se lo contaron a mi madre y sugirieron que sería imprudente permitir que la nodriza continuara dándole el pecho al niño. Mi madre le dijo que se fuera. A partir de entonces el cuidado de Xiao-hei se repartió entre mi propia nodriza y la de mi otro hermano, Jin-ming, quien para entonces ya se había reunido con nosotros procedente de Yibin.

A finales de 1954, la nodriza de Jin-ming había escrito a mi madre diciéndole que le gustaría venir a vivir con nosotros, ya que había tenido problemas con su marido, quien se había convertido en un alcohólico y solía pegarla. Mi madre no había visto a Jin-ming desde hacía dieciocho meses, cuando el niño no tenía más que un mes de edad. Su llegada, sin embargo, la sumió en el desconsuelo. Durante mucho tiempo, el niño no permitió que mi madre le tocara, y su nodriza era la única persona a la que llamaba «mamá».

Mi padre también halló difícil establecer una relación estrecha con Jin-ming, pero se mostraba muy unido a mí. Solía gatear por el suelo y permitirme que cabalgara sobre su espalda. Por lo general, llevaba siempre unas flores en el cuello para que yo las oliera. Si se le olvidaba ponérselas, yo hacía un gesto en dirección al jardín y emitía ruiditos imperiosos indicando que trajera unas cuantas sin tardanza. A menudo me besaba en la mejilla. Un día en que no se había afeitado, yo torcí el gesto y protesté: «¡Barba vieja! ¡Barba vieja!», gritando a pleno pulmón. Estuve llamándole «Barba Vieja» (*lao hu-zi*) durante meses. Desde entonces, me besaba con más cautela. Me encantaba ir tambaleándome de un despacho a otro y jugar con los funcionarios. Solía perseguirlos, llamándoles por nombres especiales que inventaba para cada uno y recitándoles poesías infantiles. Antes de cumplir tres años era ya conocida como La pequeña diplomática.

Creo que en realidad mi popularidad se debía al hecho de que los oficiales acogían con alivio un descanso y un poco de diversión de vez en cuando, y yo, con mi parloteo infantil, les proporcionaba ambas cosas. Era, además, muy regordeta, y a todos les gustaba sentarme sobre el regazo y darme pellizquitos y apretones.

Cuando contaba algo más de tres años de edad, mis hermanos y yo fuimos enviados a diferentes jardines de infancia. Yo no lograba entender por qué se me enviaba lejos de casa, y a modo de protesta me puse a patalear y rasgué la cinta que recogía mis cabellos. En el jardín de infancia me dediqué a crearle problemas a las maestras deliberadamente: no había día que no derramara la leche y mis pastillas de aceite de hígado de bacalao en el interior del pupitre. Después del almuerzo teníamos que dormir una larga siesta, durante la cual solía relatar a los niños con los que compartía el enorme dormitorio historias de miedo de mi invención. No tardé en ser descubierta y se me castigó a permanecer sentada en el umbral.

El motivo de enviarnos a jardines de infancia era que no había quien pudiera cuidar de nosotros. Un día, en julio de 1955, se comunicó a mi madre y a los ochocientos empleados del Distrito Oriental que deberían permanecer todos sin moverse de las instalaciones hasta nuevo aviso. Había comenzado una nueva campaña política, en esta ocasión con el propósito de desenmascarar a los «contrarrevolucionarios ocultos». Todos habían de ser sometidos a una exhaustiva investigación.

Mi madre y sus colegas obedecieron la orden sin discusión. En cualquier caso, estaban ya acostumbrados a llevar una vida cuasi militar. Por otra parte, parecía lógico que el Partido quisiera investigar a sus miembros para asegurarse de la estabilidad de la nueva sociedad. Al igual que la mayor parte de sus camaradas, el deseo de mi madre de dedicarse a la causa se sobreponía a cualquier impulso de protestar por lo estricto de la medida.

Al cabo de una semana, casi todos sus colegas recibieron el visto bueno y se les permitió volver a circular libremente. Mi madre fue una de las escasas excepciones. Se le dijo que ciertas circunstancias de su pasado aún no habían sido del todo esclarecidas. Tenía que abandonar su propio dormitorio y dormir en una estancia situada en otra parte del edificio de oficinas. Antes de ello, se le permitió pasar algunos días en casa para –según le dijeron– organizar sus asuntos domésticos, ya que habría de permanecer confinada durante algún tiempo.

La nueva campaña había sido desencadenada como reacción de Mao ante el comportamiento de algunos escritores comunistas, especialmente el célebre literato Hu Feng. No es que éstos se mostraran necesariamente en desacuerdo con Mao desde el punto de vista ideológico, pero traslucían un elemento de independencia y una capacidad de pensamiento individual que el líder encontraba inaceptables. Temía que cualquier tipo de reflexión independiente pudiera conducir a una situación de no obediencia absoluta de su doctrina. Insistía permanentemente en que la nueva China tenía que actuar y pensar como un solo ente, y que era preciso adoptar medidas rigurosas para mantener la unidad del país y evitar su posible desintegración. Hizo arrestar a cierto número de escritores importantes y los acusó de conspiración contrarrevolucionaria, un cargo terrible, ya que toda actividad «contrarrevolucionaria» se hallaba castigada con las penas más duras, incluida la muerte.

Aquello señaló el comienzo del fin de la expresión individual en China. Cuando los comunistas llegaron al poder, todos los medios de comunicación pasaron a ser controlados por el Partido. A partir de entonces, el control se estableció aún con más fuerza sobre las mentes de toda la nación.

Mao declaró que las personas que estaba buscando eran «espías de los países imperialistas y del Kuomintang, así como trotskistas, ex funcionarios del Kuomintang y traidores camuflados de comunistas». Afirmaba que todos ellos trabajaban por el regreso del Kuomintang y de los imperialistas de Estados Unidos, quienes se negaban a reconocer el régimen de Pekín y habían rodeado China por una frontera de hostilidad. Así como la anterior campaña destinada a la eliminación de contrarrevolucionarios (durante la que había sido ejecutado Hui-ge, el amigo de mi madre) había estado dirigida a los miembros reconocidos del Kuomintang, el objetivo se hallaba ahora centrado en gente del Partido o del Gobierno cuyo pasado mostrara conexiones con el Kuomintang.

Ya desde antes de que llegaran al poder, la redacción de archivos detallados del pasado de las personas había constituido una parte crucial del sistema comunista de control. Los expedientes de los miembros del Partido eran conservados por el Departamento de Organización del mismo. Los expedientes de todos aquellos que trabajaban para el Estado pero no eran miembros del Partido eran trasladados a las unidades de trabajo de las autoridades y conservados en su departamento de personal. Todos los años, cada jefe escribía un informe de todos aquellos que trabajaban a sus órdenes, y cada informe se incorporaba al respectivo expediente. Nadie estaba autorizado a leer su propio expediente, y únicamente ciertas personas especialmente autorizadas podían leer los de otros.

Para caer bajo sospecha en esta campaña bastaba cualquier conexión que se hubiera tenido en el pasado con el Kuomintang, por tenue y vaga que ésta fuera. Las investigaciones se llevaban a cabo por equipos de trabajo compuestos de funcionarios probadamente desprovistos de cualquier conexión con el Kuomintang. Mi madre se convirtió en una de las principales sospechosas, al igual que les sucedió a nuestras nodrizas, debido a sus relaciones familiares.

Había un equipo de trabajo encargado de investigar a la servidumbre y a los empleados del Gobierno provincial, esto es, chóferes, jardineros, doncellas, cocineras y porteros. El marido de mi nodriza se encontraba encarcelado por jugar y traficar con opio, lo que convertía a su esposa en una «indeseable». La nodriza de Jin-ming había entrado a formar parte de una familia de terratenientes al casarse, y su marido había sido un funcionario de menor importancia del Kuomintang. Dado que las nodrizas no ocupaban puestos de importancia, el Partido no investigaba sus casos con excesivo detenimiento. Sin embargo, ambas se vieron obligadas a dejar de trabajar en nuestra familia.

Mi madre fue informada de ello durante los escasos días que pasó en casa antes de su detención. Cuando comunicó la noticia a las nodrizas, ambas se mostraron desconsoladas. Nos amaban profundamente a mí y a Jin-ming. A la mía le preocupaba además perder sus ingresos si se veía obligada a regresar a Yibin, por lo que mi madre escribió al gobernador de aquella ciudad rogándole que le buscara un empleo, cosa que éste hizo. La mujer marchó a trabajar a una plantación de té y pudo llevarse a su hija pequeña a vivir con ella.

La nodriza de Jin-ming no quería regresar con su marido. Tenía un nuevo novio que trabajaba como portero en Chengdu y quería casarse con él. Deshecha en lágrimas, suplicó a mi madre que la ayudara a obtener el divorcio para poder casarse con él. Conseguir el divorcio era considerablemente difícil, pero ella sabía que una palabra de mi padre o de mi madre –especialmente del primero– le facilitaría enormemente las cosas. Mi madre apreciaba mucho a la nodriza, y deseaba ayudarla. Si lograba obtener el divorcio y casarse con el portero se vería inmediatamente trasladada de la categoría de «terrateniente» a la de miembro de la clase obrera, y en tal caso no tendría por qué abandonar nuestra familia. Mi madre habló con mi padre, pero éste se mostró opuesto a la idea:

–¿Cómo se te ocurre proyectar un divorcio? La gente comenzaría a decir que los comunistas se dedican a destrozar las familias.

–¿Y qué hay de nuestros hijos? –exclamó mi madre–. ¿Quién se ocupará de ellos si las dos nodrizas tienen que marcharse?

Mi padre también tenía respuesta para eso:

–Envíalos a un jardín de infancia.

Cuando mi madre le dijo a la nodriza de Jin-ming que no tendría más remedio que marcharse, a ésta le faltó poco para desmayarse. Hoy, el recuerdo más antiguo de Jin-ming es el de su partida. Una tarde, a la puesta del sol, alguien le llevó a la puerta principal. Allí vio a su nodriza, vestida con un traje de campesina y una chaqueta lisa con cierres de algodón en un costado y cargada con un fardo de algodón. Quería que su nodriza le cogiera en brazos, pero ella permaneció fuera del alcance de sus manos extendidas. Las lágrimas resbalaban por sus mejillas. A continuación, descendió los escalones que conducían a la puerta situada al fondo del patio. La acompañaba alguien a quien mi hermano no conocía. Cuando ya estaba a punto de salvar el umbral, la nodriza se detuvo y giró en redondo. Mi hermano gritó, lloró y pataleó, pero no logró que le acercaran a ella. Durante largo rato, la mujer permaneció enmarcada por el arco de la puerta del patio, mirándole. Por fin, giró rápidamente sobre sus talones y desapareció. Jin-ming nunca volvió a verla.

Mi abuela seguía aún en Manchuria. Mi bisabuela acababa de morir de tuberculosis. Antes de ser confinada a los barracones, mi madre se vio obligada a enviarnos a los cuatro a sendos jardines de infancia. Debido a lo precipitado de la situación, ninguno de los jardines de infancia municipales podía hacerse cargo de más de uno de nosotros, por lo que nos vimos repartidos entre cuatro instituciones distintas.

Cuando mi madre partió hacia su detención, mi padre le dio un consejo: «Sé completamente sincera con el Partido y confía plenamente en él. Recibirás un veredicto justo.» Ante aquellas palabras sintió que la invadía una oleada de aversión. Hubiera deseado oír algo más cálido y personal. Aún resentida con mi padre, se presentó un húmedo día de verano dispuesta a sufrir su segundo período de detención, esta vez a manos de su propio Partido.

El hecho de estar siendo investigado no conllevaba necesariamente el estigma de la culpabilidad. Sencillamente, significaba que el pasado de uno incluía cosas que habían de ser clarificadas. Aun así, le afligía verse sometida a una experiencia tan humillante después de todos los sacrificios que había realizado y de su manifiesta lealtad a la causa comunista. En parte, sin embargo, se sentía llena de optimismo ante la posibilidad de que el oscuro nubarrón de sospecha que se había cernido sobre ella a lo largo de casi siete años pudiera por fin desvanecerse. No tenía nada de lo que avergonzarse, y tampoco nada que ocultar. Era una comunista entusiasta y no albergaba ninguna duda de que el Partido sabría reconocerlo.

Se formó un equipo especial de tres personas encargadas de su investigación. Lo encabezaba un tal señor Kuang, quien trabajaba como encargado de Asuntos Públicos de la ciudad de Chengdu, lo que significaba que estaba por debajo de mi padre y por encima de mi madre. Su familia y la mía se conocían muy bien. En aquella ocasión, aunque aún trataba amablemente a mi madre, mostraba una actitud más formal y reservada.

Al igual que a los otros detenidos, a mi madre se le asignaron varias «acompañantes» que la seguían a todas partes –incluso al retrete– y que dormían en la misma cama que ella. Se le dijo que era por su propia protección, y mi madre comprendió que se la «protegía» de la posibilidad de cometer suicidio o de intentar confabularse con otra persona.

Varias mujeres se turnaban entre sí para desempeñar el puesto de acompañante. Una de ellas, sin embargo, fue relevada de sus obligaciones para ser también ella investigada. Las acompañantes tenían que redactar diariamente un informe acerca de mi madre. Mi madre las conocía a todas porque trabajaban en las oficinas del distrito, aunque no en su departamento. Se mostraban amistosas y, con excepción de su falta de libertad, mi madre fue bien tratada.

Los interrogadores y su acompañante conducían las sesiones como si se tratara de conversaciones amistosas, si bien el tema que se discutía en las mismas resultaba profundamente desagradable. No es que se presumiera exactamente su culpabilidad, pero tampoco su inocencia. Por otra parte, debido a la falta de procedimientos legales, uno tenía pocas posibilidades de defenderse frente a las insinuaciones.

El expediente de mi madre contenía informes detallados en relación a cada etapa de su vida: de su época de estudiante, cuando trabajaba para la clandestinidad, de su pertenencia a la Federación de Mujeres de Jinzhou y de los trabajos que había desempeñado en Yibin. Dichos informes habían sido redactados en su día por sus jefes. La primera cuestión que salió a relucir fue su excarcelación por el Kuomintang en 1948. ¿Cómo había logrado su familia sacarla de la cárcel teniendo en cuenta la gravedad del delito cometido? ¡Ni siquiera la habían torturado! ¿Acaso su detención no podría haberse tratado simplemente de una farsa destinada a establecer sus credenciales frente a los comunistas con objeto de alcanzar una posición de confianza desde la que pudiera trabajar como agente del Kuomintang?

Luego, estaba su amistad con Hui-ge. Era evidente que sus jefas de la Federación de Mujeres de Jinzhou habían incluido comentarios negativos sobre aquella cuestión. Del mismo modo que Hui-ge había intentado buscarse un seguro de vida por medio de ella –decían–, ¿no era igualmente posible que ella hubiera pretendido hacer lo propio a través de él en caso de que ganara el Kuomintang?

La misma pregunta le fue formulada en relación con sus pretendientes del Kuomintang. ¿Acaso no los había animado a pedir su mano como forma de asegurar su futuro? Y, de nuevo, la misma y grave sospecha: ¿Ninguno de ellos le había pedido que se infiltrara en el Partido Comunista y trabajara para el Kuomintang?

Mi madre se vio en la odiosa situación de tener que probar su inocencia. Todas las personas acerca de las que le preguntaban o bien habían sido ejecutadas o bien se encontraban en Taiwan o quién sabía dónde. En cualquier caso, se había tratado de miembros del Kuomintang, y no cabía fiarse de su palabra. ¿Cómo convenceros?, pensaba a veces con exasperación mientras volvía sobre el mismo incidente una y otra vez.

También le preguntaron acerca de las conexiones de sus tíos con el Kuomintang, así como respecto a su relación con una de sus compañeras, quien, siendo aún una adolescente, se había unido a la Liga Juvenil del Kuomintang en la época anterior a la conquista de Jinzhou por los comunistas. Según las directrices de la campaña, toda persona que hubiera sido nombrada jefe de grupo de la Liga Juvenil del Kuomintang tras la rendición de los japoneses había de ser considerada contrarrevolucionaria. Mi madre intentó argumentar que el caso de Manchuria era especial: allí, tras la ocupación japonesa, se había contemplado al Kuomintang como el representante de China, la madre patria. El propio Mao había sido en su día funcionario de alto rango del Kuomintang, aunque ella prefirió no mencionar este detalle. Por otra parte, sus amigas se habían unido a los comunistas antes de que transcurrieran dos años. Se le dijo, no obstante, que aquellas antiguas amigas suyas habían sido todas acusadas de ser contrarrevolucionarias. Mi madre no pertenecía a ninguna categoría maldita, pero se le hizo una pregunta imposible de contestar: ¿Por qué tenías tantas conexiones con gente del Kuomintang?

Permaneció detenida durante seis meses. Durante aquel período, hubo de asistir a numerosas asambleas multitudinarias en las que los «agentes enemigos» eran obligados a desfilar ante la muchedumbre para luego ser denunciados públicamente, sentenciados, maniatados y conducidos a prisión entre los puños alzados de miles de personas y un atronador coro de consignas. Había también «contrarrevolucionarios» que habían confesado y a los que, por ello, se les había aplicado un castigo indulgente, lo que significaba que no eran enviados a la cárcel. Entre ellos había una amiga de mi madre. Tras ser denunciada públicamente se suicidó, debido a que, desesperada, había realizado una confesión falsa durante el interrogatorio. Siete años después, el Partido admitió que había sido inocente desde el principio. Mi madre fue obligada a asistir a aquellas reuniones multitudinarias para recibir una lección. Sin embargo, su fortaleza de carácter evitó que se derrumbara por el miedo como tantos otros o que terminara por verse confundida por la lógica falaz y los argumentos esgrimidos durante los interrogatorios. Consiguió mantener la mente clara y escribió una crónica sincera de lo que había sido su vida.

Durante largas noches permanecía despierta, incapaz de superar la amargura que le producía la injusticia del trato recibido. Primero mientras escuchaba el zumbido de los mosquitos que revoloteaban sobre la red que cubría su lecho, bajo el calor opresivo del verano; luego, con el repiqueteo de fondo de la lluvia del otoño y, por fin, en el húmedo silencio del invierno, reflexionó una y otra vez acerca de las injustas sospechas que se cernían sobre ella, y especialmente sobre las dudas que había despertado su detención por el Kuomintang. Se sentía orgullosa de su comportamiento de entonces, y jamás había soñado que aquel episodio pudiera convertirse en un motivo que la excluyera de la revolución.

Por fin, comenzó a intentar convencerse a sí misma de que no podía culpar al Partido por intentar conservar su pureza. En China, uno acababa por acostumbrarse a cierto grado de injusticia. Esta vez, por lo menos, obedecía a una causa noble. Igualmente, se repetía una y otra vez las palabras del Partido cuando exigía sacrificios a sus miembros: «Se os está poniendo a prueba, y el sufrimiento hará de vosotros mejores comunistas.»

Consideró la posibilidad de ser considerada contrarrevolucionaria. Si eso ocurría, sus descendientes sufrirían también el estigma, y su vida se vería destrozada. El único modo en que podría evitarlo sería divorciándose de mi padre y repudiándose a sí misma como madre de sus hijos. Por las noches, mientras cavilaba acerca de tan negras perspectivas, aprendió a contener las lágrimas. Ni siquiera podía agitarse ni dar vueltas en la cama, ya que su acompañante la compartía con ella y estaba obligada a informar de cualquier forma de comportamiento que mostrara, por nimia que pareciera. Las lágrimas serían interpretadas como signo de que se sentía herida por el Partido o de que estaba perdiendo confianza en él. Ambas cosas resultaban inaceptables, y podían ejercer un efecto negativo sobre el veredicto final.

Así pues, mi madre apretaba los dientes y se decía a sí misma que debía confiar en el Partido. Aun así, le resultaba muy duro verse completamente aislada de su familia, y echaba terriblemente de menos a sus hijos. Mi padre no la escribió ni la visitó ni una sola vez: tanto las cartas como las visitas estaban prohibidas. Lo que necesitaba más que nada en este mundo era un hombro sobre el que apoyar la cabeza o, al menos, una palabra afectuosa.

Sin embargo, sí recibía llamadas telefónicas. Del otro extremo de la línea le llegaban bromas y muestras de confianza que le proporcionaban un considerable aliento. El único teléfono de todo el departamento estaba instalado en la mesa de la mujer encargada de los documentos secretos. Cuando había una llamada para mi madre, sus acompañantes se quedaban en la habitación mientras hablaba. Sin embargo, como la apreciaban y querían proporcionarle cierto bienestar, hacían como si no escucharan sus palabras. La mujer a cargo de los documentos secretos no formaba parte del equipo que investigaba a mi madre, por lo que no tenía derecho a escuchar sus conversaciones y tampoco a presentar informes de ella. Las acompañantes de mi madre procuraban asegurarse de que no tuviera problemas a causa de aquellas llamadas. Se limitaban a informar: «La directora Chang habló por teléfono. La conversación giró en torno a cuestiones familiares.» Comenzó a correrse la voz de cuán considerado era mi padre por preocuparse tanto de su esposa y mostrarse tan cariñoso con ella. Una de las jóvenes acompañantes de mi madre le dijo en cierta ocasión que confiaba en encontrar un marido tan bondadoso como mi padre.

Nadie sabía que el que llamaba no era mi padre, sino otro funcionario de alto rango que había abandonado el Kuomintang para pasarse a los comunistas durante la guerra contra Japón. Como antiguo oficial del Kuomintang, había sido considerado sospechoso y encarcelado en 1947, aunque terminó por ser rehabilitado. Solía citar su propia experiencia para dar ánimos a mi madre y, de hecho, entre ambos se estableció una amistad que duraría toda la vida. Mi padre no telefoneó ni una sola vez a lo largo de aquellos seis meses. Después de tantos años de militancia, sabía que el Partido prefería que las personas investigadas no mantuvieran contacto alguno con el mundo exterior, ni siquiera con sus cónyuges. Tal y como él lo veía, reconfortar a mi madre hubiera implicado la existencia por su parte de cierto grado de desconfianza hacia el Partido. Mi madre nunca pudo perdonarle que la hubiera abandonado en un momento en que necesitaba cariño y apoyo más que ninguna otra cosa. Una vez más, le había demostrado que siempre antepondría el Partido a ella.

Una mañana de enero, mientras contemplaba los ateridos macizos de hierba azotados por la mustia lluvia bajo los jazmines del emparrado, con sus masas de verdes brotes entrelazados, fue llamada a ver al señor Kuang, el jefe del equipo de investigación. Éste le dijo que se le permitía regresar a su trabajo... que podía salir. No obstante, tendría que presentarse allí todas las noches. El Partido no había llegado aún a una conclusión final acerca de ella.

Mi madre se dio cuenta de que lo que ocurría era que la investigación se había atascado. La mayor parte de las acusaciones no podían probarse ni desmentirse, y aunque ello no le resultaba del todo satisfactorio, intentó olvidarlo ante la excitación que le producía pensar que iba a ver a sus hijos por primera vez después de seis meses.

Nosotros, recluidos en nuestros respectivos jardines de infancia, apenas habíamos visto tampoco a nuestro padre. Siempre estaba de viaje por el campo. En las raras ocasiones en que regresaba a Chengdu, solía enviar a su guardaespaldas para que nos recogiera a mi hermana y a mí y nos llevara a pasar el sábado en casa. Nunca envió a recoger a los dos niños porque eran demasiado pequeños y no se consideraba capaz de ocuparse de ellos. Su hogar era su oficina. Cuando íbamos a verle siempre tenía que acudir a alguna reunión, y entonces sus guardaespaldas nos encerraba en su despacho, lugar en el que nada podíamos hacer aparte de concursos de pompas de jabón. En cierta ocasión, me sentía tan aburrida que me dediqué a beber agua jabonosa. Pasé varios días enferma.

Cuando mi madre obtuvo permiso para salir, lo primero que hizo fue saltar a lomos de su bicicleta y salir disparada hacia los distintos jardines de infancia. Estaba especialmente inquieta por Jin-ming, que entonces contaba dos años de edad y a quien apenas había tenido tiempo de conocer a fondo. Sin embargo, descubrió que los neumáticos de su bicicleta se habían deshinchado tras seis meses de inactividad por lo que, apenas había traspasado el umbral, se vio obligada a detenerse para hincharlos. Nunca se había sentido tan impaciente en toda su vida como cuando paseaba de un lado a otro esperando a que el hombre repusiera el aire de sus neumáticos a un ritmo que se le antojó insoportablemente lento.

Acudió a ver a Jin-ming en primer lugar. Cuando llegó, la maestra le dirigió una mirada gélida. Jin-ming, dijo, era uno de los pocos niños a los que nadie había ido a buscar los fines de semana. Mi padre apenas había acudido a verle, y nunca le había recogido para llevarle a casa. Al principio, Jin-ming había preguntado por «mamá Chen». «Ésa no es usted, ¿verdad?», preguntó. Mi madre confesó que «mamá Chen» había sido su nodriza. Más tarde, Jin-ming comenzó a ocultarse en una esquina de la habitación cada vez que llegaba el momento en que los otros padres venían a recoger a sus hijos. «Usted debe de ser su madrastra», dijo la maestra en tono acusador. Mi madre se sintió incapaz de explicarle la situación.

Cuando trajeron a Jin-ming, éste se alejó hasta un extremo de la habitación y rehusó acercarse a mi madre. Se limitó a quedarse allí, en silencio, negándose a mirar a mi madre con una expresión de rencor en el rostro. Mi madre sacó unos melocotones y, mientras comenzaba a pelarlos, le dijo que viniera a comérselos, pero Jin-ming no se movió. No tuvo más remedio que depositarlos sobre el pañuelo e impulsarlos hacia él por encima de la mesa. El niño esperó a que retirara la mano, y a continuación cogió uno de los melocotones y comenzó a devorarlo. Luego cogió el otro. En pocos segundos, los tres melocotones habían desaparecido. Por primera vez desde que la detuvieran, mi madre dejó correr las lágrimas.

Recuerdo la tarde en que vino a verme. Yo casi había cumplido ya los cuatro años de edad, y estaba en mi cuna de madera, rodeada de barrotes como si fuera una jaula. Bajaron uno de los costados para que mi madre pudiera sentarse y cogerme de la mano mientras me dormía. Yo, sin embargo, quería contarle todas mis aventuras y travesuras. Me preocupaba pensar que si me dormía volvería a desaparecer para siempre. Cada vez que pensaba que ya me había dormido e intentaba retirar la mano, yo la aferraba con más fuerza y comenzaba a llorar. Se quedó hasta casi la medianoche. Cuando se levantó, empecé a gritar, pero ella se marchó de todos modos. Yo entonces ignoraba que su «libertad bajo palabra» tocaba a su fin.

11

«Concluida la campaña antiderechista, nadie osa abrir la boca»

China, obligada a enmudecer

(1956-1958)

Debido a que ahora no teníamos nodrizas y a que mi madre tenía que presentarse todas las tardes por su situación de libertad vigilada nos vimos obligados a continuar en nuestros jardines de infancia. Después de todo, ella no hubiera podido ocuparse de nosotros. Estaba demasiado ocupada en su «carrera hacia el socialismo» –como rezaba una canción propagandística– con el resto de la sociedad china.

Durante su detención, Mao había acelerado su intento por transformar el rostro del país. En julio de 1955 ordenó un aceleramiento de la agricultura colectiva, y en noviembre anunció inesperadamente que la totalidad de la industria y el comercio –hasta entonces en manos privadas– sería nacionalizada.

Mi madre se vio inmersa de lleno en aquel movimiento. En teoría, el Estado había de actuar como copropietario de las empresas junto con sus antiguos dueños, quienes podrían embolsarse el cinco por ciento del valor de sus negocios durante veinte años. Dado que oficialmente no existía inflación, se suponía que con ello recuperaban el valor total de los mismos. Los antiguos dueños debían permanecer en sus puestos en calidad de directores y obtendrían una remuneración relativamente elevada, pero todos estarían sometidos a un jefe del Partido.

Mi madre fue puesta a cargo de un equipo de trabajo encargado de supervisar la nacionalización de más de un centenar de restaurantes y empresas alimentarias y panaderas de su distrito. Aún se hallaba en libertad vigilada; por ello, estaba obligada a presentarse todas las noches y ni siquiera se le permitía dormir en su propia cama. Sin embargo, no por ello dejaron de encomendarle tan importante tarea.

El Partido le había aplicado la estigmatizadora calificación de *kongzhi shi-yong*, que significaba «empleada pero aún bajo control y vigilancia». Tal etiqueta no había sido hecha pública, pero ella y las personas encargadas de su caso la conocían. Los miembros de su equipo de trabajo sabían que había permanecido detenida durante seis meses, pero ignoraban que aún se hallara bajo vigilancia.

Cuando la detuvieron, mi madre había escrito a mi abuela pidiéndole que por el momento se quedara en Manchuria. Para ello había inventado una excusa, ya que no quería que su madre supiera que la habían detenido, pues ello la habría angustiado horriblemente.

Mi abuela aún estaba en Jinzhou cuando comenzó el programa de nacionalizaciones, por lo que se vio atrapada en él. Tras abandonar Jinzhou en compañía del doctor Xia en 1951, su negocio de farmacia había quedado a cargo de su hermano Yu-lin. Cuando el doctor Xia murió, en 1952, la propiedad del mismo pasó a ella. Ahora, el Estado proyectaba comprárselo. En todas las empresas se constituyó un grupo de miembros de equipos de trabajo y representantes de la dirección y de los empleados. Su función consistía en calcular el valor de cada negocio de tal modo que el Estado pudiera pagar un «precio justo» por el mismo. A menudo, para complacer a las autoridades, se sugerían cifras sumamente bajas. El valor que se aplicó al negocio del doctor Xia era ridículamente modesto, pero en ello había una ventaja para mi abuela: significaba que quedaría clasificada como «capitalista de menor importancia», con lo que lograría no atraer la atención. No le agradó verse cuasi expropiada, pero no protestó por ello.

Dentro de su campaña de nacionalización, el régimen organizó procesiones en las que desfilaban tañedores de tambores y gongs, así como asambleas interminables, algunas de ellas reservadas a los capitalistas. Mi abuela advirtió que todos ellos se mostraban deseosos –casi agradecidos– de que les obligaran a vender sus negocios. Muchos decían que lo ocurrido era mucho mejor que lo que habían temido. Habían oído que en la Unión Soviética las empresas habían sido confiscadas sin más. Allí, en China, los dueños recibían una indemnización y, lo que es más importante, el Estado no les obligaba a ceder sus propiedades si no estaban de acuerdo. Por supuesto, todo el mundo lo estaba.

Mi abuela se sentía confusa acerca de cuáles deberían ser sus sentimientos: ignoraba si debía experimentar rencor hacia la causa por la que luchaba su hija o sentirse feliz, tal y como le recomendaban que hiciera. El negocio de la farmacia había nacido del arduo esfuerzo del doctor Xia, y había servido para alimentarla a ella y a su hija. Le costaba trabajo perderlo así, sin más.

Cuatro años antes, durante la guerra de Corea, el Gobierno había animado a la gente a que donara sus objetos de valor para contribuir a la compra de aviones de combate. Mi abuela no quería entregar las joyas que le habían regalado el general Xue y el doctor Xia y que en otras épocas habían constituido su única fuente de ingresos. Además, poseían para ella un fuerte valor sentimental. Sin embargo, mi madre unió su voz a la del Gobierno. Sentía que las alhajas se hallaban conectadas con un pasado ya anticuado y compartía la opinión del Partido, según la cual no eran sino el fruto de la explotación del pueblo, motivo por el cual debían ser devueltas a él. Invocó asimismo los argumentos habituales acerca de la necesidad de proteger a China de una invasión de los imperialistas de Estados Unidos, lo que para mi abuela no significaba gran cosa. Sus argumentos definitivos fueron: «Madre, ¿para qué quieres conservar estas cosas? Nadie se pone joyas hoy en día. Y tampoco tienes que depender de ellas para vivir. Ahora que tenemos el Partido Comunista, China nunca volverá a ser pobre. ¿Qué es lo que te inquieta? En cualquier caso, además, me tienes a mí. Yo cuidaré de ti. Nunca tendrás que volver a preocuparte de nada. Tengo que persuadir a muchas otras personas para que donen sus bienes. Forma parte de mi trabajo. ¿Cómo puedo esperar tal cosa de ellos si mi propia madre se niega a hacerlo?» Mi abuela se rindió. Habría hecho cualquier cosa por su hija. Entregó todas sus joyas, con excepción de un par de pulseras, unos pendientes de oro y un anillo del mismo metal que había recibido del doctor Xia como regalo de boda. Obtuvo del Gobierno un recibo por su donación y gran número de alabanzas por su celo patriótico.

Sin embargo, nunca llegó a reconciliarse con la pérdida de sus alhajas, aunque siempre procuró ocultar sus sentimientos. Aparte del valor sentimental que poseían, existía una consideración de tipo puramente práctico. Mi abuela había vivido siempre en una inseguridad constante. ¿Podía una confiar realmente en que el Partido Comunista cuidara de todo el mundo? ¿Y para siempre?

Ahora, cuatro años más tarde, se enfrentaba una vez más a la obligación de entregarle al Estado algo que ella deseaba conservar y que, de hecho, constituía su última posesión. Esta vez, realmente, no tenía alternativa. No obstante, procuró mostrar una cooperación entusiasta. No quería perjudicar a su hija, y quería evitar que ésta pudiera sentirse siquiera ligeramente avergonzada de ella.

La nacionalización de la farmacia supuso un proceso prolongado, y mi abuela permaneció en Manchuria hasta su conclusión. En cualquier caso, mi madre no quería que regresara a Sichuan hasta que ella misma gozara una vez más de plena libertad de movimientos y pudiera habitar en su propia vivienda. Ello no sucedió hasta el verano de 1956, cuando por fin las restricciones de su libertad bajo palabra quedaron levantadas. No obstante, tampoco entonces se emitió una decisión definitiva de su caso.

La conclusión final no llegó hasta finales de aquel mismo año. El veredicto, emitido por las autoridades del Partido en Chengdu, venía a decir que se concedía credibilidad a su versión y que no se advertía en ella conexión política alguna con el Kuomintang. Ello constituía una decisión taxativa que la exoneraba por completo. Se sintió profundamente aliviada, ya que sabía que su caso, como tantos otros similares, podía haber permanecido abierto a falta de pruebas satisfactorias. Ello hubiera supuesto tener que arrastrar un estigma de por vida. Ahora, aquel capítulo quedaba cerrado, pensó. Sentía una profunda gratitud hacia el jefe del equipo de investigación, el señor Kuang. Por lo general, los funcionarios tendían a equivocarse por exceso y no por defecto con objeto de protegerse a sí mismos. Hacía falta un gran valor por parte del señor Kuang para decidirse a aceptar todo cuanto había dicho.

Tras dieciocho meses de intensa ansiedad, mi madre se vio una vez más rehabilitada. Era afortunada. Como resultado de aquella campaña, más de ciento sesenta mil hombres y mujeres habían sido tachados de contrarrevolucionarios, y sus vidas se vieron destrozadas durante tres décadas. Entre ellos se encontraban algunas de las amigas de mi madre de la época de Jinzhou que habían pertenecido a los cuadros de la Liga Juvenil del Kuomintang. Calificadas sumariamente como contrarrevolucionarias, fueron todas despedidas de sus empleos y enviadas a realizar trabajos manuales forzados.

Aquella campaña, destinada en principio a desenterrar los últimos vestigios de cualquier pasado relacionado con el Kuomintang, logró sacar a relucir numerosos datos y conexiones en la historia de las familias. A lo largo de la historia de China, cuando una persona había sido condenada, todos los miembros de su clan –hombres, mujeres, niños e incluso recién nacidos– habían sido ejecutados. En ocasiones, la ejecución podía aplicarse incluso a primos en noveno grado (*zhu-lian jiu-zu*). Cualquiera que fuera acusado de un crimen podía poner en peligro las vidas de todo un vecindario.

Hasta entonces, los comunistas habían incluido en sus filas a algunas personas de pasado «indeseable». Muchos hijos e hijas de sus enemigos llegaron a alcanzar posiciones elevadas. De hecho, la mayor parte de los antiguos líderes comunistas procedían también ellos de «malos» orígenes. A partir de 1955, no obstante, los orígenes familiares se convirtieron en un factor cada vez más importante. A medida que pasaban los años y Mao desencadenaba una caza de brujas tras otra, el número de víctimas creció en proporción geométrica, y cada una de ellas arrastraba consigo a muchas otras, incluyendo en primer lugar y sobre todo a los miembros más cercanos de su familia.

A pesar de aquellas tragedias personales, o acaso debido en parte a tan férreo control, la China de 1956 mostraba mayor estabilidad que en ningún otro momento de este siglo. La ocupación extranjera, la guerra civil, las muertes en masa a causa de la inanición, los bandidos, la inflación... todo parecía cosa del pasado. La estabilidad –el sueño de todos los chinos– alimentaba la fe de la gente como mi padre y les ayudaba a soportar sus sufrimientos.

Mi abuela regresó a Chengdu en el verano de 1956. Lo primero que hizo al llegar fue correr a los diferentes jardines de infancia y llevarnos a todos de vuelta a casa de mi madre. Mi abuela poseía una arraigada aversión hacia los jardines de infancia. Solía decir que los niños no podían ser cuidados adecuadamente si estaban en grupo. Mi hermana y yo no estábamos demasiado mal, pero tan pronto como la vimos rompimos a gritar y le pedimos que nos llevara a casa. Con los dos niños, la cosa no fue tan fácil: la maestra de Jin-ming se quejó de que el niño se mostraba terriblemente retraído y se negaba a permitir que ningún adulto le tocara. Tan sólo preguntaba, suave pero obstinadamente, por su antigua nodriza. Mi abuela estalló en lágrimas cuando vio a Xiao-hei. Parecía un muñeco de madera, y su rostro aparecía curvado en una sonrisa estúpida. Allí donde le situaran, ya fuera sentado o de pie, se limitaba a permanecer inmóvil en el sitio. No sabía pedir sus necesidades, y ni siquiera parecía capaz de llorar. Mi abuela lo tomó en sus brazos e inmediatamente hizo de él su favorito.

Ya de regreso en casa de mi madre, mi abuela dio rienda suelta a su cólera y perplejidad. Entre lágrimas, llamó a mi padre y a mi madre «progenitores sin corazón». Ignoraba que mi madre no había tenido elección.

Debido a que mi abuela no podía cuidar de los cuatro a la vez, las dos mayores –mi hermana y yo– tuvimos que volver al jardín de infancia durante la semana. Todos los lunes por la mañana, mi padre y su guardaespaldas nos cargaban sobre sus hombros y se nos llevaban entre aullidos, patadas y tirones de pelo.

La situación se mantuvo así durante algún tiempo. Luego, inconscientemente, fui desarrollando mis propias formas de protesta. Comencé a ponerme enferma en el jardín de infancia y a sufrir fiebres tan elevadas que los médicos se alarmaban. Tan pronto como regresaba a casa, mis males desaparecían milagrosamente. Por fin, se nos permitió a ambas quedarnos en casa.

Para mi abuela, una profunda amante de la naturaleza, las nubes y la lluvia eran seres vivos dotados de corazón y lágrimas y sentido de la moralidad. Estaríamos a salvo si seguíamos la antigua regla china para los niños, *ting-hua* («prestar atención a las palabras», ser obedientes). En caso contrario, nos ocurrirían toda clase de cosas. Cuando comíamos naranjas, mi abuela nos prevenía de que no nos tragáramos las pepitas. «Si no me hacéis caso, un día no podréis entrar en la casa. Cada pepita es un naranjo chiquitín que, al igual que vosotras, quiere crecer. Se desarrollará silenciosamente dentro de vuestra barriga, creciendo más y más hasta que un día, ¡Ai- ya! ¡Os saldrá por la cabeza! Le crecerán hojas, tendrá más naranjas y sobrepasará la altura de la puerta...»

La idea de llevar un naranjo en la cabeza me fascinaba tanto que un día me tragué una pepita deliberadamente... una, tan sólo. Tampoco quería llevar un huerto en la cabeza: pesaría demasiado. Me pasé el resto del día palpándome el cráneo cada pocos minutos para comprobar si aún lo tenía de una pieza. Varias veces estuve a punto de preguntarle a mi abuela si se me permitiría comerme personalmente las naranjas que me crecieran en la cabeza, pero decidí no hacerlo para que no supiera que había sido desobediente. Decidí que cuando viera el árbol fingiría que había debido de ser un accidente. Aquella noche dormí muy mal. Sentía como si algo me apretara el cráneo por dentro.

Por lo general, sin embargo, las historias de mi abuela me proporcionaban sueños felices. Conocía docenas de ellas, procedentes de la ópera china clásica. También teníamos montones de libros de animales y pájaros y mitos y cuentos de hadas. Ni siquiera nos faltaban libros de cuentos extranjeros, entre ellos los de Hans Christian Andersen y las fábulas de Esopo. *Caperucita roja, Blancanieves y los siete enanitos* y *Cenicienta* se contaron entre mis compañeros favoritos de niñez.

Además de los cuentos, me encantaban los poemas infantiles, los cuales constituyeron mi primer encuentro con la poesía. Dado que la lengua china se basa en tonos, su poesía posee una calidad especial. Solía quedarme fascinada cada vez que mi abuela cantaba los poemas clásicos, cuyo significado yo entonces no entendía. Los leía al estilo tradicional, entonando un soniquete de acentos alargados que ascendían y descendían cadenciosamente. Un día, mi madre la oyó mientras nos recitaba algunos poemas escritos en torno al año 500 a.C. Pensó que eran demasiado difíciles para nosotras e intentó detenerla, pero mi abuela insistió, diciendo que no teníamos que comprender su significado, y que bastaba con que captáramos el sentido de musicalidad de los sonidos. A menudo decía que sentía haber perdido su cítara cuando abandonó Yixian veinte años antes.

A mis dos hermanos no les interesaba tanto que les leyeran, ni tampoco que les relataran historias nocturnas. A mi hermana, sin embargo, con quien yo compartía el dormitorio, le gustaban tanto como a mí. Tenía, además, una memoria extraordinaria. Había logrado ya impresionar a todo el mundo recitando sin una sola equivocación la larga balada de Pushkin titulada *El pescador y los peces de colores* cuando tan sólo contaba tres años de edad.

Mi vida familiar era tranquila y afectuosa. Independientemente del resentimiento que mi madre pudiera sentir entonces hacia mi padre, rara vez se peleaban, al menos no en presencia de los niños. Ahora que habíamos crecido, mi padre rara vez demostraba su cariño hacia nosotras a través del contacto físico. No era habitual que un padre alzara en brazos a sus hijos, ni que les demostrara su afecto por medio de besos y abrazos. A menudo permitía que los niños cabalgaran sobre él, y a veces les daba cariñosos golpecitos en los hombros o les acariciaba el cabello, cosa que rara vez hacía con nosotras. Cuando ambas superamos los tres años, se limitó a alzarnos cuidadosamente por las axilas, fiel a la tradición china, según la cual los hombres debían evitar cualquier intimidad con las hijas. Ni siquiera entraba en nuestro dormitorio sin que antes le hubiéramos dado permiso.

Mi madre no tenía con nosotros tanto contacto físico como hubiera deseado. El motivo era que a ella le afectaban otras normas, relacionadas en su caso con el puritanismo del estilo de vida comunista. A comienzos de los cincuenta se suponía que un comunista debía entregarse tan profundamente a la revolución y al pueblo que cualquier demostración de afecto hacia sus hijos era mal vista, ya que indicaba la presencia de lealtades divididas. Cada hora que no se pasara comiendo o durmiendo pertenecía a la revolución, y debía emplearse para trabajar. Cualquier actividad que no tuviera que ver con la revolución, tal como llevar a tus hijos en brazos, debía ser despachada con la mayor celeridad posible.

Al principio, a mi madre le costó trabajo acostumbrarse a eso. «Anteponer la familia» era una crítica de la que constantemente le hacían objeto sus colegas del Partido. Por fin, terminó por adquirir la costumbre de trabajar sin descanso. Para cuando llegaba a casa por las noches, hacía ya rato que estábamos durmiendo. En tales ocasiones, solía sentarse junto a nuestra cama observando nuestros rostros dormidos y escuchando nuestra apacible respiración. Aquéllos eran sus momentos más felices del día.

Siempre que tenía tiempo procuraba abrazarnos, rascándonos suavemente y haciéndonos cosquillas, especialmente en los codos, zona que resultaba particularmente placentera. Para mí el paraíso consistía en depositar la cabeza en su regazo y dejar que me hiciera cosquillas en la parte interior de la oreja. Hurgar la oreja era una forma china tradicional de proporcionar placer. Recuerdo haber visto de niña a profesionales que paseaban por las calles con una tarima en uno de cuyos extremos había un sillón de bambú con docenas de esponjosos palillos colgando del otro.

A partir de 1956, los funcionarios comenzaron a disfrutar del domingo libre. Mis padres solían llevarnos a parques y terrenos de juego donde montábamos en los columpios y tiovivos o nos dejábamos caer rodando por las laderas cubiertas de hierba. Aún conservo el recuerdo de un día en que di una peligrosa vuelta de campana y, encantada, me dejé caer ladera abajo con la intención de terminar en brazos de mis padres. Sin embargo, terminé estrellándome contra dos hibiscos, uno tras otro.

Mi abuela aún se mostraba aturdida ante la cantidad de tiempo que mis padres pasaban fuera de casa. «¿Qué clase de padres son éstos?», solía suspirar, sacudiendo la cabeza. En un intento por compensar su ausencia, se entregaba a nosotros en cuerpo y alma. Sin embargo, ella sola no podía con cuatro criaturas ajenas, por lo que mi madre invitó a la tía Jun-ying a vivir con nosotros. Ella y mi abuela se llevaban muy bien, y su armonía continuó cuando, a comienzos de 1957, se unió a ellas una criada interna. Aquel acontecimiento coincidió con nuestra mudanza a una nueva vivienda situada en una antigua vicaría cristiana. Mi padre se trasladó a vivir con nosotros, por lo que toda la familia comenzó a vivir bajo un mismo techo por primera vez.

La criada tenía dieciocho años. Cuando llegó, vestía una blusa y unos pantalones de algodón estampados con flores que los habitantes de la ciudad, más habituados a los colores discretos que dictaban el esnobismo urbano y el puritanismo comunista, hubieran considerado excesivamente llamativos. Las damas de la ciudad vestían trajes cortados como los de las mujeres rusas, pero nuestra criada vestía un traje al estilo campesino, cerrado por un costado con botones de algodón en lugar de con los nuevos botones de plástico. Para sujetarse los pantalones se servía de un cordel de algodón en lugar de cinturón. Muchas campesinas hubieran modificado su atuendo al llegar a la ciudad para no parecer paletas de pueblo, pero ella se mostraba completamente indiferente a su modo de vestir, lo que denotaba la fortaleza de su carácter. Poseía unas manos grandes y ásperas, y su rostro oscuro y bronceado mostraba dos hoyuelos permanentes en las rosadas mejillas y una sonrisa franca y tímida. Gustó inmediatamente a todos los miembros de la familia. Comía con nosotros y se ocupaba de las faenas domésticas con mi abuela y mi tía. Dado que mi madre nunca estaba en casa, mi abuela estaba encantada de contar con dos amigas íntimas que, a la vez, eran sus confidentes.

Nuestra criada procedía de una familia de terratenientes, y había intentado abandonar el campo por todos los medios debido a la constante discriminación con la que allí se enfrentaba. En 1957 volvió a estar permitido emplear a personas con «malos» antecedentes familiares. La campaña de 1955 había concluido, y la atmósfera parecía en general más relajada.

Los comunistas habían instituido un sistema bajo el cual todo el mundo debía registrar su lugar de residencia (*hu-kou*). Sólo aquellos que quedaban registrados como habitantes de ciudad tenían derecho a raciones alimenticias. Nuestra criada estaba registrada como campesina, por lo que mientras estuviera con nosotros no dispondría de fuente alguna de alimentos. Sin embargo, con las raciones de toda la familia había más que de sobra para alimentarla también a ella. Un año después, mi madre le ayudó a cambiar su registro al de Chengdu.

Igualmente, era mi familia la encargada de pagar su salario. El sistema de subsidios del Estado había sido abolido a finales de 1956, época en que mi padre perdió asimismo los servicios de su guardaespaldas, al que sustituyó un mayordomo compartido que le prestaba algunos servicios en la oficina, tales como servirle el té o cuidar de los automóviles. Para entonces, mis padres ganaban sueldos previamente fijados de acuerdo con sus niveles de funcionariado. Mi madre poseía un nivel 17, y mi padre un nivel 10, lo que implicaba el doble de sueldo que ella. Dado que los productos básicos eran baratos y que no existía concepto de sociedad de consumo, la combinación de ambos salarios resultaba más que suficiente. Mi padre pertenecía a una categoría especial conocida con el nombre de *gao-gan* o «altos funcionarios», término que se aplicaba a las personas de nivel 13 y superiores, de las cuales había unas doscientas en Sichuan. En toda la provincia, con una población total que entonces ya alcanzaba los setenta y dos millones de personas, había menos de veinte que alcanzaran o sobrepasaran el nivel 10.

En primavera de 1956, Mao anunció una política bautizada como la de las Cien Flores, nombre extraído de la frase «que florezcan las cien flores» (*bai-hua qi-fang*), lo que en teoría significaba una mayor libertad para las artes, la literatura y la investigación científica. El Partido quería obtener el apoyo de los ciudadanos más cultivados del país, cosa que éste necesitaba urgentemente a medida que iniciaba su etapa de industrialización y posrecuperación.

El nivel educativo general del país siempre había sido muy bajo. La población era enorme –para entonces, más de seiscientos millones de personas– y la inmensa mayoría jamás había disfrutado de nada parecido a un nivel de vida digno. El país siempre había vivido bajo una dictadura basada en mantener a la población en estado de ignorancia y, con ello, de obediencia. Existía también el problema del lenguaje: la grafía china es extraordinariamente difícil. Se basa en decenas de miles de caracteres individuales que no se encuentran relacionados con los sonidos, y cada uno de ellos se forma con complicados trazos y necesita ser recordado por separado. Había cientos de millones de personas analfabetas.

Cualquiera que poseyera una mínima educación recibía el apelativo de intelectual. Con los comunistas, acostumbrados a basar sus políticas en categorías de clase, los intelectuales se convirtieron en una categoría tan específica como vaga en la que se incluían enfermeras, estudiantes y actores junto a ingenieros, técnicos, escritores, maestros, médicos y científicos.

Bajo la política de las Cien Flores, el país disfrutó de un año de relativa tranquilidad. A continuación, en la primavera de 1957, el Partido exhortó a diversos intelectuales a que expresaran sus críticas de todos los rangos del funcionariado. Mi madre pensó que el propósito de ello era estimular una mayor liberalización. Al conocer el contenido de un discurso que Mao pronunció al respecto y que fue transmitiéndose de nivel en nivel hasta llegar a ella, se sintió tan conmovida que no pudo dormir en toda la noche. Sentía que China iba a disfrutar realmente de un partido moderno y democrático, un partido que aceptaría gustosamente las críticas con objeto de revitalizarse. Se sintió orgullosa de ser comunista.

Cuando los miembros del nivel de mi madre fueron informados del discurso en el que Mao había solicitado la expresión de críticas a los funcionarios, nadie les dijo nada de otros comentarios que había realizado aproximadamente en aquella misma época y en los que se refería a sacar a las serpientes de sus madrigueras y a desenmascarar a cualquiera que osara oponerse a él o a su régimen. Un año antes, el líder soviético, Kruschev, había denunciado a Stalin en su «discurso secreto», y ello había anonadado a Mao, quien se identificaba personalmente con Stalin. Mao se había visto nuevamente turbado por la rebelión húngara de aquel otoño, el primer intento con éxito –si bien de corta vida– por derrocar un régimen comunista establecido. Aún peor, Mao sabía que gran parte de las personas cultivadas de China se mostraba a favor de la moderación y la liberalización. Quería, pues, prevenir una «revuelta húngara a la china». De hecho, reveló posteriormente a los líderes húngaros que su petición de críticas había sido una trampa que decidió prolongar incluso cuando sus colegas sugirieron que pusiera fin a ella, con objeto de asegurarse que había descubierto hasta el último disidente en potencia.

Los obreros y campesinos no le inquietaban, ya que confiaba en su gratitud hacia los comunistas por haberles llenado el estómago y haberles proporcionado una existencia estable. Asimismo, mostraba un desprecio básico por ellos: no creía que tuvieran la suficiente capacidad mental como para desafiar su mandato. Sin embargo, Mao siempre había desconfiado de los intelectuales. Los intelectuales habían desempeñado un papel fundamental en Hungría, y se mostraban más aficionados que el resto de las personas a pensar por sí mismos.

Inconscientes de las maniobras secretas del líder, tanto funcionarios como intelectuales se dedicaron a solicitar y a ofrecer críticas. Según Mao, debían «decir todo aquello que quisieran, sin ocultar nada». Mi madre repitió aquello con entusiasmo en las escuelas, los hospitales y los grupos de entretenimiento que tenía a su cargo. En los seminarios y los carteles callejeros se aireaban toda suerte de opiniones. Numerosos personajes célebres aportaron su ejemplo publicando críticas en la prensa.

Como casi todo el mundo, mi madre también recibió ciertas críticas. La principal de ellas, procedente de los colegios, fue que mostraba favoritismo hacia los colegios «clave» (*zhong-dian*). En China existía cierto número de escuelas y universidades oficialmente designadas en las que el Estado concentraba sus limitados recursos. En ellas se contaba con mejores maestros e instalaciones, y de ellas se seleccionaban los alumnos más brillantes, lo que garantizaba un elevado nivel de acceso de éstos a instituciones de enseñanza superior, y especialmente a universidades «clave». Algunos maestros de las escuelas ordinarias protestaron afirmando que mi madre había estado prestando demasiada atención a los colegios «clave» a sus expensas.

Los maestros también estaban clasificados en niveles. A los mejores se les concedían niveles honorarios que les daban derecho a salarios muy superiores, raciones alimenticias especiales en tiempos de escasez, mejores viviendas y entradas gratuitas para los teatros. En la jurisdicción de mi madre, la mayor parte de los maestros de alto nivel parecían contar con antecedentes familiares «indeseables», y algunos de los maestros desprovistos de nivel protestaron diciendo que mi madre daba demasiada importancia a los méritos profesionales y muy poca a los antecedentes de clase. Mi madre realizó autocríticas acerca de su falta de ecuanimidad en lo que se refería a las escuelas «clave», pero insistió en que no creía estar equivocada al basarse en los méritos profesionales como criterio para determinar la oportunidad de los ascensos.

Hubo una crítica a la que mi madre, asqueada, hizo oídos sordos. La directora de una de las escuelas de primaria se había unido a los comunistas en 1945 –antes que mi madre– y se sentía molesta por tener que obedecer sus órdenes. En consecuencia, aquella mujer se dedicó a atacar a mi madre afirmando que si había obtenido aquel puesto había sido únicamente gracias a la influencia de mi padre.

Hubo otras quejas: los directores de las escuelas querían disfrutar del derecho a escoger a sus propios maestros en lugar de verse obligados a aceptar a aquellos que les eran asignados por las autoridades. Los directores de hospital querían que se les permitiera comprar hierbas y otras medicinas personalmente, ya que el suministro que recibían del Estado no bastaba para sus necesidades. Los cirujanos querían gozar de mayores raciones alimenticias: consideraban su labor tan ardua como la de los actores de *kung-fu* de la ópera tradicional china, y sin embargo sus raciones eran una cuarta parte más reducidas que las de aquéllos. Un funcionario de menor rango se lamentaba de que de los mercados de Chengdu hubieran desaparecido algunos célebres artículos tradicionales tales como las «tijeras Wong» o los «cepillos Hu» para verse reemplazados por sustitutos de inferior calidad fabricados al por mayor. Mi madre se mostraba de acuerdo con muchas de aquellas opiniones, pero nada había que pudiera hacer al respecto, ya que se trataba de políticas de Estado. Todo lo que podía hacer era informar de ello a las autoridades superiores.

Aquel estallido de críticas –que a menudo no eran otra cosa que quejas personales o sugerencias prácticas y apolíticas de posibles mejoras– floreció durante aproximadamente un mes del verano de 1957. A comienzos de junio, el discurso pronunciado por Mao acerca de «sacar a las serpientes de sus guaridas» llegó verbalmente a oídos de los funcionarios del nivel de mi madre.

En aquella arenga, Mao había dicho que los derechistas habían desencadenado un ataque sin cuartel del Partido Comunista y del sistema socialista de China. Afirmó que dichos derechistas suponían entre el uno y el diez por ciento de los intelectuales del país... y que debían ser aplastados. Para simplificar las cosas, se había escogido la cifra del cinco por ciento –a medio camino entre ambos extremos propuestos por Mao– como proporción establecida de derechistas que debían ser capturados. Para alcanzar dicha cifra, mi madre debía desenmascarar a más de cien derechistas en las organizaciones a su cargo.

Estaba un poco disgustada por algunas de las críticas que ella misma había recibido, pero pocas de ellas podían considerarse ni remotamente anticomunistas o antisocialistas. A juzgar por lo que había leído en los periódicos, parecía que se habían producido algunos ataques al monopolio comunista del poder y al sistema socialista, pero en sus escuelas y hospitales nadie se había mostrado tan osado. ¿Dónde demonios iba a localizar a tantos derechistas?

Además, pensó, era injusto castigar a gente a la que previamente se había invitado –incluso exhortado– a hablar. Por si fuera poco, Mao había garantizado explícitamente que no se tomarían represalias contra los que hablaran. Ella misma, con gran entusiasmo, había animado a la gente a hacerlo.

Se encontraba en un dilema típico al que en ese momento se enfrentaban millones de funcionarios de toda China. En Chengdu, la Campaña Antiderechista tuvo un inicio lento y difícil. Las autoridades provinciales decidieron dar ejemplo con un hombre, un tal señor Hau, que era secretario del Partido en un instituto de investigación en el que trabajaban científicos de renombre procedentes de toda la región de Sichuan. Se esperaba de él que capturara a un número considerable de derechistas, pero había informado que en su instituto no había ni uno. «¿Cómo es posible?», había preguntado su jefe. Algunos de los científicos habían estudiado en el extranjero, en Occidente. «Tienen que haberse contaminado por la sociedad occidental. ¿Cómo pretende usted esperar que sean felices con el comunismo? ¿Cómo es posible que entre ellos no haya ningún derechista?» El señor Hau dijo que el hecho de que hubieran elegido regresar a China demostraba que no eran anticomunistas, y llegó al extremo de avalarles personalmente. Se le advirtió en numerosas ocasiones que rectificara su actitud. Por fin, fue calificado él mismo de derechista, expulsado del Partido y despedido de su empleo. Su nivel de funcionariado se vio drásticamente reducido y se le obligó a trabajar barriendo los suelos en los laboratorios del mismo instituto que antes había dirigido.

Mi madre conocía al señor Hau, y experimentó una profunda admiración hacia él y hacia el modo en que había defendido sus opiniones. Entre ambos surgió una gran amistad que aún hoy perdura. Pasaba muchas tardes con él, contándole sus preocupaciones. Sin embargo, reconocía en su destino el que a ella misma le esperaba si no cumplía con su cuota.

Todos los días, tras las interminables asambleas habituales, mi madre tenía que informar a las autoridades municipales del Partido sobre la marcha de la campaña. La persona a cargo de la misma en Chengdu era un hombre llamado Ying; se trataba de un individuo alto, esbelto y bastante arrogante. Mi madre tenía que darle cifras que mostraran el número de derechistas que habían sido desenmascarados. Los nombres eran lo de menos. Lo que importaba eran los números.

¿Dónde, sin embargo, iba a conseguir hallar sus más de cien derechistas anticomunistas y antisocialistas? Por fin, uno de sus ayudantes, llamado Kong, encargado de Educación para el Distrito Oriental, anunció que las directoras de un par de colegios habían logrado identificar como tales a algunas de sus maestras. Una de ellas era una maestra de primaria cuyo esposo, oficial del Kuomintang, había muerto en la guerra civil. Había dicho algo así como que «China, hoy, está peor que en el pasado». Un día tuvo una trifulca con la directora, quien la había criticado por aflojar su ritmo de trabajo. Furiosa, la golpeó. Otras dos maestras intentaron detenerla, una de ellas diciéndole que tuviera cuidado, ya que la directora estaba embarazada. Según los informes, se había puesto a gritar que quería «librarse de ese comunista hijo de puta» (refiriéndose al niño que aún no había nacido).

En otro de los casos, se dijo que una maestra cuyo esposo había huido a Taiwan con el Kuomintang había estado mostrando a ciertas compañeras algunas de las joyas que le había regalado su marido, intentando con ello despertar en ellas un sentimiento de envidia hacia la vida que había llevado ella con el Kuomintang. Las jóvenes afirmaron asimismo que había dicho que era una lástima que los norteamericanos no hubieran ganado la guerra de Corea y hubieran avanzado a continuación hacia China.

El señor Kong dijo que había comprobado los hechos. La investigación no dependía de mi madre. Cualquier cautela por su parte se hubiera interpretado como un intento de proteger a las derechistas y poner en duda la integridad de sus propias colegas.

Los responsables hospitalarios y el encargado del Departamento de Salud no acusaron personalmente a ningún derechista, pero varios doctores fueron tildados de ello por las autoridades superiores del municipio de Chengdu como consecuencia de las críticas realizadas en asambleas anteriores organizadas por las autoridades de la ciudad.

Todos aquellos derechistas juntos apenas sumaban diez personas: mucho menos de lo que exigía la cuota. Para entonces, el señor Ying estaba harto de la falta de celo mostrado por mi madre y sus colegas, y afirmó que el hecho de que ésta no pudiera reconocer a los derechistas demostraba que ella misma estaba hecha de la misma pasta. Ser calificado de derechista no sólo implicaba verse convertido en un paria político y perder el empleo sino, lo que era aún más importante, aseguraba la discriminación de los hijos y la familia y ponía en peligro el futuro de todos ellos. Los niños estarían condenados al ostracismo tanto en la escuela como en la calle. El comité de residentes espiaría a la familia para comprobar qué visitas recibía. Si un derechista era enviado al campo, los campesinos reservarían las tareas más duras para él y para su familia. Sin embargo, nadie conocía con exactitud el alcance de las consecuencias, y esa misma incertidumbre constituía de por sí un poderoso motivo de temor.

Tal era el dilema al que se enfrentaba mi madre. Si era tachada de derechista se vería forzada a elegir entre renunciar a sus hijos o destrozar el futuro de los mismos. Mi padre se vería probablemente obligado a divorciarse de ella o también él sería incluido en la lista negra y sujeto a constantes sospechas. Incluso si mi madre se sacrificaba y se divorciaba de él, toda la familia continuaría eternamente señalada con el estigma de los sospechosos. No obstante, el precio que había de pagar para salvarse ella y salvar a sus parientes era el bienestar de cien personas inocentes con todas sus familias.

Mi madre no habló de aquello con mi padre. ¿Qué solución podría él haber aportado? Le producía resentimiento pensar que la elevada posición de que él gozaba le evitaba tener que enfrentarse a casos individuales. Aquellas dolorosas decisiones quedaban reservadas a funcionarios de nivel medio y bajo tales como el señor Ying, mi madre, sus ayudantes, las directoras de las escuelas y los directores de hospital.

Una de las instituciones del distrito de mi madre era la Escuela de Formación de Profesorado Número Dos de Chengdu. Los estudiantes de los colegios de magisterio gozaban de una beca que cubría su salario y sus gastos de manutención por lo que, lógicamente, tales instituciones solían atraer a personas procedentes de familias pobres. Acaba de ser completada la primera línea férrea que unió Sichuan –el Granero del Cielo– con el resto de China. Como resultado, se estaban transportando grandes cantidades de alimentos de esta región a otras partes del país, y los precios de muchos artículos se duplicaron e incluso triplicaron casi de la noche a la mañana. Los estudiantes de la Escuela de Formación habían visto su nivel de vida reducido prácticamente a la mitad, por lo que habían organizado una manifestación para exigir mayores ayudas. Aquella acción fue comparada por el señor Ying con la del Círculo de Petöfi durante la rebelión húngara de 1956, y denominó a los estudiantes «almas gemelas de los intelectuales húngaros». Ordenó que todos aquellos que hubieran participado en la manifestación fueran clasificados como derechistas. La escuela contaba con unos trescientos alumnos, de los cuales unos ciento treinta habían tomado parte en la misma. Todos ellos fueron tachados de derechistas por el señor Ying. Aunque la escuela no estaba bajo la jurisdicción de mi madre –ya que ésta tan sólo se ocupaba de las escuelas de enseñanza primaria– sí estaba localizada en su distrito, por lo que las autoridades de la ciudad le adjudicaron arbitrariamente a aquellos alumnos como parte de su cuota.

Nunca se le perdonó su falta de iniciativa. El señor Ying tomó nota de su nombre para someterla a futuras investigaciones como sospechosa de derechismo. Sin embargo, antes de que pudiera tomar medidas adicionales, él mismo se vio condenado por igual motivo.

En marzo de 1957, acudió a Pekín para asistir a una conferencia de jefes de departamentos de Asuntos Públicos provinciales y municipales procedentes de todo el país. Durante las discusiones de grupo, se animó a los delegados a que expresaran sus quejas sobre los procedimientos administrativos de sus respectivas zonas. El señor Ying sacó a relucir alguna que otra protesta inocente contra el primer secretario del Comité del Partido en Sichuan, Li Jing-quan, conocido generalmente como el Comisario Li. Mi padre era el jefe de la delegación de Sichuan para aquella conferencia, por lo que a él correspondía redactar el informe de rutina al regreso de la misma. Cuando comenzó la campaña antiderechista, el Comisario Li decidió que no le agradaban las manifestaciones realizadas por el señor Ying. Consultó con el jefe adjunto de la delegación, pero éste había sido lo bastante hábil como para ausentarse oportunamente al lavabo tan pronto como el señor Ying inició su crítica. Durante la última etapa de la campaña, el Comisario Li acusó al señor Ying de derechista. Cuando mi padre se enteró, se disgustó terriblemente, y comenzó a atormentarse con la idea de que él mismo era parcialmente responsable de la caída del señor Ying. Mi madre intentó convencerle de que no era así: «¡No es culpa tuya!», le dijo, pero él continuó torturándose con aquella idea.

Muchos funcionarios aprovecharon la campaña para arreglar cuentas personales. Algunos de ellos descubrieron que un modo sencillo de completar su cuota consistía en denunciar a sus enemigos. Otros obraron impulsados por un puro sentimiento de venganza. En Yibin, los Ting realizaron una purga entre numerosas personas de talento con las que no se llevaban bien o de quienes sentían celos. Casi todos los colaboradores de mi padre –gente que él mismo había escogido y promocionado– fueron condenados como derechistas. Un antiguo ayudante por quien mi padre sentía un gran afecto fue etiquetado como ultraderechista. Su crimen consistía en haber realizado una única observación en la que opinaba que China no debía permitir que se creara una dependencia «absoluta» de la Unión Soviética. En aquella época, sin embargo, el Partido proclamaba que así debía ser. Fue sentenciado a tres años de estancia en un *gulag* chino y obligado a trabajar en la construcción de una carretera en una zona agreste y montañosa en la que muchos de sus compañeros encontraron la muerte.

La Campaña Antiderechista no afectó a la sociedad ampliamente. La vida de campesinos y obreros continuó como si tal cosa. Al cabo de un año, cuando finalizó la campaña, al menos 550.000 personas habían sido tachadas de derechistas: entre ellas estudiantes, profesores, escritores, artistas, científicos y otros profesionales. En su mayor parte, fueron despedidos de sus empleos y hubieron de contentarse con realizar labores manuales en fábricas o granjas. Algunos fueron condenados a trabajos forzados en los *gulags*. Tanto ellos como sus familias se convirtieron en ciudadanos de segunda clase. La lección fue tan severa como inconfundible: no habían de tolerarse críticas de ningún tipo. A partir de entonces, la gente dejó de protestar, y hasta de hablar. Un dicho popular resumía la atmósfera reinante: «Tras los Tres Anti, nadie quería estar a cargo de dinero alguno; tras la Campaña Antiderechista, nadie osa abrir la boca.»

Sin embargo, la tragedia de 1957 no se limitó a reducir a la población al silencio. La posibilidad de verse precipitado en el abismo se había convertido en algo impredecible. El sistema de cuotas combinado con las venganzas personales significaba que cualquiera podía ser perseguido por nada.

La lengua vernácula captó claramente el ambiente reinante. Entre las categorías de derechistas había multitud de «derechistas de rifa» (*chouqian you-pai*), es decir, personas a quienes habían tildado como tales por medio de un sorteo; había «derechistas de lavabo» (*ce-suo you-pai*), esto es, gente que había sido acusada por no haber podido aguantar las ganas de acudir al retrete tras largas e interminables reuniones; había también derechistas de los que se decía que «tenían veneno pero no lo soltaban» (*you-du bu-fang*): se trataba de personas calificadas de derechistas aunque nunca hubieran dicho nada en contra de nadie. Cuando a un jefe no le gustaba alguien, podía decir: «No da buena impresión» o «Su padre fue ejecutado por los comunistas, ¿cómo no va a sentir rencor por ello? Sencillamente, no quiere confesarlo abiertamente». A veces, surgían jefes de unidad bondadosos que hacían exactamente lo contrario: «¿A quién voy a cargarle el muerto? No puedo hacerle eso a nadie. Decid que soy yo.» Estos últimos eran denominados popularmente «derechistas autorreconocidos» (*zi-ren you-pai*).

Para muchas personas, 1957 constituyó un año decisivo. Mi madre aún conservaba su devoción a la causa comunista, pero comenzaron a asaltarle vacilaciones acerca de su puesta en práctica. Comentó aquellas dudas con su amigo, el señor Hau –el antiguo director del instituto de investigación– pero nunca se las mencionó a mi padre, y no porque éste no las tuviera también, sino porque se habría negado a discutirlas con ella.

Al igual que las órdenes militares, las normas del Partido prohibían a sus miembros comentar entre ellos la política del mismo. El catecismo del Partido estipulaba que todo miembro debía obedecer incondicionalmente a su organización, y que un funcionario de rango inferior debía obedecer a otro de rango superior, ya que éste representaba para él una encarnación de la organización del Partido. Tan severa disciplina –en la que los comunistas habían insistido desde antes de la época de Yan'an– resultaba fundamental para su éxito. Constituía un instrumento de poder formidable e imprescindible en una sociedad en la que las relaciones personales se anteponían tradicionalmente a cualquier otra norma. Mi padre se mostraba totalmente partidario de la misma. Opinaba que la revolución no podía defenderse y mantenerse si se permitía que fuera desafiada abiertamente. En una revolución, uno tenía que luchar por su bando incluso si éste no era perfecto... siempre y cuando uno creyera que era mejor que el opuesto. La unidad constituía una necesidad imperativa y categórica.

Mi madre no tenía dificultad en advertir que en lo que se refería a la relación de mi padre con el Partido ella no era sino una extraña más. Un día en que se le ocurrió realizar ciertos comentarios críticos acerca de la situación sin obtener respuesta por parte de él, le dijo en tono de amargura: «¡Eres un buen comunista, pero no podías ser peor esposo!» Mi padre asintió, confirmando que ya lo sabía.

Catorce años después, mi padre nos reveló casi todo lo que le había ocurrido en 1957. Desde sus primeros días en Yan'an, cuando aún era un jovencito de veinte años, había sido buen amigo de una conocida escritora llamada Ding Ling. En marzo de 1957, cuando estaba en Pekín encabezando la delegación de Sichuan en una conferencia de Asuntos Públicos, recibió un mensaje de ella invitándole a visitarla en Tianjin, cerca de Pekín. A mi padre le apetecía ir, pero decidió no hacerlo debido a que tenía prisa por regresar a casa. Varios meses después, Ding Ling fue etiquetada como la derechista número uno de China. «Si hubiera ido a verla –dijo mi padre– yo mismo hubiera caído con ella.»

12

«Una mujer capaz puede hacer
la comida aunque no cuente con alimentos»

El hambre

(1958-1962)

En otoño de 1958, cuando yo contaba seis años de edad, comencé a asistir a la escuela primaria, situada a unos veinte minutos de distancia de mi casa tras un recorrido formado en gran parte por senderos empedrados y llenos de lodo. Todos los días, mientras iba y volvía, permanecía con la vista fija en el suelo escrutando cada centímetro de terreno en busca de clavos rotos, tuercas oxidadas y cualquier otro objeto de metal que hubiera podido incrustarse en el barro o entre los adoquines. Aquellas piezas eran necesarias para alimentar los hornos de fundición de acero, y su búsqueda constituía mi ocupación principal. Sí, con sólo seis años ya contribuía a la producción de acero, y había de competir con mis compañeros de colegio para ver quién suministraba la mayor cantidad de chatarra. A mi alrededor, los altavoces derramaban música por doquier, y había estandartes, carteles y grandes consignas pintadas por las paredes que proclamaban «¡Viva el Gran Salto Adelante!» y «¡Contribuyamos todos a la producción de acero!». Aunque yo aún no comprendía del todo los motivos, sí sabía que el presidente Mao había ordenado a la nación que fabricara grandes cantidades de acero. En mi escuela, algunos de los woks que se utilizaban en el gigantesco hogar de la cocina habían sido sustituidos por cubas en forma de crisol. A ellos iba a parar toda nuestra chatarra de hierro, incluidos los viejos woks previamente fragmentados. Los hornos permanecían constantemente encendidos hasta que éstos se derretían, y nuestros maestros se turnaban para alimentarlos de leña las veinticuatro horas del día y remover la chatarra de los crisoles con un enorme cucharón. No recibíamos muchas clases, ya que tanto los profesores como los muchachos en edad adolescente estaban demasiado ocupados controlando los crisoles. El resto de los niños nos habíamos organizado para limpiar los apartamentos de los profesores y cuidar de sus hijos pequeños.

Recuerdo una vez en que algunos niños y yo fuimos al hospital para visitar a una de nuestras maestras que sufría en ambos brazos graves quemaduras producidas por salpicaduras de hierro derretido. Alrededor de ella se afanaban frenéticamente médicos y enfermeras ataviadas con batas blancas. En las dependencias del hospital se había instalado igualmente un horno que debía ser constantemente alimentado con troncos día y noche, incluso durante el curso de las operaciones quirúrgicas.

Poco antes de que empezara a ir al colegio, mi familia se había trasladado de la antigua vicaría a un complejo especial que entonces constituía la sede del Gobierno provincial. Comprendía varias calles, y se hallaba formado por bloques de oficinas y apartamentos y cierto número de casas individuales. Un elevado muro lo mantenía aislado del mundo exterior. Una vez traspasada la verja principal, se llegaba a lo que había sido el Club de Militares de los Estados Unidos durante la Segunda Guerra Mundial. Ernest Hemingway había pasado la noche allí en 1941. El edificio del club estaba construido al estilo chino tradicional, con tejados amarillos de bordes respingones y pesados pilares de color rojo oscuro, y entonces era la sede del secretariado del Gobierno de Sichuan.

En la zona de estacionamiento en la que solían esperar los chóferes se había construido un enorme horno. Por las noches, el cielo aparecía iluminado, y el rumor de la multitud que lo rodeaba podía oírse desde mi dormitorio, situado a trescientos metros de distancia. Los woks de mi familia fueron a parar a aquel horno junto con todos nuestros utensilios de cocina fabricados con hierro fundido. Su pérdida, sin embargo, no supuso inconveniente alguno, dado que ya no los necesitábamos. Para entonces se había prohibido la cocina privada, y todo el mundo tenía que comer en las cantinas. Los hornos eran insaciables. Desapareció la cama de mis padres, blanda, cómoda y dotada de muelles de hierro. Desaparecieron igualmente los raíles que atravesaban el empedrado de las ciudades y todos los objetos fabricados con hierro. Durante varios meses apenas vi a mis padres. A menudo no regresaban a casa para dormir, ya que tenían que vigilar que no descendiera la temperatura de los hornos instalados en sus respectivas oficinas.

Fue en aquella época cuando Mao dio rienda suelta a su antiguo sueño de convertir a China en una moderna potencia mundial de primer orden. Nombró al acero «mariscal» de la industria y ordenó que la producción fuera doblada en el plazo de un año, esto es, de los cinco millones trescientas cincuenta mil toneladas de 1957 a diez millones setecientas mil toneladas en 1958. Sin embargo, en lugar de intentar expandir la industria con trabajadores cualificados, decidió involucrar en ella a toda la población. Cada unidad tenía una cuota de producción de acero, y durante varios meses todo el mundo interrumpió sus actividades habituales para cumplir lo exigido. El desarrollo económico del país se vio reducido a la simple cuestión de cuántas toneladas de acero podían llegar a producirse, y la totalidad de la nación se vio inmersa en aquella tarea común. Los cálculos oficiales determinaron que casi cien millones de campesinos habían sido apartados de las labores agrícolas para contribuir a la producción de acero. Hasta entonces, habían constituido la fuerza de trabajo que había producido la mayor parte de los alimentos del país. Las montañas se vieron despojadas de árboles por la necesidad de obtener combustible y, sin embargo, el resultado de aquella producción en masa apenas alcanzó lo que la gente dio en denominar «caca de vaca» (*niu-shi-ge-da*), es decir, excrementos inútiles.

Aquella situación absurda reflejaba no sólo la ignorancia de Mao de cómo debía funcionar un sistema económico sino también una falta de visión cuasi metafísica de la realidad, lo que podría haber resultado interesante en un poeta pero resultaba una cuestión muy distinta en manos de un líder político dotado de poder absoluto. Uno de sus componentes principales era un profundo desprecio por la vida humana. No hacía mucho, le había dicho al embajador de Finlandia: «Incluso en el caso de que los Estados Unidos tuvieran bombas atómicas más potentes que las de China y las emplearan para abrir un profundo boquete en la tierra o incluso la pulverizaran en mil pedazos, ello podría influir significativamente en el sistema solar, pero no dejaría de constituir un acontecimiento insignificante en lo que respecta a la totalidad del universo.»

La obcecación de Mao se había visto estimulada por sus recientes experiencias en Rusia. Cada vez más desilusionado por Kruschev tras la denuncia que éste realizara de Stalin en 1956, Mao había viajado a Moscú a finales de 1957 para asistir a una cumbre comunista internacional. Regresó de ella convencido de que Rusia y sus aliados estaban abandonando el socialismo y volviéndose revisionistas. Contemplaba, pues, a China como la única nación realmente fiel a la causa, a la vez que como la encargada de inflamar los nuevos horizontes. La megalomanía y la obcecación se combinaban con facilidad en la mente de Mao.

Al igual que otras muchas, su obsesión por el acero apenas fue cuestionada. Comenzó a odiar a los gorriones... porque devoraban el grano. En consecuencia, todas las familias fueron movilizadas. Solíamos sentarnos a la puerta de nuestras casas golpeando ferozmente cualquier objeto de metal disponible –desde platillos hasta sartenes– con objeto de ahuyentar a los gorriones de los árboles hasta que éstos terminaban por caer al suelo, muertos por el agotamiento. Incluso hoy me parece oír el estrépito que ocasionábamos mis hermanos y yo en compañía de los funcionarios del Gobierno, sentados bajo una gigantesca madreselva que crecía en el patio.

Se dictaban asimismo fabulosos objetivos económicos. Mao afirmaba que la producción industrial de China podría superar a la de Estados Unidos y Gran Bretaña en menos de quince años. Para los chinos, aquellos países representaban el mundo capitalista. El hecho de superarlos se contemplaría como un triunfo sobre sus enemigos. Ello contribuía a excitar el orgullo del pueblo, así como a estimular enormemente su entusiasmo. Se habían sentido humillados por la negativa de Estados Unidos y la mayor parte de los países occidentales a concederles reconocimiento diplomático, por lo que se mostraban ansiosos de demostrar al mundo que podían arreglárselas por sí mismos y que estaban dispuestos a creer en los milagros. Mao era su fuente de inspiración. La energía de la población había pugnado hasta entonces por hallar una vía de escape, y allí la tenía por fin. El espíritu *gung-ho* prevaleció sobre la prudencia, del mismo modo que la ignorancia prevalece sobre la razón.

A comienzos de 1958, poco después de regresar de Moscú, Mao permaneció de visita en Chengdu durante aproximadamente un mes. Estaba enardecido con la idea de que China era capaz de todo, y muy especialmente de arrebatar a los rusos el liderazgo del socialismo. Fue en Chengdu donde esbozó su Gran Salto Adelante. La ciudad organizó un gran desfile en su honor, pero los participantes no supieron en ningún momento que Mao se hallaba entre ellos, ya que éste prefirió mantenerse oculto. En aquel desfile se propuso una nueva consigna: «Una mujer capaz puede hacer la comida aunque no cuente con alimentos», lo que constituía una inversión del antiguo y pragmático dicho chino que reza: «Por muy capaz que sea, ninguna mujer puede hacer la comida si no cuenta con alimentos.» De la retórica exagerada se había pasado a las demandas concretas. Se exigía convertir las fantasías imposibles en realidad.

Aquel año se disfrutó de una primavera espléndida. Un día, Mao decidió dar un paseo por un parque llamado La Cabaña de Paja de Du Fu, el poeta Tang del siglo VIII. El Distrito Oriental de mi madre había sido hecho responsable de la seguridad de una zona del parque, y ella y sus colegas se aprestaron a patrullarla fingiendo ser turistas. Mao rara vez se atenía a un programa, y nunca permitía a la gente conocer con precisión sus movimientos; en consecuencia, mi madre permaneció durante horas y horas sorbiendo té en un establecimiento e intentando mantenerse alerta. Finalmente, los nervios pudieron con ella y anunció a sus colegas que se iba a dar un paseo. Cuando llegó a la zona de seguridad del Distrito Occidental, los responsables de la misma –que no la conocían– comenzaron inmediatamente a seguirla. Cuando el secretario del Partido para el Distrito Occidental fue informado de la presencia de una «mujer sospechosa», acudió a comprobarlo por sí mismo y al verla se echó a reír: «¡Pero hombre, si se trata de la vieja camarada Xia, del Distrito Oriental!» Más tarde, mi madre sufrió las críticas de su superior, el jefe de distrito Guo, por «andar por ahí indisciplinadamente».

Mao visitó asimismo cierto número de granjas de la llanura de Chengdu. Hasta entonces, las cooperativas campesinas habían sido más bien pequeñas. Fue allí donde Mao ordenó que se combinaran para formar instituciones más grandes que, posteriormente, se denominaron «comunas populares».

Aquel verano, todo el país se organizó en torno a aquellas nuevas unidades, cada una de las cuales agrupaba entre dos mil y veinte mil viviendas. Una de las precursoras de aquella campaña era una zona llamada Xushui, situada en la provincia de Hebei, en el norte de China, a la que Mao tomó un afecto considerable. En su ansia por demostrar que la atención que Mao les demostraba era bien merecida, el jefe local declaró que iban a superar en más de diez veces su anterior producción de grano. Mao sonrió ampliamente y respondió: «¿Y qué pensáis hacer con tanta comida? Aunque, bien pensado, la verdad es que no está mal tener demasiada comida. El Estado no la necesita. El resto del país tiene suficiente comida propia. Pero vuestros campesinos pueden dedicarse a comer y comer y comer. ¡Podéis hacer cinco comidas al día!» Mao se mostraba embriagado de satisfacción mientras pensaba en lo que no era sino el eterno sueño de todo campesino chino... tener comida de sobra. Tras aquellas observaciones, los aldeanos inflamaron aún más los deseos de su Gran Líder afirmando que estaban produciendo más de cuatrocientas cincuenta toneladas de patatas por *mu* (un mu equivale aproximadamente a seiscientos setenta y cinco metros cuadrados), más de sesenta toneladas de trigo por mu y coles de doscientos veinticinco kilogramos de peso.

En aquella época abundaba hasta un grado increíble la práctica de contarse fantasías a uno mismo y a los demás para luego creérselas. Los campesinos trasladaban las cosechas de varios campos y las reunían en uno solo para mostrar a los funcionarios del Partido que habían logrado una cosecha milagrosa. Igualmente, se mostraban similares «campos Potemkin» a crédulos –o autocegados– ingenieros agrícolas, periodistas, visitantes de otras regiones y extranjeros. Aunque aquellas cosechas solían estropearse en pocos días debido a su incorrecto trasplante y a su exagerada densidad, ello era un hecho que los visitantes desconocían o preferían desconocer. Gran parte de la población se vio arrastrada por aquella atmósfera de desatino y confusión. La nación se hallaba dominada por el «autoengaño engañando a los demás» (*zi-qi-qi-ren*). Numerosas personas –incluidos diversos ingenieros agrícolas y líderes del Partido– afirmaron haber visto aquellos milagros con sus propios ojos. Aquellos que no lograban emular los fantásticos resultados inventados por otros comenzaron a dudar de sí mismos y a autoinculparse. Bajo una dictadura como la de Mao, en la que la información era ocultada y manipulada, resultaba muy difícil para la gente corriente mantener la confianza en su propia experiencia o sabiduría, a lo que había que añadir que en ese momento eran testigos de una oleada de fervor patriótico a nivel nacional que prometía acabar con los últimos vestigios de sensatez. Resultaba sencillo hacer caso omiso de la realidad y limitarse a depositar la fe en Mao. Unirse a aquel enloquecimiento constituía con mucho el camino más fácil. Detenerse a pensar de un modo ponderado era arriesgarse a tener problemas.

Una viñeta oficial retrataba a un científico de aspecto ratonil y desconsolado sobre la leyenda: «Con una estufa como la tuya apenas puede hervirse agua para preparar el té.» Junto a él se veía un obrero gigantesco que abría una enorme compuerta y dejaba escapar un torrente de acero fundido, diciendo: «¿Cuánto eres capaz de beber?» La mayoría de aquellos que eran capaces de advertir lo absurdo de la situación se encontraban demasiado atemorizados para decir lo que pensaban, especialmente desde la Campaña Antiderechista de 1957. Quienes se atrevían a expresar dudas eran inmediatamente acallados o despedidos, lo que implicaba asimismo la discriminación para su familia y un triste futuro para sus hijos.

En muchos lugares, aquellos que se negaban a alardear de masivos incrementos de producción eran apaleados hasta que se rendían. En Yibin, algunos líderes de unidades de producción fueron colgados en la plaza del pueblo con los brazos atados a la espalda y acosados a preguntas:

–¿Cuánto trigo eres capaz de producir por mu?

–Cuatrocientos jin (aproximadamente doscientos kilogramos, una cantidad realista).

Y, golpeándoles:

–¿Cuánto trigo puedes producir por mu?

–¡Ochocientos jin!

Ni siquiera aquella absurda cifra les parecía suficiente. El desdichado era apaleado –o sencillamente se le dejaba colgado– hasta que por fin decía:

–Diez mil jin.

En ocasiones, algunos morían, unas veces porque se negaban a aumentar la cifra y otras antes de que pudieran elevarla lo suficiente.

Muchos funcionarios rurales y campesinos que asistían a este tipo de escenas no creían en aquellas ridículas fanfarronadas, pero el temor de verse acusados podía más que ellos. Estaban llevando a cabo las órdenes del Partido, y nada tenían que temer mientras siguieran a Mao. El sistema totalitario en el que se habían visto inmersos había socavado y deformado su propio sentido de la responsabilidad. Incluso los médicos solían alardear de enfermedades incurables milagrosamente sanadas.

A nuestro complejo solían llegar camiones cargados de campesinos sonrientes que acudían a informar de fantásticos logros sin precedentes. Un día era un pepino colosal que alcanzaba la mitad de la longitud del camión; otro día era un tomate que dos niños habían tenido dificultades para transportar. En otra ocasión, pudimos ver un cerdo gigantesco encerrado en el camión. Los campesinos afirmaban que se trataba de un cerdo auténtico, cuando en realidad estaba fabricado de cartón-piedra. De niña, sin embargo, se me antojó real. Quizá me hallaba confundida por los adultos que me rodeaban y que se comportaban como si todo aquello fuera cierto. La gente había aprendido a desafiar a la razón y a vivir en una perpetua pantomima.

La nación entera se vio arrastrada al embaucamiento. Las palabras se divorciaron de la realidad, la responsabilidad y los pensamientos de los individuos. Se contaban embustes con toda tranquilidad debido a que las palabras habían perdido su significado... y habían dejado de ser tomadas en serio por los interlocutores.

A ello contribuyó una militarización aún mayor de la sociedad. Cuando instituyó por vez primera las comunas, Mao afirmó que su principal ventaja residía en que eran fáciles de controlar, ya que los campesinos formarían parte de un sistema organizado en vez de funcionar hasta cierto punto de modo independiente. Recibieron órdenes detalladas de las autoridades superiores de cómo trabajar sus tierras. Mao resumió la totalidad de la agricultura en ocho caracteres: «suelo, fertilizantes, agua, semillas, densidad de siembra, protección, cuidados y tecnología». El Comité Central del Partido en Pekín se dedicó a repartir folletos con dos páginas de instrucciones acerca de cómo los campesinos de toda China debían mejorar sus cosechas, una página sobre el uso de fertilizantes y otra de la necesidad de una mayor densidad de siembra. Aquellas instrucciones, increíblemente simplistas, habían de ser seguidas al pie de la letra: por medio de una minicampaña tras otra, se ordenó a los campesinos que volvieran a plantar sus cosechas con mayor nivel de densidad.

En aquella época, otra de las obsesiones de Mao era una nueva forma de militarización consistente en la instalación de cantinas en las comunas. Con su habitual tono fantasioso, definía el comunismo como «un sistema de cantinas públicas y alimentos gratuitos». El hecho de que las propias cantinas no produjeran alimento alguno no significaba nada para él. En 1958, el régimen prohibió de hecho las comidas domésticas. Todos los campesinos debían almorzar en las cantinas comunitarias. Se prohibieron los utensilios de cocina –tales como los woks– y, en algunos lugares, incluso el dinero. Todo el mundo quedaba al cuidado de la comuna y el Estado. Los campesinos desfilaban cada día al interior de las cantinas después del trabajo y comían hasta saciarse, cosa que nunca habían podido hacer antes, ni siquiera en los mejores años y en las zonas más fértiles. Consumieron y derrocharon todas las reservas de comida existentes en el campo. A continuación, desfilaban también en dirección a los campos, pero no les importaba la cantidad de trabajo que se realizara, ya que el producto pertenecía ahora al Estado y constituía por tanto un elemento completamente ajeno a las vidas de los campesinos. Mao anunció la predicción de que China estaba alcanzando una sociedad de comunismo, que en chino significa «compartir los bienes materiales», y los campesinos lo entendieron en el sentido de que todo el mundo recibiría su parte independientemente de la cantidad de trabajo que realizara. Perdido el incentivo del trabajo, se limitaban a acudir a los campos y echarse una buena siesta.

La agricultura se vio asimismo descuidada debido a la prioridad concedida al acero. Muchos de los campesinos estaban extenuados por las largas horas dedicadas a recoger combustible, chatarra y mineral de hierro para mantener los hornos encendidos. Los campos se abandonaron a las mujeres y niños, quienes se veían obligados a realizar todas las labores manualmente dado que los animales estaban ocupados contribuyendo a la producción de acero. Cuando llegó la época de la cosecha, en otoño de 1958, había muy pocas personas en los campos.

Aunque las estadísticas oficiales mostraban un incremento de la producción agrícola que multiplicaba el número de dígitos de la cifra final, el fracaso de la cosecha de 1958 representó la advertencia de que se avecinaban tiempos de escasez. Se anunció oficialmente que en 1958 la producción de trigo de China había superado a la de los Estados Unidos. El periódico del Partido, el *Diario del Pueblo*, inició una discusión en torno al siguiente tema: «¿Cómo enfrentarnos al problema de una superproducción alimentaria?»

El departamento de mi padre se encontraba a cargo de la prensa de Sichuan, en la que no cesaban de aparecer extravagantes afirmaciones comunes a las de cualquier otra publicación del país. La prensa era la voz del Partido, y cuando se trataba de las políticas del Partido, ni mi padre ni nadie más del medio periodístico tenía voz ni voto. Formaban todos parte de una gigantesca cinta transportadora. Mi padre contemplaba alarmado el curso de los acontecimientos. Su única opción consistía en dirigirse a los jefes superiores.

A finales de 1958, escribió una carta al Comité Central de Pekín en la que declaraba que aquella forma de producir acero carecía de sentido y representaba un derroche de recursos. Los campesinos estaban agotados, su trabajo se malgastaba y había escasez de alimentos. Solicitaba que se adoptaran medidas urgentes. Entregó la carta al gobernador para que éste la enviara. El gobernador, Lee Da-zhang, era la autoridad número dos de la provincia. Él había sido quien había proporcionado a mi padre el primer empleo que tuvo al llegar a Chengdu procedente de Yibin, y lo trataba como a un verdadero amigo.

El gobernador Lee dijo a mi padre que no pensaba enviar la carta. Nada de lo que en ella se expresaba era nuevo, dijo. «El Partido lo sabe todo. Ten confianza en él.» Mao había dicho que la moral de la gente no debía sufrir bajo ningún concepto. El Gran Salto Adelante había modificado la actitud psicológica de los chinos convirtiendo su antigua pasividad en un espíritu osado y entusiasta que no debía verse descorazonado.

El gobernador Lee reveló también a mi padre que le habían aplicado el peligroso apodo de Oposición entre los líderes provinciales, ante los que en alguna ocasión había expresado su desacuerdo. Si mi padre continuaba sin tener problemas se debía tan sólo a las demás cualidades que poseía, a su absoluta lealtad hacia el Partido y a su severo sentido de la disciplina. «Te salva –dijo el gobernador– que sólo has expresado tus dudas ante el Partido, y no en público.» Advirtió a mi padre que podría meterse en serias dificultades si insistía en sacar a relucir aquellas inquietudes, y lo mismo podía sucederle a su familia y a «otros» (esto último constituía una clara referencia a sí mismo como amigo de mi padre). Mi padre no insistió. Se hallaba casi convencido por los argumentos esgrimidos, y el riesgo era demasiado alto. Para entonces, había alcanzado una etapa en la que era capaz de transigir con ciertas cosas.

Sin embargo, tanto a él como a la gente que trabajaba en los departamentos de Asuntos Públicos llegaban gran número de quejas. Parte de su trabajo consistía en recogerlas y transmitirlas a Pekín. Tanto entre los funcionarios como entre la gente corriente reinaba un descontento general. De hecho, el Gran Salto Adelante desencadenó la más grave división entre los líderes desde que los comunistas tomaran el poder diez años antes. Mao tuvo que ceder el menos importante de sus dos puestos –el de presidente del Estado– en favor de Liu Shaoqi. Liu se convirtió en el número dos del país, pero su prestigio apenas alcanzaba una pequeña fracción del de Mao, quien conservaba su cargo clave de presidente del Partido.

Las voces de disidencia se hicieron tan fuertes que el Partido se vio obligado a convocar una conferencia especial cuya celebración tuvo lugar a finales de junio de 1959 en Lushan, estación de montaña de China central. En la conferencia, el ministro de Defensa, el mariscal Peng Dehuai, escribió una carta a Mao criticando lo sucedido en el Gran Salto Adelante y recomendando que se enfocara la economía desde una perspectiva realista. De hecho, se trataba de una carta notablemente reprimida, y concluía con una obligada nota de optimismo (en este caso, preveía ponerse a la altura de Gran Bretaña en el plazo de cuatro años). Sin embargo, aunque Peng era uno de los más antiguos camaradas de Mao a la vez que una de las personas más cercanas a él, el presidente no podía aceptar ni siquiera aquellas débiles críticas, especialmente en un momento en que, consciente de sus propias equivocaciones, se hallaba a la defensiva. Utilizando el tono dolido que tanto le gustaba, Mao calificó la carta de «bombardeo destinado a arrasar Lushan». Afianzándose en su postura, alargó la conferencia durante más de un mes, atacando ferozmente al mariscal Peng. Tanto éste como los pocos que aún le defendían abiertamente fueron tildados de «oportunistas de derecha». Peng fue obligado a cesar como ministro de Defensa, sometido a arresto domiciliario y posteriormente forzado a un retiro prematuro en Sichuan, donde se le relegó a un cargo de menor importancia.

Mao había tenido que organizar cuidadosas confabulaciones para salvaguardar su poder. Su lectura favorita, que siempre recomendaba al resto de los líderes del Partido, era una colección clásica de intrigas cortesanas y complots desde el poder que comprendía varios tomos. De hecho, a lo que más se asemejaba la estructura de poder de Mao era a una corte medieval en la que el líder ejercía un poder hipnotizador sobre sus súbditos y cortesanos. Era asimismo un maestro del «divide y vencerás» y de la manipulación de las inclinaciones humanas para forzar a quienes le rodeaban a arrojarse mutuamente a los lobos. Al final, y pese a sentirse íntimamente desencantados con las políticas de Mao, hubo pocas autoridades superiores que apoyaran al mariscal Peng. El único que evitó tener que participar en la votación fue el secretario general del Partido, Deng Xiaoping, convaleciente de una pierna rota. La madrastra de Deng no había cesado de gruñir desde su casa: «¡He sido una campesina toda mi vida y jamás había oído hablar de semejante modo de cultivar la tierra!» Cuando Mao supo cómo Deng se había roto la pierna (jugando al billar), comentó: «Desde luego, qué oportuno...»

Tras asistir a la conferencia, el comisario Li, primer secretario de Sichuan, regresó a Chengdu con un documento que contenía las observaciones realizadas por Peng en Lushan. Dicho documento se distribuyó entre los funcionarios de nivel 17 y superior, a los que se ordenó que manifestaran formalmente hasta qué punto estaban de acuerdo con su contenido.

Mi padre había oído algo referente a la disputa de Lushan de labios del gobernador de Sichuan. En su reunión de «examen», aventuró algunos comentarios vagos acerca de la carta de Peng y, a continuación, hizo algo que jamás había hecho antes: advirtió a mi madre de que se trataba de una trampa. Ella se sintió profundamente agradecida. Era la primera vez que anteponía sus intereses a las normas del Partido.

Le sorprendió comprobar que muchas otras personas parecían haber sido igualmente avisadas. En su «examen» colectivo, la mitad de sus colegas mostraron una ardiente indignación ante la carta de Peng, al tiempo que aseguraban que las críticas que contenía eran «totalmente falsas». Otros parecían haber perdido la capacidad de hablar, y se limitaron a murmurar frases evasivas. Uno de ellos se las arregló para no comprometerse con nadie diciendo: «No me encuentro en situación de mostrarme de acuerdo ni en desacuerdo debido a que ignoro si los argumentos del mariscal Peng se encuentran o no basados en la realidad. De ser así, yo le defendería, pero no, por supuesto, en caso contrario.»

Los jefes del departamento de grano y de la oficina de correos de Chengdu eran veteranos del Ejército Rojo que habían luchado a las órdenes del mariscal Peng. Ambos se manifestaron de acuerdo con lo que había dicho su antiguo y admirado comandante, y habían añadido un relato de sus propias experiencias en el campo para apoyar las observaciones de éste. Mi madre se preguntó si aquellos viejos soldados serían conscientes de la trampa que se les había tendido. De ser así, su sinceridad resultaba heroica. Deseó tener el valor que ellos mostraban, pero pensó en sus hijos: ¿qué sería de ellos? Ya no poseía la libertad de espíritu de la que había gozado cuando era una estudiante. Cuando llegó su turno, dijo: «Las opiniones que refleja la carta no están en la línea de la política desarrollada por el Partido durante los dos últimos años.»

Su jefe, el señor Guo, le dijo más tarde que sus observaciones se habían considerado profundamente insatisfactorias, ya que no había manifestado claramente su postura. Durante días, vivió en un estado de aguda ansiedad. Los veteranos del Ejército Rojo que habían apoyado a Peng fueron denunciados como oportunistas de derecha, obligados a cesar y enviados a trabajos forzados. Mi madre fue convocada a participar en una reunión en la que se criticaron sus tendencias derechistas. El señor Guo aprovechó la misma para describir algunos otros de sus graves errores. En 1959, había surgido en Chengdu una especie de mercado negro dedicado a la venta de gallinas y huevos. Dado que las comunas, que se habían apropiado de las aves de corral de los campesinos, se mostraban incapaces de criarlas adecuadamente, tanto las gallinas como los huevos habían desaparecido de los comercios, entonces propiedad del Estado. De un modo u otro, unos pocos campesinos se las habían arreglado para conservar un par de gallinas ocultas bajo las camas, y ahora procedían a venderlas junto con los huevos que habían puesto a algo así como veinte veces su precio anterior. Todos los días salían destacamentos de funcionarios a la caza de aquellos campesinos. En cierta ocasión en que el señor Guo había pedido a mi madre que se incorporara a uno de ellos, ella había respondido: «¿Qué hay de malo en suministrar los bienes que la gente necesita? Si existe una demanda debería existir asimismo una oferta.» Aquella observación le valió una advertencia acerca de sus tendencias derechistas.

Aquella purga de «oportunistas de derecha» sometió al Partido a una nueva sacudida, ya que numerosos altos funcionarios se mostraron de acuerdo con Peng. La lección resultante fue que no cabía desafiar la autoridad de Mao aunque éste estuviera claramente equivocado. Los funcionarios comprobaron que, independientemente de lo elevado de su categoría (Peng, después de todo, había hablado siendo ministro de Defensa) y de su situación personal (Peng estaba considerado como el favorito de Mao) cualquiera que ofendiera al líder se hallaba destinado a caer en desgracia. Supieron asimismo que no cabía decir lo que se pensaba y dimitir a continuación, ni siquiera de un modo discreto: la dimisión se entendía como una forma inaceptable de protesta. No había posibilidad de retirada. Las bocas del Partido habían sido tan firmemente selladas como las de la propia población. Después de aquello, el Gran Salto Adelante acometió excesos todavía mayores, y las autoridades superiores impusieron objetivos económicos aún más descabellados. Se movilizó a un número mayor de campesinos para la fabricación de acero, y el campo se vio inundado de órdenes aún más arbitrarias que terminaron por imponer el caos.

A finales de 1958, en pleno auge del Gran Salto Adelante, se inició un masivo proyecto de construcción consistente en diez grandes edificios que habrían de ser completados en la capital, Pekín, en el curso de diez meses para conmemorar el día 1 de octubre de 1959, décimo aniversario de la fundación de la República Popular.

Uno de ellos era el Gran Palacio del Pueblo, un edificio de columnas al estilo soviético situado en el costado oeste de la plaza de Tiananmen. Su frontispicio de mármol había de extenderse a lo largo de cuatrocientos metros, y su salón principal de banquetes –adornado con múltiples candelabros– daría cabida a varios miles de personas. Allí se celebrarían las reuniones más importantes, y allí recibirían las autoridades a los dignatarios extranjeros. Las estancias, diseñadas todas ellas a gran escala, serían bautizadas con los nombres de las provincias chinas. Mi padre fue encargado de la decoración del Salón Sichuan, y una vez completada la labor invitó para su inspección a diversos líderes del Partido relacionados con dicha provincia. Acudió Deng Xiaoping, oriundo de la misma, al igual que el mariscal Ho Lung, un célebre personaje al estilo Robin Hood, íntimo amigo de Deng a la vez que uno de los fundadores del Ejército Rojo.

En un momento determinado, llamaron aparte a mi padre, dejando a ambos en plena charla con otro viejo colega que, dicho sea de paso, era hermano de Deng. Cuando regresó a la estancia oyó al mariscal Ho quien, señalando a Deng, decía, dirigiéndose a su hermano: «Realmente, es él quien debería estar en el poder.» En ese instante, advirtieron la presencia de mi padre e interrumpieron inmediatamente la conversación.

A partir de entonces, mi padre se vio inmerso en un permanente estado de aprensión. Era consciente de haber escuchado inadvertidamente críticas surgidas en las altas esferas del régimen. Cualquier iniciativa que tomara o dejara de tomar podía arrastrarle a un peligro mortal. Lo cierto es que no le ocurrió nada, pero cuando me relató el incidente varios años después, me confesó que desde aquel momento había vivido bajo el temor de un desastre inminente. «El hecho –decía– de haber escuchado palabras equivalentes a un delito de traición...», y añadía una frase que significaba que se trataba de «un crimen penalizado con la decapitación».

Lo que había oído no reflejaba sino cierto desencanto con la figura de Mao, sentimiento que compartían numerosos líderes entre los que destacaba el nuevo presidente, Liu Shaoqi.

En otoño de 1959, Liu acudió a Chengdu para inspeccionar una comuna llamada Esplendor Rojo. El año anterior, Mao se había mostrado altamente entusiasta acerca del astronómico aumento de la producción de arroz de la comuna. Antes de la llegada de Liu, los funcionarios locales reunieron a todos aquellos que podrían haberles desenmascarado y los encerraron en un templo. Pero Liu tenía un «topo», y cuando pasó junto al templo se detuvo y solicitó ver su interior. Los funcionarios adujeron diversas excusas, llegando al punto de asegurar que el templo corría peligro de desplomarse en cualquier momento, pero Liu no estaba dispuesto a dejarse convencer por sus negativas. Por fin, no hubo más remedio que descorrer el enorme y oxidado cerrojo, y unos cuantos campesinos andrajosos salieron dando tumbos a la luz del día. Los azorados funcionarios locales intentaron explicar a Liu que se trataba de alborotadores que habían sido encerrados para que no pudieran molestar al distinguido visitante. Los campesinos, por su parte, se limitaban a guardar silencio. Los funcionarios de comuna no poseían control alguno sobre las políticas del Partido, pero ejercían un temible poder sobre la vida de las personas. Si querían castigar a alguien, podían adjudicarle los peores trabajos y las raciones más escasas, así como inventar cualquier excusa para hacer que fuera importunado, denunciado e, incluso, arrestado.

El presidente Liu formuló algunas preguntas, pero los campesinos se limitaron a sonreír y a balbucir cosas sin sentido. Desde su punto de vista, resultaba preferible ofender al presidente que a los jefes locales. El primero partiría a Pekín en pocos minutos, pero los jefes comunales habían de permanecer junto a ellos durante el resto de sus vidas.

Poco después acudió a Chengdu otro de los principales líderes, el mariscal Zhu De, acompañado por uno de los secretarios privados de Mao. Zhu De era oriundo de Sichuan, y había sido comandante del Ejército Rojo y artífice militar de la victoria comunista. Desde 1949 se había mantenido en segundo plano. Visitó diversas comunas cercanas a Chengdu, y después, mientras paseaba junto al Río de la Seda contemplando los pabellones, los bosquecillos de bambú y los pabellones rodeados de sauces que se alineaban a lo largo de las orillas, exclamó, dominado por la emoción: «¡Sichuan es sin duda un lugar divino...!» Declamó aquellas palabras como si se trataran de un poema. El secretario de Mao añadió el segundo verso al uso poético tradicional: «¡Lástima que los malditos vendavales de embustes y falso comunismo estén terminando con él!» Mi madre, que se encontraba con ellos, pensó para sí misma: Estoy completamente de acuerdo.

Mao, quien aún sospechaba de sus colegas y se mostraba resentido por los ataques recibidos en Lushan, insistió obstinadamente en su desatinada política económica. Aunque era consciente de las catástrofes ocasionadas por la misma y por ello comenzaba discretamente a permitir la modificación de sus aspectos más impracticables, su imagen no le permitía revisarla por completo. Entre tanto, con la llegada de los sesenta, se extendía por toda China una gran escasez.

En Chengdu, la ración mensual de los adultos se redujo a ocho kilogramos y medio de arroz, cien gramos de aceite vegetal y cien gramos de carne... cuando la había. Apenas había nada más, ni siquiera coles. Muchos ciudadanos sufrían edemas, una enfermedad que conlleva la acumulación de fluidos bajo la piel debido a la malnutrición. Los pacientes se ponían amarillos y se hinchaban. El remedio más popular consistía en la administración de *chlorella*, alga supuestamente rica en proteína. La *chlorella* fructificaba en la orina humana, por lo que la gente dejó de acudir al retrete y optó por orinar en escupideras, tras lo cual depositaban en ellas las semillas de *chlorella*. Al cabo de pocos días, la *chlorella* crecía hasta adoptar un aspecto similar al de huevas de pescado, tras lo cual era recogida de su lecho de orines, lavada y cocinada con arroz. Su ingestión resultaba verdaderamente repugnante, pero lo cierto es que hacía disminuir la hinchazón.

Al igual que el resto de la población, mi padre sólo tenía derecho a una ración limitada de comida. Sin embargo, su condición de funcionario de alto rango le daba derecho a determinados privilegios. En nuestro complejo había dos cantinas: una pequeña, reservada a los directores de departamento con sus familias y sus hijos, y otra más grande destinada al resto de sus pobladores, incluidas mi abuela, mi tía Jun-ying y la criada. Por lo general, recogíamos la comida en la cantina y nos la llevábamos a casa para consumirla allí. En las cantinas había más comida que en las calles. El Gobierno provincial tenía su propia granja, y se recibían asimismo «obsequios» de los gobiernos del condado. Aquellos valiosos suministros se repartían entre las dos cantinas, pero la pequeña obtenía siempre un trato preferente.

En su calidad de funcionarios del Partido, mis padres contaban igualmente con cupones alimentarios especiales. Yo solía acudir con mi abuela a una tienda especial situada fuera del complejo, donde nos servíamos de los mismos para adquirir más comida. Los cupones de mi madre eran de color azul. Tenía derecho mensualmente a cinco huevos, algo menos de treinta gramos de soja y casi la misma cantidad de azúcar. Los de mi padre eran amarillos. Debido a su rango, más elevado, tenía derecho a una ración doble de la de mi madre. En mi familia se reunían los alimentos recogidos en las cantinas y en otras fuentes y luego comíamos todos juntos. Los adultos procuraban comer menos en beneficio de los niños, por lo que no llegué a pasar hambre. Ellos, sin embargo, sufrieron problemas de malnutrición, y mi abuela desarrolló un ligero edema. Solía cultivar *chlorella* en casa, y aunque yo me daba cuenta de que los adultos la consumían, nunca me dijeron para qué servía. En cierta ocasión, probé un poco, pero la escupí inmediatamente, ya que poseía un sabor repugnante. Jamás volví a intentarlo.

Yo no era del todo consciente de la hambruna que reinaba a mi alrededor. Un día, camino del colegio, iba comiéndome un pequeño rollo cocinado al vapor cuando alguien se acercó corriendo y me lo arrebató de la mano. Mientras me reponía de la sorpresa, vislumbré la huida de unas espaldas oscuras y sumamente delgadas prolongadas en unos pantalones cortos y unos pies descalzos que corrían a lo largo de un callejón embarrado. Su dueño se llevó las manos a la boca y devoró el rollo. Cuando conté a mis padres lo sucedido, los ojos de mi padre adoptaron una expresión terriblemente triste. Me acarició la cabeza y dijo: «Eres afortunada. Hay muchos niños como tú que pasan mucha hambre.»

En aquella época, debía acudir a menudo al hospital para revisarme los dientes. Siempre que iba sufría ataques de náuseas ante el horrible espectáculo de docenas de personas cuyas extremidades brillantes, casi transparentes, aparecían inflamadas como barriles. Había tantos pacientes que debían ser transportados al hospital en carromatos. Cuando le pregunté a mi dentista qué les pasaba, ésta respondió con un suspiro: «Edema.» Le pregunté qué significaba aquello, y ella se limitó a murmurar algo que pude relacionar vagamente con la comida.

Casi todas aquellas personas eran campesinos. La escasez era mucho peor en el campo debido a que allí no contaban con un racionamiento garantizado. La política del Gobierno daba prioridad al suministro urbano, y los funcionarios de las comunas se veían obligados a arrebatar el grano de los campesinos por la fuerza. En muchas zonas, aquellos que intentaban ocultar la comida eran arrestados, golpeados y torturados. Los funcionarios de comuna que se mostraban reacios a arrebatarles sus provisiones se veían obligados a cesar en sus puestos, y algunos eran incluso maltratados físicamente. Como resultado, morían en toda China millones de campesinos, los mismos que habían producido personalmente aquellos alimentos.

Más tarde, me enteré de que varios de mis parientes –desde Sichuan a Manchuria– habían muerto durante aquella época. Entre ellos se encontraba el hermano retrasado de mi padre. Su madre había muerto en 1958, y cuando sobrevino el hambre desatendió los consejos de los demás y no supo enfrentarse a la situación. Las raciones se repartían mensualmente, y él solía devorar la suya en unos pocos días, tras lo cual se quedaba sin nada para el resto del mes. No tardó en morir de hambre. La hermana de mi abuela, Lan, y su marido, Lealtad Pei-o, los cuales habían sido enviados a la inhóspita campiña del norte de Manchuria por su antigua relación con el Kuomintang, murieron también. A medida que se acababa la comida, las autoridades locales comenzaron a adjudicar los suministros existentes de acuerdo con sus propias y tácitas prioridades. La categoría de paria de Pei-o implicaba que tanto él como su mujer se contaban entre los primeros a los que se denegaban las raciones. Sus hijos sobrevivieron gracias a que sus padres les dieron sus propios alimentos. El padre de la esposa de Yu-lin también sucumbió. Se descubrió que antes de morir había devorado el relleno de su almohada y los zarcillos de los ajos.

Una noche, cuando contaba aproximadamente ocho años de edad, entró en nuestra casa una mujer diminuta y de aspecto viejísimo con un rostro que era una masa de arrugas. Era tan flaca y tan débil que parecía que un soplo de viento bastaría para derribarla. Se desplomó frente a mi madre y golpeó su frente contra el suelo, llamándola «salvadora de mi hija». Era la madre de nuestra criada. «De no ser por vosotros –dijo–, mi hija jamás sobreviviría...» Yo no llegué a captar por completo el significado de aquellas palabras hasta transcurrido un mes, con motivo de la llegada de una carta para la criada. En ella le decían que su madre había fallecido poco después de la visita en la que nos había comunicado la muerte de su esposo y de su segundo hijo. Nunca olvidaré los patéticos sollozos de nuestra criada mientras permanecía allí, en la terraza, reclinada contra una columna de madera mientras intentaba sofocar su llanto con el pañuelo. Mi abuela, sentada sobre su cama con las piernas cruzadas, también lloraba. Yo me escondí en un rincón junto a la mosquitera de mi abuela, y oí cómo ésta decía: «Los comunistas son buenos, pero toda esta gente que ha muerto...» Años después me enteré de que el otro hermano de nuestra criada y su cuñada habían muerto también al poco tiempo. En las hambrientas comunas, las familias de los terratenientes ocupaban el último lugar de la lista a la hora de recibir alimentos.

En 1989, un funcionario que había estado colaborando en el esfuerzo por combatir la escasez me dijo que calculaba que en Sichuan debieron de morir de hambre siete millones de personas. Ello equivalía al diez por ciento de la población de una provincia rica. El cálculo admitido referente al número de muertes ocurridas en todo el país se eleva a unos treinta millones de habitantes.

Un día, en 1960, desapareció la hija de tres años de la vecina de mi tía Jun-ying. Unas semanas después, la vecina vio una niña jugando en la calle. Llevaba un vestido que le pareció el de su hija. Se acercó y lo examinó: tenía una marca que lo identificaba sin posibilidad de dudas, por lo que informó de ello a la policía. Se averiguó que los padres de aquella niña estaban vendiendo carne seca. Habían secuestrado y asesinado a cierto número de niños y se dedicaban a venderlos a precios exorbitantes como si se tratara de carne de conejo. Ambos fueron ejecutados y se echó tierra sobre el asunto, pero todo el mundo sabía que se continuaban matando niños.

Años después, me encontré con un antiguo colega de mi padre, un hombre sumamente bondadoso y capaz, en absoluto dado a la exageración. Sin poder ocultar su emoción, me relató lo que había visto en una comuna en particular durante la época del hambre. El treinta y cinco por ciento de los campesinos había muerto en una zona en la que la cosecha había sido buena. Sin embargo, apenas se había recolectado nada debido a que los hombres habían sido desviados para la producción de acero. La cantina comunal, por su parte, había consumido la mayor parte de lo poco que había. Un día, un campesino irrumpió en su habitación y se arrojó al suelo gritando que había cometido un horrible crimen y suplicando que se le castigara por ello. Por fin, se averiguó que había matado a su propio hijo pequeño y lo había devorado. El hambre había sido como una fuerza incontrolable que le había impulsado a blandir el cuchillo. Con lágrimas resbalando por sus mejillas, el funcionario ordenó que arrestaran al campesino, quien fue posteriormente fusilado como advertencia a los asesinos de niños.

Una de las explicaciones oficiales de la escasez fue que Kruschev había forzado súbitamente a China a devolver una elevada deuda que había contraído durante la guerra de Corea para poder acudir en auxilio de Corea del Norte. El régimen se servía de la experiencia de gran parte de la población, campesinos sin tierra que recordaban la persecución a que habían sido sometidos por despiadados acreedores para que pagaran el alquiler o devolvieran los préstamos. Asimismo, al identificar a la Unión Soviética, Mao había logrado también crear un enemigo externo al que echarle la culpa y frente al cual aunar a la población.

Otra de las causas invocadas era la existencia de catástrofes naturales sin precedentes. China es un país inmenso en el que no hay año en que el mal tiempo no cause daños y escasez de comida en un lugar u otro. A nivel nacional, únicamente los líderes supremos tenían acceso a los informes meteorológicos. De hecho, dada la inmovilidad de la población, pocos sabían lo que sucedía en la región contigua o incluso al otro lado de los montes que le circundaban. Muchos pensaron entonces –y aun hoy lo creen– que el hambre imperante fue consecuencia de desastres naturales. Yo no poseo información completa al respecto, pero de todas las personas con las que he hablado, procedentes de distintas partes de China, pocos habían conocido catástrofes naturales en sus regiones. Las únicas historias que podían contar se referían a muertes por inanición.

En una conferencia celebrada a comienzos de 1962 y a la que acudieron siete mil funcionarios de alto rango, Mao afirmó que la hambruna había sido consecuencia en un setenta por ciento de desastres naturales y en un treinta por ciento de errores humanos. El presidente Liu Shaoqi apuntó –de un modo aparentemente improvisado– que había que atribuirla más bien a un setenta por ciento de errores humanos y a un treinta por ciento de causas naturales. Mi padre, que había asistido a la conferencia, dijo a mi madre al regresar: «Mucho me temo que el camarada Shaoqi va a tener problemas.»

En la transcripción de los discursos que llegó a manos de los funcionarios de grado medio –como mi madre–, no aparecía la intervención del presidente Liu. La población en general ni siquiera fue informada de las estadísticas propuestas por el presidente Mao. La ocultación de información ayudó a acallar a la gente, y no se advirtieron protestas perceptibles contra el Partido Comunista. Aparte del hecho de que a lo largo de los últimos años la mayoría de los disidentes habían sido ejecutados o eliminados, la población ignoraba hasta qué punto cabía echar las culpas al Partido Comunista. No existía la clásica corrupción en el sentido de que los funcionarios acapararan grano. La situación de los funcionarios del Partido apenas era mejor que la del resto de la gente. De hecho, en algunas poblaciones fueron los primeros en pasar hambre... y en morir. La hambruna era peor que todo lo previamente sufrido con el Kuomintang, pero mostraba un aspecto diferente: en los días del Kuomintang, la gente había muerto de hambre al mismo tiempo que otros derrochaban de un modo extravagante.

Antes de la escasez, numerosos funcionarios comunistas procedentes de familias de terratenientes habían llevado a sus padres a vivir con ellos a las ciudades. Cuando comenzó el hambre, el Partido ordenó que aquellos ancianos y ancianas fueran enviados de regreso a sus poblados para enfrentarse por su cuenta a los tiempos duros –esto es, a la muerte por inanición– junto a los campesinos locales. Algunos abuelos de amigos míos hubieron de abandonar Chengdu y murieron al poco tiempo.

La mayor parte de los campesinos vivían en un mundo en el que apenas conocían nada más allá de los límites de su poblado, y echaron la culpa de la penuria a sus jefes por haberles dado órdenes tan catastróficas. Surgieron coplas populares en las que se afirmaba que el liderazgo del Partido era positivo, y que tan sólo los funcionarios de poca monta eran un desastre.

El Gran Salto Adelante y aquella impresionante hambruna trastornaron profundamente a mis padres. Aunque no poseían una visión de conjunto de la situación, no podían creer que las catástrofes naturales fueran la única explicación. Su sentimiento imperante era de culpa. Dado que trabajaban en los servicios de propaganda, se encontraban en el mismo núcleo de los mecanismos de desinformación. Para acallar su conciencia y evitar tener que enfrentarse con su deshonesta rutina cotidiana, mi padre se ofreció a ayudar en las labores de lucha contra el hambre que se realizaban en las comunas. Ello implicaba vivir –y morir de hambre– con los campesinos, y hacerlo equivalía a «compartir el bienestar y la desdicha con las masas» de acuerdo con las instrucciones de Mao. No pudo evitar, sin embargo, el reproche de sus empleados, quienes se vieron obligados a fijar un sistema de turnos para acompañarle, cosa que detestaban porque significaba pasar hambre.

Desde finales de 1959 hasta 1961, durante lo que fue la peor época de escasez, casi no vi a mi padre. Supe que en el campo comía hojas de batata, hierbas y cortezas de árboles al igual que los campesinos. Un día en que caminaba a lo largo del banco que separaba las parcelas de cultivo de unos arrozales vio en la distancia a un campesino esquelético que se desplazaba con suma lentitud y evidente dificultad. De pronto, el hombre desapareció. Cuando mi padre se aproximó corriendo, el campesino yacía inerte sobre el campo. Había muerto de hambre.

No había día en que mi padre no se horrorizara ante lo que veía, a pesar de que rara vez era testigo de lo peor ya que los funcionarios locales, al modo tradicional, le rodeaban allí donde fuera. Sufrió edemas y una grave hepatomegalia, así como una profunda depresión. En varias ocasiones fue ingresado inmediatamente en el hospital nada más regresar de sus viajes. Durante el verano de 1961, pasó tres meses hospitalizado. Había cambiado. Ya no era el aplomado puritano de antaño. El Partido se mostraba contrariado con él. Fue criticado por «permitir que decayera su voluntad revolucionaria» y expulsado del hospital.

Dedicó cada vez más tiempo a la pesca. Frente al hospital había un río encantador conocido como el arroyo del Jade. Los renuevos de los sauces que se curvaban desde la orilla acariciaban la superficie de sus aguas y las nubes se derretían y solidificaban en sus múltiples reflejos. Yo misma solía sentarme en sus empinadas márgenes, contemplando las nubes y viendo pescar a mi padre. Olía a excrementos humanos. Sobre la ribera se extendían los terrenos del hospital, en otro tiempo macizos de flores convertidos para entonces en huertos destinados al suministro de alimentos adicionales para los empleados y los enfermos. Aún hoy, cuando cierro los ojos, me parece ver las larvas de mariposa devorando las hojas de las coles. Mis hermanos las capturaban para que mi padre las utilizara como cebo. Los campos mostraban un aspecto patético. Resultaba evidente que los médicos y las enfermeras no eran en absoluto expertos en labores agrícolas.

A lo largo de la historia, los eruditos y mandarines chinos se habían dedicado tradicionalmente a pescar cuando estaban desilusionados por las acciones del Emperador. La pesca sugería el regreso a la naturaleza, la huida de la política cotidiana. Constituía una especie de símbolo del desencanto y la falta de cooperación.

Mi padre rara vez pescaba nada, y en cierta ocasión escribió un poema uno de cuyos versos rezaba: «No es para pescar por lo que voy de pesca.» Su compañero de excursiones, sin embargo –otro de los directores adjuntos del departamento– siempre le daba parte de su captura. Ello se debía a que en 1961, en plena época del hambre, mi madre volvía a estar embarazada, y los chinos consideraban el pescado como un elemento esencial para el desarrollo del pelo de los niños. No había sido su intención quedar de nuevo en estado. Entre otras cosas, tanto ella como mi padre vivían entonces de sus salarios, lo que significaba que el Estado ya no les suministraba nodrizas ni niñeras. Obligados a mantener a cuatro hijos, a mi abuela y a parte de la familia de mi padre, apenas les sobraba dinero. Mi padre dedicaba una buena porción de su sueldo a la adquisición de libros, especialmente de gruesos volúmenes de obras clásicas de los que cada colección costaba el equivalente a dos meses de salario. A veces, mi madre protestaba levemente. Otras personas de su posición dejaban caer las adecuadas indirectas en las editoriales y obtenían sus ejemplares gratis «por motivos de trabajo». Mi padre insistía en pagarlo todo.

La esterilización, el aborto e incluso la contracepción resultaban complicados. Los comunistas habían comenzado a promocionar la planificación familiar en 1954, y mi madre había estado a cargo del programa en su distrito. En aquella época había estado embarazada de Xiaohei, por lo que solía comenzar las asambleas con una autocrítica no desprovista de humor. Sin embargo, Mao decidió oponerse al control de la natalidad. Quería una China grande y poderosa basada en una gran población. Decía que si los norteamericanos atacaban China con bombas atómicas, los chinos se limitarían a continuar reproduciéndose para reconstruir su número con enorme velocidad. Compartía asimismo la actitud tradicional del campesino chino frente a los niños: cuantas más manos, mejor. En 1957, acusó personalmente de derechista a un célebre profesor de la Universidad de Pekín que recomendaba el control de natalidad. A partir de entonces, rara vez volvió a mencionarse la planificación familiar.

Tras quedar embarazada en 1959, mi madre escribió al Partido pidiendo permiso para abortar. Tal era el procedimiento habitual. Uno de los motivos por los que el Partido tenía que dar su consentimiento era que en aquella época se trataba de una operación peligrosa. Mi madre adujo que estaba demasiado ocupada trabajando para la revolución, y que podría servir mejor al pueblo si no tenía un nuevo niño. Se le permitió someterse a una intervención para abortar, lo que entonces era un proceso terriblemente primitivo y doloroso. Cuando en 1961 volvió a quedar en estado, tanto los médicos como mi madre y el Partido consideraron que un nuevo aborto quedaba fuera de toda cuestión. El plazo estipulado entre un aborto y el siguiente era de tres años.

Nuestra criada también estaba embarazada. Se había casado con el antiguo sirviente de mi padre, que ahora trabajaba en una fábrica. Mi abuela cocinaba para ambas los huevos y la soja que podían adquirirse con los cupones de mis padres, así como los peces que capturaban mi padre y su amigo.

A finales de 1961, la criada dio a luz a un niño y partió para formar su propio hogar en compañía de su marido. Cuando aún estaba con nosotros, solía encargarse de acudir a las cantinas a recoger nuestra comida. Un día, mi padre la vio caminando a lo largo de un sendero de jardín: se había metido un trozo de carne en la boca y masticaba vorazmente. Mi padre giró en redondo y se alejó para evitarle la turbación que sentiría si le veía. No nos reveló aquel episodio hasta transcurridos varios años, en un momento en que se dedicaba a rumiar acerca del modo tan distinto en que se habían desarrollado sus sueños de juventud, el principal de los cuales consistía en erradicar el hambre para siempre.

Cuando la criada se marchó, mi familia ya no pudo permitirse contratar otra debido a la situación alimentaria. Aquellas que querían el empleo –todas ellas campesinas– no tenían derecho a una ración de alimentos. De este modo, mi abuela y mi tía tuvieron que cuidarnos a los cinco.

Mi hermano pequeño, Xiao-fang, nació el 17 de enero de 1962. Fue el único de todos nosotros al que mi madre dio el pecho. Antes de nacer, había pensado en regalarlo, pero cuando llegó al mundo se sintió profundamente unida a él y el pequeño se convirtió en su favorito. Solíamos jugar todos con él, como si se tratara de un gran juguete. Creció rodeado de gente que le amaba lo que, en opinión de mi madre, explicaba su tranquilidad y su confianza. Mi padre pasaba largos ratos con él, cosa que nunca había hecho con ninguno de nosotros. Cuando Xiao-fang fue lo bastante mayor como para jugar con juguetes, mi padre comenzó a llevarle todos los sábados a los almacenes situados al comienzo de la calle, donde le compraba juguetes nuevos. Tan pronto como Xiao-fang se ponía a llorar, fuera cual fuere el motivo, mi padre dejaba lo que tenía entre manos y corría a consolarle.

A comienzos de 1961, las decenas de millones de muertes acaecidas terminaron por forzar a Mao a renunciar a su política económica. A regañadientes, concedió al pragmático presidente Liu y a Deng Xiaoping –secretario general del Partido– un mayor control sobre el país. Mao se vio forzado a realizar autocríticas, pero todas estaban repletas de auto-compasión y redactadas de tal modo que parecía como si se viera obligado a llevar él solo la cruz de una epidemia de funcionarios incompetentes en toda China. Con actitud magnánima, instruyó al Partido para que aprendiera la lección de aquella desastrosa experiencia. En qué consistía dicha lección, sin embargo, no era algo que debieran determinar los funcionarios de bajo rango: Mao les dijo que se habían divorciado del pueblo y que habían tomado decisiones que no reflejaban los sentimientos habituales de la gente. La auténtica responsabilidad –que nadie persiguió– permaneció oculta bajo una interminable lista de autocríticas, empezando por la del propio Mao.

No obstante, las cosas empezaron a mejorar. Los pragmáticos iniciaron una serie de reformas en profundidad. Fue en aquel contexto en el que Deng Xiaoping realizó la observación siguiente: «Tanto da que el gato sea blanco o negro, siempre y cuando sea capaz de cazar ratones.» Había de cesar la producción en masa del acero. Los objetivos económicos disparatados fueron cancelados y se introdujo una política realista. Se abolieron las cantinas públicas, y los ingresos de los campesinos comenzaron de nuevo a depender de su trabajo. Se les devolvieron las propiedades confiscadas por las comunas, así como los utensilios de labranza y los animales domésticos. También se les concedieron pequeñas parcelas de tierra para su cultivo privado. En algunas zonas, se alquilaron tierras a familias campesinas. La industria y el comercio contemplaron una vez más la sanción oficial de los elementos de la economía de mercado y, al cabo de un par de años, ésta volvió a florecer.

A la liberalización de la economía acompañó la liberalización política. Muchos terratenientes vieron desaparecer su etiqueta de «enemigos de clase». Gran cantidad de personas que habían sufrido las purgas de las diversas campañas políticas fueron rehabilitadas. Entre ellas se incluían los «contrarrevolucionarios» de 1955, los «derechistas» de 1957 y los «oportunistas de derecha» de 1959. Mi madre, que en 1959 había recibido una primera advertencia por sus «tendencias derechistas», fue ascendida como funcionaria civil de nivel 17 a nivel 16 a modo de compensación. Se gozó de una mayor libertad literaria y artística, y en general comenzó a reinar una atmósfera más relajada. Al igual que tantos otros, mi padre y mi madre pensaron que el régimen parecía estar demostrando que era capaz de corregirse, de aprender de sus propios errores y de funcionar, y ello les devolvió la confianza en el mismo.

Mientras tuvo lugar todo aquello, yo viví envuelta en un capullo propio tras los elevados muros del complejo gubernamental. Nunca estuve en contacto directo con la tragedia. Y así, aislada de la realidad exterior, me vi embarcada en la adolescencia.

13

«Tesorito de mil piezas de oro»

Aislada en un capullo privilegiado

(1958-1965)

Cuando en 1958 mi madre me llevó por primera vez a la escuela primaria, yo llevaba mi nueva chaqueta de cordón rosa, unos pantalones de franela verde y un enorme lazo rosa en el pelo. Entramos directamente al despacho de la directora, quien nos esperaba en compañía de la supervisora académica y de una de las profesoras. Todos sonreían y se dirigían a mi madre respetuosamente llamándola directora Xia y tratándola como a un personaje. Poco después, me enteré de que aquella escuela pertenecía a su departamento.

Aquella entrevista especial se debió a que yo contaba seis años de edad, cuando normalmente sólo aceptaban niños a partir de los siete debido a la escasez de plazas escolares. Sin embargo, ni siquiera mi padre tuvo entonces inconveniente en saltarse las normas, ya que tanto él como mi madre querían que empezara a ir al colegio a una edad temprana. Mi fluida declamación de poemas clásicos y mi hermosa caligrafía convencieron a los profesores de que me hallaba lo suficientemente avanzada. Tras convencer de ello a la directora y a sus colegas con la prueba de ingreso habitual, se me aceptó como caso especial, ante lo cual mis padres se mostraron tremendamente orgullosos de mí. Aquella misma escuela había rechazado ya a muchos de los hijos de sus colegas.

Se trataba de una escuela a la que todo el mundo quería enviar a sus hijos debido a que estaba considerada la mejor de Chengdu, así como la principal escuela «clave» de toda la provincia. El ingreso en las escuelas y universidades clave resultaba sumamente difícil. Dependía tan sólo de los méritos de cada uno, y no se concedía prioridad a los hijos de las familias de funcionarios.

Cada vez que me presentaban a una nueva maestra, siempre era como «la hija del director Chang y de la directora Xia». Mi madre solía acudir a la escuela en su bicicleta como parte de su trabajo para comprobar el modo en que era gestionada. Un día, comenzó de pronto a hacer frío y me trajo una chaqueta verde de abrigo con cordones bordada en su parte delantera. La propia directora vino al aula para entregármela, y yo me sentí terriblemente avergonzada de las miradas de todos mis compañeros. Al igual que la mayoría de los niños, lo único que quería era ser una más de mi grupo y que me aceptaran como tal.

Teníamos exámenes todas las semanas, y los resultados eran exhibidos en el tablón de anuncios. El primer puesto siempre me correspondía a mí, lo que disgustaba a las que me seguían. En ocasiones, descargaban su amargura llamándome «tesorito de mil piezas de oro» (*qian-jin-xiao-jie*) o haciendo cosas como meterme sapos en el cajón o atarme las trenzas al respaldo del asiento. Decían que no mostraba espíritu colectivo y que despreciaba a los demás. Yo, sin embargo, sabía que lo único que ocurría era que me gustaba hacer mi propia vida.

La formación era similar a la de una escuela occidental, a excepción de la época en que tuvimos que dedicarnos a contribuir a la producción de acero. No existía educación política, pero teníamos que hacer mucho deporte: carreras, salto de altura, salto de longitud y gimnasia y natación obligatorias. Cada una tenía un deporte para las horas posteriores a las clases, y a mí me seleccionaron para el tenis. Al principio, mi padre se mostró contrario a verme convertida en una deportista –en ello consistía el objetivo del entrenamiento– pero la monitora de tenis, una muchacha joven y sumamente hermosa, fue a visitarle ataviada con unos atractivos pantalones cortos. Entre otras labores, mi padre era el encargado provincial de deportes. La monitora le obsequió con una sonrisa deslumbrante y observó que dado que el tenis –el más elegante de todos los deportes– no era excesivamente practicado en China en aquella época, sería muy positivo que su hija diera ejemplo, dijo, a toda la nación. Mi padre hubo de rendirse.

Me encantaban mis profesores, todos ellos excelentes y dotados de la habilidad de hacer de sus asignaturas algo fascinante y emocionante a la vez. Recuerdo al profesor de ciencias, un tal señor Da-li, que nos enseñaba la teoría de los satélites artificiales (los rusos acababan de lanzar su primer *Sputnik*) y nos hablaban de la posibilidad de visitar otros planetas. Hasta los niños más revoltosos permanecían pegados a sus asientos durante sus lecciones. Oí comentar a algunos que había sido derechista, pero ninguno sabíamos qué significaba eso y, en consecuencia, nos daba lo mismo.

Años después, mi madre me dijo que el señor Da-li había sido escritor de libros infantiles de ciencia-ficción. Fue acusado de derechista en 1957 por escribir un artículo acerca de la costumbre de los ratones de robar comida para su propio engorde, lo que se entendió como un ataque disimulado a los funcionarios del Partido. Se le prohibió escribir, y a punto estuvo de ser enviado al campo cuando mi madre logró recuperarle para mi escuela. Pocos funcionarios eran lo bastante valerosos como para dar empleo a un derechista.

Mi madre sí lo era, y a ello se debía que estuviera a cargo de mi escuela. Dada su localización, debería haber pertenecido al Distrito Occidental de Chengdu, pero las autoridades de la ciudad se la asignaron al Distrito Oriental en el que trabajaba mi madre debido a que querían que contara con los mejores profesores (aunque éstos tuvieran antecedentes «indeseables») y a que el jefe del Departamento de Asuntos Públicos del Distrito Occidental nunca se hubiera atrevido a emplear a semejantes personas. La supervisora académica de mi escuela era esposa de un antiguo oficial del Kuomintang que había sido enviado a un campo de trabajo. Por lo general, no se habría permitido que personas con un pasado como el suyo desempeñaran un trabajo como aquél, pero mi madre no sólo se negó a trasladarlas sino que incluso les concedió grados honoríficos. Sus superiores aprobaron su actitud, pero insistieron en que aceptara personalmente la responsabilidad de un comportamiento tan poco ortodoxo. A ella no le importó. Con la protección adicional e implícita que le proporcionaba la posición de mi padre, se sentía mucho más segura que sus colegas.

En 1962, mi padre fue invitado a enviar a sus hijos a una nueva escuela recién inaugurada junto al complejo en el que vivíamos. Se llamaba El Plátano, por los árboles que bordeaban una de las avenidas que atravesaban sus terrenos. La escuela fue fundada por el Distrito Occidental con el objetivo expreso de convertirla en una escuela «clave», dado que dicho distrito no poseía ninguna escuela de esta categoría en su jurisdicción. Los buenos profesores de las otras escuelas del distrito fueron trasladados al Plátano, y la institución no tardó en adquirir reputación de escuela aristocrática, destinada a los hijos de los personajes más destacados del Gobierno provincial.

Antes de la fundación del Plátano existía en Chengdu un colegio interno para los hijos de altos oficiales del Ejército al que también enviaban a sus retoños algunos funcionarios de alto rango. Poseía un nivel académico pobre y adquirió fama de esnob, ya que los internos se pasaban la vida compitiendo acerca de la importancia de sus progenitores. A menudo se les oía decir cosas tales como: «¡Mi padre es jefe de división, y el tuyo sólo es general de brigada!» Los fines de semana podían verse en el exterior largas hileras de automóviles repletos de niñeras, guardaespaldas y chóferes que esperaban para llevar a los niños a sus casas. Mucha gente juzgaba aquella atmósfera contraproducente para los pequeños, y mis propios padres siempre habían mostrado una profunda aversión hacia aquella escuela.

El Plátano no había sido concebida como una escuela elitista y, tras entrevistarse con el director y algunos de los profesores, mis padres se convencieron de que se trataba de una institución comprometida con el logro de elevados niveles de ética y disciplina. Tan sólo daba cabida a unos veinticinco alumnos por curso, cuando en mi escuela anterior había tenido cincuenta compañeros en la misma clase. Evidentemente, las ventajas del Plátano estaban proyectadas en parte para los funcionarios de alto rango que vivían junto a la escuela, pero mi padre, cada vez más apaciguado, optó por pasar por alto este hecho.

La mayoría de mis compañeros de clase eran hijos de funcionarios del Gobierno provincial. Algunos de ellos vivían en el mismo complejo que yo. Aparte de la escuela, el complejo constituía mi único mundo. Contaba con jardines rebosantes de flores y de plantas exuberantes. Había palmeras, pitas, adelfas, magnolias, camelias, rosas, hibiscos e incluso dos raros álamos temblones chinos que habían crecido el uno hacia el otro y entrelazaban sus ramas como una pareja de amantes. Eran sumamente sensibles. Si se rascaba suavemente uno de los troncos, ambos árboles comenzaban a temblar y sus hojas se agitaban débilmente. En verano, a la hora de comer, solía sentarme en un banco de piedra de forma cilíndrica situado bajo un enrejado de glicinia y, apoyando los codos sobre una mesa también de piedra, leía un libro o jugaba al ajedrez. A mi alrededor se extendían los radiantes colores del terreno y, a no mucha distancia, un insólito cocotero señalaba arrogantemente el cielo. Mi planta favorita, sin embargo, era un jazmín de intenso perfume que también trepaba por un enrejado. Cuando florecía, mi dormitorio se llenaba con su aroma, y a mí me encantaba sentarme junto a la ventana contemplándolo e impregnándome de sus deliciosos efluvios.

Cuando nos trasladamos al complejo, vivimos al principio en una encantadora casa de una sola planta separada del resto y dotada de su propio patio. Estaba construida al estilo chino tradicional, y carecía de comodidades modernas: no disponía de agua corriente en su interior y no tenía retrete de cisterna, ni tampoco bañera de porcelana. En 1962, se construyeron en un extremo del complejo algunos apartamentos modernos de estilo occidental dotados de todos aquellos adelantos, y a mi familia le fue asignado uno de ellos. Antes de mudarnos, acudí a visitar aquel país de las maravillas y a examinar la novedad de aquellos grifos mágicos, aquellas cisternas y aquellos armarios de espejo en las paredes. Deslicé mis manos sobre las brillantes baldosas blancas de los muros de los cuartos de baño: resultaban frescas y agradables al tacto.

Había trece edificios de apartamentos en el complejo. Cuatro de ellos estaban destinados a los directores de departamento, y el resto era para los jefes de sección. Nuestro apartamento ocupaba una planta entera, pero en el caso de los jefes de sección, cada planta era compartida por dos familias. Nuestras habitaciones eran más espaciosas. Teníamos mosquiteras en las ventanas, cosa que ellos no tenían; y dos cuartos de baño, cuando ellos sólo tenían uno. Teníamos agua caliente tres días a la semana, pero ellos carecían de ella. Teníamos un teléfono, algo sumamente inusual en China, y ellos no. Los oficiales de menor rango ocupaban los bloques de un complejo más pequeño situado al otro lado de la calle, y sus comodidades eran aún más escasas. La media docena de secretarios del Partido que constituían el núcleo de las autoridades provinciales disfrutaban de un complejo propio emplazado dentro del nuestro. Aquel santuario interior se extendía entre dos puertas permanentemente vigiladas por guardias militares armados, y tan sólo se autorizaba la entrada de personal especialmente autorizado. Al otro lado de las puertas se alzaban diversas casas independientes de dos plantas, una para cada uno de los secretarios del Partido. Junto al umbral del primer secretario, Li Jing-quan, montaba guardia otro soldado. Yo crecí considerando normal la jerarquía y el privilegio.

Todos los adultos que trabajaban en el complejo principal tenían que enseñar sus pases cuando atravesaban la puerta principal. Los niños no teníamos pases, pero los guardias nos conocían. Las cosas se complicaban cuando recibíamos visitantes, ya que éstos se veían obligados a rellenar un formulario, tras lo cual llamaban a nuestro apartamento desde el pabellón del portero para que alguien fuera a buscarlos hasta la puerta principal. A los guardias no les agradaban las visitas de otros niños. Decían que no querían que fueran a estropear los jardines. Aquello dificultaba invitar a compañeros a casa, y durante los cuatro años que pasé en la escuela «clave» muy rara vez invité a mis amigas.

Apenas salía del complejo, si no era para acudir a la escuela. Alguna que otra vez acudí a unos grandes almacenes con mi abuela, pero nunca experimenté el deseo de comprar nada. El concepto de compra era algo ajeno a mí, y mis padres sólo me daban dinero de bolsillo en ocasiones especiales. Nuestra cantina era como un restaurante, y la comida que servía era excelente. Exceptuando la época del hambre, siempre tuvimos al menos siete u ocho platos entre los que escoger. Los *chefs* eran especialmente seleccionados, y todos pertenecían al grado uno o al grado especial: al igual que los profesores, los mejores eran clasificados en niveles. En casa siempre había fruta y caramelos, pero yo me hubiera contentado con alimentarme exclusivamente de polos. Una vez, un 1 de junio en que se celebraba el Día del Niño, recibí algo de dinero de bolsillo y devoré veintiséis de ellos de una sentada.

La vida en el complejo era autosuficiente. El complejo tenía sus propias tiendas, peluquerías, cines y salas de baile, así como sus propios fontaneros e ingenieros. El baile era una afición muy popular. Los fines de semana se celebraban fiestas de baile para los distintos niveles de funcionarios del Gobierno provincial. El que tenía lugar en la antigua sala de baile de oficiales del Ejército norteamericano era para las familias situadas a partir del nivel de jefe de sección. Tenía siempre una orquesta y contaba con varios actores y actrices del Grupo Provincial de Música y Danza que le prestaban colorido y elegancia. Algunas de las actrices solían venir a nuestro apartamento para charlar con mis padres, tras lo cual me llevaban a dar un paseo por el complejo. A mí me enorgullecía enormemente que me vieran en su compañía, ya que en China tanto los actores como las actrices ejercen una inmensa fascinación en la gente. Unos y otras gozaban de un grado especial de tolerancia y se les permitía vestir más ostentosamente que el resto de las personas e, incluso, tener aventuras amorosas. Dado que el grupo pertenecía a su departamento, consideraban a mi padre como su jefe. Sin embargo, no le trataban con el exagerado respeto que mostraban ante él otras personas. Por el contrario, solían bromear con él y le llamaban «el bailarín estrella», ante lo cual mi padre se limitaba a sonreír con aire de timidez. Los bailes eran acontecimientos informales de salón en los que las parejas se deslizaban recatadamente arriba y abajo sobre la reluciente pista. Mi padre era, de hecho, un gran bailarín, y resultaba evidente que disfrutaba haciéndolo. A mi madre no se le daba bien: le resultaba imposible captar el ritmo, por lo que no le gustaba. Durante los intervalos, se permitía que los niños bailasen sobre la pista, y nosotros nos tirábamos de las manos y nos dedicábamos a practicar una especie de esquí sobre suelo. La atmósfera, el calor, los perfumes, las damas elegantemente vestidas y los sonrientes caballeros formaban para mí un mágico mundo de ensueño.

Había cine todos los sábados por la tarde. En 1962, ya con una atmósfera más relajada, llegaban incluso algunas películas de Hong Kong, en su mayor parte historias de amor. En ellas podían obtenerse atisbos del mundo exterior, por lo que resultaban muy populares. Por supuesto, había también ardientes películas revolucionarias. Las proyecciones se realizaban en dos lugares diferentes según el nivel de los asistentes. La élite número uno ocupaba una espaciosa sala dotada de asientos grandes y confortables. La otra se amontonaba en un gran auditorio situado en un complejo distinto. En cierta ocasión, acudí allí debido a que daban una película que me interesaba ver. Los asientos estaban ya ocupados desde mucho antes de que empezara la película, y los que llegaban en último lugar aparecían provistos de sus propios taburetes. Había mucha gente de pie. Si uno se quedaba en el fondo era necesario subirse a una silla para poder ver algo. Personalmente, ignoraba que aquello iba a ser así, por lo que no me había llevado nada. Al fin, me vi atrapada en la aglomeración de la parte posterior, incapaz de ver nada en absoluto. Alcancé a ver a un cocinero que conocía y que se había encaramado a un pequeño banco en el que hubieran podido acomodarse dos personas. Cuando me vio intentando escurrirme entre la muchedumbre me dijo que subiera y lo compartiera con él. Era muy estrecho, y yo sentía que mi equilibrio era terriblemente precario. Numerosas personas seguían desfilando a nuestro alrededor, y no tardé en verme derribada por una de ellas. Caí con fuerza, partiéndome la ceja con el borde de un taburete. Aún hoy conservo la cicatriz.

En nuestra sala de élite se proyectaban películas restringidas que no podía ver nadie más, ni siquiera los empleados del auditorio grande. Se conocían con el nombre de «películas de referencia» y en su mayor parte se componían de recortes de películas occidentales. Recuerdo que en una aparecía un mirón de playa al que las mujeres que había estado espiando duchaban con un cubo de agua. Otro extracto de uno de los documentales mostraba a varios pintores abstractos que habían enseñado a un chimpancé a aplicar tinta sobre una hoja y a un hombre que tocaba el piano con el trasero.

Imagino que ambas habían sido seleccionadas para mostrar la decadencia de Occidente. Se proyectaron exclusivamente para altos funcionarios del Partido, aunque incluso a éstos les era negada la mayor parte de la información procedente de allí. De vez en cuando se proyectaban películas occidentales en una pequeña sala de visionado en la que no se permitía la entrada de niños. Yo experimentaba una enorme curiosidad, y solía suplicar a mis padres que me llevaran. Éstos me complacieron en un par de ocasiones. Para entonces, mi padre se había vuelto más tolerante con nosotros. Había un guardia en la puerta, pero al ver que iba con mis padres no puso objeción alguna. Ambas películas, sin embargo, me resultaron totalmente incomprensibles. Una parecía girar en torno a un piloto norteamericano que enloquecía después de arrojar una bomba atómica sobre Japón. La otra era un largometraje en blanco y negro. En una de las escenas, un líder sindical era golpeado por dos matones en el interior de un automóvil, y me sentí horrorizada al advertir que un hilo de sangre resbalaba de sus labios. Era la primera vez en mi vida que contemplaba un acto de violencia con derramamiento de sangre (los comunistas habían abolido los castigos corporales en las escuelas). En aquellos días, las películas chinas eran producciones amables, sentimentales y optimistas; cualquier sugerencia de actos violentos aparecía estilizada, como en la ópera china.

Me desconcertaba el modo de vestir de los obreros occidentales: llevaban elegantes trajes que ni siquiera mostraban remiendos y que no encajaban ni por asomo con mi idea de lo que debían probablemente vestir las masas oprimidas de los países capitalistas. Después de la película, pregunté a mi madre sobre aquello y ella me respondió diciendo algo acerca de «niveles de vida relativos». No comprendí qué quería decir con ello, y pensé que la pregunta seguía sin responder.

De niña, mi idea de Occidente era la de un pozo de pobreza y miseria similar al que rodea a la vagabunda cerillera del cuento de Hans Christian Andersen. Cuando en el jardín de infancia había rehusado terminar mi plato, la profesora había exclamado: «¡Piensa en todos los niños que mueren de hambre en el mundo capitalista!» En la escuela, cuando intentaban hacernos trabajar más, los profesores solían decir: «Tenéis suerte de poder ir a una escuela y tener libros para leer. En los países capitalistas los niños tienen que trabajar para mantener a sus hambrientas familias.» A menudo, cuando los adultos querían que aceptáramos algo, afirmaban que en Occidente la gente ansiaba poseer eso pero que no podía conseguirlo, y que por tanto debíamos alegrarnos de nuestra buena fortuna. Al final, comencé a pensar de ese modo automáticamente. En cierta ocasión en que una niña de mi clase apareció luciendo una nueva clase de impermeable rosado y traslúcido que nunca había visto antes, pensé en lo estupendo que sería que me lo cambiara por mi viejo paraguas de papel encerado. Inmediatamente, sin embargo, me reprendí por aquel impulso burgués y escribí en mi diario: «Piensa en todos los niños del mundo capitalista: ¡ni siquiera pueden soñar con poseer un paraguas!»

Interiormente, imaginaba a los extranjeros como seres terroríficos. Todos los chinos tienen el cabello negro y los ojos castaños, por lo que cualquier otro colorido de pelo y de ojos les resulta extraño. Mi imagen de los extranjeros coincidía más o menos con el estereotipo oficial: un hombre de cabellos rojos y enmarañados, con ojos de un color extraño y una nariz muy, muy larga que va por ahí borracho, dando tumbos, bebiendo Coca-Cola a morro y afianzándose sobre sus piernas abiertas de un modo nada elegante. Los extranjeros decían constantemente «hola» con una entonación peculiar. Yo ignoraba qué significaba «hola»; pensaba que se trataba de una palabrota. Cuando los niños jugaban a la «guerra de guerrillas» (que venía a ser su propia versión de indios y vaqueros), los del bando enemigo se pegaban una espina sobre la nariz y exclamaban «hola» sin parar.

Durante mi tercer año en la escuela primaria, cuando contaba nueve años de edad, mis compañeros y yo decidimos decorar el aula con plantas. Una de las niñas sugirió que podría obtener algunas especies poco corrientes de un jardín que cuidaba su padre en la iglesia católica de la calle del Puente Seguro. Antaño había habido un orfanato adosado a la iglesia, pero habían terminado por cerrarlo. La iglesia aún funcionaba bajo control del Gobierno, el cual había obligado a los católicos a romper con el Vaticano y unirse a una organización «patriótica». Debido a la propaganda acerca de la religión, la idea de la iglesia me resultaba misteriosa e inquietante. La primera vez que había oído mencionar la violación había sido en una novela en la que se atribuía una a un sacerdote extranjero. Por otra parte, los sacerdotes adoptaban invariablemente la imagen de espías imperialistas y malvados que utilizaban a los bebés de los hospitales para realizar experimentos médicos.

Todos los días, camino del colegio y de regreso de él, solía pasar junto al comienzo de la calle del Puente Seguro, bordeada de árboles seculares, y distinguía el perfil de la puerta de la iglesia. Acostumbrada a la estética china, sus pilares se me antojaban sumamente extraños ya que, a diferencia de los nuestros, tallados en madera y posteriormente pintados, estaban tallados en mármol blanco y acanalados al estilo griego. Me moría por visitar el interior, y había pedido a aquella niña que me invitara un día a ir a su casa. Ella, sin embargo, repuso que su padre no quería que llevara visitas, lo que no sirvió sino para acrecentar aún más su misterio. Cuando se ofreció a traer algunas plantas de su jardín, me ofrecí calurosamente a acompañarla.

A medida que nos aproximábamos a la puerta de la iglesia sentí que me ponía en tensión y que mi corazón casi dejaba de latir. No recordaba haber visto nunca una puerta tan imponente. Mi amiga se puso de puntillas y golpeó un aro de metal que colgaba de la puerta. En ésta se abrió de pronto una pequeña entrada tras la que apareció un anciano arrugado que caminaba doblado casi por completo sobre sí mismo. Pensé que era como las brujas que salen en las ilustraciones de los cuentos de hadas. Aunque no podía ver su rostro con claridad, me imaginé que tendría una larga nariz ganchuda y un sombrero de pico y que en cualquier momento saldría volando por los aires montado en una escoba. El hecho de que perteneciera al sexo opuesto al de las brujas carecía de importancia. Atravesé apresuradamente el umbral. Frente a mí se abría un patio pulcro y diminuto en el que había un jardín. Me sentía tan nerviosa que no era capaz de ver qué contenía. Mis ojos tan sólo registraban una enorme proliferación de colores y formas, así como una pequeña fuente que manaba en medio de una estructura rocosa. Mi amiga me tomó de la mano y me condujo a lo largo del porche hasta el otro lado del patio. Cuando llegamos al final, abrió una puerta y me dijo que allí era donde el sacerdote pronunciaba sus sermones. ¡Sermones! Me había topado con aquella palabra en un libro en el que el sacerdote se servía de su sermón para transmitir secretos de Estado a otro espía imperialista. Mi tensión aumentó cuando salvé el umbral y penetré en una enorme y oscura estancia que parecía un salón; durante unos instantes, no pude ver nada. Por fin, distinguí una estatua al fondo de la sala. Aquél fue mi primer encuentro con un crucifijo. A medida que me acercaba, la figura de la cruz parecía elevarse sobre mí, inmensa y abrumadora. La sangre, la postura y la expresión de su rostro se combinaban para producir una sensación profundamente aterradora. Me volví y salí corriendo de la iglesia. En el exterior, casi choqué con un hombre ataviado con un traje negro. Pensé que intentaba agarrarme y, esquivándole, eché nuevamente a correr. A mis espaldas oí una puerta que crujía y, de pronto, me vi envuelta por una gran calma, rota tan sólo por el murmullo de la fuente. Abrí la pequeña entrada de la puerta principal y alcancé el comienzo de la calle sin dejar de correr. Mi corazón palpitaba con fuerza, y la cabeza me daba vueltas.

A diferencia de mí, mi hermano Jin-ming –nacido un año después que yo– se mostró sumamente independiente ya desde pequeño. Le encantaban las ciencias, y leía montones de revistas científicas populares. Aunque al igual que el resto de las publicaciones también éstas aparecían repletas de la inevitable propaganda, lo cierto era que informaban de avances científicos y tecnológicos occidentales que causaban honda impresión en Jin-ming. Le fascinaban las fotografías del láser, de los aerodeslizadores y de los helicópteros, automóviles y sistemas electrónicos que aparecían en aquellas revistas, a lo que había que añadir los atisbos que lograba del mundo occidental en las «películas de referencia». Comenzó a pensar que uno no podía fiarse de la escuela, los medios de comunicación y los adultos en general cuando decían que el mundo capitalista era un infierno y que China era un paraíso.

Estados Unidos excitaba especialmente la imaginación de Jin-ming como el país que contaba con la tecnología más desarrollada. Un día, cuando contaba once años, había estado describiendo animadamente durante la cena los nuevos avances norteamericanos en el campo del láser cuando de pronto le dijo a mi padre que adoraba Norteamérica. Éste no supo cómo responder, y su rostro adquirió una expresión de intensa preocupación. Por fin, acarició la cabeza de Jin-ming y dijo a mi madre: «¿Qué podemos hacer? ¡Este muchacho va a convertirse en un derechista cuando crezca!»

Antes de cumplir los doce años, Jin-ming ya había construido cierto número de inventos basados en las ilustraciones de los libros científicos infantiles, entre ellos un telescopio con el que había intentado observar el cometa Halley y un microscopio para el que se había servido de trozos de vidrio procedentes de una bombilla. Un día en que estaba intentando mejorar una escopeta de repetición construida con gomas elásticas para disparar guijarros y semillas de tejo, pidió a uno de sus compañeros de clase, cuyo padre era oficial del Ejército, que le consiguiera algunos casquillos de bala vacíos para lograr los efectos sonoros apropiados. Su amigo consiguió algunas balas, extrajo la parte posterior, las vació de pólvora y se las entregó a Jin-ming sin advertir que los detonadores aún estaban dentro. Jin-ming llenó uno de los casquillos con un tubo de pasta de dientes cortado por la mitad y con ayuda de unas tenazas lo sostuvo sobre la estufa de carbón de la cocina para que se calentara. Sobre la parrilla del carbón descansaba una pava, y Jin-ming sostenía las tenazas bajo ella cuando de repente se oyó un tremendo estampido y se abrió un boquete en el fondo de la pava. Todo el mundo entró a ver qué había ocurrido. Jin-ming estaba aterrorizado, mas no tanto por la explosión como por mi padre, que constituía una figura temible.

Éste, sin embargo, no pegó a Jin-ming. Ni siquiera le reconvino. Se limitó a dirigirle una mirada larga y dura y por fin dijo que bastante asustado estaba ya y que saliera a dar un paseo. Jin-ming se sintió tan aliviado que a duras penas logró evitar ponerse a dar saltos. En ningún momento había pensado que le sería posible librarse tan fácilmente. Cuando regresó de su paseo, mi padre le dijo que no volvería a hacer ningún experimento si no era bajo la supervisión de un adulto. Sin embargo, aquella orden no permaneció en vigor mucho tiempo, y Jin-ming no tardó en volver a las andadas.

Yo le ayudé en uno o dos de sus proyectos. En cierta ocasión, fabricamos un prototipo de pulverizador alimentado con agua del grifo con el que podía reducirse la tiza a polvo. Era Jin-ming, claro está, quien aportaba el ingenio y la habilidad, ya que mi interés solía ser poco duradero.

Jin-ming acudió a la misma escuela primaria que yo. El señor Da-li, el profesor de ciencias que en otro tiempo había sido condenado como derechista, fue también maestro suyo, y desempeñó un papel fundamental a la hora de abrir a Jin-ming al mundo de la ciencia. Desde entonces, mi hermano ha conservado una profunda gratitud hacia él.

Mi segundo hermano, Xiao-hei, nacido en 1954, era el favorito de mi abuela, pero mi padre y mi madre apenas le prestaban atención. Uno de los motivos era que pensaban que ya obtenía suficiente cariño de la primera. Aquella sensación de desfavorecimiento alimentó en Xiao-hei una actitud defensiva frente a mis padres, lo que despertaba en ellos una profunda irritación, especialmente en mi padre, quien no soportaba ninguna actitud que considerara falta de franqueza.

Algunas veces, se sentía tan enojado por la actitud de Xiao-hei que llegaba a pegarle. Posteriormente, sin embargo, se arrepentía, y a la menor oportunidad le acariciaba la cabeza y le decía que sentía profundamente no haber sabido controlar su genio. En aquellas ocasiones, mi abuela sostenía con mi padre unas broncas tremebundas, y éste a su vez la acusaba de malcriar a Xiao-hei. Aquel constante motivo de tensión entre ambos tuvo como resultado inevitable que mi abuela se sintiera aún más ligada a Xiao-hei y le mimara más que antes.

Mis padres pensaban que sólo sus hijos –y no las niñas– debían recibir reprimendas y castigos corporales. Una de las únicas dos veces que pegaron a mi hermana Xiao-hong fue a la edad de cinco años. Se había empeñado en comer caramelos antes de una de las comidas, y cuando llegó a la mesa protestó diciendo que no podía notar gusto alguno debido al sabor dulce que aún tenía en la boca. Mi padre le dijo que sólo tenía lo que ella misma se había buscado. A Xiao-hong le disgustó aquella respuesta, por lo que comenzó a chillar y arrojó los palillos por la estancia. Mi padre le propinó un cachete y ella asió un plumero dispuesta a devolverle el golpe. Mi padre le arrebató el plumero y ella se hizo con una escoba. Tras un breve forcejeo, mi padre la encerró en su dormitorio y se marchó, repitiendo: «¡Demasiado mimada! ¡Demasiado mimada!» Mi hermana se quedó sin comer.

De niña, Xiao-hong era sumamente terca. Por algún motivo, siempre se negó a viajar y a asistir a proyecciones de cine u obras de teatro. Asimismo, había montones de cosas que le disgustaba comer: ponía el grito en el cielo cada vez que le servían leche o carne de vaca o de cordero. Yo, de pequeña, solía seguir su ejemplo, lo que hizo que me perdiera numerosas películas y gran variedad de deliciosos alimentos.

Yo tenía un carácter muy distinto al suyo, y la gente comenzó a calificarme de muchacha sensible y prudente (*dong-shi*) mucho antes de que alcanzara la adolescencia. Mis padres jamás me pusieron la mano encima ni tuvieron que hablarme con severidad. Incluso las leves críticas que me hacían eran pronunciadas en tono extremadamente delicado, como si fuera una persona adulta a la que resultara fácil herir. Me proporcionaron mucho afecto, sobre todo mi padre, quien siempre me llevaba consigo a dar su paseo de sobremesa y a menudo contaba con mi compañía cuando tenía que ir a visitar a algún amigo. La mayoría de sus amigos íntimos eran revolucionarios veteranos tan inteligentes como capaces, pero todos parecían tener algún fallo en su pasado a los ojos del Partido, por lo que se les habían asignado cargos de menor importancia. Uno de ellos había pertenecido a una rama del Ejército Rojo a las órdenes de Zhang Guo-tao, uno de los rivales de Mao. Otro era un donjuán cuya esposa –una funcionaria del Partido a quien mi padre siempre había intentado evitar– era de una severidad insufrible. Yo lo pasaba bien en aquellas reuniones de adultos, pero nada me gustaba tanto como que me dejaran sola con mis libros, a los que dedicaba el día entero durante mis vacaciones escolares sin dejar en ningún momento de roerme las puntas de los cabellos mientras leía. Además de la literatura y de algunos poemas clásicos razonablemente sencillos, me encantaban la ciencia-ficción y los relatos de aventuras. Recuerdo un libro sobre un hombre que, creo, pasaba unos días en otro planeta y regresaba a la Tierra en el siglo XXI para descubrir que todo había cambiado desde su partida. La gente se nutría con cápsulas alimenticias, viajaba en aerodeslizadores y tenía teléfonos con pantallas de vídeo. Yo entonces anhelaba poder vivir en el siglo XXI y disponer de todos aquellos aparatos mágicos.

Mi niñez transcurrió como una carrera hacia el futuro en la que yo me apresuraba por convertirme en adulta y soñaba despierta constantemente en lo que haría cuando fuera mayor. Desde el mismo momento en que aprendí a leer y a escribir, preferí aquellos libros en los que la narración predominaba sobre las imágenes. Mi impaciencia se manifestaba en todos los aspectos: si tenía un caramelo, nunca lo chupaba, sino que rápidamente lo mordía y lo masticaba. Masticaba hasta las pastillas para la tos.

Mis hermanos y yo nos llevábamos sorprendentemente bien. Tradicionalmente, los niños y las niñas rara vez jugaban juntos, pero los cuatro éramos buenos amigos y nos cuidábamos los unos a los otros. Apenas existían entre nosotros celos o competitividad, y rara vez nos peleábamos. Siempre que mi hermana me veía llorando, rompía también ella en lágrimas. No le importaba escuchar las alabanzas que me dedicaba la gente. Todo el mundo comentaba la espléndida relación que llevábamos, y los padres de otros niños no cesaban de preguntar a mis padres cómo se las habían arreglado para conseguirlo.

Entre mis hermanos, mis padres y mi abuela, se había creado una afectuosa atmósfera familiar. Nunca asistíamos a las peleas de mis padres, sino tan sólo a sus momentos de ternura. Mi madre nunca nos dejaba percibir el desencanto que a veces experimentaba con mi padre. Tras la época del hambre, mis padres –al igual que la mayoría de los funcionarios– no se mostraron tan apasionadamente entregados a su trabajo como lo habían estado durante la década de los cincuenta. La vida familiar adquirió una mayor preponderancia, y su disfrute ya no se equiparaba con la deslealtad. Mi padre, superada ya la cuarentena, se volvió más apacible y estrechó sus lazos con mi madre. Ambos pasaban cada vez más tiempo juntos, y a medida que crecía pude advertir muestras inequívocas del amor que ambos se profesaban.

Un día oí a mi padre comentar con mi madre un piropo dedicado a ésta por uno de sus colegas cuya esposa tenía fama de ser una belleza. «Somos ambos afortunados por tener esposas tan excepcionales –había dicho a mi padre–. Mira a tu alrededor: destacan entre todas las demás.» Mi padre sonreía mientras recordaba la escena con mal disimulado orgullo. «Yo, claro está, sonreí cortésmente –dijo–, pero lo que en realidad pensaba era, ¿cómo puedes comparar a tu mujer con la mía? ¡Mi mujer es única en su género!»

En cierta ocasión, mi padre partió en un viaje de turismo de tres semanas en el que habría de acompañar a los distintos directores de los departamentos de Asuntos Públicos de China por todo el país. Durante toda su carrera jamás se había organizado un viaje semejante, y se suponía que había de considerarse un privilegio especial. El grupo, acompañado por un fotógrafo encargado de obtener las imágenes del viaje, disfrutaría durante todo el trayecto del tratamiento reservado a las personalidades. Mi padre, sin embargo, no dejaba de mostrarse inquieto. A comienzos de la tercera semana, cuando el grupo ya había alcanzado Shanghai, añoraba tanto su hogar que dijo que no se encontraba bien y regresó en avión a Chengdu. A partir de entonces, mi madre no dejó de llamarle «viejo tonto». «Tu casa no iba a desaparecer, y yo tampoco. Al menos, no en una semana. ¡Qué oportunidad desperdiciada para habértelo pasado bien!» Cada vez que la oía decir eso, no podía evitar la sensación de que en realidad le había complacido considerablemente la «tonta nostalgia» de mi padre.

En la relación de mis padres con sus hijos parecían imperar dos factores sobre todos los demás: el primero era nuestra educación académica. Por muy preocupados que estuvieran por sus propios trabajos, siempre revisaban los deberes del colegio con nosotros. Permanecían en constante contacto con nuestros profesores, y grabaron a fuego en nuestras mentes que debíamos hacer del éxito académico el principal objetivo de nuestras vidas. Su grado de intervención en nuestros estudios aumentó después de la época del hambre, ya que contaban con más tiempo libre. Casi todas las tardes se turnaban para darnos clases particulares.

Mi madre era nuestra profesora de matemáticas, y mi padre se encargaba de enseñarnos lengua y literatura chinas. Aquellas tardes constituían para nosotros ocasiones solemnes en las que se nos permitía leer los libros de mi padre en su despacho, revestido desde el suelo hasta el techo de gruesos tomos de tapa dura y clásicos chinos encuadernados a mano. Antes de tocar las páginas de aquellos libros debíamos lavarnos las manos. Leíamos a Lu Xun, el gran escritor chino contemporáneo, así como poemas de la edad dorada de la poesía china que se consideraban difíciles incluso para los adultos.

La atención que nuestros padres prestaban a nuestros estudios era sólo comparable a su preocupación por nuestra educación ética. Mi padre quería que nos convirtiéramos en ciudadanos honorables y de principios, ya que lo consideraba un aspecto fundamental de la revolución comunista. De acuerdo con la tradición china, bautizó a cada uno de mis hermanos con un nombre que representaba sus ideales: *Zhi*, que significa «honesto», para Jin-ming; *Pu*, esto es, «modesto», para Xiao-hei, y *Fang* o «incorruptible» como parte del nombre de Xiao-fang. Mi padre creía que tales cualidades eran las que habían escaseado en la antigua China y las que los comunistas estaban llamados a restaurar. La corrupción había contribuido especialmente a desangrar la antigua China. En cierta ocasión, reprendió a Jin-ming por fabricar un avión de papel sirviéndose para ello de una hoja oficial de su departamento. Cada vez que queríamos utilizar el teléfono en casa teníamos que pedirle permiso. Dado que sus responsabilidades incluían los medios de comunicación, recibía gran cantidad de periódicos y revistas. Aunque nos animaba a que los leyéramos, no se nos permitía sacarlos de su despacho, ya que a final de mes los devolvía todos al departamento para que fueran vendidos y reciclados. De pequeña, pasé más de una aburrida tarde de domingo ayudándole a comprobar que no faltaba ninguno.

Mi padre fue siempre sumamente severo con nosotros, lo que constituía un constante motivo de tensión para él, tanto frente a la abuela como frente a nosotros mismos. En 1965, una de las hijas del príncipe Sihanuk de Camboya vino a Chengdu a presentar un espectáculo de danza. Tal acontecimiento representaba una novedad especial para una sociedad entonces prácticamente aislada. Yo me moría de ganas de acudir al ballet. En consideración al puesto que ocupaba, mi padre recibía gratuitamente las mejores entradas para todos los estrenos, y frecuentemente me llevaba con él. Aquella vez, por algún motivo, no iba a poder acudir. Me dio una entrada, pero me dijo que se la cambiara a alguien de las localidades posteriores para que nadie me viera en el mejor sitio.

Aquella tarde me situé junto a la entrada del teatro sosteniendo la entrada en la mano mientras la multitud entraba en el local. De hecho, todos contaban con entradas gratuitas de calidad equivalente a su rango. Transcurrió así un cuarto de hora largo, y yo aún seguía junto a la puerta. Me daba demasiada vergüenza pedirle a nadie que me las cambiara. Por fin, fue disminuyendo el número de personas que entraban, y la función estaba ya a punto de comenzar. Me encontraba al borde de las lágrimas, y deseando haber nacido con un padre distinto. En ese momento, vi a un joven funcionario del departamento de mi padre. Haciendo acopio de todo mi valor, le tiré por detrás del borde de la chaqueta. El muchacho sonrió e inmediatamente aceptó cederme su localidad, situada al fondo de la sala. No se mostró sorprendido. En el complejo en que habitábamos, la severidad de mi padre para con sus hijos era ya legendaria.

Con motivo del Año Nuevo chino de 1965 se organizó una representación especial destinada a los profesores. Aquella vez, mi padre acudió a ella conmigo pero, en lugar de permitirme que me sentara a su lado, cambió mi entrada por otra situada asimismo al fondo. Dijo que no era correcto que yo me sentara delante de los profesores. Desde donde estaba, apenas podía ver el escenario, lo que me hizo sentir profundamente desdichada. Más tarde, me enteré por los profesores hasta qué punto habían apreciado aquella deferencia de mi padre, pues se habían sentido irritados al ver a los hijos de otros altos funcionarios ocupando los asientos delanteros con una actitud que se les había antojado irrespetuosa.

La historia de China se hallaba impregnada de una tradición según la cual los hijos de los funcionarios solían ser arrogantes y abusaban de sus privilegios, lo que era motivo de resentimiento general. En cierta ocasión, uno de los nuevos guardias del complejo no reconoció a una adolescente que vivía allí y se negó a dejarla entrar. Ella se puso a gritar y le golpeó con su cartera. Algunos niños tenían la costumbre de dirigirse a los cocineros, los chóferes y el resto del personal en tono maleducado e imperioso. Los llamaban por sus nombres, cosa que un menor jamás debe hacer en China, ya que se considera algo en extremo irrespetuoso. Nunca olvidaré la expresión dolorida de los ojos del cocinero de nuestra cantina cuando el hijo de uno de los colegas de mi padre le devolvió un plato de comida y, tras gritarle su nombre a la cara, le dijo que no estaba buena. Aquello hirió profundamente al cocinero, pero no dijo nada. No quería disgustar al padre del muchacho. Algunos padres no hacían nada por evitar aquel tipo de conductas, pero mi padre estaba indignado. A menudo, decía: «Estos funcionarios no tienen nada de comunistas.»

Mis padres consideraban sumamente importante que sus hijos aprendieran a comportarse de modo cortés y respetuoso con todo el mundo. Nos dirigíamos a los empleados aplicándoles el tratamiento de «Tío» o «Tía» y, a continuación, su nombre, lo que tradicionalmente se consideraba la forma educada en que los menores debían dirigirse a los adultos. Cuando habíamos terminado de comer, siempre llevábamos personalmente los cuencos y los palillos sucios a la cocina. Mi padre decía que debíamos hacerlo como muestra de cortesía hacia los cocineros, quienes, de otro modo, se verían obligados a recoger la mesa ellos mismos. Aquellos pequeños detalles lograron que nos granjeáramos el profundo afecto de los empleados del complejo. Si llegábamos tarde, los cocineros nos reservaban algo de comida caliente. Los jardineros nos obsequiaban con flores y frutas, y el chófer no tenía inconveniente alguno en dar un rodeo para recogerme y dejarme en casa, si bien –claro está– a espaldas de mi padre, quien jamás me hubiera permitido utilizar el automóvil sin estar él presente.

Nuestro moderno apartamento estaba en el tercer piso, y nuestro balcón daba a una estrecha callejuela adoquinada y llena de barro que rodeaba el muro del complejo. Uno de los costados de la calle estaba formado por la muralla de piedra que abrigaba el complejo, mientras que el otro consistía en una hilera de delgadas casas de madera de una sola planta que no representaban sino la vivienda típica de las familias pobres de Chengdu. Aquellas casas tenían suelos de barro y carecían de agua corriente e instalaciones sanitarias. Sus fachadas estaban construidas de tablones verticales, dos de los cuales se utilizaban a modo de puerta. La habitación principal daba directamente a otra estancia que, a su vez, conducía a una tercera, y así sucesivamente, de tal modo que todas aquellas habitaciones formaban la casa. La habitación del fondo se abría a otra calle. Dado que los muros laterales eran compartidos con las casas de los vecinos, se trataba de casas desprovistas de ventanas. Sus habitantes tenían que dejar abiertas ambas puertas para dejar pasar la luz y el aire. A menudo, especialmente en los veranos más calurosos, solían sentarse en la estrecha acera para leer, coser o charlar. Desde allí podían contemplar los amplios balcones de nuestros apartamentos y sus brillantes ventanales de cristal. Mi padre decía que no debíamos ofender los sentimientos de las personas que vivían en la callejuela y, en consecuencia, nos prohibía jugar en el balcón.

En las tardes de verano, los niños de las cabañas del callejón solían recorrerlo esparciendo incienso antimosquitos. Para ello, solían canturrear un soniquete con el que pregonaban su actividad, y mis lecturas vespertinas solían verse acompañadas de aquellas melodías tristes y monótonas. Mi padre no cesaba de recordarme que el hecho de poder estudiar en una estancia amplia y fresca, dotada de un suelo de tarima y de una ventana con mosquitera constituía un enorme privilegio. «No debes pensar que eres superior a ellos –decía–. Sencillamente, tienes la suerte de vivir aquí. ¿Sabes para qué necesitábamos el comunismo? Para que todo el mundo pueda vivir en casas tan buenas como la nuestra e incluso mejores.»

Mi padre decía aquellas cosas tan a menudo que crecí avergonzada de los privilegios que disfrutaba. Algunas veces, los muchachos que vivían en el complejo se asomaban a sus balcones y remedaban la melodía que cantaban aquellos jóvenes desharrapados, lo que a mí me avergonzaba profundamente. Siempre que salía con mi padre en coche, me sentía turbada cada vez que el chófer tocaba la bocina para abrirse camino entre la multitud. Si la gente intentaba mirar el interior del coche, me hundía en el asiento para evitar sus ojos.

En los comienzos de la adolescencia, tenía fama de ser una muchacha sumamente formal. Me gustaba estar sola y me gustaba pensar, a menudo, sobre aquellas cuestiones morales que más me confundían. Me había vuelto bastante escéptica en lo que se refería a juegos, atracciones y diversiones con otros niños, y rara vez cotilleaba con mis amigas. Aunque era un personaje sociable y popular, siempre parecía existir cierta distancia que me separaba de los demás. En China, la gente entabla relación con relativa facilidad, especialmente cuando se trata de mujeres. Yo, sin embargo, había preferido la soledad desde niña.

Mi padre advirtió aquel aspecto de mi carácter, y constantemente lo comentaba con aprobación. Mientras mis profesores se empeñaban en decir que debíamos mostrar un mayor espíritu colectivo, fue él quien me dijo que tanta familiaridad y tanto contacto podían convertirse en algo destructivo. Animada por sus consejos, procuré defender mi intimidad y mi espacio. Ambos son conceptos que no poseen palabras exactas en la lengua china, pero que eran anhelados de modo instintivo por muchas personas, entre las cuales, ni que decir tiene, nos encontrábamos mis hermanos y yo. Jin-ming, por ejemplo, insistió tanto en que se le permitiera llevar su propia vida que aquellos que no le conocían bien dieron en pensar que se trataba de una persona antisocial; de hecho, se trataba de un personaje gregario y notablemente popular entre sus compañeros.

Mi padre solía decirnos: «Creo que es magnífico que vuestra madre mantenga esta política de "dejaros pastar libremente".» Nuestros padres nos dejaban en paz y respetaban nuestra necesidad de poseer cada uno su mundo separado de los demás.

14

«Tu padre está próximo, tu madre está próxima, pero a nadie tienes tan próximo como al presidente Mao»

El culto a Mao

(1964-1965)

El «presidente Mao», como siempre le llamábamos, comenzó a ejercer una influencia directa sobre mi vida en 1964, cuando aún tenía doce años. Tras permanecer temporalmente en segundo plano durante la época del hambre, comenzaba entonces a anunciar su regreso, y en marzo del año anterior había anunciado una convocatoria dirigida a todo el país –y especialmente a los jóvenes– para que aprendieran de Lei Feng.

Lei Feng había sido un soldado que, según nos dijeron, había muerto en 1962 a la edad de veintidós años. Había realizado numerosas proezas, y entre ellas se había esforzado por ayudar a los ancianos, los enfermos y los necesitados. Había donado sus ahorros para fundaciones de beneficencia y había renunciado a sus raciones de comida en beneficio de sus camaradas ingresados en el hospital.

La imagen de Lei Feng no tardó en dominar mi vida. Todas las tardes abandonábamos la escuela dispuestas a realizar buenas obras como Lei Feng. Bajábamos hasta la estación de ferrocarril para ayudar a las ancianas a transportar su equipaje, tal y como Lei Feng había hecho en su día. En ocasiones, teníamos que arrebatarles sus bultos por la fuerza, debido a que aquellas campesinas nos tomaban por ladronas. Los días de lluvia, yo permanecía en la calle con mi paraguas esperando con ansiedad que alguna anciana pasara cerca de mí y me concediera la oportunidad de acompañarla a su casa... tal y como Lei Feng había hecho en su día. Si veía a alguien que transportaba cubos de agua a ambos extremos de una vara apoyada sobre sus hombros (recuérdese que las casas antiguas aún no tenían agua corriente), intentaba –sin éxito– reunir el valor necesario para ofrecerle mi ayuda. Hasta que lo logré, nunca supe lo pesada que podía resultar una carga de agua.

Durante 1964, la prioridad se desvió gradualmente de la realización de buenas obras al estilo *boy-scout* para centrarse en el culto a Mao. La esencia de Lei Feng, nos decían los profesores, consistía en su amor y devoción ilimitados hacia el presidente Mao. Antes de tomar iniciativa alguna, Lei Feng siempre procuraba recordar alguna frase de Mao. Su diario fue publicado y pasó a convertirse en nuestro libro de texto de moral. En casi todas sus páginas había algún voto solemne tal y como: «Debo estudiar las obras del presidente Mao, prestar atención a las palabras del presidente Mao, seguir las instrucciones del presidente Mao y ser un buen soldado del presidente Mao.» Todos nos proponíamos solemnemente seguir el ejemplo de Lei Feng y mostrarnos dispuestos a «ascender montañas de cuchillos y descender a océanos de llamas», a «ver nuestros cuerpos reducidos a polvo y nuestros huesos desmenuzados», a «someternos sin vacilación alguna al control del Gran Líder»... Mao. El culto a Mao y el culto a Lei Feng constituían dos caras de una misma moneda: uno era el culto a la personalidad; el otro, su corolario esencial, era el culto a la impersonalidad.

Yo leí mi primer artículo de Mao en 1964, en una época en la que nuestra vida se hallaba dominada por dos de sus consignas: «Servid al pueblo» y «Jamás olvidéis la lucha de clases». La esencia de aquellas dos consignas complementarias aparecía ilustrada en un poema de Lei Feng titulado «Las cuatro estaciones» que todos nos sabíamos de memoria:

Al igual que la primavera, trato cálidamente a mis camaradas.
Al igual que el verano, mi labor revolucionaria rebosa de ardor.
Elimino mi individualismo del mismo modo que las tormentas del otoño
[arrastran las hojas secas.
Y frente a los enemigos de clase, me muestro cruel y despiadado como el
[riguroso invierno.

De acuerdo con aquello, nuestro profesor afirmaba que debíamos tener cuidado de a quién ayudábamos con nuestras buenas obras. No debíamos ayudar a los «enemigos de clase». Yo, sin embargo, no comprendía bien quiénes eran, y cuando lo preguntaba ni mis padres ni los profesores parecían muy dispuestos a explicármelo con detalle. Una respuesta habitual era: «Son como los "malos" de las películas», pero yo no lograba ver a mi alrededor a nadie cuyo aspecto recordara el de los estilizados villanos del cine. Ello me planteaba un arduo problema. Ya no estaba segura de si debía llevarle la bolsa de la compra a las ancianas. Resultaba inconcebible pensar en preguntar a cada una: «¿Es usted una enemiga de clase?»

Algunas veces, acudíamos a limpiar las casas de una calle próxima a nuestra escuela. En una de ellas había un joven que solía permanecer arrellanado sobre una butaca de bambú contemplándonos con una sonrisa cínica en los labios mientras nosotras limpiábamos sus cristales. No sólo no se ofrecía para ayudar, sino que incluso sacaba la bicicleta del cobertizo y sugería que se la limpiásemos también. «Qué lástima –dijo un día–, que no seáis el verdadero Lei Feng y que no haya ningún fotógrafo que pueda captar vuestra imagen para los periódicos» (las buenas obras de Lei Feng habían podido ser milagrosamente captadas por un fotógrafo oficial). Todas odiábamos a aquel desaseado holgazán y su sucia bicicleta. ¿Podía acaso tratarse de un enemigo de clase? Pero sabíamos que trabajaba en una fábrica de maquinaria, y se nos había dicho repetidas veces que los obreros eran los mejores, la clase de vanguardia de nuestra revolución. Volví a sentirme confusa.

Una de las cosas que había estado haciendo era ayudar a empujar carromatos por las calles después de las horas de clase. A menudo, las carretas estaban cargadas de bloques de cemento o de terrones de arenisca, y eran terriblemente pesadas. Cada paso representaba un esfuerzo descomunal para los hombres que tiraban de ellas. Incluso en tiempo frío, algunos trabajaban con el pecho desnudo, y por sus rostros y espaldas se deslizaban brillantes gotas de sudor. Si el camino era cuesta arriba, aunque sólo fuera ligeramente, algunos hallaban casi imposible seguir adelante. Cada vez que los veía, sentía que me embargaba una oleada de tristeza. Desde que había comenzado la campaña destinada a aprender de Lei Feng, había sido mi costumbre permanecer junto a una cuesta esperando a que pasaran carromatos, y cada vez que ayudaba a empujar uno de ellos terminaba exhausta. Cuando por fin me alejaba, el hombre que tiraba de la carreta se limitaba a dirigirme una sonrisa casi imperceptible para no perder el ritmo y el impulso.

Un día, una compañera de clase me dijo en tono de voz muy serio que la mayor parte de los que tiraban de los carros eran enemigos de clase a los que se habían asignado labores especialmente duras. En consecuencia, prosiguió, no debía ayudárseles. Yo lo consulté con mi profesora ya que, de acuerdo con la tradición china, había que respetar siempre la autoridad de los maestros. Sin embargo, en lugar de responderme con su habitual aplomo, se mostró desasosegada y me dijo que no sabía la respuesta, lo que me extrañó. De hecho, era cierto que los que tiraban de los carros habían sido a menudo asignados a aquellos puestos por sus antiguas relaciones con el Kuomintang o porque habían sido víctimas de alguna de las purgas políticas. Evidentemente, mi profesora no había querido decirme aquello, pero sí me rogó que dejara de ayudar a empujar carromatos. A partir de entonces, cada vez que me cruzaba con uno en la calle desviaba los ojos de la figura encorvada que avanzaba dificultosamente y me apresuraba a alejarme con el corazón encogido.

Con objeto de llenarnos de odio hacia los enemigos de clase, los colegios iniciaron sesiones regulares de «memoria de la amargura y reflexión acerca de la felicidad» en las que los adultos nos relataban las calamidades cotidianas en la China precomunista. Nuestra generación había nacido «bajo la bandera roja» de la nueva China, e ignoraba cómo había sido la vida bajo el Kuomintang. Se nos dijo que Lei Feng sí la había conocido, motivo que le permitía odiar tan profundamente a los enemigos de clase y amar al presidente Mao con todo su corazón. Se contaba que cuando Lei Feng tenía siete años su madre se había ahorcado tras ser violada por un terrateniente.

A nuestra escuela venían obreros y campesinos a dar charlas: escuchamos el relato de infancias dominadas por el hambre, gélidos inviernos sin zapatos y muertes prematuras y dolorosas. Se nos hablaba del ilimitado agradecimiento que sentían hacia el presidente Mao por haber salvado sus vidas y haberles dado ropas y alimentos. Uno de los oradores era miembro de un grupo étnico –los yi– en el que había existido un sistema de esclavitud hasta finales de la década de los cincuenta. Él mismo había sido un esclavo, y nos mostró las cicatrices de las escalofriantes palizas a que le habían sometido sus antiguos amos. Cada vez que los oradores describían las vicisitudes que habían soportado, aquella sala llena de gente se inundaba de sollozos. Yo salía de aquellas asambleas sintiéndome a la vez abrumada por las acciones del Kuomintang y apasionadamente devota hacia la figura de Mao.

Para mostrarnos lo que sería la vida sin Mao, la cantina del colegio preparaba de vez en cuando algo que denominaban «almuerzo amargo» y que había supuestamente constituido la dieta de los pobres bajo el Kuomintang. Se componía de extrañas hierbas, y siempre me pregunté en secreto si no se trataría de una broma pesada que nos gastaban los cocineros ya que, realmente, aquello era indescriptible. Las primeras dos veces que lo probé, vomité.

Un día nos llevaron a una exposición de «educación de clase» acerca del Tíbet: constaba de fotografías de mazmorras inundadas de escorpiones y horribles instrumentos de tortura, incluyendo una herramienta destinada a vaciar ojos y cuchillos para cortar los tendones de los tobillos. Un hombre que acudió a la escuela a pronunciar una conferencia nos dijo que era un antiguo siervo del Tíbet al que habían cortado los tendones de los tobillos por una falta sin importancia.

Desde 1964, muchas casas grandes se habían habilitado como «museos de educación de clase» para mostrar el lujo en el que habían vivido los enemigos de clase –tales como los terratenientes– a base del sudor y la sangre de los campesinos hasta la llegada de Mao. Durante la fiesta del Año Nuevo chino de 1965, mi padre nos llevó a una célebre mansión situada a dos horas y media de trayecto en automóvil. Bajo su justificación política, aquel viaje era en realidad una excusa para dar un paseo primaveral por el campo de acuerdo con la tradición china de «caminar sobre la tierna hierba» (*ta-qing*) para así dar la bienvenida a la estación. Se trataba de una de las pocas ocasiones en que mi familia salía a dar una vuelta por el campo.

A medida que el automóvil atravesaba la verde llanura de Chengdu a lo largo de la carretera de asfalto bordeada de eucaliptos yo miraba atentamente por la ventanilla, contemplando los deliciosos bosquecillos de bambúes que rodeaban las granjas y el hilo de humo que pendía sobre las chozas de paja que asomaban entre las hojas de bambú. De vez en cuando, los riachuelos que rodeaban con sus meandros casi todos aquellos bosquecillos reflejaban en sus aguas una rama de ciruelo tempranamente florecida. Mi padre nos había dicho que después del viaje todos tendríamos que escribir una redacción describiendo los paisajes, por lo que procuraba observar todo con sumo cuidado. Una cosa me extrañaba: los escasos árboles que salpicaban los campos aparecían completamente desnudos de hojas excepto en la parte superior de su copa. Parecían pértigas desnudas rematadas por un casquete verde. Mi padre explicó que la leña escaseaba en la llanura de Chengdu, una zona intensamente cultivada, por lo que los campesinos habían cortado tantas ramas como habían podido alcanzar. Lo que no nos dijo es que pocos años antes habían existido muchos más árboles pero que la mayoría habían sido talados para alimentar los hornos del acero durante el Gran Salto Adelante.

La campiña parecía sumamente próspera. La población con mercado en la que nos detuvimos para almorzar hervía de campesinos ataviados con vistosos trajes nuevos. Los ancianos llevaban relucientes turbantes blancos y limpios delantales de color azul oscuro. En los escaparates de los abarrotados restaurantes refulgían dorados patos asados. Las ollas de bambú de los puestos de aquellas calles atestadas dejaban escapar nubes de un delicioso aroma. Nuestro automóvil atravesó lentamente el mercado hasta llegar a las oficinas locales del Gobierno, situadas en una mansión cuya puerta aparecía adornada con dos leones de piedra en actitud reclinada. Mi padre había vivido en aquel condado durante la época del hambre, en 1961, y ahora, cuatro años después, los funcionarios locales quisieron mostrarle cuánto había cambiado todo. Nos llevaron a un restaurante en el que se nos había reservado un comedor privado. Mientras nos abríamos paso a través del local los campesinos nos miraban, intrigados por aquellos forasteros a los que tan respetuosamente conducían los jefes locales. Observé que las mesas aparecían cubiertas de platos raros y apetitosos. Yo apenas había probado en mi vida otra cosa que lo que nos daban en la cantina, y los alimentos que vi en aquella ciudad constituían una sorpresa detrás de otra. Sus nombres también eran nuevos para mí: «Bolas de perla», «Tres disparos», «Cabezas de león»... Más tarde, el director del restaurante salió a la acera para despedirnos mientras los campesinos locales contemplaban nuestro séquito con expresión embobada.

De camino hacia el museo, nuestro automóvil adelantó a un camión abierto en el que viajaban algunos niños y niñas de mi escuela. Evidentemente, también ellos se dirigían a la mansión para la «educación de clase». Les acompañaba una de mis profesoras. Al verme, me sonrió y yo, avergonzada por la diferencia entre nuestro automóvil con chófer y aquel camión abierto que rebotaba sobre los baches de la carretera bajo el aire frío del inicio de la primavera, me encogí en mi asiento. Mi padre ocupaba el asiento delantero con mi hermano pequeño en el regazo. Reconoció a mi profesora y le devolvió la sonrisa. Cuando miró hacia atrás para captar mi atención, comprobó que había desaparecido y sonrió de placer. Mi turbación demostraba mis buenas cualidades, dijo: era bueno que me sintiera avergonzada de mis privilegios en lugar de hacer ostentación de ellos.

El museo me impresionó profundamente. Contenía esculturas de campesinos desprovistos de tierra y forzados a pagar unas rentas exorbitantes. Uno de los conjuntos mostraba cómo el terrateniente se servía de dos medidas distintas: una de gran tamaño para recoger el grano y otra, mucho más pequeña, para prestarlo a un interés desmesurado. Había también una cámara de torturas y una mazmorra en la que se veía una jaula de hierro que reposaba en un charco de aguas inmundas. La jaula era demasiado pequeña para que un hombre pudiera ponerse de pie, y demasiado estrecha para permitirle sentarse. Se nos dijo que el terrateniente la utilizaba para castigar a los campesinos que no podían pagar la renta. Se decía que una de las estancias había albergado a tres nodrizas que le proveían de leche humana, la más nutritiva en opinión del señor. También se afirmaba que su concubina número cinco había devorado treinta patos en un solo día, pero no la carne, sino tan sólo las patas, consideradas un manjar exquisito.

No se nos dijo que el hermano de aquel terrateniente supuestamente inhumano era para entonces ministro del Gobierno en Pekín, cargo que había obtenido como premio por rendir Chengdu a los comunistas en 1949. A lo largo de todo aquel recorrido de instrucción acerca de los «días de aniquilación del Kuomintang», se nos recordaba una y otra vez que debíamos estar agradecidos a Mao.

El culto a Mao constituía un proceso paralelo a la manipulación de los tristes recuerdos que la gente conservaba de su pasado. Los enemigos de clase eran presentados como crueles malhechores que querían arrastrar de nuevo a China a la época del Kuomintang, lo que significaría que los niños perderíamos nuestras escuelas, nuestro calzado de invierno y nuestros alimentos. A ello se debía que hubiera que aplastar a tales enemigos, decían, añadiendo que Chiang Kai-shek, en un intento por regresar al poder, había lanzado un ataque sobre el continente en 1962, durante el «período difícil» (eufemismo con el que el régimen se refería a la hambruna).

A pesar de toda aquella charla y actividad, los enemigos de clase continuaron siendo para mí y para gran parte de los miembros de mi generación poco más que unas sombras oscuras e irreales. Pertenecían al pasado, estaban demasiado lejanos. Mao no había logrado proporcionarles un aspecto material cotidiano y, paradójicamente, uno de los motivos de ello era lo concienzudamente que había borrado el pasado. No obstante, lograron que anidara en nosotros la expectación de cierta figura enemiga.

Al mismo tiempo, Mao esparcía la semilla de su propia deificación, y tanto mis contemporáneos como yo nos vimos inevitablemente inmersos en aquel tosco pero eficaz adoctrinamiento, que funcionaba en parte debido a que Mao se aseguró hábilmente de adjudicarse personalmente la autoridad moral: del mismo modo que el hecho de mostrarse implacable con los enemigos de clase se presentaba como una muestra de lealtad al pueblo, la sumisión total al líder se disfrazaba con el engañoso manto del altruismo. Resultaba muy difícil penetrar en aquella retórica, especialmente cuando no existía un punto de vista alternativo por parte de la población adulta. De hecho, los adultos aunaban sus esfuerzos en el desarrollo del culto a Mao.

Durante dos mil años, China había contado con una figura imperial que encarnaba simultáneamente el poder del Estado y la autoridad espiritual. En China, los sentimientos religiosos que los habitantes de otras partes del mundo experimentan hacia su dios siempre han estado dirigidos hacia el Emperador, y mis padres, al igual que cientos de millones de chinos, se hallaban bajo la influencia de dicha tradición.

Mao reforzó su imagen divina rodeándose de misterio. Siempre aparecía como una figura remota y situada fuera del alcance de los humanos. Evitaba la radio, y entonces no existía televisión. A excepción de los miembros de su corte, pocas personas tenían contacto alguno con él. Incluso sus colegas de las altas esferas tan sólo le veían durante audiencias formales. Desde la época de Yan'an, mi padre sólo le había visto en una ocasión, y aun entonces había sido en el curso de una asamblea multitudinaria. Mi madre sólo le vio una vez en su vida, cuando el Presidente viajó a Chengdu en 1958 y reunió a todos los funcionarios de nivel superior al 18 para fotografiarse en grupo con ellos. Tras el fiasco del Gran Salto Adelante había desaparecido casi por completo.

Mao, el emperador, encajaba con uno de los modelos de la historia china: era el líder de una rebelión campesina a nivel nacional que barría una dinastía podrida y se convertía en un sabio y nuevo emperador dotado de autoridad absoluta. En cierto modo, podía decirse que Mao se había ganado a pulso su categoría de dios-emperador. *Era*, efectivamente, quien había logrado poner término a la guerra civil y traer la paz y la estabilidad, algo que los chinos siempre habían anhelado hasta el punto de que decían que «es preferible ser un perro en tiempo de paz que un ser humano en tiempo de guerra». Con Mao, China se había convertido en una potencia que inspiraba el respeto del resto del mundo, y numerosos chinos dejaron de sentirse avergonzados y humillados de su nacionalidad, lo que significó mucho para ellos. En realidad, Mao había devuelto a China a los días del Imperio Medio y, ayudado por los Estados Unidos, la había aislado del mundo. Logró que los chinos volvieran a sentirse importantes y superiores a base de cegarles frente a la realidad del mundo exterior. A pesar de todo, el orgullo nacionalista era tan importante para los chinos que gran parte de la población se sintió sinceramente agradecida a Mao, y no encontró ofensivo el culto a su personalidad, especialmente al principio. La casi absoluta falta de acceso a información alguna y el constante suministro de desinformación implicaban que los chinos no tenían modo de establecer diferencia alguna entre los éxitos y los fracasos de Mao, ni tampoco de identificar el mérito relativo que correspondía a Mao y al resto de sus líderes en los logros comunistas.

El miedo siempre estuvo presente en la edificación del culto a Mao. Muchas personas se habían visto reducidas a un estado tal que ya no se atrevían siquiera a pensar por temor a que fueran a escapárseles involuntariamente sus reflexiones. Incluso entre aquellos que acariciaban ideas poco ortodoxas, había pocos que hicieran mención de ello a sus hijos, ya que éstos podrían revelar algo a otros niños y buscar con ello su propia ruina y la de sus padres. Durante los años del «Aprendamos de Lei Feng», se le metía en la cabeza a los niños que su primera y única lealtad debía ser hacia Mao. Una canción popular rezaba: «Tu padre está próximo, tu madre está próxima, pero a nadie tienes tan próximo como al presidente Mao.» Se nos adiestraba para contemplar como enemigo a cualquier persona –incluidos nuestros padres– que no se mostrara totalmente leal a Mao. Numerosos padres animaban a sus hijos a que crecieran aprendiendo a ser conformistas, ya que ello constituía el mejor modo de asegurar su futuro.

La autocensura cubría incluso la información básica. Yo jamás oí hablar de Yu-lin ni del resto de los parientes de mi abuela. Tampoco se me habló de la detención de mi madre en 1955 ni de la época del hambre; de hecho, no se me habló de nada que pudiera hacer anidar en mí una semilla de duda acerca del régimen o de Mao. Al igual que la práctica totalidad de los progenitores chinos, mis padres nunca dijeron ante sus hijos nada que se apartara de la ortodoxia.

En 1965, mi propósito de Año Nuevo fue que obedecería a mi abuela, lo que constituye un modo tradicional chino de hacer votos por una buena conducta. Mi padre meneó la cabeza: «No deberías decir eso. Deberías decir tan sólo "Obedezco al presidente Mao".» El día de mi décimo tercer aniversario –en marzo de aquel mismo año– el regalo de mi padre no fue uno de los habituales libros de ciencia-ficción, sino un volumen que contenía las cuatro obras filosóficas de Mao.

Tan sólo un adulto me dijo en cierta ocasión algo opuesto a la propaganda oficial, y fue la madrastra de Deng Xiaoping, quien pasaba algunas temporadas en el bloque de apartamentos contiguo al nuestro en compañía de su hija, empleada del Gobierno provincial. Le gustaban los niños, y yo acudía con frecuencia a su apartamento. Cuando mis amigas y yo cortábamos flores y plantas del jardín del complejo o robábamos pepinillos en vinagre de la cantina, nunca los llevábamos a casa por miedo a que nos regañaran sino que llevábamos nuestro botín a su apartamento y ella nos los lavaba y freía. Todo ello resultaba doblemente emocionante debido a que sabíamos que estábamos consumiendo un producto ilícito. Para entonces contaba unos setenta años de edad, aunque con sus diminutos pies y su rostro amable y suave, a la vez que enérgico, parecía mucho más joven. Llevaba siempre una chaqueta gris de algodón y unos zapatos de algodón negro que confeccionaba personalmente. Era una mujer apacible, y nos otorgaba un trato de absoluta camaradería. A mí me encantaba sentarme en su cocina a charlar con ella. En cierta ocasión –tendría yo entonces trece años– acudí directamente a ella después de una emotiva sesión de «memoria de la amargura». En aquel momento me sentía llena de compasión hacia cualquiera que hubiera tenido que vivir bajo el Kuomintang, y dije:

–Abuela Deng, ¡cómo has debido de sufrir bajo la maldad del Kuomintang! ¡Qué atropellos no habrás sufrido de sus soldados! ¡Y de esos vampiros de terratenientes...! Dime, ¿qué te hicieron?

–Bueno –repuso ella–, no siempre atropellaban a la gente... y no siempre eran tan malos...

Aquellas palabras cayeron sobre mí como una bomba. Me sentí tan desconcertada que nunca me atreví a repetirle a nadie sus palabras.

En aquella época, ninguno de nosotros albergábamos la más mínima idea de que el culto a Mao y el énfasis que ello conllevaba sobre la lucha de clases formaban parte de los planes de Mao para establecer las bases de un enfrentamiento con el presidente –Liu Shaoqi– y con Deng Xiaoping, el secretario general del Partido. A Mao le disgustaba lo que ambos estaban haciendo. Desde la época del hambre, ambos se hallaban empeñados en una liberalización de la economía y de la sociedad. Para Mao, su perspectiva olía más a capitalismo que a socialismo. Se sentía especialmente herido por el hecho de que lo que siempre había denominado la «vía capitalista» estuviera teniendo éxito y que el camino que él había escogido –el camino correcto– hubiera resultado un completo desastre. Como hombre práctico que era, Mao sabía reconocerlo, y se veía obligado a permitir que se saliesen con la suya. Sin embargo, proyectaba imponer sus opiniones de nuevo tan pronto como el país estuviera en una situación lo bastante aceptable como para soportar el experimento y, al mismo tiempo, tan pronto como él mismo pudiera adquirir el ímpetu necesario para desalojar a los poderosos enemigos que tenía en el Partido.

A Mao le asfixiaba el concepto de un progreso en paz. Siendo como era un inquieto líder militar –un poeta-guerrero– precisaba de la acción, de una acción violenta, y contemplaba la lucha permanente como un elemento necesario para el desarrollo social. Sus propios comunistas se habían vuelto demasiado tolerantes y blandos para su gusto, y parecían buscar la armonía en lugar de la contienda. ¡Desde 1959 no habían vuelto a iniciarse campañas que enfrentaran a las gentes!

El líder se sentía dolido. Sentía que sus oponentes le habían humillado al demostrar su incompetencia. Tenía que vengarse y, consciente del amplio respaldo de que gozaban sus enemigos, necesitaba fortalecer considerablemente su autoridad, para lo cual su propia deificación resultaba imprescindible.

Mao esperaba el momento oportuno y, entretanto, la economía se recuperaba. Sin embargo, tan pronto ésta comenzó a mejorar –especialmente a partir de 1964– comenzó a preparar una grandiosa puesta en escena para el enfrentamiento que buscaba. La relativa liberalización de los sesenta comenzó a desvanecerse.

En 1964 cesaron los bailes semanales que solían celebrarse en el complejo. Desaparecieron también las películas procedentes de Hong Kong. También las esponjosas pelucas de mi madre, que se vieron sustituidas por la moda del pelo corto y liso. Sus blusas y chaquetas ya no eran pintorescas y entalladas, sino de colores discretos y en forma de tubo. Lamenté especialmente la desaparición de sus faldas. Recordaba haberla visto hasta hacía poco antes alzar grácilmente con la rodilla sus faldas a cuadros azules y blancos para apearse de su bicicleta. Yo estaba reclinada sobre el tronco veteado de un plátano que crecía en el claro que daba a la calle que bordeaba el complejo. Había avanzado hacia mí con su falda ondeando como un abanico. En las tardes de verano, había empujado a menudo el cochecito de bambú de Xiao-fang hasta aquel lugar para esperar juntos su llegada.

Mi abuela, que entonces rondaría los cincuenta y cinco años, logró conservar más símbolos de su feminidad que mi madre. Si bien todas sus chaquetas (siempre de estilo tradicional) adquirieron la misma tonalidad de color gris pálido, solía cuidar meticulosamente sus negros cabellos, largos y espesos. Según la tradición china –heredada por los comunistas–, las mujeres de mediana edad debían llevar el cabello muy por encima de los hombros, lo que significaba que rondaban la treintena. Mi abuela los peinaba en un pulcro moño a la altura de la nuca, pero siempre lucía en él algunas flores: a veces, un par de magnolias de color marfil; otras, una blanca gardenia recogida en el interior de dos hojas de color verde oscuro que hacían resaltar sus lustrosos cabellos. Nunca se lavaba con los champúes que podían adquirirse en los comercios por temor a que pudieran dejar su pelo seco y opaco, sino que solía utilizar para ello el líquido resultante de cocer los frutos del algarrobo chino. Los frotaba hasta obtener una espuma perfumada y luego, lentamente, dejaba caer la brillante masa de su peinado en aquel brillante líquido blanco y oleoso. Empapaba sus peines de madera en un zumo de semillas de pomelo para que éstos resbalaran suavemente a través de sus cabellos y los impregnaran de su leve aroma. Por fin, añadía un toque final rociándose ligeramente con agua de olivo oloroso preparada por ella misma, ya que los perfumes habían comenzado a desaparecer de las tiendas. Recuerdo haberla observado mientras se peinaba. Era la única actividad para la que se tomaba todo el tiempo necesario: todo lo demás lo hacía a gran velocidad. También solía pintarse ligeramente las cejas de negro con un lápiz graso, tras lo cual se empolvaba levemente la nariz. El recuerdo de sus ojos, sonrientes frente al espejo y llenos de una intensa concentración especial, me hace pensar que aquellos momentos debían de contarse entre los más gratos que disfrutaba.

Aunque la había visto hacerlo desde mi infancia, la contemplación de su proceso de acicalamiento me producía una sensación extraña. En aquellos días, las mujeres que se maquillaban en los libros y en las películas eran invariablemente personajes malvados similares a las concubinas. Yo entonces tenía algún conocimiento vago acerca del hecho de que mi amada abuela había sido concubina, pero al mismo tiempo estaba aprendiendo a convivir con realidades y pensamientos contradictorios y acostumbrándome a estructurarlos separadamente. Cuando comenzamos a salir juntas de compras advertí que mi abuela, con sus flores en el pelo y su maquillaje –por discreto que éste fuera–, era distinta del resto de la gente. La gente la observaba, y ella caminaba con figura erguida, paso orgulloso y discreta ufanía.

Podía permitirse aquella actitud porque vivía en el complejo. Si hubiera vivido en el exterior, habría caído en las garras de los comités de residentes que supervisaban las vidas de todo adulto desprovisto de empleo y, por ello, no perteneciente a unidad de trabajo alguna. Por lo general, los comités se componían de jubilados y viejas amas de casa, y algunos eran célebres por su afición a entrometerse en los asuntos ajenos y darse importancia. De haberse hallado bajo la jurisdicción de alguno de ellos, mi abuela habría tenido que soportar desde indirectas reprobatorias a críticas abiertas, pero el complejo no se hallaba controlado por comité alguno. Cierto es que tenía que asistir semanalmente a una asamblea en la que participaban otros parientes políticos, criadas y niñeras de los residentes del complejo y en los que los asistentes eran informados de las políticas del Partido, pero en general solían dejarla en paz. De hecho, lo pasaba bien en aquellas reuniones, ya que le proporcionaban ocasión de charlar con otras mujeres, y siempre regresaba a casa sonriendo de oreja a oreja y contándonos los últimos chismorreos.

Desde mi incorporación a la escuela de enseñanza media en el otoño de 1964, la política tuvo una presencia creciente en mi vida. En nuestro primer día de clase se nos dijo que debíamos agradecer al presidente Mao su presencia entre nosotros, ya que su «línea de clase» había sido aplicada a los matriculados en nuestro curso. Mao había acusado a las escuelas y universidades de haber admitido a demasiados hijos de la burguesía. En consecuencia, había ordenado que se concediera prioridad a los hijos e hijas con «buenos antecedentes» (*chu-shen hao*). Ello implicaba aceptar alumnos cuyos progenitores –y muy especialmente el padre– fueran obreros, campesinos, soldados o funcionarios del Partido. La aplicación de este criterio de «línea de clase» al conjunto de la sociedad significaba que el destino de cada uno dependía más que nunca de la familia y circunstancias de nacimiento que le hubieran tocado en suerte.

No obstante, la categoría de cada familia resultaba a menudo una cuestión ambigua: un obrero podía haber trabajado anteriormente en una oficina del Kuomintang, y un empleado no pertenecía a categoría alguna. Un intelectual era un indeseable aunque, ¿y si ocurría que se trataba de un miembro del Partido? ¿Cómo debía clasificarse a los hijos de tales progenitores? Numerosos funcionarios del departamento de solicitudes e ingresos optaron por no correr riesgos, y por ello dieron preferencia a aquellos jóvenes cuyos padres eran funcionarios del Partido. La mitad de los alumnos de mi clase pertenecían a dicha categoría.

Mi nueva escuela, conocida como Escuela de Enseñanza Media Número Cuatro, era la principal escuela «clave» de la provincia, y tan sólo admitía a aquellos alumnos que habían obtenido las mayores calificaciones de todos los exámenes de ingreso realizados en Sichuan. Durante los años anteriores, el ingreso de los alumnos se había decidido basándose exclusivamente en los resultados de sus exámenes. Para mi curso, las notas y los antecedentes familiares resultaban igualmente importantes.

En las dos hojas de que constaba el examen obtuve una calificación del ciento por ciento en matemáticas y un desacostumbrado ciento por ciento «positivo» en lengua china. Mi padre me había advertido insistentemente que nunca debía servirme del nombre de mis progenitores, por lo que aborrecía pensar que mi «línea de clase» hubiera podido contribuir a mi ingreso en la escuela. Sin embargo, no tardé mucho en abandonar la idea. Si tales eran los deseos del presidente Mao, sin duda estaba bien.

Fue en aquella época cuando los «hijos de altos funcionarios» (*gaogan zi-di*) adquirieron lo que casi podía considerarse una categoría única en su género. Desarrollaron una actitud que los identificaba de modo inconfundible como miembros de un grupo de élite, y rezumaban un aire de poder e inviolabilidad. Muchos de ellos se volvieron más arrogantes y altivos que nunca, el propio Mao incluido, y las autoridades de todos los niveles comenzaron a expresar inquietud por su comportamiento. La cuestión se convirtió en un objetivo permanente de la prensa, lo que no hacía sino reforzar la idea de que se trataba de un grupo especial de personas.

Mi padre me advertía con frecuencia que no debía adoptar tal actitud ni asociarme en exclusiva con los hijos de otros funcionarios. El resultado fue que apenas tuve amigos, ya que rara vez tenía ocasión de conocer a niños procedentes de otros entornos, y cuando lograba establecer contacto con ellos todos descubríamos que nos encontrábamos tan condicionados por la importancia de los antecedentes familiares y la falta de experiencias conjuntas que poco parecíamos tener en común unos con otros.

Cuando ingresé en la nueva escuela, vinieron dos profesores a ver a mis padres y les preguntaron qué lengua extranjera preferían que aprendiese. Ambos escogieron inglés en lugar de ruso (no había otra opción disponible). También quisieron saber si en mi primer año asistiría a clase de física o de química a lo que mis padres respondieron que dejaban dicha elección al criterio de la propia escuela.

Me encantó desde el primer día que puse el pie en ella. Poseía una entrada grandiosa dotada de un amplio tejadillo de tejas azules y canalones labrados a la que se accedía subiendo un tramo de escalones, y el porche se sostenía sobre seis columnas de madera de secoya. Varias hileras de cipreses de color verde oscuro contribuían a reforzar la atmósfera de solemnidad que envolvía el trayecto hacia su interior.

Había sido fundada en el año 141 a.C., y era la primera escuela construida por un gobierno local de China. En su centro destacaba un magnífico templo dedicado antiguamente a Confucio. Aparecía bien conservado, pero ya no cumplía su función original. En su interior se habían instalado una docena de mesas de ping-pong separadas por las enormes columnas que lo soportaban. Frente a las puertas talladas a las que se llegaba tras ascender un largo tramo de escaleras se extendían amplios terrenos diseñados para proporcionar un acceso majestuoso al templo. Se había edificado un bloque de aulas de dos plantas que los separaba de un arroyo atravesado por tres pequeños puentes arqueados y adornados en sus bordes de arenisca con esculturas sedentes de leones y otros animales. Más allá de los puentes se extendía un bellísimo jardín rodeado de plátanos y melocotoneros. Al pie de la escalinata situada frente al templo se habían instalado dos gigantescos incensarios de bronce, pero sobre ellos no flotaban ya las habituales y azuladas ondulaciones del humo. Los terrenos situados a ambos costados del templo habían sido convertidos en canchas de baloncesto y voleibol. Algo más allá, se extendían dos campos de césped en los que solíamos sentarnos o tumbarnos en la primavera para tomar el sol durante la hora del almuerzo. Detrás del templo había otra superficie de hierba que lindaba con un gran huerto emplazado al pie de una colina cubierta de árboles, viñas y arbustos.

Alrededor, había diversos laboratorios en los que estudiábamos biología y química, aprendíamos a utilizar los microscopios y diseccionábamos cadáveres de animales. En las salas de conferencia asistíamos a la proyección de películas educativas. En lo que se refiere a actividades extraescolares, yo escogí unirme al grupo de biología, cuya actividad habitual consistía en pasear por la colina y los jardines posteriores en compañía del profesor aprendiendo los nombres y características de las distintas especies de plantas. Había incubadoras dotadas de control de temperatura que nos permitían observar cómo los renacuajos y los patitos abandonaban el huevo. En primavera, el florecimiento de los melocotoneros convertía la escuela en un océano rosado. Sin embargo, lo que más me gustaba era la biblioteca, cuyas dos plantas habían sido edificadas al estilo tradicional chino. Ambas se hallaban rodeadas por largos porches, a su vez circundados por una hilera de asientos en forma de ala y lujosamente decorados. Yo había seleccionado mi rincón favorito entre aquellos «asientos de ala» (*fei-lai-yi*), y solía sentarme en él durante horas para leer, extendiendo de cuando en cuando el brazo para acariciar las hojas abanicadas de un extraño árbol, el ginkgo, del que dos ejemplares elegantes y encumbrados crecían frente a la puerta principal de la biblioteca. Aquellos árboles constituían el único espectáculo capaz de distraerme de mis lecturas.

Mi recuerdo más preciso es el que conservo de mis profesores, considerados todos ellos como los mejores en sus respectivos campos. Muchos de ellos pertenecían al nivel uno o nivel especial, y sus clases constituían un auténtico placer del que nunca hubiera podido saciarme.

Sin embargo, la vida escolar iba viéndose cada vez más impregnada de adoctrinamiento político. Gradualmente, las asambleas matinales iban dedicándose cada vez más al culto de las enseñanzas de Mao, y se instituyeron sesiones especiales en las que todos leíamos documentos redactados por el Partido. Nuestro libro de texto de lengua china contenía ahora menos literatura clásica y más propaganda, y la política –basada fundamentalmente en las obras de Mao– se convirtió en parte del programa cotidiano.

Se habían politizado prácticamente todas las actividades. Un día, durante la asamblea matinal, el director nos comunicó que a partir de entonces haríamos ejercicios oculares. Dijo que el presidente Mao había advertido que había demasiados escolares que llevaban gafas, lo que era señal de que se habían lastimado los ojos por trabajar demasiado. En consecuencia, había ordenado que se tomaran las medidas necesarias al respecto. Todos nos sentimos inmensamente conmovidos por su interés. Algunos incluso rompieron en sollozos de gratitud. Comenzamos a realizar quince minutos de ejercicios oculares todas las mañanas. Los médicos habían diseñado una serie de movimientos que debían realizarse con acompañamiento musical. Tras frotar diversos puntos en torno a nuestros ojos, habíamos de escrutar intensamente las hileras de álamos y sauces que se divisaban tras los ventanales. Se suponía que el verde era un color relajante. Yo, mientras disfrutaba del placer que me inspiraban los ejercicios y la contemplación de aquellas hojas, sentía renovarse mi lealtad hacia Mao.

Una cuestión constantemente repetida era que no debíamos permitir que China cambiara de color o, en otras palabras, que sustituyera el comunismo por el capitalismo. La ruptura entre China y la Unión Soviética, que en un principio se había mantenido en secreto, había salido a la luz a comienzos de 1963. Se nos había dicho que desde el ascenso de Kruschev al poder tras la muerte de Stalin en 1953, la Unión Soviética se había rendido al capitalismo internacional, y que los niños de Rusia habían sido arrojados de nuevo al sufrimiento y la miseria que habían sufrido antaño los niños chinos bajo la dominación del Kuomintang. Un día, tras advertirnos por enésima vez de la maldad del camino emprendido por Rusia, nuestro profesor de política dijo: «Si no tenéis cuidado, vuestro país irá cambiando gradualmente de color. Primero pasará de un rojo intenso a un rojo apagado; luego, al gris y, por fin, al negro.» Ocurría que en Sichuan la expresión «rojo apagado» se pronunciaba exactamente igual que mi nombre (*er-hong*). Al oírla, mis compañeras de clase dejaron escapar risas disimuladas, y pude observar que me lanzaban miradas furtivas. Decidí que debía librarme inmediatamente de aquel nombre, y aquella misma noche rogué a mi padre que me diera otro. Él sugirió *Zhang*, apelativo que significaba al mismo tiempo «prosa» y «mayoría de edad precoz» y con el que pretendía expresar su deseo de que me convirtiera en una buena escritora a edad temprana. Lo rechacé. Le dije que quería algo que sonara a militar. Muchas de mis amigas se habían cambiado el nombre para incorporar vocablos referentes al ejército y a los soldados. La elección de mi padre fue un reflejo de su erudición clásica. Mi nuevo nombre, Jung (pronunciado «Yung»), era una palabra antigua y recóndita que significaba «asuntos militares» y que tan sólo aparecía en la poesía clásica y en unas pocas frases ya anticuadas. Evocaba una imagen de remotas batallas libradas entre caballeros con relucientes armaduras equipados con lanzas de borlas y relinchantes corceles. Cuando me presenté en la escuela con mi nuevo nombre, hubo incluso algunos profesores que se mostraron incapaces de reconocer el carácter 戎.

Para entonces, Mao había pedido al país que abandonara las enseñanzas de Lei Feng para aprender fundamentalmente del Ejército. Bajo el mandato del ministro de Defensa Lin Biao, sucesor del mariscal Peng Dehuai en 1959, el Ejército se había convertido en el pionero del culto a Mao. El líder deseaba asimismo regimentar aún más la nación. Acababa de escribir un poema ampliamente difundido en el que exhortaba a las mujeres a abandonar su feminidad y vestir el uniforme. Se nos dijo que los norteamericanos estaban esperando una oportunidad para invadirnos y reinstaurar el Kuomintang, y que para derrotarlos Lei Feng se había entrenado día y noche para superar su debilidad física y convertirse en un campeón en el lanzamiento de granadas. De pronto, el entrenamiento físico adquirió una importancia vital. Todos comenzaron compulsivamente a correr, nadar, practicar el salto de altura, hacer barras paralelas, practicar el tiro al blanco y arrojar granadas de mano simuladas con trozos de madera. Además de las dos horas semanales dedicadas a la práctica de los deportes, se decretó la obligatoriedad para este fin de un período diario de cuarenta y cinco minutos después de las horas de clase.

Yo siempre había sido un desastre para los deportes, y los odiaba todos con excepción del tenis. Hasta entonces no me había importado, pero ahora la cuestión había adquirido connotaciones políticas, con consignas tales como: «Desarrollemos la fortaleza física para la defensa de la madre patria.» Desgraciadamente, aquella insistencia no hizo sino aumentar mi aversión por ellos. Cuando intentaba nadar, siempre me asaltaba la imagen mental de estar siendo perseguida por invasores norteamericanos hasta la orilla de un río turbulento. Como no sabía nadar bien, sólo podía elegir entre ahogarme o dejarme capturar y torturar por los norteamericanos. El temor me producía frecuentes calambres en el agua, y un día creí ahogarme en aquella piscina. A pesar de las horas de natación obligatorias que había cada semana durante el verano, no logré aprender a nadar durante el tiempo que viví en China.

La práctica en arrojar granadas de mano se consideraba asimismo sumamente importante por motivos evidentes, pero yo siempre era la última de la clase. Tan sólo lograba arrojar las granadas de madera con las que practicábamos a una distancia de unos pocos metros. Sabía que mis compañeros de clase debían de poner en duda la fuerza de mi decisión para combatir a los imperialistas estadounidenses. Un día, durante nuestra asamblea política semanal, alguien comentó mi constante incompetencia en el lanzamiento de granadas de mano. Podía sentir los ojos de toda la clase taladrándome como agujas, como diciendo: «¡No eres más que una lacaya de los norteamericanos!» A la mañana siguiente, me retiré hasta un rincón del campo de deportes y me situé con los brazos extendidos sosteniendo un ladrillo en cada mano. En el diario de Lei Feng –que había llegado a saberme de memoria– había leído que así era como el héroe había endurecido sus músculos para el lanzamiento de granadas. Al cabo de pocos días, tenía los brazos hinchados y enrojecidos, y me rendí. A partir de entonces, cada vez que alguien me alargaba el pedazo de madera que hacía las veces de granada, me ponía tan nerviosa que me acometía un temblor incontrolado.

Un día, en 1965, se nos ordenó inesperadamente salir y arrancar toda la hierba de los jardines. Mao había dicho que la hierba, las flores y los animales domésticos constituían hábitos burgueses que había que eliminar. Los jardines de la escuela poseían un tipo de hierba que nunca he visto crecer fuera de China. Su nombre chino significa «ligada al suelo». Sus hojas se extienden sobre la dura superficie y esparcen miles de raíces que perforan el terreno como garras de acero. Una vez bajo tierra, se abren y producen aún más raíces que se diseminan en todas direcciones. Al cabo de poco tiempo han generado dos entramados, uno superficial y otro subterráneo, cuyos brazos se entrelazan y aferran a la tierra como alambres anudados de metal que hubieran sido clavados al terreno. A menudo, las víctimas eran mis propios dedos, que siempre terminaban acribillados por largos y profundos cortes. Sólo cuando las atacábamos con azadas y palas algunas de las raíces se decidían a ceder a regañadientes. Sin embargo, cualquier resto que quedara atrás volvía triunfalmente a la carga con el más leve aumento de la temperatura o incluso con una leve llovizna, lo que nos obligaba a reanudar la batalla.

Resultaba mucho más fácil enfrentarse a las flores, pero fue mucho más difícil erradicarlas, ya que nadie quería hacerlo. Mao ya había atacado las flores y la hierba en varias ocasiones, diciendo que debían ser sustituidas por coles y algodón. Hasta ahora, sin embargo, no había conseguido ejercer la presión suficiente como para lograr que se pusiera en práctica su orden, y ello tan sólo hasta cierto punto. La gente amaba sus plantas, y algunos macizos de flores pudieron sobrevivir a la campaña de Mao.

Aunque la desaparición de tan hermosas plantas me apenaba profundamente, no experimentaba rencor hacia Mao. Por el contrario, me odiaba a mí misma por alimentar pensamientos tristes. Para entonces, la «autocrítica» ya se había convertido en mí en un hábito, y me reprochaba automáticamente cualquier instinto contrario a las instrucciones de Mao. De hecho, tales sentimientos me atemorizaban. Comentarlos con alguien era algo que estaba fuera de toda cuestión, por lo que intentaba suprimirlos y adquirir una filosofía correcta. Vivía en un estado de autoacusación permanente.

Aquellos autoexámenes y autocríticas constituían un rasgo fundamental de la China de Mao. Se nos decía que nos convertiríamos en personas nuevas y mejores, pero en realidad se trataba de una instrospección destinada al propósito de crear un pueblo desprovisto de pensamiento propio.

El aspecto religioso del culto a Mao no habría sido posible en una sociedad tradicionalmente seglar como China de no haberse obtenido impresionantes logros económicos. El país había experimentado una recuperación espectacular desde la época del hambre, y el nivel de vida mejoraba a pasos agigantados. Aunque en Chengdu aún existía racionamiento de arroz, abundaban la carne, los vegetales y las aves de corral. Frente a las tiendas se apilaban sobre la acera montañas de melones, calabazas y berenjenas debido a que en el interior ya no había lugar para almacenarlas. Aunque se dejaran allí durante la noche, no había casi nadie que se las llevara, y los comercios las vendían a un precio irrisorio. Los huevos, en otro tiempo tan preciados, se pudrían en enormes cestos: había demasiados. Apenas unos años antes había resultado difícil hallar un único melocotón, pero ahora el consumo de melocotones había sido promocionado como patriótico, y los funcionarios recorrían los domicilios de los ciudadanos e intentaban persuadirlos para que los adquirieran a un precio poco menos que simbólico.

Comenzaron a conocerse cierto número de historias optimistas que enardecieron notablemente el orgullo nacional. En octubre de 1964, China hizo detonar su primera bomba atómica, acontecimiento que fue ampliamente difundido y presentado como la demostración de sus avances científicos e industriales, especialmente en lo que se refería al «enfrentamiento con los matones imperialistas». La explosión de la bomba atómica coincidió con la caída de Kruschev, lo que parecía probar que Mao había estado en lo cierto una vez más. En 1964, Francia fue la primera nación occidental que otorgó a China un reconocimiento diplomático completo, y la ocasión fue recibida con delirio por la nación, que la consideró una victoria sobre los Estados Unidos, aún reacios a reconocer el legítimo lugar que el país ocupaba en el mundo.

Por si fuera poco, habían terminado las persecuciones políticas, y la gente gozaba de un relativo bienestar. Todo el mérito de ello recayó sobre Mao. Aunque los otros líderes de la nación sabían en qué había consistido la contribución de éste, el pueblo continuaba ignorándolo. Recuerdo haber escrito a lo largo de aquellos años apasionados elogios en los que agradecía a Mao todos sus éxitos y le juraba lealtad eterna.

En 1965 cumplí los trece años. La tarde del 1 de octubre –décimo sexto aniversario de la fundación de la República Popular– hubo un enorme despliegue de fuegos artificiales en la plaza central de Chengdu. En el costado norte de la plaza se abría una puerta que conducía a un antiguo palacio imperial recientemente restaurado a la grandeza que poseyera en el siglo III, época en la que la próspera ciudad amurallada de Chengdu había sido capital de reino. La puerta era muy similar a la Puerta de la Paz Celeste de Pekín –entonces entrada de la Ciudad Prohibida– si exceptuábamos su color, ya que tenía amplios tejados de tejas verdes que descansaban sobre muros grises. Bajo el tejado barnizado del pabellón se elevaban enormes pilares de secoya. Las balaustradas estaban construidas de mármol blanco. Tras ellas, mi familia y yo, acompañados por los altos dignatarios de Sichuan, ocupábamos un palco de observación y disfrutábamos del ambiente festivo en espera de que comenzaran los fuegos. En la plaza que se extendía frente a nosotros, cincuenta mil personas cantaban y bailaban. *¡Bang! ¡Bang!* A pocos metros de nosotros se dio la señal para que comenzaran los fuegos artificiales y, de repente, el cielo se convirtió en un jardín de formas y colores espectaculares, un océano cuyas olas de esplendor se sucedían sin descanso. La música y el ruido se elevaron desde el pie de la puerta imperial para unirse al espectáculo. Al cabo de un rato, el cielo permaneció claro unos segundos hasta que, de pronto, una súbita explosión desencadenó un magnífico abanico seguido por el despliegue de una inmensa y alargada red de sedosas ramificaciones. Tras extenderse en medio del firmamento oscilando suavemente con la brisa otoñal, las luces que la componían comenzaron a brillar mostrando la leyenda: «¡Larga vida a nuestro gran líder, el presidente Mao!» Las lágrimas afloraron a mis ojos. «¡Qué afortunada! ¡Qué increíblemente afortunada soy de poder vivir en la era del gran Mao Zedong! –repetía para mí misma una y otra vez–. ¿Cómo pueden los niños de los países capitalistas continuar viviendo sin tener cerca al presidente Mao ni albergar la esperanza de verle algún día en persona?» Sentía deseos de hacer algo por ellos, de salvarles de su situación. Allí y entonces me juré solemnemente a mí misma que trabajaría sin descanso para construir una China más fuerte que pudiera apoyar una revolución mundial. También tendría que trabajar duramente para hacerme merecedora de ver al presidente Mao, objetivo que se convirtió en el propósito de mi vida.

15

«Destruid primero; la reconstrucción llegará por sí misma»

Comienza la Revolución Cultural

(1965-1966)

A comienzos de los años sesenta, y a pesar de todas las calamidades ocasionadas por Mao, éste era aún el líder supremo de China, idolatrado por la población. Sin embargo, dado que eran los pragmáticos quienes aún manejaban efectivamente las riendas del país, existía una relativa libertad artística y literaria. Tras una larga hibernación, surgieron numerosas obras teatrales, óperas, películas y novelas. Ninguna de ellas atacaba abiertamente al Partido, y era rara la ocasión en que versaban acerca de temas contemporáneos. En aquella época, Mao se mostraba a la defensiva, y comenzó a recurrir cada vez más a su esposa, Jiang Qing, quien había sido actriz durante la década de los treinta. Ambos decidieron que los temas históricos estaban siendo utilizados para transmitir insinuaciones en contra del régimen y del propio Mao.

En China existía una poderosa tradición de emplear alusiones históricas como voz de la oposición, y algunas de ellas, aparentemente esotéricas, eran inequívocamente comprendidas como referencias disfrazadas a la época actual. En abril de 1963 Mao prohibió todas las «obras de fantasmas», un género rico en antiguos relatos de venganza por parte de los espíritus de las víctimas hacia aquellos que las habían perseguido. Para Mao, aquellos vengadores fantasmales aparecían incómodamente cercanos a los enemigos de clase que habían sucumbido bajo su mandato.

A continuación, los Mao dedicaron su atención a otro género, el de las «obras del Mandarín Ming», cuyo protagonista era Hai Rui, un mandarín de la dinastía Ming (1368-1644). Considerado una célebre personificación de la valentía y la justicia, el mandarín Ming protestaba ante el Emperador en nombre del atribulado pueblo llano aun a riesgo de su propia vida, tras lo cual era destituido y condenado al exilio. Los Mao sospechaban que el mandarín Ming estaba siendo utilizado para representar al mariscal Peng Dehuai, antiguo ministro de Defensa que en 1959 había denunciado la catastrófica política de Mao que había causado la penuria en todo el país. Casi inmediatamente después de su destitución, se había producido un notable resurgimiento del género del mandarín Ming. La señora Mao intentó suprimir las obras, pero tanto los escritores como los ministros de las artes hicieron oídos sordos a su requisitoria.

En 1964, Mao redactó una lista de treinta y nueve artistas, escritores e intelectuales que serían denunciados. Los calificó de autoridades burguesas y reaccionarias, estableciendo así una nueva categoría de enemigos de clase. Entre los nombres más prominentes de la lista destacaban Wu Han, un célebre dramaturgo del género del mandarín Ming, y el profesor Ma Yin-chu, quien había sido el primer economista de prestigio que recomendara la práctica del control de natalidad, motivo por el que ya en 1957 había sido tachado de derechista. Desde entonces, Mao se había dado cuenta de la necesidad del control de natalidad, pero guardaba rencor al profesor Ma por ponerle en evidencia demostrando que estaba equivocado.

La lista no se hizo pública, y aquellas treinta y nueve personas no se vieron purgadas por sus organizaciones de Partido. Mao hizo circular sus nombres entre todos los oficiales de nivel igual o superior al de mi madre, acompañándola de instrucciones para capturar a otras autoridades burguesas reaccionarias. Durante el invierno de 1964-1965, mi madre encabezó un equipo de trabajo enviado a una escuela llamada El mercado del buey con instrucciones de buscar sospechosos entre los profesores más destacados y aquellos que hubieran escrito libros o artículos.

Ante aquello se había mostrado anonadada, debido especialmente a que la purga amenazaba a algunas de las personas que más había admirado. Asimismo, no le resultaba difícil ver que incluso si se aplicaba en la búsqueda de «enemigos» no lograría encontrar ninguno ya que, entre otras cosas, el recuerdo de las recientes persecuciones había logrado que pocos osaran abrir la boca. Decidió revelar su situación a su superior, el señor Pao, quien había sido puesto a cargo de la campaña en Chengdu.

El año de 1965 llegó a su fin y mi madre no había hecho nada. El señor Pao no la presionó en absoluto. La falta de acción reflejaba el sentimiento que imperaba entre los funcionarios del Partido. Muchos de ellos estaban cansados de persecuciones, y querían continuar con su labor de mejorar las condiciones de vida y desarrollar una existencia normal. Sin embargo, no se opusieron abiertamente a Mao y, de hecho, continuaron promocionando el culto de su personalidad. Los pocos que contemplaban su deificación con inquietud sabían que nada podían hacer para detenerla: Mao poseía tal poder y tal prestigio que su culto resultaba irresistible. Lo más que podían hacer era dedicarse a cierta forma de resistencia pasiva.

Mao interpretó la reacción de los funcionarios del Partido a su convocatoria de caza de brujas como una indicación de que su lealtad se estaba debilitando, así como de que sus corazones se orientaban hacia las políticas que seguían Deng y el presidente Liu. Sus sospechas se vieron confirmadas cuando los periódicos del Partido se negaron a publicar un artículo autorizado personalmente por él en el que se denunciaba a Wu Han y su obra acerca del mandarín Ming. El propósito que había animado a Mao a publicar el artículo era involucrar al pueblo en la caza de brujas, pero se encontró con que el sistema del Partido –que hasta entonces había funcionado como intermediario entre él y el pueblo– le aislaba ahora de sus súbditos. En efecto, había perdido las riendas. El Comité del Partido en Pekín –en el que Wu Han ejercía el cargo de alcalde delegado– y el Departamento Central de Asuntos Públicos, encargado de las artes y los medios de comunicación, se enfrentaron a Mao negándose a denunciar o destituir a Wu Han.

Mao se sintió amenazado. Veía en sí mismo la figura de un Stalin a punto de ser denunciado en vida por un Kruschev. Deseaba desencadenar un ataque estratégico y destruir a Liu Shaoqi –hombre al que consideraba el Kruschev chino–, a su colega Deng y a todos los seguidores que tuvieran en el Partido. Bautizó aquel proyecto con el engañoso nombre de Revolución Cultural. Sabía que se trataba de una batalla que habría de librar en solitario, pero ello le proporcionaba la embriagadora sensación de que estaba desafiando nada menos que al mundo entero a la vez que maniobrando en gran escala. Sentía incluso cierto vestigio de autocompasión al imaginarse a sí mismo como el trágico héroe que ha de enfrentarse a un enemigo colosal cual era la inmensa máquina del Partido.

El 10 de noviembre de 1965, tras fracasar repetidamente en sus intentos por publicar en Pekín el artículo que denunciaba la obra de Wu Han, Mao logró por fin que apareciera impreso en Shanghai, ciudad gobernada por sus seguidores. Fue en aquel artículo donde, por primera vez, apareció el término Revolución Cultural. El propio periódico del Partido, el *Diario del Pueblo*, se negó a reimprimir el artículo, y lo mismo sucedió con el *Diario de Pekín*, considerado la voz de la organización del Partido en la capital. En provincias, hubo algunos periódicos que sí lo publicaron. En aquella época, mi padre era supervisor del periódico provincial del Partido, el *Diario de Sichuan*, y se mostró opuesto a su publicación, que entendía claramente como un ataque al mariscal Peng y a un llamamiento a la caza de brujas. Acudió a ver al hombre que estaba a cargo de los asuntos culturales de la provincia, y éste sugirió telefonear a Deng Xiaoping. Deng no estaba en su despacho, y la llamada fue atendida por el mariscal Ho Lung, íntimo amigo de Deng, miembro del Politburó y la misma persona a la que mi padre había oído decir en 1959: «Realmente, es él [Deng] quien debería estar en el poder.» Ho dijo que no se publicara el artículo.

Sichuan fue una de las últimas provincias que lo publicó, por fin, el 18 de diciembre, mucho después de que el *Diario del Pueblo* hubiera terminado por hacer lo propio el 30 de noviembre anterior. En este último, el artículo no apareció hasta que el primer ministro Zhou Enlai, quien había emergido como apaciguador de la lucha por el poder, le hubo añadido una nota firmada por el director en la que afirmaba que la Revolución Cultural había de tratarse de una cuestión académica, lo que significaba que no debería considerarse política ni conducir a condenas políticas.

A lo largo de los tres meses siguientes, tanto Zhou como el resto de los oponentes de Mao realizaron intensas maniobras para intentar descabezar la caza de brujas de Mao. En febrero de 1966, mientras éste se encontraba de viaje lejos de Pekín, el Politburó anunció una resolución según la cual las discusiones académicas no debían degenerar en persecuciones. Mao se había mostrado opuesto a dicha resolución, pero se hizo caso omiso de sus deseos.

En abril, se solicitó de mi padre que preparara un documento redactado según el espíritu de la resolución emitida por el Politburó en febrero y destinado a guiar la Revolución Cultural en Sichuan. Redactó lo que luego se conocería como el Documento de Abril. En él, se decía que los debates debían ser estrictamente académicos y no debían permitirse acusaciones disparatadas. Todos los hombres eran iguales ante la verdad, y el Partido no debía servirse de la fuerza para suprimir a los intelectuales.

Justamente antes de su publicación, prevista para el mes de mayo, el documento se vio súbitamente bloqueado. El Politburó adoptó una nueva decisión. Esta vez, Mao había estado presente y se había salido con la suya gracias a la complicidad de Zhou Enlai. El presidente anuló la resolución de febrero y declaró que todos los intelectuales disidentes y sus ideas debían ser eliminados. Subrayó el hecho de que eran precisamente funcionarios del Partido Comunista quienes habían protegido a esos mismos intelectuales disidentes y a otros enemigos de clase. Calificó a dichos funcionarios como «aquellos que, desde el poder, siguen los pasos del capitalismo», y les declaró abiertamente la guerra. Comenzaron a ser conocidos como los «seguidores del capitalismo», y la ingente Revolución Cultural fue oficialmente desencadenada.

¿Quiénes eran exactamente estos «seguidores del capitalismo»? Ni siquiera el propio Mao estaba seguro de ello. Sí sabía que quería sustituir a la totalidad de los miembros del Comité del Partido en Pekín, y así lo hizo. También sabía que quería desembarazarse de Liu Shaoqi, de

Deng Xiaoping y de «los enclaves burgueses en el Partido», pero ignoraba quiénes dentro del vasto sistema que formaba el mismo le eran leales y quiénes eran seguidores de Liu, Deng y su «camino hacia el capitalismo». Según sus cálculos, tan sólo controlaba un tercio del Partido. Decidido a no dejar escapar ni a uno solo de sus enemigos, resolvió el derrocamiento de todo el Partido Comunista. Aquellos aún fieles a él sabrían sobrevivir a la tormenta. En sus propias palabras: «Destruid primero; la reconstrucción llegará por sí misma.» A Mao no le inquietaba una posible destrucción del Partido: el Mao Emperador siempre predominaría sobre el Mao Comunista. Tampoco le inquietó la posibilidad de perjudicar a alguien innecesariamente, ni siquiera a aquellos que le eran más leales. Uno de sus grandes héroes, el antiguo general Tsao Tsao, había pronunciado una frase inmortal que Mao admiraba sin tapujos: «Prefiero ofender a todos cuantos viven bajo el cielo que permitir que nadie que viva bajo el cielo llegue a ofenderme a mí.» El general había proclamado aquello cuando descubrió que había asesinado a una pareja de ancianos por error ya que, de hecho, el viejo y la vieja a quienes había juzgado como traidores en realidad le habían salvado la vida.

Los vagos gritos de guerra de Mao produjeron una intensa confusión entre la población y la mayoría de los funcionarios del Partido. Pocos sabían cuál era su propósito, ni quiénes eran exactamente sus enemigos aquella vez. Al igual que otros antiguos funcionarios, tanto mi madre como mi padre advirtieron que Mao había decidido castigar a algunos, pero ignoraban quiénes serían los desdichados. Bien podían ser ellos mismos. Ambos se sintieron presas del desconcierto y la aprensión.

Mao, entretanto, llevó a cabo su más importante iniciativa desde el punto de vista organizativo: dispuso una cadena personal de mando que operaba desde el exterior del aparato del Partido de la que, sin embargo, afirmó que se hallaba sometida al Politburó y al Comité Central, lo que le permitía fingir que actuaba bajo las órdenes del propio Partido.

En primer lugar, nombró como colaborador más directo al mariscal Lin Biao, quien tras suceder a Peng Dehuai como ministro de Defensa en 1959 se había encargado de reforzar inmensamente el culto personal de Mao entre las fuerzas armadas. Asimismo, instituyó un nuevo cuerpo bautizado con el nombre de Autoridad de la Revolución Cultural al que colocó a las órdenes de su antiguo secretario Chen Boda, si bien se hallaba liderado de facto por su jefe de inteligencia –Kang Sheng– y la propia señora Mao. Dicho cuerpo se convirtió en el núcleo del liderazgo de la Revolución Cultural.

A continuación, Mao intervino en los medios de comunicación, y muy especialmente en el *Diario del Pueblo*, sobre el que recaía la máxima autoridad dado que se trataba del periódico oficial del Partido y la población se había habituado a considerarlo la voz del régimen. El 31 de mayo situó a Chen Boda al frente del mismo, asegurándose así un canal a través del cual podía dirigirse directamente a cientos de millones de chinos.

A partir de junio de 1966, el *Diario del Pueblo* descargó sobre el país un estridente editorial tras otro en los que reclamaba el establecimiento de la autoridad absoluta del presidente Mao y el aniquilamiento de todos los bueyes y serpientes demoníacos (enemigos de clase) a la vez que exhortaba a la gente a seguir a Mao y a unirse a la vasta puesta en marcha de una Revolución Cultural sin precedentes.

En mi escuela, las clases se interrumpieron por completo desde comienzos de junio, si bien tuvimos que continuar acudiendo a la misma. Los altavoces atronaban con los editoriales del *Diario del Pueblo*, y la portada del periódico, de estudio obligatorio todos los días, solía aparecer ocupada casi en su totalidad por un retrato de Mao a toda página. Todos los días aparecía una columna de citas de Mao. Aún recuerdo sus consignas en negrita, cuyos textos terminaron profundamente grabados en mi memoria a base de su constante lectura durante las clases: «¡El presidente Mao es el rojo sol de nuestros corazones!» «¡El pensamiento de Mao Zedong es la señal que guía nuestras vidas!» «¡Pulverizaremos a quienes se opongan al presidente Mao!» «¡Nuestro Gran Líder, el presidente Mao, cuenta con el afecto de gente procedente de todo el mundo!» Había páginas de comentarios admirativos atribuidos a extranjeros y fotografías de muchedumbres europeas intentando hacerse con las obras de Mao. El orgullo nacional chino estaba siendo movilizado para reforzar el culto al líder.

De la lectura cotidiana del diario no tardamos en pasar a la declamación y memorización de «Las citas del presidente Mao», reunidas en un libro de bolsillo de tapas rojas conocido como *El Pequeño Libro Rojo*. A cada uno de nosotros le fue entregado un ejemplar, instruyéndonos al mismo tiempo para que lo atesoráramos como a nuestros propios ojos. Todos los días, cantábamos una y otra vez al unísono pasajes extraídos del mismo. Aún recuerdo muchos de ellos.

Un día leímos en el *Diario del Pueblo* que un viejo campesino había colgado treinta y dos retratos de Mao en las paredes de su dormitorio «para, independientemente de la dirección en que estuviera mirando, poder ver el rostro de su presidente nada más abrir los ojos». Así, nosotros también nos apresuramos a empapelar los muros de nuestras aulas con retratos de un Mao que mostraba su más benigna sonrisa. Sin embargo, no tardamos en vernos obligados a retirarlos a toda prisa. Había comenzado a circular el rumor de que en realidad el campesino había utilizado los retratos para empapelar sus muros, ya que éstos solían imprimirse en papel de primera calidad y podían obtenerse gratuitamente. Se decía que el periodista que había escrito la historia había sido desenmascarado como un enemigo de clase que recomendaba la ridiculización del presidente Mao. Por primera vez, me sentí inconscientemente asaltada por una sensación de temor hacia el Presidente.

Al igual que El mercado del buey, mi escuela contaba con un equipo de trabajo instalado permanentemente en ella. Aunque sin mucho entusiasmo, sus miembros habían calificado ya a algunos de los mejores profesores como autoridades burguesas reaccionarias, si bien lo habían ocultado a los alumnos. En 1966, no obstante, aterrorizado ante el avance de la Revolución Cultural y enfrentado a la necesidad de crear algunas víctimas, el equipo de trabajo anunció súbitamente los nombres de los acusados ante toda la escuela.

El equipo organizó a los alumnos y a aquellos profesores que aún no habían sido acusados para que escribieran carteles y consignas de denuncia que no tardaron en adornar todos los rincones de sus instalaciones. Los profesores colaboraron por diversos motivos: conformismo, lealtad a las órdenes del Partido, envidia del prestigio y los privilegios de algunos de sus colegas... y miedo.

Entre las víctimas se encontraba mi profesor de lengua y literatura chinas, el señor Chi, a quien yo adoraba. Según uno de los carteles colgados en las paredes, a comienzos de los sesenta había dicho: «Por mucho que gritemos "¡Viva el Gran Salto Adelante!", eso no servirá para llenarnos los estómagos, ¿no os parece?» Dado que yo ignoraba que el Gran Salto había sido el causante de la hambruna, no comprendía entonces el sentido de su supuesta frase, aunque sí podía captar su tono irreverente.

Había algo en el señor Chi que lo hacía distinto de los demás. En aquella época no podía determinar qué era, pero hoy creo que se trataba de cierto aire de ironía que destilaba. A veces dejaba escapar unas risitas secas e inconclusas que sugerían que había algo que prefería callar. En cierta ocasión respondió con una de ellas a cierta pregunta mía. Una de las lecciones de nuestro libro de texto era un extracto de las memorias de Lu Dingyi, entonces jefe del Departamento Central de Asuntos Públicos, acerca de su experiencia en la Larga Marcha. El señor Chi atrajo nuestra atención sobre una vívida descripción de la tropa recorriendo un zigzagueante sendero de montaña iluminado por las antorchas que portaban sus componentes y del fulgor de las llamas frente a la negrura del cielo sin luna. Cuando llegaban a su destino, todos «se lanzaban a la búsqueda de un cuenco de comida con que llenar sus estómagos». Aquello me desconcertaba profundamente, ya que siempre había oído que los soldados del Ejército Rojo ofrecían a sus camaradas hasta el último bocado aunque ello les supusiera morir de hambre. Me resultaba imposible imaginarlos «lanzándose» a nada. Por fin, acudí al señor Chi en busca de respuesta. Éste soltó una de sus risitas secas, me dijo que yo ignoraba lo que significaba estar hambrienta y cambió rápidamente de tema. Pero yo no me hallaba del todo convencida.

A pesar de aquello, continué sintiendo el mayor respeto por el señor Chi. Me destrozó el corazón verle a él y al resto de los profesores que tanto admiraba salvajemente condenados e insultados. Detestaba las ocasiones en las que el equipo de trabajo pedía a todos los alumnos de la escuela que escribieran carteles murales «desenmascarándoles y denunciándoles».

En aquella época tenía catorce años de edad, sentía una aversión instintiva hacia toda actividad militante y no sabía qué escribir. Me asustaban las sobrecogedoras manchas de la tinta negra sobre las gigantescas hojas de papel que formaban los carteles y el lenguaje violento y extravagante que empleaban, proclamando cosas como «Aplastemos la cabeza de perro de fulano» o «Aniquilemos a mengano si no se rinde». Comencé a hacer novillos y a quedarme en casa, actitud que me reportó constantes críticas por «anteponer a la familia» durante las interminables asambleas que habían pasado a constituir la mayor parte de nuestra vida escolar. Yo odiaba aquellas reuniones, en las que me sentía acosada por una sensación de imprevisible peligro.

Un día, mi director delegado, el señor Kan, un hombre alegre y rebosante de energía, fue acusado de ser un seguidor del capitalismo y de proteger a los profesores condenados. Toda su labor en la escuela a lo largo de los años fue tachada de capitalista, incluida su dedicación a las obras de Mao, ya que había empleado menos horas en ella que en sus estudios académicos.

Similar conmoción me produjo ver al alegre secretario de la Liga Juvenil Comunista de la escuela, el señor Shan, acusado de ser antipresidente Mao. El señor Shan era un hombre arrebatador cuya atención me había esforzado por atraer, ya que podría haberme ayudado a ingresar en la Liga Juvenil cuando alcanzara los quince años de edad mínima requerida para ello.

Hasta entonces, había estado impartiendo un curso de filosofía marxista a los jóvenes de dieciséis a dieciocho años de edad, a los que había encargado escribir ciertas redacciones. Posteriormente, había subrayado algunas partes de las mismas que consideró especialmente bien escritas, y sus alumnos habían unido aquellas partes desconectadas entre sí para formar un pasaje –evidentemente sin sentido– que los carteles proclamaron como anti-Mao. Años después, me enteré de que aquel método de fabricar acusaciones a base de unir arbitrariamente frases no relacionadas entre sí se remontaba nada menos que a 1955, año en que mi madre había sido detenida por los comunistas por primera vez. Ya entonces, algunos escritores se habían servido de él para atacar a sus colegas.

También algunos años después, el señor Shan me dijo que el verdadero motivo por el que tanto él como el tutor habían sido escogidos como víctimas era que no habían estado presentes en aquel momento, ocupados como estaban por su condición de miembros de otro grupo de trabajo. Ello los había convertido en chivos expiatorios sumamente propicios. El hecho de que no se llevaran bien con el director, quien había permanecido en su puesto, empeoraba las cosas. «De haber estado nosotros allí y él fuera, ese hijo de mala madre no hubiera sido capaz de subirse los pantalones de tanta mierda como iba a tener en ellos», me dijo el señor Shan en tono apesadumbrado.

El señor Kan –el director delegado– había sido un devoto miembro del Partido, y sintió que se le había tratado de un modo terriblemente injusto. Una tarde, escribió una nota de despedida y se cortó la garganta con una navaja. Su esposa, que ese día llegó a casa antes de lo habitual, lo trasladó a toda prisa al hospital. El equipo de trabajo procuró no divulgar la noticia de su intento de suicidio, ya que en un miembro del Partido se hubiera considerado un acto de traición, pues equivalía a una pérdida de fe en el Partido y a un intento de chantaje. Por todo ello, el desdichado no merecía compasión alguna. Los miembros del equipo, sin embargo, se sintieron nerviosos. Sabían muy bien que habían estado inventándose víctimas sin la menor justificación.

Cuando mi madre se enteró de lo ocurrido con el señor Kan, se echó a llorar. Le gustaba mucho aquel hombre, y sabía que siendo, como era, un hombre de inmenso optimismo debía de haberse visto sometido a una presión inhumana para actuar de aquel modo.

Mi madre se negó a dejarse arrastrar en su propia escuela por el impulso de crear víctimas del pánico. Sin embargo, los adolescentes del colegio, exaltados por los artículos del *Diario del Pueblo*, comenzaron a atacar a sus profesores. El *Diario del Pueblo* exhortaba a aplastar los sistemas de exámenes que (citando a Mao) «trataban a los alumnos como enemigos» y formaban parte de los nefastos designios de los «intelectuales burgueses», término que (citando una vez más a Mao) cabía aplicar a la mayoría de los profesores. El periódico denunciaba también a los «intelectuales burgueses» por envenenar las mentes de los jóvenes con basura capitalista en un intento de prepararlos para un futuro regreso del Kuomintang. «¡No podemos permitir que los intelectuales burgueses sigan dominando nuestras escuelas!», clamaba Mao.

Un día, cuando mi madre llegó al colegio a lomos de su bicicleta descubrió que los alumnos habían reunido al director, al supervisor académico, a los profesores graduados –los cuales, según la prensa oficial, debían ser considerados autoridades burguesas reaccionarias– y a todos los demás profesores que no les gustaban. A continuación, los habían encerrado en un aula y habían puesto un cartel en la puerta con las palabras «clase de los demonios». Los profesores se lo habían permitido debido al estado de estupefacción en el que la Revolución Cultural los había sumido: efectivamente, los alumnos parecían contar ahora con cierta clase de autoridad tan indefinida como inequívoca. Las instalaciones se llenaron de consignas gigantes extraídas en su mayor parte de los titulares del *Diario del Pueblo*.

Para llegar al aula, ahora convertida en prisión, mi madre hubo de atravesar una muchedumbre de alumnos. Algunos mostraban un aspecto feroz; otros parecían avergonzados; otros preocupados, y algunos dubitativos. Desde el momento de su llegada, otros alumnos habían comenzado a seguirla. Como líder del equipo de trabajo, en ella recaía la autoridad suprema, pues constituía la encarnación del Partido. Los alumnos la contemplaban en espera de órdenes. Una vez organizada su cárcel, ignoraban qué hacer a continuación.

Mi madre anunció enérgicamente que la «clase de los demonios» quedaba disuelta. Ello produjo cierto revuelo entre los alumnos, pero ninguno osó desafiar su orden. Algunos comenzaron a murmurar entre sí, pero guardaron silencio cuando mi madre les pidió que dijeran lo que tuvieran que decir en voz alta. A continuación, les dijo que era ilegal detener a alguien sin autorización, y que no debían maltratar a sus profesores, ya que éstos eran merecedores de su gratitud y respeto. La puerta del aula se abrió y los prisioneros fueron puestos en libertad.

Aquel modo de enfrentarse a la corriente que entonces imperaba constituyó un acto de notable valentía por parte de mi madre. Muchos otros equipos de trabajo se dedicaban a convertir en víctimas a personas completamente inocentes para así salvar su propia piel. De hecho, ella misma tenía más motivos de preocupación que la mayoría. Las autoridades provinciales habían castigado ya a numerosos chivos expiatorios, y mi padre tenía el poderoso presentimiento de que él habría de ser el siguiente. Un par de colegas suyos le habían comentado discretamente que en algunas de las organizaciones a su cargo la gente comenzaba a decir que convendría considerarle sospechoso.

Mis padres nunca nos decían nada de todo aquello a mis hermanos y a mí. El pudor que hasta entonces les había impedido hablar de política aún lograba evitar que nos abrieran su mente. Ahora, además, les resultaba aún más difícil hablar. La situación era tan complicada y confusa que ni siquiera ellos mismos la comprendían. ¿Qué podrían habernos dicho para que la entendiéramos nosotros? ¿Y de qué hubiera servido, en cualquier caso? Nadie podía hacer nada. Es más, la propia información resultaba peligrosa. Como resultado, mis hermanos y yo no nos hallábamos en absoluto preparados para la Revolución Cultural, aunque sí intuíamos vagamente la proximidad de una catástrofe.

Bajo aquella atmósfera llegó el mes de agosto y, súbitamente, como una tormenta que asolara China a su paso, surgieron millones de guardias rojos.

16

«Remóntate hacia el cielo y perfora la tierra»

La Guardia Roja de Mao

(junio-agosto de 1966)

Con Mao, toda una generación de adolescentes creció a la espera de lanzarse a la lucha contra los enemigos de clase, ya que los vagos llamamientos a la Revolución Cultural que aparecían en la prensa habían llegado a crear la sensación de una «guerra» inminente. Algunos jóvenes políticamente perspicaces intuían que su ídolo, Mao, poseía una implicación directa en ello, y el adoctrinamiento recibido no les daba otra opción que ponerse de su lado. A comienzos de junio, unos cuantos activistas procedentes de una escuela de enseñanza media dependiente de una de las universidades chinas de mayor prestigio –la de Qinghua, en Pekín– se habían reunido en diversas ocasiones para discutir la estrategia de la inminente batalla y habían decidido llamarse a sí mismos la Guardia Roja del Presidente Mao. A la hora de buscar un lema propio, recurrieron a una cita de Mao recientemente aparecida en el *Diario del Pueblo*: «La rebelión está justificada.»

Aquellos primeros guardias rojos eran hijos de altos funcionarios. Sólo ellos podían sentirse lo suficientemente seguros como para dedicarse a actividades de este tipo. Asimismo, se habían educado en un ambiente político, por lo que se mostraban más interesados en la intriga política que la mayoría de los chinos. Tan pronto como advirtió su existencia, la señora Mao les concedió audiencia para el mes de julio. El 1 de agosto, Mao realizó un gesto desacostumbrado: les escribió una carta abierta en la que les ofrecía su «más cálido y vigoroso apoyo». Aprovechaba, además, la carta para modificar sutilmente sus palabras anteriores, indicando que «La rebelión *contra los reaccionarios* está justificada». Para unos jovenzuelos fanáticos, aquello fue como si se les hubiera aparecido Dios. Después de aquello, surgieron grupos de guardias rojos por todo Pekín y, posteriormente, por toda China.

Mao quería que la Guardia Roja constituyera su fuerza de choque. Podía advertir que el pueblo no estaba respondiendo a sus repetidos llamamientos para atacar a los seguidores del capitalismo. El Partido Comunista poseía un número considerable de simpatizantes y, lo que es más, la lección de 1957 aún seguía fresca en las mentes de todos. También entonces, Mao había solicitado a la población que expresara sus críticas hacia los funcionarios del Partido, pero aquellos que habían aceptado su invitación habían terminado siendo calificados de derechistas y consecuentemente purgados. La mayoría de la gente sospechaba que se estaba repitiendo aquella misma táctica de «sacar a las serpientes de sus madrigueras para cortarles la cabeza».

Si quería que la población entrara en acción, Mao debería quitar autoridad al Partido y concentrar en sí mismo una lealtad y obediencia absolutas. Para lograr esto necesitaba crear terror, un terror tan intenso que paralizara cualquier otra consideración y neutralizara cualquier otro temor. Veía en los muchachos y muchachas adolescentes sus agentes ideales. Todos ellos se habían criado bajo un fanático culto a la personalidad de Mao y en la doctrina militante de la lucha de clases. Poseían todas las cualidades de la juventud: eran rebeldes, intrépidos, deseosos de luchar por una causa justa, sedientos de acción y aventura. También eran irresponsables, ignorantes, fáciles de manipular... e inclinados a la violencia. Sólo ellos podrían proporcionar a Mao la inmensa fuerza que necesitaba para aterrorizar a toda la sociedad y crear un caos que sacudiera –y luego destrozara– los cimientos del Partido. Una de las consignas resumía a la perfección la misión de la Guardia Roja: «¡Declaramos una guerra sangrienta contra cualquiera que ose oponerse a la Revolución Cultural o al Presidente Mao!»

Hasta entonces, todas las políticas y las órdenes se habían transmitido a través de un sistema estrechamente controlado y situado enteramente en manos del Partido. Mao dejó de lado aquella vía y se dirigió directamente a la juventud en masa. Para ello, combinó dos métodos completamente distintos: por un lado, una retórica rimbombante difundida abiertamente por la prensa; por otro, una manipulación y agitación conspiratorias por parte de la Autoridad de la Revolución Cultural y, especialmente, por su esposa. Ambas eran quienes proporcionaban el auténtico significado de dicha retórica. Ciertas frases, tales como «rebelión contra la autoridad», «revolución en la educación», «destrucción del viejo mundo para permitir el nacimiento de un mundo nuevo» y «creación de un nuevo hombre» –expresiones, todas ellas, por las que muchas personas del mundo occidental se sintieron atraídas durante los años sesenta–, se interpretaron como llamadas a una acción violenta. Mao era consciente de la violencia que latía en los jóvenes, y afirmaba que al estar bien alimentados y no tener que preocuparse por sus estudios resultaría sencillo agitarlos y servirse de su energía sin límites para causar estragos.

Para despertar una violencia colectiva controlada entre los jóvenes era necesario disponer de víctimas. Los objetivos más evidentes de cualquier colegio eran los profesores, algunos de los cuales ya habían estado en el punto de mira de los equipos de trabajo y las autoridades académicas a lo largo de los últimos meses. Ahora, se abalanzaron sobre ellos los jóvenes rebeldes. Los profesores constituían mejor objetivo que los padres, a los que únicamente hubiera podido atacarse de un modo individual y aislado. Además, representaban en la cultura china una figura de autoridad más importante que la de los progenitores. Así, apenas hubo escuela china en la que los profesores no se vieran insultados y golpeados, a veces con consecuencias fatales. Algunos alumnos organizaron prisiones en las que sus maestros eran torturados.

Sin embargo, aquello no bastaba por sí mismo para generar la clase de terror que perseguía Mao. El 18 de agosto se convocó un gigantesco mitin en la plaza de Tiananmen, situada en el centro de Pekín, al que asistieron más de un millón de jóvenes participantes. Lin Biao apareció por primera vez en público como brazo derecho y portavoz de Mao. Pronunció un discurso en el que exhortaba a la Guardia Roja a que saliera de sus colegios y «pusiera fin a las cuatro antigüedades», en otras palabras, «a las antiguas ideas, la antigua cultura, las antiguas costumbres y los antiguos hábitos».

En respuesta a aquella incierta llamada, la Guardia Roja se lanzó a la calle en todas las poblaciones chinas para dar rienda suelta a su vandalismo, fanatismo e ignorancia. Arrasaron las casas particulares, destrozaron sus antigüedades y rompieron sus pinturas y obras caligráficas. Se encendieron hogueras en las que ardían los libros. Muy pronto, casi todos los tesoros conservados en colecciones privadas resultaron destruidos. Numerosos escritores y artistas se suicidaron tras haber sido cruelmente apaleados, humillados y forzados a contemplar cómo su obra era reducida a cenizas. Se tomaron por asalto los museos. El saqueo alcanzaba a todo aquello que fuera antiguo, incluyendo palacios, templos, sepulcros antiguos, estatuas, pagodas y murallas. Las pocas cosas que sobrevivieron, tales como la Ciudad Prohibida, lo lograron gracias a que Zhou Enlai había enviado el Ejército a defenderlas con órdenes específicas de que debían ser protegidas. La Guardia Roja sólo insistía en su empeño si se veía incitada a ello.

A las acciones de la Guardia Roja, Mao respondió con un «¡Muy bien hecho!», y ordenó a la nación que los apoyara.

Animó a la Guardia Roja a que ampliara su abanico de objetivos a fin de aumentar el terror ya existente. Destacados escritores, artistas, eruditos y profesionales reconocidos que habían gozado de una consideración privilegiada bajo el régimen comunista, se vieron categóricamente condenados como autoridades burguesas reaccionarias. La

Guardia Roja comenzó a atacarlos con la ayuda de aquellos de sus colegas que les odiaban, ya fuera por envidia o fanatismo. Estaban, además, los viejos «enemigos de clase»: antiguos terratenientes y capitalistas, personas relacionadas con el Kuomintang y aquellos que habían sido condenados por derechistas en anteriores campañas políticas... todos ellos, y sus hijos.

Había numerosos «enemigos de clase» que no habían sido ejecutados ni enviados a campos de trabajo, sino que habían permanecido bajo observación. Antes de la Revolución Cultural, a la policía sólo le estaba permitido proporcionar información acerca de ellos al personal autorizado. Dicha política, sin embargo, cambió. Xie Fuzhi, jefe de policía y uno de los vasallos de Mao, ordenó a sus hombres que entregaran a los «enemigos de clase» a la Guardia Roja y le informaran de aquellos crímenes que hubieran cometido, tales como intentar derrocar el Gobierno comunista.

A diferencia del tormento legal, la tortura había permanecido abolida hasta el comienzo de la Revolución Cultural. Ahora, Xie ordenó a sus policías «que no se sintieran limitados por las antiguas normas, independientemente de que éstas hubieran sido dictadas por las autoridades policiales o por el Estado». Tras anunciar que «Yo no estoy a favor de apalear a las personas hasta la muerte», añadió: «Sin embargo, si algunos [guardias rojos] detestan tanto a los enemigos de clase que desean su muerte, no hay necesidad de detenerles.»

El país se vio asolado por una ola de palizas y torturas, la mayor parte de las cuales tenían lugar durante los saqueos domiciliarios. Casi invariablemente, las familias eran obligadas a arrodillarse en el suelo y saludar a los guardias rojos con un kowtow, tras lo cual eran azotadas con los cinturones de cuero de los guardias rojos, rematados por hebillas de latón. Por fin, se afeitaba a todos sus miembros un lado de la cabeza, lo que se consideraba un humillante castigo conocido con el nombre de «cabeza *yin* y *yang*» debido a que recordaba el símbolo clásico chino del lado oscuro (*yin*) frente al lado iluminado (*yang*). La mayor parte de las pertenencias eran destrozadas o confiscadas.

En Pekín, donde la Autoridad de la Revolución Cultural podía incitar de cerca a los jóvenes, la situación fue incluso peor. Varios cines y teatros del centro fueron transformados en cámaras de tortura. Las víctimas eran arrastradas hasta ellos desde todas las zonas de Pekín, y los peatones evitaban pasar demasiado cerca, pues en las calles resonaban continuamente sus alaridos.

Los primeros grupos de guardias rojos se componían de hijos de altos funcionarios. Tan pronto como a éstos se unieron personas procedentes de otras categorías, algunos de los primeros ingeniaron el modo de conservar sus propios grupos especiales, tales como los denominados Piquetes. Mao y su camarilla adoptaron ciertos pasos calculados para incrementar su sensación de poder. En la segunda asamblea de masas de la Guardia Roja, Lin Biao apareció luciendo su brazalete, con lo que quería indicar que se sentía como uno de ellos. El 1 de octubre, Día Nacional, la señora Mao los nombró guardias de honor frente a la Puerta de la Paz Celeste de la plaza de Tiananmen. Como resultado, algunos de ellos desarrollaron una infame «teoría de la estirpe sanguínea» claramente resumida en la letra de una canción: «El hijo de un héroe siempre es un gran hombre; ¡un padre reaccionario no produce otra cosa que bastardos!» Armados con aquella «teoría», algunos hijos de altos oficiales se dedicaron a tiranizar e incluso torturar a aquellos jóvenes que tenían antecedentes «indeseables».

Mao permitió todo aquello con objeto de generar el clima de caos y terror que necesitaba. No se mostraba escrupuloso acerca de quiénes ejercían o sufrían la violencia. Aquellas primeras víctimas no eran su verdadero objetivo, y por otra parte Mao no apreciaba especialmente a su Guardia Roja ni tampoco confiaba en ella. Sencillamente, se limitaba a utilizarlos. Los vándalos y torturadores, por su parte, no siempre eran devotos de Mao sino que simplemente se dedicaban a disfrutar del permiso recibido para poner en práctica sus peores instintos.

Tan sólo una pequeña proporción de guardias rojos fue directamente responsable de actos de crueldad y violencia. Muchos pudieron evitar tomar parte en ella gracias a que la Guardia Roja era una organización aún tan desdibujada que no podía forzar físicamente a sus miembros a cometer atrocidades. De hecho, el propio Mao nunca ordenó a la Guardia Roja que matara, y sus instrucciones con referencia a los procedimientos violentos fueron siempre contradictorias. Uno podía admirar a Mao sin necesidad de cometer actos de maldad o violencia, y aquellos que gustaban de hacerlo podían, sencillamente, no echarle la culpa a él.

Sin embargo, el insidioso estímulo de Mao para la comisión de aquellas atrocidades era innegable. El 18 de agosto, con motivo del primero de una serie de ocho gigantescos mítines a los que, en total, asistieron trece millones de personas, el líder preguntó a una guardia roja cómo se llamaba. Cuando ésta respondió «Bin-bin», que significa «amable», Mao repuso en tono desaprobatorio, «Sé violenta» (*yao-wu-ma*). Mao rara vez hablaba en público, y aquella observación, ampliamente difundida, fue por supuesto aceptada como un evangelio. En el tercer mitin, celebrado el 15 de septiembre, en un momento en que la barbarie de la Guardia Roja se hallaba en su punto culminante, el portavoz oficial de Mao, Lin Biao, anunció situado junto al líder: «Soldados de la Guardia Roja: vuestras batallas siempre han seguido la dirección correcta. Habéis castigado como se merecían a los seguidores del capitalismo, a las autoridades burguesas reaccionarias, a las sanguijuelas y a los parásitos. ¡Habéis hecho lo correcto! ¡Y lo habéis hecho maravillosamente bien!» Al oír aquello, la multitud que llenaba la enorme plaza de Tiananmen prorrumpió en vítores histéricos, gritos ensordecedores de «Viva el presidente Mao», lágrimas incontrolables y juramentos de lealtad. Mao agitó la mano con ademán paternal, aumentando aún más el frenesí.

Mao controlaba a los guardias rojos de Pekín a través de su Autoridad de la Revolución Cultural, y posteriormente los envió a las provincias para instruir a los jóvenes locales acerca de lo que tenían que hacer. En Jinzhou, Manchuria, Yu-lin –hermano de mi abuela– y su esposa fueron apaleados y hubieron de exiliarse junto con sus dos hijos a una árida comarca del país. Yu-lin había caído bajo sospecha nada más llegar los comunistas por encontrarse en posesión de un carnet del servicio de inteligencia del Kuomintang, pero hasta entonces nada les había ocurrido a él ni a su familia. En aquella época, mis parientes no llegaron a enterarse de lo sucedido, ya que la gente evitaba intercambiar noticias. Tratándose de acusaciones tan voluntariosamente preparadas y consecuencias tan terribles, uno nunca sabía qué catástrofe podría abatir sobre sus corresponsales o éstos sobre él.

Los habitantes de Sichuan no podían imaginar el grado a que había llegado el terror en Pekín. En Sichuan se cometían menos fechorías, en parte porque los guardias rojos que allí había no habían sido directamente incitados por la Autoridad de la Revolución Cultural. Adicionalmente, la policía de Sichuan hacía oídos sordos a su ministro de Pekín, el señor Xie, y se negaba a entregar a los guardias rojos los «enemigos de clase» que mantenía bajo su control. No obstante, y al igual que en otras provincias del país, los guardias rojos de Sichuan terminaron por copiar las acciones de sus compañeros de Pekín. Se extendió por toda China un caos de características similares: un caos controlado. Los guardias rojos saqueaban las casas que se les autorizaba a asaltar, pero rara vez robaban de las tiendas. La mayor parte de los sectores, incluidos el comercio, los servicios postales y el transporte, funcionaban con normalidad.

En mi escuela se formó una organización de guardias rojos el 16 de agosto con la ayuda de algunos militantes procedentes de Pekín. Yo me había quedado en casa fingiendo estar enferma para así eludir las asambleas políticas y las terroríficas consignas, por lo que no me enteré de la creación del grupo hasta dos días después, cuando recibí una llamada telefónica en la que se reclamaba mi presencia para participar en la Gran Revolución Cultural del Proletariado. Cuando llegué a la escuela, advertí que muchos alumnos ostentaban orgullosamente brazaletes rojos inscritos con caracteres dorados en los que podían leerse las palabras GUARDIA ROJA.

En aquellos primeros días, los recién creados guardias rojos contaban con el inmenso prestigio de ser considerados como hijos de Mao. Ni que decir tiene que se esperaba de mí que me uniera a ellos, por lo que presenté inmediatamente mi solicitud de ingreso al líder de los guardias rojos de mi curso, un muchacho de quince años llamado Geng que solía buscar constantemente mi compañía para luego tornarse tímido y torpe tan pronto estábamos juntos.

No pude evitar preguntarme cómo se las habría arreglado Geng para convertirse en guardia rojo, y él se mostraba enigmático al referirse a sus actividades. Sin embargo, para mí era evidente que en su mayor parte los guardias rojos eran hijos de altos funcionarios. Su jefe en la escuela era uno de los hijos del comisario Li, primer secretario del Partido para Sichuan. En cuanto a mi candidatura, no podía ser más lógica, ya que pocos alumnos tenían padres de posición tan elevada como la de los míos. Sin embargo, Geng me reveló en privado que se me consideraba blanda y demasiado inactiva, por lo que tendría que endurecerme antes de que mi solicitud pudiera ser estudiada.

Desde junio imperaba una norma tácita según la cual todos debíamos permanecer en la escuela ininterrumpidamente para dedicarnos en cuerpo y alma a la Revolución Cultural. Yo era una de las pocas que no lo había hecho hasta entonces, pero la idea de mostrarme perezosa había comenzado a antojárseme en cierto modo peligrosa, y me sentí obligada a quedarme. Los muchachos dormían en las aulas para que las chicas pudiéramos ocupar los dormitorios. Asimismo, los grupos de guardias rojos contaban con alumnos no pertenecientes a la organización que les acompañaban en sus numerosas actividades.

Al día siguiente de regresar a la escuela tuve que salir con varias decenas de compañeros para cambiar los nombres de las calles por otros más revolucionarios. La calle en la que yo vivía se llamaba Calle del Comercio, y nos detuvimos a debatir acerca de cómo rebautizarla. Alguno propuso Calle del Faro en honor al papel de guía que desempeñaban nuestros líderes provinciales del Partido. Otros sugirieron Calle de los Servidores Públicos ya que, según una cita de Mao, eso era lo que todo funcionario debía ser. Por fin, partimos sin decidirnos por nada debido a que no pudimos resolver un problema preliminar: la placa con el nombre estaba situada a demasiada altura y no podíamos alcanzarla. Que yo sepa, ninguno regresó nunca a intentarlo de nuevo.

Los guardias rojos de Pekín se mostraban, sin embargo, mucho más tenaces, y a nuestros oídos llegaron noticias de sus éxitos: la misión británica estaba ahora en la Avenida Antiimperialista, y la Embajada rusa en la Avenida Antirrevisionista.

En Chengdu, las calles perdían sus antiguos nombres, tales como Cinco generaciones bajo un techo (una virtud recomendada por Confucio), Verdes son el álamo y el sauce (ya que el verde no era un color revolucionario) y El dragón de jade (símbolo del poder feudal) para convertirse en Destruyamos lo antiguo, Oriente es rojo y Revolución. En un conocido restaurante llamado La fragancia del dulce viento la placa fue destrozada y su nombre sustituido por el de El aroma de la pólvora.

Durante varios días el tráfico se vio sumido en una completa confusión. Se consideraba inaceptablemente contrarrevolucionario que el rojo indicara la obligación de detenerse. Lógicamente, tenía que significar avance. Y la circulación no debía realizarse, según la costumbre, por la derecha, sino que debía ser trasladada a la izquierda. Durante unos cuantos días, prohibimos a los policías de tráfico ejercer su labor y pasamos a controlar la circulación nosotros mismos. Yo había sido emplazada en un cruce con el encargo de decir a los ciclistas que circularan por la izquierda. En Chengdu no había demasiados automóviles y semáforos, pero en los grandes cruces de la ciudad se produjo un caos total. Por fin, las antiguas normas se impusieron de nuevo gracias a Zhou Enlai, quien se las arregló para convencer a los líderes de la Guardia Roja de Pekín. Los jóvenes, sin embargo, también hallaron justificación para ello: una guardia roja de mi escuela me dijo que en el Reino Unido se conducía por la izquierda, por lo que nosotros debíamos hacerlo por la derecha para reafirmar nuestro espíritu antiimperialista. Sin embargo, no hizo mención alguna de los Estados Unidos.

De niña nunca me habían atraído las actividades colectivas, y entonces, a los catorce años de edad, me producían una aversión aún mayor. Si logré suprimir aquel rechazo fue debido a la constante sensación de culpa que, por mi educación, había llegado a experimentar cada vez que me apartaba de Mao. Me decía a mí misma constantemente que debía educar mis pensamientos de acuerdo con las nuevas teorías y prácticas revolucionarias. Si había algo que no entendiera, era mi obligación reformarme y adaptarme. No obstante, me sorprendí a mí misma intentando por todos los medios evitar actos militantes tales como detener a los peatones en la calle para cortarles el cabello si lo llevaban largo, estrechar sus pantalones o sus faldas o romperles los tacones de los zapatos. Según la Guardia Roja de Pekín, aquellas cosas se habían convertido en signos de decadencia burguesa.

Mi propio cabello habían llegado a captar la atención de mis compañeros de escuela, y me vi obligada a cortármelo al nivel de los lóbulos de las orejas. En secreto, derramé amargas lágrimas por la pérdida de mis largas trenzas, no sin avergonzarme profundamente de mí misma por mi mezquindad burguesa. De niña, mi niñera solía hacerme un peinado en el que mis cabellos permanecían erguidos sobre la cabeza como una rama de sauce. Lo llamaba «fuegos artificiales despedidos hacia el cielo». Hasta comienzos de los sesenta llevé el pelo recogido en dos rizos alrededor de los cuales arrollaba pequeñas flores de seda. Por las mañanas, mientras yo me apresuraba con el desayuno, mi abuela o la criada se afanaban en peinármelo con manos amorosas. Mi color preferido para las flores era el rosa.

A partir de 1964, y en un intento por seguir los llamamientos de Mao a un estilo de vida austero más adecuado a la atmósfera de la lucha de clases, me cosí algunos parches en los pantalones para tratar de parecer más proletaria y comencé a peinarme al estilo general, con dos trenzas y sin adornos de colores. El pelo largo, sin embargo, no había sido condenado aún. Solía cortármelo mi abuela, quien no dejaba de mascullar para sí misma mientras lo hacía. Sus propios cabellos sobrevivieron debido a que para entonces ya no salía nunca.

Las célebres casas de té de Chengdu también se vieron atacadas por considerarse decadentes. Yo no lograba comprender el motivo, pero no lo pregunté. Durante el verano de 1966 aprendí a suprimir mi sentido de la razón, cosa que muchos chinos ya llevaban haciendo largo tiempo.

Las casas de té de Sichuan son lugares únicos. Por lo general, están construidas al abrigo de un bosquecillo de bambúes o bajo la copa de un enorme árbol. En torno a sus mesas bajas y cuadradas hay butacas de bambú que despiden un leve aroma incluso después de varios años de uso. Para preparar el té, se deja caer un pellizco de hojas en una taza y se vierte agua hirviendo sobre ellas. A continuación, se coloca la tapadera a medio cerrar, de tal modo que el vapor pueda escapar por la rendija para esparcir el aroma de jazmín o de otras fragancias. En Sichuan se cultivan muchas clases de té, de los que el jazmín por sí solo abarcaba cinco grados distintos.

Para los sichuaneses, las casas de té son tan importantes como los *pubs* para los británicos. Especialmente los ancianos pasan mucho tiempo en ellas, fumando sus pipas de larga caña frente a una taza de té y un platillo de nueces y semillas de melón. El camarero pasea entre las mesas con una tetera de agua caliente cuyo contenido vierte desde una distancia de medio metro con absoluta precisión. Al hacerlo, los más hábiles consiguen que el agua se eleve al caer por encima del borde de la taza sin llegar a derramarse. De niña solía contemplar hipnotizada el chorro que salía del pico. No obstante, rara vez me llevaban a las casas de té, ya que mis padres desaprobaban la atmósfera de ocio que reinaba en ellas.

Al igual que los cafés europeos, las casas de té de Sichuan tienen a disposición de sus clientes periódicos sujetos por estructuras de bambú. Algunos de sus parroquianos acuden a ellas a leer, pero se trata de lugares destinados fundamentalmente a reunirse y a charlar para intercambiar noticias y chismorreos. A menudo cuentan con atracciones tales como el relato de historias con acompañamiento de castañuelas de madera.

Debido quizá a esa misma atmósfera de ocio y al hecho de que cualquiera sentado en ellas no estaba trabajando por la revolución, se decidió que habían de ser cerradas. Yo acudí a una de ellas, un local pequeño situado a orillas del río de la Seda, en compañía de una docena de alumnos de entre trece y dieciséis años de edad, la mayor parte de los cuales eran guardias rojos. Las sillas y las mesas habían sido extendidas fuera bajo un gran árbol secular chino. La brisa vespertina de verano que ascendía del río esparcía un fuerte aroma procedente de los matorrales de flores blancas. Los clientes, en su mayor parte hombres, alzaron la mirada de sus tableros de ajedrez a medida que nos aproximábamos a lo largo del desigual pavimento de adoquines que bordeaba la orilla. Nos detuvimos bajo el árbol. Entre los miembros del grupo comenzaron a oírse algunas voces que exclamaban: «¡Recoged! ¡Recoged! ¡No permanezcáis ociosos en este lugar burgués!» Uno de los muchachos de mi curso asió una de las esquinas del tablero de papel desplegado sobre la mesa más próxima y tiró de él. Todas las piezas rodaron por el suelo.

Los jugadores sentados a aquella mesa eran ambos bastante jóvenes. Uno de ellos se abalanzó hacia el muchacho con los puños apretados, pero su amigo se apresuró a sujetarle por el borde de la chaqueta. En silencio, comenzaron a recoger las piezas de ajedrez. El muchacho que había tirado el tablero gritó: «¡Se acabó el ajedrez! ¿Acaso no sabéis que es una costumbre burguesa?» Diciendo esto, se inclinó, recogió un puñado de piezas y las arrojó al río.

Aunque me habían educado para mostrarme cortés y respetuosa con cualquiera que fuera mayor que yo, comprendí entonces que ser revolucionario equivalía a ser agresivo y militante. La amabilidad se consideraba algo burgués. Fui criticada repetidas veces por ello, y llegó a aducirse como uno de los motivos por los que no se aceptaba mi ingreso en la Guardia Roja. Durante los años de la Revolución hube de ver cómo la gente era atacada por decir «gracias» con demasiada frecuencia, hábito que había sido tachado de hipocresía burguesa; la cortesía se encontraba al borde de la extinción.

En ese momento, sin embargo, frente a la casa de té, pude advertir que la mayor parte de nosotros –incluidos los propios guardias rojos– nos sentíamos desasosegados por el nuevo estilo de lenguaje y prepotencia. Casi ninguno de nosotros abrió la boca. En silencio, unos pocos comenzaron a pegar carteles rectangulares con consignas sobre los muros de la casa de té y el tronco del árbol.

Los clientes empezaron a desfilar silenciosamente a lo largo de la ribera. Al contemplar aquellas figuras que se alejaban, me sentí invadida por una sensación de pérdida. Un par de meses antes, aquellos adultos nos habrían mandado probablemente a paseo. Ahora, sin embargo, sabían que el apoyo de Mao había proporcionado poder a la Guardia Roja. Al recordarlo, comprendo el regocijo que debían de sentir algunos jóvenes al poder imponer aquel poder a sus mayores. Una de las consignas más populares de la Guardia Roja rezaba: «¡Podemos remontarnos hacia el cielo y perforar la tierra, pues nuestro Gran Líder, el Presidente Mao, es nuestro comandante supremo!» Como se desprende de dicha declaración, los guardias rojos no disfrutaban de una auténtica libertad de expresión, sino que desde el principio no habían sido otra cosa que la herramienta de un tirano.

Empero, allí, de pie junto a la orilla del río en aquel mes de agosto de 1966, me sentía confusa. Entré en la casa de té con mis compañeros. Algunos exigieron al dueño que cerrara el local. Otros comenzaron a pegar carteles por las paredes. Numerosos clientes se levantaban para marcharse, pero en uno de los rincones más alejados había un hombre que permanecía sentado a la mesa mientras sorbía apaciblemente su té. Me situé junto a él, avergonzada de pensar que me correspondía representar el papel de autoridad. El hombre me miró y continuó sorbiendo ruidosamente. Tenía un rostro profundamente arrugado que casi parecía uno de los símbolos de la clase obrera que aparecían en las imágenes de propaganda. Sus manos me recordaron uno de los relatos de mis libros de texto, en el que se describían las manos de un viejo campesino: capaces de atar manojos de ramas espinosas sin sentir dolor alguno.

Quizá aquel anciano se sentía seguro por poseer un pasado incuestionable, o por lo avanzado de su edad, o acaso sencillamente no se sentía demasiado impresionado por mí. En cualquier caso, permaneció en su asiento sin prestarme atención alguna. Haciendo acopio de todo mi valor, le rogué en voz baja:

–Por favor, ¿querría marcharse?

Sin mirarme, repuso:

–¿Adónde?

–A su casa, por supuesto –respondí yo.

Volvió su rostro hacia mí. Su voz aparecía impregnada de emoción, aunque hablaba manteniendo un tono bajo.

–¿A casa? ¿Qué casa? Comparto una habitación diminuta con mis dos nietos. Duermo en un rincón rodeado por una cortina de bambú en el que sólo cabe la cama. Eso es todo. Cuando mis hijos están en casa, yo acudo aquí en busca de un poco de paz y sosiego. ¿Por qué tenéis que arrebatarme eso?

Sus palabras me llenaron de vergüenza y desconcierto. Era la primera vez que escuchaba una crónica de primera mano de tan miserables condiciones de vida. Dando media vuelta, me alejé.

Aquella casa de té, como todas las de Sichuan, permaneció cerrada durante quince años: hasta 1981, cuando las reformas decretadas por Deng Xiaoping permitieron su reapertura. En 1985 volví allí con un amigo inglés. Nos sentamos bajo el árbol y una vieja camarera acudió a llenar nuestras tazas con su tetera desde medio metro de distancia. A nuestro alrededor, la gente jugaba al ajedrez. Fue uno de los momentos más felices de aquel viaje de regreso.

Cuando Lin Biao hizo su llamamiento a la destrucción de todo aquello que representara la cultura antigua, algunos de los alumnos de mi escuela comenzaron a romper cuanto encontraban. Dado que había sido fundada más de dos mil años atrás, la escuela contaba con gran cantidad de antigüedades y constituía un lugar idóneo para entrar en acción. La verja de acceso tenía un viejo tejadillo acanalado y rematado por tejas, todas las cuales resultaron destrozadas. Lo mismo le sucedió al amplio tejado azulado del enorme templo que había sido utilizado como sala de ping-pong. Los dos gigantescos incensarios de bronce que adornaban la entrada del templo fueron derribados, y algunos muchachos decidieron orinar en su interior. En el jardín posterior, varios alumnos equipados con grandes martillos y barras de hierro recorrieron los puentes de arenisca despedazando con aire despreocupado las estatuillas que los adornaban. En un extremo del campo de deportes se alzaban una pareja de placas de arenisca roja de seis metros de altura. Sobre ellas aparecían grabadas con exquisita caligrafía algunas líneas acerca de Confucio. Tras atar una gruesa soga a su alrededor, dos grupos de alumnos comenzaron a tirar de ellas. Tardaron dos días en lograr su propósito, pues los cimientos eran bastante profundos. Tuvieron que recurrir a algunos obreros no pertenecientes a la escuela para que cavaran en torno a las placas. Cuando por fin ambos monumentos se derrumbaron entre vítores, desplazaron con su caída gran parte del terreno que se extendía tras ellos.

Todas las cosas que amaba estaban desapareciendo. Lo que más me entristeció fue el saqueo de la biblioteca: el tejado, construido con tejas doradas; las ventanas delicadamente esculpidas; las sillas pintadas de azul... Las estanterías fueron puestas boca abajo y algunos alumnos se dedicaron a hacer pedazos los libros por puro placer. Más tarde, pegaron sobre los restos de puertas y ventanas blancas tiras de papel en forma de X y escribieron sobre ellas un mensaje con caracteres negros por el que se anunciaba que el edificio había sido sellado.

Los libros constituían uno de los principales objetivos de destrucción de Mao. Dado que ninguno había sido escrito durante los últimos meses (y, por ello, ninguno citaba a Mao en cada página), algunos de los guardias rojos declararon que eran todos «semillas ponzoñosas». Con la excepción de los clásicos marxistas y de las obras de Stalin, Mao y el fallecido Lu Xun, de cuyo nombre se servía la señora Mao para sus venganzas personales, ardían libros en toda China. El país perdió la mayor parte de su patrimonio escrito. Asimismo, muchos de los que lograron sobrevivir fueron más tarde a parar a las estufas de la gente como combustible.

En mi escuela, sin embargo, no se encendieron hogueras. El jefe de los guardias rojos del colegio había sido en su día muy buen estudiante. Se trataba de un muchacho de diecisiete años de aspecto algo afeminado, y había sido nombrado jefe de los guardias rojos debido no tanto a su propia ambición como a que su padre era jefe del Partido para la provincia. Si bien no podía evitar los actos generales de vandalismo, sí logró salvar los libros de la quema.

Al igual que todo el mundo, yo debía unirme a aquellas acciones revolucionarias. Sin embargo, tanto yo como la mayoría de los alumnos pudimos evitarlas debido a que no se trataba de una destrucción organizada, y nadie podía asegurarse de que todos participáramos en ellas. No me resultaba difícil ver que había numerosos alumnos que detestaban lo que estaba sucediendo, pero nadie hizo nada por detenerlo. Era posible que, al igual que yo, muchos chicos y chicas estuvieran diciéndose a sí mismos que constituía un error lamentar la destrucción y que era preciso reformarse. Inconscientemente, sin embargo, todos sabíamos que habríamos sido acallados de inmediato a la primera objeción.

Para entonces, las «asambleas de denuncia» se habían convertido en uno de los rasgos fundamentales de la Revolución Cultural. En ellas solían participar multitudes histéricas, y rara vez transcurrían sin episodios de brutalidad física. La Universidad de Pekín había sido la primera en ponerlas en práctica bajo la supervisión personal de Mao. Durante la primera asamblea de denuncia, celebrada el 18 de junio, más de sesenta profesores y jefes de departamento –entre ellos el rector– fueron golpeados, pateados y forzados a permanecer de rodillas durante horas. Les cubrieron las cabezas con gorros de castigo adornados con consignas humillantes, vertieron tinta sobre sus rostros para ennegrecerlos con el color del diablo y colgaron consignas por todo su cuerpo. A continuación, dos estudiantes asieron los brazos de cada víctima y los retorcieron por detrás a la vez que empujaban hacia arriba como si quisieran dislocárselos. A aquella postura se denominó «el reactor», y no tardó en convertirse en una de las actividades típicas de las asambleas de denuncia en todo el país.

En cierta ocasión, los guardias rojos de mi curso me convocaron para asistir a una de aquellas asambleas. A pesar del calor que reinaba aquella tarde de verano, me sentí helada al ver a unos diez o doce profesores encaramados sobre la plataforma del campo de deportes con las cabezas inclinadas y los brazos retorcidos en la posición del «reactor». A continuación, a algunos les fueron propinadas unas cuantas patadas detrás de las rodillas y a continuación se les obligó a postrarse de hinojos, mientras que otros –entre ellos mi profesor de lengua inglesa, un anciano dotado de los delicados modales del caballero clásico– fueron obligados a permanecer de pie sobre unos cuantos bancos estrechos y alargados. Mi profesor tenía dificultades para conservar el equilibrio. Al fin, cayó y se hizo un corte en la frente con el afilado borde de uno de los bancos. Un guardia rojo que había junto a él se inclinó instintivamente con los brazos extendidos en gesto de ayuda pero, enderezándose de inmediato, adoptó una postura exageradamente autoritaria, apretó los puños y chilló: «¡Sube de nuevo al banco!» No quería parecer blando ante sus compañeros frente a un «enemigo de clase». La sangre siguió manando por la frente del profesor hasta coagularse sobre la mejilla.

Al igual que el resto de los profesores, había sido acusado de los crímenes más descabellados, pero el motivo real de que se encontraran allí estribaba en que eran todos licenciados –y, por tanto, los mejores– o acaso que algunos de los alumnos les guardaban rencor por algo.

Durante los años que siguieron aprendí que los alumnos de mi escuela habían mostrado un comportamiento relativamente suave debido a que pertenecían a la institución más prestigiosa de su género y, en consecuencia, solían ser buenos estudiantes y poseían inclinaciones académicas. En las escuelas que albergaban a otros muchachos más brutales, algunos profesores habían sido apaleados hasta morir. Yo sólo fui testigo de un apaleamiento en mi escuela. Mi profesora de filosofía se había mostrado ligeramente despreciativa con aquellos alumnos que peores resultados habían obtenido, y algunos de los que más la odiaban habían comenzado a acusarla de ser una decadente. Las pruebas –que reflejaban fielmente el extremo conservadurismo de la Revolución Cultural– consistían en que había conocido a su esposo en un autobús. Habían empezado a charlar y habían terminado por enamorarse. Que el amor pudiera surgir de un encuentro casual se consideraba un signo de inmoralidad. Los muchachos la arrastraron a uno de los despachos y tomaron con ella medidas revolucionarias, eufemismo que servía para propinarle una paliza a alguien. Antes de empezar, requirieron específicamente mi presencia y me obligaron a ser testigo de ello. «¡Ya veremos qué pensará cuando vea que su alumna favorita está presente!», dijeron.

Me consideraban su alumna preferida debido a que con frecuencia había alabado mi trabajo. Sin embargo, también me dijeron que debía quedarme a verlo por haberme mostrado hasta entonces demasiado blanda: necesitaba una lección revolucionaria.

Cuando comenzaron a golpearla me escurrí hasta la última fila del corro de alumnos que abarrotaban el pequeño despacho. Un par de compañeros me hostigaron para que avanzara hasta el centro y participara en el castigo, pero no les hice caso. En el centro, mi profesora estaba siendo acribillada a patadas, y rodaba dolorida de un lado a otro con el pelo enmarañado. En respuesta a sus gritos suplicándoles que se detuvieran, los jóvenes que la atacaban respondieron con voz fría: «¡Ahora suplicas! ¿Acaso no eras tú mucho más cruel? ¡Suplica como es debido!» Continuaron golpeándola y la ordenaron que se arrodillara en kowtow frente a ellos e implorara: «¡Oh, amos míos, perdonadme la vida!» Obligar a alguien a realizar el kowtow y pedir clemencia constituía una forma extrema de humillación. La profesora se incorporó y permaneció sentada mirando al frente con expresión neutra. A través de sus cabellos desordenados, mis ojos se cruzaron con los suyos. Vi en ellos una mezcla de dolor, desesperación y abandono. Luchaba por tomar aliento, y su rostro tenía un color ceniciento. Me escabullí de la habitación. Varios alumnos me siguieron. Podía oír a gente entonando consignas a nuestras espaldas, pero sus voces mostraban un tono dudoso e incierto. Muchos de ellos debían de sentirse asustados. Me alejé rápidamente, notando cómo mi corazón latía a toda velocidad. Temía que me dieran alcance y me golpearan también a mí. Pero nadie me siguió, ni fui posteriormente condenada por ello.

A pesar de mi evidente falta de entusiasmo, no llegué a tener problemas durante aquella época. Aparte del hecho de que los guardias rojos estaban mal organizados, se daba la circunstancia de que según la teoría de la descendencia yo era roja desde mi nacimiento debido a la categoría de alto funcionario de mi padre. Todos me mostraban su desaprobación, pero en lugar de tomar medidas drásticas se limitaron a criticarme.

Por aquel entonces, los guardias rojos dividían a los alumnos en tres categorías: rojos, negros y grises. Los rojos procedían de familias de obreros, campesinos, funcionarios de la revolución y mártires revolucionarios. Los negros eran aquellos cuyos padres integraban las clasificaciones de terratenientes, campesinos acaudalados, contrarrevolucionarios, elementos nocivos y derechistas. Los grises procedían de familias ambiguas tales como dependientes de comercio y empleados administrativos. Teniendo en cuenta la meticulosidad del enrolamiento, todos los alumnos de mi curso debían haber sido rojos, pero la presión de la

Revolución Cultural hacía necesario descubrir entre ellos a algunos villanos. Como resultado, más de una docena de ellos se vieron acusados de ser grises o negros.

Había en mi curso una muchacha llamada Ai-ling. Éramos viejas amigas, y yo había visitado con frecuencia su casa y conocía bien a su familia. Su abuelo había sido un importante economista, y su familia había disfrutado con los comunistas de una vida de privilegios. Poseían una casa grande, elegante y lujosa rodeada por un jardín exquisito; en suma, una vivienda mucho mejor que el apartamento de mi familia. A mí me atraía especialmente su colección de antigüedades, especialmente las tabaqueras que el abuelo de Ai-ling había traído de Inglaterra, adonde había acudido durante los años veinte para estudiar en Oxford.

Súbitamente, Ai-ling se convirtió en negra. Llegó a mis oídos que algunos alumnos de su curso habían asaltado su casa, destrozado todas las antigüedades –entre ellas las tabaqueras– y azotado a sus padres y a su abuelo con sus cinturones de hebilla. Cuando la vi al día siguiente, llevaba una bufanda arrollada a la cabeza. Sus compañeros de clase le habían hecho un corte de pelo yin y yang, por lo que se había visto obligada a afeitarse la cabeza por completo. Sollozamos juntas, y yo me sentí completamente fuera de lugar porque no lograba encontrar palabras con las que consolarla.

Posteriormente, los guardias rojos organizaron una asamblea en mi propio curso en la que todos tendríamos que detallar los antecedentes de nuestras familias para que pudiera clasificársenos. Cuando llegó mi turno, anuncié con enorme alivio «funcionario de la Revolución». Tres o cuatro alumnos dijeron «personal de oficinas». En la jerga utilizada entonces, ello era bien distinto a funcionario, ya que estos últimos ocupaban posiciones más elevadas. La división no estaba demasiado clara, pues no existía una definición precisa del significado de «posición elevada». Sin embargo, era preciso emplear aquellas vagas denominaciones para rellenar numerosos formularios, todos los cuales contaban con una casilla en la que había que indicar los antecedentes familiares. Los alumnos cuyos padres fueran personal de oficinas fueron calificados de grises junto con una muchacha cuyo padre tenía el empleo de ayudante en un comercio. Los guardias rojos anunciaron que todos ellos deberían ser mantenidos bajo vigilancia, que habrían de barrer las instalaciones y terrenos de la escuela y limpiar los retretes, que estarían obligados a saludar en todo momento y que soportarían todas aquellas amonestaciones que pudieran recibir de cualquier guardia rojo que optara por dirigirles la palabra. Igualmente, tendrían que presentar diariamente un informe acerca de sus pensamientos y su conducta.

Todos ellos adoptaron de inmediato una actitud humilde y encogida. Todo el vigor y entusiasmo que habían mostrado hasta entonces desaparecieron. Una de las muchachas inclinó la cabeza y las lágrimas corrieron por sus mejillas. Ambas habíamos sido buenas amigas. Concluida la asamblea, me acerqué a ella para reconfortarla, pero cuando alzó la mirada pude ver en sus ojos una expresión de resentimiento, casi de odio. Me alejé sin pronunciar palabra y me puse a vagar apáticamente por las instalaciones. Estábamos a finales de agosto. Los arbustos de jazmín despedían una rica fragancia, pero resultaba extraño poder distinguir aroma alguno.

Avanzado ya el ocaso, emprendía el regreso a mi dormitorio cuando distinguí algo que descendía rápidamente frente a una de las ventanas del segundo piso de un bloque de aulas situado a unos cuarenta metros de distancia y pude oír un golpe sordo procedente de la parte baja del edificio. El difuso ramaje de los naranjos me impedía ver lo que había ocurrido, pero advertí que la gente había echado a correr hacia el punto del que había emanado el sonido. Entre sus exclamaciones confusas y reprimidas, pude distinguir una frase: «¡Alguien se ha arrojado por la ventana!»

Instintivamente, alcé las manos para taparme los ojos y eché a correr hacia mi cuarto. Me sentía terriblemente asustada. Mi mente continuaba fija en la figura rota y desdibujada que había visto caer por el aire. Apresuradamente, cerré las ventanas, pero no pude evitar que el ruido de la gente que comentaba nerviosamente lo ocurrido se filtrara a través del cristal.

Una muchacha de diecisiete años había intentado suicidarse. Antes de la Revolución Cultural había sido una de las líderes de la Liga de Juventudes Comunistas, considerada por todos un modelo en el estudio de las obras del presidente Mao y de las enseñanzas de Lei Feng. Había realizado numerosas buenas obras, tales como lavar la ropa de sus camaradas y limpiar sus retretes, y había pronunciado frecuentes conferencias a los alumnos acerca de la lealtad que procuraba aplicar a la doctrina de Mao. A menudo se la veía paseando y conversando animadamente con algún compañero, su rostro iluminado por una expresión de intensidad y concentración profundas, ocupada en sus obligaciones «directas» con todos aquellos que deseaban unirse a la Liga de las Juventudes. Ahora, sin embargo, se había visto súbitamente clasificada como negra, ya que su padre pertenecía al personal de oficinas. De hecho, trabajaba para el Gobierno municipal y era miembro del Partido, pero algunos de los compañeros de clase de la muchacha no sólo pertenecían a familias de categoría más elevada sino que la consideraban una pesada, por lo que habían decidido clasificarla de aquel modo. Durante los dos últimos días había sido puesta bajo vigilancia en compañía de otros negros y grises y obligada a limpiar de hierbajos el campo de deportes. Para humillarla, sus compañeros habían afeitado sus hermosos cabellos negros, obligándola a lucir una calva grotesca. Aquella misma tarde, los rojos de su curso habían obsequiado con un sermón insultante a ella y a otras víctimas. Ella había respondido que era más leal al presidente Mao que ellos mismos, pero los rojos la habían abofeteado y le habían prohibido que hablara de lealtad alguna hacia Mao dado que no era sino una enemiga de clase. Al escuchar aquello, había corrido hacia la ventana y había saltado.

Aturdidos y atemorizados, los guardias rojos se apresuraron a trasladarla al hospital. No murió, pero quedó paralizada para toda su vida. Muchos meses después, me crucé con ella por la calle: caminaba inclinada sobre sus muletas y mostraba una expresión ausente.

La noche de su intento de suicidio me resultó imposible conciliar el sueño. Tan pronto como cerraba los ojos, sentía cernirse sobre mí una figura nebulosa impregnada de sangre. Me sentía aterrorizada, y no cesaba de temblar. Al día siguiente, solicité que se me diera de baja por enfermedad, petición que me fue concedida. Mi hogar parecía constituir la única vía de escape del horror de la escuela. Deseé desesperadamente no tener que salir nunca más de casa.

17

«¿Acaso quieres que nuestros hijos se conviertan en "negros"?»

El dilema de mis padres

(agosto-octubre de 1966)

Esta vez mi hogar no me sirvió de consuelo. Mis padres parecían ausentes, y apenas repararon en mi presencia. Mi padre caminaba sin cesar de un lado a otro del apartamento o bien se encerraba en su estudio. Mi madre se dedicaba a arrojar un cesto de papeles arrugados tras otro a la estufa de la cocina. También mi abuela parecía esperar la llegada de un desastre inminente. Su mirada intensa y llena de ansiedad permanecía fija en mis padres. Yo, atemorizada, me limitaba a observarles sin atreverme a preguntar qué ocurría.

Mis padres no me dijeron nada acerca de una conversación que habían mantenido pocas tardes atrás. Se habían sentado frente a una ventana abierta junto a la cual un altavoz atado a una farola atronaba con interminables citas de Mao, especialmente una de ellas referente al carácter violento por definición de todas las revoluciones: al «salvaje tumulto de una clase que derroca a otra». Las citas eran entonadas una y otra vez con un tono chillón que a algunos inspiraba miedo y a otros excitación. De vez en cuando se anunciaban nuevas victorias alcanzadas por la Guardia Roja: había asaltado más y más casas de los «enemigos de clase» y había «aplastado las cabezas de sus perros».

Mi padre, contemplando el resplandeciente ocaso, se había vuelto hacia mi madre y había dicho lentamente: «No comprendo la Revolución Cultural, pero estoy seguro de que se está produciendo una espantosa equivocación. No hay principio marxista ni comunista que pueda justificar esta revolución. La gente ha perdido sus derechos básicos y su protección. Todo esto es incalificable. Yo, que soy comunista, tengo el deber de impedir un desastre cada vez mayor. Debo escribir a los líderes del Partido. Debo escribir al presidente Mao.»

En China no existía prácticamente cauce alguno del que la gente pudiera servirse para expresar una protesta o influir con su opinión en la política. La única posibilidad consistía en apelar a los líderes supremos. En aquel caso en particular, tan sólo Mao podía cambiar la situación. Independientemente de lo que mi padre pensara o supusiera acerca del papel de Mao, lo único que podía hacer era escribirle.

La experiencia decía a mi madre que protestar era sumamente peligroso. Tanto aquellos que lo habían hecho como sus familias habían sufrido severas represalias. Durante largo rato, guardó silencio mientras contemplaba el cielo encendido y distante e intentaba controlar la angustia, la ira y la frustración que sentía.

–¿Por qué quieres ser como la polilla que se precipita al fuego? –preguntó por fin.

Mi padre repuso:

–Éste no es un fuego ordinario. Se trata de la vida y la muerte de mucha gente. Esta vez debo hacer algo.

Mi madre exclamó, exasperada:

–¡De acuerdo! No temes por ti mismo. No te preocupa tu mujer. Eso puedo aceptarlo, pero ¿qué me dices de nuestros hijos? Sabes muy bien lo que les ocurrirá si tú tienes problemas. ¿Acaso quieres que se conviertan en «negros»?

Mi padre, hablando con tono reflexivo, como si intentara persuadirse a sí mismo, dijo:

–Todo hombre ama a sus hijos. Sabes bien que antes de abalanzarse sobre su presa, el tigre siempre vuelve la mirada atrás para asegurarse de que sus crías están bien. Si una bestia devoradora de hombres tiene esos sentimientos, imagínate cómo serán los de un ser humano. Pero un comunista tiene que ser algo más que eso. Tiene que pensar en los demás niños. ¿Qué pasa con los hijos de las víctimas?

Mi madre se puso en pie y se alejó. Era inútil. Cuando estuvo sola, rompió a sollozar amargamente.

Mi padre comenzó a escribir su carta, rompiendo un borrador tras otro. Siempre había sido un perfeccionista, y una carta al presidente Mao no era cosa de broma. No sólo tenía que formular exactamente aquello que quería decir sino que tenía que intentar minimizar sus posibles consecuencias, especialmente las que pudiera sufrir su familia. En otras palabras, sus críticas no debían aparecer como tales. No podía correr el riesgo de ofender a Mao.

Mi padre había comenzado a pensar en su carta en el mes de junio. Varios de sus amigos habían sucumbido ya a la caza de chivos expiatorios, y él había pensado en defenderles, aunque sus planes siempre se

302

habían visto superados por los acontecimientos. Entre otras cosas, habían surgido cada vez más señales que indicaban que él mismo estaba a punto de convertirse en la próxima víctima. Un día, mi madre había visto un enorme cartel callejero instalado en el centro de Chengdu en el que se le atacaba por su nombre, calificándole de «oponente número uno de la Revolución Cultural en Sichuan». Dicha afirmación se basaba en dos acusaciones: el invierno anterior se había resistido a imprimir el artículo que denunciaba las obras del mandarín Ming y que había constituido el llamamiento original de Mao a la Revolución Cultural; además, había esbozado el «Documento de Abril», en el que se rechazaban las persecuciones y se intentaba limitar la Revolución Cultural a un debate no político.

Cuando mi madre habló a mi padre del cartel, éste respondió inmediatamente que aquello era obra de los líderes provinciales del Partido. Las dos cosas de las que le acusaban tan sólo eran conocidas para un pequeño círculo de las altas esferas. Estaba convencido de que habían decidido que fuera él la próxima cabeza de turco, así como del motivo. Los estudiantes de las universidades de Chengdu estaban comenzando a dirigir su ofensiva hacia los líderes provinciales. La Revolución Cultural proporcionaba más información a los universitarios que a los alumnos de enseñanza media, y había revelado a los primeros que el auténtico objetivo de Mao era la destrucción de los seguidores del capitalismo, esto es, de los funcionarios comunistas. Por lo general, los universitarios no eran hijos de altos funcionarios, ya que la mayoría de éstos no se habían casado hasta después de la fundación de la República Popular en 1949, y aún no tenían hijos en edad universitaria. Así, dado que ello no se enfrentaba con sus intereses, los estudiantes se mostraron encantados de trasladar sus ataques a los funcionarios.

Las autoridades de Sichuan se habían visto indignadas por la violencia cometida por los jóvenes de enseñanza media, pero los estudiantes universitarios les producían auténtico pánico. Comprendieron que tenían que hallar un chivo expiatorio importante para aplacarles. Mi padre era uno de los máximos funcionarios en el campo de la cultura, la cual constituía uno de los principales objetivos de la Revolución Cultural. Asimismo, tenía la reputación de ser un hombre fiel a sus principios, por lo que decidieron que podían pasar sin él en un momento en el que lo que se exigía era obediencia y unanimidad.

La difícil situación de mi padre no tardó en confirmarse. El 26 de agosto se le pidió que asistiera a una asamblea para los estudiantes de la Universidad de Sichuan, la más prestigiosa de la provincia. Éstos, tras descargar sus ataques sobre el rector y los miembros más antiguos del profesorado, habían decidido elevar el punto de mira hacia los funcionarios provinciales del Partido. Teóricamente, el propósito de la asamblea era que los líderes provinciales escucharan las quejas de los estudiantes. El comisario Li tomó asiento en el escenario en compañía de todo el círculo de funcionarios superiores del Partido. El enorme auditorio, considerado el mayor de Chengdu, estaba abarrotado.

Los estudiantes habían acudido a la asamblea dispuestos a armar jaleo, y la sala no tardó en ser escenario de un tumulto en el que los estudiantes, gritando consignas y agitando banderas, saltaban al escenario en un intento de hacerse con el micrófono. Aunque mi padre no era el presidente de la mesa, se le dijo que se encargara de controlar la situación. Mientras estaba ocupado enfrentándose a los estudiantes, el resto de los funcionarios del Partido se marcharon.

Mi padre gritó: «¿Sois estudiantes inteligentes o matones? ¿Estáis dispuestos a razonar?» En China, por lo general, los funcionarios solían mantener una actitud impasible acorde con su categoría, pero mi padre había comenzado a vociferar como ellos. Desgraciadamente, su naturalidad no logró impresionarles y hubo de partir entre un griterío de consignas. Inmediatamente después, comenzaron a aparecer enormes carteles callejeros en los que se le describía como el más obstinado seguidor del capitalismo a la vez que como el intransigente que se opone a la Revolución Cultural.

Aquella asamblea señaló un hito del que se sirvieron los guardias rojos de la Universidad de Sichuan para bautizar su propio grupo con el nombre de «26 de Agosto». Dicha organización había de convertirse en el núcleo de un bloque provincial integrado por millones de personas, así como en la fuerza principal de la Revolución Cultural en Sichuan.

Después de aquella asamblea, las autoridades provinciales ordenaron a mi padre que no abandonara nuestro apartamento bajo ninguna circunstancia, añadiendo que era por su propia seguridad. Mi padre era consciente de que primero le habían presentado deliberadamente como objetivo de los estudiantes y ahora le confinaban a lo que era prácticamente una situación de arresto domiciliario. Añadió su inminente situación de víctima a la carta de Mao, y una noche, con lágrimas en los ojos, pidió a mi madre que la llevara a Pekín ahora que él había perdido su libertad.

Mi madre nunca había querido que escribiera la carta, pero entonces cambió de opinión. Lo que inclinó la balanza fue el hecho de que mi padre estaba siendo convertido en una víctima. Ello significaba que sus hijos adquirirían la categoría de negros, y mi madre sabía muy bien lo que eso significaba. Su única posibilidad, por remota que fuera, de salvar a su esposo y a sus hijos consistía en viajar a Pekín y apelar a los líderes supremos. Prometió llevar la carta.

El último día del mes de agosto, desperté de una siesta agitada por un ruido procedente de las habitaciones de mis padres. De puntillas, me acerqué a la puerta entreabierta de su despacho. Mi padre se encontraba de pie en el centro de la habitación, rodeado por varias personas a quienes reconocí como miembros de su departamento. En lugar de sus habituales sonrisas aduladoras, mostraban todos una expresión sombría. Mi padre decía:

–¿Querrían transmitir mi agradecimiento a las autoridades provinciales? Aprecio sinceramente su interés, pero prefiero no ocultarme. Un comunista no debe tener miedo de los estudiantes.

Hablaba con voz tranquila, pero se adivinaba en ella una sombra de emoción que me asustó. A continuación oí a un hombre que, a juzgar por su voz, debía de ser alguien importante, diciendo en tono amenazador:

–Pero director Chang, sin duda el Partido sabe lo que hace. Los estudiantes universitarios le están atacando, y pueden llegar a mostrarse violentos. El Partido piensa que debería estar sometido a protección. Es su decisión. Como bien sabe usted, un comunista debe obedecer las decisiones del Partido de un modo incondicional.

Tras un intervalo de silencio, mi padre dijo en voz baja:

–Obedezco la decisión del Partido. Iré con ustedes.

–Pero ¿adónde? –oí que preguntaba mi madre.

Y, a continuación, la voz impaciente de otro hombre:

–Las instrucciones del Partido son: no debe saberlo nadie.

Al salir de su despacho, mi padre me vio y me cogió de la mano.

–Tu padre se marcha por un tiempo –dijo–. Compórtate como una buena chica con tu madre.

Mi madre y yo le acompañamos hasta la puerta lateral del complejo. A ambos lados del largo sendero se alineaban los miembros de su departamento. Mi corazón latía apresuradamente, y sentía las piernas como si fueran de algodón. Mi padre se hallaba en un estado de gran agitación. Su mano temblaba al asir la mía, y yo se la acaricié con la otra.

Frente a la verja había un automóvil aparcado. Alguien mantenía la portezuela abierta para que entrara. En el interior había dos hombres; uno en el asiento delantero y otro en la parte trasera. Mi madre mostraba las facciones tensas, pero conservaba la calma. Miró a mi padre a los ojos y dijo: «No te preocupes. Lo haré.» Sin abrazarnos a ninguna de las dos, mi padre partió. Los chinos apenas dan muestras físicas de afecto en público, ni siquiera en ocasiones extraordinarias.

Dado que todo había sido disfrazado como una medida de protección, yo no me di cuenta entonces de que mi padre estaba siendo mantenido bajo custodia. A mis catorce años, aún no había aprendido a descifrar la hipocresía del estilo del régimen. Lo tortuoso del procedimiento obedecía al hecho de que las autoridades aún no habían decidido qué hacer con mi padre. Como en la mayoría de aquellos casos, la policía no había desempeñado papel alguno. Las personas que habían acudido para llevarse a mi padre eran miembros de su departamento dotados de una autorización verbal del Comité Provincial del Partido.

Tan pronto como mi padre hubo partido, mi madre arrojó unas cuantas prendas en una maleta y nos dijo que salía hacia Pekín. La carta de mi padre aún conservaba su forma de borrador, con alteraciones y partes garabateadas. Tan pronto como había visto llegar al grupo de colaboradores se la había entregado apresuradamente a mi madre.

Mi abuela estrechó entre sus brazos a mi hermano Xiao-fang, de cuatro años de edad, y se echó a llorar. Yo dije que quería acompañar a mi madre a la estación. No había tiempo para esperar un taxi, por lo que saltamos al interior de un triciclo-taxi.

Me sentía confundida y atemorizada. Mi madre no me explicó lo que sucedía. Mostraba un aspecto tenso y preocupado, y parecía abstraída en sus pensamientos. Cuando le pregunté qué pasaba, repuso brevemente que ya lo sabría a su debido tiempo, y yo no insistí. Presumí que debía de juzgar el tema demasiado complicado para explicármelo, y ya estaba acostumbrada a que me dijeran que era demasiado joven para saber ciertas cosas. Asimismo, parecía demasiado ocupada estudiando la situación y planeando sus próximos pasos, y no deseaba distraerla. Lo que entonces ignoraba es que ella misma estaba librando su propia batalla por comprender aquella confusa situación.

Ambas permanecimos en silencio durante el trayecto. Mi madre mantenía asida mi mano con la suya, sin dejar de mirar por encima del hombro: sabía que las autoridades no querrían que viajara a Pekín, y si me había dejado ir con ella era para que fuera testigo de cualquier cosa que pudiera ocurrir. Al llegar a la estación, adquirió un «asientoduro» para el siguiente tren con destino a Pekín. No salía hasta el amanecer, por lo que ambas nos instalamos en la sala de espera, una especie de cobertizo sin paredes.

Me acurruqué contra ella, dispuesta a soportar las largas horas de espera que nos aguardaban. En silencio, contemplamos cómo descendía la oscuridad sobre la plaza de cemento que se extendía frente a la estación. Las bombillas de las escasas farolas de madera arrojaban una luz pálida y mortecina que se reflejaba en los charcos formados por la fuerte tormenta que se había abatido sobre la ciudad aquella mañana. Sentía frío, abrigada como estaba tan sólo por mi blusa de verano. Mi madre me arropó con su gabardina. Al caer la noche, me dijo que me durmiera, y yo, exhausta, me amodorré con la cabeza en su regazo.

Me despertó un movimiento de sus rodillas. Alzando la cabeza, vi frente a nosotras a dos personas cubiertas por impermeables con capucha. Discutían en voz baja acerca de algo. Aún medio atontada, me resultaba imposible entender de qué hablaban. Ni siquiera habría sabido determinar si se trataba de hombres o de mujeres. Oí vagamente que mi madre decía con voz tranquila y contenida: «Gritaré hasta que vengan los guardias rojos.» Las grisáceas siluetas envueltas por los impermeables guardaron silencio. A continuación, susurraron algo entre sí y se alejaron. Resultaba evidente que no querían llamar la atención.

Al amanecer, mi madre subió al tren de Pekín.

Años después, me dijo que aquellas dos personas eran mujeres que ella conocía, ambas jóvenes funcionarias del departamento de mi madre. Le habían dicho que las autoridades habían considerado su marcha a Pekín un acto anti-Partido. Ella había invocado los estatutos del Partido, en los que se especificaba que cualquier miembro del mismo tenía derecho a apelar a sus líderes. Cuando las emisarias le dijeron que había un automóvil con hombres dispuestos a retenerla por la fuerza, mi madre repuso que si lo hacían gritaría pidiendo ayuda a los guardias rojos estacionados en torno a la estación y les diría que estaban intentando impedirle trasladarse a Pekín para ver al presidente Mao. Le pregunté cómo podía estar tan segura de que los guardias rojos tomarían partido por ella y no por sus perseguidores.

–¿Y si te hubieran denunciado a la Guardia Roja como una enemiga de clase que intentaba huir?

Mi madre sonrió y dijo:

–Pensé que no querrían correr el riesgo. Decidí jugarme el todo por el todo. No tenía alternativa.

Al llegar a Pekín, mi madre llevó la carta de mi padre a una «oficina de quejas». A lo largo de la historia, los gobernantes chinos nunca habían permitido el establecimiento de un sistema legal, pero habían dispuesto oficinas en las que las personas corrientes pudieran presentar quejas contra sus jefes. Durante la Revolución Cultural, cuando pareció que éstos comenzaban a perder su poder, Pekín se inundó de numerosas personas que, habiéndose visto perseguidas anteriormente por ellos, intentaban plantear sus casos. Sin embargo, la Autoridad de la Revolución Cultural se había apresurado a dejar bien claro que los «enemigos de clase» no podrían presentar quejas ni siquiera contra los seguidores del capitalismo. Si intentaban hacerlo, serían doblemente castigados.

Las oficinas de quejas apenas recibieron casos procedentes de altos funcionarios como mi padre, por lo que mi madre obtuvo una atención especial. Asimismo, era una de las pocas esposas de víctimas que habían mostrado el valor de acudir a apelar a Pekín, ya que en aquellos casos solían verse presionadas para trazar una línea de separación entre ellas y los acusados en lugar de buscar nuevos problemas defendiéndoles. Mi madre fue recibida casi inmediatamente por el viceprimer ministro Tao Zhu, jefe del Departamento Central de Asuntos Públicos a la vez que uno de los líderes de la Revolución Cultural en aquel momento. Mi madre le entregó la carta de mi padre y le suplicó que ordenara a las autoridades de Sichuan que le pusieran en libertad.

Un par de semanas más tarde, Tao Zhu la recibió de nuevo. Le entregó una carta en la que se decía que mi padre había actuado de un modo perfectamente constitucional y de acuerdo con los procedimientos de las autoridades del Partido en Sichuan, por lo que debería ser puesto en libertad inmediatamente. Tao no había investigado el caso. Había aceptado la palabra de mi madre debido a que lo ocurrido con mi padre se había convertido en un caso frecuente: China se hallaba plagada de funcionarios del Partido que, acosados por el pánico, se dedicaban a escoger chivos expiatorios para salvar sus propios pellejos. Tao, sabiendo que los cauces habituales del Partido se encontraban sumidos en un completo desorden, prefirió entregarle la carta personalmente en lugar de servirse de ellos.

Tao Zhu le aseguró su comprensión y se mostró de acuerdo con el resto de las inquietudes que reflejaba la carta de mi padre: la epidemia de designación de chivos expiatorios y la generalización de actos de violencia fortuitos. Mi madre advirtió en él el deseo de controlar la situación. Poco después –y precisamente de resultas de aquello– él mismo se vio condenado como «el tercero de los mayores seguidores del capitalismo» después de Liu Shaoqi y Deng Xiaoping.

Por el momento, mi madre copió a mano la carta de Tao Zhu, envió la copia a mi abuela y le pidió que se la mostrara a los miembros del departamento de mi padre y que les dijera que no regresaría hasta que no le pusieran en libertad. Temía que si regresaba a Sichuan las autoridades la detuvieran, le arrebataran la carta y mantuvieran a mi padre bajo custodia. Decidió que, en conjunto, la mejor opción que tenía era quedarse en Pekín, desde donde podía seguir ejerciendo presión.

Mi abuela entregó la copia manuscrita que mi madre había realizado de la carta de Tao Zhu, pero las autoridades provinciales afirmaron que se había tratado todo de un malentendido y que su propósito era, sencillamente, proteger a mi padre. Insistieron en que mi madre debía regresar y poner fin a sus gestiones individualistas.

A nuestro apartamento acudieron en numerosas ocasiones funcionarios que intentaron persuadir a mi abuela para trasladarse a Pekín y traer a mi madre de regreso. Uno de ellos le dijo: «En realidad, se lo decimos en interés de su hija. ¿Por qué empeñarse en seguir malinterpretando al Partido? El Partido se ha limitado a intentar proteger a su yerno. Su hija no quiso escuchar sus consejos y marchó a Pekín. Me preocupa que sea considerada como antipartidista si no regresa, y ya sabe usted lo grave que eso sería. Dado que es usted su madre, debe hacer lo mejor para ella. El Partido ha prometido que será perdonada si vuelve y realiza una autocrítica.»

Ante la posibilidad de que su hija pudiera tener problemas, mi abuela estuvo a punto de derrumbarse. Tras varias sesiones como aquélla, comenzó a vacilar. Por fin, un día se decidió: se le dijo que mi padre había sufrido una crisis nerviosa y que no le trasladarían al hospital hasta la vuelta de mi madre.

El Partido le entregó dos billetes, uno para ella y otro para Xiao-fang, y ambos partieron en tren hacia Pekín, situado a treinta y seis horas de trayecto. Tan pronto como mi madre se enteró de las noticias envió un telegrama al departamento de mi padre anunciando su regreso y comenzó a disponer lo necesario para su vuelta, que se produjo en compañía de la abuela y de Xiao-fang en la segunda semana de octubre.

Durante su ausencia, yo había permanecido en casa durante todo el mes de septiembre para hacer compañía a mi abuela. No me resultaba difícil advertir que se hallaba consumida por la preocupación, pero ignoraba qué podía estar ocurriendo. ¿Dónde estaba mi padre? ¿Estaba detenido o se encontraba bajo protección? ¿Tenía problemas mi familia o no? No sabía nada... nadie decía nada.

Aquellos días pude permanecer en casa gracias a que los guardias rojos no ejercían un control tan férreo como el Partido. Además, contaba con una especie de padrino en la persona de Geng, mi timorato jefe de quince años, quien aún no había tomado medida alguna para hacerme regresar a la escuela. A finales de septiembre, sin embargo, me telefoneó para advertirme de que debía acudir antes del 1 de octubre –día de la Fiesta Nacional– o nunca podría ingresar en la Guardia Roja.

Nadie me forzaba a ingresar en la Guardia Roja. Era yo quien deseaba hacerlo. A pesar de todo cuanto ocurría a mi alrededor, mi aversión y mi miedo no se hallaban centrados en un objeto claro, y nunca se me ocurrió poner en tela de juicio a la Revolución Cultural o a la Guardia Roja de un modo explícito. Ambas eran creación de Mao, y Mao se hallaba fuera de toda duda.

Al igual que muchos chinos, me hallaba entonces imposibilitada para desarrollar un pensamiento racional. Nos sentíamos todos tan acobardados y confundidos por el miedo y el adoctrinamiento que nos hubiera resultado inconcebible apartarnos del camino señalado por Mao. Además, estábamos tan abrumados por las falacias de la retórica, la desinformación y la hipocresía que resultaba prácticamente imposible vislumbrar la realidad de la situación y llegar a un juicio sensato.

Ya de regreso en la escuela, supe que varios rojos habían presentado numerosas quejas exigiendo saber por qué no se les admitía en la Guardia Roja. A ello se debía que fuera tan importante estar allí el día de la Fiesta Nacional, pues iba a tener lugar un alistamiento generalizado del resto de los rojos. Así pues, me convertí en Guardia Roja precisamente en el momento en el que la Revolución Cultural acababa de abatir una catástrofe sobre mi familia.

Estaba encantada con mi brazalete rojo de caracteres dorados. Por entonces se había puesto de moda entre los guardias rojos lucir viejos uniformes del Ejército con cinturones de cuero similares al que había solido vestir Mao al comienzo de la Revolución Cultural. Yo estaba ansiosa por seguir aquella moda, por lo que nada más alistarme corrí a casa, y del fondo de un viejo baúl extraje una chaqueta Lenin de color gris pálido que había formado parte del uniforme de mi madre a comienzos de los cincuenta. Me venía un poco grande, por lo que le pedí a mi abuela que la estrechara. Con un cinturón de cuero de los pantalones de mi padre completé mi uniforme. Al salir a la calle, sin embargo, me sentí incómoda. Encontraba mi imagen demasiado agresiva, pero a pesar de todo conservé el atuendo.

Poco después, mi abuela se marchó a Pekín. Yo acababa de ingresar en la Guardia Roja, por lo que tenía que permanecer en la escuela, lugar en el que me sentía constantemente atemorizada y sobresaltada debido a lo ocurrido en mi casa. Cuando veía a los negros y a los grises forzados a limpiar los retretes y a mantener la cabeza inclinada, me inundaba una sensación de pavor, como si yo fuera una de ellos. Cuando los guardias rojos salían por las noches para llevar a cabo asaltos domiciliarios sentía fallarme las piernas como si me hubieran dicho que el objetivo iba a ser mi propia casa. Cuando advertía que algún alumno susurraba cerca de mí, mi corazón galopaba a un ritmo frenético: ¿estaría quizá diciendo que me había convertido en una negra o que mi padre había sido detenido?

No obstante, logré hallar un refugio: la oficina de recepción de los guardias rojos.

La escuela recibía gran número de visitantes. Desde septiembre de 1966, los caminos se hallaban cada vez más frecuentados por jóvenes que viajaban por todo el país. Para animarles a hacerlo y mantener con ello la agitación, el Gobierno les proporcionaba transporte, comida y alojamiento gratuitos.

La oficina de recepción se hallaba instalada en lo que en otro tiempo había sido una sala de conferencias. A los errantes viajeros –quienes a menudo carecían de destino definido– se les daba una taza de té y algo de conversación. Si afirmaban estar realizando algún encargo importante, la oficina les organizaba una cita con alguno de los líderes de la Guardia Roja de la escuela. Había buscado trabajar en aquella oficina debido a que sus miembros no tenían que participar en la custodia de negros y grises ni en asaltos domiciliarios. Me gustaba también por las cinco muchachas que trabajaban en ella. Entre nosotras se creó una atmósfera cálida y apacible que lograba que me sintiera tranquilizada tan pronto como me encontraba en su compañía.

A la oficina acudían numerosas personas, muchas de las cuales se quedaban a charlar con nosotras. Frente a la puerta se formaba a menudo una cola a la que la gente volvía a apuntarse una y otra vez. Hoy, volviendo la vista atrás, me doy cuenta de que lo que en realidad querían los jóvenes era un poco de compañía femenina. No estaban tan abstraídos por la revolución como parecía. Recuerdo, no obstante, haberme comportado siempre con seriedad. Nunca evité sus miradas ni devolví sus guiños, y tomaba nota concienzudamente de todas las bobadas que decían.

Una noche calurosa, dos mujeres de mediana edad y aspecto algo grosero llegaron a la oficina de recepción, en la que reinaba la algarabía de costumbre. Se presentaron como directora y directora adjunta de un comité de residentes próximo a la escuela. Hablaban en tono misterioso y solemne, como si estuvieran desarrollando una importante misión. A mí siempre me había disgustado esa clase de afectación, por lo que les volví la espalda. Sin embargo, no tardé en darme cuenta de que acababan de transmitir una información explosiva. Los que las habían escuchado comenzaron a gritar: «¡Buscad un camión! ¡Buscad un camión! ¡Acudamos todos!» Sin tiempo de darme cuenta de lo que pasaba sentí que la multitud me arrastraba al exterior de la sala y subimos a un camión. Dado que Mao había ordenado a los obreros que apoyaran a la Guardia Roja, teníamos siempre camiones y chóferes a nuestra disposición. En el camión me vi sentada en estrecha proximidad con una de las mujeres, quien procedía de nuevo a relatar su historia. Su mirada mostraba el ansia que sentía por congraciarse con nosotros. Contó que una mujer de su vecindario era la esposa de un oficial del Kuomintang que había huido a Taiwan, y que ella había mantenido escondido en su apartamento un retrato de Chiang Kai-shek.

No me gustaba la mujer, especialmente por lo adulador de su sonrisa, y sentía rencor hacia ella por haber sido la causa de que me viera obligada a participar en mi primer asalto domiciliario. El camión no tardó en detenerse frente a un estrecho callejón. Salimos todos y seguimos a las mujeres a lo largo del sendero adoquinado. Reinaba una oscuridad completa, y la única luz provenía de las rendijas abiertas entre los tablones de madera que formaban las paredes de las casas. Yo tropezaba y resbalaba, intentando quedarme retrasada. El apartamento de la acusada constaba de dos habitaciones, y era tan pequeño que resultaba imposible que entráramos todos. Me sentía inmensamente aliviada por no haber tenido que entrar, pero al poco rato alguien gritó que habían hecho sitio para que los que estábamos fuera pudiéramos entrar y recibir una lección acerca de la lucha de clases.

Tan pronto como entré, estrujada por los que me rodeaban, mi nariz se vio asaltada por un hedor a heces, orina y suciedad. La habitación había sido puesta patas arriba. En ese momento vi a la mujer acusada. Rondaría acaso la cuarentena, y permanecía arrodillada y a medio vestir en el centro de la habitación, alumbrada tan sólo por una desnuda bombilla de quince vatios. Entre las sombras que arrojaba, la figura que yacía en el suelo mostraba un aspecto grotesco. Tenía el pelo enmarañado y aparentemente sucio de sangre en algunas partes. Sus ojos parecían a punto de salírsele de las órbitas por la desesperación, y chillaba: «¡Amos de la Guardia Roja! ¡No tengo ningún retrato de Chiang Kai-shek! ¡Os juro que no!» Golpeaba su cabeza contra el suelo con tal fuerza que se oían con claridad los sordos impactos y la sangre manaba de su frente. Tenía la espalda cubierta de cortes y manchas de sangre. Postrada como estaba en kowtow, cuando alzaba el trasero podían distinguirse en él manchas oscuras y el aire se impregnaba de olor a excrementos. Me sentía tan aterrorizada que desvié rápidamente la mirada. Entonces vi a su atormentador, un muchacho de diecisiete años llamado Chian que hasta entonces no me había disgustado. Permanecía arrellanado en una silla con un cinturón de cuero en la mano, y se dedicaba a juguetear con la hebilla de latón. «Di la verdad o volveré a golpearte», decía con tono despreocupado.

El padre de Chian era oficial del Ejército en Tíbet. La mayoría de los oficiales destinados en Tíbet dejaban a sus familias en Chengdu, la más cercana de las poblaciones chinas propiamente dichas (ya que el Tíbet estaba considerado un territorio bárbaro e inhabitable). Hasta entonces me había sentido bastante atraída por el aspecto lánguido de Chian, pues parecía proporcionarle un aire de amabilidad. Intentando controlar el temblor de mi voz, murmuré: «¿Acaso el presidente Mao no nos ha enseñado a emplear el enfrentamiento de lucha verbal (*wen-dou*) con preferencia al enfrentamiento violento (*wu-dou*)? ¿No deberíamos, quizá...?»

Mi débil protesta se vio apoyada por varias voces. Chian, sin embargo, nos dirigió una mirada de desprecio y dijo con gran énfasis: «Trazad una línea de separación entre vosotros y los enemigos de clase. El presidente Mao dice: "¡La clemencia con el enemigo equivale a la crueldad con el pueblo! ¡Si os da miedo la sangre no seáis guardias rojos!"» El fanatismo descomponía sus facciones en una horrible mueca, y todos nos callamos. Aunque no cabía experimentar otra cosa que repugnancia ante lo que estaba haciendo, resultaba imposible discutir con él. Se nos había enseñado a mostrarnos implacables con los enemigos de clase, y cualquiera que no lo hiciera se convertiría a su vez en enemigo de clase. Di media vuelta y me dirigí rápidamente hacia el jardín trasero. Estaba lleno de guardias rojos armados de palas. Desde el interior de la casa llegó de nuevo hasta mí el sonido de los azotes, acompañado por unos alaridos que me pusieron los pelos de punta. Los gritos debían de resultar igualmente insoportables para los otros, ya que muchos de ellos dejaron de cavar y se enderezaron rápidamente: «¡Aquí no hay nada! ¡Vámonos! ¡Vámonos!» Mientras atravesábamos la habitación pude ver a Chian inclinado despreocupadamente sobre su víctima. Al otro lado de la puerta esperaba la informadora de sonrisa aduladora, cuyo rostro mostraba ahora una expresión temerosa y acobardada. Abrió la boca como si quisiera decir algo, pero no emitió palabra alguna. Al ver su rostro, comprendí que no había habido ningún retrato de Chiang Kai-shek. Había denunciado a aquella pobre mujer por un puro sentimiento de venganza. Los guardias rojos estaban siendo utilizados para arreglar viejas cuentas. Llena de asco y de rabia, volví a subir al camión.

18

«Magníficas noticias más que colosales»

El peregrinaje a Pekín

(octubre - diciembre de 1966)

A la mañana siguiente logré inventar una excusa para abandonar la escuela y regresar a casa. El apartamento estaba vacío. Mi padre seguía detenido. Mi madre, mi abuela y Xiao-fang estaban en Pekín. El resto de mis hermanos, ya adolescentes, vivían por su cuenta.

Jin-ming había sentido rechazo hacia la Revolución Cultural desde el principio. Estudiaba primer curso en la misma escuela en que yo estaba. Quería ser científico, pero dicha profesión había sido denunciada como burguesa por la Revolución Cultural. Él y otros muchachos de su curso habían formado una pandilla antes de que ésta llegara. Les encantaban las aventuras y el misterio, y se llamaban a sí mismos la Hermandad de Hierro Forjado. Jin-ming era su hermano número uno. Era alto, y destacaba brillantemente en sus estudios. Sirviéndose de sus conocimientos de química, había realizado espectáculos semanales de magia para sus compañeros de curso y se había ausentado deliberadamente de aquellas clases que no le interesaban o cuyo contenido ya había superado previamente. Asimismo, era justo y generoso con el resto de los alumnos.

Cuando el 16 de agosto se fundó la organización de la Guardia Roja en la escuela, la hermandad de Jin-ming se fusionó con ella. Se les encomendó la labor de imprimir panfletos y distribuirlos por las calles. Los folletos habían sido redactados por guardias rojos adolescentes de mayor edad que ellos y mostraban títulos típicos tales como: «Declaración de la Fundación de la Primera Brigada de la Primera División del

Ejército de la Guardia Roja de la Escuela Número Cuatro» (todas las organizaciones de la Guardia Roja portaban nombres rimbombantes), «Declaración Solemne» (un alumno anunciaba haberse cambiado el nombre a «Huang el Guardia del Presidente Mao»); «Magníficas Noticias más que Colosales» (un miembro de la Autoridad de la Revolución Cultural acababa de dar audiencia a un grupo de guardias rojos), y «Últimas y Más Supremas Instrucciones» (acababan de filtrarse una o dos palabras de Mao).

Jin-ming no tardó en aburrirse de aquellas insensateces. Comenzó a ausentarse de las misiones que se le encomendaban y se fijó en una muchacha que era de su misma edad, trece años. Se le antojaba como la mujer perfecta: hermosa, amable y algo altiva, con una pizca de timidez. No se dirigió a ella, sino que se contentó con admirarla de lejos.

Un día, los alumnos de su curso recibieron la orden de llevar a cabo un asalto domiciliario. Los guardias rojos de mayor edad dijeron algo acerca de la existencia de intelectuales burgueses. Todos los miembros de la familia fueron hechos prisioneros y agrupados en una de las habitaciones mientras los guardias rojos registraban el resto de la vivienda. Jin-ming quedó encargado de vigilar a la familia. Para su gran alegría, observó que la otra «carcelera» era la joven que le gustaba.

Había tres «prisioneros»: un hombre de mediana edad, su hijo y su nuera. Resultaba evidente que el asalto no les había cogido por sorpresa, y permanecían sentados con expresión resignada, contemplando a Jin-ming con la mirada perdida en el vacío. Jin-ming se sentía turbado por aquella mirada, y su desasosiego aumentaba por la presencia de la muchacha, quien no hacía más que mirar de soslayo hacia la puerta con aspecto aburrido. Al ver a varios jóvenes que transportaban una enorme caja de madera llena de porcelana, murmuró a Jin-ming que iba a echar un vistazo y abandonó la estancia.

Solo frente a sus prisioneros, Jin-ming notó que su incomodidad aumentaba. La mujer se puso en pie y dijo que quería ir a la habitación contigua para dar el pecho a su hijo. Jin-ming aceptó de buen grado.

Tan pronto como abandonó la estancia, entró apresuradamente la muchacha objeto de su admiración. Con tono severo, le preguntó por qué uno de los prisioneros había escapado a la custodia. Jin-ming respondió que le había dado permiso, y ella le acusó a gritos de mostrarse blando con los enemigos de clase. La joven llevaba un cinturón de cuero que rodeaba lo que Jin-ming había admirado como su cimbreante cintura. Quitándoselo, lo sostuvo apuntando a su nariz –un gesto estudiado típico de los guardias rojos– mientras continuaba gritándole. Jin-ming se quedó estupefacto. La muchacha estaba irreconocible. De repente, no quedaba en ella ningún rastro de amabilidad, timidez o encanto. Era la imagen histérica de la fealdad. Con aquel episodio se extinguió el primer amor de Jin-ming.

Sin embargo, le devolvió los gritos. La muchacha abandonó la habitación y regresó con el líder del grupo, un guardia rojo de mayor edad.

Éste, alzando también el cinturón enrollado, comenzó a vociferar de tal manera que algunas gotas de saliva alcanzaron a Jin-ming. Por fin, se detuvo, pensando que no era correcto que lavaran sus trapos sucios frente a los enemigos de clase. Ordenó a Jin-ming que regresara a la escuela y aguardara su sentencia.

Aquella tarde, los guardias rojos del curso de Jin-ming celebraron una asamblea sin su asistencia. Cuando sus compañeros regresaron al dormitorio, advirtió que todos evitaban su mirada. Durante un par de días, se comportaron de modo distante. Por fin, revelaron a Jin-ming que habían sostenido una discusión con la militante, quien había denunciado a Jin-ming de rendirse a los enemigos de clase y había insistido en que fuera severamente castigado. La Hermandad de Hierro Forjado, sin embargo, le había defendido. Algunos de sus miembros guardaban rencor hacia la muchacha, quien anteriormente ya se había mostrado terriblemente agresiva contra otros chicos y chicas.

A pesar de todo, Jin-ming fue castigado: se le ordenó que arrancara hierba en compañía de los negros y los grises. Las instrucciones de Mao para exterminar la hierba había exigido una demanda constante de brazos debido a la naturaleza obstinada de la misma. Ello proporcionaba una forma de castigo para los recién creados enemigos de clase.

Jin-ming tan sólo arrancó hierba durante unos pocos días. Los miembros de su Hermandad de Hierro Forjado no soportaban verle sufrir. Sin embargo, había sido ya clasificado como simpatizante de los enemigos de clase y no volvió a requerírsele para que participara en ningún asalto, cosa que le alegró profundamente. Al poco tiempo, partió con los miembros de su hermandad en un viaje de turismo por toda China para admirar sus ríos y sus montañas. No obstante, a diferencia de la mayoría de los guardias rojos, Jin-ming nunca hizo el peregrinaje a Pekín para ver a Mao. No regresó a casa hasta finales de 1966.

Mi hermana Xiao-hong, de quince años de edad, era uno de los miembros fundadores de la Guardia Roja de su escuela. Sin embargo, no era sino una más entre cientos, ya que ésta se hallaba repleta de hijos de funcionarios, muchos de los cuales competían por mostrarse a cual más activo. Mi hermana temía y odiaba a la vez aquella atmósfera de militancia y violencia, hasta el punto de que no tardó en encontrarse al borde de una crisis de nervios. A comienzos de septiembre vino a casa para pedir ayuda a mis padres y se encontró con que no estaban: mi padre seguía detenido y mi madre estaba en Pekín. La ansiedad de mi abuela aumentó sus temores, por lo que regresó a la escuela. Se ofreció como voluntaria para custodiar la biblioteca de la escuela, la cual había sufrido los mismos asaltos y saqueos que la de la mía. Pasaba los días y las noches leyendo, y procuraba devorar cuantos frutos prohibidos encontraba. Aquello fue lo que mantuvo su equilibrio. A mediados de septiembre, partió con sus amigas en un recorrido por todo el país y, al igual que Jin-ming, no regresó hasta finales de año.

Mi hermano Xiao-hei tenía casi doce años, y pertenecía a la misma escuela «clave» de primaria a la que había asistido yo. Cuando se formó la Guardia Roja de las escuelas de enseñanza media, Xiao-hei y sus amigos se mostraron entusiasmados por alistarse en la misma. Para ellos, la Guardia Roja equivalía a poseer libertad para vivir fuera de casa, quedarse levantados toda la noche y tener poder sobre los adultos. Acudieron a mi escuela y suplicaron ser admitidos en la Guardia Roja. Para librarse de ellos, un guardia rojo dijo distraídamente: «Si queréis, podéis formar la Primera División Militar de la Unidad 4969.» Así, Xiao-hei se convirtió en jefe del Departamento de Propaganda de una tropa de veinte chiquillos, entre los que se distribuyeron otros cargos tales como los de «comandante», «jefe de Estado Mayor», etcétera. No había cabos.

Xiao-hei participó en dos ocasiones en el apaleamiento de profesores. Una de las víctimas era un profesor de deportes que había sido condenado por «mal elemento». Algunas de las muchachas de la edad de Xiao-hei le habían acusado de tocarles los pechos y los muslos durante las lecciones de gimnasia, lo que desencadenó su castigo por los chicos, por otra parte deseosos de impresionarlas. El otro fue el tutor de ética. Dado que el castigo corporal estaba prohibido en las escuelas, había optado siempre por quejarse a los padres de sus alumnos, quienes posteriormente los habían pegado al llegar a casa.

Un día, los jóvenes salieron a realizar un asalto domiciliario. Se les había ordenado acudir a una hacienda de la que se rumoreaba que pertenecía a una familia antiguamente perteneciente al Kuomintang. No sabían con exactitud qué se esperaba de ellos. Tenían la cabeza llena de vagas nociones acerca de la posibilidad de encontrar algo así como un diario en el que se afirmara cuánto detestaba la familia al Partido Comunista y cuánto anhelaban sus miembros el regreso de Chiang Kai-shek.

La familia tenía cinco hijos, todos ellos corpulentos y de aspecto duro. Alineándose frente a la puerta con los brazos en jarras, adoptaron su expresión más intimidatoria y fijaron su mirada en los recién llegados. Tan sólo uno de los chiquillos intentó tímidamente entrar en la casa, ante lo cual uno de los hijos le asió por el cogote y lo echó al exterior con una sola mano. Aquello puso fin a cualquier futura «acción revolucionaria» por parte de la «división» de Xiao-hei.

Así, durante la segunda semana de octubre, con Xiao-hei viviendo en su escuela y disfrutando de su libertad, Jin-ming y mi hermana de viaje y mi madre y mi abuela en Pekín, estaba yo viviendo sola en casa cuando un día, de improviso, apareció mi padre en el umbral.

Fue un regreso extraño e inquietante. Mi padre era otra persona. Se mostraba abstraído y permanentemente sumido en sus pensamientos, y no me dijo dónde había estado ni qué le había ocurrido. Numerosas noches le oí pasear insomne arriba y abajo, sintiéndome demasiado preocupada y atemorizada para dormir tampoco yo. Para mi inmenso alivio, dos días más tarde regresó mi madre de Pekín en compañía de mi abuela y de Xiao-fang.

316

Mi madre acudió inmediatamente al departamento de mi padre y entregó la carta de Tao Zhu a un director adjunto. Al punto, mi padre fue enviado a un sanatorio de recuperación, y mi madre fue autorizada a acompañarle.

Fui a visitarles. Se trataba de un precioso lugar situado en el campo y flanqueado en dos de sus costados por un hermoso riachuelo de aguas verdes. Mi padre tenía una *suite* con salón en la que se veían varios estantes vacíos, un dormitorio dotado de una amplia cama de matrimonio y un cuarto de baño de relucientes baldosas blancas. Frente a su balcón, varios olivos olorosos esparcían su aroma embriagador. Cuando soplaba la brisa, sus diminutos capullos dorados flotaban lentamente hasta posarse sobre el suelo desprovisto de hierba.

Tanto mi padre como mi madre parecían encontrarse a gusto. Mi madre me dijo que iban todos los días a pescar al río. Considerando que se hallaban a salvo, les dije que planeaba viajar a Pekín para ver al presidente Mao. Al igual que casi todo el mundo, hacía tiempo que deseaba realizar aquel viaje, pero no había ido todavía porque sentía que debía estar disponible para ayudar a mis padres.

Se animaba a todas las personas a que realizaran el peregrinaje a Pekín, y para ello el Gobierno proporcionaba comida, alojamiento y transporte gratuitos. Sin embargo, no estaba organizado. Partí de Chengdu dos días después en compañía de las otras cinco muchachas de la oficina de recepción. Mientras el tren avanzaba silbando en dirección Norte, mis sentimientos eran una mezcla de excitación y de punzante inquietud por mi padre. Por la ventanilla podíamos ver la llanura de Chengdu, en la que aparecían algunos campos de arroz cultivados. Varios cuadriláteros de tierra negra brillaban sobre un fondo dorado formando un pintoresco conjunto de retazos. A pesar de las repetidas instigaciones de la Autoridad de la Revolución Cultural, encabezadas por la señora Mao, la campiña se había visto tan sólo parcialmente afectada por la agitación política. El presidente Mao quería que la población estuviera alimentada para que pudiera hacer la revolución, por lo que no prestó a su esposa todo su apoyo. Tras la experiencia de la hambruna sufrida pocos años atrás, los campesinos habían aprendido que si intervenían en la Revolución Cultural y dejaban de producir alimentos, ellos serían los primeros en morirse de hambre. Las cabañas que salpicaban los verdes bosquecillos de bambú mostraban el aspecto apacible e idílico de siempre. El viento ondulaba ligeramente el humo y formaba una corona sobre las gráciles copas de los bambúes y las chimeneas que éstos ocultaban. Hacía menos de cinco meses que había comenzado la Revolución Cultural, pero mi mundo había cambiado ya completamente. Mientras contemplaba la silenciosa belleza de la llanura, me sentí invadida por una sensación de melancolía. Por fortuna, no tenía que preocuparme de ser criticada por sentirme nostálgica, lo cual se consideraba burgués, ya que ninguna de las otras muchachas era de talante acusador. Con ellas, sentía que podía relajarme.

La próspera llanura de Chengdu no tardó en dar paso a una zona de colinas bajas. En la distancia, relucían las nevadas montañas del oeste de Sichuan. Pronto empezamos a entrar y salir de los túneles que atraviesan los inmensos montes de Qin, la agreste cordillera que separa a Sichuan del norte de China. Con el Tíbet al Oeste, las peligrosas gargantas del Yangtzê al Este y sus vecinos meridionales considerados tradicionalmente bárbaros, Sichuan había sido siempre una región bastante aislada, y los sichuaneses eran conocidos por su carácter independiente. A Mao le había preocupado su legendaria inclinación por conservar cierto grado de independencia, por lo que siempre se había asegurado de que la provincia se mantuviera bajo el firme control de Pekín.

Después de los montes de Qin, el paisaje cambió espectacularmente. El suave verdor dio paso a un terreno áspero y amarillento, y las cabañas de paja de la llanura de Chengdu se vieron reemplazadas por hileras de secas cuevas-choza construidas con barro. En cuevas como aquéllas había pasado mi padre cinco años cuando era joven. Nos encontrábamos a tan sólo ciento cincuenta kilómetros de Yan'an, ciudad en la que Mao había instalado su cuartel general después de la Larga Marcha. Allí había sido donde mi padre alimentara sus sueños de juventud, convirtiéndose en un devoto comunista. Al pensar en él, sentí que se me humedecían los ojos.

Tardamos dos días y una noche en completar el viaje. Los revisores venían a charlar con nosotras a menudo y nos hablaban de la envidia que les producía saber que íbamos a ver pronto al presidente Mao.

En la estación de Pekín, vimos grandes carteles que nos daban la bienvenida como «invitados del presidente Mao». Era poco después de medianoche, y sin embargo la plaza que se abría frente a la estación estaba iluminada como si fuera de día. Los focos recorrían una masa de miles y miles de jóvenes, todos luciendo sus brazaletes rojos y hablando en dialectos a menudo mutuamente incomprensibles. Charlaban, gritaban, reían y discutían frente al decorado que formaba ese gigantesco edificio de pesada arquitectura soviética que era la propia estación. El único rasgo chino era el pastiche de los tejados que, a modo de pabellón, remataban los dos relojes de torre de cada extremo.

Al salir con paso amodorrado a la luz de los focos me sentí enormemente impresionada por el edificio, su ostentosa grandeza y la modernidad de sus relucientes mármoles. Estaba acostumbrada a las columnas de madera oscura y a los ásperos muros de ladrillo tradicionales. Volví la vista atrás y sentí que me inundaba la emoción al ver un enorme retrato de Mao que colgaba en el centro bajo tres caracteres dorados escritos con su propia caligrafía en los que se leía «Estación de Pekín».

Los altavoces nos dirigieron a las salas de recepción situadas en una esquina de la estación. Al igual que sucedía en todas las ciudades chinas, Pekín contaba con un equipo de administradores encargados de proporcionar alojamiento y comida a los jóvenes viajeros. Para ello, se recurría a dormitorios de universidades, escuelas, hoteles e incluso oficinas. Tras esperar haciendo cola durante horas, se nos asignó a la Universidad de Qinghua, una de las más prestigiosas del país. Nos trasladaron hasta allí en un autocar, y se nos dijo que podríamos obtener comida en la cantina. La organización de la gigantesca máquina que debía cuidar de las necesidades de millones de jóvenes peregrinos se hallaba bajo la supervisión de Zhou Enlai, quien solía encargarse de aquellas tareas cotidianas con las que no cabía molestar a Mao. Sin Zhou o alguien como él, el país se habría derrumbado, y con él la Revolución Cultural. En consecuencia, Mao hizo saber que nadie debía atacar a Zhou Enlai.

En nuestro grupo éramos personas serias, y todo cuanto deseábamos era ver realmente al presidente Mao. Por desgracia, nos habíamos perdido por poco su quinta revista de guardias rojos en la plaza de Tiananmen. ¿Qué podíamos hacer? Cualquier actividad de ocio o de turismo quedaba descartada, ya que resultaban irrelevantes para la revolución. Así pues, pasábamos el tiempo en el campus de la universidad copiando carteles murales. Mao había dicho que uno de los objetivos de viajar era intercambiar información acerca de la Revolución Cultural, y eso sería lo que haríamos: llevar a Chengdu las consignas de la Guardia Roja de Pekín.

De hecho, existía otro motivo que impedía salir del campus: los medios de transporte estaban completamente desbordados, y la universidad se encontraba en las afueras, a unos quince kilómetros del centro de la ciudad. No obstante, seguíamos intentando convencernos a nosotros mismos de que nuestra falta de inclinación a desplazarnos obedecía a las motivaciones correctas.

La estancia en el campus resultaba considerablemente incómoda. Incluso hoy me parece recordar el olor de las letrinas que se abrían al final del pasillo de nuestra habitación, tan atascadas que el suelo de baldosas aparecía inundado por el agua de los lavabos y los orines y los excrementos de los retretes. Afortunadamente, el umbral de la puerta de las letrinas formaba un escollo que impedía que el pasillo se viera inundado por aquel charco nauseabundo. La administración de la universidad estaba paralizada, por lo que no había nadie que se encargara de las reparaciones. Los muchachos procedentes del campo, sin embargo, seguían utilizando los servicios, ya que para los campesinos los excrementos no constituían algo intocable. Cuando salían de allí, sus zapatos iban dejando manchas malolientes a lo largo del pasillo y en los dormitorios.

Transcurrió una semana sin noticias de que fuera a producirse otra comparecencia en la que pudiéramos ver a Mao. Movidos por una inconsciente desesperación por alejarnos de nuestra incomodidad, decidimos viajar a Shanghai para visitar el lugar en el que había sido fundado el Partido Comunista en 1921, y luego a Hunan, cuna de Mao, situado en el centro de China meridional.

Aquellos peregrinajes resultaron ser un infierno: los trenes viajaban increíblemente abarrotados. El dominio de la Guardia Roja por hijos de altos funcionarios estaba llegando a su fin debido a que sus padres comenzaban a caer, acusados de ser seguidores del capitalismo. Los negros y grises oprimidos comenzaron a organizar sus propios grupos de guardias rojos para viajar. Los códigos de color empezaban a perder su significado. Recuerdo que en un tren conocí a una muchacha esbelta y sumamente hermosa de unos dieciocho años, agraciada con unos ojos negros inusualmente grandes y aterciopelados y unas pestañas largas y espesas. Tal y como era la costumbre, nos interrogamos la una a la otra acerca de los antecedentes familiares de los que procedíamos. Me dejó estupefacta la soltura con que aquella muchacha anunció que era una negra a la vez que parecía confiar en que nosotras, las rojas, nos mostráramos amigables con ella.

Mis amigas y yo mostrábamos un comportamiento muy poco militante, y nuestros asientos eran siempre el centro de ruidosas charlas. El miembro más viejo del grupo, una muchacha especialmente popular, tan sólo contaba dieciocho años de edad. Todo el mundo la llamaba Llenita, pues era sumamente regordeta. Se reía continuamente con una risa ronca, profunda y operística. También cantaba con frecuencia aunque, claro está, tan sólo canciones compuestas por citas del presidente Mao. Al igual que cualquier forma de entretenimiento, todas las canciones habían sido prohibidas con excepción de aquéllas y de algunas otras dedicadas a la alabanza de Mao, lo que no cambiaría durante los diez años que duró la Revolución Cultural.

Nunca me había sentido tan feliz desde que comenzara la Revolución Cultural, y ello a pesar de la constante preocupación que alimentaba por mi padre y las terribles incomodidades del viaje. En los trenes, cada centímetro de espacio había sido aprovechado al máximo, incluidas las rejillas para el equipaje. El retrete estaba abarrotado, y nadie podía entrar en él. Tan sólo nos sostenía nuestra determinación por visitar los lugares sagrados de China.

En cierta ocasión, sentí unos desesperados deseos de hacer mis necesidades. Me hallaba acurrucada junto a una ventana, ya que se habían apretado cinco personas en un espacio construido para tres. Con un esfuerzo increíble logré alcanzar el retrete, pero una vez allí decidí que me resultaba imposible utilizarlo. Incluso si el muchacho sentado en la tapa de la cisterna con los pies sobre el retrete pudiera levantar las piernas un instante, incluso si la muchacha sentada entre sus pies pudiera encajarse temporalmente de algún modo entre los demás, los cuales ocupaban ya todo el espacio disponible, jamás habría podido hacerlo frente a todos aquellos muchachos y muchachas. Regresé a mi asiento al borde de las lágrimas. El pánico empeoraba la sensación de encontrarme a punto de estallar, y me temblaban las piernas. Decidí que acudiría a los servicios en la siguiente estación. Tras lo que se me antojó un tiempo interminable, el tren se detuvo en una estación oscura y diminuta. La ventanilla estaba abierta, y pude salir por ella, pero al regresar descubrí que no podía entrar.

Yo era quizá la menos atlética de mi grupo de seis. Hasta entonces, siempre que había tenido que subir a un tren a través de la ventanilla, una de mis amigas me había aupado desde el andén mientras las otras me ayudaban desde el interior. Esta vez, aunque contaba con la ayuda de unas cuatro personas que tiraban de mí, no lograba elevar mi cuerpo lo suficiente como para introducir la cabeza y los codos. Aunque hacía un frío glacial, sudaba desesperadamente. En ese momento, el tren se puso en marcha. Presa del pánico, miré a mi alrededor buscando a alguien que pudiera ayudarme. Mis ojos se posaron en el rostro flaco y oscuro de un chiquillo que se había acercado furtivamente a mí. Su intención, sin embargo, no era prestarme ayuda.

Yo llevaba el bolso en uno de los bolsillos de la chaqueta y, debido a mi postura, su presencia resultaba claramente visible. El muchachito lo extrajo con dos dedos. Era de presumir que había aguardado el momento de la partida para hacerlo. Me eché a llorar. El muchacho se detuvo. Me miró, vaciló, y devolvió el bolso a su lugar. A continuación, me asió por la pierna derecha y me empujó hacia arriba. Aterricé sobre la mesa del compartimento en el momento en que el tren comenzaba a adquirir velocidad.

Aquel episodio despertó en mí una profunda simpatía por los rateros adolescentes. Durante los años venideros de la Revolución Cultural, cuando la economía se vio sumida en el caos más completo, los robos se convirtieron en práctica habitual, y en cierta ocasión perdí los cupones de alimentación correspondientes a todo un año. Sin embargo, cada vez que oía que la policía o cualquier otro custodio de «la ley y el orden» había apaleado a un raterillo experimentaba una punzada de dolor. Aquel muchacho que me ayudó desde el andén en un frío día de invierno había demostrado acaso más humanidad que todos los hipócritas pilares de la sociedad.

En total, recorrimos más de tres mil kilómetros en aquel viaje, y alcancé un estado de agotamiento que nunca había experimentado en mi vida. Visitamos la antigua casa de Mao, que había sido transformada en museo-santuario. Era bastante grande, y muy distinta de la idea que yo tenía de un hogar de campesinos explotados. Bajo una enorme fotografía de la madre de Mao, un letrero explicaba que había sido una persona sumamente bondadosa y que, debido al relativo bienestar de su familia, solía repartir con frecuencia alimentos entre los pobres. ¡Así que los padres de nuestro Gran Líder habían sido campesinos ricos! ¡Pero si los campesinos ricos eran enemigos de clase! ¿Por qué habían sido convertidos en héroes los padres de Mao cuando otros enemigos de clase eran objeto de odio? Aquella pregunta me inspiraba tanto temor que la suprimí inmediatamente de mi pensamiento.

Cuando regresamos a Pekín, a mediados de noviembre, reinaba en la capital un frío espantoso. Las oficinas de recepción ya no estaban en la estación, debido a que se trataba de un espacio demasiado reducido para el enorme número de jóvenes que llegaban a ella. Un camión nos transportó hasta un parque en el que pasamos toda la noche esperando a que se nos asignara un nuevo alojamiento. No podíamos sentarnos, pues el terreno estaba cubierto de escarcha y el frío era insoportable. De pie como estaba, llegué a quedarme amodorrada unos instantes. No estaba habituada al crudo invierno de Pekín, y dado que había partido de mi casa en otoño no había traído conmigo ninguna ropa de abrigo. El viento me atravesaba los huesos, y la noche se hacía tan interminable como la cola que formábamos, la cual describía una curva tras otra alrededor del estanque helado que se extendía en el centro del parque.

Despuntó el alba, y aún seguíamos en la cola, completamente exhaustos. Hasta el anochecer no llegamos a nuestro nuevo alojamiento, instalado en la Escuela Central de Arte Dramático. Nuestra habitación había sido utilizada en otro tiempo como aula de canto. Ahora, había en ella dos hileras de colchones de paja extendidos sobre el suelo y desprovistos de sábanas o almohadas. Nos recibieron unos oficiales de la Fuerza Aérea que dijeron haber sido enviados por el presidente Mao para cuidar de nosotras y proporcionarnos instrucción militar. Todas nos sentimos profundamente conmovidas por el interés mostrado por el presidente Mao.

El entrenamiento militar de los guardias rojos constituía una nueva iniciativa. Mao había decidido poner freno a la destrucción indiscriminada que había desatado. Los oficiales de la Fuerza Aérea habían organizado en un «regimiento» a los cientos de guardias rojos alojados en la Escuela de Arte Dramático. No tardamos en iniciar con ellos una buena relación, en particular con dos que nos gustaban especialmente y cuyos antecedentes familiares, tal y como era habitual, pudimos conocer desde el principio. El comandante de la compañía había sido campesino en el Norte, mientras que el comisario político provenía de una familia de intelectuales de la célebre ciudad-jardín de Suzhou. Un día, nos propusieron llevarnos al cine a las seis, pero nos pidieron que no se lo contáramos a nadie más, ya que su jeep no podía transportar a más personas. Además, insinuaron, no estaría bien visto que nos distrajeran con actividades irrelevantes desde el punto de vista de la Revolución Cultural. Como no queríamos causarles problemas, declinamos su oferta, afirmando que preferíamos atenernos a hacer la revolución. Los dos oficiales nos trajeron sacos de grandes manzanas maduras –muy raras en Chengdu– y de castañas de agua bañadas en café, las cuales habíamos oído todas mencionar como una exquisita especialidad pequinesa. Para corresponder a su amabilidad, nos introducíamos furtivamente en sus dormitorios, recogíamos su ropa sucia y la lavábamos con gran entusiasmo. Recuerdo mis esfuerzos por manejar aquellos enormes uniformes caqui, extremadamente duros y pesados en el agua helada. Mao había dicho a la gente que aprendiera de las fuerzas armadas, pues quería que toda la población se encontrara tan estructurada y dominada por un sentimiento de lealtad exclusiva hacia él como el propio Ejército. La emulación de los militares se había desarrollado de modo paralelo a la estimulación de un sentimiento de afecto por ellos, y en numerosos libros, artículos, canciones y danzas se representaba la figura de jóvenes muchachas que ayudaban a los soldados lavándoles la ropa.

Solía lavar incluso sus calzoncillos, pero mi mente nunca se vio asaltada por pensamiento sexual alguno. Supongo que muchas de las jóvenes chinas de mi generación estábamos demasiado dominadas por nuestras abrumadoras actividades políticas para desarrollar un sentimiento sexual adolescente. Pero no todas. La desaparición del control paterno significó para algunas la llegada de una época de promiscuidad. Cuando regresé a casa oí hablar de una antigua compañera de clase, una hermosa muchacha de quince años de edad, que se había marchado de viaje con algunos guardias rojos de Pekín. Había tenido una aventura durante el trayecto, y había regresado embarazada. Tras recibir una paliza de su padre, verse seguida por las miradas acusadoras de los vecinos y convertirse en objeto de animado chismorreo por parte de sus camaradas, se había ahorcado dejando una nota en la que decía que se sentía demasiado avergonzada para vivir. Nadie se enfrentaba a aquel concepto medieval de la vergüenza, lo que sí habría podido constituir el objetivo de una revolución cultural auténtica. Sin embargo, la cuestión nunca preocupó a Mao, por lo que no se incluyó entre las «antigüedades» que se animaba a los guardias rojos a eliminar.

La Revolución Cultural dio lugar también a la aparición de un gran número de puritanas militantes, en su mayor parte jóvenes. Otra de las muchachas de mi grupo recibió en cierta ocasión una carta de amor de un joven de dieciséis años. Respondió a su misiva con otra en la que le llamaba «traidor a la revolución»: «¡Cómo te atreves a pensar en esas cosas vergonzosas cuando los enemigos de clase aún siguen campando por sus respetos y la gente del mundo capitalista continúa viviendo en un pozo de miseria!» Dicha actitud era compartida por muchas de las chicas que conocía yo entonces. Dado que Mao había apelado a la militancia de las jóvenes, la feminidad se vio condenada durante los años de desarrollo de mi generación. Numerosas muchachas intentaban hablar, caminar y actuar como hombres duros y agresivos, a la vez que ridiculizaban a quienes no lo hacían. En cualquier caso, apenas existía oportunidad para expresar la feminidad. Para empezar, no se nos permitía vestir nada que no fueran los informes pantalones y chaquetas de color azul, gris o verde.

Nuestros oficiales de la Fuerza Aérea nos entrenaban día tras día en las pistas de baloncesto de la Escuela de Arte Dramático. Junto a ellas se encontraba la cantina. Tan pronto como formábamos, mis ojos se desviaban hacia ella, aunque acabara de desayunar en ese momento. Me sentía obsesionada por la comida, pero ignoraba si se debía a la ausencia de carne, al frío o al tedio de la instrucción. Solía soñar con la variedad de la cocina sichuanesa, con el crujiente pato, con el pescado agridulce, con el «Pollo Borracho» y con decenas de otras suculentas especialidades.

Ninguna de las seis estábamos habituadas a llevar dinero encima.

Pensábamos, además, que comprar las cosas resultaba en cierto modo capitalista. Así pues, a pesar de la obsesión que me producía la comida, tan sólo compré un puñado de castañas de agua bañadas en café, pues me había aficionado a ellas tras probar las que nos regalaran nuestros oficiales. Antes de tomar la decisión de permitirme aquel lujo reflexioné largamente y consulté con el resto de mis compañeras. Cuando regresé a casa después del viaje, me apresuré a devorar unas cuantas galletas rancias y le alargué a mi abuela, casi intacto, el dinero que me había dado. Ella me abrazó estrechamente, mientras repetía: «¡Qué niña más tonta!»

Volví a casa con reumatismo. En Pekín hacía tanto frío que el agua se helaba en los grifos. Sin embargo, yo hacía la instrucción al aire libre y sin abrigo. No disponíamos de agua caliente con la que caldear nuestros pies helados. Al llegar, tan sólo habíamos recibido una manta cada una. Algunos días después llegaron más chicas, pero ya se habían acabado las mantas, por lo que decidimos darles tres y compartir nosotras las otras tres. Nuestra educación nos había enseñado a ayudar a los camaradas necesitados. Se nos había informado que nuestras mantas procedían de almacenes reservados para tiempo de guerra. El presidente Mao había ordenado recurrir a ellas para garantizar la comodidad de sus guardias rojos, lo que despertaba en nosotras una profunda gratitud hacia él. Ahora, cuando ya casi no teníamos mantas, se nos dijo que debíamos sentirnos aún más agradecidas a Mao, ya que éste nos había dado todas aquellas con las que contaba el país.

Eran mantas pequeñas, y el único modo de que dos personas se taparan con una de ellas era durmiendo en estrecha proximidad. Las pesadillas informes que había empezado a tener desde que contemplara aquel suicidio frustrado habían empeorado después de la detención de mi padre y la partida de mi madre hacia Pekín; así pues, dormía mal y mi agitación me llevaba a menudo a escurrirme al exterior de la manta. La estancia estaba mal caldeada, y tan pronto caía dormida me invadía un temblor helado. Para cuando abandonamos Pekín, tenía las articulaciones de las rodillas tan inflamadas que apenas podía doblarlas.

Mis tribulaciones no cesaban ahí. Algunos chiquillos procedentes del campo tenían pulgas y piojos. Un día, entré en nuestra habitación y me encontré a una de mis amigas que lloraba. Acababa de descubrir un pegote de diminutos huevos blancos en la costura de la axila de su sujetador: huevos de piojo. Aquello me hizo sentir pánico, pues los piojos producían un picor insoportable y solían asociarse con la suciedad. A partir de entonces, experimenté un picor constante y generalizado, y solía revisar mi ropa interior varias veces al día. ¡Cómo ansiaba que el presidente Mao nos recibiera para poder regresar a casa!

En la tarde del 24 de noviembre, me encontraba yo realizando una de nuestras habituales sesiones de estudio de las citas de Mao en una de las habitaciones de los muchachos (pues tanto éstos como los oficiales nunca entraban en las nuestras por discreción). El comandante de nuestra compañía, una persona muy agradable, entró con paso inusualmente ligero y se ofreció para dirigirnos si queríamos cantar la canción más famosa de la Revolución Cultural: «Cuando navegamos, necesitamos un timonel.» Nunca lo había hecho antes, por lo que nos sentimos agradablemente sorprendidas. Él, con los ojos brillantes y las mejillas arreboladas, agitaba los brazos señalando el ritmo. Cuando terminó y anunció con mal disimulada excitación que tenía buenas noticias para nosotras, supimos inmediatamente de qué se trataba.

—¡Vamos a ver al presidente Mao mañana! —exclamó—. El resto de sus palabras se vieron ahogadas por nuestros vítores. Tras los primeros gritos confusos, dimos rienda suelta a nuestra excitación coreando consignas: «¡Viva el presidente Mao! ¡Seguiremos eternamente al presidente Mao!»

El comandante de la compañía nos dijo que a partir de ese momento nadie estaba autorizado a abandonar el campus, y que deberíamos vigilarnos mutuamente para asegurarnos de ello. Tal solicitud resultaba completamente normal y, por otra parte, en este caso constituía una medida de seguridad para el presidente Mao, por lo que todos estuvimos encantados de ponerla en práctica. Después de la cena, el oficial se acercó a mis cinco compañeras y a mí y dijo en voz baja y solemne: «¿Os gustaría hacer algo para contribuir a la seguridad del presidente Mao?» «¡Por supuesto!», respondimos. Nos hizo una seña para que guardáramos silencio y prosiguió con un susurro: «Mañana, antes de que salgamos, ¿querríais encargaros de proponer que nos registremos unos a otros para asegurarnos de que nadie lleva nada que no debiera? Como sabéis, cuando se es joven es frecuente que se olviden las normas...» Dichas normas ya habían sido anunciadas previamente: no debíamos llevar al mitin nada que fuera metálico, ni tan siquiera nuestras llaves.

La mayoría de nosotras no pudimos dormir, y estuvimos charlando durante toda la noche en espera del amanecer. A las cuatro de la madrugada nos levantamos y nos agrupamos en formación, dispuestas a iniciar la hora y media de caminata que nos separaba de la plaza de Tiananmen. Antes de que nuestra «compañía» se pusiera en marcha, y obedeciendo a un guiño del oficial, Llenita se puso en pie y propuso que nos registráramos. Advertí que algunos de los demás opinaban que no haríamos sino perder el tiempo, pero el comandante de nuestra compañía secundó alegremente su propuesta. Sugirió que le registráramos a él en primer lugar. El muchacho al que se le encargó dicha tarea descubrió que llevaba un manojo de llaves. Nuestro comandante fingió haber sufrido realmente un descuido, y obsequió a Llenita con una sonrisa triunfante. El resto de los presentes nos registramos unos a otros. Aquel modo artificioso de hacer las cosas reflejaba una práctica maoísta corriente: las cosas tenían que suceder de tal modo que parecieran obedecer a los deseos de la gente, y no a órdenes superiores. La hipocresía y la pantomima eran métodos bien establecidos.

Las calles hervían con las distintas actividades de cada mañana. Hacia la plaza de Tiananmen se dirigían guardias rojos procedentes de todas las zonas de la capital. Se oía el estruendo de las consignas en oleadas atronadoras. Mientras las entonábamos, alzábamos las manos y nuestros ejemplares del Pequeño Libro Rojo formaban una espectacular línea encarnada que destacaba sobre la penumbra. Llegamos a la plaza al amanecer. Yo me vi situada en la séptima fila del grupo que ocupaba el ancho pavimento de la parte norte de la avenida de la Paz Eterna, en el costado este de la plaza de Tiananmen. A mi espalda se extendían numerosas hileras más. Cuando nos tuvieron pulcramente alineados, nuestros oficiales nos ordenaron sentarnos sobre el duro suelo con las piernas cruzadas. Para mis articulaciones inflamadas aquello resultó sumamente doloroso, y no tardé en notar que se me dormía el trasero. Tenía un frío y una modorra espantosos, y me sentía exhausta por la falta de sueño. Los oficiales nos dirigían en un cántico ininterrumpido, haciendo que los diversos grupos se desafiaran entre sí para mantener una atmósfera entusiasta.

Poco antes del mediodía oímos un clamor histérico procedente de la parte este: «¡Viva el presidente Mao!» Los jóvenes sentados frente a mí se pusieron en pie de un salto y comenzaron a saltar de excitación mientras agitaban frenéticamente sus libros rojos. «¡Sentaos! ¡Sentaos!», grité, pero en vano. El comandante de nuestra compañía había dicho que teníamos que permanecer todos sentados hasta el final del acto, pero pocos parecían dispuestos a observar las reglas, dominados como estaban por el anhelo de ver a Mao.

Tenía las piernas entumecidas a causa del largo rato que había pasado sentada. Durante unos segundos, lo único que pude ver fue el océano que formaban las cabezas de mis compañeros. Cuando por fin pude a duras penas ponerme en pie, apenas llegué a distinguir la cola de la procesión. Liu Shaoqi, el presidente, tenía el rostro vuelto en mi dirección.

Los carteles callejeros habían comenzado ya a atacar a Liu, bautizándole como «el Kruschev chino» a la vez que calificándole de principal opositor de Mao. Aunque no había sido denunciado oficialmente, no cabía duda de que su caída era inminente. Las crónicas de prensa que informaban de los mítines de la Guardia Roja le concedían invariablemente una importancia menor. En aquella procesión, en lugar de encontrarse junto a Mao, tal y como correspondía al número dos del Partido, estaba situado al final, en uno de los últimos automóviles.

Mostraba un aspecto abatido y fatigado, pero no me inspiró compasión alguna. Aunque se trataba del presidente, no significaba nada para los de mi generación. Habíamos crecido todos imbuidos exclusivamente del culto a Mao, y si Liu se mostraba contrario a Mao a todos nos resultaba lógico que se prescindiera de él.

En aquel momento, enfrentado a aquel océano de jóvenes que gritaban su lealtad a Mao, Liu debía de comprender lo desesperanzado de su situación. Lo más irónico del caso era, sin embargo, que él mismo había colaborado en instituir la deificación del líder que había conducido a aquel estallido de fanatismo entre la juventud de una nación en gran parte laica. Liu y sus colegas habían quizá contribuido a deificar a Mao para apaciguarle, confiando en que se conformaría con una gloria abstracta y les dejaría campo libre para desarrollar sus labores mundanas, pero Mao perseguía el poder absoluto tanto en la tierra como en el cielo. Posiblemente, no había ya nada que pudieran hacer: el culto a Mao parecía un proceso imparable.

Tales reflexiones no acudieron a mi mente aquella mañana del 25 de noviembre de 1966. Lo único que entonces me importaba era lograr un atisbo de las facciones del presidente Mao. Rápidamente, desvié la mirada de Liu y la dirigí a la sección delantera de la procesión. Alcancé a distinguir la robusta espalda del líder y su brazo que saludaba sin cesar. Al cabo de un instante, había desaparecido. Me sentí descorazonada. ¿Sería aquello todo cuanto habría de ver del presidente Mao? ¿Debería conformarme con vislumbrar fugazmente su espalda? Súbitamente, el sol pareció oscurecerse. A mi alrededor, los guardias rojos se unían en un alboroto ensordecedor. La muchacha situada junto a mí acababa de pincharse el dedo índice de la mano derecha y estaba ocupada oprimiendo la yema para extraer sangre con la que escribir algo en un pañuelo pulcramente doblado. Supe exactamente qué palabras proyectaba emplear. Muchos guardias rojos lo habían hecho anteriormente, y se trataba de una costumbre divulgada ad náuseam: «Hoy, soy la persona más feliz del mundo. ¡He visto a nuestro gran líder, el presidente Mao!» Al verla, mi consternación aumentó. La vida parecía carecer de objetivo. Un pensamiento asaltó rápidamente mi mente: ¿debería acaso suicidarme?

Casi inmediatamente, sin embargo, aquella idea se desvaneció. Al recordarlo ahora, supongo que no había sido sino un intento inconsciente por cuantificar mi desconsuelo al ver mi sueño hecho pedazos, especialmente después de todas las privaciones que había sufrido a lo largo de mi viaje. Los trenes atestados, las rodillas inflamadas, el hambre, el frío, los picores, los retretes atascados, el cansancio... al final, nada de ello me era recompensado.

Nuestro peregrinaje había concluido, y pocos días después iniciamos el regreso a casa. Harta ya del viaje, anhelaba calor, comodidad y un baño caliente, pero contemplaba la idea del hogar con aprensión. Por molesto que hubiera resultado, el viaje no me había inspirado en ningún momento el temor que había dominado mi vida anterior. Durante el mes largo que había vivido en estrecho contacto con miles y miles de guardias rojos, en ningún momento había sido testigo de violencia alguna, ni había experimentado terror. A pesar de la histeria que demostraban, las gigantescas multitudes habían resultado pacíficas y bien disciplinadas. Toda la gente que había conocido se había mostrado amistosa.

Justamente antes de abandonar Pekín, me llegó una carta de mi madre. En ella decía que mi padre se había recuperado, y que en Chengdu todos estaban bien. Al final, no obstante, añadía que tanto ella como mi padre estaban siendo criticados como seguidores del capitalismo. Se me cayó el alma a los pies. Para entonces, había comprendido que los seguidores del capitalismo –los funcionarios comunistas– constituían los principales objetivos de la Revolución Cultural. Pronto había de comprobar lo que ello significaría para mí y para mi familia.

19

«Donde hay voluntad
de condenar terminan por aparecer las pruebas»

Mis padres bajo tormento

(diciembre de 1966-1967)

Todo seguidor del capitalismo era, supuestamente, un poderoso funcionario empeñado en la implementación de políticas capitalistas. En la realidad, sin embargo, ningún funcionario tenía elección alguna en cuanto a las políticas que debía seguir. Tanto las órdenes de Mao como las de sus opositores eran presentadas de modo conjunto como provenientes del Partido, y los funcionarios tenían que obedecerlas sin excepción, si bien al hacerlo se veían obligados a realizar frecuentes cambios de dirección e incluso a retroceder sobre sus pasos. Cuando les disgustaba especialmente alguna orden en particular, lo máximo que podían hacer era presentar una resistencia pasiva y esforzarse concienzudamente por disimularla. Por tanto, resultaba imposible determinar qué funcionarios eran seguidores del capitalismo y cuáles no, basándose simplemente en su trabajo.

Muchos funcionarios alimentaban sus propias opiniones, pero la norma del Partido era que no debían revelarlas públicamente. Tampoco es que osaran hacerlo. Cualesquiera que fuesen sus simpatías, éstas debían permanecer ignoradas por el público en general.

Las personas corrientes, sin embargo, constituían precisamente la fuerza que Mao ordenó entonces arrojar sobre los seguidores del capitalismo aunque, claro está, sin proporcionarles ni la información necesaria ni el derecho de ejercitar juicio independiente alguno. Así pues, lo que sucedió fue que los funcionarios se vieron perseguidos como seguidores del capitalismo debido a las posiciones que ocupaban. El grado no constituía por sí solo el único criterio. El factor decisivo era si la persona en cuestión encabezaba una unidad relativamente autónoma o no. La totalidad de la población se hallaba organizada en unidades, y para la gente ordinaria los representantes del poder eran sus jefes inmediatos, esto es, los jefes de unidad. Al designar a dichas personas como objetivos de los ataques, Mao estaba recurriendo a una de las parcelas de resentimiento más evidentes, al igual que había hecho al instigar a los estudiantes en contra de sus profesores. Los jefes de unidad representaban asimismo los eslabones clave en la cadena de poder de la estructura comunista de la que quería deshacerse Mao.

En el caso de mis padres, el hecho de que fueran jefes de departamento hizo que ambos fueran denunciados como seguidores del capitalismo. «Donde hay voluntad de condenar terminan por aparecer las pruebas», como afirmaba un dicho chino. De acuerdo con aquella filosofía, todos los jefes de unidad de China –independientemente de su importancia– fueron denunciados sumariamente como seguidores del capitalismo por las personas a su cargo y acusados de haber implementado políticas supuestamente capitalistas y opuestas al presidente Mao. Entre ellas se incluía la autorización de mercadillos campesinos, el intento por proporcionar un mejor nivel profesional a los obreros, la permisividad de una relativa libertad literaria y artística y el estímulo de la competitividad deportiva, recientemente bautizada como «obsesión burguesa por los trofeos y las medallas». Hasta entonces, la mayoría de aquellos oficiales ignoraban que Mao se hubiera mostrado contrario a tales políticas ya que, después de todo, todas las directrices que seguían procedían del Partido, a su vez encabezado por él. Ahora, de repente, se les decía que aquellas políticas procedían de los baluartes burgueses del interior del Partido.

En todas las unidades había personas que se transformaban en activistas. Se les llamaba guardias rojos rebeldes o –para abreviar– simplemente Rebeldes. Se dedicaban a escribir consignas y carteles murales en los que proclamaban frases tales como «Abajo con los seguidores del capitalismo», y celebraban asambleas de denuncia contra sus jefes. Dichas denuncias resultaban con frecuencia vacuas, ya que los denunciados afirmaban que se habían limitado a obedecer órdenes del Partido: en efecto, Mao siempre había recomendado que las órdenes del Partido fueran seguidas incondicionalmente, y nunca les había hablado de la existencia de baluartes burgueses. ¿Cómo podían saberlo ellos? ¿Y cómo podían haber obrado de otro modo? Los funcionarios contaban con numerosos defensores, algunos de los cuales se aprestaron a unirse en su apoyo. Se les conocía como Legitimistas, y entre ellos y los Rebeldes solían desencadenarse frecuentes batallas verbales y físicas. Dado que Mao nunca había llegado a afirmar de modo explícito que todos los jefes del Partido debieran ser condenados, algunos militantes vacilaban: ¿qué ocurriría si los jefes que atacaban resultaran no ser seguidores del capitalismo? A pesar de las proclamas de carteles y consignas, la gente corriente no sabía a ciencia cierta qué se esperaba de ella.

Así, a mi regreso a Chengdu, en diciembre de 1966, pude percibir una atmósfera de clara incertidumbre.

Mis padres estaban viviendo en casa. Los responsables del sanatorio de recuperación en el que había estado internado mi padre les habían rogado en noviembre que partieran, ya que se suponía que los seguidores del capitalismo debían regresar a sus unidades para ser denunciados. La pequeña cantina del complejo había sido cerrada, y teníamos que obtener nuestros alimentos de la cantina grande, la cual aún funcionaba con normalidad. Mis padres continuaban percibiendo sus salarios todos los meses a pesar de que el sistema del Partido se encontraba paralizado y no podían acudir al trabajo. Dado que sus respectivos departamentos estaban relacionados con el área de cultura y que sus jefes de Pekín eran objeto de un odio especial por parte de los Mao y habían sido purgados al comienzo de la Revolución Cultural, mis padres se encontraban en línea directa de fuego. Se les atacaba en carteles murales con los insultos habituales de «Bombardead a Chang Shou-yu» y «Quemad a Xia Dehong». Las acusaciones en contra de ellos eran las mismas que se hacían a casi todos los directores de los Departamentos de Asuntos Públicos del país.

El departamento de mi padre organizó asambleas de denuncia contra él en las que hubo de soportar los asaltos verbales de sus colegas. Como sucedía con la mayor parte de las luchas políticas de China, la auténtica violencia provenía de animosidades personales. La principal acusadora de mi padre era una tal señora Shau, jefa adjunta de sección, una mujer estirada y acérrimamente hipócrita que llevaba largo tiempo intentando librarse del sufijo «adjunta». Opinaba que su ascenso se había visto obstaculizado por mi padre, y estaba decidida a vengarse. En cierta ocasión, le escupió en la cara y le abofeteó. En general, sin embargo, la ira no se desbordaba. Muchos de los empleados apreciaban y respetaban a mi padre, y no se mostraron violentos con él. Fuera de su departamento, algunas organizaciones de las que había sido responsable, tales como el *Diario de Sichuan*, organizaron también asambleas de denuncia contra él. Su personal, sin embargo, no guardaba rencor contra mi padre, por lo que tales asambleas no pasaron de constituir simples formalidades.

Contra mi madre no se celebró asamblea de denuncia alguna. En su calidad de funcionaria de base, había tenido a su cargo más unidades individuales que mi padre, entre ellas escuelas, hospitales y grupos de entretenimiento. Normalmente, cualquiera en su posición se hubiera visto denunciado por los integrantes de tales organizaciones, pero todos la dejaron en paz. Ella había sido la responsable de resolver todos sus problemas personales, tales como alojamiento, traslados y pensiones, y siempre había llevado a cabo su labor con solicitud y eficacia. Durante las campañas previas había hecho lo posible por no buscar víctimas y, de hecho, se las había arreglado para proteger a numerosas personas. La gente sabía los riesgos que había afrontado, y ahora le mostraba su agradecimiento negándose a atacarla.

La noche de mi regreso mi abuela preparó budín «traganubes» y arroz al vapor en hojas de palmera rellenas de «ocho tesoros». Mi madre me relató alegremente todo cuando les había sucedido a ella y a mi padre. Dijo que ambos habían acordado que no querían seguir siendo funcionarios después de la Revolución Cultural. Iban a presentar una solicitud para ser calificados como ciudadanos ordinarios, lo que les permitiría disfrutar de una vida familiar normal. Como posteriormente habría de darme cuenta, aquello no era sino una fantasía y un autoengaño, ya que el Partido Comunista no permitía la salida de ninguno de sus miembros; en aquel momento, sin embargo, mis padres necesitaban aferrarse a algo.

Mi padre dijo asimismo:

–Incluso un presidente capitalista puede convertirse en un ciudadano corriente de la noche a la mañana. Es bueno que no se nos dé el poder de modo permanente ya que, de otro modo, los funcionarios tenderán a abusar del mismo.

A continuación, me pidió disculpas por haberse mostrado dictatorial con la familia.

–Sois como las cigarras, cuyo canto se ve silenciado por el invierno –dijo–. Es bueno que vosotros, los jóvenes, os rebeléis contra nosotros, que somos la generación anterior. –A continuación dijo, hablando medio para mí, medio para sí mismo–: Creo que no hay nada malo en que se critique a funcionarios como yo... incluso si hemos de soportar alguna calamidad y perder nuestro prestigio.

Aquello no era sino otro intento confuso de mis padres por asimilar la Revolución Cultural. No se mostraban resentidos ante la perspectiva de perder sus posiciones privilegiadas: de hecho, intentaban contemplar tal circunstancia como algo positivo.

Llegó 1967. De pronto, la Revolución Cultural adquirió un nuevo ímpetu. Durante su primera etapa, había conseguido crear un clima de terror merced al movimiento de la Guardia Roja. Ahora, Mao dirigió su punto de mira a su objetivo principal: sustituir los baluartes burgueses y la jerarquía existente en el Partido por su sistema personal de poder. Liu Shaoqi y Deng Xiaoping fueron formalmente denunciados y detenidos, al igual que Tao Zhu.

El 9 de enero, el *Diario del Pueblo* y la radio anunciaron que se había desencadenado en Shanghai una «Tormenta de Enero» en la que los Rebeldes habían adquirido el control. Mao conminaba a toda la población china a emularles y arrebatar el poder de los seguidores del capitalismo.

¡«Arrebatar el poder»! (*duo-quan*); una frase mágica en China. El poder no implicaba influencia sobre las políticas, sino libertad sobre las personas. Añadido al dinero, traía consigo privilegios, respeto, adulaciones y la posibilidad de venganza. En China, la gente corriente no contaba prácticamente con válvula de seguridad alguna. El país era como una olla a presión en la que se hubiera acumulado una gigantesca cantidad de vapor comprimido. No había partidos de fútbol, ni grupos de presión, ni pleitos, ni siquiera películas violentas. No era posible manifestar protesta alguna acerca del sistema y de sus injusticias, y hubiera resultado impensable organizar una manifestación. Incluso las conversaciones políticas –un importante medio de aliviar la presión en la mayoría de las sociedades– eran algo tabú. Los subordinados apenas tenían oportunidades de obtener un desagravio de sus jefes. Sin embargo, si uno ejercía algún tipo de jefatura tenía ocasión de dar rienda suelta a sus frustraciones. Así, cuando Mao lanzó su llamada para arrebatar el poder, halló un enorme sector de personas deseosas de vengarse de alguien. Aunque el poder era peligroso, resultaba más apetecible que la indefensión, especialmente para aquellas personas que nunca lo habían disfrutado. Para el público en general, Mao estaba diciendo que el poder había pasado a ser algo de libre alcance.

La moral de los Rebeldes se vio inmensamente estimulada en prácticamente todas las unidades del país. Lo mismo sucedió con su número. Todo tipo de personas –obreros, profesores, dependientes de comercio, incluso empleados de oficinas gubernamentales– comenzaron a llamarse a sí mismos Rebeldes. Siguiendo el ejemplo de Shanghai, se dedicaron a someter a los desorientados Legitimistas. Los antiguos grupos de guardias rojos, tales como el de mi escuela, comenzaban a desintegrarse debido a que habían sido organizados en torno a un núcleo formado por hijos de altos funcionarios entonces sometidos a ataques. Algunos de los primeros guardias rojos manifestaron su oposición a aquella nueva fase de la Revolución Cultural y fueron arrestados. Uno de los hijos del comisario Li fue apaleado hasta morir por Rebeldes que le acusaban de haber dejado escapar una observación en contra de la señora Mao.

Los miembros del departamento de mi padre que habían integrado la partida que le había conducido a su detención eran ahora Rebeldes. La señora Shau era jefa de un grupo Rebelde que abarcaba todas las oficinas gubernamentales de Sichuan, así como líder de la rama que cubría el departamento de mi padre.

Tan pronto se hallaron constituidos, los Rebeldes se dividieron en facciones y comenzaron a luchar por el poder en prácticamente todas las unidades de trabajo del país. Todos los bandos acusaban a sus oponentes de ser anti-Revolución Cultural o de mostrarse leales al viejo sistema del Partido. En Chengdu, los numerosos grupos se apresuraron a unirse en dos bloques enfrentados, encabezados, respectivamente, por dos grupos Rebeldes universitarios: el del 26 de Agosto –más militante y originado en la Universidad de Sichuan– y el relativamente moderado Chengdu Rojo, nacido en la Universidad de Chengdu. Cada uno de ellos contaba con millones de seguidores en toda la provincia. En el departamento de mi padre, el grupo de la señora Shau estaba afiliado al 26 de Agosto, y el grupo enemigo –consistente en gran parte de personas más moderadas a las que mi padre había apreciado y ascendido y que, a su vez, le apreciaban a él– se había unido al Chengdu Rojo.

Tanto el 26 de Agosto como el Chengdu Rojo instalaron altavoces junto a los muros del complejo que se alzaban frente a nuestro apartamento. Suspendidos en árboles y postes de electricidad, proclamaban insultos día y noche contra el bando opuesto. Una noche oí que el 26 de Agosto había reunido a cientos de sus partidarios y había atacado una fábrica considerada como baluarte del Chengdu Rojo. Tras capturar a los obreros, los habían torturado sirviéndose de métodos entre los que se incluían las «fuentes cantoras» (abrirles la cabeza para dejar correr la sangre) y los «cuadros de paisajes» (realizar diversos cortes en el rostro formando dibujos). Las emisiones del Chengdu Rojo manifestaban que varios obreros se habían convertido en mártires tras saltar desde el tejado del edificio. Por lo que entendí, se habían suicidado al no poder soportar la tortura.

Uno de los principales objetivos de los Rebeldes era la élite profesional de cada unidad. En ella se incluían no sólo médicos, artistas, escritores y científicos más prominentes sino también ingenieros y obreros especializados, e incluso abnegados recolectores de «suelo nocturno» (gente que recogía excrementos humanos, considerablemente valiosos para los agricultores). Se les acusaba de haber sido ascendidos por los seguidores del capitalismo, pero en realidad sufrían los celos de sus colegas. También se arreglaron viejas cuentas en nombre de la revolución.

La «Tormenta de Enero» desencadenó una oleada de violencia brutal contra los seguidores del capitalismo. El poder estaba siendo arrebatado a los funcionarios del Partido, y la gente era incitada a ensañarse con ellos. Aquellos que habían odiado a sus jefes de Partido aprovecharon la oportunidad para vengarse, si bien no se permitía actuar a las víctimas de persecuciones anteriores. Había de transcurrir algún tiempo hasta que Mao se decidiera a realizar nuevos nombramientos, ya que en aquel momento ignoraba a quién debía nombrar, y en consecuencia los más ambiciosos se mostraban ansiosos por demostrar su militancia en la esperanza de que con ello llegarían a ser elegidos como los nuevos depositarios del poder. Las facciones rivales competían para superarse unas a otras en brutalidad. Gran parte de los ciudadanos se hallaban enfrentados, ya fuera por intimidación, conformismo, devoción a Mao, deseo de arreglar cuentas personales o el simple deseo de dar rienda suelta a su frustración.

Los malos tratos físicos no tardaron en alcanzar a mi madre. No provinieron de las personas que trabajaban a su cargo, sino principalmente de ex presidiarios que trabajaban en los talleres callejeros de su Distrito Oriental: ladrones, violadores, contrabandistas de droga y proxenetas. A diferencia de los «criminales políticos» –entonces objetivos de la Revolución Cultural–, aquellos delincuentes comunes eran incitados a atacar a víctimas designadas. Personalmente, no tenían nada en contra de mi madre, pero les bastaba el hecho de que hubiera sido uno de los líderes superiores de su distrito.

Aquellos ex presidiarios se mostraban especialmente activos durante las asambleas celebradas para denunciarla. Un día, regresó a casa con el rostro desencajado de dolor. Se le había ordenado que se arrodillara sobre trozos de cristal roto. Mi abuela se pasó la tarde extrayendo fragmentos de vidrio de sus rodillas con unas pinzas y una aguja. Al día siguiente, le fabricó un par de gruesas rodilleras, así como una riñonera acolchada, ya que la débil estructura de la cintura era la zona preferida por los asaltantes para dirigir sus golpes.

Mi madre fue paseada por las calles en varias ocasiones con un grotesco gorro en la cabeza y un pesado cartel colgando del cuello en el que aparecía su nombre escrito junto a una gran cruz en señal de humillación y eliminación. Cada pocos pasos, ella y sus colegas eran forzados a arrodillarse y realizar el kowtow frente a la muchedumbre. Los niños se mofaban de ella. Algunos gritaban que sus kowtows no habían sido lo bastante sonoros y exigían que se repitieran. En tales ocasiones, mi madre y sus colegas se veían obligados a golpearse la cabeza ruidosamente sobre el pavimento de piedra.

Cierto día de aquel invierno, se celebró una asamblea de denuncia en un taller callejero. Antes de la asamblea, mientras los participantes almorzaban en la cantina, se ordenó a mi madre y a sus colegas que permanecieran arrodillados a la intemperie durante hora y media sobre un suelo cubierto de guijarros. Llovía, y terminó completamente empapada; el viento acerado y la ropa mojada le producían escalofríos hasta los huesos. Cuando comenzó la asamblea, hubo de permanecer de pie e inclinada hacia delante sobre el escenario mientras intentaba controlar sus estremecimientos. A medida que arreciaban los salvajes y absurdos alaridos, comenzó a experimentar un dolor terrible en la cintura y el cuello. Cambiando ligeramente de postura, intentó alzar un poco la cabeza para aliviar el dolor pero, de repente, notó un fuerte golpe sobre la nuca que la hizo caer al suelo.

Hasta algún tiempo después no supo qué había sucedido. Una mujer sentada en la primera fila, antigua dueña de burdel que se había visto encarcelada cuando los comunistas prohibieron la prostitución, había adquirido una obsesión contra mi madre, acaso porque se trataba de la única mujer que había sobre el escenario. Tan pronto había levantado la cabeza, aquella mujer se había puesto en pie y había arrojado una lezna apuntando directamente a su ojo izquierdo. El guardia Rebelde situado tras mi madre la había visto venir y la había arrojado al suelo. De no haber sido por él, habría perdido el ojo.

En aquellos días, mi madre no nos relató el incidente. Rara vez comentaba nada de lo que le ocurría. Cuando tenía que contarnos algo como el episodio de los cristales rotos, solía mencionarlo en tono despreocupado, intentando restarle el mayor dramatismo posible. Nunca nos enseñaba sus magulladuras, y siempre se mostraba serena, e incluso alegre. No quería que nos inquietáramos por ella. Mi abuela, sin embargo, podía adivinar cuánto estaba sufriendo. Solía seguir ansiosamente a mi madre con la mirada a la vez que intentaba disimular su propio dolor.

Un día vino a vernos nuestra antigua criada. Ella y su esposo se contaban entre los pocos que nunca rompieron sus relaciones con nuestra familia durante la Revolución Cultural. Yo experimenté un inmenso agradecimiento por el calor que nos demostraron, especialmente si se tiene en cuenta que se arriesgaban a ser tildados de simpatizantes de los seguidores del capitalismo. Tímidamente, comentó a mi abuela que acababa de ver a mi madre obligada a desfilar por las calles. Mi abuela la presionaba para que le diera más detalles cuando, súbitamente, se desplomó y se golpeó ruidosamente la nuca contra el suelo. Había perdido el sentido. Poco a poco, volvió de nuevo en sí. Con lágrimas rodando por sus mejillas, dijo: «¿Qué ha hecho mi hija para merecer esto?»

Mi madre desarrolló una hemorragia de útero, y durante los seis años siguientes –hasta someterse a una histerectomía en 1973– sangró la mayor parte de los días. En ocasiones, las hemorragias eran tan abundantes que se desmayaba y tenía que ser trasladada al hospital. Los médicos le recetaron hormonas para controlar el flujo de sangre, y mi hermana y yo nos encargábamos de ponerle las inyecciones. Mi madre sabía que cualquier dependencia de hormonas resultaba peligrosa, pero no tenía otra alternativa. Era el único modo en que podía soportar las asambleas de denuncia.

Entretanto, los Rebeldes del departamento de mi padre intensificaron sus ataques sobre él. Dado que se trataba de uno de los departamentos más importantes del Gobierno provincial, contaba con un nutrido grupo de oportunistas en sus filas. Muchos de ellos, en otro tiempo obedientes instrumentos del sistema del Partido, se convirtieron en feroces Rebeldes militantes encabezados por la señora Shau bajo el estandarte del 26 de Agosto.

Un día, un grupo de ellos irrumpió en nuestro apartamento y penetró en el despacho de mi padre. Tras estudiar el contenido de las estanterías, declararon que se trataba de un auténtico recalcitrante debido a que aún conservaba sus libros reaccionarios. Anteriormente, poco después de las quemas de libros llevadas a cabo por los guardias rojos adolescentes, muchas personas habían prendido fuego a sus bibliotecas. Pero no así mi padre. Débilmente, intentó proteger sus libros señalando las colecciones de tomos marxistas. «¡No intentes engañarnos a los guardias rojos! –vociferó la señora Shau–. ¡Aún tienes numerosas hierbas venenosas!» Diciendo esto, extrajo algunos clásicos chinos impresos en delgado papel de arroz.

«¿Qué quieres decir con "engañarnos a los guardias rojos"? –repuso mi padre–. Eres lo bastante vieja para ser la madre de todos ellos... y por ello deberías tener también más sentido común.»

La señora Shau propinó una fuerte bofetada a mi padre. Los presentes le dirigieron indignados improperios, aunque algunos hacían esfuerzos por contener la risa. A continuación, cogieron sus libros y los arrojaron al interior de grandes sacos de yute que habían traído consigo. Cuando todos los sacos estuvieron llenos, los transportaron escaleras abajo y dijeron a mi padre que los quemarían en las instalaciones del departamento al día siguiente tras celebrar una asamblea de denuncia en contra suya. Asimismo, le dijeron que debería contemplar la hoguera para así aprender una lección. Entretanto, dijeron, él mismo debería quemar el resto de su colección.

Cuando regresé a casa aquella tarde, encontré a mi padre en la cocina. Había encendido una hoguera en la enorme pila de cemento y procedía a arrojar sus libros a las llamas.

Era la primera vez en mi vida que le había visto llorar. Lloraba con sollozos angustiados, quejumbrosos y desesperados, como un hombre no acostumbrado a verter lágrimas. De vez en cuando sufría un violento acceso de amargura y pateaba el suelo golpeándose al mismo tiempo la cabeza contra el muro.

Me sentí tan atemorizada que durante unos instantes no osé hacer nada por reconfortarle. Por fin, le rodeé con mis brazos y le aferré las espaldas sin saber qué decir. Mi padre había solido gastar hasta el último céntimo que poseía en libros. Eran toda su vida. Consumida ya la hoguera, adiviné que algo había cambiado en su mente.

Se vio obligado a acudir a numerosas asambleas de denuncia. Por lo general, la señora Shau y su grupo reclutaban un gran número de Rebeldes externos para aumentar el tamaño de la muchedumbre y contribuir a las manifestaciones de violencia. Uno de los comienzos habituales consistía en cantar: «¡Diez mil años, y diez mil años más, y aun otros diez mil años para nuestro Gran Maestro, Gran Líder, Gran Caudillo y Gran Timonel, el presidente Mao!» Cada vez que se gritaban los tres «diez mil» y los cuatro «Gran», todos los presentes alzaban sus libros rojos al unísono. Mi padre se negaba. Decía que los «diez mil años» era una locución que solía dirigirse a los emperadores, y que resultaba inapropiada para el presidente Mao, un comunista.

Sus palabras desencadenaban un torrente de chillidos histéricos y bofetones. En una de las asambleas, se ordenó a todos los objetivos que se arrodillaran y saludaran con el kowtow un enorme retrato de Mao situado al fondo del escenario. Los demás obedecieron, pero mi padre rehusó. Dijo que arrodillarse y realizar el kowtow eran prácticas feudales humillantes que los comunistas se habían comprometido a eliminar. Los Rebeldes gritaron, le propinaron patadas en las rodillas y le golpearon en la cabeza, pero aun así se esforzó por continuar en pie. «¡No me arrodillaré! ¡No realizaré el kowtow!», exclamó con furia. La multitud iracunda clamaba: «¡Inclina la cabeza y admite tus crímenes!», pero él contestó: «No he cometido crimen alguno. ¡No inclinaré la cabeza!»

Varios jóvenes corpulentos saltaron sobre él para obligarle a postrarse, pero tan pronto como se retiraron se levantó, alzó la cabeza y contempló a los presentes con actitud desafiante. Sus atacantes le tiraron de los cabellos y del cuello. Mi padre se debatía con fiereza. Cuando la muchedumbre histérica comenzó a gritar acusándole de ser anti-Revolución Cultural, él vociferó, colérico: «¿Qué clase de Revolución Cultural es ésta? ¡En esto no hay nada de cultural! ¡No hay más que brutalidad!»

Los que le estaban golpeando aullaron: «¡Es el presidente Mao quien conduce la Revolución Cultural! ¿Cómo te atreves a oponerte a él?» Mi padre elevó aún más la voz: «¡Me opongo a ella, incluso si la encabeza el presidente Mao!»

Se hizo un silencio total. «Oponerse al presidente Mao» constituía un crimen castigado con la muerte. Muchas personas habían muerto simplemente por haber sido acusadas de ello, incluso sin pruebas. Los Rebeldes estaban estupefactos al comprobar que mi padre no parecía estar asustado. Una vez se recobraron de la sorpresa inicial comenzaron a golpearle de nuevo, exigiéndole que retirara sus blasfemias. Él se negó. Enfurecidos, le ataron y le arrastraron hasta la comisaría local, donde exigieron que se le mantuviera bajo custodia. Los policías, sin embargo, se negaron. Apreciaban la ley y el orden, así como a los funcionarios del Partido, y detestaban a los Rebeldes. Dijeron que necesitaban autorización para arrestar a un funcionario de la importancia de mi padre, y que nadie les había dado semejante orden.

Mi padre había de recibir aún numerosas palizas, pero siempre se mantuvo en sus trece. Fue el único habitante del complejo que se comportó así; de hecho, ni siquiera llegué a oír de nadie que hubiera hecho algo similar, y muchas personas –incluidos algunos Rebeldes– le admiraban en secreto. De vez en cuando, algún extraño que pasaba por la calle murmuraba furtivamente cuán impresionado se había sentido por mi padre. Algunos muchachos revelaron a mis hermanos que les gustaría tener huesos tan fuertes como los de mi padre.

Tras su tormento cotidiano, mis padres regresaban a casa y a los cuidados de mi abuela. Para entonces, ésta ya había olvidado su resentimiento hacia mi padre, y él también había ablandado su postura con respecto a ella. La abuela le aplicaba ungüentos en las heridas y cataplasmas especiales para reducir los hematomas, y le hacía beber pócimas preparadas con un polvo blanco llamado *bai-yao* que ayudarían a curar sus lesiones internas.

Mis padres tenían la orden estricta de permanecer constantemente en casa en espera de ser convocados para la próxima asamblea. La posibilidad de ocultarse se hallaba fuera de toda cuestión. Toda China era como una gran prisión. Cada casa y cada calle era vigilada por sus propios habitantes. En aquel vasto territorio no había un solo lugar en el que alguien pudiera esconderse.

Mis padres tampoco podían salir para su esparcimiento. «Esparcimiento» se había convertido en un concepto anticuado: libros, cuadros, instrumentos musicales, deportes, naipes, ajedrez, casas de té, bares... todo había desaparecido. Los parques aparecían desiertos, convertidos en áridos territorios saqueados en los que las flores y la hierba habían sido arrancadas y las aves domesticadas y los peces de colores exterminados. El cine, el teatro, los conciertos... todo había sido prohibido. La señora Mao había hecho despejar los escenarios y las pantallas para las ocho «óperas revolucionarias» en cuya producción había colaborado personalmente, únicos espectáculos que uno estaba autorizado a representar. En las provincias, la gente ni siquiera se atrevía a escenificar aquéllas. Un director había sido condenado debido a que el maquillaje que había aplicado al héroe torturado de una de las óperas fue considerado excesivo por la señora Mao. Fue encarcelado por exagerar las penurias de la lucha revolucionaria. Apenas se nos ocurría salir a dar un paseo. En el exterior reinaba una atmósfera terrorífica, dominada por las violentas asambleas callejeras de denuncia y los siniestros carteles y consignas pegados en los muros. Los ciudadanos caminaban de un lado a otro como zombis, mostrando en sus rostros una expresión amarga o atemorizada. Por si fuera poco, los rostros entumecidos de mis padres los señalaban como condenados, por lo que corrían el riesgo de verse insultados si salían.

El terror reinante quedaba reflejado por el hecho de que nadie osaba quemar o tirar ningún periódico. Todas las primeras páginas portaban el retrato de Mao, y cada pocas líneas aparecía una cita del líder. Había que atesorar aquellos diarios, pues hubiera resultado catastrófico ser sorprendido deshaciéndose de ellos. Conservarlos, sin embargo, constituía también un problema: los ratones podían roer el retrato de Mao o los periódicos podían sencillamente pudrirse, y cualquiera de ambas cosas se hubiera considerado un crimen contra el líder. De hecho, las primeras luchas rivales en gran escala ocurridas en Chengdu fueron desencadenadas por unos guardias rojos que se habían sentado accidentalmente sobre unos periódicos viejos en los que aparecía el retrato de Mao. Una amiga del colegio de mi madre se vio impulsada al suicidio porque al escribir «Amad encarecidamente al presidente Mao» sobre un cartel mural había realizado sin darse cuenta un trazo más corto de lo debido, lo que hacía que el carácter «encarecidamente» se asemejara a otro que significa «tristemente».

Un día de febrero de 1967, mis padres, sumidos como estaban en las profundidades de aquel terror agobiante, sostuvieron una larga conversación de la que no tuve noticia hasta algunos años después. Mi madre se hallaba sentada en el borde de la cama y mi padre, sentado en un sillón de mimbre frente a ella, le dijo que por fin sabía cuál era el auténtico propósito de la Revolución Cultural, y que aquella certeza había destrozado su vida. Podía advertir claramente que no tenía nada que ver con la democratización ni con proporcionar más libertad de expresión a la gente corriente. No era sino una purga sangrienta destinada a aumentar el poder personal de Mao.

Mi padre hablaba con lentitud y deliberación, escogiendo cuidadosamente sus palabras.

–Pero el presidente Mao siempre se ha comportado de modo magnánimo –dijo mi madre–. Incluso perdonó a Pu Yi. ¿Por qué ahora no puede tolerar a los mismos camaradas de armas que lucharon con él por una nueva China? ¿Cómo puede mostrarse tan despiadado con ellos?

Mi padre, con voz baja pero intensa, repuso:

–¿Quién era Pu Yi? Era un criminal de guerra que no contaba con el apoyo del pueblo. No podía hacer nada. Pero... –Cayó en un silencio significativo, y mi madre comprendió lo que quería decir: Mao no podía tolerar ningún desafío. A continuación, preguntó:

–Pero ¿por qué nosotros, que al fin y al cabo no hacemos sino llevar a cabo sus órdenes? ¿Y por qué incriminar a todas esas personas inocentes? ¿Por qué causar tanta destrucción y sufrimiento?

Mi padre respondió:

–Quizá el presidente Mao opina que no podría conseguir su objetivo sin poner todo patas arriba. Siempre ha sido una persona meticulosa... y nunca le han asustado las bajas. –Tras una pausa grave, mi padre prosiguió–: Esto no puede ser una revolución en ninguno de los sentidos de la palabra. Hacer que el país y el pueblo paguen este precio para asegurarse el poder tiene que ser incorrecto. De hecho, opino que resulta criminal.

Mi madre olfateaba el desastre. Tras un razonamiento como aquél, su esposo se sentiría obligado a actuar. Como ella esperaba, dijo:

–Voy a escribir una carta al presidente Mao.

Mi madre hundió el rostro entre sus manos.

–¿De qué te servirá? –exclamó–. ¿Cómo es posible que imagines siquiera que el presidente Mao va a escucharte? ¿Por qué quieres destruirte... para nada? ¡Esta vez no cuentes conmigo para llevarla a Pekín!

Mi padre se inclinó hacia delante y la besó.

–No estaba contando con que la llevaras tú. Voy a enviarla por correo. –A continuación, le alzó la barbilla y la miró a los ojos. En tono de desesperación, dijo–: ¿Qué otra cosa puedo hacer? ¿Qué alternativas me quedan? Debo hablar. Quizá con ello ayude. Debo hacerlo aunque sólo sea para tranquilizar mi conciencia.

–¿Por qué es tan importante tu conciencia? –dijo mi madre–. ¿Acaso es más importante que tus hijos? ¿Quieres verlos convertidos en negros?

Se produjo un largo silencio y, por fin, mi padre dijo con aire dubitativo.

–Imagino que deberías divorciarte de mí y educarlos a tu modo.

Una vez más, reinó el silencio, lo que permitió a mi madre alimentar la esperanza de que, consciente de las consecuencias, mi padre no se encontrara del todo decidido a escribir la carta. Hacerlo sería, sin duda, catastrófico.

Pasaron los días. A finales de febrero, un avión sobrevoló Chengdu arrojando miles de hojas relucientes que descendieron flotando de aquel cielo plomizo. Sobre ellas aparecía impresa la copia de una carta fechada el 17 de febrero y firmada por el Comité Militar Central, el organismo supremo de oficiales de alto rango del Ejército. En la carta se instaba a los Rebeldes a que desistieran de realizar más acciones violentas. Aunque no condenaba directamente la Revolución Cultural, constituía un claro intento por detenerla. Un colega enseñó el panfleto a mi madre, y ella y mi padre experimentaron una oleada de esperanza. Quizá los viejos y respetados mariscales chinos se habían decidido a intervenir. Las calles del centro de Chengdu fueron escenario de una enorme manifestación de apoyo al llamamiento de los mariscales.

Aquellos panfletos eran el resultado de secretos levantamientos ocurridos en Pekín. A finales de enero, Mao había recurrido por primera vez al Ejército en apoyo de los Rebeldes. La mayor parte de los altos jerarcas militares –con excepción del ministro de Defensa, Lin Biao– se habían mostrado furiosos, y el 14 y el 16 de febrero habían celebrado largas reuniones con los líderes políticos. A éstas, sin embargo, no acudieron ni el propio Mao ni su lugarteniente Lin Biao. Ambas fueron presididas por Zhou Enlai. Los mariscales unieron sus fuerzas a las de los miembros del Politburó que aún no habían sido depurados. Aquellos mariscales habían acaudillado el Ejército comunista, y eran veteranos de la Larga Marcha y héroes de la revolución. Condenaron la Revolución Cultural por perseguir a personas inocentes y desestabilizar el país. Uno de los viceprimeros ministros, Tan Zhenlin, estalló colérico: «¡He seguido al presidente Mao toda mi vida, pero no pienso seguirle más!» Inmediatamente a continuación de las reuniones, los mariscales comenzaron a tomar medidas para detener la violencia y, dado que la situación era especialmente grave en Sichuan, publicaron la carta del 17 de febrero dirigida especialmente a aquella provincia.

Zhou Enlai se negó a respaldar a la mayoría y prefirió continuar al lado de Mao. El culto a la personalidad había dotado a este último de un poder diabólico. Cualquier oposición era castigada sin tardanza. Mao organizó ataques de las masas a los miembros disidentes del Politburó y a los líderes militares, quienes sufrieron asaltos domiciliarios y se vieron sometidos a brutales asambleas de denuncia. Incluso cuando Mao dio orden de castigar a los mariscales, el propio Ejército no movió un dedo para apoyarlos.

Aquel intento débil y aislado por enfrentarse a Mao y a su Revolución Cultural se denominó oficialmente la Corriente Adversa de Febrero, y el régimen publicó una crónica expurgada del mismo con objeto de intensificar la violencia contra los seguidores del capitalismo.

Las reuniones de febrero señalaron un cambio en la trayectoria de Mao. El líder advirtió que prácticamente todo el mundo se oponía a sus políticas, lo que condujo a su total desmantelamiento del Partido, el cual tan sólo conservó su nombre. El Politburó fue sustituido por la Autoridad de la Revolución Cultural. Lin Biao no tardó en iniciar una purga de jefes militares leales a los mariscales, y el papel del Comité Militar

Central fue asumido por su departamento personal, controlado a través de su esposa. Para entonces, la camarilla de Mao era como una corte medieval, estructurada en torno a esposas, primos y aduladores cortesanos. Mao envió delegados a todas las provincias para organizar los Comités Revolucionarios que habían de sustituir el sistema del Partido hasta las raíces y convertirse en el nuevo instrumento de su poder personal.

En Sichuan, los delegados de Mao resultaron ser los antiguos conocidos de mis padres, el señor y la señora Ting. Después de que mi familia abandonara Yibin, los Ting habían pasado a tomar prácticamente el control absoluto de la región. El señor Ting se había convertido en secretario del Partido, y la señora Ting era jefa del Partido en la ciudad de Yibin, la capital.

Los Ting se habían servido de su posición para desencadenar interminables persecuciones y venganzas personales. Una de ellas afectaba a un hombre que había sido guardaespaldas de la señora Ting a comienzos de los cincuenta. La mujer había intentado seducirle varias veces, y un día se quejó de dolores de estómago y ordenó al joven que le aplicara un masaje en el abdomen. A continuación, guió su mano hasta depositarla sobre sus partes íntimas. Inmediatamente, el guardaespaldas retiró la mano y se marchó. La señora Ting le acusó de haber intentado violarla y logró que le sentenciaran a tres años en un campo de trabajo.

Al Comité del Partido en Sichuan llegó una carta anónima en la que se detallaban las auténticas circunstancias del caso, y se ordenó realizar una investigación. Normalmente, los Ting no hubieran debido ver aquella carta –dado que eran ellos los acusados–, pero uno de sus secuaces se la enseñó. Inmediatamente, hicieron que todos los miembros del Gobierno de Yibin escribieran un informe acerca de una cuestión u otra con objeto de comprobar sus respectivas caligrafías. Nunca lograron identificar al autor de la carta, pero la investigación a que fueron sometidos no arrojó ningún resultado.

En Yibin, los Ting habían logrado aterrorizar tanto a los funcionarios como a la gente corriente. Las sucesivas campañas políticas y el sistema de cuotas les proporcionaban oportunidades ideales para dedicarse a la caza de nuevas víctimas.

En 1959, los Ting se libraron del gobernador de Yibin, el hombre que había sucedido a mi padre en 1953. El gobernador era un veterano de la Larga Marcha, y su enorme popularidad despertó la envidia de los Ting. Era conocido con el nombre de Li Sandalias de Paja porque siempre calzaba sandalias campesinas como símbolo de su deseo de mantenerse próximo a sus raíces rurales. De hecho, durante el Gran Salto Adelante apenas había mostrado entusiasmo por forzar a los campesinos a producir acero, y en 1959 había alzado su voz para condenar la penuria. Los Ting le denunciaron como oportunista de derecha y lograron que fuera degradado al puesto de agente comercial en la cantina de una destilería.

Murió durante la época del hambre, aunque normalmente su puesto debería haberle proporcionado más ocasiones que a los demás para llenar el estómago. La autopsia demostró que su vientre no contenía otro alimento que paja. Había mantenido su honestidad hasta la muerte.

Otro caso, acaecido igualmente en 1959, afectaba a un médico a quien los Ting condenaron como enemigo de clase debido a que realizaba diagnósticos verídicos de las víctimas del hambre... cuando aún estaba prohibido mencionar el estado de escasez que se vivía.

Existían cientos de casos como aquéllos, tantos que mucha gente arriesgó su vida escribiendo a las autoridades provinciales acerca de los Ting. En 1962, época en la que éstos contaban con una posición de fuerza en el Gobierno central, los moderados ordenaron una investigación a nivel nacional acerca de las campañas previas y rehabilitaron a muchas de sus víctimas. El Gobierno de Sichuan formó un equipo encargado de investigar a los Ting, y éstos fueron declarados culpables de haber cometido desmedidos abusos de poder. En consecuencia, fueron destituidos y detenidos, y en 1956 el secretario general Deng Xiaoping firmó una orden por la que se les expulsaba del Partido.

Cuando comenzó la Revolución Cultural, los Ting lograron escapar de un modo u otro y huyeron a Pekín, donde apelaron a la Autoridad de la Revolución Cultural. Se presentaron como héroes que habían apoyado la lucha de clases y que por ello se habían visto perseguidos por las viejas autoridades del Partido. De hecho, mi madre se topó con ellos en una de las ocasiones en que acudió a la oficina de quejas. Ambos le solicitaron afectuosamente su dirección en Pekín, pero ella rehusó dársela.

Los Ting lograron captar la atención de Chen Boda, uno de los líderes de las Autoridades de la Revolución Cultural y antiguo jefe de mi padre en Yan'an. A través de él, obtuvieron una entrevista con la señora Mao, quien inmediatamente los reconoció como almas gemelas. La motivación que había impulsado a la señora Mao a iniciar la Revolución Cultural tenía mucho menos que ver con la política que con el deseo de arreglar viejas cuentas, algunas de ellas de la más mezquina índole. Había intervenido personalmente en la persecución de la señora de Liu Shaoqi debido a que, como ella misma reveló a los guardias rojos, le enfurecían los viajes que realizaba al extranjero en compañía de su esposo, entonces presidente. Mao sólo viajó al extranjero en dos ocasiones, ambas a Rusia y ambas sin la compañía de la señora Mao. Aún peor, durante sus viajes al extranjero era posible ver a la señora Liu vistiendo elegantes trajes y joyas que nadie podía lucir en la austera China de Mao. La señora Liu fue acusada de ser una agente de la CIA y encarcelada. A duras penas logró escapar a la muerte.

En los años treinta, antes de que la señora Liu y la señora Mao se conocieran, esta última había trabajado como actriz de segunda fila en Shanghai, y siempre se había sentido despreciada por los intelectuales del lugar. Algunos de ellos eran líderes comunistas en la clandestinidad que a partir de 1949 se convirtieron en figuras representativas del Departamento Central de Asuntos Públicos. En parte para vengarse de la humillación –real o imaginaria– sufrida en Shanghai treinta años antes, la señora Mao llegó a extremos inconcebibles para descubrir elementos «antipresidente Mao y antisocialistas» a través de sus obras. La retirada de Mao entre bastidores durante la hambruna proporcionó a su esposa la ocasión de alcanzar una mayor proximidad a él. Así, en su intento por acabar con sus enemigos logró condenar la totalidad del sistema que funcionaba bajo ellos, es decir, todos los Departamentos de Asuntos Públicos del País.

También se vengó de los actores y actrices que habían despertado sus celos en la época de Shanghai. Una actriz llamada Wang Ying había interpretado un papel anhelado por la señora Mao. Treinta años más tarde, en 1966, la señora Mao la encarceló junto con su marido a perpetuidad. Wang Ying se suicidó en la cárcel en 1974.

Algunas décadas atrás, otra actriz bien conocida, Sun Wei-shi, había aparecido en cierta ocasión en compañía de la señora Mao en una obra representada en Yan'an a la que el propio Mao había acudido como espectador. Aparentemente, la actuación de Sun había sido mejor recibida que la de la señora Mao, y había hecho a la joven sumamente popular entre los principales líderes, Mao incluido. Dado que era hija adoptiva de Zhou Enlai, nunca sintió necesidad de dar jabón a la señora Mao. En 1968, sin embargo, ésta la hizo detener junto con su hermano y torturó a ambos hasta la muerte. Ni siquiera el poder de Zhou Enlai bastó para protegerla.

Las venganzas de la señora Mao fueron transmitiéndose gradualmente entre la población por vía verbal; asimismo, su carácter quedaba claramente de manifiesto en sus arengas, posteriormente reproducidas en carteles murales. Aunque había de llegar a convertirse en un personaje casi universalmente odiado, a comienzos de 1967 sus vilezas eran aún prácticamente desconocidas.

La señora Mao y los Ting pertenecían a la misma ralea, conocida en la China de Mao con el nombre de *zheng-ren*, «gente que persigue funcionarios». El modo incansable y obsesivo con que perseguían a las personas y sus sangrientos métodos alcanzaban niveles realmente espeluznantes. En marzo de 1967, un documento firmado por Mao anunció que los Ting habían sido rehabilitados y autorizados para formar el Comité Revolucionario de Sichuan.

Se organizó una autoridad transitoria llamada Comité Revolucionario Preparatorio de Sichuan. Dicho comité estaba formado por dos generales –el principal comisario político y el jefe de la Región Militar de Sichuan (una de las ocho regiones militares chinas)– y por los Ting. Mao había decretado que todos los Comités Revolucionarios debían estar integrados por tres componentes: el Ejército local, los representantes de los Rebeldes y los funcionarios revolucionarios. Estos últimos debían ser escogidos entre antiguos funcionarios, y su elección

Mi madre
pronunciando un discurso.
Chengdu, 1958.

Última fotografía de mi padre
antes de la Revolución Cultural.
Primavera de 1966.

En la plaza de Tiananmen, Pekín. Yo, de Guardia Roja *(segunda a la izq.,*
primera fila), con mis amigos y oficiales de aviación (entre ellos una
mujer) encargados de nuestra formación. Llevo un brazalete de Guardia
Roja, la «chaqueta Lenin» de mi madre y un pantalón remendado para
tener un aspecto «proletario». Todos sostenemos el Pequeño Libro Rojo
en lo que era una postura típica de la época. Noviembre de 1966.

La autora *(segunda por la dcha. en la fila superior)*, en vísperas de ser enviada a los confines del Himalaya, en compañía de Jin-ming, Xiao-hong y Xiao-hei *(de pie)*, y de mi abuela, Xiao-fang y la tía Jung-ying. Chengdu, enero de 1969. Última fotografía de mi abuela y de mi tía.

Yu-lin, hermano de mi abuela, con su mujer y sus hijos ante la casa que acababan de construirse tras diez años de exilio en el campo, 1976. En aquella época fue cuando decidieron volver a tomar contacto con mi abuela tras largos años de silencio. Le enviaron esta fotografía para mostrarle que todo iba bien, ignorando que había muerto siete años antes.

Mi madre en su campamento sobre la Llanura del
Guardián de los Búfalos, frente a un campo de maíz
que había plantado con sus compañeros. 1971.

Mi padre en el campamento de Miyi con Jin-ming.
Finales de 1971. Poco después de la muerte de Lin Biao.

En el centro de la primera fila, acompañada del equipo de electricistas
de la fábrica de herramientas. Chengdu. La inscripción dice:
«Adiós a nuestra camarada Jung Chang que parte a la universidad,
27 de septiembre de 1973. El equipo de electricistas.»

Formación militar en la Universidad de Sichuan *(segunda por la dcha.
en la última fila)*. En la pared, una consigna: «Relación *pez en el agua*»,
para describir los lazos existentes entre el Ejército y el pueblo.
También se puede leer: «Primer año de inglés. Departamento
de Lenguas Extranjeras, Universidad de Sichuan.
27 de noviembre de 1974.»

Con los estudiantes de mi clase *(tercera por la izq. de la primera fila)*, delante las puertas de la Universidad de Sichuan. Chengdu, enero de 1975.

Con varios compañeros y un marinero filipino *(centro)*, durante un viaje a Zhanjiang para poder practicar el inglés. Octubre de 1975. Los marinos fueron los únicos extranjeros con los que hablé antes de abandonar China en 1978.

Los funerales de mi padre. Con mi familia, cuarto lugar por la derecha. Un oficial lee el discurso de despedida del Partido. Esta alocución era extremadamente importante pues representaba el veredicto final acerca de mi padre, y habría de determinar el futuro de sus hijos. Dado que mi padre había criticado a Mao, y este aún vivía, la primera versión de este texto fue peligrosamente negativa. Mi madre insistió para que se hicieran modificaciones y logró alcanzar un compromiso y una versión muy mejorada. La ceremonia fue organizada por un «comité funerario» formado por antiguos colegas de mi padre, algunos de los cuales habían participado en su persecución. Fue cuidadosamente organizada hasta en sus menores detalles (incluido el tamaño de las coronas), y tomaron parte quinientas personas, como exigía la etiqueta.

Con Jin-ming sosteniendo a mi madre poco antes de la cremación de mi padre. Frente a nosotros, de izq. a dcha.: Cheng-yi, Xiao-fang, Xiao-hei (con uniforme de aviador) y Xiao-hong. Chengdu, abril de 1975.

Pekín, septiembre de 1978, antes de mi partida hacia Gran Bretaña.

Italia, verano de 1990. *(Foto: Jon Halliday).*

correspondió a los Ting, pues eran ellos los que realmente dirigían el comité.

A finales de marzo de 1967, los Ting acudieron a ver a mi padre. Querían incluirle en el comité. Mi padre gozaba de un elevado prestigio entre sus colegas como hombre honesto y justo. Incluso los Ting apreciaban sus cualidades, especialmente debido a que sabían que durante la época en que cayeron en desgracia éste no había –como otros– añadido una denuncia personal a sus cargos. Por otra parte, necesitaban a alguien de su capacidad.

Mi padre les recibió con la debida cortesía, pero mi abuela les dio una calurosa bienvenida. Poco había llegado a sus oídos de las venganzas de los Ting, pero sabía que había sido la señora Ting quien había autorizado la entrega de los preciosos medicamentos norteamericanos que habían sanado la tuberculosis que padeciera mi madre cuando estaba embarazada de mí.

Cuando los Ting entraron en las estancias de mi padre, mi abuela corrió a buscar masa y, en breve, la cocina se llenó con la sonora y rítmica melodía de la carne al ser troceada. Picó carne de cerdo, cortó un manojo de tiernas cebolletas jóvenes, mezcló varias especias y vertió aceite de colza caliente sobre polvo de chile para preparar la salsa del almuerzo tradicional de bienvenida a base de pasta hervida.

En el despacho de mi padre, los Ting le contaron a éste cómo habían sido rehabilitados y le revelaron su nueva situación. Le dijeron que habían estado en su departamento y que se habían enterado a través de los Rebeldes de los problemas que había tenido. No obstante, afirmaron, siempre le habían apreciado en los viejos tiempos de Yibin, aún sentían gran estima por él y querían que volviera a trabajar con ellos. Le prometieron que todas las declaraciones incriminatorias que había realizado podían ser olvidadas si cooperaba. No sólo eso, sino que podría volver a ascender en la estructura de poder ocupándose, por ejemplo, de todos los asuntos culturales de Sichuan. Dieron a entender con claridad que se trataba de una oferta que no podía permitirse el lujo de rechazar.

Mi padre se había enterado del nombramiento de los Ting a través de mi madre, quien a su vez lo había leído en diversos carteles murales. Al saberlo, le había dicho a ella: «No debemos fiarnos de rumores. ¡Eso que dices es imposible!» Le parecía increíble que Mao hubiera situado a aquella pareja en puestos vitales. Intentando contener su repugnancia, dijo:

–Lo siento. No puedo aceptar su oferta.

La señora Ting espetó:

–Le estamos haciendo un gran favor que muchos otros habrían implorado de rodillas. ¿Es usted consciente de la situación en la que se encuentra y de quiénes somos nosotros ahora?

La cólera de mi padre aumentó. Dijo:

–Me hago responsable personalmente de cualquier cosa que haya podido decir o hacer. No quiero verme mezclado con ustedes.

Durante la acalorada discusión que siguió, aseguró que había considerado justo el castigo a que ambos habían sido sometidos y dijo que nunca deberían habérseles confiado tan importantes puestos. Estupefactos, los Ting le dijeron que tuviera cuidado con lo que decía: era el propio presidente Mao quien los había rehabilitado y calificado de «buenos funcionarios».

Mi padre prosiguió, estimulado por la indignación que sentía:

–El presidente Mao no puede haber conocido todos los hechos acerca de ustedes. ¿Qué clase de «buenos funcionarios» son ustedes? Han cometido errores imperdonables.

Se contuvo para no decir «crímenes».

–¡Cómo se atreve a poner en tela de juicio las palabras de Mao! –exclamó la señora Ting–. El vicepresidente Lin Biao ha dicho: «¡Cada palabra del presidente Mao es como diez mil palabras y representa la verdad universal y absoluta!»

–Que una palabra signifique una palabra –repuso mi padre– constituye de por sí la proeza suprema de un hombre. No es humanamente posible que una palabra equivalga a diez mil. La afirmación del vicepresidente Lin Biao fue retórica, y no debe ser entendida de un modo literal.

Según ellos mismos lo relataron posteriormente, los Ting no podían dar crédito a lo que oían. Advirtieron a mi padre que aquel modo de pensar, hablar y comportarse era contrario a la Revolución Cultural encabezada por el presidente Mao. A ello repuso mi padre que le encantaría tener la ocasión de discutir con el presidente Mao de todo aquel asunto. Decir aquello resultaba tan suicida que los Ting se quedaron sin habla. Tras un intervalo en silencio, ambos se levantaron para partir.

Mi abuela oyó sus pisadas indignadas y salió corriendo de la cocina con las manos blancas por la harina de trigo en la que había estado rebozando la masa. Al hacerlo, chocó con la señora Ting y rogó a la pareja que se quedara a almorzar. La señora Ting hizo como si no existiera, salió furiosa del apartamento, y comenzó a descender las escaleras. Al llegar al rellano, se detuvo, giró en redondo y gritó colérica a mi padre, que había salido tras ellos:

–¿Acaso está loco? Se lo pregunto por última vez: ¿aún rehúsa aceptar mi ayuda? Imagino que será consciente de que puedo hacer con usted lo que quiera.

–No quiero tener nada que ver con ustedes –dijo mi padre–. Ustedes y yo pertenecemos a especies distintas.

Dicho aquello regresó a su despacho, dejando en las escaleras a mi atónita y atemorizada abuela. Salió casi de inmediato portando un tintero de piedra con el que entró en el cuarto de baño. Tras verter unas cuantas gotas de agua sobre la piedra, regresó a su despacho con aire pensativo. A continuación, se sentó ante su mesa y comenzó a deshacer una barra de tinta a base de hacerla girar una y otra vez sobre la piedra hasta obtener un líquido negro y espeso. Luego extendió una hoja en blanco frente a él. En pocos minutos había concluido su segunda carta a Mao.

Comenzaba diciendo: «Presidente Mao, apelo a usted, de comunista a comunista, para que detenga la Revolución Cultural.» La carta continuaba con una descripción de los desastres en los que ésta había sumido a China, y concluía: «Temo lo peor para nuestro Partido y nuestro país si a gente como Liu Jie-ting y Zhang Xi-ting se les concede un poder que afecta a las vidas de decenas de millones de personas.»

Dirigió el sobre al «Presidente Mao, Pekín», y lo llevó personalmente a la oficina de correos que había al comienzo de la calle. Envió la carta por correo aéreo y certificado. El empleado que atendía el mostrador tomó el sobre y paseó la mirada por él con expresión absolutamente inmutable. Por fin, mi padre regresó caminando a casa... a esperar.

20

«No venderé mi alma»

Mi padre, detenido

(1967-1968)

Una tarde, tres días después de enviar mi padre su carta a Mao, mi madre oyó que llamaban con los nudillos a la puerta de nuestro apartamento y salió a abrir. Entraron tres hombres, vestidos con el holgado atuendo azul similar a un uniforme que llevaban todos los hombres en China. Mi padre conocía a uno de ellos: había trabajado como conserje en su departamento y ahora era militante Rebelde. Uno de los otros, un individuo de elevada estatura con un rostro delgado y cubierto de forúnculos, anunció que eran Rebeldes de la policía y que habían venido a detenerle por ser un contrarrevolucionario en activo que ataca al presidente Mao y a la Revolución Cultural. A continuación, él y el tercer hombre, más bajo y robusto que su compañero, aferraron a mi padre por los brazos y le indicaron con un gesto que se pusiera en marcha.

No le mostraron tarjeta de identidad alguna, y mucho menos una orden de detención. Sin embargo, no cabía duda de que se trataba de policías Rebeldes de paisano. Su autoridad era incuestionable, ya que venían en compañía de un Rebelde del departamento de mi padre.

Aunque no mencionaron su carta a Mao, mi padre supo que debía de haber sido interceptada, como era poco menos que inevitable. Ya había contado con que sería probablemente arrestado, no sólo porque había vertido sus blasfemias sobre el papel sino porque ahora existía una autoridad –los Ting– capacitada para sancionar su detención. A pesar de ello, había preferido aferrarse a la única esperanza que le quedaba, por remota que fuera. Así pues, se mostró tenso y silencioso, pero no protestó.

Cuando salía del apartamento se detuvo un instante y dijo suavemente a mi madre: «No guardes rencor al Partido. Ten confianza en que sabrá corregir sus errores, por graves que éstos sean. Divórciate de mí y transmite mi amor a nuestros hijos. No permitas que se alarmen.»

Aquella tarde, cuando llegué a casa, descubrí la ausencia de mis padres. Mi abuela me dijo que mi madre había partido hacia Pekín para interceder por mi padre, quien había sido detenido por Rebeldes de su departamento. No pronunció la palabra «policía», ya que ello me hubiera resultado demasiado inquietante al tratarse de una forma de detención más seria e irreversible que un simple arresto por los Rebeldes.

Corrí al departamento de mi padre a preguntar dónde estaba, pero no obtuve otra respuesta que una variada colección de exabruptos encabezados por la señora Shau: «Tienes que trazar una línea entre tú y ese pestilente seguidor del capitalismo que tienes como padre –decían–. Esté donde esté, lo tiene bien empleado.» Conteniendo mi ira y mis lágrimas, me sentí rebosante de odio hacia aquellos adultos supuestamente inteligentes. No tenían necesidad alguna de mostrarse tan despiadados ni tan brutales. Incluso en aquellos días, hubiera sido perfectamente posible para ellos mostrar una expresión más amable y un tono más compasivo o incluso limitarse a guardar silencio.

Fue en aquella época cuando desarrollé mi propio modo de dividir a los chinos en dos clases, aquellos que eran humanos y aquellos que no lo eran. Había hecho falta una agitación como la que había supuesto la Revolución Cultural para sacar a la luz aquellas características de las personas, ya se tratara de guardias rojos adolescentes, Rebeldes adultos o seguidores del capitalismo.

Mi madre, entretanto, esperaba en la estación la llegada del tren que había de conducirla a Pekín por segunda vez. Esta vez, se sentía mucho más pesimista que seis meses antes. Entonces, aún había habido una ligera posibilidad de obtener cierta justicia, pero ahora resultaba prácticamente imposible. Sin embargo, mi madre no se rindió a la desesperación. Estaba dispuesta a luchar.

Había decidido que la persona a quien tenía que ver era el primer ministro Zhou Enlai. De nada servía hablar con ningún otro. Si se entrevistaba con otra persona, ello sólo serviría para acelerar la caída de su esposo, su familia y ella misma. Sabía que Zhou era considerablemente más moderado que la señora Mao y que la Autoridad de la Revolución Cultural, y también que poseía un notable poder sobre los Rebeldes, a los que transmitía órdenes casi a diario.

Sin embargo, intentar verle era como penetrar en la Casa Blanca o tratar de entrevistarse a solas con el Papa. Incluso si lograba llegar a Pekín sin que la detuvieran y daba con la oficina de quejas adecuada, no podría especificar a quién querría ver ya que ello se consideraría un insulto –incluso un ataque– hacia otros líderes. Su ansiedad aumentó, ya que ignoraba si su ausencia había sido ya descubierta por los Rebeldes. Se suponía que debía esperar que la convocaran para asistir a su próxima asamblea de denuncia, pero existía una posibilidad de pasar desapercibida: acaso cada grupo de Rebeldes pensara que estaba ya en manos de otro.

Mientras esperaba, vio un enorme estandarte en el que se leían las palabras: «Delegación de Peticionarios del Chengdu Rojo para Pekín.» A su alrededor se agolpaba una multitud de unos doscientos jóvenes que rondarían los veinte años de edad. Por la lectura del resto de sus pancartas resultaba evidente que se trataba de estudiantes universitarios que viajaban a Pekín para protestar contra los Ting. Es más, los estandartes proclamaban que habían conseguido fijar una entrevista con el primer ministro Zhou.

El Chengdu Rojo era relativamente moderado comparado con su grupo rival, el 26 de Agosto. Los Ting se habían unido al 26 de Agosto, pero el Chengdu Rojo se negó a darse por vencido. El poder de los Ting no era absoluto, por muy apoyados que estuvieran por Mao y la Autoridad de la Revolución Cultural.

En aquella época, la Revolución Cultural se hallaba dominada por intensas luchas entre las distintas facciones de grupos Rebeldes. Habían dado comienzo tan pronto como Mao dio la señal para arrebatar el poder a los seguidores del capitalismo y ahora, tres meses después, la mayor parte de los líderes Rebeldes comenzaban a emerger como algo muy distinto de los funcionarios comunistas que habían expulsado: no eran sino oportunistas indisciplinados que ni siquiera cabía considerar como fanáticos maoístas. Mao los había exhortado a unirse y compartir el poder, pero ellos tan sólo habían obedecido sus indicaciones de boquilla. Unos y otros recurrían a las citas de Mao para atacarse mutuamente, sirviéndose cínicamente del espíritu evasivo y santón del líder: fuera cual fuese la situación, era sumamente sencillo encontrar una cita de Mao que resultara apropiada para la misma, e incluso que pudiera utilizarse para respaldar dos argumentos opuestos. Mao sabía que su deleznable filosofía estaba empezando a volverse contra él, pero no podía intervenir de modo explícito sin arriesgarse a perder su imagen mística y remota.

El Chengdu Rojo sabía que para destruir al 26 de Agosto tenía que eliminar a los Ting. Conocían la reputación de ambición y ansia de poder que les rodeaba, y la comentaban sin cesar, algunos en voz baja y otros más abiertamente. Ni siquiera la aprobación personal concedida por Mao a la pareja había bastado para frenar al Chengdu Rojo, y era en este contexto en el que el grupo había decidido enviar a los estudiantes a Pekín. Zhou Enlai había prometido recibirles debido a que, en tanto que uno de los dos grupos Rebeldes de Sichuan, el Chengdu Rojo contaba con millones de partidarios.

Mi madre siguió a la muchedumbre de sus miembros mientras les era franqueado el paso a través del control de billetes para acceder al andén junto al que resoplaba el expreso de Pekín. Cuando intentaba subir a uno de los vagones con ellos, un estudiante la detuvo:

–¿Quién eres tú? –gritó. Mi madre, con treinta y cinco años de edad, a duras penas podía pasar por una estudiante–. Tú no eres una de nosotros. ¡Bájate!

Mi madre se aferró con fuerza a la barra de la portezuela.

–¡Yo también voy a Pekín a protestar contra los Ting! –exclamó–. Conozco a ambos desde hace tiempo.

El hombre la contemplaba con expresión incrédula, pero de pronto oyó a sus espaldas las voces de un hombre y una mujer:

–¡Déjala entrar! ¡Oigamos qué tiene que decir!

Mi madre se abrió camino hacia el interior del compartimento atestado y se sentó entre el hombre y la mujer, quienes se presentaron como oficiales del Chengdu Rojo. El hombre se llamaba Yong, y la mujer Yan. Ambos eran estudiantes de la Universidad de Chengdu.

Por sus palabras, mi madre dedujo que los estudiantes no sabían gran cosa de los Ting. Les contó todo cuanto pudo recordar de algunos de los numerosos casos de persecución en que habían participado en Yibin antes de la Revolución Cultural, acerca del intento de la señora Ting por seducir a mi padre en 1953, de la reciente visita de la pareja y de la negativa de mi padre a colaborar con ellos. Dijo que los Ting habían ordenado detener a mi padre debido a que éste había escrito al presidente Mao oponiéndose a su nombramiento como nuevos líderes de Sichuan.

Yan y Yong prometieron llevarla a su entrevista con Zhou Enlai. Mi madre permaneció despierta durante toda la noche, planeando qué le diría y cómo.

Cuando la delegación llegó a la estación de Pekín, había un representante del primer ministro esperándola. Fueron trasladados a una residencia de huéspedes del Gobierno, y se les dijo que Zhou les recibiría la próxima tarde.

Al día siguiente, aprovechando la ausencia de los estudiantes, mi madre preparó una apelación escrita para Zhou. Cabía la posibilidad de que no llegara a tener oportunidad de hablar con él, y en cualquier caso era preferible realizar las apelaciones por escrito. A las nueve de la noche acudió en compañía de los estudiantes al Gran Palacio del Pueblo situado en el costado oeste de la plaza de Tiananmen. La reunión había de celebrarse en el salón Sichuan que mi padre había ayudado a decorar en 1959. Los estudiantes se sentaron formando un semicírculo frente al primer ministro. No había asientos suficientes, por lo que algunos se acomodaron en el suelo enmoquetado. Mi madre ocupó un lugar de la fila posterior.

Sabía que su discurso tendría que ser breve y eficaz, y volvió a ensayarlo mentalmente a medida que transcurría la entrevista. Se sentía demasiado preocupada para prestar atención a lo que decían los estudiantes. Tan sólo observaba las reacciones del primer ministro, quien asentía de vez en cuando con la cabeza sin demostrar aprobación o desagrado en ningún momento. Se limitaba a escuchar y, ocasionalmente, realizaba observaciones genéricas acerca de la necesidad de «unirse» y «seguir al presidente Mao». Entretanto, un ayudante iba tomando notas.

De repente, oyó que el primer ministro decía a modo de conclusión:

–¿Algo más?

Mi madre saltó disparada del asiento.

–Primer ministro, yo tengo algo más que decir.

Zhou elevó la mirada. Era evidente que mi madre no era una estudiante.

–¿Quién eres? –preguntó.

Mi madre le dio su nombre y su grado y prosiguió sin detenerse:

–Mi esposo ha sido arrestado bajo la acusación de ser un contrarrevolucionario en activo. He venido en busca de justicia.

A continuación, anunció el nombre y la posición de mi padre.

Zhou aguzó la mirada. Mi padre ocupaba una posición importante.

–Los estudiantes pueden salir –dijo–. Hablaré contigo en privado.

Mi madre ansiaba poder hablar a solas con Zhou, pero ya había decidido sacrificar la ocasión de hacerlo en beneficio de un objetivo más importante.

–Primer ministro, querría que los estudiantes se quedaran para ser testigos de lo que voy a decir.– Mientras decía esto, alargó su apelación al estudiante que tenía delante, quien se la entregó a Zhou.

El primer ministro asintió.

–De acuerdo. Continúa.

Hablando rápidamente, pero con claridad, mi madre dijo que mi padre había sido arrestado por lo que había escrito en una carta dirigida al presidente Mao. Mi padre se oponía al nombramiento de los Ting como nuevos líderes de Sichuan debido a su reputación de cometer abusos de poder, de algunos de los cuales había sido testigo en Yibin. Además de eso, dijo brevemente:

–La carta de mi esposo contenía asimismo graves errores acerca de la Revolución Cultural.

Había reflexionado cuidadosamente sobre cómo expresaría aquello. Tenía que proporcionar a Zhou una crónica veraz, pero no podía repetir las palabras exactas de mi padre por miedo a los Rebeldes. Debía ser lo más abstracta posible:

–Mi esposo alimentaba algunas opiniones gravemente erróneas. No obstante, nunca las expresó en público. Se limitó a seguir las indicaciones del Partido Comunista y decidió confiarlas al presidente Mao. Según las normas, ello constituye un derecho legítimo de todo miembro del Partido, y no debiera utilizarse como excusa para detenerle. He venido aquí en busca de justicia para él.

Cuando cruzó su mirada con la de Zhou Enlai, mi madre advirtió que el líder había comprendido el contenido real de la carta de mi padre y el dilema al que se enfrentaba por no poder expresarse con claridad. Tras echar un vistazo a la apelación de mi madre, se volvió hacia un ayudante sentado tras él y le susurró algo al oído. En la sala se había hecho un silencio mortal. Todos los ojos estaban fijos en el primer ministro.

El ayudante alargó a Zhou unas cuantas hojas de papel impresas con el membrete del Consejo de Estado (el Consejo de Ministros). Zhou comenzó a escribir con el gesto ligeramente forzado habitual en él desde que, años atrás, se rompiera el brazo al caerse del caballo en Yan'an. Cuando terminó, entregó el papel al ayudante, quien procedió a leerlo en voz alta.

«Primero: Como miembro del Partido Comunista, Chang Shou-yu tiene derecho a escribir a la dirección del Partido. Independientemente de la gravedad de los errores que pueda contener su misiva, ésta no podrá ser utilizada para acusarle de contrarrevolucionario. Segundo: Como Director Adjunto del Departamento de Asuntos Públicos de la Provincia de Sichuan, Chang Shou-yu debe aceptar someterse a la investigación y crítica del pueblo. Tercero: Todo veredicto final sobre Chang Shou-yu debe esperar hasta la conclusión de la Revolución Cultural. Zhou Enlai.»

Mi madre se sentía incapaz de hablar ante el alivio que sentía. La nota no estaba dirigida a los nuevos líderes de Sichuan, como hubiera sido el procedimiento habitual, por lo que no estaba obligada a entregársela a ellos ni a nadie. Zhou había querido que pudiera conservarla para mostrársela a quienquiera que pudiera resultarle útil.

Yan y Yong estaban sentados a la izquierda de mi madre. Cuando ésta se volvió hacia ellos, vio que sus rostros se hallaban distendidos en una mueca de alegría.

Dos días más tarde tomó el tren de regreso a Chengdu. No se separó de Yan y Yong en ningún momento, pues temía que la existencia de la carta pudiera haber llegado a oídos de los Ting y éstos enviaran a sus esbirros para arrebatársela y capturarla a ella. Yan y Yong pensaban asimismo que resultaba vital que permaneciera con ellos «en caso de que el 26 de Agosto decida secuestrarte». Al llegar, insistieron en acompañarla de la estación al apartamento. Mi abuela les ofreció tortitas de cerdo con cebolleta que ellos devoraron rápidamente.

Yo no tardé en tomar afecto a Yan y Yong. ¡Pensar que eran Rebeldes y, sin embargo, tan bondadosos, tan afectuosos y tan amables con mi familia! Me parecía increíble. También me resultó evidente desde el primer momento que estaban enamorados: el modo en que se miraban el uno al otro y la manera de tocarse y bromear eran sumamente infrecuentes en público. Oí a mi abuela susurrar a mi madre que sería agradable hacerles algún regalo con motivo de su boda. Ella repuso que era imposible, y que podría acarrear problemas para la pareja si llegaba a saberse. Aceptar «sobornos» de un seguidor del capitalismo era un delito serio.

Yan tenía veinticuatro años, y había estado cursando su tercer año de contabilidad en la Universidad de Chengdu. Su rostro vivaracho aparecía dominado por unas gruesas gafas. Reía con frecuencia, echando la cabeza hacia atrás. Poseía una risa sumamente cálida. En aquella época, el atuendo habitual de los hombres, mujeres y niños de China consistía en una chaqueta y unos pantalones de color azul oscuro o gris. No se permitía que la ropa llevara dibujo alguno. A pesar de tal uniformidad, algunas mujeres se las ingeniaban para vestir dando muestras de cuidado y elegancia, mas no así Yan, cuyo aspecto siempre hacía pensar que se había equivocado de ojales al abotonarse. Llevaba sus cabellos cortos impacientemente atados en una desgreñada coleta. Al parecer, ni siquiera el amor podía inducirla a prestar más atención a su aspecto.

Yong parecía algo más preocupado por la elegancia. Calzaba un par de sandalias de paja que destacaban bajo las perneras arrolladas de su pantalón. Las sandalias de paja constituían una especie de moda entre ciertos estudiantes por la asociación que establecían con los campesinos. Yong tenía aspecto de ser inteligente y sensible en grado sumo, y a mí me tenía fascinada.

Tras disfrutar de un alegre almuerzo, Yan y Yong se despidieron. Mi madre los acompañó escaleras abajo, y ellos le susurraron que convenía que guardara la nota de Zhou Enlai en lugar seguro. Mi madre no nos dijo nada a mí ni a mis hermanos acerca de su entrevista con el primer ministro.

Aquella tarde, fue a ver a uno de sus antiguos colegas y le enseñó la carta de Zhou. Chen Mo había trabajado con mis padres en Yibin a comienzos de los cincuenta, y se llevaba bien con ambos. Asimismo, se las había ingeniado para mantener una buena relación con los Ting, y cuando éstos fueron rehabilitados se unió de nuevo a ellos. Mi madre, deshecha en lágrimas, le suplicó su colaboración para obtener la puesta en libertad de mi padre en recuerdo de los viejos tiempos, y él le prometió hablar con los Ting.

Pasó el tiempo y, por fin, en el mes de abril, reapareció mi padre. Al verle, experimenté un alivio y felicidad inmensos, pero mi alegría se trocó casi inmediatamente en horror. En sus ojos resplandecía una luz extraña. Se negó a revelarnos dónde había estado y, cuando por fin habló, apenas pude comprender sus palabras. Pasaba los días y las noches sin poder dormir, y caminaba de un lado a otro del apartamento hablando consigo mismo. Un día, nos obligó a todos los miembros de la familia a salir bajo una lluvia torrencial, diciéndonos que así experimentaríamos la tormenta revolucionaria. Otro día, después de recoger el sobre con su paga, lo arrojó al fogón de la cocina afirmando que con ello buscaba romper con la propiedad privada. Poco a poco, fuimos conscientes de la terrible realidad: mi padre había perdido el juicio.

Mi madre se convirtió en el objetivo principal de su locura. Solía enfurecerse con ella, llamándola «sinvergüenza» y «cobarde» y acusándola de haber «vendido el alma». A continuación, sin previo aviso, se mostraba embarazosamente cariñoso con ella en presencia de todos nosotros, diciéndole una y otra vez cuánto la amaba y hasta qué punto había sido un mal marido mientras suplicaba que le perdonara y volviera con él.

El día de su llegada, había mirado a mi madre con aire suspicaz, tras lo cual le preguntó qué había estado haciendo. Ella dijo que había viajado a Pekín para solicitar su puesta en libertad. Él sacudió la cabeza con incredulidad y pidió que le mostrara alguna prueba de ello. Mi madre prefirió no hablarle de la nota de Zhou Enlai. Era consciente de que mi padre ya no era el mismo, y temía que pudiera entregar la carta a alguien –incluso a los Ting– si el Partido así se lo ordenaba. Ni siquiera podía invocar a Yan y Yong como testigos, pues mi padre habría juzgado incorrecto mezclarse con una facción de la Guardia Roja.

Continuó retornando obsesivamente al mismo tema. Todos los días interrogaba a mi madre, de cuyo relato extraía aparentes inconsistencias. Sus sospechas y confusión fueron en aumento. La cólera que sentía hacia mi madre comenzó a rozar la violencia. Mis hermanos y yo queríamos ayudarla, e intentamos contribuir a prestar convencimiento a su historia a pesar de que nosotros mismos no la conocíamos sino vagamente. Ni que decir tiene que cuando mi padre comenzó a interrogarnos se le antojó aún más embrollada.

Lo que había sucedido en realidad era que, mientras estuvo en prisión, sus interrogadores no habían cesado de decirle que su mujer y su familia le abandonarían si no escribía su «confesión». La insistencia por obtener confesiones firmadas constituía una práctica habitual. Para destrozar la moral de las víctimas resultaba esencial obligarlas a admitir sus «culpas». Mi padre, sin embargo, dijo que no tenía nada que confesar y que nada escribiría.

En vista de ello, sus interrogadores le dijeron que mi madre le había denunciado. Cuando pidió que su mujer fuera autorizada para visitarle se le dijo que ya había recibido la autorización correspondiente pero que se había negado con objeto de demostrar que había «trazado una línea» entre ella y él. Cuando los interrogadores advirtieron que mi padre comenzaba a oír cosas –síntoma evidente de esquizofrenia– le señalaron la existencia de un débil murmullo de conversaciones procedente de la habitación contigua, asegurándole que mi madre estaba allí pero que se negaría a verle en tanto no hubiera escrito su confesión. Los interrogadores representaban su papel de un modo tan verídico que mi padre llegó a pensar que realmente oía la voz de su mujer. Su mente comenzó a venirse abajo pero, aun así, continuó negándose a confesar.

Al ser puesto en libertad, uno de sus interrogadores le dijo que se le permitía regresar a casa para permanecer bajo la supervisión de su esposa, «a quien el Partido ha asignado tu vigilancia». Su hogar, dijeron, sería su nueva prisión. Dado que ignoraba el motivo de su súbita puesta en libertad, su propia confusión le indujo a aceptar la explicación.

Mi madre ignoraba todo lo que le había sucedido en la cárcel. Cuando mi padre le preguntó el motivo de su liberación, no pudo darle una respuesta satisfactoria. No sólo no podía revelar la existencia de la nota de Zhou Enlai, sino que tampoco podía mencionar su visita a Chen Mo, quien se había convertido en el brazo derecho de los Ting. Mi padre no hubiera tolerado que su esposa hubiera suplicado un favor a los Ting.

Sumidos en aquel círculo vicioso, el dilema de mi madre y la locura de mi padre continuaron creciendo y alimentándose mutuamente.

Mi madre intentó someterle a tratamiento médico. Acudió a la clínica asignada al antiguo Gobierno provincial. Lo intentó en los sanatorios mentales. Sin embargo, tan pronto como los funcionarios de recepción oían el nombre de mi padre sacudían la cabeza negativamente. No podían admitirle sin permiso de las autoridades, permiso que no estaban dispuestos a solicitar ellos mismos.

Mi madre acudió al grupo Rebelde dominante en el departamento de mi padre y pidió que se autorizara su hospitalización. Se trataba del grupo encabezado por la señora Shau, y se hallaba bajo el firme control de los Ting. La señora Shau espetó a mi madre que mi padre estaba fingiendo una enfermedad mental para eludir su castigo, y que ella le estaba ayudando, sirviéndose para ello de sus propios antecedentes (dado que su padrastro, el doctor Xia, había sido médico). Mi padre –dijo un Rebelde, citando una de las consignas coreadas a la sazón para jactarse de la implacabilidad de la Revolución Cultural– era «un perro que había caído al agua, y debía ser azotado y apaleado sin compasión alguna».

Siguiendo instrucciones de los Ting, los Rebeldes acosaron a mi padre con una campaña de carteles. Aparentemente, los Ting habían informado a la señora Mao de las «criminales palabras» empleadas por mi padre en las asambleas de denuncia, en su entrevista con ellos y en su carta a Mao. Según los carteles, la señora Mao se había puesto en pie indignada y había dicho: «¡Para un hombre que osa atacar al Gran Líder de un modo tan obsceno, la cárcel e incluso la muerte resultan demasiado benévolas! ¡Debe ser concienzudamente castigado hasta que terminemos con él!»

Aquellos carteles me inspiraron un terror inmenso. ¡La señora Mao había denunciado a mi padre! Sin duda, aquello representaba su fin. Paradójicamente, sin embargo, una de las iniciativas de la señora Mao había de servirnos de ayuda: dado que se mostraba más ocupada con sus venganzas personales que con las cuestiones cotidianas y que no conocía a mi padre ni alimentaba rencor personal alguno hacia él, no intensificó su persecución. No obstante, nosotros ignorábamos aquello, y yo intenté consolarme pensando que el comentario podría haber tenido su origen simplemente en un rumor. En teoría, el contenido de los carteles callejeros era oficioso, dado que estaban escritos por las masas y no formaban parte de los medios de comunicación oficiales. Íntimamente, sin embargo, yo sabía que lo que decían era cierto.

Alimentadas por la ponzoña de los Ting y la condena de la señora Mao, las asambleas de denuncia de los Rebeldes se volvieron más brutales, si bien a mi padre continuaba permitiéndosele vivir en casa. Un día, regresó con una grave lesión en un ojo. Otro día, le vi desfilar por las calles sobre un camión que avanzaba lentamente. Llevaba colgado del cuello un grueso letrero por medio de un alambre que se le incrustaba en la piel, y sus verdugos le retorcían ferozmente los brazos tras la espalda.

Mientras tanto, él se esforzaba tenazmente por mantener la cabeza elevada a pesar de los violentos empujones de los Rebeldes. Lo que más me entristeció fue que parecía indiferente al dolor físico. En su locura, su cuerpo y su mente parecían haberse desconectado.

Rompió en pedazos todas aquellas fotografías del álbum familiar en las que aparecían los Ting. Quemó sus edredones y sábanas, así como gran parte de nuestra ropa. Asimismo, rompió e incineró las patas de sillas y mesas.

Una tarde en que mi madre se hallaba tendida en la cama y mi padre descansaba en su despacho, reclinado en su butaca de bambú favorita, se puso súbitamente de pie con un salto e irrumpió violentamente en el dormitorio. Al oír los golpes, salimos corriendo tras él y le sorprendimos aferrado al cuello de mi madre. Gritamos, intentado separarlos. Mi madre parecía a punto de morir estrangulada. Al fin, la soltó con una sacudida y abandonó la estancia.

Mi madre se incorporó lentamente con el rostro ceniciento y se cubrió la oreja izquierda con la mano. Mi padre la había despertado propinándole un golpe en la cabeza. Su voz era débil pero tranquila. «No os preocupéis, estoy bien —dijo, dirigiéndose a mi abuela, que sollozaba. Luego se volvió hacia nosotros y dijo—: Id a ver cómo está vuestro padre. Luego, volved a vuestra habitación.» A continuación, se reclinó contra el espejo oval enmarcado con madera de alcanfor que formaba la cabecera de la cama. A través del reflejo pude ver su mano derecha aferrada a la almohada. Mi abuela permaneció toda la noche sentada junto a la puerta del dormitorio de mis padres, y yo misma tampoco pude conciliar el sueño. ¿Qué pasaría si mi padre atacaba a mi madre con la puerta cerrada?

El oído izquierdo de mi madre sufrió lesiones permanentes que habrían de llevarle a perder prácticamente por completo la audición del mismo. Decidió que era demasiado peligroso para ella permanecer en casa, y al día siguiente acudió a su departamento en busca de un lugar al que trasladarse. Los Rebeldes se mostraron muy compresivos con ella, y le proporcionaron una habitación en una vivienda destinada al jardinero y construida en un extremo del jardín. Era sumamente pequeña: apenas medía dos metros y medio por tres. En su interior sólo cabían una cama y una mesa, y casi no quedaba sitio para pasar entre ambas.

Aquella noche dormí allí con mi madre, mi abuela y Xiao-fang, todos amontonados en la misma cama. No podíamos estirar las piernas ni volvernos hacia el otro lado. Las hemorragias uterinas de mi madre empeoraron. Estábamos terriblemente asustados debido a que, recién trasladados a aquel lugar, carecíamos de estufa y no podíamos esterilizar las jeringas y las agujas, lo que hacía imposible ponerle las inyecciones. Al final, me encontraba tan exhausta que caí en un sueño agitado. Sabía, sin embargo, que ni mi madre ni mi abuela habían conseguido pegar ojo.

A lo largo de los días siguientes Jin-ming siguió viviendo con mi padre, pero yo permanecí en la nueva vivienda de mi madre para contribuir a su cuidado. En la habitación contigua vivía un joven líder Rebelde perteneciente al distrito de mi madre. Yo no le había saludado porque dudaba si querría que le dirigiera la palabra alguien perteneciente a la familia de un seguidor del capitalismo, pero para mi gran sorpresa nos saludó con normalidad la primera vez que nos encontramos. Aunque era algo envarado, trataba a mi madre con cortesía, lo que constituía un enorme alivio después de la altiva frialdad de los Rebeldes del departamento de mi padre.

Una mañana, pocos días después de nuestro traslado, mi madre se estaba lavando la cara bajo los canalones debido a la falta de espacio en el interior cuando aquel hombre le propuso si querría intercambiar las habitaciones, ya que la suya era el doble de grande que la nuestra. Nos mudamos aquella misma tarde. También nos ayudó a conseguir otra cama, lo que nos permitía dormir con cierta comodidad. Nos sentimos profundamente conmovidas.

Aquel joven sufría una intensa bizquera, y tenía una novia muy guapa que se quedaba a dormir con él (algo inusitado en aquella época). A ninguno de ellos parecía importarle que lo supiéramos. Claro está que ningún seguidor del capitalismo se encontraba en situación de andar contando chismes. Cuando me topaba con ellos por las mañanas siempre me obsequiaban con una amable sonrisa que revelaba lo felices que eran. Fue entonces cuando me di cuenta de que la gente se torna bondadosa con la felicidad.

Cuando mejoró la salud de mi madre, regresé junto a mi padre. El apartamento estaba en un estado lamentable: las ventanas estaban rotas y había trozos de mobiliario y de tela quemada por todo el suelo. Mi padre parecía indiferente a mi presencia allí; se limitaba a pasear incesantemente de un lado a otro. Me acostumbré a echar el pestillo de mi puerta por las noches debido a que como no podía dormir se empeñaba en dirigirme interminables charlas sin sentido. Sin embargo, había un pequeño ventanuco sobre la puerta que no podía cerrarse, y una noche me desperté y le vi deslizarse a través de la diminuta abertura y saltar ágilmente al suelo. No obstante, no me prestó la más mínima atención, sino que se limitó a alzar diversos muebles de robusta caoba y dejarlos caer con apenas esfuerzo. En su locura, había adquirido una agilidad y fuerza sobrehumanas. Permanecer junto a él era una pesadilla. En numerosas ocasiones experimenté el deseo de correr junto a mi madre, pero no lograba decidirme a abandonarle.

En una o dos ocasiones me abofeteó, cosa que nunca había hecho anteriormente. En esos casos, yo corría a esconderme en el jardín trasero situado bajo el balcón del apartamento y, aterida por el frío de aquellas noches de primavera, aguardaba desesperadamente el silencio que indicaría que se había dormido.

Un día, le eché de menos. Asaltada por un presentimiento, salí corriendo de casa. Un vecino que vivía en el piso superior descendía en ese momento por las escaleras. Hacía ya algún tiempo que, para evitar problemas, habíamos dejado de saludarnos, pero en aquella ocasión dijo: «He visto a tu padre saliendo al tejado.»

Nuestro edificio tenía cinco pisos. Subí corriendo a la planta superior. Allí, en el rellano izquierdo, se abría un pequeño ventanuco que daba a la plana azotea de tablillas del edificio contiguo, de cuatro pisos de altura. Sus bordes estaban protegidos por una pequeña barandilla de hierro. Mientras intentaba trepar a través de la ventana pude ver a mi padre junto al borde de la azotea, y creí advertir que alzaba una pierna sobre la barandilla.

–¡Padre! –grité, intentando prestar un acento normal a mi voz temblorosa. Mi instinto me decía que no debía alarmarle.

Tras una pausa, se volvió hacia mí.

–¿Qué estás haciendo aquí?

–Ven. Ayúdame a pasar por la ventana, por favor.

De algún modo, logré persuadirle para que se apartara del borde de la azotea, asir su mano y conducirle al interior del rellano. Estaba temblando. De repente, algo parecía haber cambiado en él, y su habitual estupor indiferente y la intensa introspección con que solía girar los ojos en las órbitas se habían visto sustituidos por una expresión casi normal. Me acompañó escaleras abajo, me depositó en un sofá e incluso fue a buscar una toalla con la que enjugarme las lágrimas. Sin embargo, aquellos síntomas de normalidad duraron poco. Antes de que pudiera reponerme de la impresión me vi obligada a incorporarme apresuradamente y echar a correr, ya que había alzado la mano dispuesto a golpearme.

En lugar de proporcionarle tratamiento médico, los Rebeldes se dedicaron a utilizar su locura como fuente de entretenimiento. Los carteles comenzaron a incluir de modo esporádico un serial titulado «La historia interior del loco Chang». Sus autores, miembros del departamento de mi padre, recurrían a todo tipo de sarcasmos para ridiculizarle. Los carteles solían pegarse en un lugar preferente situado junto a la entrada del departamento, por lo que atraían gran número de interesados lectores. Yo solía forzarme a leerlos, aunque era consciente de las miradas de los demás, muchos de los cuales sabían quién era. Podía oír los susurros que dirigían a quienes ignoraban mi identidad. Mi corazón temblaba por la ira y por el dolor insoportable que sentía por mi padre, pero sabía que sus perseguidores serían informados de mis reacciones, por lo que intentaba mantener la calma y demostrarles que no podían desmoralizarnos. No experimentaba miedo ni humillación: tan sólo desprecio hacia ellos.

¿Qué era lo que había convertido a las personas en monstruos? ¿Cuál era el motivo de aquella brutalidad sin sentido? Fue durante aquel período cuando comenzó a debilitarse mi devoción por Mao. Anteriormente había visto a gente perseguida sin poseer la certeza de su inocencia, pero conocía bien a mis padres. Mi mente comenzó a verse asaltada por dudas acerca de la infalibilidad de Mao. Como muchas otras personas, no obstante, en aquella época solía culpar fundamentalmente a su esposa y a la Autoridad de la Revolución Cultural. El propio Mao, el divino Emperador, continuaba libre de cualquier sospecha.

Con cada día que pasaba fuimos siendo testigos del deterioro físico y mental de mi padre. Mi madre acudió una vez más a Chen Mo en demanda de ayuda, y él prometió hacer cuanto pudiera. Aguardamos, pero no sucedió nada: su silencio significaba que habían debido de fracasar en sus intentos por obtener de los Ting permiso para dar tratamiento a mi padre. Desesperada, mi madre acudió al cuartel general del Chengdu Rojo para hablar con Yan y Yong.

El grupo dominante de la Facultad de Medicina de Sichuan formaba parte del Chengdu Rojo. Adosado a la facultad, había un hospital psiquiátrico en el que mi padre podía ser internado a una palabra del cuartel general del Chengdu Rojo. Yan y Yong se mostraron sumamente comprensivos, pero le dijeron que tendrían que convencer a sus camaradas.

Las consideraciones humanitarias habían sido condenadas por Mao como «hipocresía burguesa», y ni que decir tiene que no cabía demostrar compasión alguna por los «enemigos de clase». Yan y Yong tuvieron que buscar un motivo político para justificar que mi padre recibiera tratamiento, y encontraron uno magnífico: dado que estaba siendo perseguido por los Ting, sería probablemente capaz de proporcionar nuevas armas en contra suya, acaso incluso contribuir a su caída. Ello, por su parte, podría provocar el derrumbamiento del 26 de Agosto.

Existía otro motivo. Mao había dicho que los nuevos Comités Revolucionarios debían contar con funcionarios revolucionarios además de con Rebeldes y miembros de las fuerzas armadas. Tanto el Chengdu Rojo como el 26 de Agosto intentaban a la sazón encontrar funcionarios que pudieran representarlos en el Comité Revolucionario de Sichuan. Asimismo, los Rebeldes estaban empezando a comprobar cuán complicada era la actividad política y qué tarea tan desalentadora era gobernar la administración. Necesitaban el consejo de políticos competentes. El Chengdu Rojo consideró que mi padre era un candidato ideal y aprobó que le fuera prestado tratamiento médico.

El Chengdu Rojo sabía que mi padre había sido denunciado por proferir blasfemias contra Mao y la Revolución Cultural, y también que había sido condenado por la propia señora Mao. Sin embargo, tales acusaciones tan sólo habían sido expresadas por sus enemigos en carteles murales en los que la verdad y la mentira aparecían a menudo confundidas. Podían, por tanto, hacer caso omiso de ellas.

Mi padre fue admitido en el hospital mental de la Facultad de Medicina de Sichuan, situado en los suburbios de Chengdu y rodeado de campos de arroz. Sobre sus muros de ladrillo y la verja principal de hierro oscilaban las hojas de los bambúes. Una segunda verja aislaba un patio vallado y cubierto de verde musgo que constituía la zona residencial destinada a médicos y enfermeras. Al final del patio, un pequeño tramo de escalones de arenisca conducía a uno de los costados de un edificio de dos plantas desprovisto de ventanas y flanqueado por altas y sólidas paredes. Se trataba del pabellón psiquiátrico, y las escaleras constituían el único acceso a su interior.

Los dos enfermeros que acudieron a recoger a mi padre, ataviados con un atuendo corriente, le dijeron que estaban encargados de conducirle a una nueva asamblea de denuncia. Cuando llegaron al hospital, mi padre comenzó a debatirse intentando huir. Le arrastraron hasta un cuartito vacío y cerraron la puerta tras él para evitar que mi madre y yo hubiéramos de ser testigos de cómo le colocaban la camisa de fuerza. Sentí que se me partía el corazón al verle tratado con tanta brusquedad, pero sabía que era por su propio bien.

El psiquiatra, doctor Su, era un hombre de treinta y tantos años dotado de rostro amable y aspecto competente. Dijo a mi madre que mantendría a mi padre en observación durante una semana antes de emitir su diagnóstico. Concluido el plazo, anunció la conclusión a la que había llegado: esquizofrenia. A mi padre le fueron aplicadas descargas eléctricas y se le administraron inyecciones de insulina, para todo lo cual había que atarle fuertemente a la cama. Al cabo de pocos días, comenzó a recobrar la cordura. Con lágrimas en los ojos, suplicó a mi madre que interviniera ante el doctor para que éste cambiara el tratamiento.

–Es tan doloroso... –dijo, y su voz se quebró–. Es peor que la muerte.

El doctor Su, no obstante, dijo que no existía otro camino.

La siguiente vez que vi a mi padre, éste estaba sentado en la cama charlando con mi madre, Yan y Yong. Todos sonreían. Mi padre incluso se reía. Parecía hallarse bien de nuevo, y me vi obligada a fingir que tenía que acudir al lavabo para que no me viera enjugarme las lágrimas.

Siguiendo las órdenes del Chengdu Rojo, mi padre recibía una alimentación especial y contaba con los servicios ininterrumpidos de una enfermera. Yan y Yong le visitaban con frecuencia acompañados por algunos miembros de su departamento que sentían compasión por él y habían sido también sometidos a asambleas de denuncia por el grupo de la señora Shau.

Mi padre sentía un gran afecto por Yan y Yong y, aunque sabía disimularlo, era consciente de que ambos jóvenes estaban enamorados y solía bromear cariñosamente con ellos al respecto, lo que divertía a ambos considerablemente. Por fin, pensé, había pasado la pesadilla; ahora que mi padre estaba bien, podíamos enfrentarnos juntos a cualquier desastre.

El tratamiento duró unos cuarenta días. A mediados de julio había recobrado la normalidad. Tras ser dado de alta, él y mi madre fueron trasladados a la Universidad de Chengdu, donde se les concedió una suite emplazada en un pequeño patio independiente. Junto a la verja se montó una guardia de estudiantes. Se le proporcionó un seudónimo y se le dijo que, por su propia seguridad, no debía salir del patio durante el día. Mi madre se encargaba de ir a buscar la comida de ambos a una cocina especial. Yan y Yong acudían a visitarle a diario, al igual que el resto de los líderes del Chengdu Rojo, todos los cuales se mostraban sumamente corteses.

Yo también los visitaba a menudo, para lo cual había de pedalear durante una hora en una bicicleta prestada. Mi padre parecía tranquilo, y no cesaba de repetir cuán agradecido se sentía hacia aquellos estudiantes que habían hecho posible su tratamiento.

Cuando oscurecía se le permitía salir, y él aprovechaba para dar largos paseos en silencio por el campus, seguido a cierta distancia por un par de guardias. Solíamos recorrer los senderos bordeados por setos de jazmín cuyas flores, del tamaño de un puño, despedían una poderosa fragancia al ser agitadas por la brisa del verano. Alejados del terror y la violencia, nos parecía vivir un sueño de serenidad. Yo era consciente de que aquello era una prisión para mi padre, pero deseaba que nunca tuviera que abandonarla.

En verano de 1967, las luchas entre las facciones Rebeldes habían aumentado hasta convertirse en una miniguerra civil extendida por todo el país. El antagonismo entre los diversos grupos Rebeldes era notablemente más intenso que su supuesta cólera contra los seguidores del capitalismo debido a que todos ellos luchaban con uñas y dientes por obtener el poder. Kang Sheng –jefe de inteligencia de Mao– y la señora Mao encabezaban los constantes intentos de la Autoridad de la Revolución Cultural por excitar aún más los ánimos refiriéndose a las luchas entre facciones como «una extensión de la lucha entre los comunistas y el Kuomintang» sin especificar qué grupo representaba a quién. Las Autoridades de la Revolución Cultural ordenaron al Ejército que armara a los Rebeldes para permitir su autodefensa, aunque sin especificar tampoco a qué facciones debía apoyar. Así, inevitablemente, las distintas unidades militares armaron a diferentes facciones según las preferencias de cada una.

Las fuerzas armadas se encontraban ya notablemente soliviantadas, debido a que Lin Biao se encontraba ocupado en sus intentos por purgar a sus oponentes y sustituirlos por sus propios hombres. Por fin, Mao se dio cuenta de que no podía permitirse el lujo de una situación de inestabilidad en el seno del Ejército y frenó a Lin Biao. No obstante, su opinión parecía dividida en lo que se refería a las luchas internas entre los Rebeldes. Por una parte, quería que las distintas facciones se mantuvieran unidas con objeto de poder afianzar su estructura personal de poder. Por otra, parecía incapaz de reprimir su amor por la lucha: a medida que los sangrientos combates iban extendiéndose por toda China, dijo: «No es mala cosa que los jóvenes adquieran cierta práctica en el uso de las armas: hace demasiado tiempo que no teníamos una guerra.»

En Sichuan las batallas fueron especialmente feroces, debido en parte a que la provincia constituía el núcleo de la industria armamentística china. Ambos bandos se aprovisionaban de carros de combate, vehículos acorazados y artillería que extraían de las cadenas de producción y los almacenes. El otro motivo eran los Ting, decididos a eliminar a sus oponentes. En Yibin se produjeron feroces enfrentamientos con fusiles, granadas, morteros y ametralladoras. Tan sólo en la ciudad de Yibin murieron más de cien personas. Por fin, el Chengdu Rojo se vio obligado a abandonar la ciudad.

Muchos se trasladaron a la vecina ciudad de Luzhou, uno de los baluartes del Chengdu Rojo. Los Ting despacharon una fuerza compuesta por más de cinco mil miembros del 26 de Agosto con órdenes de atacar la ciudad y, al cabo, los asaltantes la conquistaron tras causar más de trescientos muertos y numerosos heridos.

Tales eran las circunstancias cuando el Chengdu Rojo solicitó de mi padre tres cosas: que anunciara su apoyo personal al grupo, que les dijera cuanto supiera acerca de los Ting y que se convirtiera en su asesor para luego representarles en el Comité Revolucionario de Sichuan.

Él se negó. Dijo que no podía respaldar a un grupo en contra de otro, ni tampoco suministrarles información de los Ting, ya que con ello podría agravar la situación y crear aún más animosidad. Igualmente, se negó a representar a una facción dentro del Comité Revolucionario de Sichuan. De hecho, dijo, no sentía las más mínimas ganas de pertenecer a él.

La amistosa atmósfera que reinaba entre él y el Chengdu Rojo se ensombreció. Los jefes del Chengdu Rojo estaban divididos. Algunos de ellos decían que nunca habían conocido a nadie tan increíblemente obstinado y perverso. Mi padre había sido perseguido casi hasta el borde de la muerte y, no obstante, se negaba a permitir a otros que le vengaran. Se atrevía a oponerse a los poderosos Rebeldes que le habían salvado la vida y rechazaba una oferta destinada a rehabilitarle y devolverle al poder. Furiosos y exasperados, algunos gritaban: «¡Démosle una buena paliza! ¡Rompámosle al menos un par de huesos para darle una lección!»

Yan y Yong, sin embargo, le defendieron, al igual que algunos otros. «No es fácil encontrarse con personajes como él –dijo Yong–. No debemos castigarle. No se doblegaría ni aunque lo apaleáramos hasta la muerte. Torturarle, además, no haría sino arrojar la vergüenza sobre nosotros. ¡Se trata de un hombre de principios!»

A pesar de las amenazas de recibir una paliza y de la gratitud que sentía hacia estos Rebeldes, mi padre se negó a actuar en contra de sus principios. Una noche, a finales de septiembre de 1967, un automóvil le trasladó a su casa en compañía de mi madre. Yan y Yong ya no podían protegerles. Tras acompañarlos, se despidieron de ellos.

Mis padres cayeron de inmediato en manos de los Ting y del grupo de la señora Shau. Los Ting dejaron bien claro que el futuro de los miembros de la organización dependería de la actitud que cada uno adoptara frente a mis padres. A la señora Shau se le prometió que ocuparía en el próximo Comité Revolucionario de Sichuan un puesto equivalente al de mi padre si lograba que éste fuera concienzudamente aniquilado. Todos cuantos mostraron simpatía hacia él fueron asimismo condenados.

Un día se presentaron en nuestro apartamento dos hombres del grupo de la señora Shau para llevarse a mi padre a una nueva asamblea. Algo más tarde, regresaron y nos dijeron a mí y a mis hermanos que acudiéramos a recogerle a su departamento.

Encontramos a mi padre reclinado contra un muro del patio del departamento. Su postura revelaba que había intentado ponerse de pie. Tenía el rostro negruzco, amoratado e increíblemente hinchado, y le habían afeitado la mitad de la cabeza con evidente violencia.

No había habido asamblea de denuncia. Tras llegar a la oficina, había sido inmediatamente arrojado al interior de un cuartucho y media docena de robustos extraños se habían arrojado sobre él. Le habían golpeado y pateado en toda la parte inferior del cuerpo, especialmente en los genitales. Le habían insuflado agua en la garganta y la nariz y habían saltado sobre su vientre. Su cuerpo había expulsado agua, sangre y excrementos y, al fin, se había desvanecido.

Al volver en sí, los matones habían desaparecido. Mi padre se sentía terriblemente sediento. Salió arrastrándose de la habitación y sorbió un poco de agua de un charco del patio. Intentó ponerse en pie, pero se sentía incapaz de mantener el equilibrio. Aunque había diversos miembros del grupo de la señora Shau en el patio, nadie había movido un dedo para ayudarle.

Los matones procedían de la facción del 26 de Agosto en Chongqing, distante unos doscientos cincuenta kilómetros de Chengdu. En aquella ciudad se habían producido varios combates en gran escala, con disparos de artillería pesada desde la otra orilla del Yangtzê. El 26 de Agosto había sido expulsado de la ciudad y muchos de sus miembros habían huido a Chengdu, donde algunos hallaron alojamiento en nuestro complejo. Se mostraban inquietos y frustrados, y habían dicho al grupo de la señora Shau que sus puños ardían de deseos de terminar con la existencia vegetativa que llevaban y probar la carne y la sangre. En vista de ello, se les había ofrecido a mi padre como víctima.

Aquella noche, mi padre, quien jamás hasta entonces se había quejado de sus palizas, gritaba de dolor. A la mañana siguiente, mi hermano Jin-ming, que entonces tenía catorce años, corrió a la cocina del complejo tan pronto como ésta abrió sus puertas para pedir prestado un carro con el que transportarle al hospital. Xiao-hei, de trece años de edad, salió a comprar una maquinilla y terminó de cortar los cabellos que aún remataban la cabeza medio afeitada de mi padre. Éste sonrió valientemente al contemplar su cabeza desnuda en el espejo. «Esto está bien. Así no tendré que preocuparme por que me tiren del pelo en la próxima asamblea de denuncia.»

Subimos a mi padre al carro y lo arrastramos hasta un hospital ortopédico cercano. Aquella vez no precisábamos autorización para que le trataran, ya que sus dolencias no tenían nada que ver con la mente. Las enfermedades mentales constituían un campo sumamente delicado, pero los huesos no tenían color ni ideología. El médico se mostró muy amable. Cuando advertí el cuidado con que trataba a mi padre, sentí un nudo en la garganta. Había sido testigo de demasiada violencia y de demasiados golpes, y no estaba habituada a la gentileza.

El médico dijo que mi padre tenía dos costillas rotas, pero que no podía quedar hospitalizado, ya que para ello era preciso contar con una autorización. Además, el hospital tenía más heridos graves de los que podía atender. Se encontraba atestado de gente que había resultado herida en las asambleas de denuncia y las luchas entre facciones. Sobre una camilla pude ver a un joven al que le faltaba un tercio de la cabeza. Su compañero nos dijo que había resultado alcanzado por una granada.

Mi madre acudió una vez más a ver a Chen Mo, y le pidió que intercediera ante los Ting para que pusieran término a las palizas de mi padre. Pocos días después, Chen dijo a mi madre que los Ting se mostraban dispuestos a «perdonar» a mi padre si éste redactaba un cartel mural cantando las alabanzas de los «buenos funcionarios» Liu Jie-ting y Zhang Xi-ting. Subrayó el hecho de que ambos acababan de ver renovado el apoyo explícito y completo de la Autoridad de la Revolución Cultural, y que Zhou Enlai había declarado específicamente que consideraba a los Ting buenos funcionarios. Continuar oponiéndose a ellos, dijo Chen, equivaldría a «arrojar huevos contra una roca». Cuando mi madre se lo dijo a mi padre, éste repuso.

–No hay nada bueno que pueda decirse acerca de ellos.

–¡Pero esta vez no se trata de tu trabajo, ni tan siquiera de tu rehabilitación! –imploró ella, sollozante–. ¡Esta vez se trata de tu vida! ¿Qué es un cartel comparado con la vida?

–No venderé mi alma –fue la respuesta de mi padre.

Durante más de un año, hasta finales de 1968, mi padre y la mayoría de los antiguos altos funcionarios del Gobierno provincial sufrieron frecuentes detenciones. Nuestro apartamento era asaltado y registrado constantemente. Las detenciones habían pasado a conocerse como «Cursos para el estudio del pensamiento de Mao Zedong». La presión ejercida durante dichos «cursos» era tal que muchos se plegaron a la voluntad de los Ting, mientras que algunos otros se suicidaron. Mi padre, sin embargo, jamás accedió a las demandas de los Ting para trabajar con ellos. Más tarde habría de confesar cuánto le había ayudado poder contar con el afecto de su familia. La mayor parte de los que se habían suicidado lo habían hecho tras verse repudiados por sus familiares. Nosotros visitábamos a mi padre en su prisión siempre que se nos permitía hacerlo, lo que ocurría rara vez, y le arropábamos con nuestro afecto durante las cortas estancias que pasaba en casa.

Los Ting sabían que mi padre amaba profundamente a mi madre, por lo que trataron de quebrar su resistencia sirviéndose de ella. La presionaban insistentemente para que le denunciara. Al fin y al cabo, mi madre tenía numerosos motivos para sentir rencor contra él. Cuando se casaron, no había invitado a su futura suegra a la boda. Había permitido que recorriera cientos de kilómetros a pie hasta el agotamiento, y no había mostrado demasiada compasión por ella durante sus crisis. En Yibin, se había negado a permitir su traslado a un hospital mejor para enfrentarse a un parto difícil, y siempre había dado al Partido y a la revolución prioridad sobre ella. Ella, sin embargo, había comprendido y respetado a mi padre y, sobre todo, nunca había dejado de amarle, por lo que estaba especialmente dispuesta a apoyarle durante aquellos momentos difíciles. Ningún sufrimiento habría podido convencerla para denunciarle.

Incluso los miembros de su propio departamento hicieron oídos sordos a las órdenes de atormentarla procedentes de los Ting. No obstante, el grupo de la señora Shau las obedeció con entusiasmo, al igual que otras organizaciones que no tenían nada que ver con ella. En total, hubo de soportar aproximadamente un centenar de asambleas de denuncia. En una ocasión, fue trasladada a una asamblea de denuncia celebrada ante decenas de miles de personas en el Parque del Pueblo del centro de Chengdu. La mayoría de los participantes ignoraban de quién se trataba, ya que no era lo bastante importante para merecer tan multitudinario evento.

Mi madre fue condenada por toda clase de acusaciones, entre las que destacaba la circunstancia de que su padre hubiera sido un general de los señores de la guerra. El hecho de que el general Xue hubiera muerto cuando ella apenas contaba dos años de edad no suponía la menor diferencia.

En aquellos días, todo seguidor del capitalismo tenía a uno o más equipos encargados de investigar sus antecedentes hasta el más mínimo detalle, ya que Mao quería comprobar concienzudamente el historial de todos aquellos que trabajaran para él. Según las épocas, mi madre llegó a tener hasta cuatro equipos diferentes investigando su pasado. El último de ellos estaba compuesto por unas quince personas que fueron enviadas a distintos lugares de China. Gracias a aquellas investigaciones, mi madre pudo enterarse del paradero de sus viejos amigos y parientes, con los que había perdido el contacto muchos años atrás. La mayor parte de los investigadores se limitaron a realizar viajes de turismo y regresaron sin traer consigo nada incriminatorio. Uno de los grupos, sin embargo, volvió con una «exclusiva».

En Jinzhou, allá por los años cuarenta, el doctor Xia había alquilado una habitación al agente comunista Yu-wu, antiguo controlador de mi madre y encargado de reunir información militar y sacarla clandestinamente de la ciudad. El controlador del propio Yu-wu –entonces desconocido para mi madre– había fingido entonces trabajar para el Kuomintang, y durante la Revolución Cultural había sido sometido a fuertes presiones y luego atrozmente torturado para que confesara ser un espía del Kuomintang. Por fin, había terminado por «confesar», inventándose para ello un círculo de espionaje en el que Yu-wu se encontraba incluido.

Yu-wu fue asimismo ferozmente torturado. Para evitar tener que incriminar a otras personas, se suicidó cortándose las venas, y no llegó a mencionar a mi madre. No obstante, el equipo de investigación descubrió su relación y afirmó que también ella había formado parte del círculo de espías.

Salieron a relucir sus contactos de adolescencia con el Kuomintang. Todas las preguntas que ya había tenido que responder en 1955 le fueron planteadas de nuevo. Aquella vez, sin embargo, no perseguían una respuesta. Mi madre recibió sencillamente la orden de admitir que había trabajado como espía para el Kuomintang. Ella argumentó que la investigación de 1955 había demostrado su inocencia, pero se le dijo que el propio investigador jefe de entonces, el señor Kuang, había sido a su vez un traidor y un espía del Kuomintang.

El señor Kuang había sido encarcelado por el Kuomintang en sus años de juventud. El Kuomintang había prometido la liberación a varios comunistas clandestinos si éstos firmaban sus retractaciones que luego serían publicadas por el periódico local. Al principio, tanto él como sus camaradas se habían negado, pero el Partido les dijo que aceptaran. El Partido –dijeron– los necesitaba, y no le importaba que realizaran «declaraciones anticomunistas» insinceras. El señor Kuang obedeció las órdenes recibidas y fue puesto en libertad.

Muchos otros ya habían hecho lo propio. Hubo un célebre caso, acaecido en 1936, en el que sesenta y un comunistas encarcelados obtuvieron así la libertad. La orden de «retractarse» había partido del Comité Central del Partido, y fue transmitida por Liu Shaoqi. Con el tiempo, algunas de aquellas sesenta y una personas llegaron a alcanzar puestos en el alto funcionariado del Gobierno comunista, y entre ellos hubo viceprimer ministros, ministros y secretarios generales de diversas provincias. Durante la Revolución Cultural, la señora Mao y Kang Sheng los acusaron de ser sesenta y un traidores y espías de primer orden. El veredicto fue corroborado personalmente por Mao, y todas aquellas personas se vieron sometidas a los más crueles suplicios. Incluso personas que tan sólo se habían visto remotamente relacionadas con ellos hubieron de enfrentarse a terribles problemas.

Siguiendo aquel precedente, cientos de miles de antiguos trabajadores clandestinos y de sus contactos –entre ellos, algunos de los hombres y mujeres que con más valentía habían luchado por una China comunista– fueron acusados de ser traidores y espías y hubieron de sufrir detenciones, brutales asambleas de denuncia y la tortura. Según una crónica oficial posterior, más de catorce mil personas hallaron la muerte en Yunnan, la provincia vecina a Sichuan. En Hebei, la provincia que se extiende en torno a Pekín, hubo ochenta y cuatro mil detenidos y torturados, miles de los cuales murieron. Años después, mi madre supo que su primer novio –el primo Hu– se encontraba entre ellos. Ella le suponía ejecutado por el Kuomintang, pero lo cierto era que su padre había comprado su libertad con lingotes de oro. Nadie quiso decirle jamás cómo había muerto.

El señor Kuang fue acusado en términos similares. Sometido a tortura, intentó sin éxito suicidarse. El hecho de que en 1956 hubiera levantado los cargos existentes contra mi madre fue considerado como prueba de la culpabilidad de ésta. Así, fue sometida durante casi dos años –desde finales de 1967 hasta octubre de 1969– a diversas modalidades de detención. Sus condiciones dependían en gran parte de sus guardianes. Algunos se mostraban amables con ella... cuando se encontraban a solas. Uno de ellos, la esposa de un oficial del Ejército, le consiguió medicamentos para controlar sus hemorragias. Asimismo, pidió a su marido, quien entonces tenía acceso a suministros especiales de alimentos, que proveyera a mi madre de leche, huevos y pollo todas las semanas.

Gracias a guardianes bondadosos como ella, mi madre fue autorizada en varias ocasiones a pasar temporadas de pocos días en su casa. Aquello, no obstante, llegó a oídos de los Ting, y sus piadosas guardianas fueron sustituidas por una mujer de expresión amarga a la que mi madre no había visto nunca y que se dedicó a atormentarla y torturarla por el simple placer de hacerlo. Cuando le apetecía, obligaba a mi madre a salir al patio y permanecer doblada sobre sí misma durante horas. En invierno, solía forzarla a arrodillarse sobre un charco de agua fría hasta que se desvanecía. En dos ocasiones le aplicó un castigo conocido como el «banco del tigre»: mi madre era obligada a sentarse sobre un estrecho banco con las piernas extendidas frente a ella. A continuación, le ataban el torso a una columna y los muslos al banco de tal modo que le resultaba imposible mover o doblar las piernas. Por fin, iban introduciéndole ladrillos a presión bajo los tobillos. La intención era llegar a romperle las rodillas o los huesos de la cadera. Se trataba del mismo tormento con el que, veinte años antes, le habían amenazado en las cámaras de tortura del Kuomintang. El «banco del tigre», no obstante, hubo de cesar debido a que la guardiana necesitaba que los hombres la ayudaran a introducir los ladrillos; algunos la ayudaron a regañadientes en un par de ocasiones pero, al fin, terminaron por negarse a colaborar con ella. Algunos años después, se dictaminó que la mujer era una psicópata. Hoy en día se encuentra recluida en un hospital psiquiátrico.

Mi madre firmó numerosas «confesiones» en las que admitía haber simpatizado con la «vía capitalista». Sin embargo, rehusó denunciar a mi padre y negó todos los cargos de espionaje que se le imputaron, ya que sabía que habrían de llevar inevitablemente a incriminar a otras personas.

Con frecuencia se nos prohibía verla durante sus detenciones, y a veces ni siquiera sabíamos dónde se encontraba. En tales ocasiones, yo solía pasear por las cercanías de los lugares más probables con la esperanza de verla.

Hubo un período durante el que permaneció detenida en un cine vacío situado en la principal calle comercial de la ciudad. De cuando en cuando se nos permitía entregar a los guardianes algún paquete para ella o visitarla durante unos pocos minutos, si bien nunca a solas. Cada vez que coincidíamos con las horas de servicio de los guardianes más feroces nos veíamos obligadas a charlar bajo las gélidas miradas de los mismos. Un día de otoño de 1968 acudí a llevarle un paquete de comida y se me dijo que no podía ser aceptado. No me dieron motivo alguno, pero me ordenaron no volver a llevar nada más. Cuando mi abuela se enteró, sufrió un desvanecimiento, creyendo que mi madre había muerto.

Resultaba insoportable no saber qué le había pasado. Cogí de la mano a mi hermano Xiao-fang, quien a la sazón contaba seis años, y acudí al cine. Ambos nos dedicamos a pasear arriba y abajo frente a la puerta de la calle mientras escudriñábamos las ventanas del segundo piso. Desesperados, gritamos, «¡Madre! ¡Madre!» a pleno pulmón una y otra vez. Los viandantes nos miraban, pero yo hacía caso omiso de ellos. Tan sólo deseaba verla. Mi hermano se echó a llorar, pero mi madre no apareció.

Algunos años más tarde, me dijo que nos había oído. De hecho, su guardiana psicópata había entreabierto ligeramente la ventana para que nuestras voces llegaran hasta ella con más claridad. Le dijo que si aceptaba denunciar a mi padre y confesar que era una espía del Kuomintang nos llevarían junto a ella inmediatamente. «De otro modo –añadió la guardiana–, es posible que jamás salgas viva de este edificio.» Mi madre se negó, y durante la conversación mantuvo las uñas clavadas en la palma de sus manos para contener las lágrimas.

21

«Dar carbón en la nieve»

Mis hermanos y mis amigos

(1967-1968)

Durante 1967 y 1968, Mao luchó por afianzar su sistema de poder personal y mantuvo a sus víctimas –entre ellas mis padres– en un estado de incertidumbre y sufrimiento. La angustia humana no le preocupaba. La existencia de la gente no se justificaba sino como medio para ayudarle a conseguir sus planes estratégicos. Su propósito, no obstante, no era el de llevar a cabo un genocidio, y mi familia, al igual que otras muchas víctimas, no se vio deliberadamente desprovista de alimentos. Mis padres continuaron recibiendo sus salarios todos los meses a pesar de que no sólo no estaban realizando trabajo alguno sino que estaban siendo denunciados y atormentados. La cantina principal del complejo funcionaba normalmente para permitir a los Rebeldes continuar con su revolución, y también nosotros, al igual que las familias de otros seguidores del capitalismo, podíamos obtener comida. Disfrutábamos de las mismas raciones estatales que el resto de los habitantes de las ciudades.

La revolución mantenía a gran parte de la población urbana en estado de espera. Mao quería que los habitantes lucharan, pero también que vivieran. Así, procuraba proteger a su inapreciable primer ministro Zhou Enlai para que mantuviera el funcionamiento normal de la economía. Sabía que necesitaba contar con otro administrador de calidad como reserva en caso de que algo le ocurriera a Zhou, por lo que mantuvo a Deng Xiaoping relativamente a salvo. No podía permitir que el país se derrumbara totalmente.

A medida que avanzaba la revolución, sin embargo, grandes sectores de la economía se paralizaron. La población urbana crecía en decenas de millones de personas, pero en las ciudades apenas se construían nuevas viviendas e instalaciones. Casi todo –desde la sal, la pasta de dientes y el papel higiénico hasta los alimentos y la ropa– hubo de ser racionado o desapareció por completo. En Chengdu faltó el azúcar durante un año, y durante seis meses fue imposible obtener una sola pastilla de jabón.

La escolarización se interrumpió a partir de junio de 1966. Los maestros o bien habían sido denunciados o bien estaban ocupados en la organización de sus propios grupos Rebeldes. La falta de escuelas implicaba la falta de control aunque, ¿qué podíamos hacer con nuestra libertad? Prácticamente no había libros, ni música, ni cine, ni teatro, ni museos ni casas de té; no había modo de mantenerse ocupado con excepción de los naipes, los cuales, a pesar de no haber sido oficialmente aprobados, comenzaron a reaparecer con gran cautela. A diferencia de lo sucedido en numerosas revoluciones, en la de Mao apenas había nada que hacer. Ni que decir tiene que la Guardia Roja se convirtió en la ocupación constante de numerosos jóvenes. El único modo en que éstos podían dar rienda suelta a su energía y su frustración consistía en celebrar violentas denuncias y enzarzarse en batallas físicas y verbales los unos con los otros.

El alistamiento en la Guardia Roja no era obligatorio. Tras la desintegración del sistema del Partido el control de los individuos se había relajado, y a la mayor parte de los habitantes se los dejaba en paz. Muchas personas se limitaban a permanecer ociosas en sus hogares, lo que entre otras cosas tenía como resultado el estallido de frecuentes rencillas. La amabilidad y cortesía de los días anteriores a la Revolución Cultural se vieron sustituidas por una actitud de hosquedad generalizada. Las discusiones callejeras con tenderos, conductores de autobús y peatones comenzaron a ser algo corriente. Otra de las consecuencias fue una explosión demográfica resultante de la falta de control sobre la natalidad. Durante la Revolución Cultural, la población china se incrementó en doscientos millones de personas.

A finales de 1966, mis hermanos adolescentes y yo habíamos decidido que estábamos hartos de ser guardias rojos. Se esperaba de los hijos de familias condenadas que «trazaran una línea» entre ellos y sus progenitores, y muchos de ellos lo hicieron. Una de las hijas del presidente Liu Shaoqi se dedicó a escribir carteles murales «desenmascarando» a su padre. Conocí a niños que se cambiaron el apellido para demostrar que repudiaban a sus padres, otros que se negaron a visitar a sus padres detenidos y algunos que incluso se prestaron a participar en asambleas de denuncia contra los mismos.

En cierta ocasión, durante la época en que estaba siendo sometida a fuertes presiones para divorciarse de mi padre, mi madre nos preguntó nuestra opinión. Permanecer a su lado significaba que podíamos convertirnos en negros, y todos habíamos sido testigos de los tormentos y la discriminación que éstos sufrían. Sin embargo, todos dijimos que nos mantendríamos junto a él ocurriera lo que ocurriese. Mi madre afirmó que le alegraba y enorgullecía nuestra decisión, y la devoción que sentíamos por nuestros padres se vio incrementada por nuestra empatía con sus sufrimientos, nuestra admiración hacia su integridad y valentía y el odio que sentíamos por sus torturadores. Así, llegamos a experimentar una nueva forma de respeto y de amor hacia ambos.

Crecimos con rapidez. Entre nosotros no había rivalidades, rencillas o resentimientos. Carecíamos de los problemas –así como de los placeres– propios de nuestra edad. La Revolución Cultural destruyó la adolescencia normal de los jóvenes, con todos sus obstáculos, e hizo de nosotros personas adultas y prudentes antes de superar nuestra primera juventud.

A la edad de catorce años, el amor que sentía hacia mis padres poseía una intensidad que hubiera sido imposible en circunstancias normales. Mi vida giraba por entero en torno a ellos. En las escasas ocasiones en que ambos estaban en casa solía estudiar sus estados de humor e intentaba proporcionarles una compañía alegre. Cuando estaban detenidos acudía una y otra vez a los desdeñosos Rebeldes y solicitaba que me fuera permitido visitarles. Algunas veces se me autorizaba para sentarme durante unos minutos y hablar con alguno de ellos en presencia de un guardián, y yo aprovechaba para decirles cuánto los amaba. Llegué a ser bien conocida entre los antiguos miembros del Gobierno de Sichuan y del Distrito Oriental de Chengdu, y constituía una constante fuente de irritación para los verdugos de mis padres, quienes me detestaban por no mostrar temor ante ellos. En cierta ocasión, la señora Shau gritó que «la estaba traspasando con la mirada». Enfurecidos, inventaron la acusación de que el Chengdu Rojo había proporcionado tratamiento a mi padre debido a que yo me había servido de mi cuerpo para seducir a Yong.

Aparte de hacer compañía a mis padres, solía pasar la mayor parte del abundante tiempo libre de que disponía con mis amigos. Después de regresar de Pekín, en diciembre de 1966, pasé un mes en una fábrica de mantenimiento de aviones situada en las afueras de Chengdu en compañía de Llenita y de una amiga suya llamada Ching-ching. Necesitábamos algo en lo que ocupar el tiempo y, según Mao, lo más importante que podíamos hacer era acudir a las fábricas y despertar el nacimiento de nuevas acciones rebeldes contra los seguidores del capitalismo. Las agitaciones estaban invadiendo la industria con demasiada lentitud para el gusto del líder.

Sin embargo, la única acción que nosotras despertamos fue la atención de algunos jóvenes pertenecientes al entonces ya desaparecido equipo de baloncesto de la fábrica. Pasábamos mucho tiempo paseando juntos por senderos campestres y disfrutando del intenso aroma vespertino de los primeros capullos de las judías silvestres. No obstante, no tardé en regresar a casa ante el empeoramiento de las condiciones de mis padres, dejando atrás de una vez por todas las órdenes de Mao y mi participación en la Revolución Cultural.

Mi amistad con Llenita, Ching-ching y los jugadores de baloncesto perduró. En nuestro círculo estaban también mi hermana Xiao-hong y diversas muchachas de mi escuela, todas ellas mayores que yo. Solíamos vernos con frecuencia en casa de alguna de nosotras, donde nos pasábamos el día entero –y a veces la noche– a falta de otra cosa que hacer.

Sosteníamos interminables discusiones acerca de a qué jugador gustábamos cada una de nosotras. Nuestras especulaciones solían girar en torno al capitán del equipo, un apuesto joven de diecinueve años llamado Sai. Las muchachas dudaban quién le gustaba más, si Ching-ching o yo. Se trataba de un muchacho reservado y reticente, y Ching-ching se sentía poderosamente atraída por él. Siempre que íbamos a verle solía lavarse meticulosamente la cabeza y luego peinarse sus largos cabellos; asimismo, planchaba cuidadosamente sus ropas para parecer más elegante e incluso se ponía un poco de colorete y de pintura de ojos. Las demás nos burlábamos cariñosamente de ella.

A mí también me gustaba Sai. Sentía palpitar mi corazón cada vez que pensaba en él, y a veces despertaba por la noche viendo su rostro y experimentando un calor febril. A menudo murmuraba su nombre y hablaba mentalmente con él cada vez que me sentía atemorizada o preocupada. Sin embargo, jamás revelé aquellos sentimientos ni a él ni a mis amigas; de hecho, ni siquiera los admitía ante mí misma de modo explícito, sino que me limitaba a fantasear en torno a él. Mis padres dominaban mi vida y mi pensamiento consciente, por lo que suprimía inmediatamente cualquier licencia que pudiera tomarme con respecto a mis propios asuntos como una forma de deslealtad. La Revolución Cultural me había despojado –o quizá librado– de una adolescencia normal, con sus rabietas, sus discusiones y sus novios.

Sin embargo, no era inmune a cierta vanidad. Solía coser en las rodilleras y fondillos de mis pantalones –para entonces ya de un gris desvaído– grandes retazos azules de formas abstractas teñidos con cera. Mis amigas se reían al verlos, y mi abuela, escandalizada, protestaba: «Eres la única muchacha que viste así.» Yo, sin embargo, insistía. No pretendía parecer más hermosa, pero sí diferente.

Un día, una de nuestras amigas nos dijo que sus padres, ambos distinguidos actores, se habían sentido incapaces de soportar las denuncias por más tiempo y se habían suicidado. Poco después, nos llegó la noticia de que el hermano de otra de las muchachas había hecho lo propio. El joven, estudiante de la Escuela de Aeronáutica de Pekín, había sido denunciado junto con algunos compañeros bajo la acusación de intentar organizar un partido antimaoísta. Cuando la policía acudió a arrestarle, el muchacho se arrojó desde una ventana del tercer piso. Algunos de los «conspiradores» de su grupo fueron ejecutados, y otros fueron condenados a cadena perpetua, castigos ambos habituales para cualquiera que intentara organizar alguna forma de oposición, cosa poco frecuente. Aquella clase de tragedias formaban parte de nuestra vida cotidiana.

Las familias de Llenita, Ching-ching y algunas otras no se vieron afectadas. Y todas ellas continuaron siendo amigas mías. Tampoco se vieron molestadas por los perseguidores de mis padres, quienes no podían abusar de su poder hasta ese punto. Sin embargo, seguían arriesgándose para nadar contra corriente. Mis amigas se encontraban entre los millones de personas que consideraban sagrado el código chino tradicional de lealtad: «Dar carbón en la nieve.» El hecho de contar con ellas me ayudó a superar los peores años de la Revolución Cultural.

También me proporcionaron una enorme ayuda de tipo práctico. Hacia finales de 1967 el Chengdu Rojo comenzó a atacar nuestro complejo –entonces controlado por el 26 de Agosto– y el bloque que habitábamos se convirtió en una fortaleza. Recibimos la orden de trasladarnos de nuestro apartamento, situado en el tercer piso, a unas habitaciones de la planta baja del bloque contiguo.

En aquella época, mis padres estaban detenidos. El departamento de mi padre, que normalmente se hubiera encargado de colaborar en la mudanza, se limitó en esta ocasión a darnos la orden de partir. Dado que no existían compañías de mudanza, mi familia hubiera perdido hasta las camas de no haber sido por mis amigas. Aun así, tan sólo pudimos trasladar los muebles más esenciales, dejando atrás otras cosas, como las estanterías de mi padre: apenas podíamos moverlas, y mucho menos bajarlas a lo largo de varios tramos de escaleras.

Nuestro nuevo alojamiento era un apartamento ya ocupado por los familiares de otro seguidor del capitalismo a quienes se ordenó que dejaran libre la mitad. Idéntica reorganización de viviendas estaba teniendo lugar en todo el complejo, de tal modo que pudieran utilizarse los pisos altos como puestos de mando. Mi hermana y yo compartimos una habitación. La ventana daba al entonces desierto jardín trasero, y siempre la manteníamos cerrada, ya que nada más abrirla la estancia se inundaba con el fuerte hedor procedente de las alcantarillas atascadas. Por la noche oíamos gritos de rendición procedentes del exterior de los muros del complejo, así como disparos esporádicos. Una noche me despertó el sonido de cristales rotos: una bala había entrado por la ventana para incrustarse en la pared opuesta. Curiosamente, no sentí temor alguno. Después de todos los horrores de que había sido testigo, las balas habían perdido su efecto.

Para entretenerme en algo, comencé a escribir poesía siguiendo los estilos clásicos. El primer poema que me satisfizo fue escrito el día de mi décimo sexto cumpleaños, el 25 de marzo de 1968. No hubo celebración alguna, pues tanto mi padre como mi madre seguían detenidos. Aquella noche, tendida en la cama y escuchando los disparos y las escalofriantes diatribas que escupían los altavoces de los Rebeldes, alcancé un momento decisivo de mi vida: siempre se me había dicho –y yo lo había creído–

que estaba viviendo en un paraíso terrenal llamado China Socialista completamente distinto del infierno del mundo capitalista. En ese instante, me pregunté: si esto es el paraíso, ¿cómo será el infierno? Decidí que quería comprobar por mí misma si, efectivamente, existía un lugar aún más azotado por el sufrimiento. Por primera vez, odié conscientemente el régimen bajo el que había vivido y deseé con todas mis fuerzas disponer de una alternativa.

Aun así, de un modo inconsciente, continuaba evitando pensar en Mao. Mao había formado parte de mi vida desde que era niña. Él era el ídolo, el dios, la inspiración. El propósito de mi vida se había formulado en su nombre. Apenas dos años antes hubiera sido feliz de morir por él y, aunque su mágico poder se había desvanecido en mi interior, aún le consideraba sagrado e infalible. Incluso entonces, no osé desafiarle.

Tal era mi estado de ánimo cuando compuse el poema. Escribí acerca de la muerte de mi pasado de adoctrinamiento e inocencia, comparándolo con hojas muertas arrancadas de un árbol por el viento y transportadas hasta un mundo del que no se regresa. Describí mi estupefacción al contemplar ese nuevo mundo, al no saber qué pensar ni cómo hacerlo. Era el poema de alguien que busca, que tantea en la oscuridad.

Lo tenía ya escrito y descansaba en la cama reflexionando acerca de él cuando oí golpes en la puerta. Por el sonido, supe que se trataba de un asalto domiciliario. Los Rebeldes de la señora Shau habían asaltado ya varias veces nuestro apartamento para llevarse «artículos burgueses de lujo» tales como los elegantes vestidos que mi abuela conservaba de la época precomunista, el abrigo rematado de piel que mi madre había traído de Manchuria y los trajes de mi padre, a pesar del hecho de que estos últimos eran todos del estilo Mao. Incluso llegaron a confiscar mis pantalones de lana. Solían venir una y otra vez en busca de «pruebas» contra mi padre, y yo ya me había acostumbrado a que revolvieran nuestra casa periódicamente.

Sentí una oleada de ansiedad al pensar en lo que podría ocurrir si veían mi poema. Al sufrir sus primeros ataques, mi padre había pedido a mi madre que quemara todos sus poemas; sabía que todo escrito –cualquier escrito– podía invertirse en contra de su autor. Mi madre, sin embargo, no logró decidirse a destruirlos todos, y conservó algunos que había escrito para ella. Aquellos poemas le costaron numerosas y brutales asambleas de denuncia.

En uno de los poemas, mi padre se burlaba de sí mismo por no haber logrado trepar a la cima de una montaña panorámica. La señora Shau y sus camaradas le acusaron de «lamentarse de su frustrada ambición de usurpar el liderazgo supremo de China».

En otro, describía su trabajo nocturno:

La luz brilla cada vez más blanca a medida que la noche se oscurece,
mi pluma vuela al encuentro del amanecer...

Los Rebeldes afirmaron que estaba describiendo la China socialista como una «noche oscura» y que estaba trabajando con su pluma para dar la bienvenida a un «blanco amanecer» que representaba un retorno del Kuomintang (el color blanco era un símbolo de la contrarrevolución). En aquella época, era habitual aplicar aquellas ridículas interpretaciones a los escritos de la gente, y Mao, un gran amante de la poesía clásica, nunca había pensado en la posibilidad de hacer una excepción de aquella repugnante costumbre. Escribir poesía se convirtió en una afición notablemente peligrosa.

Cuando comenzaron los golpes en la puerta, corrí apresuradamente al baño y cerré la puerta con llave mientras mi abuela acudía a abrir la puerta a la señora Shau y a su cuadrilla. Las manos me temblaban, pero me las arreglé para romper el poema en pedacitos, arrojarlo al interior del retrete y tirar de la cadena. Revisé cuidadosamente el suelo para asegurarme de que no se había caído ningún trozo. No todos los papeles, sin embargo, habían desaparecido la primera vez, por lo que tuve que esperar y tirar de nuevo. Para entonces, los Rebeldes estaban golpeando la puerta del cuarto de baño y ordenándome con voz brusca que saliera inmediatamente. Yo no respondí.

Mi hermano Jin-ming también se llevó un buen susto aquella noche. Desde el comienzo de la Revolución Cultural había solido frecuentar un mercadillo negro especializado en libros. El instinto comercial de los chinos es tan fuerte que los mercados negros –considerados por Mao la bestia negra capitalista por excelencia– lograron sobrevivir sin tregua a la demoledora presión de la Revolución Cultural.

En el centro de Chengdu, en mitad de la principal calle comercial de la ciudad, se alzaba una estatua de bronce de Sun Yat-sen, quien había encabezado la revolución republicana que en 1911 había terminado con dos mil años de dominación imperial. La estatua había sido erigida antes de que los comunistas llegaran al poder. Mao no era especialmente aficionado a la figura de ningún líder revolucionario anterior a sí mismo, y Sun no era una excepción. Sin embargo, constituía una buena política inspirarse en su tradición, por lo que se permitió que la estatua continuara en su lugar, y los terrenos que la rodeaban se transformaron en invernaderos. Cuando estalló la Revolución Cultural, la Guardia Roja atacó los emblemas de Sun Yat-sen hasta que Zhou Enlai decidió ordenar su protección. La estatua sobrevivió, pero los invernaderos se abandonaron por considerarse una muestra de decadencia burguesa. Cuando la Guardia Roja comenzó a asaltar los domicilios de la gente y a quemar sus libros, aquellos terrenos desiertos pasaron a ser escenario de pequeñas reuniones en las que se compraban y vendían aquellos volúmenes que habían escapado a la hoguera. Allí podía encontrarse todo tipo de gente: guardias rojos que querían obtener algún dinero a cambio de los libros que acababan de confiscar, intermediarios frustrados que acudían al olor del dinero, intelectuales que no querían ver sus libros quemados pero que temían conservarlos... y amantes de los libros. Todos aquellos libros habían sido publicados y aprobados bajo el régimen comunista con anterioridad a la Revolución Cultural. Aparte de los clásicos chinos, incluían obras de Shakespeare, Dickens, Byron, Shelley, Shaw, Thackeray, Tolstói, Dostoievski, Turguéniev, Chéjov, Ibsen, Balzac, Maupassant, Flaubert, Dumas, Zola y muchos otros clásicos de todo el mundo. Podían hallarse incluso los Sherlock Holmes de Conan Doyle, quien se había convertido en uno de los escritores más populares en China.

El precio de los libros dependía de múltiples factores. Si portaban el sello de alguna biblioteca, la mayoría de la gente los rechazaba. El Gobierno comunista tenía tal reputación de orden y control que nadie quería arriesgarse a que le sorprendieran en posesión de propiedad estatal obtenida por medios ilegales, delito entonces severamente castigado. Todo el mundo prefería adquirir libros privados en los que no aparecieran señales de identificación. Los precios más altos correspondían a aquellas novelas que incluían pasajes eróticos, las cuales eran, asimismo, las más peligrosas. El *Rojo y negro* de Stendhal, considerada novela erótica, costaba el equivalente a dos semanas de salario medio.

Jin-ming acudía a aquel mercado negro a diario. Su capital inicial provenía de libros que había obtenido de una tienda de reciclaje de papel a la que los atemorizados ciudadanos estaban vendiendo sus colecciones al peso. Jin-ming había estado charlando con uno de los empleados de la misma y había comprado gran cantidad de aquellos libros, que luego revendió a un precio mucho mayor. Con ese dinero compraba más libros, los leía, los revendía y empezaba de nuevo.

Entre el comienzo de la Revolución Cultural y finales de 1968, pasaron por su manos al menos un millar de libros. Leía una media de uno o dos al día. Nunca osaba guardar más de una docena, y aun así se veía obligado a ocultarlos cuidadosamente. Uno de sus escondites había sido bajo un depósito de agua abandonado que se alzaba en el complejo hasta que un chaparrón destruyó algunos de sus favoritos, entre ellos *La llamada de la selva*, de Jack London. En casa conservaba algunos, escondidos en los colchones y en los rincones del trastero. La noche del asalto domiciliario tenía un ejemplar de *Rojo y negro* oculto en su cama. Como de costumbre, no obstante, había arrancado la cubierta y la había sustituido por otra de *Obras selectas de Mao Zedong*. La señora Shau y sus secuaces no la examinaron.

Jin-ming traficaba asimismo con otros bienes. El entusiasmo que sentía por las ciencias nunca había disminuido. En aquella época, el único mercado negro de Chengdu especializado en objetos científicos ofrecía componentes semiconductores para transistores: se trataba de una rama de la industria algo más favorecida, ya que servía para «difundir las palabras del presidente Mao». Jin-ming compraba las partes sueltas y se fabricaba sus propias radios, que luego vendía a buen precio. Sin embargo, compraba otras destinadas a su verdadero propósito:

comprobar diversas teorías físicas que llevaban tiempo dando vueltas en su cabeza.

Con tal de obtener dinero para sus experimentos traficaba incluso con insignias de Mao. Numerosas fábricas habían interrumpido la producción normal para producir insignias de aluminio en las que aparecía representado el rostro de Mao. Todas las formas de coleccionismo –incluso las de cuadros y sellos– habían sido prohibidas como hábitos burgueses. Así, el instinto coleccionista de la gente se había dirigido a aquellos objetos, los cuales, a pesar de hallarse aprobados, sólo podían intercambiarse clandestinamente. Jin-ming llegó a reunir una pequeña fortuna. Poco podía imaginarse el Gran Timonel que incluso una efigie de su cabeza podía convertirse en elemento de especulación capitalista, la actividad que tan esforzadamente había intentado erradicar.

Se producían frecuentes redadas. A menudo, llegaban camiones llenos de Rebeldes que bloqueaban las calles y arrestaban a cualquiera que consideraran sospechoso. En ocasiones, enviaban espías que fingían curiosear. En un momento determinado, hacían sonar un silbato y se abalanzaban sobre los comerciantes. Aquellos que eran detenidos veían sus posesiones confiscadas y, por lo general, recibían una paliza. Un castigo habitual era el «sangrado», consistente en apuñalarles en las nalgas. Algunos eran torturados, y a todos se les amenazaba con doble castigo en el futuro si no cesaban en sus actividades. Sin embargo, la mayoría regresaban una y otra vez.

Mi segundo hermano, Xiao-hei, tenía doce años a comienzos de 1967. Dado que no tenía nada en que ocupar el tiempo, no tardó en entrar a formar parte de una de las pandillas callejeras que entonces abundaban, a pesar de haber sido prácticamente inexistentes antes de la Revolución Cultural. Dichas pandillas eran conocidas como «astilleros», y sus líderes recibían el nombre de «timoneles». El resto se llamaban entre sí «hermanos» y poseían un apodo relacionado, por lo general, con algún animal. Perro flaco, si un muchacho era delgado; Lobo gris si tenía un mechón de cabellos de ese color. Xiao-hei se llamaba Pezuña negra debido a que parte de su nombre –hei– significa «negro», y también porque era de piel oscura y rápido en hacer recados, lo que formaba parte de sus deberes, ya que era más joven que la mayoría de los restantes miembros.

Al principio, los pandilleros le trataron como a un huésped reverenciado, pues rara vez habían conocido a ningún hijo de altos funcionarios. Los miembros de aquellas bandas solían proceder de familias pobres, y en su mayoría habían sido escolares fracasados ya antes del advenimiento de la Revolución Cultural. Sus familias no se hallaban en el punto de mira de la revolución, ni ésta les interesaba tampoco a ellos en lo más mínimo.

Algunos de aquellos chiquillos intentaban imitar el comportamiento de los hijos de altos oficiales, incluso a pesar del hecho de que éstos habían sido destituidos. En sus días de guardias rojos, los hijos de altos oficiales habían mostrado preferencia por los viejos uniformes militares comunistas, ya que eran los únicos que tenían acceso a ellos a través de sus padres. Algunos chiquillos de la calle se habían hecho con aquel tipo de prendas en el mercado negro o habían teñido sus ropas de verde. Sin embargo, carecían del ademán altivo de los miembros de la élite, y a menudo no daban en sus verdes con la tonalidad justa. Por todo ello, habían de soportar las burlas de los primeros y de sus propios amigos, quienes les llamaban «pseudos».

Posteriormente, los hijos de altos funcionarios pasaron a vestir chaquetas y pantalones de color azul oscuro. Aunque la mayor parte de la población vestía entonces de color azul, sus ropas eran de una tonalidad especial, a lo que había que añadir el hecho de que resultaba infrecuente ver a alguien vestido de arriba abajo con idéntico color. A partir de entonces, los chicos y chicas procedentes de familias modestas tuvieron que evitar imitarles si no querían ser tratados de «pseudos». Lo mismo podía decirse de sus zapatos, negros y con cordones por arriba a la vez que dotados de blancas suelas de plástico con una banda de plástico igualmente blanco asomando entremedias.

Algunas pandillas inventaron estilos propios. Se ponían varias capas de camisas bajo una prenda exterior y, a continuación, se subían los cuellos. Cuantos más cuellos tuvieras, más elegante se te consideraba. A menudo, Xiao-hei llevaba seis o siete camisas bajo su chaqueta e, incluso bajo el ardiente calor del verano, nunca vestía menos de dos. Los pantalones de deporte debían asomar siempre por debajo de los pantalones exteriores previamente acortados. Llevaban también zapatillas de deporte sin cordones y gorras militares equipadas con tiras de cartón en su interior para mantener derecha la visera y prestarles un aspecto intimidante.

Una de las principales ocupaciones de los «hermanos» de Xiao-hei para matar el tiempo consistía en robar. Obtuvieran lo que obtuvieran, debían entregar el botín al timonel para que éste lo distribuyera equitativamente entre todos. A Xiao-hei le daba miedo robar, pero sus hermanos siempre le entregaban su parte sin la menor objeción.

El robo era una costumbre frecuente durante la Revolución Cultural, y abundaban especialmente los carteristas y los ladrones de bicicletas. A la mayor parte de las personas que yo conocía les habían robado la cartera al menos una vez. Para mí, salir de compras implicaba a menudo perder el monedero o ser testigo de alguien chillando por haber sido objeto de un delito similar. La policía, para entonces dividida en distintas facciones, apenas ejercía una vigilancia superficial.

Cuando los extranjeros comenzaron a llegar a China en gran número, durante la década de 1970, muchos se marcharon impresionados por la «limpieza moral» de nuestra sociedad: un calcetín abandonado podía seguir los pasos de su dueño a lo largo de mil quinientos kilómetros, desde Pekín hasta Guangzhou, tras lo cual era lavado, plegado y depositado en su habitación de hotel. Los visitantes no se daban cuenta de que tan sólo los extranjeros y los chinos sometidos a estrecha vigilancia llegaban a disfrutar de tales atenciones, ya que nadie hubiera osado robar a un extranjero teniendo en cuenta que apropiarse de un simple pañuelo podía muy bien ser castigado con la muerte. El calcetín limpio y plegado no guardaba relación alguna con el estado real de la sociedad: no era sino una parte más de la pantomima general del régimen.

Los hermanos de Xiao-hei se mostraban igualmente obsesionados por las chicas. Los muchachos de doce y trece años como él eran a menudo demasiado tímidos para dirigirse a ellas personalmente, por lo que se convertían en mensajeros encargados de entregar las cartas de amor llenas de faltas que escribían los mayores. Xiao-hei se veía obligado a llamar a las puertas mientras rogaba interiormente que fuera la propia muchacha quien abriera la puerta, y no su padre o su hermano, de quienes era frecuente recibir un bofetón. Algunas veces, dominado por el miedo, se limitaba a deslizar la carta bajo la puerta.

Cuando una muchacha rechazaba una propuesta, Xiao-hei y el resto de sus compañeros más jóvenes se convertían en el instrumento de venganza del amante despechado, para lo cual se dedicaban a hacer ruidos frente al domicilio de la joven y a disparar con tirachinas contra sus ventanas. Cuando la muchacha salía a la calle, la escupían, la insultaban, la señalaban con el dedo medio estirado y le gritaban palabras soeces cuyo significado apenas alcanzaban a comprender del todo. Los insultos chinos para las mujeres son considerablemente gráficos: «lanzadera» (por la forma de sus genitales), «silla de montar» (por su imagen al ser montada), «lámpara de aceite rebosante» (por verterse «con demasiada frecuencia») y «zapatos desgastados» (implicando que se ha hecho mucho «uso» de ellas).

Algunas chicas intentaban hacerse con protectores en el interior de las bandas, y las más capaces llegaban a convertirse ellas mismas en timoneles. Las que llegaban a integrarse en aquel mundo masculino ostentaban motes propios sumamente pintorescos, tales como Negra peonía cubierta de rocío, Barril de vino roto o Encantadora de serpientes.

La tercera de las ocupaciones principales de las pandillas eran las peleas. A Xiao-hei le emocionaban notablemente pero, para su gran disgusto, sufría de lo que solía denominar una «disposición cobarde», y por ello echaba a correr tan pronto como veía que la cosa se ponía fea. Gracias a su falta de intrepidez pudo sobrevivir intacto a aquellas absurdas escaramuzas en las que muchos chiquillos resultaban heridos e incluso muertos.

Una tarde en que andaba vagabundeando por ahí como de costumbre con algunos de sus hermanos, acudió corriendo otro de los miembros de la banda y les informó de que el domicilio de un hermano acababa de ser asaltado por una pandilla rival que, a continuación, le había sometido a un «sangrado». Inmediatamente, todos regresaron a su propio «astillero», y allí recogieron su armamento, consistente en palos, ladrillos, cuchillos, látigos de alambre y garrotes. Xiao-hei se introdujo bajo el cinturón un garrote dividido en tres secciones y todos salieron corriendo hacia la casa en la que había tenido lugar el incidente. Una vez allí, descubrieron que sus enemigos se habían marchado y que el hermano herido había sido trasladado al hospital por sus familiares. El timonel escribió una carta salpicada de errores en la que arrojaba el guante a sus rivales, y Xiao-hei recibió el encargo de entregarla.

En la carta se proponía una pelea formal que habría de celebrarse en el Estadio Deportivo Popular, dotado de amplio espacio para ello. En dicho estadio ya no se celebraba acontecimiento deportivo alguno, dado que los juegos de competición habían sido condenados por Mao. Los atletas habían pasado a consagrarse a la Revolución Cultural.

El día fijado para la batalla, la pandilla de Xiao-hei, compuesta por varias decenas de muchachos, aguardaba en la pista de carreras. Transcurrieron dos largas horas hasta que, por fin, entró cojeando en el estadio un joven de unos veinte años. Se trataba del Cojo Tang, una célebre figura del hampa de Chengdu. A pesar de su relativa juventud, todos le trataban con el respeto reservado habitualmente para los mayores.

El Cojo Tang era una víctima de la polio. Su padre había sido funcionario del Kuomintang, por lo que al hijo le fue asignado un puesto desventajoso en un pequeño taller instalado en su antiguo domicilio familiar, confiscado por los comunistas. Los empleados de aquellas pequeñas unidades no disfrutaban de las ventajas otorgadas a los obreros de las grandes fábricas, tales como empleo garantizado, servicios sanitarios gratuitos y pensión de vejez.

Debido a sus antecedentes, Tang no había podido acceder a una educación superior, pero era extremadamente inteligente, y llegó a convertirse en el jefe de facto del hampa de Chengdu. Había acudido al estadio como emisario de la banda rival para solicitar una tregua. Extrajo varios cartones de cigarrillos de la mejor calidad y comenzó a distribuirlos entre los presentes. Presentó las excusas de la otra banda y transmitió su promesa de encargarse de las facturas de reparación de los daños sufridos por la casa y los cuidados médicos del herido. El timonel de Xiao-hei aceptó la oferta: era imposible negarse a una solicitud del Cojo Tang.

El Cojo Tang no tardó en ser arrestado. A comienzos de 1968 la Revolución Cultural inició una nueva etapa, la cuarta. La fase primera había consistido en la organización de los guardias rojos adolescentes; a continuación habían venido los Rebeldes y los ataques a los seguidores del capitalismo; la tercera fase había consistido en las luchas entre las distintas facciones de los Rebeldes, luchas a las que Mao había decidido poner fin. Para asegurarse la obediencia de todos, decidió diseminar el terror para demostrar que nadie podía considerarse inmune a sus consecuencias. Una parte considerable de la población que hasta entonces había permanecido a salvo –incluyendo algunos Rebeldes– pasó a convertirse en víctima. Una tras otra, fueron desatándose nuevas campañas políticas destinadas a aniquilar a los nuevos enemigos de clase. La más notable entre aquellas cazas de brujas, denominada «Limpieza de filas en las clases», incluyó entre sus víctimas al Cojo Tang, quien fue posteriormente liberado, en 1976, a la caída de la Revolución Cultural. A comienzos de los ochenta se convirtió en empresario y millonario, y llegó a ser uno de los hombres más ricos de Chengdu. Su deteriorada mansión familiar le fue devuelta, pero Tang la derribó y construyó en su lugar un grandioso edificio de dos pisos. Cuando la locura por los discos invadió China, solía vérsele sentado en algún lugar prominente mientras contemplaba con aire paternal los bailes de los muchachos y muchachas de su séquito sin dejar de contar ostentosamente gruesos fajos de billetes de banco con gesto deliberadamente descuidado, tras lo cual pagaba a la multitud y se solazaba en su nueva forma de poder: el dinero.

La campaña de «Limpieza de filas en las clases» destruyó las vidas de millones de personas. Durante uno de sus episodios, conocido como el caso del llamado Partido Popular de la Mongolia Interior, aproximadamente el diez por ciento de la población mongola adulta fue sometido a tortura o malos tratos físicos: murieron no menos de veinte mil personas. Aquella campaña en particular había sido diseñada según un modelo basado en estudios piloto realizados en seis fábricas y dos universidades de Pekín sometidas a la supervisión personal de Mao. En el informe referente a una de ellas –la Unidad de Imprenta de Xinhua– había un pasaje que decía: «Tras ser etiquetada como contrarrevolucionaria, esta mujer aprovechó un momento en que sus guardianes desviaron la mirada y, abandonando sus trabajos forzados, corrió hasta los dormitorios femeninos de la cuarta planta y se suicidó arrojándose por una ventana. Evidentemente, resulta inevitable que los contrarrevolucionarios se suiciden. Sin embargo, no deja de ser una lástima que ahora contemos con un "ejemplo negativo" menos.» Mao escribió, refiriéndose a aquel documento: «Se trata del informe mejor redactado de cuantos he leído.»

Aquella y otras campañas eran gobernadas por los Comités Revolucionarios organizados en todo el país. El Comité Revolucionario Provincial de Sichuan fue establecido el 2 de junio de 1968. Sus líderes eran las mismas cuatro personas que habían encabezado el Comité Preparatorio: los dos jefes militares y los Ting. En él se incluían además los jefes de los dos principales campos Rebeldes –el Chengdu Rojo y el 26 de Agosto– y algunos de los «funcionarios revolucionarios».

La consolidación del nuevo sistema de poder de Mao tuvo consecuencias que afectaron profundamente a mi familia. Una de las primeras fue la decisión de retener parte de los salarios de los seguidores del capitalismo y conceder a cada uno de ellos tan sólo una pequeña asignación mensual. Nuestros ingresos familiares se vieron reducidos a menos de la mitad. Aunque no pasábamos hambre, ya no podíamos permitirnos comprar en el mercado negro en un momento en el que el nivel de suministro de alimentos por parte del Estado iba deteriorándose rápidamente. Las raciones de carne, por ejemplo, eran de menos de un cuarto de kilo por persona y mes. Mi abuela se mostraba sumamente preocupada, y hacía cálculos día y noche para que los niños pudiéramos comer mejor y para conseguir paquetes de comida que llevar a mis padres cuando estaban encarcelados.

La siguiente decisión del Comité Revolucionario consistió en expulsar del complejo de viviendas a todos los seguidores del capitalismo con objeto de dejar sitio a los nuevos líderes. A mi familia le fueron asignadas unas habitaciones situadas en la planta superior de un edificio de tres pisos que había albergado las oficinas de una revista para entonces ya desaparecida. En la planta superior no había retretes ni agua corriente. Teníamos que bajar al piso inferior incluso para cepillarnos los dientes o prepararnos una taza de té con hojas ya usadas. A mí, sin embargo, no me importaba: se trataba de un edificio sumamente elegante, y yo entonces alimentaba un profundo anhelo de cosas bellas.

A diferencia del apartamento que habíamos ocupado en el complejo, el cual formaba parte de un bloque de cemento carente de rasgos distintivos, nuestro nuevo hogar era una espléndida mansión de ladrillo y madera con doble fachada, dotada de ventanas exquisitamente enmarcadas por tonos de marrón rojizo y abiertas bajo aleros grácilmente curvados. El jardín trasero aparecía densamente poblado de moreras, y el delantero poseía un espeso emparrado, un bosquecillo de adelfas, una morera del papel y un enorme árbol de nombre desconocido cuyos frutos, similares a pimientos, crecían formando pequeños grupos en el interior de los pliegues de sus hojas, marrones, crujientes y con forma de embarcación. Me gustaban especialmente los elegantes bananos y el amplio arco que formaban sus hojas, ya que constituían un espectáculo poco común en un clima no tropical.

En aquellos días, la belleza se despreciaba hasta el punto de que mi familia fue enviada a aquella casa espléndida a modo de castigo. La sala principal era amplia y rectangular, con suelo de parqué. Tres de sus costados estaban formados por ventanales, lo que la convertía en una estancia especialmente luminosa y nos proporcionaba en los días claros una vista panorámica de la distante cordillera nevada del oeste de Sichuan. El balcón no estaba construido de cemento, como era habitual, sino de madera pintada de un color castaño rojizo, y estaba bordeado por barandillas con dibujos de cenefas. Otra de las habitaciones, también abierta al balcón, poseía un techo desacostumbradamente elevado y puntiagudo cuyas vigas, de un color rojo desvaído, eran visibles a unos seis metros de altura. Me enamoré de inmediato de nuestra nueva vivienda. Posteriormente me di cuenta de que en invierno la sala rectangular se convertía en un campo de batalla en el que coincidían helados vientos que, procedentes de todas direcciones, traspasaban fácilmente los delgados cristales. Asimismo, cada vez que soplaba el viento los elevados techos dejaban caer una fina lluvia de polvo. A pesar de todo, me sentía embargada de gozo durante las noches tranquilas, tendida en mi cama con la luz de la luna filtrándose a través de las ventanas y la sombra de la inmensa morera oscilando sobre la pared. Era tal el alivio que me proporcionaba haber abandonado el complejo y su mezquina atmósfera que confiaba en que mi familia nunca tuviera que regresar a él.

También me encantaba nuestra nueva calle. Había sido bautizada con el nombre de calle del Meteorito debido a que cientos de años atrás había caído un meteorito sobre ella. Estaba pavimentada con adoquines triturados, lo que se me antojaba mucho más atractivo que el asfalto de la calle que bordeaba el complejo.

Lo único que aún me recordaba al complejo eran nuestros vecinos, todos ellos miembros del departamento de mi padre y del grupo de Rebeldes de la señora Shau. Cuando nos miraban, era con expresión rígida y acerada, y en las raras ocasiones en que teníamos que comunicarnos se dirigían a nosotros con ásperos exabruptos. Uno de ellos había sido en tiempos el editor de la ya desaparecida revista, y su esposa había trabajado como maestra. Tenían un hijo llamado Jo-jo que a la sazón contaba seis años de edad, igual que mi hermano Xiao-fang. Acudió a vivir con ellos un funcionario de menor rango que tenía una hija de cinco años, y los tres niños solían jugar juntos a menudo en el jardín. A mi abuela le inquietaba que Xiao-fang jugara con ellos pero no se atrevía a prohibírselo, ya que nuestros vecinos podrían haberlo interpretado como una muestra de hostilidad hacia los Rebeldes del presidente Mao.

Al pie de la escalera espiral de color rojo oscuro que conducía a nuestras habitaciones había una enorme mesa en forma de media luna. En los viejos tiempos, su superficie se habría adornado con un gran jarrón de porcelana lleno de jazmines de invierno o de flores de melocotonero. Entonces aparecía desnuda, y los tres niños solían encaramarse a ella durante sus juegos. Un día, decidieron jugar a los médicos: Jo-jo hacía de médico; Xiao-fang, de enfermero; y la niña de cinco años, de paciente. Tras tumbarse boca abajo sobre la mesa, la niña se subió la falda para que le pusieran una inyección. Xiao-fang sostenía la aguja, representada por un trozo de madera procedente de una silla rota. La madre de la niña escogió aquel instante para ascender por los escalones de arenisca hasta el rellano. Profiriendo un grito, cogió a su hija y la obligó a descender de la mesa.

Descubrió unos cuantos arañazos en la cara interior del muslo de la niña pero, en lugar de llevarla al hospital, acudió a unos Rebeldes pertenecientes al departamento de mi padre, situado a un par de manzanas de distancia. Al poco rato, el jardín delantero se vio invadido por una multitud. Mi madre, quien casualmente había sido autorizada a pasar unos días en casa, fue detenida inmediatamente mientras Xiao-fang era sujetado y reprendido a gritos por un grupo de adultos. Le dijeron que le matarían a palos si se negaba a confesar quién le había enseñado a violar a la niña. Intentaron forzarle a decir que habían sido sus hermanos mayores, pero Xiao-fang se mostraba incapaz de pronunciar palabra. Ni siquiera podía llorar. Jo-jo estaba terriblemente asustado. Echándose a llorar, dijo que había sido él quien había pedido a Xiao-fang que le pusiera la inyección a la niña. La pequeña se echó a llorar también, diciendo que no habían llegado a ponerle la inyección. Los adultos, sin embargo, les ordenaron a gritos que se callaran y continuaron atosigando a Xiao-fang. Por fin, y a instancias de mi madre, la muchedumbre la trasladó a empujones al Hospital Popular de Sichuan arrastrando tras de sí a Xiao-fang.

Tan pronto como penetraron en el pabellón de pacientes externos, la enfurecida madre de la niña y la enardecida multitud comenzaron a pronunciar acusaciones ante los médicos, las enfermeras y el resto de los pacientes: «¡El hijo de un seguidor del capitalismo ha violado a la hija de un Rebelde!» Mientras la niña era examinada en la consulta de una doctora, un joven desconocido que aguardaba en el pasillo, gritó: «¿Por qué no cogéis a esos padres seguidores del capitalismo y los matáis a palos?»

Cuando la doctora concluyó su examen de la pequeña, salió y anunció que no existía la más mínima señal de que la niña hubiera sido violada. Los arañazos de sus piernas ni siquiera eran recientes, y no podían haber sido causados por el trozo de madera de Xiao-fang, el cual, como señaló ante la multitud, estaba pintado y tenía los contornos suaves. Probablemente, las heridas eran el resultado de haber estado trepando a los árboles. A regañadientes, la muchedumbre se dispersó.

Xiao-fang se pasó el resto de la tarde sumido en un delirio. Su rostro aparecía oscuro y enrojecido, y gritaba frases sin sentido. Al día siguiente, mi madre le llevó al hospital, donde un médico le administró una fuerte dosis de tranquilizantes. Al cabo de unos días volvía a encontrarse bien, pero dejó de jugar con otros niños. Aquel incidente tuvo como consecuencia que se despidiera prácticamente de su infancia a los seis años de edad.

Nuestro traslado a la calle del Meteorito había quedado encomendado a los recursos de mi abuela y de los cinco niños. Para entonces, sin embargo, contábamos con la ayuda de Cheng-yi, el novio de mi hermana Xiao-hong.

El padre de Cheng-yi había sido funcionario de menor rango bajo el Kuomintang, y desde 1949 no había podido obtener un empleo decente, en parte debido a su pasado indeseable y en parte debido a que padecía de tuberculosis y de úlcera gástrica. Así, se había dedicado a labores de poca importancia tales como limpiar las calles y cobrar los recibos del suministro de los manantiales comunales. Tanto él como su esposa habían muerto en Chongqing durante la época de la escasez como resultado del agravamiento de sus enfermedades por falta de alimento.

Cheng-yi trabajaba como obrero en una fábrica de construcción de aviones, y había conocido a mi hermana a comienzos de 1968. Al igual que la mayor parte de los trabajadores de la fábrica, estaba considerado miembro no activo del principal de sus grupos Rebeldes, afiliado al 26 de Agosto. En aquellos días no existían formas de entretenimiento, por lo que la mayoría de los grupos Rebeldes habían organizado sus propios conjuntos de música y danza para interpretar las escasas canciones oficialmente aprobadas, basadas todas ellas en citas y elogios de Mao. Cheng-yi, quien siempre había sido un buen músico, formaba parte de uno de tales conjuntos. Mi hermana, aunque no pertenecía a la fábrica, era una gran aficionada al baile, por lo que se unió al grupo junto con Llenita y Ching-ching. Ella y Cheng-yi no tardaron en enamorarse. La relación, sin embargo, no tardó en sufrir presiones procedentes de todos los sectores: de su hermana y sus compañeros, inquietos por la posibilidad de que su relación con una familia de seguidores del capitalismo pusiera en peligro su futuro; de nuestro propio círculo de hijos de altos funcionarios, quienes le despreciaban por no ser «uno de los nuestros»; incluso de mí, que irrazonablemente contemplaba el deseo de mi hermana de vivir su propia vida como una traición a nuestros padres. Sin embargo, su amor sobrevivió, y ayudó a mi hermana a superar los difíciles años que vendrían a continuación. Al igual que el resto de mi familia, no tardé en cobrar un afecto y respeto considerables por Cheng-yi. Como llevaba gafas, terminamos por aplicarle el apodo de Lentes.

Había otro músico en el conjunto, amigo de Lentes, que trabajaba como carpintero y era hijo de un conductor de camiones. Era un joven alegre, dotado de una nariz particularmente voluminosa que le proporcionaba un aspecto poco chino. En aquella época, las únicas imágenes de extranjeros que llegaban hasta nosotros eran de albaneses, ya que la diminuta y lejana Albania era por entonces la única aliada de China (incluso a los norcoreanos se les consideraba un pueblo demasiado decadente). Sus amigos le habían puesto el mote de Al, como abreviatura de Albano.

Al acudió con un carro para ayudarnos a efectuar el traslado a la calle del Meteorito. No queríamos abusar de él, por lo que sugerimos dejar algunas cosas atrás. Él, sin embargo, insistió en que nos lleváramos todo. Con una sonrisa despreocupada, apretó los puños y flexionó orgullosamente sus gruesos músculos. Mis hermanos, con gran admiración, se acercaron para tocar aquellos sólidos bultos.

A Al le gustaba mucho Llenita. El día siguiente al traslado, nos invitó a ella, a Ching-ching y a mí a almorzar en su domicilio. Vivía en una de las típicas casas de Chengdu, una construcción desprovista de ventanas y con un suelo de tierra que se abría directamente a la calle. Era la primera vez que yo visitaba una de aquellas casas. Cuando llegamos a la calle donde vivía Al pude ver a un grupo de jóvenes que holgazaneaban en una esquina. Sus componentes nos siguieron con la vista mientras saludaban a Al con tono significativo. Éste, henchido de orgullo, se acercó a hablar con ellos y regresó con el rostro distendido por una alegre sonrisa. Con tono despreocupado, dijo: «Les he comentado que érais hijas de altos funcionarios y que me había hecho amigo de vosotras para tener acceso a bienes privilegiados cuando concluya la Revolución Cultural.»

Al oír aquello, me quedé de piedra. En primer lugar, sus palabras sugerían que la gente creía que los hijos de funcionarios tenían acceso a bienes de consumo, lo que no era ni mucho menos el caso. En segundo lugar, me sentía asombrada del evidente placer que le producía su relación con nosotras y del prestigio que, evidentemente, le proporcionaba ésta frente a sus amigos. En un momento en el que mis padres se encontraban detenidos y nosotros acabábamos de ser expulsados del complejo –en el que acababa de establecerse el Comité Revolucionario de Sichuan con la consiguiente persecución de seguidores del capitalismo y en el que la Revolución Cultural parecía llevar las de ganar–, Al y sus amigos parecían dar por hecho que los funcionarios como mi padre terminarían por regresar.

Habría de topar con actitudes similares una y otra vez. Cada vez que traspasaba las enormes verjas que daban acceso a nuestro jardín era consciente de las miradas que me dirigía la gente que en aquel momento pasaba por la calle del Meteorito, miradas en las que podía distinguirse una mezcla de curiosidad y respeto. Se me antojaba algo evidente el hecho de que era a los Comités Revolucionarios –y no tanto a los seguidores del capitalismo– a quienes el público en general consideraba un elemento transitorio.

Durante el otoño de 1968 llegaron una nueva clase de grupos a hacerse cargo de mi escuela: se denominaban Grupos de propaganda para el pensamiento de Mao Zedong. Se hallaban integrados por soldados y obreros que no habían intervenido en las luchas entre facciones, y su misión consistía en restaurar el orden. En mi escuela, al igual que en el resto, el equipo reunió a todos los alumnos que ya estaban en ella dos años antes –al comenzar la Revolución Cultural– con objeto de mantenerlos controlados. Los pocos que se encontraban ausentes de la ciudad fueron localizados y convocados por medio de telegramas. Pocos osaron desatender la llamada.

Ya de regreso en el colegio, los pocos maestros que habían evitado verse convertidos en víctimas habían dejado de impartir clases. No se atrevían. Todos los viejos libros de texto habían sido condenados y calificados de veneno burgués, y nadie había tenido valor suficiente para escribir otros nuevos. Así pues, nos limitábamos a permanecer sentados en clase recitando artículos de Mao y leyendo los editoriales del *Diario del Pueblo*. Cantábamos canciones compuestas por citas de Mao o nos reuníamos para bailar «danzas de lealtad» en las que girábamos blandiendo nuestro Pequeño Libro Rojo.

La obligatoriedad de las «danzas de lealtad» había sido una de las principales imposiciones ordenadas por los Comités Revolucionarios de toda China. La realización de aquellas contorsiones absurdas era obligatoria en todos sitios: en escuelas, fábricas, calles, tiendas, andenes de ferrocarril e incluso en los hospitales para aquellos pacientes aún capaces de moverse.

En conjunto, el equipo de propaganda enviado a mi escuela se mostró relativamente benévolo. No así otros. El que ocupó la Universidad de Chengdu había sido personalmente escogido por los Ting debido a que allí había estado instalado el cuartel general de sus enemigos, el Chengdu Rojo. Yan y Yong fueron de los que peor lo pasaron. Los Ting ordenaron al equipo de propaganda que presionara a ambos para denunciar a mi padre, pero ellos se negaron. Posteriormente, revelaron a mi madre que admiraban tanto el valor de mi padre que habían decidido plantar cara.

A finales de 1968, todos los estudiantes de las universidades chinas habían sido sumariamente «graduados» en masa sin examen alguno; a todos se les habían asignado trabajos y posteriormente habían sido dispersados por todos los confines del país. Yan y Yong fueron advertidos de que su futuro se vendría abajo si no denunciaban a mi padre. Ellos, sin embargo, siguieron en sus trece. Yan fue enviada a una pequeña mina de carbón situada en las montañas del este de Sichuan. Difícilmente podría haber hallado peor suerte, ya que las condiciones de trabajo eran notablemente primitivas y apenas existían normas de seguridad. Las mujeres, al igual que los hombres, se veían obligadas a arrastrarse a gatas pozo abajo para extraer los cestos de carbón. El destino de Yan se debió en parte a la retorcida retórica imperante en la época: la señora Mao había insistido en que las mujeres realizaran el mismo trabajo que los hombres, y una de las consignas del momento era un dicho de Mao según el cual «Las mujeres son capaces de sostener medio firmamento». Ellas, sin embargo, sabían que con aquellos privilegios de igualdad no habría quien las librara de realizar los más duros trabajos físicos.

Inmediatamente después de la expulsión de los estudiantes de las universidades, los alumnos de enseñanza media como yo descubrimos que habríamos de partir exiliados hacia zonas rurales remotas y montañosas para ocuparnos en pesadas labores agrarias. Mao pretendía hacer de mí una campesina para el resto de mis días.

22

«La reforma del pensamiento a través del trabajo»

Hacia los confines del Himalaya

(enero-junio de 1969)

En 1969, mis padres, mi hermana, mi hermano Jin-ming y yo fuimos expulsados de Chengdu uno detrás de otro y enviados a distintas partes de las regiones salvajes de Sichuan. Nos encontrábamos entre los millones de habitantes urbanos que habrían de partir hacia el exilio. De este modo, los jóvenes no andarían vagando por las ciudades sin otra cosa que hacer que crear problemas por puro aburrimiento, y los adultos como mis padres tendrían un «futuro». Estos últimos formaban parte de la antigua administración, posteriormente reemplazada por los Comités Revolucionarios de Mao, y enviarles a realizar las duras tareas del campo constituía la solución más conveniente.

Según la retórica de Mao, se nos enviaba al campo «para nuestra reforma». Mao recomendaba «la reforma del pensamiento a través del trabajo» para todos, pero nunca llegó a aclarar la relación entre ambas cosas y, claro está, nadie le pidió que se explicara. La simple consideración de tal posibilidad hubiera equivalido a un delito de traición. Lo cierto es que en China todo el mundo sabía que los trabajos pesados, especialmente en el campo, habían de ser siempre considerados un castigo. Resultaba significativo que ninguno de los hombres de confianza del Presidente, miembros de los recientemente fundados Comités Revolucionarios u oficiales del Ejército –y muy pocos de sus hijos– tuvieran que realizarlos.

El primero de nosotros en ser expulsado fue mi padre. Poco después del Año Nuevo de 1969 fue enviado al condado de Miyi, situado en la región de Xichang, en la linde oriental del Himalaya, una región tan remota que hoy alberga la base de lanzamiento de satélites de China. Se encuentra a unos quinientos kilómetros de Chengdu, lo que entonces suponía cuatro días de viaje en camión, pues no había ferrocarril. En tiempos antiguos, la zona se había utilizado para abandonar allí a los exiliados, ya que se decía que sus montañas y sus aguas se encontraban impregnadas de un misterioso «aire maligno». Traducido al lenguaje actual, el «aire maligno» en cuestión eran sus enfermedades subtropicales.

Se construyó un campo en el que acomodar a los antiguos funcionarios del Gobierno provincial. Había miles de campos como aquél extendidos por todo el país. Se llamaban «escuelas de cuadros», pero aparte del hecho de que no eran escuelas en absoluto, tampoco estaban reservados a funcionarios. Allí se enviaba también a escritores, intelectuales, científicos, maestros, médicos y actores que se habían tornado inútiles para el nuevo orden de ignorancia de Mao.

En lo que se refería a los funcionarios, no sólo se enviaba allí a seguidores del capitalismo como mi padre y otros enemigos de clase. La mayor parte de sus colegas Rebeldes fueron también expulsados, ya que el nuevo Comité Revolucionario de Sichuan no podía ni mucho menos acomodarlos a todos debido a que había ocupado sus puestos con militares y Rebeldes de otras procedencias, tales como obreros y estudiantes. La «reforma del pensamiento a través del trabajo» se convirtió en un método sumamente conveniente de quitarse de encima a los Rebeldes sobrantes. Del departamento de mi padre tan sólo unos pocos permanecieron en Chengdu. La señora Shau fue nombrada directora adjunta de Asuntos Públicos del Comité Revolucionario de Sichuan. Todas las organizaciones Rebeldes habían sido disueltas.

Las «escuelas de cuadros» no eran campos de concentración ni gulags, sino lugares aislados de detención en los que los internos disfrutaban de una libertad restringida y tenían que realizar trabajos pesados bajo estricta supervisión. Dado que en China todas las zonas cultivables se encuentran densamente pobladas, tan sólo en las zonas áridas o montañosas había el suficiente espacio para albergar a los exiliados de las ciudades. Los internos debían producir alimentos y automantenerse. Aunque aún recibían un salario, apenas había nada que pudieran comprar con él. Las condiciones de vida eran muy duras.

Mi padre fue liberado de su prisión en Chengdu pocos días antes de la partida con objeto de que pudiera prepararse para el viaje. Lo único que quería hacer era ver a mi madre. Ésta se encontraba aún detenida, y temía no volver a verla nunca más. Empleando el tono más humilde de que era capaz, escribió al Comité Revolucionario una carta en la que suplicaba autorización para verla, pero su solicitud fue denegada.

La sala de cine en la que se encontraba mi madre estaba en lo que había solido ser la principal calle comercial de Chengdu. Ahora, las tiendas aparecían medio vacías, pero el mercado negro de semiconductores que frecuentaba mi hermano Jin-ming no se hallaba muy lejos, y en algunas ocasiones había podido ver a mi madre caminando en fila con otros prisioneros a lo largo de la calle y transportando un cuenco y un par de palillos. La cantina del cine no funcionaba a diario, por lo que los detenidos tenían que salir de vez en cuando para ir a comer a otro lugar. Tras el descubrimiento de Jin-ming, pudimos ver a nuestra madre en algunas ocasiones tras esperar en la calle. Algunas veces no la veíamos en la fila de prisioneros, lo que nos consumía de ansiedad. Ignorábamos que se trataba de ocasiones en las que su psicópata guardiana había decidido castigarla negándole autorización para salir a comer. A veces, sin embargo, la veíamos al día siguiente, una más del silencioso grupo compuesto por unos doce hombres y mujeres de expresión lúgubre que, con la cabeza inclinada, caminaban mostrando sus brazaletes blancos, en los que aparecían escritos cuatro siniestros caracteres en tinta negra: «buey diabólico, serpiente demoníaca».

Durante varios días seguidos acompañé a mi padre a aquella calle y aguardamos desde el amanecer hasta el mediodía sin lograr advertir signo alguno de su presencia. Paseábamos arriba y abajo, golpeando el suelo cubierto de escarcha con los pies para calentarnos. Una mañana, mientras esperábamos a que se levantara la espesa niebla que ocultaba los inertes edificios de cemento, apareció mi madre. Acostumbrada como estaba a ver con frecuencia a sus hijos esperándola en la calle, alzó rápidamente la mirada para comprobar si estábamos allí esta vez. Sus ojos se encontraron con los de mi padre. Sus labios temblaron, y también los de él, pero no emitieron sonido alguno. Se limitaron a contemplarse fijamente hasta que un guardián gritó a mi madre que bajara la vista. Mi padre permaneció con la mirada impasible durante largo rato después de que ella doblara la esquina.

Un par de días después, mi padre partió. A pesar de su calma y de su reserva pude detectar síntomas que indicaban que sus nervios estaban a punto de ceder. Me preocupaba terriblemente que pudiera perder la razón de nuevo, especialmente ahora que se veía obligado a sufrir aquel tormento físico y mental en soledad, lejos de su familia. Decidí acudir junto a él tan pronto como pudiera para hacerle compañía, pero era sumamente difícil hallar un medio de transporte hasta Miyi, ya que los servicios públicos de comunicación con aquellas remotas regiones se encontraban paralizados. Por ello, experimenté una inmensa alegría cuando, pocos días después, supe que mi escuela iba a ser trasladada a un lugar llamado Ningnan situado tan sólo a unos ochenta kilómetros de su campo.

En enero de 1969, todas las escuelas de enseñanza media de Chengdu fueron enviadas a una zona rural situada en algún lugar de Sichuan. Habríamos de vivir con los campesinos de las aldeas y ser «reeducados» por ellos. Nadie especificó en qué debía consistir exactamente dicha educación, pero Mao siempre había sostenido que las personas cultivadas eran inferiores a los campesinos analfabetos y que necesitaban reformarse para parecerse más a ellos. Uno de sus lemas rezaba: «Aunque los campesinos tienen las manos sucias y los pies manchados de estiércol son, sin embargo, mucho más limpios que los intelectuales.»

Mi escuela y la de mi hermana estaban repletas de hijos de seguidores del capitalismo, por lo que fueron trasladadas a lugares dejados de la mano de Dios a los que no se envió a ningún hijo de miembros de los Comités Revolucionarios. Éstos ingresaron en el Ejército, única alternativa frente a la del campo y mucho más cómoda que ésta. En aquella época, uno de los símbolos más claros de poder consistía en tener a los hijos en el Ejército.

En total, fueron enviados al campo unos quince millones de jóvenes a lo largo de lo que fue uno de los mayores desplazamientos de población de la historia. Una de las pruebas del orden existente bajo aquel caos fue la rapidez y la magnífica organización con que se llevó a cabo. Todos recibimos un subsidio destinado a adquirir ropa adicional, edredones, sábanas, maletas, mosquiteras y plásticos en los que envolver las colchonetas. Se prestó una atención minuciosa a detalles tales como proporcionarnos zapatillas, cantimploras y linternas. En su mayor parte, todas aquellas cosas habían de ser especialmente fabricadas, ya que no se encontraban disponibles en las desabastecidas tiendas. Los miembros de familias pobres tenían derecho a solicitar una ayuda económica adicional. Durante el primer año, el Estado nos suministraría dinero de bolsillo y raciones alimenticias, incluyendo arroz, aceite y carne que nos serían entregados en el pueblo que se nos asignara.

Desde el Gran Salto Adelante, el campo había sido organizado en comunas, cada una de las cuales agrupaba a cierto número de pueblos y podía incluir desde dos mil a veinte mil hogares. Cada comuna gobernaba sus propias brigadas de producción, las cuales se componían a su vez de diversos equipos de producción. Cada equipo de producción equivalía aproximadamente a un pueblo, y constituía la unidad básica de la vida rural. En mi escuela había hasta ocho alumnos asignados a cada equipo de producción, y se nos permitía escoger a aquellos compañeros con los que queríamos formar grupo. Yo escogí a los míos entre los que integraban el curso de Llenita. Mi hermana prefirió venirse conmigo en lugar de con su escuela, ya que se nos autorizaba a optar por un lugar en el que tuviéramos parientes. Mi hermano Jin-ming pertenecía a la misma escuela que yo, pero se quedó en Chengdu debido a que aún no había cumplido los dieciséis años fijados como edad de ruptura. Llenita tampoco fue, ya que era hija única.

Yo esperaba con ansiedad el traslado a Ningnan. Nunca había experimentado el esfuerzo del trabajo físico, y apenas me hacía idea de su significado. Imaginaba un entorno idílico desprovisto de consignas políticas. Un funcionario de Ningnan que había venido a hablar con nosotros nos había descrito el clima subtropical, con su elevado firmamento azul, sus grandes flores rojas de hibisco, sus enormes plátanos de treinta centímetros de longitud y el río de las Arenas Doradas –el tramo superior del

Yangtzê– con su superficie reluciente bajo el sol y agitada por la suave brisa.

Para mí, que entonces vivía en un mundo invadido de grises neblinas y negras consignas murales, aquel sol y aquella vegetación tropicales se me antojaban como un sueño. Al escuchar las palabras del funcionario, me imaginaba a mí misma en una montaña de flores bordeada por un río de aguas doradas. Cierto es que también había mencionado aquel misterioso «aire maligno» que yo ya conocía de la literatura clásica, pero incluso aquello parecía añadir un toque de antiguo exotismo. Para mí, los únicos peligros residían en las campañas políticas. Otro motivo por el que deseaba ir era porque pensaba que me sería fácil visitar a mi padre. Sin embargo, no advertí entonces que entre nosotros se extendía una cadena de montañas de tres mil metros de altura desprovistas de sendero alguno. Nunca se me ha dado bien leer mapas.

El 27 de enero de 1969, mi escuela partió hacia Ningnan. Cada alumno estaba autorizado a llevar consigo una maleta y una colchoneta. Nos cargaron en camiones, en grupos de aproximadamente tres docenas de estudiantes por camión. Había pocos asientos, por lo que la mayoría nos sentamos en el suelo sobre las colchonetas. Durante tres días, el convoy de vehículos recorrió caminos rurales repletos de baches hasta llegar a la frontera de Xichang. Para ello atravesamos la llanura de Chengdu y las montañas que bordean el este del Himalaya, donde los camiones hubieron de recurrir a las cadenas. Yo intenté situarme cerca de la parte trasera para poder contemplar las espectaculares tormentas de nieve y granizo que blanqueaban el paisaje y que luego desaparecían casi instantáneamente para dejar paso a un cielo de color azul turquesa iluminado por un sol resplandeciente. Yo contemplaba aquel derroche de belleza con la boca abierta. Al Oeste, se alzaba en la distancia un pico de casi ocho mil metros de altura tras el que se extendían los antiguos territorios salvajes de los que procedía gran parte de la flora del planeta. Años más tarde, cuando llegué a Occidente, descubrí que especies vegetales tan cotidianas como rododendros, crisantemos y otras muchas clases de flores, entre ellas la mayor parte de las rosas, procedían de allí. Por entonces, la región aún estaba habitada por pandas.

La segunda tarde del viaje llegamos a un lugar llamado el Condado de Asbestos, bautizado con el nombre de su principal producción. El convoy se detuvo en un aislado lugar de la montaña para que pudiéramos utilizar los retretes, consistentes en dos casetas de barro equipadas con redondas letrinas comunales cubiertas de gusanos. No obstante, si repugnante era el espectáculo en el interior, el panorama exterior era escalofriante. Los obreros mostraban un rostro ceniciento y plomizo desprovisto de cualquier asomo de alegría. Aterrorizada, pregunté a uno de los miembros del equipo de propaganda, un amable individuo llamado Dong-an, a quien habían encargado trasladarnos hasta nuestro destino, quiénes eran aquellas personas con aspecto de zombis. Convictos procedentes de un campo de *lao-gai* («reforma por el trabajo»), repuso él.

Dado que la extracción de asbestos era una actividad altamente tóxica, normalmente corría a cargo de condenados a trabajos forzados que operaban sin apenas medidas de higiene y seguridad. Aquél fue mi primer y único encuentro con los gulags chinos.

El quinto día, el camión nos descargó en un granero situado en la cumbre de una montaña. La propaganda publicitaria me había hecho prever una recepción de personas con tambores que, acompañadas de una gran fanfarria, habrían adornado a los recién llegados con flores de papel encarnado. Por el contrario, fuimos recibidos por un único funcionario comunal que acudió al granero para darnos la bienvenida con un discurso pronunciado en el pomposo estilo de los periódicos y unas dos docenas de campesinos encargados de ayudarnos a transportar las maletas y las colchonetas. Sus rostros eran tan inexpresivos como inescrutables, y su lenguaje me resultó imposible de entender.

Mi hermana y yo nos dirigimos a nuestra nueva vivienda acompañadas de las dos muchachas y los cuatro jóvenes que completaban nuestro grupo. Los cuatro campesinos que transportaban parte de nuestro equipaje caminaban en absoluto silencio, y no parecían entender las preguntas que les hacíamos, por lo que también nosotros optamos por enmudecer. Durante horas, caminamos por el monte en fila india adentrándonos más y más en el vasto universo de aquellas verdosas y oscuras montañas. Yo, sin embargo, me encontraba demasiado fatigada para apreciar su belleza. Hubo un momento en que, tras apoyarme en una roca para recuperar el aliento, paseé la mirada sobre el horizonte que nos rodeaba. Nuestro grupo se me antojó insignificante entre la inmensidad de aquellas montañas eternas en las que no se distinguían caminos, casas ni seres humanos, tan sólo el susurro del viento entre los árboles y el rumor de riachuelos ocultos. Sentí que desaparecía en el interior de una región muda, extraña y salvaje.

Al anochecer llegamos a una oscura aldea. Allí no había electricidad, y el combustible se consideraba demasiado valioso para desperdiciarlo mientras quedara algo de luz. Los pobladores, inmóviles junto a sus puertas, nos contemplaban con la boca abierta y el rostro inexpresivo; era imposible adivinar en ellos interés o indiferencia. Eran las mismas miradas con las que se encontraron numerosos extranjeros tras la apertura de China al exterior durante la década de los setenta. De hecho, nosotros éramos tan extraños para aquellos aldeanos como ellos lo eran para nosotros.

El pueblo albergaba una residencia preparada para nuestra llegada. Se trataba de una edificación construida con barro y madera que comprendía dos salas, una para nosotras cuatro y otra para los cuatro muchachos. Un pasillo conducía al ayuntamiento, donde se había instalado un fogón para que pudiéramos cocinar.

Exhausta, me desplomé sobre el duro tablón de madera que hacía las veces de cama y que habría de compartir con mi hermana. Algunos niños nos habían seguido, profiriendo pequeños gritos de excitación. Comenzaron a llamar a la puerta, pero cada vez que la abríamos salían corriendo y regresaban a golpearla de nuevo tan pronto como cerrábamos. Emitiendo extraños sonidos, atisbaban por nuestra ventana, apenas un orificio cuadrado abierto en la pared y desprovisto de persiana. Yo estaba desesperada por lavarme. Clavamos una vieja camisa sobre el ventanuco a modo de cortina y comenzamos a empapar las toallas en el agua helada de nuestras palanganas. Intenté hacer caso omiso de las constantes risitas de los chiquillos, para entonces ocupados en alzar la «cortina» una y otra vez. Nos vimos obligadas a conservar puestas nuestras chaquetas acolchadas mientras nos aseábamos.

Uno de los muchachos de nuestro grupo actuaba como líder y contacto con los aldeanos. Se nos concedían unos cuantos días, dijo, para organizar el suministro de nuestras necesidades cotidianas, tales como agua, leña y queroseno. Hecho esto, tendríamos que comenzar a trabajar en los campos.

En Ningnan todo se hacía manualmente, tal y como había sido tradicional durante al menos dos mil años. No había maquinaria, y tampoco animales de tiro. Los campesinos soportaban una escasez de alimentos que no les permitía mantener asnos o caballos. Con motivo de nuestra llegada, los lugareños habían llenado de agua un tanque redondo fabricado con barro. Al día siguiente pude advertir hasta qué punto era valiosa cada gota. Para conseguir el agua teníamos que cargar al hombro una vara de la que pendían dos barriles de madera y trepar durante media hora a lo largo de estrechos senderos hasta llegar al pozo. Una vez llenos, cada uno de los barriles pesaba más de cuarenta kilos, pero el dolor de los hombros se me hacía insoportable incluso cuando estaban vacíos. Me sentí inmensamente aliviada cuando los chicos anunciaron galantemente que el suministro del agua sería tarea suya.

También se ocupaban de cocinar, ya que tres de nosotras –yo misma incluida– jamás habíamos cocinado en nuestra vida, a causa del tipo de familias en que habíamos sido educadas. Así pues, me vi en la necesidad de aprender a cocinar por las bravas. El grano llegaba entero, y tenía que ser previamente machado en un mortero con un pesado majador que blandíamos con todas nuestras fuerzas. A continuación, la mezcla había de ser vertida en una estrecha cesta de bambú de gran tamaño que posteriormente se balanceaba con un movimiento especial de los brazos para que las cáscaras –más ligeras– quedaran sobre la superficie y fuera posible retirarlas y aprovechar el arroz que quedaba bajo ellas. Al cabo de un par de minutos, los brazos comenzaban a dolerme insoportablemente y terminaban por temblarme tanto que no era capaz de coger la cesta. Cada comida se convertía en una batalla extenuante.

Por si fuera poco, teníamos que hacer acopio de combustible. Había dos horas de caminata hasta la zona del bosque que las autoridades de protección forestal habían designado para recolectar leña. Sólo se nos permitía cortar ramas pequeñas, por lo que trepábamos por los cortos pinos y blandíamos ferozmente nuestros cuchillos. Los troncos se apilaban en haces que luego transportábamos sobre nuestras espaldas. Yo era la más joven del grupo, por lo que sólo se me obligaba a llevar un cesto de plumosas agujas de pino. Sin embargo, el viaje de regreso suponía otras dos horas más de ascenso y descenso a través de senderos de montaña, y cuando por fin llegábamos solía sentirme tan exhausta que el peso de mi carga se me antojaba de al menos sesenta kilos. No podía dar crédito a mis ojos cuando situaba la cesta en la balanza, ya que apenas llegaba a pesar dos kilos y medio, una cantidad de madera que se consumía rápidamente y que difícilmente daba para hervir un wok de agua.

En una de las primeras salidas que hicimos para recoger leña me rasgué el fondillo del pantalón al bajar de un árbol. Me sentí tan avergonzada que me escondí entre los árboles y salí cuando ya todos habían emprendido la marcha para no llevar detrás a nadie que pudiera verme. Los muchachos, todos ellos perfectos caballeros, insistieron en que abriera la marcha para asegurarse de que no caminaban demasiado aprisa para mí, y me vi obligada a repetir varias veces que no me importaba en absoluto ser la última y que no lo decía por cortesía.

Ni siquiera las visitas al retrete eran tarea fácil. Para ello había que descender por una inclinada y resbaladiza ladera hasta alcanzar un profundo pozo abierto en el redil de las cabras. No había más remedio que dar el rostro o la espalda a las cabras, sumamente aficionadas a embestir al primer intruso que veían. Debido a aquello, me asaltaron tales nervios que durante varios días fui incapaz de evacuar correctamente. Después de salir del redil, había que realizar un enorme esfuerzo para trepar de nuevo por la cuesta, por lo que cada vez que regresaba llevaba conmigo una nueva colección de magulladuras extendidas por todo mi cuerpo.

El primer día que trabajamos con los campesinos se me asignó transportar estiércol de cabra desde el retrete hasta unas diminutas parcelas que acababan de ser incendiadas para despojarlas de arbustos y de hierba. El terreno aparecía cubierto por una capa de ceniza que, una vez mezclada con excrementos humanos y animales, habría de servir para fertilizar el suelo antes del arado primaveral, tarea que también se realizaba manualmente.

Tras cargar el pesado cesto sobre mis hombros, me arrastré con dificultad ladera arriba, caminando a cuatro patas. El estiércol estaba ya bastante seco, pero parte de él comenzó a rezumar sobre mi chaqueta de algodón, traspasándola hasta alcanzar mi ropa interior y mi espalda; asimismo, cierta cantidad rebosó y se depositó sobre mis cabellos. Cuando por fin alcancé los campos vi cómo las campesinas descargaban hábilmente sus cestos doblando la cintura hacia un lado e inclinándolos de tal modo que todo su contenido caía al suelo. Yo, sin embargo, no lograba conseguir el mismo resultado. Desesperada por librarme del peso que oprimía mi espalda, intenté descargar la cesta. Para ello, extraje el brazo derecho de su asidero y, de repente, la cesta se desplomó hacia la izquierda con un poderoso impulso arrastrando mi hombro tras ella y precipitándome al suelo sobre el montón de estiércol que contenía. Pocos días después, una de mis amigas se dislocó la rodilla a causa de un accidente similar, pero yo sólo me torcí ligeramente la cadera.

La dureza del trabajo formaba parte de la «reforma del pensamiento». En teoría, el esfuerzo debía ser motivo de disfrute, ya que nos acercaba al día en que nos convertiríamos en seres nuevos y más parecidos a los campesinos. Antes de la Revolución Cultural, yo había aceptado con total convencimiento aquella inocente teoría, y me había esforzado deliberadamente para transformarme en una persona mejor. En cierta ocasión, durante la primavera de 1966, mi curso había sido encargado de colaborar en la construcción de una carretera. A las muchachas se nos asignaron tareas livianas, tales como separar las piedras que luego tendrían que romper los chicos. Yo me ofrecí para realizar trabajos masculinos y terminé con los brazos espantosamente hinchados de tanto romper piedras con un grueso mazo que apenas podía levantar. Ahora, apenas tres años después, mi adoctrinamiento se estaba viniendo abajo. Desaparecido el apoyo psicológico que me proporcionaban mis ciegas creencias, no pude evitar sentir un profundo odio hacia el trabajo que se me obligaba a realizar en las montañas de Ningnan, ya que se me antojaba completamente absurdo.

A los pocos días de mi llegada, comencé a padecer un serio sarpullido cutáneo que reapareció durante los tres años siguientes cada vez que visitaba el campo. Ninguna medicina parecía capaz de curarlo, y me veía atormentada día y noche por un picor que me impulsaba a rascarme sin cesar. Al cabo de tres semanas de iniciar mi nueva vida, me salieron varias llagas purulentas y mis piernas se inflamaron a causa de las infecciones. Sufrí asimismo diarreas y vómitos. Con la clínica de la comuna a unos cincuenta kilómetros de distancia, me sentía terriblemente débil y enferma en un momento en que precisaba de toda mi fuerza física.

No tardé en llegar a la conclusión de que no cabía albergar demasiadas esperanzas de poder visitar a mi padre mientras estuviera en Ningnan. La carretera decente más cercana se encontraba a un día de penosa caminata, e incluso una vez allí no había posibilidad de encontrar un transporte público. Los camiones eran escasos y pasaban a largos intervalos, y era sumamente improbable que se dirigieran a Miyi desde donde yo estaba. Por fortuna, el hombre del equipo de propaganda, Dong-an, acudió al pueblo para comprobar que habíamos conseguido instalarnos adecuadamente. Cuando advirtió mi enfermedad, me sugirió amablemente que regresara con él a Chengdu para someterme a tratamiento. Él debía volver con los últimos camiones que nos habían transportado hasta Ningnan y así, veintiséis días después de mi llegada, partí de regreso hacia Chengdu.

Al marcharme, me di cuenta de que apenas había llegado a trabar conocimiento con los campesinos de nuestra aldea. La única persona que había conocido allí era el contable del pueblo, quien al tratarse de la persona más culta de la zona venía a vernos a menudo para intercambiar opiniones intelectuales. Su casa era la única que había llegado a visitar, y siempre recordaré las suspicaces miradas que pude advertir en el curtido rostro de su esposa, ocupada en lavar los sanguinolentos intestinos de un cerdo mientras acarreaba a su silencioso hijito sobre las espaldas. Cuando la saludé me dirigió una breve mirada de indiferencia y no me devolvió el saludo. Sintiéndome turbada y extraña, me despedí rápidamente.

Durante los pocos días que trabajé con los campesinos me sentía tan desprovista de energía que apenas hablé con ellos como es debido. Se me antojaban remotos, desinteresados y separados de mí por las impenetrables montañas de Ningnan. Sabía que se esperaba de nosotros que nos esforzáramos por visitarlos, cosa que mi hermana y mis amigos –a la sazón en mejor forma que yo– hacían todas las tardes, pero yo me sentía permanentemente agotada, enferma y acosada por los picores. Por otra parte, visitarles hubiera significado que me conformaba con la perspectiva de pasar allí los mejores años de mi vida, cuando inconscientemente me negaba a aceptar una existencia de campesina. Sin admitirlo específicamente, no podía evitar rechazar la existencia que Mao me había asignado.

Cuando llegó el momento de mi partida sentí una súbita nostalgia por la extraordinaria belleza de Ningnan. Mientras me esforzaba por seguir adelante con mi vida allí no había podido apreciar adecuadamente aquellas montañas. La primavera se había adelantado a febrero, y los dorados jazmines de invierno brillaban junto a los carámbanos que colgaban de los pinos. Los riachuelos de los valles formaban una sucesión de transparentes estanques rodeados por rocas de extrañas formas. Los reflejos del agua mostraban magníficas nubes, bóvedas de árboles majestuosos e inflorescencias desconocidas que surgían de las grietas de los peñascos. Tras lavar la ropa en aquellas pozas espléndidas, solíamos tenderla sobre las rocas para que se secara bajo el sol y el soplo de aquel aire vigoroso. A continuación, nos tendíamos sobre la hierba y escuchábamos la vibración de los pinares agitados por la brisa. Nunca dejé de maravillarme ante el espectáculo de las laderas de las montañas distantes, cubiertas de melocotoneros silvestres, mientras imaginaba la masa de flores rosadas que los cubrirían al cabo de pocas semanas.

Cuando llegué a Chengdu, tras cuatro interminables días de traqueteo en la parte trasera de un camión vacío durante los que sufrí frecuentes vómitos y diarreas, acudí directamente a la clínica contigua al complejo. Las inyecciones y las pastillas que me suministraron me curaron rápidamente. Mi familia aún tenía acceso a la clínica, al igual que a la cantina. El Comité Revolucionario de Sichuan era un organismo dividido y poco eficiente: aún no había conseguido organizar una administración que funcionara. Ni siquiera había logrado instaurar normas que gobernaran diversos aspectos de la vida cotidiana. Como resultado, el sistema sufría numerosas lagunas: muchos de los antiguos usos continuaban practicándose, y la población había vuelto en gran medida a utilizar sus propios recursos. La dirección de la cantina y la clínica no se habían negado a atendernos, por lo que seguíamos utilizando sus servicios.

Mi abuela dijo que además de las inyecciones y pastillas occidentales recetadas por la clínica necesitaba tomar ciertos medicamentos chinos. Un día, regresó a casa con un pollo y algunas raíces de membranoso tragacanto y angélica china consideradas altamente *bu* («curativas»), y me preparó una sopa a la que añadió cebolletas de primavera muy picadas. Se trataba de ingredientes no disponibles en las tiendas, por lo que había tenido que recorrer varios kilómetros para adquirirlos en uno de los mercados negros rurales.

Mi abuela tampoco se encontraba bien. A veces la veía tendida en la cama, lo que resultaba sumamente inusual en ella; había sido siempre una mujer tan enérgica que rara vez la habíamos visto permanecer quieta un minuto, pero en aquellos días solía cerrar los ojos y morderse los labios con fuerza, lo que me hacía pensar que debía de sufrir grandes dolores. Sin embargo, cada vez que le preguntaba me respondía que no le ocurría nada y seguía recogiendo medicinas y haciendo colas para conseguir mis alimentos.

No tardé en encontrarme mucho mejor. Dado que no había autoridad alguna que pudiera ordenar mi regreso a Ningnan, comencé a planear un viaje para visitar a mi padre. En esos días, sin embargo, llegó un telegrama de Yibin anunciando que mi tía Jun-ying, que hasta entonces había estado cuidando de mi hermano pequeño Xiao-fang, se encontraba gravemente enferma. Pensé que en tales circunstancias mi deber era ir a atenderlos.

La tía Jun-ying y el resto de los parientes de mi padre en Yibin se habían portado de un modo muy afectuoso con mi familia a pesar del hecho de que mi padre había roto la ancestral tradición china de ocuparse de los propios parientes. Tradicionalmente, se consideraba un deber filial de los hijos preparar para su madre un pesado féretro de madera cubierto por varias capas de pintura y organizar para ella grandiosos funerales, a menudo financieramente catastróficos. El Gobierno, sin embargo, recomendaba con insistencia la celebración de funerales más simples seguidos de cremación (con objeto de ahorrar terreno). A la muerte de su madre, en 1958, mi padre no supo de su fallecimiento hasta después del funeral, ya que su familia temía que pusiera objeciones a la celebración de un entierro y funeral aceptables. Asimismo, sus familiares apenas nos visitaron después de nuestro traslado a Chengdu.

No obstante, cuando mi padre empezó a tener problemas con la Revolución Cultural todos acudieron para ofrecernos su ayuda. La tía Jun-ying, quien realizaba a menudo el viaje entre Yibin y Chengdu, terminó por hacerse cargo de Xiao-fang para aliviar a mi abuela de parte de sus obligaciones. Compartía una casa con la hermana pequeña de mi padre, y había cedido desinteresadamente la mitad de su parte a los familiares de un pariente lejano, quienes se habían visto obligados a abandonar su propio hogar en ruinas.

Cuando llegué, encontré a mi tía sentada en una butaca de mimbre junto a la puerta principal que daba acceso al vestíbulo que hacía las veces de sala de estar. En el lugar de honor descansaba un enorme féretro construido de pesada madera de color rojo oscuro. Se trataba del único lujo que se había permitido. Al verla me sentí inundada de tristeza. Acababa de sufrir un ataque al corazón, y tenía las piernas semiparalizadas. Los hospitales funcionaban de modo esporádico. Sin nadie que efectuara las reparaciones necesarias, sus servicios se habían interrumpido, y el suministro de medicamentos era igualmente irregular. Los médicos habían dicho a la tía Jun-ying que nada podían hacer por ella, por lo que había decidido permanecer en casa.

Sus mayores dificultades le sobrevenían a la hora de evacuar. Después de las comidas solía sentirse insoportablemente hinchada, pero no lograba encontrar alivio si no era a costa de fuertes dolores. En ocasiones, las recetas de sus parientes le proporcionaban cierta ayuda, si bien fallaban en la mayoría de los casos. Yo solía administrarle frecuentes masajes en el estómago y en cierta ocasión, ante sus desesperadas súplicas, llegué a introducirle un dedo en el ano en un intento de retirar los excrementos. Todos aquellos remedios apenas le producían un alivio temporal y, en consecuencia, no se atrevía a comer demasiado. Se sentía terriblemente débil, y solía permanecer sentada en la butaca de mimbre del vestíbulo durante horas, contemplando las papayas y los bananos del jardín trasero. Tan sólo una vez me dijo con un suave susurro: «Tengo tanta hambre... ojalá pudiera comer...»

Ya no podía caminar sin ayuda, y el mismo acto de incorporarse suponía para ella un enorme esfuerzo. Para evitar que le salieran llagas, me sentaba a menudo junto a ella para que se apoyara sobre mí. Ella me decía que era una buena enfermera, y que debía de estar ya cansada y aburrida de permanecer allí. Por mucho que insistiera, se negaba a permanecer sentada más allá de un breve período cada día para que yo pudiera «salir y divertirme».

Ni que decir tiene que en el exterior no existía medio alguno de diversión. Sentía enormes deseos de poder leer algo, pero fuera de los cuatro volúmenes de *Las obras selectas de Mao Zedong* todo lo que pude descubrir en casa fue un diccionario. El resto de los libros había sucumbido al fuego. Así pues, me entretuve en estudiar los quince mil caracteres que contenía y en aprenderme de memoria aquellos que desconocía.

El resto del tiempo lo pasaba cuidando de mi hermano de siete años, Xiao-fang, y dando largos paseos con él. Algunas veces, el pequeño se aburría y pedía cosas como escopetas de juguete o los caramelos de colores que ocupaban en solitario los escaparates de las tiendas. Yo, no obstante, carecía de dinero –ya que tan sólo recibíamos una pequeña asignación–, y Xiao-fang era incapaz de comprender aquello debido a su corta edad, por lo que se revolcaba en el suelo polvoriento, gritando, chillando y rompiéndome la chaqueta a tirones. En aquellas ocasiones, yo me agachaba e intentaba engatusarle hasta que, al final, desesperada, me echaba también a llorar. Ante aquello, él solía controlarse y hacer las paces conmigo, tras lo cual ambos regresábamos exhaustos a casa.

Incluso en plena Revolución Cultural, Yibin era una ciudad dotada de una atmósfera sumamente agradable. Sus ondulantes ríos y sus serenas colinas, tras las que se extendía un horizonte difuso, me inspiraban cierta sensación de eternidad y me aliviaban temporalmente del sufrimiento que me rodeaba. Al caer la noche, los carteles y los altavoces esparcidos por la ciudad interrumpían sus mensajes, y las oscuras callejas se veían envueltas por una niebla rasgada tan sólo por la luz temblorosa de las lámparas de aceite al escapar a través de las grietas de puertas y ventanas. De cuando en cuando podían verse islotes de luz que indicaban la presencia de puestos de comida aún abiertos. No es que tuvieran mucho que vender, pero la mayoría contenía una mesa cuadrada de madera rodeada por cuatro bancos alargados de color oscuro que brillaban por el roce de los comensales que los habían utilizado durante tantos años. Sobre la mesa podía distinguirse una diminuta chispa del tamaño de un guisante procedente de una lámpara de aceite de colza. En torno a aquellas mesas nunca había gente charlando, pero los dueños mantenían sus locales abiertos. Antiguamente, se hubieran visto repletas de gente ocupada en contarse chismorreos y beber el «licor de cinco granos» típico de la localidad acompañándolo con carne en adobo, lengua de cerdo estofada con salsa de soja y cacahuetes tostados con sal y pimienta. Los puestos vacíos evocaban en mí la imagen de Yibin en la época en que la ciudad no se había hallado completamente dominada por la política.

Al abandonar las callejas, mis oídos se veían asaltados por los altavoces. En el centro de la ciudad reinaba el estruendo perpetuo de gritos y denuncias. Independientemente de su contenido, su volumen resultaba de por sí insoportable, y me vi obligada a desarrollar una técnica que me permitía hacer oídos sordos a cuanto me rodeaba con objeto de conservar la cordura.

Una tarde de abril, una noticia captó súbitamente mi atención. Se había celebrado en Pekín un Congreso del Partido. Como de costumbre, a la población se le ocultaba las verdaderas actividades de aquella importante asamblea de sus «representantes». Tras anunciarse los nuevos nombres del órgano dirigente sentí caérseme el alma a los pies al oír que se había confirmado la nueva organización de la Revolución Cultural.

Aquel congreso –el noveno– señaló formalmente el establecimiento del sistema de poder personal de Mao. Pocos de los antiguos líderes del congreso anterior, celebrado en 1956, habían conseguido permanecer en sus puestos hasta entonces. De diecisiete miembros del Politburó, tan sólo cuatro permanecían en el poder: Mao, Lin Biao, Zhou Enlai y Li Xiannian. El resto o bien habían muerto o habían sido denunciados y destituidos. Algunos de ellos no tardarían en morir a su vez.

El presidente Liu Shaoqi, considerado el número dos del Octavo Congreso, permanecía detenido desde 1967 y había sido salvajemente golpeado en diversas asambleas de denuncia. Se le negaban medicamentos tanto para su antigua diabetes como para su reciente pulmonía, y tan sólo recibía tratamiento cuando se hallaba al borde de la muerte debido a que la señora Mao había ordenado explícitamente que debía permanecer vivo para que el Noveno Congreso contara con un «objetivo viviente». Durante el congreso, Zhou Enlai se encargó de leer el veredicto, según el cual Liu Shaoqi era «un traidor criminal, un espía enemigo, un canalla al servicio de los imperialistas, los revisionistas modernos [Rusia] y el Kuomintang». Tras el congreso, el régimen se aseguró de que viviera la totalidad de su agonía.

El mariscal Ho Lung, otro antiguo miembro del Politburó a la vez que uno de los fundadores del Ejército comunista, murió apenas dos meses después del congreso. Debido al poder que había ejercido en el seno de las Fuerzas Armadas fue atormentado con dos años y medio de lenta tortura, planificada –según reveló a su mujer– «para destruir mi salud y asesinarme sin necesidad de derramar mi sangre». El suplicio al que fue sometido incluía la limitación a una pequeña lata de agua diaria durante los ardientes días del verano, la ausencia de calefacción durante el invierno –época en la que las temperaturas permanecían muy por debajo de cero durante varios meses– y la interrupción de la medicación para su diabetes. Por fin, su diabetes empeoró y murió tras la administración de una potente dosis de glucosa durante una de sus crisis diabéticas.

Tao Zhu, el miembro del Politburó que había ayudado a mi madre a comienzos de la Revolución Cultural, permaneció detenido y en condiciones inhumanas durante tres años, lo que destruyó su salud. Se le negó tratamiento médico hasta que su cáncer de vesícula empeoró considerablemente y Zhou Enlai autorizó la operación. Sin embargo, las ventanas de su habitación de hospital permanecieron constantemente tapadas con papeles de periódico, y sus familiares no fueron autorizados a verle ni en su lecho de muerte ni después de que ésta tuviera lugar.

El mariscal Peng Dehuai murió tras un tormento igualmente prolongado que, en su caso, duró ocho años, hasta 1974. Su última petición –que le sacaran de su habitación, oscurecida con papel de periódico, para poder contemplar los árboles y la luz del día– resultó denegada.

Aquellas y otras muchas persecuciones similares formaban parte de los métodos típicos imperantes durante la Revolución Cultural de Mao. En lugar de firmar penas de muerte, el líder se limitaba a señalar sus intenciones, tras lo cual siempre surgía alguien dispuesto a ejecutar el tormento e improvisar los detalles más sangrientos. Entre sus métodos se incluían la presión psicológica, la brutalidad física, la negación de cuidados médicos e, incluso, la administración de medicamentos que pudieran poner fin a la vida de sus víctimas. Aquella clase de muerte recibió un nombre especial en chino: *po-hai zhi-si*, «perseguidos hasta morir». Mao era plenamente consciente de lo que estaba ocurriendo, y solía animar a los verdugos por medio de su «consentimiento tácito» (*mo-xu*), lo que le permitía librarse de sus enemigos sin cargar con culpa alguna. La responsabilidad era ineludiblemente suya, si bien no de modo exclusivo. Los verdugos también aportaban su propia iniciativa. Los subordinados de Mao se mantenían constantemente alerta e intentaban anticiparse a sus deseos buscando nuevos modos de complacerle que, al mismo tiempo, alimentaran sus propias tendencias sádicas.

Los horribles detalles de las persecuciones sufridas por numerosos líderes no fueron revelados hasta algunos años más tarde. Cuando salieron a la luz, nadie en China se sintió sorprendido. Todos conocíamos ya demasiados casos por propia experiencia.

La transmisión radiada en la plaza incluía la enumeración de los miembros del nuevo Comité Central. Aterrada, me mantuve a la espera de escuchar los nombres de los Ting hasta que, efectivamente, fueron pronunciados: Liu Jie-ting y Zhang Xi-ting. Ahora, me dije a mí misma, es cuando ya no existe ninguna esperanza de que finalicen los sufrimientos de mi familia.

Poco después llegó un telegrama diciendo que mi abuela se había desmayado y se encontraba en cama. Anteriormente, jamás había hecho nada semejante. La tía Jun-ying me apremió a regresar a casa para atenderla, por lo que Xiao-fang y yo tomamos el siguiente tren con destino a Chengdu.

Mi abuela, próxima ya a cumplir sesenta años, había visto su estoicismo finalmente conquistado por el dolor, un dolor que taladraba su cuerpo y se desplazaba a través de él para concentrarse finalmente en los oídos. Los médicos de la clínica del complejo le dijeron que podría tratarse de un problema de nervios para el que no tenían cura; le recomendaron, sin embargo, que procurara mantenerse de buen humor. Así pues, la llevé a un hospital situado a media hora de camino de la calle del Meteorito.

Aislados en sus automóviles con chófer, los nuevos dueños del poder permanecían ajenos a las condiciones de vida de la población. En Chengdu no funcionaban los autobuses, ya que su función no se consideraba esencial para la revolución, y los taxis pedestres habían sido abolidos alegando que constituían un trabajo de explotación. Mi abuela no podía caminar debido a sus intensos dolores, por lo que hubo de viajar sentada sobre un cojín instalado sobre el portaequipajes de la bicicleta. Con Xiao-fang instalado en la barra, yo me encargué de empujar el vehículo mientras Xiao-hei la sostenía.

El hospital aún funcionaba, gracias a la profesionalidad y dedicación de algunos de sus empleados. Sobre sus muros de ladrillo pude ver grandes consignas de sus colegas más militantes en los que se acusaba a los primeros de servirse del trabajo para aniquilar la revolución (una acusación habitual que sufrían aquellos que intentaban continuar realizando sus trabajos). La doctora que nos atendió sufría tics en los párpados y mostraba unas profundas ojeras. Deduje que debía de estar agotada por la afluencia de pacientes, a lo que había que añadir los ataques políticos a los que tendría que enfrentarse. El hospital rebosaba de hombres y mujeres de expresión amarga. Algunos tenían el rostro magullado; otros permanecían tendidos sobre parihuelas con las costillas rotas. Eran todos víctimas de las asambleas de denuncia.

Ninguno de los médicos fue capaz de diagnosticar el padecimiento de mi abuela. No había aparato de rayos X ni ningún otro instrumento que permitiera una exploración adecuada. Estaban todos estropeados. Suministraron a mi abuela diversos analgésicos, y cuando éstos dejaron de surtir efecto la ingresaron en el hospital. Los pabellones estaban atestados, y las camas se tocaban unas a otras. Incluso los pasillos aparecían bordeados por camas. Las escasas enfermeras que corrían de un pabellón a otro no se bastaban para atender a todos los pacientes, por lo que decidí quedarme con mi abuela.

Regresé a casa para recoger algunos utensilios con los que cocinar sus comidas. Llevé también conmigo un colchón de bambú que extendí bajo su cama. Por la noche, cuando me despertaban sus quejidos, apartaba el delgado edredón que me cubría y le administraba masajes que la calmaban temporalmente. Desde debajo de la cama podía percibirse en la estancia un intenso olor a orines. Todos los pacientes tenían su orinal junto al lecho. Mi abuela, sin embargo, era muy escrupulosa en cuestiones de higiene, e insistía en levantarse y caminar hasta el lavabo incluso durante la noche. El resto de los pacientes, sin embargo, no eran tan quisquillosos, y a menudo sus orinales tardaban varios días en ser vaciados. Las enfermeras se encontraban demasiado ocupadas para preocuparse por detalles tan nimios.

La ventana que se abría junto a la cama de mi abuela daba al jardín delantero. Toda su superficie aparecía invadida por las hierbas, y sus bancos de madera estaban a punto de desplomarse. La primera vez que me asomé a verlo pude ver a varios niños ocupados en quebrar las pocas ramas de un pequeño magnolio que aún conservaba dos o tres flores mientras los adultos pasaban junto a ellos indiferentes a la escena. El vandalismo contra las plantas había pasado a formar parte de la vida cotidiana hasta un punto en que apenas llamaba la atención.

Un día, mirando por la ventana, distinguí a Bing –uno de mis amigos– descendiendo de su bicicleta. Mi corazón dio un vuelco, y sentí un súbito ardor en el rostro. Rápidamente estudié mi reflejo en el cristal, ya que mirarme en un espejo en público habría conllevado verme criticada como elemento burgués. Iba vestida con una chaqueta de cuadros blancos y rosados, diseño recientemente permitido para los atuendos de las jóvenes. Se autorizaba de nuevo el cabello largo, pero sólo si se recogía en dos trenzas, y yo pasaba horas y horas reflexionando acerca de cómo llevar las mías: ¿una junto a otra, quizá, o separadas entre sí? ¿Rectas o ligeramente curvadas en las puntas? ¿Debían ser las trenzas más largas que las coletas que las remataban o viceversa? Aquellas decisiones tan elementales se me hacían interminables. No existían normas oficiales acerca del peinado o la ropa. El uso diario venía determinado por lo que llevaban los demás, y las opciones eran tan escasas que la gente miraba constantemente a su alrededor en busca de una mínima variación. Representaba un auténtico desafío al ingenio lograr un aspecto atractivo y distinto que al mismo tiempo fuera lo bastante similar al del resto de las personas como para que ningún dedo inquisitorial pudiera señalar de un modo específico en qué consistía la herejía.

Aún estaba ocupada estudiando mi aspecto cuando Bing penetró en el pabellón. En su aspecto no había nada fuera de lo corriente, pero le envolvía un cierto aire que lo distinguía de los demás. Exudaba un toque de cinismo poco habitual en aquellos años en que el sentido del humor brillaba por su ausencia, y yo me sentía profundamente atraída hacia él. Su padre había sido director de departamento en el Gobierno provincial anterior a la Revolución Cultural, pero Bing era distinto de la mayoría de los hijos de altos funcionarios. «¿Por qué tienen que enviarme a mí al campo?», solía decir, y de hecho se las arregló para obtener un certificado de enfermedad incurable que evitó su partida. Fue la primera persona en la que advertí la presencia de una inteligencia abierta y de una mente irónica e inquisitiva que nunca juzgaba por las apariencias, a la vez que el primero que despejó los tabúes que albergaba mi mente.

Hasta entonces había rechazado la posibilidad de cualquier relación amorosa. La devoción que sentía hacia mi familia, intensificada por la adversidad, ensombrecía cualquier otra emoción que hubiera podido experimentar. Aunque en mi interior siempre había existido otra identidad, una identidad sexual que pugnaba por salir al exterior, siempre había conseguido mantenerla encerrada. Conocer a Bing, sin embargo, me llevó al borde de aceptar un compromiso amoroso.

Aquel día, Bing se presentó en el pabellón de mi abuela con un ojo morado. Me dijo que acababa de golpearle Wen, un joven que había regresado de Ningnan para acompañar a una muchacha que se había roto una pierna. Bing describió la pelea sin darle importancia, asegurando con gran satisfacción que Wen sentía celos porque no disfrutaba tanto como él de mi compañía y atención. Posteriormente, sin embargo, conocí la versión del propio Wen: había golpeado a Bing porque no podía soportar «esa arrogante sonrisa suya».

Wen era bajo y robusto, de dientes prominentes y manos y pies enormes. Al igual que Bing, era hijo de altos funcionarios. Solía remangarse la camisa y las perneras y calzaba un par de sandalias de paja, al modo campesino, inspirándose en el modelo de uno de los jóvenes que aparecían en los carteles de propaganda. Un día me dijo que regresaba a Ningnan para continuar reformándose. Cuando le pregunté el motivo, dijo despreocupadamente: «Para seguir los pasos del presidente Mao. ¿Por qué, si no? Para eso soy guardia rojo del presidente Mao.» Durante unos instantes, permanecí sin habla. Había comenzado a pensar que la gente solamente utilizaba aquella jerga en ocasiones oficiales. Es más: ni siquiera había adoptado la solemne expresión obligatoria a la hora de representar aquellas pantomimas. El tono distraído con que había hablado me convenció de que sus palabras eran sinceras.

Sin embargo, el modo de pensar de Wen no me impulsaba a evitarle. La Revolución Cultural me había enseñado a no juzgar a las personas por sus creencias, sino a dividirlas entre aquellas capaces o incapaces de mostrar crueldad y sadismo. Sabía que Wen era una persona decente, y a él recurrí en busca de ayuda cuando decidí abandonar Ningnan de modo permanente.

Había permanecido dos meses fuera de Ningnan. No había ninguna norma que lo prohibiera, pero el régimen contaba con una poderosa arma para asegurarse de que me vería obligada a regresar a las montañas más pronto o más tarde: mi registro de residencia había sido trasladado de Chengdu a Ningnan, y mientras permaneciera en la ciudad no tendría derecho a alimentos ni a bienes de racionamiento. Por el momento subsistía compartiendo las raciones de mi familia, pero se trataba de una situación que no podría alargarse eternamente. Me di cuenta de que tendría que arreglármelas para conseguir que mi registro fuera trasladado a algún lugar cercano a Chengdu.

La propia Chengdu quedaba descartada, ya que no se permitía a nadie trasladar un registro rural a la ciudad. Asimismo, estaba prohibido trasladarse de un lugar agreste y montañoso a otra zona más rica, tal como era la llanura que rodeaba Chengdu. Sin embargo, había un modo de burlar las normas: podíamos trasladarnos si contábamos con parientes dispuestos a aceptarnos, y era también posible inventarse tales parientes, ya que nadie hubiera podido seguir la pista de los numerosos familiares con que habitualmente cuenta un chino.

Proyecté el traslado con Nana, una buena amiga mía que acababa de regresar de Ningnan para intentar descubrir un medio de salir de allí. También incluimos en el plan a mi hermana, quien aún estaba en Ningnan. Para obtener el traslado de nuestros registros necesitábamos antes que nada tres cartas: una de una comuna diciendo que nos aceptaría si contábamos con la recomendación de algún pariente que pudiéramos tener entre sus miembros; otra del condado al que pertenecía la comuna, en la que se aprobara el contenido de la primera, y una tercera del Departamento de Juventudes Urbanas de Sichuan en la que éste aprobara a su vez el traslado. Cuando tuviéramos las tres teníamos que regresar a nuestros equipos de producción en Ningnan para que éstos autorizasen el traslado antes de que el registro del condado de Ningnan nos pusiera finalmente en libertad. Sólo entonces nos entregarían el documento crucial para todo ciudadano de China: los libros de registro que deberíamos entregar a las autoridades en nuestro próximo lugar de residencia.

La vida se tornaba igualmente complicada y desalentadora cada vez que alguien se apartaba en lo más mínimo de la rígida planificación de las autoridades, y en la mayoría de los casos surgían complicaciones inesperadas. Mientras planeaba cómo organizar el traslado, el Gobierno dictó de repente una regulación por la que se congelaban todos los traslados posteriores al 21 de junio. Para entonces, estábamos ya en la tercera semana de mayo, por lo que sería imposible localizar a tiempo a un pariente real que quisiera aceptarnos y completar todas las formalidades a tiempo.

Recurrí a Wen. Sin dudarlo un instante, se ofreció a «crear» las tres cartas. La falsificación de documentos oficiales era un delito grave castigado con largas condenas de cárcel, pero aquel devoto guardia rojo de Mao acalló mis ruegos de cautela sin darles mayor importancia.

Los elementos cruciales de toda falsificación eran los sellos. En China, los documentos adquieren carácter oficial por los sellos que portan. Wen era un buen calígrafo, capaz de grabarlos siguiendo el estilo de los oficiales. Para ello se servía de pastillas de jabón. En una sola tarde tuvo listas las tres cartas que cada una de las tres necesitábamos y que, aun con suerte, hubiéramos tardado meses en obtener. Wen se ofreció asimismo para regresar a Ningnan con Nana y conmigo para ayudarnos con el resto del procedimiento.

Cuando llegó el momento de partir, me sentí terriblemente indecisa, puesto que ello implicaba dejar a mi abuela en el hospital. Ella me animó a marchar, diciendo que no tardaría en volver a casa para cuidar de mis hermanos pequeños. Yo no intenté disuadirla, ya que el hospital era un lugar espantosamente deprimente. Además del repugnante olor que reinaba en él, era increíblemente ruidoso: tanto de día como de noche podían oírse gemidos, golpes y conversaciones en voz alta en los pasillos. Los altavoces despertaban a todo el mundo a las seis de la mañana, y en numerosas ocasiones los enfermos fallecían en presencia del resto de los pacientes.

La tarde en que fue dada de alta, mi abuela experimentó un agudo dolor en la base de la columna. Le fue imposible sentarse en el portaequipajes de la bicicleta, por lo que Xiao-hei condujo el vehículo hasta casa con sus ropas, toallas, palanganas, termos y utensilios de cocina y yo fui caminando junto a ella para prestarle apoyo. Hacía una tarde de bochorno. Por muy lentamente que avanzáramos, caminar le dolía, lo que resultaba fácil de advertir por sus labios fuertemente apretados y el temblor que le asaltaba al intentar ahogar sus gemidos. Yo le relataba historias y cotilleos en un intento por distraerla. Los plátanos que solían dar sombra a las aceras apenas conservaban unas cuantas ramas patéticas, pues no habían sido podados ni una sola vez durante aquellos tres años de Revolución Cultural. Aquí y allá, los edificios mostraban las cicatrices sufridas durante los feroces combates librados por las distintas facciones Rebeldes.

Tardamos casi una hora en recorrer la mitad del camino. De pronto, el cielo se oscureció. Un violento vendaval levantó una nube de polvo y de fragmentos de carteles, y mi abuela se tambaleó. Yo la sostuve con fuerza. Comenzó a caer un chaparrón que nos empapó en pocos instantes. No había lugar en el que resguardarse, por lo que continuamos andando. Nuestras ropas, pegadas al cuerpo, entorpecían nuestros movimientos y yo jadeaba, casi sin aliento. Sentía la delgada y diminuta figura de mi abuela cada vez más pesada. La lluvia silbaba y arreciaba a nuestro alrededor, el viento azotaba nuestros cuerpos calados y yo comencé a experimentar un frío intenso. Mi abuela sollozaba: «¡Por todos los cielos, déjame morir! ¡Déjame morir!» También yo sentía ganas de llorar, pero me limité a decir: «Abuela, pronto estaremos en casa...»

En ese momento oí el repiqueteo de una campana. «¡Eh! ¿Quieren que las lleve?» Un carro de pedales se había detenido junto a nosotros, conducido por un joven de camisa abierta a quien el agua resbalaba por las mejillas. Acercándose a nosotras, ayudó a mi abuela a subir al carro descubierto, sobre el que se veía a un anciano acurrucado que nos hizo un gesto con la cabeza. El joven dijo que se trataba de su padre, a quien había ido a recoger al hospital. Nos dejó frente a la puerta de casa y, ante mis profusas muestras de agradecimiento, se limitó a agitar la mano como diciendo «No ha sido molestia alguna», tras lo cual desapareció en la oscuridad de la tormenta. La fuerza del chaparrón me impidió oír su nombre.

Dos días después, mi abuela ya se había levantado y trajinaba por la cocina preparando envolturas de masa para hacernos una comida especial. Comenzó asimismo a limpiar las habitaciones con su habitual ritmo incansable. Advertí que se estaba esforzando demasiado y le pedí que se quedara en la cama, pero ella se negó a hacerme caso.

Nos hallábamos a comienzos de junio. Constantemente me decía que debía partir, y recordando lo enferma que había estado durante mi última estancia en Ningnan insistía en que Jin-ming me acompañara para cuidar de mí. Aunque mi hermano acababa de cumplir dieciséis años, aún no le había sido asignada ninguna comuna. Envié un telegrama a mi hermana pidiéndole que regresara de Ningnan para cuidar de nuestra abuela. Xiao-hei, que entonces contaba catorce años, me prometió que podía fiarme de él, y el pequeño Xiao-fang, de siete años, realizó una solemne declaración en términos similares.

Cuando acudí a despedirme de ella, mi abuela rompió en sollozos. Dijo que ignoraba si volvería a verme alguna vez. Yo le acaricié el dorso de la mano, ya huesudo y cubierto de venas, y lo oprimí contra mi mejilla. Esforzándome por reprimir las lágrimas, le dije que regresaría en muy poco tiempo.

Tras una larga búsqueda, había logrado hallar un camión que se dirigiera a la región de Xichang. Desde mediados de los sesenta, Mao había ordenado que numerosas e importantes fábricas (entre ellas la que daba empleo a Lentes, el novio de mi hermana) fueran trasladadas a Sichuan,

408

y en especial a Xichang, donde se estaba llevando a cabo la construcción de un nuevo centro industrial. La teoría de Mao era que las montañas de Sichuan constituirían la mejor defensa en caso de un ataque de los rusos o los norteamericanos. Había camiones de cinco provincias distintas ocupados en transportar material a aquella base. A través de un amigo común, encontré un conductor de Pekín que aceptó llevarnos a todos, esto es, Jin-ming, Nana, Wen y yo. Hubimos de viajar sentados en la caja descubierta, ya que la cabina estaba reservada para el conductor de apoyo. Cada camión pertenecía a un convoy cuyas unidades se reunían al atardecer.

Al igual que sus colegas del resto del mundo, aquellos conductores tenían fama de no mostrar inconveniente en llevar a chicas, aunque sí a chicos. Dado que el suyo constituía prácticamente el único medio de transporte, muchos jóvenes se sentían irritados por dicha actitud. A lo largo del camino pudimos ver consignas pegadas sobre los troncos de los árboles: «¡Oponeos con firmeza a los conductores que transportan a las chicas pero no a los chicos!» Otros muchachos, más atrevidos, se instalaban en mitad de la calzada en un intento por detener a los camiones. Uno de mis compañeros de escuela no consiguió saltar a un lado a tiempo y resultó muerto.

Entre las «afortunadas» autoestopistas se había producido algún que otro caso de violación, aunque las historias de romances eran más frecuentes. De aquellos viajes surgieron numerosos matrimonios. Los conductores que trabajaban para la construcción de la base estratégica gozaban de ciertos privilegios, entre los que se hallaba poder transferir el registro de su esposa a su ciudad de residencia. Algunas muchachas no dudaron en aprovechar la oportunidad.

Nuestros conductores eran sumamente amables, y se comportaron de un modo impecable. Cuando nos deteníamos para pasar la noche solían ayudarnos a buscar un hotel antes de acompañarles a su casa de huéspedes, y nos invitaban a cenar con ellos para que pudiéramos compartir gratuitamente sus alimentos especiales.

Tan sólo hubo una ocasión en la que creí adivinar cierta sombra de deseo sexual en sus mentes. En una de las paradas, otra pareja de conductores nos invitaron a Nana y a mí a viajar en su camión a lo largo del tramo siguiente. Cuando se lo dijimos al nuestro, su rostro se ensombreció visiblemente y dijo con voz malhumorada: «Marchaos, pues. Marchaos con esos chicos tan guapos si os gustan más.» Nana y yo nos miramos y balbuceamos llenas de turbación: «No hemos dicho que nos gusten más. Vosotros habéis sido muy amables con nosotras.» Al final, optamos por quedarnos con ellos.

Wen no nos perdía de vista a Nana y a mí. Nos prevenía constantemente acerca de los conductores, los ladrones, los hombres en general y lo que debíamos comer y lo que no, a la vez que nos aconsejaba que no saliéramos después de oscurecer. Asimismo, nos llevaba las maletas y se encargaba de traernos agua caliente. A la hora de la cena solía decirnos a

Nana, Jin-ming y a mí que nos uniéramos a los conductores para comer mientras él se quedaba en el hotel para vigilar nuestro equipaje, ya que abundaban los robos. Nosotros, a cambio, le llevábamos comida a nuestro regreso. Wen nunca nos hizo proposiciones sexuales. La tarde en que atravesamos la frontera de Xichang, Nana y yo fuimos a lavarnos al río. Hacía mucho calor, y los atardeceres eran espléndidos. Wen encontró para nosotras una tranquila curva del río en la que pudimos bañarnos en compañía de patos salvajes y juncos entrelazados. La luna arrojaba sus rayos sobre el agua, y su imagen aparecía fragmentada en miles de brillantes anillos de plata. Wen se sentó junto al camino y se dispuso a montar guardia con la espalda significativamente vuelta hacia nosotras. Al igual que otros muchos jóvenes, había aprendido a comportarse de un modo caballeroso durante la época anterior a la Revolución Cultural.

Para acceder a los hoteles teníamos que presentar una carta de nuestra unidad. Wen, Nana y yo habíamos conseguido sendas cartas de nuestros equipos de producción, y Jin-ming tenía una carta de su colegio. Los hoteles no eran caros, pero apenas teníamos dinero ya que los sueldos de nuestros padres se habían visto drásticamente reducidos. Nana y yo solíamos compartir una cama en uno de los dormitorios, y los muchachos hacían lo propio. Los establecimientos solían ser sucios y rudimentarios. Antes de acostarnos, Nana y yo levantábamos la colcha e investigábamos la presencia de pulgas y chinches. Las palanganas solían mostrar viejos círculos negros o amarillentos producidos por la suciedad. El tracoma y las infecciones por hongos eran padecimientos habituales, por lo que siempre utilizábamos las nuestras.

Una noche, a eso de las doce, nos despertaron unos fuertes golpes en la puerta: todos los residentes del hotel tenían que levantarse y preparar un «informe vespertino» para el presidente Mao. Aquella absurda actividad resultaba comparable a las «danzas de lealtad», y consistía en reunirse frente a una estatua o un retrato de Mao y canturrear citas del Pequeño Libro Rojo, tras lo cual todos lo blandíamos rítmicamente gritando «¡Larga vida al presidente Mao, larga larga vida al presidente Mao y larga larga larga vida al presidente Mao!».

Nana y yo abandonamos la habitación medio dormidas. El resto de los viajeros salían de sus respectivos dormitorios en grupos de dos y de tres, frotándose los ojos, abotonándose las chaquetas y tirando hacia arriba de las orejas de algodón de sus zapatos. No se oía una sola protesta, ya que nadie se hubiera atrevido a emitirla. A las cinco de la mañana tuvimos que repetir el proceso, denominado esta vez «solicitud matutina de instrucciones» a Mao. Más tarde, cuando ya nos encontrábamos en camino, Jin-ming dijo: «El jefe del Comité Revolucionario de esta ciudad debe de sufrir de insomnio.»

Aquellos grotescos métodos de adoración a Mao –los cantos, las insignias «Mao» y la exhibición del Libro Rojo– habían formado parte de nuestras vidas durante algún tiempo. La idolatría, sin embargo, había experimentado a finales de 1968 un desarrollo creciente con el establecimiento formal de los comités revolucionarios en todo el país. Sus miembros advirtieron que el curso de acción más seguro y eficaz consistía en no hacer nada que no fuera ensalzar la figura de Mao y, por supuesto, continuar con las persecuciones políticas. En cierta ocasión en que me encontraba en una farmacia de Chengdu, un viejo ayudante de mirada sobrecogedora y gafas de montura gris había murmurado sin mirarme: «Para navegar por los océanos es preciso contar con un timonel...» A sus palabras siguieron unos tensos instantes de silencio, y tardé unos segundos en darme cuenta que esperaba que yo completara la frase, que no era sino una observación aduladora realizada por Lin Biao y referida a Mao. No hacía mucho que aquellos intercambios habían sido oficialmente impuestos como saludo formal. Así pues, me vi obligada a balbucir: «Para hacer la revolución es preciso contar con el pensamiento de Mao Zedong.»

Los comités revolucionarios del país habían encargado la construcción de estatuas del líder, y para el centro de Chengdu se planeó la instalación de una enorme figura construida de mármol blanco. Para acomodarla se dinamitó la antigua y elegante verja del palacio a la que tan alegremente solía encaramarme pocos años antes. El mármol blanco debía proceder de Xichang, y una flota de camiones especiales conocidos con el nombre de «camiones de la lealtad» se encargaban de su transporte desde las canteras de las montañas. Llegaban decorados como las carrozas de un desfile, adornados con rojas cintas de seda y una enorme flor de seda en su parte anterior. Dado que habían sido consagrados exclusivamente al transporte del mármol, partían de Chengdu vacíos. Por su parte, los camiones que abastecían Xichang regresaban igualmente vacíos a Chengdu, ya que no debían mancillar el material que había de formar el cuerpo del Presidente.

Tras despedirnos del conductor que nos había llevado desde Chengdu, logramos que uno de los «camiones de la lealtad» nos transportara durante el último trecho que nos separaba de Ningnan. A lo largo del camino nos detuvimos a descansar en una cantera de mármol. Un grupo de obreros sudorosos y desnudos de cintura para arriba bebían té y fumaban sus largas pipas. Uno de ellos me contó que no empleaban maquinaria alguna, ya que sólo trabajando con las manos desnudas podían expresar adecuadamente su lealtad a Mao. Me sentí horrorizada al ver que llevaba una insignia «Mao» clavada en el pecho desnudo. Cuando subimos de nuevo al camión, Jin-ming observó que era posible que la insignia hubiera estado adherida con un trozo de esparadrapo. En cuanto a su devoto esfuerzo manual, manifestó: «Lo más probable es que sencillamente carezcan de máquinas.»

Jin-ming era dado a realizar aquella clase de comentarios escépticos que tanto nos hacían reír. Se trataba de algo desacostumbrado en aquellos días en los que el sentido del humor se consideraba algo peligroso. Mao, a pesar de sus hipócritas llamamientos a la rebelión, rehuía cualquier forma de curiosidad o escepticismo genuinos. La capacidad de pensar de un modo escéptico constituyó mi primer paso hacia la luz. Al igual que Bing, Jin-ming contribuyó a destruir mis rígidos hábitos de reflexión.

Tan pronto como entramos en Ningnan –situado a más de mil quinientos metros sobre el nivel del mar– comencé de nuevo a sufrir trastornos estomacales. Vomité todo cuanto había comido y todo comenzó a darme vueltas, pero no podíamos permitirnos el lujo de detenernos. Teníamos que localizar a nuestros equipos de producción y completar el resto del procedimiento de traslado antes del 21 de junio. Dado que el equipo más cercano era el de Nana, decidimos acudir a él en primer lugar. Se encontraba a un día de camino a través de territorio agreste y montañoso. Los torrentes veraniegos descendían rugiendo por barrancos a menudo desprovistos de puentes, y en tales casos Wen solía adelantarse vadeando el río para comprobar su profundidad mientras Jin-ming me transportaba sobre su huesuda espalda. Con frecuencia nos veíamos obligados a recorrer senderos de cabras de poco más de medio metro de anchura a lo largo de riscos bajo los que se abrían precipicios de hasta un millar de metros de profundidad. Varios de mis amigos del colegio habían muerto intentando recorrerlos de noche para regresar a casa. El sol brillaba con fuerza, y comencé a pelarme. Asimismo, empezó a obsesionarme la sed, y solía beberme el agua de todas las cantimploras que llevábamos. Cada vez que llegábamos a una hondonada, me arrojaba al suelo y bebía ansiosamente el agua fresca que discurría en su fondo. Nana intentó detenerme, pero la posibilidad de pasar sed me enloquecía demasiado como para hacerle caso. Ni que decir tiene que aquellos episodios tenían como resultado vómitos aún más violentos.

Por fin, llegamos a una casa. Frente a ella crecían varios castaños gigantescos cuyas ramas se extendían formando majestuosas bóvedas. Los campesinos que la habitaban nos invitaron a entrar. Lamiéndome los agrietados labios, me dirigí inmediatamente hacia el fogón, sobre el que podía verse un enorme cuenco de barro que supuse lleno de agua de arroz. En las montañas, el agua de arroz se consideraba el más delicioso de los refrescos, y el dueño de la casa nos invitó amablemente a beber. Normalmente es de color blanco, pero el líquido que yo vi era negro. Con un intenso zumbido, una densa masa de moscas despegó de la gelatinosa superficie. Al asomarme de nuevo al interior, pude ver los restos de algunas que flotaban medio ahogadas en la superficie. No obstante, y a pesar de los escrúpulos que siempre me habían producido los insectos, tomé el cuenco con ambas manos, retiré los cadáveres y engullí el líquido a grandes sorbos.

Cuando alcanzamos el pueblo de Nana ya había oscurecido. Al día siguiente, el jefe de su equipo de producción no tuvo inconveniente alguno en sellar sus tres cartas y librarse de ella. A lo largo de los últimos meses, los campesinos habían aprendido que lo que se les enviaba no eran más brazos, sino más bocas que alimentar. Dado que no podían expulsar a los jóvenes procedentes de la ciudad, se mostraban encantados cada vez que alguno escogía marcharse.

Yo me sentía demasiado enferma para viajar hasta donde se encontraba mi propio equipo, por lo que Wen partió por sí solo para obtener la libertad de mi hermana y la mía. Nana y el resto de las muchachas de su equipo procuraron cuidarme lo mejor que pudieron. Tan sólo comía y bebía cosas previamente hervidas y vueltas a hervir una y otra vez, pero a pesar de ello continuaba allí tendida, sintiéndome cada vez peor y echando poderosamente de menos a mi abuela y sus caldos de gallina. En aquellos tiempos, la gallina estaba considerada un manjar exquisito, y Nana solía bromear diciendo que de un modo u otro yo conseguía conciliar el caos reinante en mi estómago con el deseo de degustar los mejores alimentos. No obstante, partió en compañía de las demás chicas y de Jin-ming para intentar adquirirlo. Los campesinos locales, sin embargo, no consumían ni vendían gallinas, sino que las criaban exclusivamente por sus huevos. Aunque atribuían tal costumbre a las normas heredadas de sus antepasados, algunos amigos nos revelaron que las gallinas estaban infectadas por la lepra, enfermedad sumamente extendida en aquellas montañas. En consecuencia, nos abstuvimos también de comer huevos.

Jin-ming estaba empeñado en prepararme una sopa como las que cocinaba mi abuela, y dedicó toda su capacidad inventiva a obtener un resultado práctico. Tras instalar frente a la casa una enorme cesta redonda de bambú, esparció bajo ella un poco de grano. A continuación, ató un trozo de cuerda al palo que la sujetaba y se escondió detrás de la puerta sujetando el otro extremo de la cuerda y colocando un espejo que le permitiera observar lo que sucedía bajo la cesta semialzada. Grupos de gorriones aterrizaban para pelearse por el grano, acompañados de vez en cuando por alguna tórtola que entraba contoneándose. Jin-ming escogía el mejor momento para tirar de la cuerda y cerrar la trampa. Así, gracias a su ingenio, pude disfrutar de una deliciosa sopa de ave.

Las colinas situadas detrás de la casa aparecían para entonces cubiertas por melocotoneros cargados de fruta madura, y Jin-ming y las chicas regresaban todos los días con cestos llenos de melocotones. Jin-ming me preparaba mermeladas, advirtiéndome que no debía comerlos crudos.

Me sentía como una niña mimada, y pasaba los días en el salón contemplando las montañas distantes y leyendo obras de Turguéniev y Chéjov que Jin-ming había traído consigo para el viaje. El estilo del primero me afectaba profundamente, y llegué a aprenderme de memoria numerosos pasajes de *Primer amor*.

Por las tardes, la curva serpenteante de las lejanas montañas ardía como un espectacular dragón de fuego cuya silueta destacara contra la oscuridad del firmamento. El clima de Xichang era sumamente seco, pero ni las normas de protección forestal eran puestas en práctica ni funcionaban los servicios antiincendios. Como resultado, los montes ardían día tras día, deteniéndose tan sólo cuando una garganta interrumpía el paso de las llamas o una tormenta sofocaba los incendios.

Al cabo de unos días, Wen regresó con la autorización de mi equipo de producción para que partiéramos mi hermana y yo. Inmediatamente, emprendimos el camino hacia el registro, aunque yo aún me sentía débil y apenas podía caminar unos metros antes de que mis ojos se inundaran con una masa de estrellas centelleantes. Tan sólo faltaba una semana para el 21 de junio.

Cuando llegamos a la capital del condado de Ningnan hallamos una atmósfera similar a la existente en tiempo de guerra. Para entonces, las luchas entre facciones habían cesado en la mayor parte de China, pero en aquellas zonas remotas continuaban librándose batallas. El bando perdedor se había refugiado en las montañas, pero desencadenaba frecuentes ataques relámpago. Se veían guardias armados por doquier, miembros en su mayor parte de los yi, un grupo étnico cuyos miembros habitaban mayoritariamente los rincones más recónditos de las selvas de Xichang. Según la leyenda, los yi no se tumbaban para dormir, sino que permanecían agachados con la cabeza hundida entre los brazos. Los líderes de las distintas facciones –todos ellos han– los animaban a realizar tareas peligrosas tales como combatir en primera línea y montar la guardia. A medida que recorríamos las oficinas del condado en busca del registro nos veíamos obligados a sostener largas conversaciones con los guardias yi en las que –a falta de un idioma común– nos servíamos fundamentalmente de los gestos. Cuando nos acercábamos a ellos, solían alzar los rifles y nos apuntaban con el dedo en el gatillo entrecerrando los párpados. A pesar de estar muertos de miedo, procurábamos fingir indiferencia. Se nos había advertido que interpretarían cualquier muestra de temor como señal de culpabilidad y actuarían en consecuencia.

Por fin, dimos con el despacho del registrador, pero éste no se encontraba allí. Topamos, sin embargo, con un amigo nuestro que nos contó que se había ocultado debido a las hordas de jóvenes urbanos que le asaltaban intentando resolver sus problemas. Nuestro amigo ignoraba dónde se encontraba, pero nos habló de un grupo de «viejos jóvenes urbanos» que acaso lo supieran.

Los «viejos jóvenes urbanos» eran aquellos que habían partido al campo antes de la Revolución Cultural. El Partido había intentado convencer a aquellos que habían suspendido sus exámenes de instituto y universidad para que emprendieran «la construcción de una nueva y espléndida campiña socialista» que habría de beneficiarse de su educación. Animados por un romanticismo entusiasta, algunos de ellos habían respondido al llamamiento del Partido. La cruda realidad de la vida rural –de la que no había ocasión de escapar– y el descubrimiento de la hipocresía del régimen, el cual jamás enviaba al campo a los hijos de los funcionarios aunque éstos también suspendieran sus exámenes, había convertido a muchos de ellos en cínicos.

Aquel grupo de «viejos jóvenes urbanos» se mostró sumamente amigable con nosotros. Tras obsequiarnos con un espléndido almuerzo a base de caza, se ofrecieron para averiguar dónde se ocultaba el registrador. Mientras un par de ellos partían a buscarle, nosotros nos quedamos charlando con el resto, sentados en su amplio porche rodeado de pinos frente al que se deslizaba un rugiente río conocido con el nombre de Agua Negra. Sobre las elevadas rocas que lo remataban, varias garcetas se balanceaban sobre una de sus delgadas patas al tiempo que alzaban la otra en diversas posturas de ballet. Algunas alzaban el vuelo, desplegando briosamente sus espléndidas alas, blancas como la nieve. Anteriormente, nunca había visto a aquellas elegantes danzarinas disfrutar de su libertad en estado salvaje.

Nuestros anfitriones nos señalaron la presencia de una oscura cueva abierta en la margen opuesta del río, de cuyo techo colgaba una espada de bronce de aspecto enmohecido. La cueva era inaccesible debido a su proximidad a las turbulentas aguas. Según la leyenda, la espada había sido abandonada allí por el célebre y sabio primer ministro del antiguo reino de Sichuan, el marqués Zhuge Liang, del siglo III. Se decía que había encabezado siete expediciones que habían partido de Chengdu para intentar conquistar las tribus bárbaras de la región de Xichang. Aunque conocía bien la historia, me produjo una intensa emoción ver las pruebas de su autenticidad con mis propios ojos. Aparentemente, había capturado siete veces al jefe de las tribus y le había dejado en libertad otras tantas en la esperanza de conquistarle con su magnanimidad. Las seis primeras, el cabecilla había continuado impasible con su rebelión, mas tras la séptima se había convertido en un leal seguidor del rey sichuanés. La moraleja de la leyenda era que para conquistar a un pueblo uno debía conquistar sus mentes y sus corazones, estrategia que Mao y los comunistas afirmaban suscribir. Vagamente, pensé que aquél era el motivo por el que debíamos someternos a sus «reformas del pensamiento»: para que no tuviéramos inconveniente en seguir sus órdenes. A ello se debía que presentara a los campesinos como modelo, ya que no había súbditos más sumisos y obedientes. Al reflexionar acerca de ello hoy en día, llego a la conclusión de que la versión de Charles Colson –consejero de Nixon– venía a resumir el auténtico mensaje oculto: Cuando los tienes agarrados por los cojones, sus mentes y sus corazones seguirán por sí solos.

El curso de mis pensamientos se vio interrumpido por nuestros anfitriones. Lo que debíamos hacer, afirmaban con entusiasmo, era aludir indirectamente a las posiciones de nuestros padres cuando nos halláramos frente al registrador.

–Le faltará tiempo para poner el sello –aseguró un joven de aspecto alegre.

Todos ellos sabían ya que éramos hijas de altos funcionarios debido a la reputación de mi escuela. Sus consejos, sin embargo, no me convencieron del todo.

–Pero nuestros padres ya no gozan de esa posición. Han sido denunciados como seguidores del capitalismo –aventuré en tono vacilante.

–¿Qué importa eso? –se apresuraron a inquirir varias voces intentando disipar mis dudas–. Tu padre es un comunista veterano, ¿no es cierto?

–Sí –murmuré.

–Y ha sido un alto funcionario, ¿verdad?

–Algo así –tartamudeé–, pero eso fue antes de la Revolución Cultural. Ahora...

–Ahora no importa. ¿Acaso alguien ha anunciado su destitución? No. Así pues, no pasa nada. ¿No comprendes? Resulta claro como la luz del día que el mandato de los funcionarios del Partido no ha concluido. *Él* mismo podría decirte eso –exclamó el alegre joven señalando en dirección a la espada del viejo y sabio primer ministro. En aquel momento no me daba cuenta de que, consciente o inconscientemente, el pueblo consideraba la estructura de poder personal edificada por Mao como una alternativa impracticable frente a la antigua administración comunista. Los funcionarios destituidos habrían de regresar–. Entretanto –continuó el risueño joven mientras sacudía la cabeza para prestar mayor énfasis a sus palabras–, ninguno de nuestros funcionarios osaría ofenderte y arriesgarse con ello a crearse problemas en el futuro.

Pensé en las espantosas venganzas de los Ting. Era evidente que en China la gente siempre se mantendría alerta frente a la posibilidad de sufrir la venganza de quienes ejercieran el poder.

Al marcharnos, les pregunté cómo podría aludir a la posición de mi padre cuando me hallara frente al registrador sin parecer vulgar. Ellos se echaron a reír de buena gana.

–¡Si es como los campesinos! Los campesinos no son tan susceptibles. En cualquier caso, no sería capaz de distinguir la diferencia. Limítate a decirle de buenas a primeras: «Mi padre es jefe de tal cosa...»

Me sentí herida por el tono de desdén que reflejaban sus voces, pero más tarde descubrí que la mayor parte de los jóvenes urbanos –ya antiguos o recientes– habían desarrollado un profundo desprecio hacia los campesinos tras instalarse entre ellos. Mao, ni que decir tiene, había confiado en la reacción opuesta.

El 20 de junio, tras recorrer desesperadamente las montañas durante varios días, dimos por fin con el registrador. Mis ensayos acerca de cómo aludir a la posición de mis padres demostraron ser completamente innecesarios, ya que el propio registrador tomó la iniciativa preguntándome: «¿Qué hacía su padre antes de la Revolución Cultural?» Tras numerosas preguntas personales que obedecían más a su curiosidad que a la necesidad de conocer las respuestas, extrajo un pañuelo sucio del bolsillo de su chaqueta y lo desdobló. En su interior había un sello de madera y una alargada caja de estaño que contenía una esponja de tinta encarnada.

Solemnemente, impregnó el sello con el contenido de la esponja y lo depositó sobre nuestras cartas.

Con aquel sello vital –y casi por los pelos, ya que apenas nos quedaban veinticuatro horas– habíamos conseguido llevar a cabo nuestra misión. Aún teníamos que localizar al funcionario que estaba a cargo de nuestros libros de registro, pero sabíamos que ello no sería un problema grave. La autorización ya había sido obtenida. Inmediatamente, me sentí más relajada... aunque nuevamente asaltada por la diarrea y los dolores digestivos.

Como pude, regresé con los demás hasta la capital del condado. Para cuando llegamos ya era de noche, y nos encaminamos a la casa de huéspedes del Gobierno, un edificio destartalado que se alzaba en medio de un recinto vallado. El pabellón del portero estaba vacío, y no se veía a nadie en los terrenos que comprendía. La mayor parte de las habitaciones estaban cerradas, pero algunos de los dormitorios de la planta superior permanecían entreabiertos.

Entré en uno de ellos tras asegurarme de que no había nadie en su interior. Una ventana abierta daba a los campos que se extendían tras el muro de ladrillo semiderruido. A lo largo del costado opuesto del pasillo había otra hilera de habitaciones. No se veía ni un alma. La presencia en la estancia de algunos objetos personales y una taza de té a medio beber me indicó que alguien había estado ocupando aquel dormitorio recientemente. Sin embargo, me sentía demasiado fatigada para investigar por qué él o ella había huido del edificio en compañía del resto de sus ocupantes. Desprovista casi de la energía necesaria para cerrar la puerta, me arrojé sobre la cama y me quedé dormida sin desnudarme.

Desperté sobresaltada por un altavoz que entonaba diversas citas de Mao, una de las cuales rezaba: «¡Si nuestros enemigos no se rinden, los eliminaremos!» Súbitamente, me sentí completamente despierta, y advertí que nuestro edificio estaba siendo asaltado.

El siguiente sonido que distinguí fue el zumbido de algunas balas cercanas y el estrépito de algunas ventanas al romperse. El altavoz profirió el nombre de cierta organización Rebelde a la que exhortaba a rendirse. De otro modo, chillaba, los atacantes dinamitarían el edificio.

Jin-ming irrumpió en el dormitorio. Varios hombres armados y protegidos por cascos fabricados con juncos penetraban apresuradamente en las habitaciones situadas frente a la mía, desde las que podía dominarse la entrada principal. Sin una palabra, corrieron a las ventanas, rompieron los cristales con las culatas de sus fusiles y comenzaron a disparar. Un hombre que parecía ser su comandante nos dijo con tono de urgencia que el edificio había albergado hasta entonces el cuartel general de la facción y que estaba siendo atacado por sus opositores. Más nos valía abandonarlo de inmediato, pero no por la escalera principal, pues ésta conducía a la puerta delantera. ¿Por dónde, entonces?

Frenéticamente, rasgamos las sábanas y edredones de la cama y construimos una especie de cuerda. Tras atar un extremo de ella al marco de la ventana, nos deslizamos hasta alcanzar el suelo, situado dos plantas más abajo. Apenas habíamos tocado el suelo cuando las balas comenzaron a silbar y a zumbar, incrustándose en el duro terreno embarrado que se extendía a nuestro alrededor. Doblados por la cintura, echamos a correr hacia el muro derruido y, tras salvarlo, continuamos corriendo durante largo rato hasta que nos sentimos lo bastante seguros como para detenernos. El firmamento y los campos de maíz comenzaban a dibujar pálidamente sus rasgos. Decidimos dirigirnos al domicilio de un amigo que vivía en una comuna próxima a donde nos encontrábamos con objeto de recuperar el aliento y decidir qué haríamos a continuación. A lo largo del camino nos enteramos por unos campesinos de que la casa de huéspedes había sido volada con explosivos.

Al llegar a su casa, descubrí que me estaba aguardando un mensaje. Poco tiempo después de marcharnos del pueblo de Nana en busca del paradero del registrador había llegado un telegrama dirigido a mí y procedente de Chengdu. Era mi hermana quien lo enviaba. Dado que ninguno de mis conocidos sabía dónde me hallaba, habían decidido abrirlo y transmitirse su contenido unos a otros de tal modo que el primero que me viera pudiera transmitírmelo.

Fue así como me enteré de que mi abuela había muerto.

23

«Cuantos más libros lees, más estúpido te vuelves»

Trabajo como campesina y «doctora descalza»

(junio de 1969-1971)

Sentada con Jin-ming en la orilla del río de las Arenas Doradas, me dispuse a aguardar la llegada del transbordador. Apoyé la cabeza en las manos y contemplé las agitadas aguas que se deslizaban frente a mí en su largo recorrido desde el Himalaya hasta el mar. Tras unirse con el río Min en Yibin, casi quinientos kilómetros más abajo, aquella corriente había de convertirse en el río más largo de China: el Yangtzê. Cuando ya se aproxima al final de su viaje, el Yangtzê se extiende formando numerosos meandros que riegan amplias zonas llanas de cultivo. Allí, en las montañas, sin embargo, la violencia de su torrente impedía construir un puente hasta la orilla opuesta. Los transbordadores constituían el único medio de comunicación entre la provincia de Sichuan y Yunnan, situada al Este. Todos los veranos, el caudaloso y turbulento río, alimentado por las aguas del deshielo, se cobraba varias vidas. Apenas unos días antes había engullido un transbordador en el que viajaban tres de mis compañeros de clase.

Estaba atardeciendo. Yo me sentía terriblemente enferma. Jin-ming había extendido su chaqueta sobre el terreno para que no tuviera que tumbarme sobre la hierba húmeda. Nuestro propósito era cruzar a Yunnan e intentar encontrar a alguien que nos llevara hasta Chengdu. Las carreteras que atravesaban Xichang estaban cortadas a causa de los combates entre las diversas facciones rebeldes, lo que nos obligaba a dar un rodeo. Nana y Wen se habían ofrecido para llevar a Chengdu tanto mi libro de registro y mi equipaje como los de Xiao-hong.

El transbordador avanzaba contra corriente impulsado por una docena de hombres robustos que remaban y cantaban al unísono. Cuando alcanzamos el centro del río, se detuvieron y dejaron que la nave flotara corriente abajo en dirección a la orilla de Yunnan. Sobre nosotros rompieron varias olas de gran tamaño, y me vi obligada a aferrarme con fuerza a la borda mientras la embarcación escoraba impotente. Normalmente me hubiera sentido aterrorizada, pero entonces me hallaba entumecida y demasiado aturdida por la muerte de mi abuela.

Al llegar a Qiaojia, la población de la ribera de Yunnan, vimos un camión solitario detenido en un campo de baloncesto. El conductor aceptó de buen grado llevarnos en la parte trasera. Pasé todo el viaje devanándome los sesos intentando imaginar qué podría haber hecho para salvar a mi abuela. El camión avanzaba traqueteando, y en un momento determinado pasó junto a unos bosquecillos de bananos situados tras unas chozas de barro construidas al abrigo de aquellas montañas de cumbres nubosas. A la vista de sus enormes hojas, recordé el pequeño banano deshojado y plantado en un tiesto junto a la puerta del pabellón hospitalario de mi abuela en Chengdu. Cuando Bing venía a verme, solíamos sentarnos junto a él y permanecíamos charlando hasta bien entrada la noche. A mi abuela no le gustaba Bing debido a su sonrisa cínica y al trato despreocupado –y, según ella, irrespetuoso– que empleaba con los adultos. En dos ocasiones descendió tambaleándose por las escaleras para llamarme. En aquellos momentos me odiaba a mí misma por haberle causado ansiedad, pero no podía hacer nada por evitarlo. No podía controlar mis deseos de ver a Bing. ¡Cómo deseaba poder empezar de nuevo desde el principio! No habría hecho nada que la disgustara. Me hubiera limitado a asegurarme que recuperaba la salud... aunque ignoraba cómo lo hubiera conseguido.

Atravesamos Yibin. La carretera descendía rodeando la colina del Biombo Verde hasta la linde de la ciudad. Al contemplar los elegantes secoyas y los bosques de bambú, mi pensamiento se remontó a abril, a los días en que acababa de regresar a la calle del Meteorito procedente de Yibin. Le había contado entonces a mi abuela cómo un soleado día de primavera había acudido dispuesta a barrer la tumba del doctor Xia, situada en aquel costado de la colina. La tía Jun-ying me había dado algunos «dineros de plata» especiales para quemar junto a la sepultura. Dios sabe de dónde los habría sacado, ya que la costumbre había sido condenada como feudal. Durante horas, había buscado la tumba inútilmente. La ladera de la colina aparecía completamente asolada. Los guardias rojos habían arrasado el cementerio y habían destrozado las lápidas, ya que consideraban los enterramientos una práctica antigua. Nunca olvidaré la mirada de intensa esperanza que vi en los ojos de mi abuela cuando mencioné la visita y cómo ésta se ensombreció de inmediato al añadir estúpidamente que la tumba ya no existía. Su expresión de desilusión me persiguió desde entonces. Me hubiera dado de bofetadas por no haberle contado entonces una mentira piadosa, pero ya era demasiado tarde.

Cuando Jin-ming y yo llegamos a casa después de más de una semana de camino, tan sólo hallamos su cama vacía. Recordaba haberla visto tendida sobre ella, con sus cabellos sueltos –pero aún pulcramente arreglados– y sus mejillas hundidas, mordiéndose los labios con fuerza. Había soportado sus fuertes dolores en silencio y compostura, sin gritar ni agitarse en ningún momento, hasta el punto de que su estoicismo me había impedido comprender el alcance de su enfermedad.

Mi madre se encontraba detenida. El relato que Xiao-hei y Xiao-hong me ofrecieron de los últimos días de mi abuela me produjo tal angustia que me vi obligada a rogarles que se detuvieran. Pasaron varios años hasta que por fin me enteré de lo ocurrido durante mi ausencia. La abuela solía atender a algunas tareas caseras y a continuación regresaba a la cama y permanecía allí tendida con el rostro tenso, intentando combatir sus dolores. Murmuraba constantemente acerca de la inquietud que le producía mi viaje, y se preocupaba asimismo por mis hermanos pequeños. «¿Qué va a ser de los niños, ahora que no tienen escuelas?», solía suspirar.

Por fin, llegó un día en que ya no pudo levantarse de la cama. No había ningún médico que pudiera acudir a visitarla, por lo que Lentes, el novio de mi hermana, la transportó hasta el hospital acarreándola sobre su espalda. Mi hermana caminó junto a ellos sujetándola. Al cabo de un par de viajes, los médicos les dijeron que no volvieran a llevarla. Afirmaron que no le encontraban nada y que nada podían hacer por ella.

Así pues, la abuela se limitó a permanecer en cama, esperando la muerte. Su cuerpo fue quedándose inerme poco a poco. De vez en cuando movía los labios, pero mis hermanos no conseguían oír una palabra. En numerosas ocasiones acudieron al centro de detención de mi madre para suplicar que se le permitiera acudir a su lado, pero una y otra vez les fue denegado el permiso y ni siquiera se les permitió verla.

Llegó un momento en que todo el cuerpo de mi abuela parecía muerto, pero sus ojos se mantenían abiertos y expectantes: se resistía a cerrarlos hasta ver de nuevo a su hija.

Por fin, se autorizó a mi madre a regresar a casa. A lo largo de los dos días siguientes, no se separó ni una sola vez del lecho de mi abuela. De vez en cuando, ésta le susurraba algo al oído. Sus últimas palabras fueron para describir cómo había caído en las garras de aquel dolor.

Dijo que los vecinos pertenecientes al grupo de la señora Shau habían celebrado una asamblea de denuncia contra ella en el patio. El recibo de las joyas que había donado durante la guerra de Corea había sido confiscado por los Rebeldes en uno de los asaltos domiciliarios. Dijeron que era un «apestoso miembro de la clase explotadora» ya que, de otro modo, ¿cómo podría haber llegado a poseerlas?

Mi abuela dijo que la habían obligado a subirse a una mesita. El terreno era desigual, y la mesita se tambaleaba, lo que le hacía sentir vértigo. Los vecinos le gritaban. La mujer que había acusado a Xiao-fang de violar a su hija golpeó furiosamente una de las patas de la mesa con un palo. Mi abuela, incapaz de mantener el equilibrio, cayó hacia atrás sobre el duro suelo. Desde entonces, dijo, había experimentado constantemente un agudo dolor.

De hecho, no había habido tal asamblea de denuncia sino en su imaginación, pero aquella imagen persiguió a mi abuela hasta su último aliento.

Al tercer día de la llegada de su hija, mi abuela murió. Dos días más tarde, inmediatamente después de su cremación, mi madre se vio obligada a regresar al centro de detención.

Desde entonces he soñado a menudo con mi abuela y me he despertado sollozando. Era un gran personaje: vivaz, inteligente e inmensamente capaz. No obstante, nunca tuvo medio de poner en práctica sus habilidades. Aquella mujer, hija de un ambicioso policía de pueblo, concubina de un señor de la guerra, madrastra de una familia tan extensa como dividida y madre y suegra de dos funcionarios comunistas, apenas había hallado felicidad en ninguno de sus papeles. Los días que vivió con el doctor Xia se habían visto ensombrecidos por el pasado de ambos, y juntos habían soportado la miseria, la ocupación japonesa y la guerra civil. Podría haber hallado la dicha en el cuidado de sus nietos, pero rara vez se vio libre de una ansiedad constante por nosotros. Había vivido la mayor parte de su vida dominada por el temor, y había visto la muerte de cerca en numerosas ocasiones. Había sido una mujer fuerte, pero todo –las calamidades que se abatieron sobre mis padres, la preocupación que sentía por sus nietos y los embates de la hostilidad humana– se había unido hasta terminar por hundirla. Era como si hubiera sentido en su propio cuerpo y alma todo el dolor que había sufrido mi madre y se hubiera visto finalmente derrotada por aquella acumulación de angustia.

Hubo asimismo otro factor más inmediato en su muerte: el hecho de que se le habían negado los cuidados médicos apropiados y de que no había podido recibir los cuidados –ni siquiera las visitas– de su hija a lo largo de su mortal enfermedad. Todo por culpa de la Revolución Cultural. ¿Cómo podía la revolución ser buena –me preguntaba yo– cuando acarreaba consigo tanta destrucción humana de un modo tan inútil? Una y otra vez, me repetía a mí misma que odiaba la Revolución Cultural, pero me sentía aún peor por no poder hacer nada al respecto.

Me sentía culpable por no haber cuidado a mi abuela todo lo bien que hubiera deseado. Cuando conocí a Bing y a Wen, ella estaba en el hospital, pero mi amistad con ambos había actuado a modo de colchón y capa aislante, entorpeciendo mi capacidad para advertir su sufrimiento. Me repetía a mí misma que era indigno haber experimentado sensaciones de alegría junto a lo que había resultado ser el lecho de muerte de mi abuela, y decidí no volver a tener amigos masculinos. Tan sólo por medio de mi propia autonegación –pensé– podré llegar a expiar en parte mi culpa.

Durante los dos meses que siguieron permanecí en Chengdu, buscando desesperadamente en compañía de Nana y de mi hermana un «pariente» cercano cuya comuna pudiera aceptarnos. Teníamos que encontrar uno antes de que concluyera la cosecha del otoño, época en la que se distribuían los alimentos, ya que de otro modo no tendríamos nada que comer durante el año siguiente: nuestros suministros estatales se habían agotado en enero.

Cuando Bing vino a verme me mostré sumamente fría con él, y le dije que no regresara jamás. Me escribió cartas que yo arrojaba al fogón sin abrir, un gesto inspirado quizá por algunas novelas rusas. Wen regresó de Ningnan con mi libro de registro y mi equipaje, pero me negué a verle. En cierta ocasión, me crucé con él en la calle y no le dirigí la mirada, aunque sí alcancé a atisbar sus ojos, en los que se reflejaban el dolor y la confusión.

Wen regresó a Ningnan. Un día, durante el verano de 1970, se declaró un incendio forestal cerca de su aldea, y él y un amigo suyo salieron corriendo con un par de escobas para intentar extinguirlo. Una ráfaga de viento arrojó una bola de fuego al rostro del amigo, dejándole desfigurado de por vida. Los dos abandonaron Ningnan y cruzaron la frontera de Laos, donde por entonces se estaba librando una guerra entre la guerrilla izquierdista y los Estados Unidos. En aquella época, numerosos hijos de altos funcionarios marchaban a luchar contra los norteamericanos en Laos y Vietnam, para lo cual atravesaban la frontera clandestinamente, ya que el Gobierno lo prohibía. Desilusionados por la Revolución Cultural, aquellos jóvenes confiaban en recuperar la adrenalina de años anteriores atacando a los «imperialistas de Estados Unidos».

Un día, poco después de su llegada a Laos, Wen oyó la alarma que indicaba la proximidad de aviones norteamericanos. Fue el primero en dar un salto y salir a combatir pero, en su inexperiencia, pisó una mina enterrada por sus propios camaradas y voló por los aires hecho pedazos. Mi último recuerdo de él son sus ojos, doloridos y perplejos, contemplándome desde la esquina de una embarrada calle de Chengdu.

Entretanto, mi familia se vio diseminada. El 17 de octubre de 1969, Lin Biao declaró el país en estado de guerra, sirviéndose para ello como pretexto de los enfrentamientos que se habían producido ese mismo año en la frontera con la Unión Soviética. Invocando la necesidad de evacuación, envió a sus oponentes al Ejército y expulsó de la capital a los líderes que habían caído en desgracia, sometiéndolos a detención o arresto domiciliario en distintas partes de China. Los Comités Revolucionarios aprovecharon la oportunidad para acelerar la deportación de «indeseables». Los quinientos miembros del Distrito Oriental al que pertenecía mi madre fueron expulsados de Chengdu y enviados a un lugar del interior de Xichang conocido como la Llanura del Guardián de los Búfalos. Mi madre fue autorizada a pasar diez días en casa para organizar la partida. A Xiao-hei y Xiao-fang los puso en un tren con destino a Yibin. Aunque la tía Jun-ying se encontraba medio paralizada, había allí otros tíos y tías que podrían ocuparse de ellos. Jin-ming había sido enviado por su escuela a una comuna situada a ochenta kilómetros al nordeste de Chengdu.

Al mismo tiempo, Nana, mi hermana y yo encontramos por fin una comuna dispuesta a aceptarnos en un condado llamado Deyang, no demasiado lejos de donde Jin-ming se encontraba. Lentes, el novio de mi hermana, tenía un colega en aquel condado dispuesto a afirmar que éramos sus primas. Algunas de las comunas de la zona necesitaban más brazos para las labores del campo. Aunque no teníamos pruebas de nuestro parentesco, nadie hizo ninguna pregunta. Lo único que importaba era que éramos –o prometíamos ser– mano de obra adicional.

Fuimos asignadas a dos equipos de producción distintos debido a que ningún equipo podía dar cabida a más de dos personas. Nana y yo nos unimos a uno de ellos y mi hermana ingresó en otro situado a cinco horas de marcha a lo largo de un camino formado en gran parte por las aristas de cincuenta centímetros de anchura que dividen las plantaciones de arroz.

Las siete personas que componíamos mi familia nos hallábamos dispersas en seis lugares distintos. Xiao-hei se alegró de abandonar Chengdu, ya que el nuevo libro de texto de lengua china de su escuela –redactado por algunos de los maestros y miembros del equipo de propaganda de la localidad– contenía una condena nominativa de mi padre y Xiao-hei se sentía aislado y maltratado por sus compañeros.

A comienzos del verano de 1969, los miembros de su escuela habían sido enviados a los campos de las afueras de Chengdu para ayudar en las tareas de recolección. Los chicos y las chicas dormían por separado en dos grandes naves. Al anochecer, los senderos que dividían los arrozales solían verse frecuentados por jóvenes parejas que paseaban bajo la bóveda del firmamento cuajado de estrellas. El amor despertaba con frecuencia, y mi hermano no fue una excepción. Empezó a sentirse atraído por una de las muchachas que componían su grupo. Tras hacer acopio de valor durante varios días, se acercó nerviosamente a ella en un momento en que estaban segando trigo y le ofreció dar un paseo aquella noche. La muchacha inclinó la cabeza y no dijo nada, lo que Xiao-hei interpretó como una señal de «consentimiento tácito», *mo-xu*.

Reclinado sobre un almiar de paja bajo la luz de la luna, Xiao-hei aguardaba agitado por la ansiedad y el anhelo de todo primer amor cuando, de repente, oyó un silbido. Apareció un grupo de muchachos de su clase que comenzaron a empujarle e insultarle. Por fin, le taparon la cabeza con una chaqueta y empezaron a golpearle y a propinarle patadas. Xiao-hei consiguió liberarse y corrió tambaleándose hasta la puerta de uno de los maestros gritando en demanda de ayuda. El maestro abrió la puerta, pero se limitó a empujarle para que se marchara, diciendo: «¡No puedo ayudarte! ¡No te atrevas a regresar aquí!»

Demasiado asustado para regresar al campamento, Xiao-hei pasó la noche oculto en un almiar. Comprendía que había sido su «amada» la que había llamado a aquellos matones: se había sentido insultada por el hecho de que el hijo de un «contrarrevolucionario y seguidor del capitalismo» hubiera tenido la audacia de fijarse en ella.

Cuando regresó a Chengdu, Xiao-hei acudió a los miembros de su pandilla en busca de ayuda. Éstos comparecieron en la escuela haciendo ostentación de sus músculos y acompañados de un gigantesco perro de presa y arrojaron al jefe de los matones al exterior del aula. El muchacho temblaba, y su rostro adquirió un tono ceniciento. Sin embargo, antes de que la pandilla se empleara a fondo con él, Xiao-hei sintió compasión y rogó a su timonel que le dejaran ir.

La compasión se había convertido en un sentimiento impropio, y se contemplaba como un signo de estupidez. En consecuencia, Xiao-hei se vio a partir de entonces más hostigado que nunca. Tímidamente, recurrió una vez más a la ayuda de sus compañeros de pandilla, pero éstos le dijeron que no pensaban ayudar a un «renacuajo».

Xiao-hei acudió a su nueva escuela de Yibin temeroso de sufrir nuevas agresiones. Para su sorpresa, sin embargo, obtuvo un recibimiento cálido, casi emotivo. Los maestros, los miembros del equipo de propaganda que administraba el colegio, los alumnos, todos parecían haber oído hablar de mi padre y se referían a él con franca admiración. Xiao-hei adquirió inmediatamente un prestigio especial. La muchacha más guapa del colegio comenzó a salir con él. Incluso los bravucones más temibles le trataban con respeto. Resultaba evidente que mi padre era un personaje reverenciado en Yibin a pesar de que todos sabían que había caído en desgracia y que los Ting estaban en el poder. La población de Yibin había sufrido terriblemente bajo los Ting. Miles habían muerto o habían resultado heridos como consecuencia de las torturas y de las luchas entre facciones. Un amigo de la familia había logrado escapar de la muerte gracias a que sus hijos acudieron al depósito para recoger el cadáver y advirtieron que aún respiraba.

Los habitantes de Yibin habían desarrollado una intensa nostalgia de los días de paz, de los funcionarios que no abusaban de su poder y de un gobierno dedicado a poner las cosas en funcionamiento. El foco principal de la misma se centraba en los primeros años de la década de los cincuenta, época en la que mi padre había sido gobernador. Había sido entonces cuando los comunistas habían alcanzado sus mayores cotas de popularidad: poco después de sustituir al Kuomintang, cuando terminaron con el hambre y establecieron la ley y el orden, si bien –eso sí– antes de iniciar sus incesantes campañas políticas (y de ocasionar su propia penuria como resultado de las instrucciones de Mao). La población identificaba la imagen de mi padre con los días buenos del pasado. Se le contemplaba como el prototipo de buen funcionario en contraste con la figura de los Ting.

Gracias a él, Xiao-hei pudo disfrutar de su estancia en Yibin, aunque no aprendió gran cosa en la escuela. El material de enseñanza aún se reducía a las obras de Mao y a los artículos del *Diario del Pueblo*, y nadie ejercía autoridad alguna sobre los estudiantes, ya que Mao no había anulado su llana condena de los sistemas formales de educación.

Los maestros y los miembros del equipo obrero de propaganda intentaron reclutar la ayuda de Xiao-hei para imponer la disciplina en su clase, pero en este caso incluso la reputación de mi padre se mostró insuficiente, y Xiao-hei fue condenado al ostracismo por algunos de los muchachos, quienes le consideraron un «lacayo» del maestro. Se inició una campaña de chismorreos en los que se afirmaba que había besado a su novia bajo las farolas de la calle, lo que se consideraba un crimen burgués. Xiao-hei perdió su posición privilegiada y fue obligado a redactar autocríticas y a manifestar su propósito de llevar a cabo una reforma del pensamiento. Un día, la madre de la muchacha hizo acto de presencia reclamando un examen médico para comprobar la castidad de su hija. Tras protagonizar una violenta escena, se llevó a la joven de la escuela.

En la clase había un muchacho con quien Xiao-hei mantenía una estrecha amistad, un joven de diecisiete años sumamente popular que, sin embargo, tenía un punto débil: su madre nunca había llegado a contraer matrimonio, pero había tenido cinco hijos, todos ellos de padres diferentes y desconocidos, lo que resultaba notablemente inusual en una sociedad en la que la «ilegitimidad» constituía un grave estigma a pesar de haber sido abolida formalmente. Por fin, había terminado por ser humillada públicamente como «mal elemento» durante una de las frecuentes cazas de brujas. El muchacho se sentía profundamente avergonzado de su madre, y en privado reveló a Xiao-hei que la odiaba. Un día, la escuela anunció la concesión de un premio al mejor nadador (pues Mao era aficionado a la natación), y el amigo de Xiao-hei fue nominado unánimemente por sus compañeros para el galardón. Sin embargo, cuando se anunció el nombre del ganador, éste resultó ser otro. Aparentemente, una joven profesora había puesto objeciones: «No podemos entregárselo a él. Su madre es un "zapato desgastado".»

Cuando el muchacho se enteró de aquello, empuñó un cuchillo de cocina e irrumpió en el despacho de la profesora. Alguien le detuvo, y ella aprovechó para escabullirse y buscar refugio. Xiao-hei sabía bien hasta qué punto el incidente había herido a su amigo y, por primera vez, el muchacho en cuestión fue visto sollozando desconsoladamente en público. Aquella noche, Xiao-hei y algunos de sus otros compañeros velaron junto a él intentando consolarle, pero al día siguiente el joven desapareció. Su cadáver apareció posteriormente en las orillas del río de las Arenas Doradas. Se había atado las manos antes de arrojarse al agua.

La Revolución Cultural no sólo no hizo nada por modernizar los aspectos medievales de la cultura china, sino que incluso confirió respetabilidad política a los mismos. La dictadura «moderna» y la antigua intolerancia se nutrían mutuamente. Cualquiera que se enfrentara con las ancestrales actitudes conservadoras podía convertirse en una víctima política.

Mi nueva comuna de Deyang se hallaba en una zona de colinas bajas salpicada de matorrales y eucaliptos. La mayor parte de la tierra cultivable era de buena calidad, y producía dos cosechas anuales de importancia, de trigo y arroz, respectivamente. Las verduras, la colza y las batatas prosperaban en abundancia. Tras la experiencia de Ningnan, mi mayor alivio fue no tener que trepar continuamente y poder respirar con normalidad después de haberme visto obligada a jadear sin descanso. No me importaba el hecho de que en Deyang cualquier trayecto implicara tener que caminar tambaleándose por las estrechas y embarradas aristas de los arrozales. A menudo resbalaba y caía sentada, y algunas veces, al intentar aferrarme a algo, empujaba a la persona que caminaba delante de mí –generalmente Nana– al interior de uno de los arrozales. Tampoco me importaba otro de los peligros de caminar por la noche: la posibilidad de ser atacada por los perros, muchos de los cuales estaban rabiosos.

Al principio hubimos de instalarnos junto a una pocilga. Por la noche nos quedábamos dormidas al arrullo de una sinfonía de gruñidos, zumbidos de mosquitos y ladridos de perros. Nuestra habitación se hallaba impregnada por un olor permanente a estiércol de cerdo y a incienso antimosquitos. Al cabo de una temporada, el equipo de producción construyó para Nana y para mí una choza de dos habitaciones en una parcela de terreno que hasta entonces se había utilizado para cortar bloques de arcilla. El terreno era más bajo que el de los arrozales que se extendían al otro lado del estrecho sendero y en primavera y verano, cuando éstos se llenaban de agua o caía un chaparrón, nuestro suelo de barro comenzaba a rezumar un agua pantanosa. Nana y yo nos veíamos obligadas a quitarnos los zapatos, remangarnos las perneras y vadear hasta el interior de nuestra vivienda. Afortunadamente, la cama de matrimonio que compartíamos estaba construida sobre patas elevadas, lo que nos permitía dormir a algo más de medio metro por encima del lodo. Cada vez que nos metíamos en la cama teníamos que instalar un cuenco de agua limpia sobre un taburete, subirnos a él y lavarnos los pies. Como resultado de tan húmedas condiciones de vida, los huesos y los músculos me dolían constantemente.

Sin embargo, la vida en la cabaña también tenía aspectos divertidos. Cuando se retiraban las aguas, comenzaban a brotar champiñones bajo la cama y en las esquinas de la estancia. Con un poco de imaginación, el suelo de nuestra vivienda parecía extraído de un cuento de hadas. En cierta ocasión dejé caer una cucharada de guisantes sobre el suelo, y al concluir la siguiente inundación un macizo de delicados pétalos sostenidos por esbeltos tallos se desplegó como si quisiera despertar a los rayos de sol que penetraban por la abertura que, en la pared de madera, hacía las veces de ventana.

El paisaje se me antojaba perpetuamente mágico. Al otro lado de la puerta teníamos el estanque del pueblo, cubierto de lotos y nenúfares. El sendero que partía de la cabaña conducía a un desfiladero entre las colinas, de aproximadamente cien metros de altura, tras el que el sol se ponía todas las tardes enmarcado por negras formaciones rocosas. Antes de la caída de la noche, una neblina plateada flotaba sobre los campos que las bordeaban. Hombres, mujeres y niños regresaban caminando al pueblo tras su jornada de trabajo envueltos por la bruma del atardecer y cargados con cestas, azadas y hoces, y su llegada era recibida por los ladridos y los brincos de sus perros. Parecían acudir navegando sobre las nubes. De los tejados de paja de las chozas se elevaban espirales de humo, y podía oírse el chasquido de los barriles de madera al golpear el pretil de piedra del pozo cuando los habitantes acudían a él para proveerse de agua para la cena. Escuchábamos también las potentes voces de la gente que charlaba junto a los bosquecillos de bambú. Los hombres permanecían agachados, fumando sus largas y delgadas pipas. Las mujeres ni fumaban ni se agachaban, ya que ambas cosas se consideraban tradicionalmente impropias de éstas, y ningún miembro de la China «revolucionaria» había mencionado la posibilidad de modificar tal actitud.

Fue en Deyang donde aprendí cómo viven realmente los campesinos chinos. Cada día comenzaba con la adjudicación de tareas por parte de los jefes de los equipos de producción. Todos los campesinos tenían que trabajar, y cada uno de ellos recibía un número determinado de «puntos de trabajo» (*gong-fen*) a cambio de su labor diaria. El número de puntos de trabajo acumulados constituía un elemento de gran importancia durante la distribución que se realizaba a finales de año. En ella, los campesinos obtenían de su equipo de producción alimentos, combustible y otras necesidades cotidianas, así como una pequeña cantidad de dinero en metálico. Concluida la cosecha, el equipo de producción entregaba parte de la misma al Estado en concepto de impuestos, y el resto se dividía. En primer lugar se entregaba una cantidad igual a todos los hombres, y aproximadamente una cuarta parte menos a las mujeres. Los niños menores de tres años recibían media porción. Dado que tampoco los niños que apenas rebasaban esa edad podían consumir la ración de un adulto, convenía tener cuantos más hijos mejor. El sistema funcionaba como un eficaz desincentivador del control de la natalidad.

Lo que restaba de la cosecha se distribuía según el número de puntos de trabajo obtenidos por cada uno. Dos veces al año, todos los campesinos se reunían para determinar el número de puntos de trabajo diarios de cada uno. Se trataba de reuniones a las que no faltaba nadie. Al final, la mayor parte de los jóvenes y adultos recibían diez puntos diarios, y las mujeres ocho. Uno o dos, reconocidos por todos como los más fuertes, recibían un punto extra. Los «enemigos de clase» tales como el antiguo terrateniente del poblado y su familia obtenían un par de puntos menos que los demás a pesar de que trabajaban con el mismo tesón y de que a menudo se les encomendaban las labores más duras. Nana y yo, siendo como éramos inexpertas «jóvenes de ciudad», obteníamos tan sólo cuatro puntos, los mismos que los chiquillos que apenas habían alcanzado la adolescencia. Se nos dijo que era sólo «para empezar», pero mi cupo nunca fue aumentado.

Dado que apenas existía variación en el número de puntos diarios obtenidos por cada uno dentro de las distintas categorías y géneros, el número de puntos de trabajo acumulados dependía más del número de días trabajados que de la calidad del trabajo. Ello constituía un constante motivo de resentimiento entre los habitantes del poblado, así como un importante obstáculo para la eficacia de la labor común. Día tras día, los campesinos escudriñaban su alrededor para comprobar cómo trabajaban los demás por si acaso alguien se estaba aprovechando de ellos. Nadie quería trabajar con más ahínco que otros que recibían el mismo número de puntos. Las mujeres experimentaban una profunda amargura al contemplar cómo algunos hombres realizaban las mismas tareas que ellas pero recibían dos puntos más. Las discusiones eran constantes.

A menudo nos pasábamos diez horas en el campo para realizar una tarea que habría podido llevarse a cabo en cinco. Sin embargo, había que cumplir aquellas diez horas para que se nos contara un día completo. Trabajábamos a cámara lenta, y yo observaba constantemente el sol en espera de su descenso mientras contaba los minutos que faltaban hasta que sonara el silbato que señalaba la conclusión de la jornada. No tardé en descubrir que el aburrimiento podía ser tan agotador como el trabajo más duro.

Allí, al igual que en Ningnan y gran parte de Sichuan, no había maquinaria alguna. Los métodos de labranza eran aproximadamente los mismos que habían imperado dos mil años atrás, con excepción de la existencia de algunos fertilizantes químicos que el equipo recibía del Gobierno a cambio de grano. No había prácticamente animales de labor; tan sólo algunos carabaos que se utilizaban para el arado. Todo lo demás, incluyendo el transporte de agua, estiércol, combustible, verduras y grano se realizaba enteramente a mano, cargando la mercancía sobre los hombros en cestas de bambú o en barriles de madera sujetos por una larga vara. Mi mayor problema se presentaba a la hora de acarrear pesos. Tenía el hombro derecho permanentemente hinchado y dolorido por las cargas de agua que debía transportar desde el pozo hasta la casa. Cada vez que algún joven admirador venía a vernos, yo procuraba mostrar tal impresión de desvalimiento que el visitante nunca dejaba de ofrecerse para llenarnos el depósito de agua. Y no sólo el depósito: también las jarras, los cuencos y hasta las tazas.

El jefe del equipo fue lo bastante considerado como para dejar de encargarme del transporte de cosas, y en lugar de ello me envió a realizar tareas «ligeras» en compañía de los niños y de las mujeres ancianas y embarazadas. Sin embargo, tales labores no siempre me resultaban tan ligeras. Esparcir estiércol era una actividad que no tardaba en dejarme los brazos doloridos, a lo que había que añadir las náuseas que me producía el espectáculo de los gruesos gusanos que nadaban en su superficie. La recolección del algodón en aquellos campos blancos y relucientes quizá puede sugerir una imagen idílica, pero yo no tardé en darme cuenta de lo dura que resultaba dicha tarea bajo el sol implacable, con temperaturas de más de treinta grados y una intensa humedad, rodeada de erizadas ramas que llenaban mi cuerpo de rasguños.

Prefería el trasplante de los brotes de arroz. Se trataba de una labor considerada sumamente dura debido a que había que permanecer constantemente inclinado, y al concluir la jornada hasta los trabajadores más resistentes solían quejarse de que no podían enderezar la espalda. A mí, sin embargo, me encantaba sentir el agua fresca en las piernas bajo aquel calor insoportable, y disfrutaba de la contemplación de las hileras de tiernos retoños verdes y del suave lodo bajo mis pies desnudos, cuyo contacto me proporcionaba cierto placer sensual. Lo único que realmente me molestaba eran las sanguijuelas. Mi primer encuentro con ellas fue un día en que sentí algo que me cosquilleaba en la pierna. Al alzarla para rascarme pude ver una criatura gruesa y resbaladiza que inclinaba la cabeza en un afanoso intento por hundirla en mi piel y dejé escapar un fuerte grito. Una joven campesina que trabajaba no lejos de mí soltó una risita, divertida por mis escrúpulos. Sin embargo, se aproximó a donde yo estaba y me golpeó la pierna por encima de la sanguijuela, que se desprendió y cayó al agua con un chapoteo.

En las mañanas de invierno aprovechaba el intervalo de dos horas previo al desayuno para trepar por las colinas en busca de leña acompañada por el resto de mujeres consideradas más débiles. En las colinas apenas crecían árboles, e incluso los matorrales eran escasos y aparecían desperdigados. A menudo teníamos que recorrer largos trayectos. Asiendo las plantas con la mano libre, cortábamos las ramas con una hoz. Los arbustos se hallaban erizados de espinas, varias de las cuales se las arreglaban invariablemente para incrustarse en mi palma y mi muñeca izquierdas. Al principio, solía emplear largo rato en intentar extraerlas, hasta que por fin me acostumbré a esperar que salieran por sí mismas al ceder la hinchazón que ocasionaban.

Recogíamos lo que los campesinos llaman «combustible de plumas», aunque su incineración resultaba prácticamente inútil, ya que ardían instantáneamente. En cierta ocasión en que mencioné la mala fortuna de no contar con árboles como es debido, las mujeres que estaban conmigo me revelaron que no siempre había sido así. Antes del Gran Salto Adelante, dijeron, aquellas colinas habían estado cubiertas de pinos, eucaliptos y cipreses, pero todos habían sido cortados para alimentar los hornos de patio en los que se producía el acero. Me lo contaron con tono apacible, sin mostrar amargura alguna, como si no constituyera el origen de su batalla cotidiana en busca de combustible. Parecían considerarlo como una calamidad más que la vida había arrojado sobre ellas. Yo, sin embargo, me sentí conmocionada al comprobar por primera vez y con mis propios ojos las catastróficas consecuencias del Gran Salto Adelante, episodio que me había sido relatado como un «glorioso éxito».

Descubrí muchas otras cosas. Se organizó una sesión de «airear amarguras» para que los campesinos describieran los sufrimientos que habían padecido bajo el Kuomintang y para generar sentimientos de gratitud hacia Mao, especialmente entre las generaciones más jóvenes. Algunos campesinos refirieron una niñez dominada por el hambre, lamentándose de que sus propios hijos estuvieran tan mimados que hubiera que presionarles para que terminaran su comida.

A continuación, la conversación pasó a centrarse sobre una determinada época de penuria. Describieron cómo se habían visto forzados a consumir hojas de batata y a cavar en las grietas que dividían los campos con la esperanza de encontrar algunas raíces. Mencionaron los numerosos fallecimientos acaecidos en el poblado, y sus historias lograron que se me saltaran las lágrimas. Tras expresar cuánto detestaban al Kuomintang y cuánto amaban al presidente Mao, los campesinos comentaron que la hambruna había tenido lugar en «la época de formación de las comunas». De repente, se me ocurrió que la penuria de la que me hablaban había tenido lugar bajo el régimen comunista. ¡Habían confundido los dos regímenes! Pregunté:

–¿No ocurrieron durante aquella época catástrofes naturales imprevistas? ¿No fue éste acaso el motivo del problema?

–Oh, no –me respondieron–. No pudo haber hecho mejor tiempo, y el grano abundaba en los campos. Pero ese hombre –añadieron, señalando a un tipo rastrero de unos cuarenta años de edad– ordenó a todos que fabricaran acero, y la mitad de la cosecha se pudrió en el campo. Él, sin embargo, nos decía que no nos preocupáramos: ahora vivíamos en el paraíso comunista, y no teníamos necesidad de inquietarnos por la comida. Hasta entonces, cuando comíamos en la cantina comunitaria, habíamos tenido incluso que controlar nuestra dieta; tirábamos las sobras e incluso arrojábamos preciosos puñados de arroz a los cerdos. Pero luego la cantina dejó de dar comidas y él dispuso guardias a la salida del almacén. El resto del grano había de ser enviado a Pekín y Shanghai... allí, por lo visto, había extranjeros.

Poco a poco, la imagen general fue tomando forma. El individuo al que se referían había sido jefe del equipo de producción durante el Gran Salto Adelante. Él y sus secuaces habían destrozado los woks y los fogones de los campesinos para que éstos no pudieran cocinar en casa y sus utensilios pudieran servir de alimento a los hornos. A continuación, había informado de la existencia de cosechas exageradas, con el resultado de que los impuestos habían sido elevados hasta arrebatar a los campesinos los últimos mendrugos que les quedaban. Cientos de ellos habían muerto. Al concluir la penuria, fue responsabilizado de todas las calamidades sufridas por el poblado, y la comuna permitió a los aldeanos votar su destitución y etiquetarle como «enemigo de clase».

Al igual que la mayoría de los enemigos de clase, no fue encarcelado, sino que se le mantuvo bajo vigilancia por parte de sus conciudadanos. Se trataba de un procedimiento típico de Mao, consistente en mantener a sus enemigos entre la población de tal modo que ésta siempre contara con alguna figura visible en la que depositar su odio. Cada vez que se iniciaba una nueva campaña, aquel hombre era incluido en el grupo de «sospechosos habituales» que la población reunía y atacaba. Siempre se le asignaban los peores trabajos, y tan sólo se le concedían siete puntos al día, tres menos que a la mayoría de sus compañeros. Nunca vi a nadie dirigirse a él, y varias veces fui testigo de cómo los niños del pueblo atacaban a sus hijos a pedradas.

Los campesinos agradecían al presidente Mao haberle castigado. Nadie ponía en duda su culpabilidad ni su grado de responsabilidad. Un día, logré llevarle aparte y le pedí en privado que me relatara su historia.

El hombre dio muestras de un agradecimiento patético ante mi interés. «Yo cumplía órdenes –decía una y otra vez–. Tenía que cumplir mis órdenes...» Por fin, suspiró: «Claro está que no deseaba perder mi puesto, ya que otro lo hubiera ocupado en mi lugar. ¿Qué hubiera sido entonces de mí y de mis hijos? Probablemente hubiéramos muerto de hambre. La jefatura de un equipo de producción no es un cargo excesivamente importante, pero al menos quienes lo desempeñan son los últimos en morir.»

Sus palabras y los relatos de los campesinos produjeron en mí una profunda conmoción. Era la primera vez que se me descubría el aspecto más sórdido de la China comunista anterior a la Revolución Cultural. El panorama era completamente distinto al que habían presentado las versiones oficiales. En aquellas colinas y campos de Deyang, mis dudas acerca del régimen comunista se hicieron aún más profundas.

A veces me he preguntado si Mao sabía lo que hacía al poner a la privilegiada juventud urbana de China en contacto con la realidad. Opino, sin embargo, que se encontraba convencido de que la mayor parte de la población se mostraría incapaz de alcanzar deducciones racionales a partir de la información fragmentada de que disponía. De hecho, yo misma apenas era capaz de experimentar sino vagas dudas a mis dieciocho años, y nunca hubiera podido realizar un análisis explícito del régimen. Por mucho que detestara la Revolución Cultural, mi mente aún era incapaz de dudar de Mao.

En Deyang –al igual que en Ningnan– pocos campesinos eran capaces de leer los artículos más sencillos en los periódicos ni de escribir una carta rudimentaria. Muchos de ellos ni siquiera sabían escribir su propio nombre. La primera iniciativa comunista por terminar con el analfabetismo se había visto ahogada por las incesantes cazas de brujas. En otro tiempo, la población había contado con una escuela elemental financiada por la comuna, pero al comenzar la Revolución Cultural los chiquillos habían aprovechado la oportunidad de atacar a su maestro a placer. Le habían obligado a desfilar por el pueblo con varios woks de hierro apilados pesadamente sobre la cabeza y con el rostro tiznado de hollín. En cierta ocasión les había faltado poco para partirle el cráneo. Desde entonces, nadie se había dejado persuadir para encargarse de la enseñanza.

La mayor parte de los campesinos no echaban de menos la existencia de la escuela. «¿De qué sirve? –solían decir–. Uno se pasa la vida pagando y leyendo y al final sigue siendo un campesino obligado a ganarse el sustento con el sudor de su frente. Nadie obtiene un solo grano de arroz adicional por ser capaz de leer un libro. ¿Para qué malgastar el tiempo y el dinero? Resulta mucho más útil dedicarse a ganar los puntos de trabajo diarios.» La virtual imposibilidad de lograr cualquier ocasión de mejorar el futuro y la cuasi inmovilidad a la que se hallaba destinado cualquiera procedente de una familia campesina despojaba a la cultura de todo incentivo. Los niños en edad escolar solían quedarse en casa para ayudar a sus padres en el trabajo o cuidar de sus hermanos y hermanas más pequeños. Salían al campo apenas alcanzaban la adolescencia. En cuanto a las niñas, los campesinos consideraban que enviarlas a la escuela era una completa pérdida de tiempo: «Luego se casan y pasan a pertenecer a otra familia. Es como derramar agua sobre el polvo.»

La Revolución Cultural alardeaba de haber proporcionado educación a los campesinos por medio de las clases vespertinas. Un día, mi equipo de producción anunció que comenzarían a celebrarse dichas clases, y solicitó de Nana y de mí que ejerciéramos como maestras. Yo me mostré encantada. No obstante, ya en la primera clase advertí que aquello no tenía nada de educativo.

Las clases comenzaban invariablemente con una solicitud del jefe del equipo de producción para que Nana y yo leyéramos escritos de Mao y otros artículos del *Diario del Pueblo*. A continuación, pronunciaba un discurso de una hora empleando la última terminología política e hilando sus términos en largas frases ininteligibles. De vez en cuando emitía órdenes específicas, todas ellas solemnemente pronunciadas en nombre de Mao. «El presidente Mao dice que debemos consumir diariamente dos colaciones de gachas de arroz y tan sólo una de arroz sólido.» «El presidente Mao dice que no debemos malgastar las batatas dándoselas a los cerdos.»

Después de cada jornada de trabajo, los campesinos tenían la mente concentrada en sus asuntos domésticos. Las tardes tenían para ellos una enorme importancia, pero nadie osaba faltar a las clases. Se limitaban a permanecer allí sentados, y algunos terminaban por dormitar en silencio. Cuando vi que aquella clase de educación –destinada más a idiotizar a la gente que a ilustrarla– iba desapareciendo gradualmente, no lo sentí en absoluto.

Desprovistos de educación alguna, los campesinos vivían en un mundo dolorosamente estrecho. Sus conversaciones solían girar en torno a detalles nimios de la vida cotidiana. Una mujer podía pasarse toda una mañana protestando por el hecho de que su cuñada hubiera utilizado diez paquetes de combustible de pluma para preparar el desayuno cuando ella podía habérselas arreglado con nueve (el combustible, como todo lo demás, era un bien compartido). Otra gruñía durante horas quejándose de que su suegra ponía demasiadas batatas con el arroz (ya que este último se consideraba un alimento más escaso y exquisito que las primeras). Aunque yo sabía que no era culpa de ellas poseer un horizonte tan restringido, no podía por menos de encontrar aquellas conversaciones insoportables.

Uno de los temas constantes de chismorreo era, por supuesto, el sexo. Al pueblo contiguo al nuestro había sido asignada una mujer de veinte años llamada Mei procedente de la capital del condado de Deyang. Se decía que se había acostado con numerosos jóvenes de la ciudad, así como con varios campesinos, y cada cierto tiempo alguien acudía al campo con una nueva historia indecente de la que ella era la protagonista. Se rumoreaba que estaba embarazada y que solía atarse fuertemente la cintura para disimularlo. En su esfuerzo por demostrar que no se encontraba encinta de un «bastardo», Mei realizaba deliberadamente todas aquellas tareas que se suponía que una mujer embarazada no debía llevar a cabo, tales como transportar cargas pesadas. Un día, alguien descubrió el cadáver de un bebé entre los arbustos cercanos a uno de los riachuelos de su poblado. Todo el mundo afirmó que era de ella. Nadie sabía si había nacido vivo o muerto. El jefe de su equipo de producción ordenó cavar un hoyo en el que enterrar al niño y el tema se dio por concluido, si bien el episodio hizo que se acrecentaran los rumores.

Aquella historia me conmocionó, pero me esperaban otras sorpresas. Uno de mis vecinos tenía cuatro hijas, todas ellas hermosas muchachas de piel oscura y ojos redondeados. Los lugareños, sin embargo, no las consideraban guapas. Demasiado morenas, decía la gente. En gran parte de la campiña china, la tez pálida constituía el principal criterio de belleza. Cuando llegó el momento de casar a la hija mayor, el padre decidió buscar un yerno que acudiera a vivir con ellos. De ese modo, no sólo conservaría los puntos de trabajo de su hija sino que obtendría dos brazos más para ayudarle. Normalmente, se procuraba que las muchachas se casaran con miembros de familias de hombres, y se consideraba una gran humillación que un hombre ingresara mediante el matrimonio en una familia de mujeres. Nuestro vecino, no obstante, terminó por encontrar un joven procedente de una zona montañosa muy pobre que se mostraba desesperado por salir de su lugar de origen, lo que tan sólo podría conseguir mediante el matrimonio. Ni que decir tiene que el muchacho ingresó en la familia con una categoría ínfima, y a menudo podíamos oír cómo su suegro le insultaba a gritos. En ocasiones decidía caprichosamente que su hija durmiera sola tan sólo para atormentar al joven. Ella no osaba discutir sus órdenes debido a que la piedad filial, sumamente arraigada entre los valores éticos confucianos, dictaba que los hijos deben obedecer a sus padres. Por otra parte, no hubiera estado bien visto que demostrara interés por dormir con un hombre, ni siquiera con su marido, ya que se consideraba vergonzoso que una mujer llegara a disfrutar del sexo. Una mañana, me despertó una enorme algarabía que penetraba por la ventana. De un modo u otro, el joven se había hecho con unas cuantas botellas de alcohol de batata y las había apurado una detrás de otra. Su suegro la había emprendido a patadas contra la puerta de su dormitorio para sacarle de allí y enviarle a trabajar pero, cuando finalmente logró derribar la puerta, el yerno estaba muerto.

Un día en que mi equipo de producción estaba ocupado en la fabricación de tallarines de guisantes, uno de sus miembros me pidió que le prestara mi palangana de esmalte para transportar agua. Aquel día, los tallarines se desintegraron en una masa informe. La muchedumbre excitada y expectante que se había congregado en torno al barril de los tallarines comenzó a proferir sonoros murmullos cuando me vio llegar, y todos cuantos la componían me dirigieron airadas miradas de repugnancia. Más tarde, algunas mujeres me dijeron que los lugareños me echaban la culpa de la poca consistencia de los tallarines. Decían que debía de haber utilizado la palangana para lavarme durante el período de menstruación. También me dijeron que tenía suerte de ser una joven de ciudad. De haber sido una de ellas, los hombres del poblado me hubieran propinado una buena paliza.

En otra ocasión, un grupo de jóvenes que pasaron por nuestro poblado transportando cestos de batatas se detuvieron a descansar en un camino estrecho. Sus varas de acarreo habían quedado tendidas en el suelo, obstaculizando el paso, por lo que me vi obligada a saltar por encima de una de ellas. De repente, uno de los jóvenes se puso en pie de un salto, asió su vara y se enfrentó a mí con expresión de ferocidad. Creí que iba a golpearme. Posteriormente, me enteré por otros campesinos que se hallaba convencido de que le saldrían llagas en los hombros si una mujer pasaba por encima de su vara. Así, tuve que saltarla de nuevo en sentido inverso «para neutralizar el veneno». Durante todo el tiempo que pasé en el campo, no advertí jamás un solo intento por corregir tan deformadas creencias... de hecho, nadie las mencionaba siquiera.

La persona más cultivada de mi equipo de producción era el antiguo terrateniente. Desde siempre se me había condicionado para contemplar a los terratenientes como seres malvados, y ahora, para mi desazón inicial, descubrí que con quienes mejor me llevaba era con aquella familia. No guardaban la menor similitud con los modelos de los que habían intentado imbuirme. El marido no poseía ojos crueles y sádicos, y su mujer no meneaba el trasero ni adoptaba un tono meloso al hablar para parecer más seductora.

Algunas veces, cuando estábamos solos, él me hablaba acerca de sus calamidades. «Chang Jung –dijo en cierta ocasión–, sé que eres una buena persona. También debes de ser una persona razonable, puesto que has leído libros, así que podrás juzgar si esto es justo.» A continuación, me reveló el motivo por el que había sido clasificado como terrateniente. Había trabajado como camarero en Chengdu en 1948, y había logrado ahorrar algo de dinero a base de no malgastar ni un céntimo. En aquella época, algunos terratenientes con visión de futuro habían comenzado a vender baratas sus tierras, pues intuían la llegada de la reforma agraria que tendría lugar tan pronto como los comunistas alcanzaran Sichuan. El camarero carecía de astucia política, por lo que adquirió algunas tierras creyendo que había encontrado una ganga. Sin embargo, no sólo perdió la mayor parte de ellas en la reforma agraria sino que se convirtió además en un enemigo de clase. «¡Ay! –exclamó con resignación, refiriéndose a una cita clásica–. Un solo desliz ha sido el causante de mil años de amargura.»

Los lugareños no parecían demostrar hostilidad alguna hacia el terrateniente y su familia, si bien procuraban mantenerse a distancia de ellos. Sin embargo, al igual que solía ocurrir con los «enemigos de clase», siempre les adjudicaban las tareas que nadie quería realizar. Sus dos hijos, además, obtenían un punto de trabajo menos que el resto de los hombres a pesar de ser los más trabajadores del poblado. Ambos me parecían considerablemente inteligentes, así como las dos personas más refinadas de cuantas me rodeaban. Destacaban especialmente por su dulzura y amabilidad, y pronto me sentí más próxima a ellos que a ninguna otra persona joven del poblado. Sin embargo, y a pesar de sus cualidades, ninguna muchacha deseaba contraer matrimonio con ellos. Su madre me contó cuánto dinero había gastado en adquirir presentes para las escasas jóvenes que las celestinas les habían presentado. Las muchachas aceptaban las ropas y el dinero y luego desaparecían. Ante aquello, cualquier otro campesino podría haber reclamado la devolución de los regalos, pero la familia de un terrateniente no podía hacer nada al respecto. Con frecuencia, emitía largos y sonoros suspiros quejándose del hecho de que sus hijos apenas podían albergar esperanza alguna de un matrimonio decente. No obstante, añadió, encaraban su desgracia con alegría, y tras cada desengaño procuraban animarla, ofreciéndose a trabajar en días de mercado para recuperar el dinero que habían costado los regalos.

Todas aquellas tribulaciones me fueron reveladas sin dramatismo o emotividad excesivos. Allí, una tenía la sensación de que incluso las muertes más trágicas no eran sino como piedras que caen en un estanque: el chapoteo y las ondas que producían no tardaban en apaciguarse.

La placidez del poblado y la silenciosa profundidad de las noches que pasaba en mi húmedo hogar me proporcionaron numerosas ocasiones de leer y de reflexionar. Al llegar a Deyang, Jin-ming me había dado varias maletas de libros del mercado negro que había podido acumular gracias a que los asaltantes de los domicilios habían sido devueltos en su mayor parte a la «escuela de cuadros» de Miyi junto con mi padre. Todos los días, mientras trabajaba en los campos, me sentía consumida por la impaciencia de regresar junto a ellos.

Devoré cuanto había sobrevivido de la quema de la biblioteca de mi padre. Allí estaban las obras completas de Lu Xun, el gran escritor chino de los años veinte y treinta. Su muerte, acaecida en 1936, le había librado de sufrir la persecución de Mao, para quien incluso llegó a convertirse en un gran héroe. No obstante, su discípulo favorito y asociado más próximo, Hu Feng, fue acusado personalmente de contrarrevolucionario por el líder y hubo de pasar varias décadas encarcelado. La persecución de Hu Feng fue lo que condujo a la caza de brujas que culminó con la detención de mi madre en 1955.

Lu Xun había sido el principal favorito de mi padre. Cuando era niña, a menudo nos leía ensayos de Lu. Entonces, ni siquiera con la ayuda de las explicaciones de mi padre había logrado yo comprender su significado, pero ahora me fascinaban. Descubrí que su intención satírica podía aplicarse tanto a los comunistas como al Kuomintang. Lu Xun había carecido de ideología, inspirándose únicamente en un humanitarismo ilustrado. Su genio escéptico desafiaba cualquier presuposición. Fue otro de los personajes cuya liberada inteligencia me ayudó a vencer mi adoctrinamiento.

También me resultó de gran utilidad la colección de clásicos marxistas de mi padre. Leía al azar, persiguiendo los términos más confusos con el dedo y preguntándome qué demonios tendrían que ver aquellas decimonónicas controversias germanas con la china de Mao. Sin embargo, me sentía atraída por algo que rara vez se hallaba en China: la lógica que alimentaba los argumentos. La lectura de Marx me ayudó a pensar de un modo racional y analítico.

Disfrutaba intensamente de aquel nuevo modo de organizar mis pensamientos. En otros momentos, solía dejar que mi mente se deslizara hacia estados más nebulosos y escribía poemas en los estilos clásicos. Mientras trabajaba en los campos, permanecía a menudo absorta en la composición de poesía, y ello hacía el trabajo soportable e, incluso, agradable en ocasiones. En consecuencia, solía preferir la soledad, y huía abiertamente de las conversaciones.

En cierta ocasión, había estado toda la mañana trabajando, ocupada en cortar caña con una hoz y en devorar las partes más jugosas próximas a las raíces. La caña era entregada a la fábrica comunal de azúcar a cambio de azúcar ya elaborada. Teníamos que cumplir con un cupo de cantidad, pero no de calidad, por lo que procurábamos comernos las mejores partes. Cuando llegaba la hora del almuerzo alguien tenía que permanecer en los campos en previsión de posibles ladrones, y aquel día ofrecí mis servicios para poder gozar de un rato en soledad. Esperaría el regreso de los campesinos y luego iría yo misma a comer, lo que me proporcionaría aún más tiempo para mí misma.

Me tendí sobre un montón de cañas, defendiendo mi rostro del sol con un sombrero de paja. A través de él, podía distinguir el vasto cielo de color turquesa. Sobre mi cabeza, asomaba entre las cañas una hoja de tamaño aparentemente desproporcionado en comparación con el cielo. Entrecerré los ojos, sintiéndome apaciguada por su fresco verdor.

La hoja me recordó el follaje oscilante de un bosquecillo de bambúes en un día veraniego igualmente caluroso, ya muchos años atrás. Sentado a la sombra mientras pescaba, mi padre había escrito un melancólico poema. Sirviéndome del mismo *ge-lu* –o sistema de tonos, rimas y tipos de palabras– de su poema, comencé yo a componer el mío. El universo parecía haberse detenido, y tan sólo se oía el ligero susurro de la brisa refrescante al agitar las hojas de caña. En aquel momento, la vida se me antojó como algo maravilloso.

En aquella época, procuraba aprovechar cualquier ocasión de gozar de la soledad, y no tenía reparo en poner de manifiesto que no quería saber nada con el mundo que me rodeaba, lo que debió de proporcionarme cierta fama de arrogante. Debido, por otra parte, a que los campesinos constituían el modelo que se suponía que debía imitar, reaccioné concentrándome en sus cualidades negativas. En ningún momento intenté conocerlos ni llevarme bien con ellos.

Yo no era un personaje excesivamente popular en el poblado, si bien los campesinos solían dejarme en paz. Desaprobaban el que no trabajara tan duramente como ellos pensaban que debía. Para ellos, el trabajo representaba toda su vida, así como el criterio por el que juzgaban a todo el mundo. Su concepto del trabajo duro era inflexible a la vez que justo, y les resultaba evidente que yo detestaba el trabajo físico y que aprovechaba cualquier ocasión para quedarme en casa y leer mis libros. Los trastornos estomacales y los sarpullidos que había padecido en Ningnan habían vuelto a asaltarme tan pronto llegué a Deyang. Apenas había día en que no sufriera alguna forma de diarrea, y mis piernas aparecían salpicadas de llagas infectadas. Me sentía constantemente mareada y fatigada, pero de nada me hubiera servido quejarme ante los campesinos, pues el rigor de su propia existencia les había llevado a considerar trivial cualquier enfermedad que no fuera mortal.

Lo que más impopular me hacía, sin embargo, eran mis frecuentes ausencias. Aproximadamente dos terceras partes del tiempo que debería haber pasado en Deyang lo empleaba en visitar a mis padres en sus respectivos campos o en cuidar a la tía Jun-ying en Yibin. Cada viaje duraba varios meses, y no había ley alguna que me prohibiera realizarlos. Sin embargo, aunque apenas trabajaba lo bastante como para ganar mi sustento, seguía obteniendo alimentos del poblado. Los campesinos estaban obligados por su sistema de distribución igualitario y por mi presencia: no podían echarme. Ni que decir tiene que me censuraban, y yo lo lamentaba por ellos. Pero también yo estaba atada a su compañía. No tenía modo de salir de allí.

A pesar de su resentimiento, los miembros de mi equipo de producción me permitían ir y venir a mi antojo, lo que en parte obedecía a que había sabido mantener las distancias con ellos. Había aprendido que la mejor manera de salirte con la tuya era lograr que te consideraran una persona extraña, reservada y discreta. Si te convertías en un miembro más de las masas te veías inmediatamente enfrentado al control y las intrusiones ajenas.

A mi hermana Xiao-hong, entretanto, no le iba mal en el poblado vecino. Aunque al igual que yo se veía constantemente devorada por las pulgas y envenenada por el estiércol hasta el punto de que sus piernas llegaban a hinchársele tanto que le ocasionaban accesos febriles, seguía trabajando duramente, y obtenía ocho puntos de trabajo diarios. Lentes acudía a menudo desde Chengdu para ayudarla, ya que la fábrica en la que trabajaba, como tantas otras, se encontraba prácticamente paralizada. La dirección había sido pulverizada, y al nuevo Comité Revolucionario lo único que le preocupaba era que los obreros participaran no tanto en la producción como en la revolución, por lo que la mayoría iban y venían a su antojo. En algunas ocasiones, Lentes acudía al campo y sustituía a mi hermana en su puesto para darle ocasión de descanso. Otras veces trabajaban juntos, lo que divertía considerablemente a los aldeanos, que exclamaban: «¡Vaya ganga! ¡Hemos reclutado a una jovencita y al final nos vemos con dos pares de brazos en lugar de uno!»

Nana, mi hermana y yo solíamos acudir juntas al mercado rural los días de mercado, esto es, una vez a la semana. A mí me encantaban las ruidosas callejas en las que se alineaban cestos y varas de acarreo. Los campesinos caminaban durante horas para vender un pollo, una docena de huevos o un haz de bambúes. La mayor parte de las actividades comerciales, tales como el cultivo de cosechas para su venta, la confección de cestos o la crianza de cerdos con fines monetarios estaban prohibidas para los particulares por considerarse capitalistas. Como resultado de ello, los campesinos apenas tenían bienes que pudieran cambiar por dinero. Sin dinero, les resultaba imposible viajar a las ciudades, y el día de mercado constituía prácticamente su única fuente de entretenimiento. En él, solían reunirse con sus parientes y amigos, y los hombres se agachaban formando grupos sobre las embarradas aceras para fumar sus pipas.

Mi hermana y Lentes se casaron en la primavera de 1970. No hubo ceremonia alguna. Dada la situación en aquella época, ni siquiera se les ocurrió la posibilidad de celebrarla. Se limitaron a recoger su certificado de matrimonio en las oficinas de la comuna y a regresar al poblado de mi hermana con dulces y cigarrillos con los que obsequiar a sus habitantes. Los campesinos les acogieron con enorme excitación, pues rara vez podían permitirse aquellos lujos.

Para los campesinos, una boda constituía un acontecimiento de gran importancia. Tan pronto como se supo la noticia, todos irrumpieron en la cabaña de paja de mi hermana para darles la enhorabuena. Llevaron consigo presentes tales como un puñado de tallarines secos, medio kilo de habas de soja y unos cuantos huevos cuidadosamente presentados en un envoltorio de rojo papel de China atado con una paja elegantemente anudada. No se trataba de obsequios ordinarios. Para hacerlos, los campesinos se habían desprendido de valiosos artículos. Mi hermana y Lentes se sintieron conmovidos. Cuando Nana y yo acudimos a visitar a la pareja, los sorprendimos enseñando a los niños del poblado a ejecutar «danzas de lealtad» a modo de diversión.

El matrimonio no sirvió para librar a mi hermana del campo, ya que a las parejas no se les concedía la residencia conjunta de modo automático. Evidentemente, si Lentes hubiera querido renunciar a su registro urbano no habría tenido dificultad alguna en instalarse con mi hermana, pero ella no podía trasladarse con él a Chengdu debido a que se hallaba registrada en el campo. Al igual que decenas de millones de parejas chinas, vivían separados, si bien las normas les otorgaban el derecho a pasar juntos doce días al año. Afortunadamente para ellos, la fábrica de Lentes no funcionaba con normalidad, por lo que podía permanecer largas temporadas en Deyang.

Tras pasar un año en Deyang, mi vida sufrió una transformación: ingresé en la profesión médica. La brigada de producción a la que pertenecía mi equipo administraba una clínica destinada al tratamiento de enfermedades simples. Dicha institución se hallaba financiada por todos los equipos de producción que componían la brigada, y sus servicios eran gratuitos, aunque muy limitados. Había dos médicos. Uno de ellos, un joven dotado de un rostro agradable e inteligente, había obtenido la licenciatura en la escuela médica de Deyang en los años cincuenta, tras lo cual había regresado a su pueblo natal. El otro era un individuo de mediana edad con la barba recortada en forma de perilla. Había comenzado su carrera como aprendiz de un viejo médico rural especialista en medicina china, y en 1964 había sido enviado por la comuna a realizar un curso relámpago de medicina occidental.

A comienzos de 1971, las autoridades de la comuna ordenaron a la clínica que contratara un «doctor descalzo». El término obedecía a que se esperaba de tales «doctores» que vivieran como los campesinos, quienes atesoraban demasiado su calzado como para desplazarse con él a través de los barrizales de los campos. En aquella época se estaba llevando a cabo una importante campaña propagandística que glorificaba a los doctores descalzos como un invento de la Revolución Cultural. Mi equipo de producción se aferró inmediatamente a aquella oportunidad de librarse de mí, pues si trabajaba en la clínica, sería la brigada –y no el equipo– la responsable de mi alimentación y mi sustento.

Yo siempre había querido ser médico. Las enfermedades sufridas por mi familia, y en especial la muerte de mi abuela, me habían convencido de la importancia de los doctores. Antes de trasladarme a Deyang había comenzado a aprender acupuntura con un amigo mío y había estudiado un libro titulado *Manual del doctor descalzo*, una de las pocas obras impresas autorizadas por entonces.

La propaganda acerca de los doctores descalzos constituía una de las maniobras políticas de Mao, quien había condenado a los responsables del Ministerio de Sanidad existentes antes de la Revolución Cultural acusándoles de no cuidar a los campesinos y concentrarse tan sólo en los habitantes de las ciudades y, sobre todo, a los funcionarios del Partido. A continuación, había condenado igualmente a los doctores por no querer trabajar en el campo, especialmente en las regiones más remotas. Sin embargo, no asumió responsabilidad alguna como jefe del régimen ni ordenó que se tomaran medidas de tipo práctico para remediar la situación, tales como la construcción de más hospitales o la formación de más médicos. Durante la Revolución Cultural, la situación sanitaria empeoró aún más. Las críticas propagandísticas contra la escasez de médicos se hallaban en realidad destinadas a generar odio contra el sistema precultural del Partido y contra los intelectuales (categoría en la que se incluían tanto los médicos como las enfermeras).

Mao ofreció una solución mágica a los campesinos: «doctores» que podían ser reclutados en masa... doctores descalzos. «Tampoco es preciso contar con tanto aprendizaje formal –afirmó–. Basta con que aprendan algo y perfeccionen su nivel de competencia a través de la práctica.» El 26 de junio de 1965 realizó una observación que había de convertirse en guía de referencia para la sanidad y la educación: «Cuantos más libros lees, más estúpido te vuelves.» Así, hube de iniciar mi labor profesional sin contar con la más mínima formación.

La clínica estaba instalada en una gran edificación situada en la cumbre de una colina, a aproximadamente una hora de camino desde mi casa. Junto a ella había una tienda en la que se vendían cerillas, sal y salsa de soja, artículos todos ellos racionados. Uno de los quirófanos se convirtió en mi dormitorio, y mis deberes profesionales no se definieron sino vagamente.

El único libro médico que había visto en mi vida era el *Manual del doctor descalzo*, y lo estudié nuevamente con avidez. No contenía teoría alguna, sino tan sólo un resumen de síntomas, seguidos por sugerencias en cuanto a su tratamiento. Sentada frente a mi mesa, tras la que se alineaban las de los otros dos médicos, y ataviados los tres con nuestro polvoriento atuendo cotidiano, no me producía la menor sorpresa que los campesinos enfermos que acudían prefirieran prudentemente no tener nada que ver conmigo, una inexperta muchacha de dieciocho años equipada con una especie de libro que no podían leer y que ni siquiera era excesivamente grueso. Por el contrario, desfilaban frente a mí sin detenerse y se dirigían a las otras mesas. Aquello me hacía sentir más aliviada que ofendida. En mi concepto de un médico no encajaba tener que consultar un libro cada vez que un paciente describe unos síntomas para a continuación copiar la receta aconsejada. Algunas veces, reflexionaba con ironía acerca de hasta qué punto nuestros nuevos líderes (Mao seguía siendo una figura incuestionable) me hubieran aceptado como su doctora personal, descalza o no. Claro que no, me respondía: para empezar, se suponía que los doctores descalzos existían para «servir al pueblo, y no a los funcionarios». Me conformé de buena gana con ser una simple enfermera, recetar medicamentos y poner inyecciones, práctica esta última que había aprendido cuando tuve que ponérselas a mi madre con motivo de sus hemorragias.

El joven doctor que había asistido a la escuela médica era el más solicitado por los pacientes. Con sus recetas de hierbas chinas lograba curar numerosas enfermedades. Asimismo, se mostraba sumamente concienzudo, y procuraba visitar a sus pacientes en sus propios poblados y recolectar y cultivar hierbas en su tiempo libre. El otro doctor, el de la perilla, mostraba una despreocupación que me aterrorizaba. Solía emplear la misma aguja para pinchar a varios pacientes sin esterilizarla cada vez. Inyectaba penicilina sin comprobar previamente si el paciente era alérgico a ella, lo que resultaba sumamente peligroso debido a que la penicilina china no era pura, y podía producir graves reacciones e incluso la muerte. Cortésmente, me ofrecí a hacerlo por él. Sonrió, en absoluto ofendido por mi entrometimiento, y dijo que nunca había habido accidentes: «Los campesinos no son tan delicados como los habitantes de la ciudad.»

Me gustaban ambos, y ambos se comportaban amablemente conmigo y se mostraban siempre cooperadores cuando les hacía alguna pregunta. Evidentemente, no me contemplaban como una amenaza a su posición, lo que no resultaba sorprendente. En el campo, no era tanto la retórica política lo que contaba, sino la destreza profesional de cada uno.

Yo disfrutaba viviendo en la cumbre de aquella colina, lejos de cualquier poblado. Todas las mañanas me levantaba temprano, paseaba a lo largo de su borde y recitaba frente al sol naciente versos de un antiguo libro de poemas acerca de la acupuntura. Bajo mis pies, los campos y los pueblos comenzaban a despertar al canto de los gallos. Venus, solitario, me contemplaba desde un firmamento que iba clareando por momentos. Adoraba la fragancia de la madreselva en la brisa matutina, y los grandes pétalos de la belladona sacudiéndose las perlas del rocío. Los pájaros gorjeaban por doquier, distrayéndome de mis declamaciones. Por fin, tras permanecer allí un rato, regresaba para encender el fuego del desayuno.

Con la ayuda de un esquema anatómico y de mis versos de acupuntura, tenía ya una idea bastante definida de dónde debía clavar las agujas para curar cada dolencia. Ansiaba tener pacientes, y ya contaba con algunos voluntarios entusiastas: muchachos de Chengdu que entonces vivían en otros poblados y que apreciaban considerablemente mis servicios. Solían caminar durante horas para someterse a una sesión de acupuntura. Cierto joven, mientras se remangaba para dejar al descubierto un punto de acupuntura próximo al codo, declaró valientemente: «Para eso están las amigas.»

No llegué a enamorarme de ninguno de ellos, si bien iba ya debilitándose mi resolución de negarme cualquier relación masculina para dedicarme a mis padres y apaciguar los sentimientos de culpa que sentía por la muerte de mi abuela. Sin embargo, me resultaba difícil dar rienda suelta a mis sentimientos, y mi educación me impedía mantener ninguna relación física sin entregar al mismo tiempo el corazón. A mi alrededor, había otros muchachos y muchachas procedentes de la ciudad que llevaban vidas más libres que la mía, pero yo seguía sentada en solitario sobre mi pedestal. Comenzó a correrse la voz de que escribía poesía, lo que contribuyó a mi permanencia sobre el mismo.

Todos los jóvenes se comportaban de modo sumamente caballeroso. Uno de ellos me regaló un instrumento musical llamado *san-xian*, formado por un cuenco forrado de piel de serpiente, un mango alargado y tres cuerdas de seda que había que pulsar. A continuación, pasó varios días enseñándome a tocarlo. Las melodías permitidas eran muy escasas, y todas ellas constituían alabanzas de Mao. Ello, no obstante, no me preocupaba demasiado, ya que mi destreza era aún más limitada.

En las tardes más cálidas solía sentarme junto al fragante jardín medicinal rodeado por trompetas trepadoras chinas y rasgueaba el instrumento para mí misma. Cuando la tienda contigua cerraba sus puertas, me encontraba sola por completo. Reinaba una completa oscuridad con excepción del suave resplandor de la luna y del parpadeo de las luces procedentes de cabañas distantes. Algunas luciérnagas brillaban y flotaban a mi alrededor como minúsculas linternas transportadas por seres voladores diminutos e invisibles. Los aromas del jardín despertaban en mí un vértigo placentero. Mi música a duras penas podía rivalizar con el coro entusiasta y atronador de las ranas y el melancólico canturreo de los grillos, pero a mí me servía de consuelo.

24

«Por favor, acepta mis excusas aunque lleguen con toda una vida de retraso»

Mis padres en los campos

(1969-1972)

A tres días de viaje en camión desde Chengdu, al norte de Xichang, se extiende la Llanura del Guardián de los Búfalos. Allí, la carretera se bifurca en dos caminos, uno de los cuales conduce a Miyi, en el Sudoeste, donde estaba el campo de mi padre, y el otro al Sudeste y a Ningnan.

La llanura recibía su nombre de una célebre leyenda. La diosa Tejedora, hija de la Reina Madre Celestial, solía descender de la Corte Celestial para bañarse en uno de sus lagos. (Se suponía que el meteorito que había caído sobre la calle del mismo nombre había sido una de las piedras contra las que apoyaba su telar.) Un muchacho que habita junto al lago ve a la diosa, y ambos se enamoran. Se casan, y tienen un hijo y una hija. La Reina Madre Celestial, celosa de su felicidad, envía a unos dioses para que secuestren a su hija. Los dioses se la llevan y el Guardián de los Búfalos los persigue. Cuando está a punto de darles alcance, la Reina Madre Celestial extrae una horquilla de su moño y abre un caudaloso río entre ellos. Desde entonces, el río de la Plata separa para siempre a la pareja excepto en el séptimo día de la séptima luna, época en la que las urracas acuden volando desde todas las regiones de China para formar un puente que permita reunirse a la familia.

El río de la Plata es el nombre chino de la Vía Láctea, la cual, sobre Xichang, aparece como una vasta masa de estrellas entre las que se distinguen a un lado la brillante Vega –la diosa Tejedora– y al otro Altair, el Guardián de los Búfalos, acompañado de sus dos hijos. Se trata de una leyenda que ha sido muy popular entre los chinos a lo largo de los siglos debido a que sus familias se han visto a menudo separadas por las guerras, el bandidaje, la miseria y los gobernantes despiadados. Irónicamente, tal fue el lugar al que enviaron a mi madre.

Llegó allí en noviembre de 1969 acompañada de sus quinientos colegas del Distrito Oriental, entre los que había tanto Rebeldes como seguidores del capitalismo. Dado el apresuramiento con que habían sido expulsados de Chengdu, no había ningún sitio donde alojarles a excepción de unas cuantas chozas abandonadas por los ingenieros militares que habían construido la vía férrea entre Chengdu y Kunming, la capital de Yunnan. Algunos se apretujaron en ellas, y el resto hubo de instalar sus colchonetas en las casas de los campesinos locales.

No había otros materiales de construcción que hierba de cogón y barro, y este último debía ser extraído de las montañas y transportado hasta abajo. El barro de los muros se mezclaba con agua para fabricar ladrillos. No había máquinas ni electricidad, y ni siquiera contaban con animales de labor. En la llanura, situada a unos mil quinientos metros sobre el nivel del mar, no es tanto el año como el día lo que se divide en cuatro estaciones. A las siete de la mañana, cuando comenzaba la jornada de trabajo de mi madre, la temperatura rondaba los cero grados. A mediodía, podía alcanzar los treinta. A eso de las cuatro de la tarde, soplaban desde las montañas poderosas ráfagas de un viento cálido que literalmente alzaba a la gente por el aire, y a las siete de la tarde, cuando concluían el trabajo, la temperatura volvía a descender de golpe. Obligados a soportar tales extremos, mi madre y el resto de los internos trabajaban doce horas diarias interrumpidas apenas por un breve descanso para el almuerzo. Durante los primeros meses, el único alimento de que dispusieron fue arroz y col hervida.

El campo estaba organizado al estilo militar. Lo administraban oficiales del Ejército, y se hallaba sometido al control del Comité Revolucionario de Chengdu. Al principio, mi madre fue tratada como enemiga de clase y forzada a permanecer de pie durante las comidas con la cabeza inclinada. Aquella forma de castigo, denominada «denuncia de campo», era recomendada por los medios de comunicación como un buen modo de recordar a los demás, autorizados a descansar, que debían ahorrar siempre algo de energía para el odio. Mi madre protestó ante el jefe de su compañía, afirmando que no podía trabajar durante todo el día sin descansar las piernas. El oficial, que había servido en el Departamento Militar del Distrito Oriental antes de la Revolución Cultural, siempre se había llevado bien con ella, por lo que interrumpió aquella práctica. Aun así, siguieron asignándole los trabajos más duros, y no se le concedió el descanso dominical del que disfrutaba el resto de los internos. Sus hemorragias uterinas empeoraron, y sufrió un ataque de hepatitis. Su cuerpo se tornó hinchado y amarillo, y apenas podía ponerse en pie.

Si había algo que no faltaba en el campo eran médicos, ya que media dotación del hospital del Distrito Oriental había sido enviada allí. En Chengdu sólo habían quedado los más solicitados por los jefes de los Comités Revolucionarios. El médico que trató a mi madre le reveló cuán agradecido le estaba junto con el resto del personal hospitalario por haberles protegido antes de la Revolución Cultural, y añadió que de no haber sido por ella probablemente habría sido acusado de derechista durante las purgas de 1957. Dado que no disponían de medicamentos occidentales, caminó durante kilómetros para recoger hierbas tales como plátano asiático y helianto, que los chinos consideraban buenas para la hepatitis.

Asimismo, exageró el grado de virulencia de su infección ante las autoridades del campo, las cuales la trasladaron a un lugar situado casi a un kilómetro de distancia donde pudo permanecer sola. Sus atormentadores la dejaron en paz por temor a una posible infección, y el médico, que iba a visitarla todos los días, encargó en secreto a uno de los campesinos locales el suministro diario de cierta cantidad de leche de cabra. La nueva residencia de mi madre era una cochiquera abandonada. Algunos internos, compadecidos, se la limpiaron y depositaron sobre el suelo una gruesa capa de paja que a ella se le antojó un lujoso colchón. Un amable cocinero se ofreció para llevarle la comida, y cuando nadie miraba solía añadir un par de huevos a su dieta. Cuando hubo carne disponible, mi madre pudo comerla todos los días (a diferencia del resto, quienes sólo la probaban una vez por semana). También recibía frutas frescas –peras y melocotones– que sus amigos adquirían en el mercado. En cuanto a ella se refería, aquella hepatitis fue como un regalo del cielo.

Muy a su pesar, se recuperó al cabo de unos cuarenta días y fue devuelta al campo, formado ahora por las nuevas chozas de barro. La Llanura es un paraje peculiar por cuanto atrae los truenos y los relámpagos pero no la lluvia, la cual se precipita sobre las montañas que la rodean. Los campesinos no plantaban cosechas en el llano debido a que el suelo era demasiado seco y resultaba peligroso durante las frecuentes tormentas secas. No obstante, era el único recurso disponible para el campamento, por lo que plantaron cierta variedad de maíz resistente a la sequía y transportaron agua desde las laderas bajas de las montañas. Asimismo, se ofrecieron para ayudar a los campesinos en el cultivo del arroz con objeto de asegurarse el futuro suministro del mismo.

Los campesinos se mostraron de acuerdo pero, según las costumbres locales, a las mujeres les estaba prohibido transportar agua, y los hombres no podían plantar arroz, labor esta última que sólo podía ser llevada a cabo por mujeres casadas y con descendencia, especialmente si ésta era masculina. Cuantos más hijos tuviera una mujer, más solicitada estaba para aquella tarea agotadora. Se creía que una mujer que hubiera engendrado gran número de hijos sería capaz de obtener más granos del

arroz que plantara («hijos» y «semillas» tienen el mismo sonido en chino: *zi*). Mi madre se convirtió en la principal «beneficiaria» de aquella
antigua costumbre. Dado que tenía tres hijos –más que la mayoría de sus
colegas femeninas– se vio obligada a pasar cerca de quince horas diarias
inclinada en los campos de arroz a pesar de sus hemorragias y de su abdomen inflamado.

Por la noche, se turnaba con los demás para defender a los cerdos
del ataque de los lobos. Las chozas de barro y hierba daban en su parte
trasera a una cadena de montañas muy adecuadamente bautizada con
el nombre de Guarida de los Lobos. Los habitantes locales advertían a
los recién llegados de que los lobos eran sumamente listos. Cuando uno
de ellos lograba introducirse en una pocilga, rascaba y lamía suavemente a su presa, especialmente detrás de las orejas, con objeto de sumir al animal en una especie de trance placentero y asegurarse de que
no realizara el menor ruido. A continuación, mordía cuidadosamente la
oreja del animal y lo conducía al exterior de la cochiquera sin dejar de
acariciar su cuerpo con el mullido rabo. Cuando el lobo asestaba su
ataque final, el cerdo aún estaba soñando con las caricias de su nuevo
amante.

Los campesinos dijeron también a los antiguos habitantes de la ciudad que los lobos –y algunas veces los leopardos– se mostraban temero-
sos del fuego, por lo que todas las noches se encendía una fogata en el exterior de las pocilgas. Mi madre pasó numerosas noches despierta
contemplando los meteoritos que atravesaban la bóveda estrellada del
firmamento sobre la Guarida de los Lobos mientras oía a lo lejos sus aullidos.

Una tarde, tras lavarse la ropa en un pequeño estanque, abandonó su
postura agachada y al enderezarse su mirada se detuvo en los ojos roji-
zos de un lobo situado a unos veinte metros de distancia de ella, al otro
lado de la charca. Sintió que se le erizaban los cabellos, pero recordó que
su amigo de la infancia, el Gran Lee, le había dicho que el modo de evitar
el ataque de un lobo consistía en caminar hacia atrás lentamente y sin
dar muestras de pánico, y nunca volverse y echar a correr. Así, retrocedió lentamente, alejándose del estanque en dirección al campo y sin volver la espalda al lobo, que la seguía. Cuando alcanzó el borde del campo,
el lobo se detuvo. Podía verse ya la hoguera, y se oían las voces de sus habitantes. Mi madre dio media vuelta y entró corriendo en la primera
puerta que vio.

El fuego era prácticamente la única luz que alumbraba la profunda
oscuridad de las noches de Xichang. No había electricidad. Las velas
–cuando las había– eran prohibitivamente caras, y el queroseno escaseaba. De cualquier manera, tampoco había gran cosa que leer. A diferencia de Deyang, donde yo aún gozaba de cierta libertad para leer los
libros adquiridos por Jin-ming en el mercado negro, las escuelas de
cuadros se hallaban estrechamente controladas. El único material impreso que se autorizaba eran las obras selectas de Mao y el *Diario del*

Pueblo. De cuando en cuando se proyectaba alguna película nueva en unos barracones militares situados a pocos kilómetros, pero invariablemente se trataba de una de las óperas propagandísticas de la señora Mao.

A medida que transcurrían los días y los meses, el trabajo agotador y la falta de relajación se tornaron insoportables. Todos, incluidos los Rebeldes, echaban de menos a sus familias e hijos. Su resentimiento era acaso tanto más intenso por cuanto que ahora advertían que su celo anterior no había servido para nada y que, hicieran lo que hiciesen, nunca volverían a recuperar el poder en Chengdu. Los puestos que antaño ocuparan en los Comités Revolucionarios habían sido readjudicados en su ausencia. De este modo, al cabo de unos meses de llegar a la Llanura, la depresión sustituyó a las denuncias, y mi madre se vio obligada en ocasiones a reconfortar a los Rebeldes. Obtuvo el apodo de Kuanyin: la diosa de la bondad.

Por las noches, tendida sobre su colchón de paja, evocaba mentalmente sus años de niñez. Se daba cuenta de que en su memoria apenas intervenían recuerdos de vida familiar. Mientras nosotros crecimos había sido una madre permanentemente ausente, entregada a la causa en perjuicio de su familia. Ahora, sin embargo, le remordía lo absurdo de su antigua devoción, y advertía que la añoranza de sus hijos le producía un dolor casi insoportable.

En febrero de 1970, después de pasar más de tres meses en la Llanura y tan sólo diez días antes del Año Nuevo chino, la compañía de mi madre fue alineada frente al campo para dar la bienvenida a un jefe del Ejército que acudía en visita de inspección. Tras esperar durante largo rato, la multitud divisó una pequeña figura que se aproximaba a lo largo del camino de tierra que ascendía desde la carretera distante. Permanecieron todos con la mirada fija en aquella figura, y decidieron que no podía ser el pez gordo que esperaban, ya que éste hubiera llegado en automóvil y acompañado por su séquito. Sin embargo, tampoco podía tratarse de un campesino local: el modo en que llevaba la larga bufanda de lana negra arrollada alrededor de la cabeza inclinada resultaba demasiado elegante. Era una joven que acarreaba una cesta a la espalda. Al verla acercarse lentamente cada vez más, mi madre notó que comenzaba a palpitarle el corazón. Tenía la sensación de que aquella joven se parecía a mí, pero pensó que debía de tratarse de imaginaciones suyas. «¡Qué maravilla si fuera realmente Er-hong!», se dijo a sí misma y, de repente, todos los presentes comenzaron a propinarle excitadas palmadas: «¡Es tu hija! ¡Ha venido a verte tu hija! ¡Es Er-hong!»

Así relata mi madre cómo me vio llegar después de lo que se le había antojado una eternidad. Yo era la primera visitante que llegaba al campo, y fui recibida con una mezcla de calor y envidia. Había viajado en el mismo camión que me había llevado a Ningnan en el mes de junio del año anterior para obtener el traslado de mi registro. La enorme cesta que llevaba a la espalda estaba llena de salchichas, huevos, dulces, pasteles, tallarines, azúcar y carne enlatada. Los cinco hermanos y Lentes habíamos ido apartando artículos de nuestras raciones y asignaciones de nuestros equipos de producción para obsequiar a nuestros padres con un festín, y apenas podía caminar por el peso de la carga.

Hubo dos cosas que captaron inmediatamente mi atención. La primera fue que mi madre tenía buen aspecto, aunque más tarde me reveló que aún estaba convaleciente de su hepatitis. La segunda, que la atmósfera que la rodeaba no era en absoluto hostil. De hecho, algunas personas habían comenzado ya a llamarla Kuanyin, lo que se me antojaba absolutamente increíble dado que, oficialmente, se trataba de una enemiga de clase.

Sus cabellos aparecían cubiertos por una bufanda de color azul oscuro anudada bajo la barbilla. Sus mejillas ya no eran finas y delicadas, sino que se habían vuelto ásperas y rojas por efecto del sol ardiente y los fuertes vientos, y su piel mostraba un aspecto notablemente similar a la de los campesinos de Xichang. Parecía cuando menos diez años mayor de sus treinta y ocho. Cuando acarició mi rostro, el contacto de sus dedos fue como el de la agrietada corteza de un viejo árbol.

Permanecí allí durante diez días, tras los cuales planeaba partir hacia el campamento de mi padre el mismo día de Año Nuevo. Mi amable camionero había prometido recogerme en el mismo lugar en que me dejó. A mi madre se le humedecieron los ojos debido a que, si bien el campamento de mi padre no estaba lejos, ambos tenían prohibido visitarse. Una vez más, me cargué a la espalda la cesta de comida intacta. Mi madre había insistido en que le llevara todo a él. Reservar los más preciados alimentos para otros ha sido siempre en China una forma tradicional de expresar el amor y el interés. Mi madre se mostraba desolada ante mi partida, y repetía una y otra vez cuánto sentía que tuviera que perderme el desayuno tradicional del Año Nuevo chino que habría de servirse en su campo, compuesto por *tang-yuan*, budines redondos que simbolizaban la unidad familiar. Pero yo no podía arriesgarme por miedo a perder el camión.

Mi madre me acompañó paseando durante media hora hasta llegar a la carretera, y una vez allí ambas nos sentamos entre las altas hierbas a esperar. El terreno aparecía ondulado por las suaves olas de la espesa hierba de cogón, y el sol, ya alto, nos calentaba con sus rayos. Mi madre me abrazó, y todo su cuerpo pareció querer decirme que no deseaba mi partida, que temía no volver a verme nunca. En aquella época ignorábamos si nuestros días de campamento y de comuna llegarían alguna vez a su fin. Se nos había dicho que habríamos de pasar allí toda la vida, y existían cientos de motivos por los que podríamos morir antes de volver a vernos. Contagiada por su amargura, pensé en mi abuela, moribunda antes de que yo lograra regresar de Ningnan.

El sol estaba cada vez más alto, y no se veía ni rastro de mi camión. A medida que se desvanecían los enormes anillos de humo que habían brotado de la chimenea del campamento, mi madre se vio asaltada por el remordimiento de no haberme podido obsequiar con un desayuno de Año Nuevo, e insistió en regresar para traerme una ración.

Aún no había regresado cuando el camión llegó por fin. Dirigí la mirada al campamento y la vi corriendo hacia mí. Su bufanda azul se agitaba entre el océano blanco y dorado de la hierba. En su mano derecha llevaba un enorme cuenco de esmalte coloreado, y la precaución con que parecía correr me reveló que intentaba evitar que se derramaran la sopa y los budines. Aún estaba bastante lejos, y advertí que tardaría unos veinte minutos en alcanzarme. No me sentía capaz de pedirle al conductor que esperara durante tan largo intervalo, dado que ya me estaba haciendo un gran favor con llevarme, por lo que trepé al interior de la parte trasera. Aún podía ver a mi madre en la distancia, corriendo hacia mí, pero ya no parecía llevar el cuenco consigo.

Años después, me dijo que se le había caído al verme subir al camión. No obstante, continuó corriendo hasta alcanzar el lugar en el que habíamos estado sentadas para asegurarse de que había partido, si bien no existía posibilidad alguna de que hubiera sido otra persona la que había visto encaramarse al vehículo: no se veía ni un alma en aquella vasta extensión amarillenta. Durante algunos días, vagó por el campamento como si se hallara en trance, sintiéndose vacía y perdida.

Tras varias horas de traqueteo en la parte trasera del camión, llegué al campamento de mi padre. Se encontraba en las profundidades de la montaña, y anteriormente había sido un campo de trabajos forzados, un gulag. Los prisioneros habían tallado el agreste paraje a golpe de hacha hasta obtener una granja, tras lo cual habían sido nuevamente trasladados para desbrozar otras zonas, dejando aquel área, relativamente cultivada, para los funcionarios deportados, relativamente mejor situados en la cadena china de castigo. Se trataba de un lugar enorme, habitado por miles de antiguos empleados del Gobierno provincial.

Para llegar hasta donde se encontraba la «compañía» de mi padre tuve que caminar durante un par de horas. Al poner el pie sobre un puente suspendido mediante sogas sobre un profundo precipicio, su estructura osciló hasta el punto de que casi me hizo perder el equilibrio. Aun exhausta como estaba, y agobiada por la carga que transportaba sobre mi espalda, no podía dejar de seguir maravillándome ante la impresionante belleza de las montañas. Aunque apenas había comenzado a despertar la primavera, se veían por doquier relucientes flores junto a los miraguanos y los arbustos de papayas. Cuando por fin llegué al alojamiento de mi padre, pude ver una pareja de faisanes de variado colorido contoneándose majestuosamente en un claro abierto entre los perales, ciruelos y almendros recién florecidos. Algunas semanas después, el sendero de barro había de desaparecer, sepultado por una manta blanca y rosada de pétalos caídos.

La primera imagen de mi padre después de más de un año sin verle me resultó devastadora. Le vi trotando en dirección al patio cargado con dos cestos llenos de ladrillos suspendidos de una vara transversal. Su vieja chaqueta azul colgaba desmadejadamente de su cuerpo, y sus perneras remangadas revelaban unas piernas extraordinariamente delgadas en las que destacaba la prominencia de sus tendones. Tenía el rostro arrugado y curtido por el sol, y sus cabellos se habían vuelto casi por completo grises. De repente, me vio. A medida que corría hacia él, depositó su carga sobre el suelo con un torpe movimiento producto de la excitación. Dado que la tradición china apenas permitía el contacto físico entre padres e hijas, sólo pudo revelarme la felicidad que sentía a través de sus ojos, rebosantes de amor y ternura. En ellos pude sorprender igualmente las huellas de la odisea que había soportado. Su energía y su chispa juveniles habían cedido el paso a un aire de confusión y fatiga que aparecía mezclado con cierto asomo de tensa determinación. Así y todo, a sus cuarenta y ocho años, se encontraba aún en la flor de la vida. Con un nudo en la garganta, escruté sus ojos en busca de lo que más temía –algún síntoma de su antigua demencia–, pero su aspecto era normal. Sentí que se me quitaba un enorme peso del corazón.

Por entonces, compartía una habitación con otras siete personas, todas ellas pertenecientes a su departamento. La estancia tan sólo contaba con una única y diminuta ventana, por lo que la puerta solía permanecer abierta durante todo el día para que entrara algo de luz. Sus ocupantes rara vez hablaban entre ellos, y nadie me saludó al entrar. De inmediato advertí que la atmósfera allí era mucho más severa que en el campamento de mi madre. El motivo era que aquel campo se encontraba sometido al control directo del Comité Revolucionario de Sichuan y, por ello, de los Ting. Sobre los muros del patio aún podían verse varias capas superpuestas de carteles con consignas tales como «Abajo Fulano de Tal» o «Eliminemos a Mengano de Cual». Sobre ellos aparecían apoyadas viejas azadas y palas. Como no tardé en descubrir, mi padre continuaba viéndose sometido a frecuentes asambleas de denuncia que habitualmente se celebraban por las tardes, después de un agotador día de trabajo. Dado que uno de los modos de escapar del campo era ser invitado a trabajar de nuevo para el Comité Revolucionario, y dado asimismo que para ello era necesario complacer a los Ting, algunos de los Rebeldes competían entre sí para demostrar su grado de militancia, y mi padre era una de sus víctimas naturales.

No se le permitía entrar en la cocina. En su calidad de «criminal anti-Mao», se le había considerado peligroso hasta el punto de sospechar que pudiera intentar envenenar los alimentos. Poco importaba que los demás lo creyeran realmente o no: lo importante era el insulto que ello conllevaba.

Mi padre procuraba sobrellevar aquella y otras crueldades con estoicismo. Tan sólo en una ocasión había dado rienda suelta a su ira. El día de su llegada al campo, se le había ordenado llevar un brazalete blanco con caracteres negros en los que se leían las palabras «elemento contrarrevolucionario en activo». Apartando violentamente el brazalete, había mascullado apretando los dientes: «Adelante, podéis matarme a palos. ¡Jamás me pondré ésto!» Los Rebeldes cedieron. Advertían que hablaba en serio, y no contaban con autorización superior para matarle.

Allí, en el campo, los Ting tenían ocasión de vengarse de sus enemigos. Entre ellos había un hombre que había tomado parte en la investigación a la que ambos fueran sometidos en 1962. El individuo en cuestión había operado en la clandestinidad hasta 1949, y había sido encarcelado por el Kuomintang y torturado hasta el punto de que su salud había quedado seriamente dañada. Tras su llegada al campo, no tardó en caer gravemente enfermo, pero se le obligó a seguir trabajando y no se le autorizó a gozar de un solo día libre. Dado que se movía con lentitud, tenía que recuperar el tiempo perdido durante las tardes, a pesar de lo cual aparecía mencionado frecuentemente en los carteles, en los que se le tachaba de holgazán. Uno de los que yo vi comenzaba con las siguientes palabras: «¿Has visto, camarada, a este grotesco esqueleto viviente de repugnantes facciones?» El implacable sol de Xichang había abrasado y marchitado su cuerpo, del que pendían largos trozos de piel muerta. Por si fuera poco, aparecía deformado por la falta de alimento: habían tenido que extirparle dos terceras partes del estómago, y tan sólo podía digerir pequeñas cantidades sucesivas de comida. Así, la imposibilidad de realizar las frecuentes colaciones que hubiera precisado le mantenía en un constante estado de inanición. Un día, desesperado, había entrado en la cocina en busca de un poco de zumo de pepinillos. Sorprendido en su intento, fue acusado de intentar envenenar la comida. Consciente de que se hallaba al borde del colapso total, escribió a las autoridades del campo diciéndoles que se estaba muriendo y rogando que se le eximiera de realizar ciertas tareas especialmente duras. Poco después, se desmayó bajo el ardiente sol en un sembrado en el que estaba esparciendo estiércol. Trasladado al hospital del campo, falleció al día siguiente sin poder contar con la presencia de ninguno de sus parientes junto a su lecho de muerte. Su esposa se había suicidado poco antes.

Los seguidores del capitalismo no eran los únicos que sufrían en la escuela de cuadros. Habían muerto por docenas aquellos que guardaban alguna relación con el Kuomintang, por remota que fuera, aquellos que habían tenido la desgracia de convertirse en objeto de alguna venganza personal o de los celos de alguien, e incluso varios de los líderes de las facciones Rebeldes derrotadas. Muchos se habían arrojado al turbulento río que atravesaba el valle. El nombre del río era «Tranquilidad» (An-ning-he). En el silencio de la noche, el eco de sus aguas se esparcía a lo largo de varios kilómetros, causando escalofríos entre los internos, quienes afirmaban que su sonido sugería los sollozos de sus fantasmas.

El relato de aquellos suicidios reforzó mi decisión de contribuir urgentemente a aliviar la presión mental y física a que se hallaba sometido mi padre. Tenía que convencerle de que merecía la pena seguir viviendo y hacerle sentirse querido. Cada vez que se veía obligado a comparecer ante asambleas de denuncia (para entonces raramente violentas, puesto que los internos habían agotado ya sus fuerzas), yo me sentaba en un lugar en el que pudiera verme con objeto de reconfortarle con mi presencia. Tan pronto como concluían, salíamos juntos del local. Yo le hablaba de cosas alegres para hacerle olvidar aquellos episodios siniestros, y le administraba masajes en la cabeza, cuello y hombros. Él, por su parte, solía recitarme poemas clásicos. Durante el día le ayudaba con sus tareas, entre las que, claro está, se incluían las más duras y desagradables. A veces me ofrecía a cargar con sus bultos, que a menudo alcanzaban los cincuenta kilogramos de peso, y aunque apenas podía mantenerme en pie intentaba mantener una expresión despreocupada.

Permanecí allí durante más de tres meses. Las autoridades me permitían comer en la cantina, y me asignaron una cama en un dormitorio que compartía con otras cinco mujeres. Éstas rara vez me hablaban y, si lo hacían, era empleando un tono frío. La mayor parte de los internos adoptaban una actitud de hostilidad tan pronto me veían, pero yo me limitaba a mirarles con expresión vacua. Sin embargo, también había personas amables, o al menos más decididas que otras a la hora de mostrarse bondadosas conmigo.

Una de ellas era un hombre en las postrimerías de la veintena dotado de unas facciones sensibles y unas enormes orejas. Se llamaba Young, y era un licenciado universitario que había entrado a trabajar en el departamento de mi padre justamente antes de la Revolución Cultural. Era, además, el «jefe» del «pelotón» al que pertenecía mi padre. Aunque estaba obligado a asignar a éste los peores trabajos, procuraba –siempre que podía– aliviar sus tareas sin llamar la atención. En una de las fugaces conversaciones que pude mantener con él le dije que no podía cocinar la comida que había traído debido a que no tenía queroseno con el que alimentar mi pequeña estufa.

Un par de días después, Young pasó a mi lado con una expresión neutra dibujada en el rostro, y pude notar que me introducía algo metálico en la mano: era un mechero de alambre de unos veinte centímetros de altura por diez de diámetro construido por él mismo. Servía para quemar bolas de papel fabricadas con periódicos viejos. Éstos ya podían quemarse, puesto que el retrato de Mao había comenzado a desaparecer de sus páginas (el propio Mao había ordenado que así fuera, ya que consideraba que el propósito que se buscaba con la reproducción de su imagen –esto es, «establecer con grandiosidad y firmeza» su «autoridad absoluta y suprema»– había sido logrado, y que continuar con la práctica podía llegar a ser contraproducente). Las llamas azules y anaranjadas de aquel mechero me permitieron cocinar una comida de calidad muy superior a la del rancho que se servía en el campo. Cada vez que aquellos vapores deliciosos escapaban del cazo podía ver las mandíbulas de los compañeros de habitación de mi padre masticando de modo involuntario. Lamentaba no poder dar una parte a Young, pero ambos hubiéramos tenido dificultades si sus compañeros más militantes hubieran llegado a enterarse.

El hecho de que se permitiera a mi padre recibir visitas de sus hijos se debía a Young y a otras personas igualmente bondadosas. También era Young quien le concedía la autorización necesaria para salir de las instalaciones del campo en los días de lluvia (sus únicos días libres ya que, a diferencia de otros internos, se veía –al igual que mi madre– obligado a trabajar los domingos). Tan pronto como cesaba la lluvia, mi padre y yo corríamos al bosque y recogíamos al pie de los árboles champiñones y guisantes silvestres que yo luego cocinaba en el campamento acompañados de una lata de pato o de otra clase de carne. Aquellas ocasiones suponían para nosotros auténticos festines.

Después de cenar, paseábamos a menudo hasta mi lugar favorito, al que había bautizado como «mi jardín zoológico»: se trataba de un grupo de rocas de formas fantásticas situado en medio de un herboso claro del bosque. Su aspecto era el de un rebaño de insólitos animales tendidos al sol. Algunos de ellos poseían huecos del tamaño de nuestros cuerpos, y él y yo solíamos tendernos y dejar que nuestra mirada se perdiera en la distancia. Al pie de la ladera que se extendía bajo nosotros se elevaba una hilera de gigantescos miraguanos cuyas deshojadas flores de color escarlata –similares a magnolias en formato aumentado– crecían directamente de las enhiestas ramas desnudas que se elevaban hacia el cielo. Durante los meses que permanecí en el campo contemplé a menudo cómo se abrían aquellas enormes flores formando una masa rojiza que destacaba sobre el fondo negro. Al cabo, brotaban unos frutos del tamaño de higos que luego estallaban despidiendo una lana sedosa que el cálido viento esparcía por las montañas como una capa de nieve plumosa. Más allá de los miraguanos discurría el río de la Tranquilidad, tras el cual se extendía una interminable cordillera.

Cierto día, nos hallábamos descansando en nuestro «jardín zoológico» cuando pasó por allí un campesino tan deformado y simiesco que no pude evitar una sensación de temor al verle. Mi padre me contó que en aquella región aislada el emparejamiento familiar era algo corriente. A continuación, exclamó: «¡Hay tanto que hacer en estas montañas! Es un lugar magnífico, y posee un enorme potencial. Me encantaría venir a vivir aquí y organizar una comuna o una brigada de producción con la que se pudiera trabajar como es debido. Hacer algo útil. O acaso llevar una vida sencilla de campesino. Estoy harto de ser funcionario. Qué agradable sería que toda la familia pudiéramos disfrutar aquí de una existencia sin complicaciones como la de los granjeros.» Pude distinguir en sus ojos la frustración de un hombre activo e inteligente ansioso por trabajar. Reconocí asimismo el sueño idílico tradicional de un intelectual chino desilusionado con su carrera de mandarín. Sobre todo, pude advertir que la posibilidad de una vida alternativa se había convertido para mi padre en una fantasía, en algo maravilloso e inasequible debido a que una vez se era funcionario comunista ya no cabía dar marcha atrás.

Realicé tres visitas al campo, y cada una de ellas permanecí en él varios meses. Mis hermanos hicieron lo mismo, con objeto de que mi padre pudiera gozar constantemente del calor de los suyos. A menudo decía con orgullo que era la envidia del campo debido a que nadie había podido disfrutar tan asiduamente de la compañía de sus hijos. De hecho, pocos habían llegado a recibir visita alguna, pues la Revolución Cultural había deshumanizado brutalmente las relaciones humanas hasta el punto de destrozar incontables familias.

Mi familia se tornó cada vez más unida con el paso del tiempo. Mi hermano Xiao-hei, a quien mi padre había llegado a pegar cuando era niño, aprendió a amarle. Cuando visitó el campo por primera vez, él y mi padre se vieron obligados a dormir juntos en la misma cama como consecuencia de la envidia que experimentaban los jefes del complejo ante las frecuentes visitas familiares que éste recibía. Xiao-hei, inquieto por la posibilidad de que mi padre no disfrutara del reposo que tanto necesitaba por sus condiciones mentales, nunca se permitió caer en un sueño profundo por miedo a molestarle con sus movimientos.

Mi padre, por su parte, se reprochaba haberse mostrado severo con Xiao-hei, y solía acariciarle la cabeza y pedirle disculpas: «Me parece inconcebible que pudiera pegarte tan fuerte. Fui demasiado duro contigo –solía decir–. He reflexionado mucho acerca del pasado, y me siento enormemente culpable ante ti. Qué curioso que la Revolución Cultural haya hecho de mí una persona mejor...»

La dieta del campo consistía fundamentalmente en col hervida, y la falta de proteínas hacía que sus habitantes se sintieran permanentemente hambrientos. Todo el mundo contemplaba con expectación la llegada de los días de carne, y celebraba la misma en una atmósfera casi de regocijo. Incluso los Rebeldes más militantes parecían de mejor humor. En tales ocasiones, mi padre separaba la carne de su plato y obligaba a sus hijos a comérsela, lo que habitualmente desencadenaba pequeñas peleas de cuencos y palillos.

Permanecía en un estado de remordimiento constante. Solía mencionarme que no había invitado a mi abuela a su boda, y que la había obligado a realizar el arriesgado viaje de regreso desde Yibin a Manchuria apenas un mes después de su llegada. Le oí reprocharse a sí mismo varias veces no haber mostrado el suficiente cariño a su propia madre, y también haber sido tan rígido que sus parientes ni siquiera osaron hablarle de su funeral. Sacudía la cabeza, diciendo: «¡Ahora ya es demasiado tarde!» Se reprochaba igualmente la actitud que había mostrado con su hermana Jun-ying en los años cincuenta, cuando intentó persuadirla para que abandonara sus creencias budistas e incluso que comiera carne aun sabiendo que era una vegetariana convencida.

La tía Jun-ying murió durante el verano de 1970. La parálisis que sufría había ido invadiendo gradualmente todo su cuerpo, y nunca había podido recibir un tratamiento adecuado. Murió con la misma compostura que había mostrado durante toda su vida. Mi familia ocultó la noticia a mi padre, ya que todos sabíamos cuán profundamente la amaba y respetaba.

Mis hermanos Xiao-hei y Xiao-fang pasaron aquel otoño con mi padre. Un día, estaban dando un paseo después de cenar cuando a Xiao-fang –quien aún no contaba más que ocho años– se le escapó la noticia de la muerte de mi tía Jun-ying. Súbitamente, el rostro de mi padre cambió. Durante largo rato, permaneció inmóvil con expresión ausente hasta que, por fin, se aproximó al borde del sendero, se dejó caer en cuclillas y se cubrió el rostro con ambas manos. Sus hombros comenzaron a agitarse con profundos sollozos y mis hermanos, que nunca le habían visto llorar, se quedaron estupefactos.

A comienzos de 1971, se corrió la noticia de que los Ting habían sido destituidos. Para mis progenitores –y en especial para mi padre– aquello trajo consigo alguna mejora en sus vidas. Comenzaron a tener los domingos libres y se les adjudicaron tareas más fáciles. El resto de los internos empezaron a dirigirle la palabra a mi padre, si bien aún se mostraban fríos con él. La prueba de que las cosas comenzaban realmente a cambiar llegó a principios de año: la señora Shau, antigua atormentadora de mi padre, había caído en desgracia al mismo tiempo que los Ting. Poco después, a mi madre se le permitió pasar dos semanas con mi padre. Era la primera ocasión que tenían de estar juntos después de varios años; de hecho, la primera vez que se habían visto desde aquella mañana de invierno, en las calles de Chengdu, poco antes de la partida de mi padre hacia el campamento. Desde entonces habían transcurrido más de dos años.

Las tribulaciones de mis padres, sin embargo, no habían terminado en modo alguno. La Revolución Cultural siguió su curso. Los Ting no habían sido purgados por todo el mal que habían hecho, sino porque Mao sospechaba que se hallaban en estrecha proximidad con Chen Boda, uno de los líderes de la Revolución Cultural, quien había caído en desgracia frente al líder. En aquella purga se habían generado aún más víctimas. El brazo derecho de los Ting, Chen Mo, quien en otro tiempo había ayudado a sacar a mi padre de la cárcel, se suicidó.

Un día del verano de 1971, mi madre sufrió una grave hemorragia uterina; perdió el conocimiento y hubo de ser trasladada al hospital. Mi padre no recibió autorización para visitarla, aunque por entonces ambos se encontraban en Xichang. Cuando su situación se estabilizó, se le permitió regresar a Chengdu para someterse a tratamiento, y allí lograron por fin detener la pérdida de sangre, si bien los médicos descubrieron al mismo tiempo que había desarrollado una enfermedad de la piel llamada escleroderma. Un retazo de piel situado detrás de su oreja derecha se había endurecido y había comenzado a contraerse. Su mandíbula derecha había adquirido un tamaño considerablemente menor que la izquierda, y estaba perdiendo la audición del oído derecho. Sentía el costado derecho del cuello entumecido, y tenía rígidos e insensibles el brazo y la mano derechos. Los dermatólogos le dijeron que el endurecimiento de la piel podía terminar por extenderse a los órganos internos, en cuyo caso comenzaría a encogerse y moriría en un plazo de tres a cuatro años. Dijeron que la medicina occidental no poseía ningún remedio para ello. Tan sólo podían sugerir un tratamiento de tabletas de cortisona y de inyecciones en el cuello.

Yo estaba en el campamento de mi padre cuando llegó la carta de mi madre anunciando aquellas noticias. Inmediatamente, mi padre solicitó autorización para regresar a casa y visitarla. Young se mostró sumamente comprensivo con él, pero las autoridades del campo se negaron. Mi padre estalló en lágrimas frente a todos los internos que había en el patio, lo que impresionó profundamente a los miembros de su departamento. Le tenían por un hombre de hierro. A primera hora de la mañana siguiente, acudió a la oficina de correos, esperó en su exterior durante horas hasta su apertura y envió a mi madre un telegrama de tres páginas. Comenzaba de este modo: «Por favor, acepta mis excusas aunque lleguen con toda una vida de retraso. La culpabilidad que siento frente a ti hace que agradezca todos los castigos que recibo. No he sido un buen esposo. Ponte buena, por favor. Dame otra oportunidad.»

El 25 de octubre de 1971, Lentes vino a visitarme a Deyang con una noticia bomba: Lin Biao había muerto. A Lentes le había sido comunicado oficialmente que Lin había intentado asesinar a Mao pero que, tras fracasar en su intento, había intentado huir a la Unión Soviética y había perecido al estrellarse su avión en Mongolia.

La muerte de Lin Biao fue arropada con un manto de misterio. Se relacionaba con la caída de Chen Boda un año antes. Mao había comenzado a alimentar sospechas en torno a ambos cuando vio que exageraban su deificación, creyendo que con ello intentaban desplazarle a alguna forma de gloria abstracta y despojarle de sus poderes terrenales. Posteriormente, había terminado por convencerse de que había gato encerrado en el caso de Lin Biao, a quien había elegido como su sucesor y de quien se decía que «nunca permitía que el Pequeño Libro Rojo abandonara sus manos ni la frase "Larga vida a Mao" desapareciera de sus labios», como expresaran ciertos versos tardíos. Mao decidió que Lin, en tanto que próximo candidato al trono, no planeaba nada bueno. En consecuencia, bien Mao o Lin –o acaso ambos– habían tomado las medidas necesarias para salvar sus respectivas vidas a la vez que su poder.

Algún tiempo después, la comuna comunicó a los habitantes de mi poblado la versión oficial de los acontecimientos. Aquellas noticias carecían de significado alguno para los campesinos, ya que apenas conocían el nombre de Lin Biao, pero yo las recibí con inmensa alegría. Incapaz de oponerme ni aun mentalmente a Mao, siempre había culpado a Lin de la Revolución Cultural. La evidente ruptura entre él y Mao, pensé, significaba que Mao había repudiado la Revolución Cultural y que no tardaría en poner fin a tanta miseria y destrucción. En cierto modo, pues, la muerte de Lin sirvió para reforzar mi fe en el líder. Mi optimismo era compartido por numerosas personas, ya que se advertían signos de que la Revolución Cultural podía verse invertida. Casi inmediatamente, algunos seguidores del capitalismo comenzaron a verse rehabilitados y se les permitió abandonar los campos.

Mi padre supo las noticias acerca de Lin a mediados de noviembre. Inmediatamente, los adustos rostros de los Rebeldes comenzaron a distenderse ocasionalmente con una sonrisa. En las asambleas le pedían que se sentara –lo que no había sucedido hasta entonces– y «desenmascarara a Yeh Chun», esto es, a la señora de Lin Biao, quien había sido colega suya en Yan'an a comienzos de los cuarenta. Mi padre no dijo nada.

Sin embargo, y pese al hecho de que sus colegas estaban siendo rehabilitados y abandonaban el campo por docenas, el comandante del mismo dijo a mi padre: «No pienses que ahora te vas a librar como si tal cosa.» Sus delitos contra Mao se consideraban demasiado graves.

Su salud había ido deteriorándose por la combinación de una presión mental y física intolerable y varios años de brutales palizas a los que habían seguido severos trabajos forzados en condiciones atroces. Durante casi cinco años había estado tomando grandes dosis de tranquilizantes para conservar el control. En ocasiones había llegado a consumir dosis veinte veces superiores a las normales, y ello había terminado por deteriorar su organismo. Experimentaba continuamente dolores insoportables en distintas partes de su cuerpo; comenzó a escupir sangre, y a menudo le faltaba el aliento y sufría graves mareos. A los cincuenta años de edad parecía un anciano de setenta. Los médicos del campo siempre le recibían con rostro severo y le despachaban apresuradamente recetándole más tranquilizantes; siempre se negaron a someterle a una revisión, e incluso a escuchar lo que tenía que decirles. Cada visita a la clínica se veía seguida por una violenta amonestación de alguno de los Rebeldes: «¡No creas que te vas a salir con la tuya haciéndote el enfermo!»

A finales de 1971, Jin-ming estaba en el campo. Se sentía tan preocupado por el estado de mi padre que permaneció junto a él hasta la primavera de 1972. Entonces recibió una carta de su equipo de producción ordenándole que regresara inmediatamente o no se le asignarían raciones alimenticias cuando llegara la época de la cosecha. El día de su partida mi padre le acompañó hasta el tren. Acababa de inaugurarse una línea de ferrocarril hasta Miyi debido a que diversas industrias estratégicas habían sido trasladadas a Xichang. Durante la larga caminata, ambos permanecieron en silencio. De repente, mi padre sufrió un súbito ataque de asma y Jin-ming hubo de ayudarle a sentarse en el borde del camino. Durante largo rato, mi padre luchó por recuperar el aliento hasta que, por fin, Jin-ming le oyó suspirar profundamente y decir: «Tengo la impresión de que probablemente no viviré mucho. La vida parece un sueño.» Jin-ming nunca le había oído hablar de la muerte. Atónito, intentó reconfortarle, pero mi padre prosiguió lentamente: «Me pregunto si temo la muerte. Creo que no. En estas condiciones, mi vida es aún peor, y no vislumbro posibilidades de que cambien. Algunas veces me encuentro débil: me siento junto al río de la Tranquilidad y pienso: "Tan sólo un salto y todo habría terminado." A continuación me digo a mí mismo que no debo hacerlo. Si muero sin ser rehabilitado, ninguno de vosotros vería el fin de sus problemas... He pensado mucho últimamente. Pasé una infancia dura en una sociedad llena de injusticia. Me uní a los comunistas para fundar una sociedad más justa, y lo he intentado lo mejor que he sabido durante todos estos años. Sin embargo, ¿de qué le ha servido al pueblo? Y en cuanto a mí, ¿por qué he tenido que convertirme al final en la ruina de mi familia? Aquellos que creen en la recompensa y el castigo afirman que un mal final significa que se tiene un peso en la conciencia, y yo he estado pensando mucho acerca de las cosas que he hecho en mi vida. He ordenado ejecutar a algunas personas...»

Mi padre continuó relatándole a Jin-ming las sentencias de muerte que había firmado, los nombres e historias de los *e-ba* («déspotas feroces») durante la reforma agraria de Chaoyang y de los jefes de los bandidos de Yibin. «Aquella gente, sin embargo, había hecho tanto mal que el propio Dios les hubiera matado. ¿Qué es, pues, lo que he hecho mal para merecer todo esto?»

Tras una larga pausa, añadió: «Si llego a morir de este modo, no creáis más en el Partido Comunista.»

25

«La fragancia del dulce viento»

Una nueva vida
con el *Manual de los electricistas* y *Seis crisis*

(1972-1973)

Los años 1969, 1970 y 1971 transcurrieron entre muertes, amor, tormento y alivio. En Miyi, las estaciones seca y húmeda se sucedían sin intervalos. En la Llanura del Guardián de los Búfalos, la luna crecía y menguaba, el viento soplaba y callaba y los lobos aullaban y guardaban silencio. En el jardín medicinal de Deyang, las hierbas florecían una vez, y otra... y otra. Yo viajaba sin descanso entre los campamentos de mis padres, el lecho de muerte de mi tía y mi poblado. Esparcía estiércol en los campos de arroz y escribía poemas a los nenúfares.

Mi madre estaba en nuestra casa de Chengdu cuando se enteró de la noticia de la caída de Lin Biao. Fue rehabilitada en noviembre de 1971 y se le dijo que no tendría que regresar al campamento. Sin embargo, aunque continuó recibiendo su salario completo, no se le devolvió su antiguo puesto de trabajo, el cual ya había sido ocupado por otra persona. Su departamento del Distrito Oriental tenía para entonces nada menos que siete directores, entre los que se contaban los miembros ya existentes de los Comités Revolucionarios y los funcionarios recién rehabilitados que acababan de regresar del campo. Su pobre estado de salud constituía una de las razones por las que mi madre no regresó al trabajo, pero el motivo más importante era que mi padre, a diferencia de la mayoría de los seguidores del capitalismo, no había sido rehabilitado.

La razón de que Mao hubiera autorizado aquella rehabilitación en

460

masa no era que por fin hubiera recobrado el sentido, sino que la muerte de Lin Biao y la inevitable purga de sus hombres le había hecho perder el poder con que controlaba el Ejército. Dado que había destituido y apartado virtualmente de sus funciones a todos los demás mariscales, opuestos a la Revolución Cultural, se había visto obligado a depender casi exclusivamente de Lin. Había situado a su esposa y parientes, así como a las estrellas de la Revolución Cultural, en los puestos más importantes del Ejército, pero se trataba de personas sin antecedentes militares y, por ello, no contaban con la lealtad de las fuerzas armadas. Tras la desaparición de Lin, Mao hubo de recurrir a los líderes previamente purgados que aún inspiraban fidelidad a los militares, entre ellos Deng Xiaoping, quien no tardaría en reaparecer. La primera concesión que tuvo que hacer Mao fue devolver a sus puestos a la mayoría de los funcionarios denunciados.

El líder sabía también que su poder dependía del funcionamiento de la economía. Sus Comités Revolucionarios eran irremediablemente incompetentes y se encontraban divididos, por lo que no contaba con modo alguno de poner el país en marcha. No tuvo otra elección que recurrir de nuevo a los antiguos funcionarios que había hecho caer en desgracia.

Mi padre continuaba en Miyi, pero la parte de salario que se le había estado reteniendo desde junio de 1968 le fue devuelta, y de repente nos encontramos con lo que se nos antojaba una suma astronómica en el banco. Todas las pertenencias personales que nos habían sido confiscadas por los Rebeldes en los asaltos domiciliarios nos fueron devueltas con la única excepción de dos botellas de *mao-tai*, el licor más cotizado en China. Había otros síntomas igualmente optimistas. Zhou Enlai, quien para entonces había visto incrementado su poder, emprendió la tarea de poner en marcha la economía. La antigua administración fue restaurada en gran parte, y se hizo hincapié en mantener el orden y la producción. Volvieron a introducirse los sistemas de incentivos. A los campesinos se les permitió disponer de algún dinero en metálico. Se reiniciaron las investigaciones científicas. En las escuelas volvieron a impartirse clases propiamente dichas tras un intervalo que había durado seis años, y mi hermano pequeño, Xiao-fang, comenzó sus estudios con retraso a los diez años de edad.

Con el resurgir de la economía, las fábricas comenzaron a reclutar nuevos trabajadores. Como parte del sistema de incentivos se les permitió dar preferencia a aquellos hijos de sus empleados que habían sido enviados a trabajar al campo. Aunque mis padres no eran obreros fabriles, mi madre habló con los directores de una fábrica de maquinaria que había pertenecido en otro tiempo al Distrito Oriental y ahora se hallaba bajo el control del Segundo Departamento de Industria Ligera de Chengdu. Se mostraron dispuestos a aceptarme de buen grado por lo que, pocos meses antes de cumplir los veinte años, abandoné Deyang para siempre. Mi hermana tuvo que quedarse debido a que los jóvenes de las ciudades que habían contraído matrimonio en el campo tenían prohibido regresar incluso en aquellos casos en que la esposa contaba con un registro urbano.

Mi única opción estribaba en convertirme en obrera. La mayor parte de las universidades continuaban cerradas, y no había otras carreras disponibles. Trabajar en una fábrica equivalía a trabajar tan sólo ocho horas al día en lugar de soportar la jornada de sol a sol de los campesinos. No tendría que transportar pesadas cargas, y podría vivir con mi familia. Sin embargo, lo más importante era que podría recuperar mi registro urbano, lo que significaba tener la comida y otros productos de primera necesidad garantizados por el Estado.

La fábrica estaba en los suburbios orientales de Chengdu, a unos cuarenta y cinco minutos en bicicleta desde mi casa. Recorría la mayor parte del trayecto junto a las orillas del río de la Seda, y luego enfilaba embarrados caminos rurales a través de campos de colza y de trigo. Por fin, se llegaba a un recinto de aspecto destartalado en el que se esparcían pilas de ladrillos y enmohecidos rollos de acero laminado. Aquélla era mi fábrica. Poseía unas instalaciones bastante primitivas, y algunas de sus máquinas se remontaban a comienzos de siglo. Los directores e ingenieros acababan de ser devueltos a sus puestos tras cinco años de asambleas de denuncia, consignas murales y enfrentamientos físicos entre las facciones existentes en la fábrica, y ésta había recomenzado su producción de herramientas para maquinaria. Los obreros me obsequiaron con una bienvenida especial debida, en gran parte, a mis padres: la destrucción ocasionada por la Revolución Cultural había despertado en ellos una profunda añoranza por la antigua administración, bajo la cual habían reinado el orden y la estabilidad.

Se me asignó a un puesto de aprendiz en la fundición, a las órdenes de una mujer a quien todos llamaban «tía Wei». De niña, había sido muy pobre, y ni siquiera había contado con un par de pantalones decentes durante su adolescencia. Su vida había cambiado con la llegada de los comunistas, por lo que se sentía inmensamente agradecida a ellos. Se había unido al Partido y, en los comienzos de la Revolución Cultural, se encontraba entre los Legitimistas que defendieron a los antiguos funcionarios. Cuando Mao apoyó abiertamente a los Rebeldes, su grupo había sido violentamente obligado a rendirse, y ella había sido torturada. Un buen amigo suyo, un viejo trabajador que también debía mucho a los comunistas, había muerto tras ser colgado horizontalmente por las muñecas y los tobillos (un suplicio conocido con el nombre de «el pato que nada»). Entre lágrimas, la tía Wei me contó la historia de su vida, afirmando que su destino se hallaba ligado al de un Partido que, en su opinión, había resultado destrozado por «elementos antipartidistas» tales como Lin Biao. Me trataba como a una hija, y ello debido en gran medida a que procedía de una familia comunista. Yo, sin embargo, me sentía violenta en su compañía porque no lograba compartir su fe en el Partido.

Había unos treinta hombres y mujeres ocupados en la misma tarea que yo, esto es, llenar los moldes de tierra. Posteriormente, el hierro fundido era vertido en los moldes en estado de ebullición, lo que generaba una masa de chispas incandescentes. La grúa que operaba sobre nuestro taller crujía de un modo tan alarmante que no conseguía librarme del temor de que pudiera dejar caer el crisol de metal líquido sobre la gente que trabajaba bajo ella.

Mi trabajo de vaciadora era sucio y agotador. Tenía los brazos hinchados de tanto arrojar tierra al interior de los moldes, pero mi inocente creencia de que la Revolución Cultural tocaba a su fin hacía que mi ánimo fuera considerablemente elevado, lo que me permitía entregarme a mi trabajo con un ardor que habría sorprendido a los campesinos de Deyang.

A pesar de mi nuevo entusiasmo, me alivió saber al cabo de un mes que había de ser trasladada. No hubiera podido soportar ocho horas diarias de apalear tierra durante mucho tiempo. Debido a la buena voluntad reinante hacia mis padres, se me ofrecieron varios trabajos entre los que escoger: tornera, maquinista de grúa, telefonista, carpintera o electricista. Dudé largo tiempo entre estas dos últimas posibilidades. Me gustaba la idea de aprender a crear hermosos objetos de madera, pero decidí que no poseía unas manos lo suficientemente hábiles. Como electricista, me distinguiría por ser la única mujer de la fábrica ocupada en esa labor. Ya había habido anteriormente otra mujer en el equipo de electricistas, pero lo había abandonado para ocuparse de otro trabajo. Siempre había sido objeto de gran admiración. Cuando trepaba a la cumbre de los postes eléctricos, los obreros se detenían a mirarla con la boca abierta. Me hice inmediatamente amiga de aquella mujer, quien me dijo algo que terminó de convencerme: los electricistas no tenían que pasarse ocho horas diarias frente a la misma máquina, sino que podían permanecer en sus dependencias esperando a que les llamaran para algún trabajo. Ello significaba que tendría tiempo para leer.

Aquel primer mes sufrí cinco descargas eléctricas. Al igual que sucedía con los médicos descalzos, no había aprendizaje oficial alguno: ello reflejaba el desdén que Mao sentía por cualquier forma de educación. Los seis hombres del equipo me enseñaban pacientemente, pero yo estaba comenzando desde un nivel abismalmente bajo. Ni siquiera sabía lo que era un fusible. La electricista me dio su ejemplar del *Manual de los electricistas*, y yo me sumergí en su lectura, a pesar de lo cual continué confundiendo corriente eléctrica con voltaje. Por fin, me avergoncé de hacer perder el tiempo a mis compañeros y me dediqué a copiar lo que hacían sin comprender demasiado la teoría de mi labor. Poco a poco, fui arreglándomelas bastante bien, y gradualmente fui capaz de realizar algunas reparaciones por mí misma.

Un día, un obrero informó de la existencia de un conmutador defectuoso en uno de los paneles de distribución de corriente. Yo abrí la parte posterior del panel para examinar el cableado y decidí que uno de los tornillos debía de haberse aflojado. En lugar de desconectar la corriente, introduje impetuosamente mi destornillador-detector para apretarlo. La parte posterior del panel era un entramado de conexiones, juntas y cables atravesados por una corriente de 380 voltios. Una vez dentro de aquel campo de minas, introduje el destornillador a través de una rendija con exquisito cuidado y alcancé el tornillo, el cual no estaba suelto después de todo. Para entonces, mi brazo había comenzado a temblar ligeramente por la tensión y el nerviosismo. Comencé a retirarlo, conteniendo el aliento. Por fin, justamente en el borde, cuando ya me encontraba a punto de relajarme, me vi sacudida por una serie de descargas colosales que recorrieron todo mi cuerpo desde la mano a los pies. Di un salto en el aire y el destornillador salió despedido. Había entrado en contacto con una conexión situada en el acceso a la red de distribución de corriente. Caí al suelo desmadejada, pensando que podía haber muerto si el destornillador llega a resbalar un instante antes. Sin embargo, no revelé el episodio a los demás electricistas: no quería que se sintieran obligados a venir conmigo cada vez que había una llamada.

Llegué a acostumbrarme a las descargas que, por otra parte, tampoco parecían inquietar a los demás. Un viejo electricista me dijo que hasta 1949, cuando la fábrica era de propiedad privada, solía utilizarse el dorso de la mano para comprobar la existencia de corriente. Con la llegada de los comunistas, la fábrica se había visto por fin obligada a adquirir detectores de corriente para sus electricistas.

Nuestras dependencias consistían en dos habitaciones, y cuando no estábamos atendiendo alguna llamada mis compañeros solían entretenerse jugando a las cartas en la habitación exterior mientras yo permanecía leyendo en la interior. En la China de Mao, si uno no se unía a las personas que le rodeaban corría el riesgo de verse acusado de aislarse de las masas, por lo que al principio me producía cierta inquietud retirarme a leer por mi cuenta. Cada vez que alguno de mis compañeros entraba en la estancia, dejaba inmediatamente el libro y me ponía a charlar con él llena de turbación. Como resultado, comenzaron a entrar cada vez con menor frecuencia. Yo me sentí inmensamente aliviada de que no pusieran objeción a mi excentricidad, y ellos, por el contrario, procuraban hacer lo posible por no molestarme. La amabilidad que mostraban conmigo hacía que me ofreciera voluntaria para realizar tantas reparaciones como me era posible.

Había un joven electricista en el equipo, un muchacho llamado Day, al que se consideraba sumamente educado, ya que había asistido a un instituto hasta la llegada de la Revolución Cultural. Era un buen calígrafo, y tocaba varios instrumentos musicales a la perfección. Yo me sentía considerablemente atraída hacia él, y por las mañanas solía encontrármelo apoyado sobre la puerta del taller esperando mi llegada para saludarme. Poco a poco, comencé a atender numerosas llamadas con él. Un día de comienzos de primavera, habíamos concluido un trabajo de mantenimiento y decidimos pasar la hora del almuerzo reclinados sobre un almiar de paja que había en el patio trasero de la fundición para disfrutar del primer día soleado del año. Los gorriones gorjeaban sobre nuestras cabezas, peleándose por conseguir los últimos granos de arroz que aún quedaban en las plantas. La paja despedía un aroma a sol y a tierra. Me había sentido encantada al descubrir que Day compartía mi interés por la poesía clásica china y que podíamos componer poemas el uno para el otro utilizando la misma secuencia de rimas, tal y como habían hecho los antiguos poetas chinos. Muy poca gente de mi generación conocía o admiraba la poesía clásica. Aquella tarde regresamos con mucho retraso a nuestros puestos, pero nadie nos hizo ninguna crítica. El resto de los electricistas se limitaron a dirigirnos breves sonrisas de complicidad.

Day y yo no tardamos en empezar a contar los minutos de nuestros días libres, ansiosos por estar de nuevo juntos. Aprovechábamos cualquier oportunidad para estar cerca el uno del otro, rozarnos los dedos, experimentar la excitación de la proximidad, sentir cada uno el aroma del otro y buscar motivos de entristecimiento –y alegría– en las frases a medias que solíamos dirigirnos.

Pero entonces comencé a oír rumores de que Day no era digno de mí. La desaprobación general se hallaba motivada en parte por el hecho de que yo estaba considerada alguien especial. Una de las razones para ello consistía en que yo era la única hija de altos funcionarios que había en la fábrica y, desde luego, la única con la que la mayoría de los obreros había tenido jamás contacto. Habían circulado numerosas historias acerca de lo arrogantes y mimados que eran los hijos de los funcionarios, y mi llegada, por lo visto, había constituido una agradable sorpresa para muchos obreros, los cuales decidieron que ninguno de los trabajadores de la fábrica podía ser digno de mí.

Los obreros reprochaban a Day el hecho de que su padre hubiera sido oficial del Kuomintang y, por ello, enviado a un campo de trabajo. Se mostraban convencidos de que me esperaba un futuro brillante, y de que debía evitar verme arrastrada a la desgracia por mi asociación con Day.

Lo cierto era que el padre de Day se había convertido en oficial del Kuomintang por pura casualidad. En 1937, él y dos amigos se dirigían a Yan'an para unirse a los comunistas en la lucha contra los japoneses. Ya casi habían llegado cuando toparon con un control de carretera del Kuomintang cuyos oficiales les exhortaron a unirse a ellos. Los dos amigos habían insistido en continuar hasta Yan'an, pero el padre de Day había aceptado la oferta del Kuomintang, pensando que poco importaba a qué Ejército chino se uniera siempre y cuando pudiera combatir contra los japoneses. Al reiniciarse la guerra civil, él y sus dos amigos se encontraron en bandos opuestos, y en 1949 fue enviado a un campo de trabajo y ellos ascendidos a elevadas graduaciones en el Ejército comunista.

Debido a aquel accidente de la historia, Day se veía continuamente atacado en la fábrica: le acusaban de no saber mantenerse en su lugar, de insistir en «molestarme» e incluso de ser un oportunista social. Yo podía advertir cuánto le afectaban aquellas viles murmuraciones por su expresión fatigada y sus amargas sonrisas, pero él nunca me dijo nada. En nuestros poemas apenas habíamos aludido de pasada a nuestros sentimientos, pero él dejó de escribirlos. La confianza con que había dado comienzo nuestra amistad desapareció para dar paso en él a una actitud sumisa y humilde cada vez que nos veíamos en privado. Luego, en público, fingía torpemente que yo no le importaba en un intento de aplacar a quienes habían mostrado su desaprobación hacia él. A menudo, su comportamiento me parecía tan indigno que no podía evitar sentirme irritada y triste al mismo tiempo. Habiéndome educado en una situación privilegiada, no podía darme cuenta de que en China la dignidad representaba un lujo rara vez permitido a aquellos que no disfrutaban de una posición de privilegio. Así pues, no fui consciente entonces del dilema de Day, ni del hecho de que no podía mostrar su amor hacia mí por miedo a destrozar mi futuro. Poco a poco, fuimos apartándonos cada vez más.

Durante los cuatro meses que había durado nuestra relación, ninguno de nosotros había pronunciado la palabra «amor». Yo incluso la había suprimido de mi mente. Uno nunca podía dejarse llevar, debido a que todos teníamos imbuido un factor vital: la consideración de la familia. Las consecuencias de verse ligada a la familia de un «enemigo de clase» como Day eran demasiado graves y, acaso por culpa de aquella autocensura inconsciente, nunca llegué a enamorarme del todo de él.

Durante aquel período mi madre había abandonado la cortisona y estaba recibiendo un tratamiento a base de medicamentos chinos para su escleroderma. Habíamos tenido que recorrer numerosos mercados rurales para hallar los insólitos ingredientes prescritos, entre ellos concha de tortuga, vesícula de serpiente y escamas de oso hormiguero. Los médicos le recomendaron que tan pronto como mejorara el tiempo acudiera a visitar a especialistas de Pekín con relación a sus problemas de útero y su escleroderma. Como compensación parcial de sus sufrimientos, las autoridades le ofrecieron poder llevar consigo un acompañante, y mi madre pidió autorización para llevarme con ella.

Partimos en abril de 1972 y nos alojamos con amigos de la familia, ya que para entonces no había peligro en visitarles. Mi madre visitó a diversos ginecólogos de Pekín y Tianjin, quienes le diagnosticaron un tumor benigno en el útero y recomendaron realizar una histerectomía. Entretanto, dijeron, podía controlar las hemorragias guardando reposo y manteniéndose en un estado de buen humor. Los dermatólogos opinaron que el escleroderma podía ser una variante localizada, y que en tal caso no tenía por qué resultar fatal. Mi madre siguió los consejos de los doctores y se sometió a la histerectomía al año siguiente. En cuanto al escleroderma, permaneció localizado.

Visitamos a numerosos amigos de mis padres. Todos estaban siendo rehabilitados, y algunos acababan de salir de la cárcel. El mao-tai y otros licores corrían libremente, al igual que las lágrimas. Pocas eran las familias que no habían visto morir a alguno de sus miembros como consecuencia de la Revolución Cultural. La madre de un viejo amigo –una mujer de ochenta años de edad– había muerto al caer de un rellano en el que se había visto obligada a dormir al ser expulsada su familia del apartamento que ocupaban. Otro de sus amigos realizó esfuerzos visibles por contener las lágrimas cuando me vio. Aparentemente, le recordaba a su hija, quien por entonces habría tenido aproximadamente mi misma edad. Había sido enviada con su escuela a un lugar perdido de la frontera con Siberia, y allí había quedado embarazada. Atemorizada, había consultado con una partera local, y ésta le había atado almizcle en torno a la cintura y le había recomendado saltar desde lo alto de un muro para deshacerse de la criatura. Como consecuencia, la muchacha había muerto de una violenta hemorragia. No había hogar en el que no se relataran historias trágicas. Sin embargo, también se hablaba de mantener la esperanza y de confiar en la llegada de un futuro más feliz.

Un día fuimos a ver a Tung, un antiguo amigo de mis padres que acababa de ser excarcelado. Había sido jefe de mi madre durante su marcha desde Manchuria a Sichuan, y posteriormente se había convertido en jefe de departamento en el Ministerio de Seguridad Pública. Al comenzar la Revolución Cultural fue acusado de ser un espía ruso y de haber supervisado la instalación de magnetófonos en las dependencias de Mao, cosa que aparentemente había hecho, si bien obedeciendo órdenes. Se suponía que las palabras de Mao eran tan preciosas que todas ellas debían ser conservadas, pero Mao hablaba en un dialecto difícil de entender para sus secretarios quienes, además, solían verse expulsados a menudo de la habitación. A comienzos de 1967, Tung fue arrestado y enviado a Qincheng, una prisión especial destinada a altas jerarquías. Pasó cinco años encadenado en una celda de aislamiento de la que salió con las piernas delgadas como cerillas y una enorme hinchazón de cintura para arriba. Su mujer se había visto obligada a denunciarle, y había cambiado el apellido de los niños por el suyo propio para demostrar que su familia le había repudiado para siempre. La mayor parte de sus pertenencias domésticas –ropa incluida– habían sido confiscadas durante los asaltos domiciliarios. Por fin, y como resultado de la caída de Lin Biao, el jefe de Tung, enemigo de aquél, había sido devuelto al poder y Tung había sido liberado. Su esposa, recluida en uno de los campos próximos a la frontera septentrional, había recibido la orden de regresar para reunirse con él.

El día de su puesta en libertad le había llevado ropa nueva. Las primeras palabras que su esposo le dirigió al verla fueron: «No deberías haberme traído tan sólo bienes materiales. Deberías haberme traído alimento espiritual [refiriéndose a las obras de Mao].» Tung no había leído otra cosa durante sus cinco años de confinamiento. En aquella época, yo vivía con su familia y pude observar que no había día en que no les obligara a estudiar los artículos de Mao con una solemnidad que inevitablemente se me antojó más trágica que ridícula.

Pocos meses después de nuestra visita, Tung fue enviado a supervisar una operación que había de llevarse a cabo en uno de los puertos del sur del país. Su prolongado aislamiento había hecho de él una persona incapaz de ocuparse de tareas fatigosas, y no tardó en sufrir un ataque al corazón. El Gobierno envió un avión especial para trasladarle a un hospital de Guangzhou. A su llegada, sin embargo, el ascensor no funcionaba, y él insistió en subir a pie los cuatro pisos debido a que consideraba que dejarse transportar hubiera sido contrario a la moral comunista. Murió en la mesa de operaciones. Sus familiares no se encontraban a su lado, ya que les había hecho llegar la indicación de que no debían interrumpir sus respectivos trabajos.

Cuando vivíamos con Tung y su familia, a finales de mayo de 1972, mi madre y yo recibimos un telegrama en el que se anunciaba que mi padre había sido autorizado a abandonar el campo. Tras la caída de Lin Biao, los médicos habían por fin emitido un diagnóstico de su estado de salud en el que afirmaban que sufría una peligrosa hipertensión, graves complicaciones de hígado y corazón y arteriosclerosis. En consecuencia, recomendaban que se sometiera a una revisión completa en Pekín.

Mi padre tomó un tren hasta Chengdu y desde allí voló a Pekín. Dado que el aeropuerto sólo contaba con medios de transporte público para los pasajeros, mi madre y yo nos vimos obligadas a esperarle en la terminal de la ciudad. Estaba delgado, y su piel aparecía casi ennegrecida por el sol. Era la primera vez en tres años y medio que salía de las montañas de Miyi. Durante los primeros días, parecía perdido en la gran ciudad, y solía referirse al acto de cruzar la calle como «atravesar el río» y a tomar un autobús como «abordar una embarcación». Caminaba con aire vacilante por las calles atestadas, y parecía un tanto desconcertado por el tráfico. Así pues, asumí el papel de guía. Nos alojamos con un antiguo amigo suyo de Yibin que también había sufrido espantosamente con la Revolución Cultural.

Con excepción de aquel hombre y Tung, mi padre no visitó a nadie más, ya que aún no había sido rehabilitado. A diferencia de mí, entonces llena de optimismo, se mostraba apesadumbrado la mayor parte del tiempo. En un intento por animarle, solía llevarle en compañía de mi madre a realizar visitas turísticas con temperaturas que a menudo se acercaban a los cuarenta grados. En cierta ocasión, casi le forcé a acompañarme a visitar la Gran Muralla en un autocar atestado en el que viajamos medio asfixiados por el polvo y el sudor. Yo no hacía más que hablar, y él me escuchaba con una sonrisa pensativa. Frente a nosotros, un niño campesino comenzó a llorar en brazos de su madre, y ella le golpeó con fuerza. Mi padre saltó del asiento y gritó: «¡No pegue al niño!» Apresuradamente, le tiré de la manga y le obligué a sentarse. Todos los ocupantes del vehículo nos miraban: para los chinos, resultaba insólito entrometerse en una cuestión de aquel tipo. Suspirando, pensé hasta qué punto había cambiado mi padre desde la época en la que él mismo golpeara a Jin-ming y Xiao-hei.

En Pekín tuve ocasión de leer libros que me abrieron nuevos horizontes. El presidente Nixon había visitado China en febrero de aquel mismo año. La versión oficial era que había acudido «enarbolando una bandera blanca». Para entonces, el concepto de Norteamérica como enemigo número uno había desaparecido de mi mente, así como gran parte de mi adoctrinamiento previo. La visita de Nixon me alegraba profundamente, ya que su presencia había contribuido a crear un clima que había permitido la aparición de nuevas traducciones de libros extranjeros. Todos ellos estaban calificados como obras «para circulación interna», lo que en teoría significaba que sólo podían ser leídos por personal autorizado, pero no existían reglas que especificaran entre quiénes debían circular, por lo que solían hacerlo libremente entre los distintos grupos de amigos cada vez que uno de ellos contaba con medios de acceso privilegiados gracias a su trabajo.

Yo misma tuve ocasión de disfrutar de algunas de aquellas publicaciones. Así, pude leer con placer indescriptible las *Seis crisis* de Nixon (ligeramente censurada, claro está, dado su pasado anticomunista); *Los mejores y los más brillantes*, de David Halberstam; *Auge y caída del Tercer Reich*, de William L. Shirer y *Vientos de guerra*, de Herman Wouk, todos ellos impregnados de lo que para mí era una imagen actualizada del mundo exterior. Las descripciones de la administración Kennedy en *Los mejores y los más brillantes* lograron que me maravillara ante la relajada imagen del Gobierno norteamericano, completamente distinta de la del mío, tan remoto, sobrecogedor y furtivo. Me sentí cautivada por el estilo de escritura de las obras que describían hechos reales. ¡Qué redacción tan fría e imparcial! Incluso las *Seis crisis* de Nixon se me antojaban un modelo de ecuanimidad comparadas con el estilo demoledor de los medios de comunicación chinos, repletos de intimidaciones, denuncias y aserciones. En *Vientos de guerra* no me sentí tan impresionada por sus majestuosas descripciones de la época como por sus viñetas, en las que se reflejaba el desinhibido interés que las mujeres occidentales prestaban a su atuendo, su fácil acceso al mismo y la gama de colores y estilos disponibles. A mis veinte años, mi guardarropa era sumamente limitado, y en gran medida del mismo estilo que el de los demás. Prácticamente no había una prenda que no fuera azul, gris o blanca. Yo cerraba los ojos y soñaba con acariciar todos aquellos vestidos magníficos que nunca había podido ver ni lucir.

La creciente información procedente del exterior formaba parte, claro está, de la liberalización general que siguió a la caída de Lin Biao, pero la visita de Nixon constituyó un pretexto de lo más conveniente: la importancia de los chinos no debía verse disminuida por una ignorancia total de lo que sucedía en Norteamérica. En aquellos días, cada paso que se daba en el proceso de relajación debía contar con alguna justificación política, por descabellada que ésta fuera. El aprendizaje del inglés había pasado a convertirse en una causa noble –destinada a «ganar nuevos amigos procedentes de todo el mundo»–, y por tanto ya no se consideraba un crimen. Las calles y los restaurantes fueron despojados de los aguerridos nombres que habían obtenido de manos de la Guardia Roja durante la Revolución Cultural con objeto de no alarmar o atemorizar a nuestro distinguido visitante. En Chengdu (aunque dicha ciudad no había de recibir la visita de Nixon) el restaurante El aroma de la pólvora recuperó su antiguo nombre de La fragancia del dulce viento.

Permanecí en Pekín durante cinco meses. Siempre que estaba sola pensaba en Day. Nunca nos escribimos. Yo escribía poemas para él, pero los conservaba para mí misma. Poco a poco, la esperanza que tenía puesta en el futuro terminó por conquistar mis angustias del pasado. Una noticia en particular sirvió para trasladar todas mis inquietudes a segundo plano ya que, por primera vez desde que tenía catorce años, vislumbré la posibilidad de un futuro que no había osado contemplar hasta entonces: quizá podría asistir a la universidad. En Pekín ya se habían apuntado pequeños grupos de estudiantes a lo largo de los últimos dos años, y la sensación era que las universidades de todo el país no tardarían en abrir sus puertas. A la sazón, Zhou Enlai procuraba hacer hincapié en una cita de Mao en la que se afirmaba que las universidades aún eran necesarias, especialmente en lo que se refería a ciencia y tecnología. Apenas podía esperar el momento de mi regreso a Chengdu para comenzar mis estudios e intentar mi propio ingreso.

Cuando regresé a la fábrica, en septiembre de 1972, el encuentro con Day no me resultó demasiado doloroso. También él se había apaciguado, aunque en ocasiones mostraba algún destello de melancolía. Una vez más, nos convertimos en buenos amigos, pero ya no volvimos a hablar de poesía. Yo me aislé en mis preparativos para la universidad, si bien no tenía por entonces la menor idea de a cuál asistiría. No era a mí a quien correspondía la elección, pues Mao había dicho que «la educación debía ser sometida a una revolución exhaustiva». Ello significaba, entre otras cosas, que los estudiantes de universidad deberían ser asignados a los distintos cursos sin tener en cuenta qué disciplinas les interesaban, ya que hacerlo equivaldría a caer en el individualismo, considerado un vicio capitalista. Comencé a estudiar las principales asignaturas: chino, matemáticas, física, química, biología e inglés.

Mao había decretado asimismo que los estudiantes no debían ser extraídos de las fuentes tradicionales –esto es, de entre los graduados de enseñanza media– sino que tenían que ser obreros o campesinos. Ello no constituía para mí ningún inconveniente, dado que entonces era una obrera y en otro tiempo había sido una auténtica campesina.

Zhou Enlai había decidido que se realizaran exámenes de ingreso, si bien se vio obligado a sustituir el término «examen» (*kao-shi*) por el de «investigación de la capacidad de los candidatos para resolver algunos problemas básicos y de su habilidad para resolver y analizar problemas concretos». A Mao le disgustaban los exámenes. El nuevo procedimiento consistía en que uno debía ser primeramente recomendado por su unidad de trabajo. Posteriormente, se celebraban los exámenes de ingreso y, por fin, las autoridades de admisión sopesaban los resultados del examen y el comportamiento político de los solicitantes.

Durante casi diez meses, pasé todas las tardes y fines de semana –así como gran parte del tiempo libre del que gozaba en la fábrica– devorando los libros de texto que habían conseguido sobrevivir a las hogueras de los guardias rojos. Llegaban hasta mí procedentes de numerosos amigos. Contaba asimismo con una serie de profesores dispuestos a sacrificar sus tardes y sus días libres con gran entusiasmo. Las personas deseosas de aprender aparecían unidas por una compenetración común que reflejaba la reacción de un país alimentado por una sofisticada civilización, recientemente sepultada en una virtual extinción.

Durante la primavera de 1973, Deng Xiaoping fue rehabilitado y nombrado viceprimer ministro, esto es, adjunto de facto del cada vez más enfermo Zhou Enlai. Aquello fue para mí un nuevo motivo de alegría. Contemplaba el regreso de Deng como un síntoma inconfundible de que la Revolución Cultural había dado marcha atrás. Deng era conocido como defensor de la construcción, y no de la destrucción, y era considerado a la vez un administrador excelente. Mao le había enviado a una remota fábrica de tractores en la que le había mantenido dentro de una relativa seguridad como último recurso en caso de una caída de Zhou Enlai. Por mucho que le emborrachara su propio poder, el líder siempre cuidaba de no quemar sus naves.

La rehabilitación de Deng me complació también por motivos personales. Cuando niña, había conocido bien a su madrastra, y su hermanastra había sido vecina nuestra en el complejo durante años (todos la llamábamos «tía Deng»). Ella y su esposo habían sido denunciados sencillamente por estar emparentados con Deng, y los residentes del complejo que tanto la habían adulado antes de la Revolución Cultural habían pasado a rechazarla. Mi familia, sin embargo, la obsequió con la bienvenida de costumbre. Asimismo, era una de las pocas personas del complejo que había revelado a mi familia la admiración que sentía hacia mi padre en su época más intensa de persecución. En aquellos días, incluso una inclinación de cabeza o una sonrisa fugaz se habían considerado un bien precioso y escaso, y ambas familias habían desarrollado cálidos sentimientos mutuos.

En verano de 1973 se abrió el plazo de ingreso en la universidad. Para mí era como estar a la espera de una sentencia de vida o muerte. Una de las plazas del Departamento de Lenguas Extranjeras de la Universidad de Sichuan fue adjudicada al Segundo Departamento de Industria Ligera de Chengdu, a cargo del cual funcionaban veintitrés fábricas, entre ellas la mía. Cada una de las fábricas debía nominar un candidato para presentarse a los exámenes. En mi fábrica había varios cientos de trabajadores, y se presentaron seis personas, yo incluida. Se celebró una elección para escoger el candidato, y yo resulté elegida por cuatro de los cinco talleres de la fábrica.

En mi propio taller había otra candidata, una amiga mía que entonces contaba diecinueve años. Ambas éramos igualmente populares, pero nuestros compañeros de trabajo sólo podían votar a una de nosotras. Su nombre fue leído en primer lugar, y los presentes se agitaron con desasosiego. Resultaba evidente que no lograban tomar una decisión. Yo me sentía desolada: cuantos más votos recibiera ella, menos obtendría yo. De pronto, la muchacha se incorporó y dijo con una sonrisa: «Quisiera retirar mi candidatura y votar por Chang Jung. Al fin y al cabo, soy dos años más joven que ella. Lo intentaré el año que viene.» Los obreros estallaron en una carcajada de alivio y prometieron votar por ella al año siguiente. Cumplieron su promesa: la joven ingresó en la universidad en 1974.

Yo me sentí profundamente conmovida por su gesto y por el resultado de la votación. Era como si los obreros estuvieran ayudándome a hacer realidad mis sueños. Mis antecedentes familiares tampoco me habían perjudicado. Day no se presentó como candidato: sabía que no tenía ninguna posibilidad.

Me examiné de chino, matemáticas e inglés. La noche anterior al examen me sentía tan nerviosa que no pude dormir. Cuando regresé a casa a la hora de comer encontré a mi hermana esperándome. Me administró un suave masaje en la cabeza y no tardé en sumirme en un sueño ligero. Los temas eran sumamente elementales, y en ellos apenas intervenían las lecciones de geometría, trigonometría, física y química que tan arduamente había asimilado. En todos ellos obtuve mención honorífica, así como la nota más alta de los candidatos de Chengdu en el examen oral de inglés.

Sin embargo, aún no había tenido ocasión de relajarme cuando recibí un golpe devastador. El 20 de julio apareció un artículo en el *Diario del Pueblo* en el que se hablaba de una hoja de examen en blanco. Incapaz de contestar a las preguntas que se le planteaban en sus papeles de ingreso a la universidad, un candidato llamado Zhang Tie-sheng que anteriormente había sido enviado a una zona rural próxima a Jinzhou había entregado una hoja en blanco junto con una carta en la que protestaba afirmando que aquellos exámenes equivalían a una restauración del capitalismo. Su carta llegó a manos del sobrino y ayudante personal de Mao, Mao Yuanxin, a la sazón hombre fuerte de la provincia. La señora Mao y sus secuaces condenaron la importancia que se estaba concediendo al nivel académico como una forma de dictadura burguesa. «¿Qué importancia tendría incluso que toda la nación fuera analfabeta? —declararon—. ¡Lo importante es que la Revolución Cultural obtenga el más rotundo triunfo!»

Nuestros exámenes fueron declarados nulos. El acceso a las universidades había de ser decidido basándose únicamente en el comportamiento político de cada uno. El modo de estimar el mismo era, sin embargo, un misterio. La recomendación de mi fábrica había sido escrita después de una asamblea de estudio colectivo celebrada por el equipo de electricistas. Day había redactado el borrador, y mi antigua maestra en el oficio le había proporcionado su forma final. Según el texto yo era un auténtico prototipo, el mejor modelo de trabajadora que jamás había existido. Sin embargo, no me cabía duda de que los otros veintidós candidatos poseían credenciales similares, por lo que no habría modo de diferenciarnos.

La propaganda oficial no resultaba de gran ayuda. Uno de los «héroes» más notoriamente popularizados gritaba: «¿Me preguntáis por mis méritos para la universidad? ¡Éstos son mis méritos!», y al decirlo alzaba las manos y mostraba sus callos. Todos nosotros habíamos pasado por las fábricas, y la mayoría habíamos trabajado en granjas.

Tan sólo restaba una alternativa: la puerta trasera.

La mayor parte de los directores del Comité de Ingreso de Sichuan eran viejos colegas de mi padre que habían sido rehabilitados y que aún admiraban su valor y su integridad. Sin embargo, y a pesar de lo mucho que deseaba para mí una formación universitaria, mi padre se negaba a solicitar su ayuda. «No sería justo para aquellos que no cuentan con poder alguno –decía–. ¿Qué sería de nuestro país si hubiera que hacer las cosas de este modo?» Yo comencé a discutir con él, pero acabé deshecha en lágrimas. En ese momento debí de mostrar un aspecto realmente desconsolado ya que, por fin, mi padre dijo: «De acuerdo. Lo haré.»

Le así del brazo y juntos fuimos caminando hasta un hospital situado a un kilómetro y medio al que había acudido uno de los directores del Comité de Ingreso para someterse a una revisión: prácticamente todas las víctimas de la Revolución Cultural tenían una salud extraordinariamente delicada como resultado de los sufrimientos padecidos. Mi padre caminaba lentamente, ayudándose con un bastón. Su antigua energía y agudeza habían desaparecido. Al verle avanzar arrastrando los pies, deteniéndose a intervalos para descansar y luchando a la vez con su mente y con su cuerpo, me daban ganas de decir: «Regresemos», pero anhelaba desesperadamente ingresar en la universidad.

Una vez en los terrenos del hospital, nos sentamos en el borde de un puentecillo de piedra para descansar. Mi padre parecía estar atravesando un suplicio. Por fin, dijo: «¿Querrás perdonarme? Realmente, me resultaría muy difícil hacer esto...» Durante un instante, experimenté una oleada de resentimiento, y sentí deseos de gritarle que no existía una alternativa más justa. Quería decirle cuánto había soñado con asistir a la universidad y hacerle ver cuánto lo merecía por mi trabajo, por el resultado de mis exámenes y por haber sido elegida para ello. Sin embargo, era consciente de que él ya sabía todo aquello, y de que era él quien había hecho nacer en mí aquella sed de conocimientos. Aun así, conservaba sus principios, y precisamente porque le amaba debía aceptarle como era y comprender su dilema de moralista viviendo en un país en el que la moral era inexistente. Reprimiendo las lágrimas, dije: «Por supuesto», y regresamos a casa caminando en silencio.

¡Pero no había contado con la fortuna de los inagotables recursos de mi madre! Al punto, acudió a visitar a la esposa del jefe del Comité de Ingreso, quien a su vez habló con su marido. También fue a ver a los demás jefes y consiguió que me prestaran su apoyo. Hizo especial hincapié en los resultados de mis exámenes, pues sabía que con ello terminaría de convencer a aquellos antiguos seguidores del capitalismo. Por fin, en octubre de 1973, ingresé en el Departamento de Lenguas Extranjeras de la Universidad de Sichuan en Chengdu para aprender inglés.

26

«Olfatear los pedos de los extranjeros y calificarlos de dulces»

Aprendiendo inglés a la sombra de Mao

(1972-1974)

Desde su regreso de Pekín en otoño de 1972, la ocupación principal de mi madre había sido el cuidado de sus cinco hijos. Mi hermano pequeño, Xiao-fang, que entonces contaba diez años de edad, necesitaba una continua ayuda con sus estudios para compensar los años de colegio perdidos, y el futuro de sus otros hijos dependía en gran parte de ella.

La paralización de la sociedad durante más de seis años había creado un considerable número de problemas sociales que, sencillamente, se habían dejado sin resolver. Uno de los más graves lo constituían los millones de jóvenes que habían sido enviados al campo, todos los cuales se mostraban desesperados por volver a las ciudades. Tras la caída de Lin Biao, el regreso comenzó a ser posible para algunos de ellos, debido en parte a que el Estado necesitaba mano de obra para una economía urbana que entonces trataba de revitalizar. El Gobierno, sin embargo, hubo de limitar estrictamente su número debido a que en China existía la política estatal de controlar la población de las metrópolis, pues el Estado debía garantizar que la población urbana contara con alimentos, alojamiento y trabajo.

Así, se desencadenó una feroz competencia por obtener los escasos billetes de regreso. El Estado creó una normativa destinada a limitar su número. El matrimonio constituía uno de los criterios de exclusión. Una vez casado, ninguna organización urbana te aceptaba. A ello se debió que mi hermana viera rechazada su petición de trabajo y de ingreso en la universidad, únicas posibilidades de regreso a Chengdu. Se sentía profundamente desgraciada, ya que quería reunirse con su esposo; la fábrica en la que éste trabajaba había recobrado su funcionamiento normal, lo que le impedía trasladarse a Deyang para vivir con ella salvo en los períodos oficiales de permiso por matrimonio, esto es, apenas doce días al año. La única posibilidad que le restaba a mi hermana para regresar a Chengdu consistía en obtener un certificado que estableciera que padecía una enfermedad incurable, algo que hacían muchas jóvenes en su mismo caso. Mi madre la ayudó a conseguir uno, emitido por un médico amigo, en el que se afirmaba que Xiao-hong sufría cirrosis hepática. Regresó a Chengdu a finales de 1972.

El único modo de resolver los problemas era a través de contactos personales. Todos los días acudía gente a ver a mi madre: maestros, médicos, enfermeras, actores y funcionarios de rango poco elevado en busca de ayuda para traer a sus hijos del campo. A menudo, mi madre constituía su única esperanza, y aunque por entonces no trabajaba, se esforzaba incansablemente por pulsar cuantos resortes podía. Mi padre, por el contrario, no ayudaba: estaba demasiado imbuido por sus propias convicciones para empezar a hacer «apaños».

Incluso cuando las vías oficiales funcionaban, los contactos personales resultaban esenciales para asegurar un proceso sin obstáculos y evitar una posible catástrofe. Mi hermano Jin-ming abandonó su poblado en marzo de 1972. En su comuna había dos organizaciones ocupadas en reclutar nuevos trabajadores: una era una fábrica de componentes eléctricos situada en la capital del condado; la otra, una empresa no especificada perteneciente al Distrito Oriental de Chengdu. Jin-ming quería regresar a Chengdu, pero mi madre realizó averiguaciones entre sus amigos del Distrito Oriental y descubrió que la empresa en cuestión no era otra cosa que un matadero. Jin-ming retiró inmediatamente su solicitud y entró a trabajar en la fábrica local.

Se trataba de una enorme factoría que había sido desplazada allí desde Shanghai en 1966 como parte del proyecto de Mao para trasladar la industria a las montañas de Sichuan en previsión de un ataque soviético o norteamericano. Jin-ming logró impresionar a sus compañeros por su honestidad y su capacidad de trabajo, y en 1973 fue uno de los cuatro jóvenes elegidos por los trabajadores de la fábrica entre cuatrocientos solicitantes para ingresar en la universidad. Aprobó sus exámenes brillantemente y sin esfuerzo pero, dado que mi padre aún no había sido rehabilitado, mi madre hubo de asegurarse de que la universidad no fuera a verse disuadida al realizar la «investigación política» entonces obligatoria, sino que adquiriera la impresión de que su rehabilitación era inmediata. Asimismo, hubo de mantenerse alerta para evitar que Jin-ming pudiera verse desplazado por los posibles contactos de algún solicitante frustrado. En octubre de 1973, año en que ingresé en la Universidad de Sichuan, Jin-ming fue admitido en la Escuela de Ingenieros de China Central emplazada en Wuhan para estudiar técnicas de vaciado. Hubiera preferido estudiar física pero, de cualquier modo, se sentía en el séptimo cielo. Mientras Jin-ming y yo nos preparábamos para ingresar en la universidad, mi segundo hermano, Xiao-hei, vivía en un estado de completo desaliento. La condición básica para realizar estudios académicos era haber sido anteriormente obrero, campesino o soldado, y él no había sido ninguna de las tres cosas. El Gobierno continuaba expulsando en masa a los jóvenes de las ciudades hacia zonas rurales, lo que para mi hermano constituía el único futuro posible aparte de entrar en las fuerzas armadas. Para esto último, sin embargo, había decenas de solicitudes, y la única posibilidad de conseguirlo era utilizando algún contacto.

No obstante, mi madre consiguió que Xiao-hei lo lograra en diciembre de 1972 aunque casi contra todo pronóstico, dado que mi padre seguía sin ser rehabilitado. Mi hermano fue asignado a una escuela de la Fuerza Aérea situada en el norte de China, y tras un adiestramiento básico que duró tres meses se convirtió en operador de radio. Así, pasó a trabajar cinco horas al día en una labor sumamente apacible y a ocupar el resto de su tiempo en sus «estudios políticos» y en la producción de alimentos.

En las sesiones de «estudio» todos afirmaban que se habían unido a las fuerzas armadas «para responder a la llamada del Partido, para proteger a la población y para defender a la madre patria». Sin embargo, existían razones más pertinentes: los jóvenes de las ciudades querían evitar ser enviados al campo, y aquellos que ya estaban allí esperaban encontrar en el Ejército un trampolín del que saltar a la ciudad. Para los campesinos de las zonas pobres, el ingreso en las fuerzas armadas significaba al menos la garantía de obtener una mejor alimentación.

A medida que transcurría la década de los setenta, el ingreso en el Partido –al igual que el ingreso en el Ejército– fue convirtiéndose en algo cada vez menos relacionado con el compromiso ideológico de cada uno. En sus solicitudes, todos declaraban que el Partido era «grande, glorioso y correcto» y que «unirse al Partido implicaba dedicar sus vidas a la más espléndida causa de la humanidad: la liberación del proletariado universal». Para la mayoría, sin embargo, el motivo real residía en sus intereses personales. Se trataba del paso ineludible para convertirse en oficial, y todo oficial licenciado se convertía automáticamente en funcionario del Estado, lo que implicaba sueldo, prestigio y poder garantizados, así como –claro está– un registro urbano. Los cabos, no obstante, tenían que regresar a sus aldeas y convertirse de nuevo en campesinos, por lo que al término de todos los períodos militares abundaban los suicidios, las crisis nerviosas y las depresiones.

Una noche, Xiao-hei estaba sentado en compañía de aproximadamente un millar de soldados, oficiales y familiares contemplando una película proyectada al aire libre cuando, de repente, se oyó el tableteo de una ametralladora seguido por una enorme explosión. El público se dispersó entre gritos. Los disparos procedían de un guardia al que le faltaba poco para licenciarse y regresar a su pueblo, dado que había fracasado en su intento de ingresar en el Partido y verse consecuentemente ascendido al grado de oficial. Había matado en primer lugar al comisario de su compañía, al que consideraba responsable de haber obstaculizado su promoción, y a continuación había abierto fuego indiscriminadamente contra la multitud y había arrojado una granada de mano. Murieron otras cinco personas, todas ellas mujeres e hijos de las familias de los oficiales. A ellas hubo de añadir más de una docena de heridos. Por fin, huyó hacia uno de los bloques residenciales, el cual fue inmediatamente sitiado por compañeros de armas quienes a través de sus megáfonos le exhortaron a que se rindiera. Sin embargo, tan pronto el guardia comenzó a disparar a través de las ventanas, todos se dispersaron para regocijo de los excitados espectadores. Tras un feroz intercambio de disparos, irrumpieron en el apartamento y descubrieron que el guardia se había suicidado.

Al igual que todos cuantos le rodeaban, Xiao-hei deseaba ingresar en el Partido. Para él, sin embargo, no se trataba de una cuestión de vida o muerte como para sus compañeros campesinos, ya que sabía que no tendría que regresar al campo al término de su carrera militar. La norma era que cada uno volvía a su lugar de procedencia, por lo que mi hermano obtendría automáticamente un empleo en Chengdu tanto si era miembro del Partido como si no. El trabajo, sin embargo, siempre sería mejor en el primer caso, y además tendría más acceso a información, lo que para él era sumamente importante dado que en aquella época China era un desierto intelectual en el que apenas había nada que leer aparte de la grosera propaganda difundida habitualmente.

Además de aquellas consideraciones prácticas, el miedo nunca estaba ausente del todo. Para muchos, unirse al Partido era casi como contratar una póliza de seguros. Pertenecer al Partido significaba ganar credibilidad y al mismo tiempo una relativa sensación de seguridad que resultaba sumamente reconfortante. Lo que aún era más importante en un entorno tan intensamente político como el que rodeaba a Xiao-hei, el hecho de que no solicitara su ingreso en el Partido sería anotado en su expediente personal y ello haría que sobre él recayeran numerosas sospechas: «¿Por qué no quiere ingresar?» Ver denegado el ingreso de solicitud también podía dar lugar a graves suspicacias. «¿Por qué no habrá sido aceptado? Algo raro debe de ocurrir con ese muchacho...»

Xiao-hei llevaba algún tiempo leyendo clásicos marxistas con genuino interés: al fin y al cabo, eran los únicos libros disponibles, y necesitaba algo con lo que aplacar su sed intelectual. Dado que las ordenanzas del Partido Comunista establecían que el estudio del marxismo-leninismo constituía la primera condición para ingresar en el Partido, mi hermano pensó que podría combinar su interés con una ventaja práctica. Sin embargo, ni sus jefes ni sus camaradas se dejaron impresionar. De hecho, se sintieron puestos en evidencia debido a que como consecuencia de su origen campesino y semianalfabeto la mayoría eran incapaces de comprender a Marx. Xiao-hei comenzó a verse criticado y acusado de arrogancia y de autoaislamiento frente a las masas. Si quería ingresar en el Partido tendría que hallar otro modo de hacerlo.

Muy pronto advirtió que lo más importante era saber complacer a sus jefes inmediatos y, en segundo grado, a sus camaradas. Además de resultar popular y trabajar de firme tenía que «servir al pueblo» del modo más literal posible.

A diferencia de lo que sucede en la mayoría de los ejércitos, en los que se asignan las labores más bajas y desagradables a los rangos menos elevados, el Ejército chino esperaba a que sus miembros se ofrecieran voluntarios para realizar tareas tales como acarrear agua para las abluciones matutinas y barrer las instalaciones. El toque de diana tenía lugar a las seis y media de la mañana, pero aquellos que aspiraban a ingresar en el Partido tenían el «honorable deber» de levantarse antes de aquella hora. Lo cierto es que había tantos que lo hacían que solían producirse peleas hasta por las escobas. La gente se levantaba más y más pronto con tal de asegurarse la posesión de una de ellas. Una mañana, Xiao-hei oyó a alguien barriendo el campamento cuando apenas habían dado las cuatro.

Había otras tareas importantes, pero la que más «contaba» era la preparación de la comida. El rancho oficial era ínfimo, incluso para los oficiales, y sólo se comía carne una vez por semana. De este modo, cada compañía debía encargarse de cultivar su propio grano y sus propias verduras, así como de criar sus propios cerdos. En la época de la cosecha, los comisarios de las compañías solían pronunciar enardecidas arengas: «¡Camaradas! ¡Por fin el Partido os pone a prueba! ¡Debemos acabar este campo a lo largo del día! Cierto que se trata de una tarea que precisa de diez veces el número de brazos de que disponemos, ¡pero un revolucionario es capaz de realizar el trabajo de diez hombres! Los miembros del Partido Comunista deben dar ejemplo. Y para aquellos que deseen unirse al mismo, ¡éste es el momento de demostrar su valía! ¡Aquellos que consigan pasar la prueba podrán ingresar en el Partido al concluir el día, en el campo de batalla!»

Efectivamente, los miembros del Partido tenían que trabajar duramente para mostrarse a la altura de su «papel dirigente». Sin embargo, eran los aspirantes quienes realmente se veían obligados a esforzarse. En cierta ocasión, Xiao-hei alcanzó tal grado de agotamiento que se desplomó en mitad de un campo. Mientras los nuevos miembros que habían logrado obtener su «ingreso en el campo de batalla» alzaban el puño derecho y pronunciaban el voto de rigor «de combatir toda mi vida por la gloriosa causa comunista», Xiao-hei hubo de ser trasladado a un hospital, en el que permaneció durante varios días.

La vía más eficaz de ingreso en el Partido consistía en la crianza de cerdos. La compañía tenía varias docenas de ellos, y los animales ocupaban un lugar especial en los corazones de los soldados: tanto éstos como los oficiales solían acercarse a las pocilgas para observar a los cerdos a la vez que intercambiaban comentarios y votos por su rápido desarrollo. Si las bestias crecían a buen ritmo los porqueros se convertían en los niños bonitos de la compañía, por lo que se trataba de una profesión enormemente solicitada.

Xiao-hei llegó a obtener el puesto de porquero con jornada completa. Se trataba de un trabajo duro y sucio, a lo que había que añadir la presión psicológica que sufrían quienes lo desempeñaban. Todas las noches, él y sus colegas se turnaban para levantarse de madrugada y proporcionar a los cerdos una ración extraordinaria de comida. Cuando una hembra tenía una camada, los porqueros la vigilaban noche tras noche para que no fuera a aplastar a sus crías. Las preciosas habas de soja se recogían, lavaban, molían, escurrían y convertían en «leche de soja» con la que a continuación se alimentaba amorosamente a la cerda para estimular su producción de leche. La vida en las fuerzas aéreas resultaba, pues, muy distinta de lo que Xiao-hei había imaginado. La producción de alimentos le ocupó más de una tercera parte del tiempo que permaneció en el Ejército. Al cabo de un año de esforzada crianza porcina, Xiao-hei fue finalmente aceptado en el Partido y por fin, al igual que muchos otros, procuró repantingarse y tomárselo con calma.

Una vez se había ingresado en el Partido, la aspiración de la mayoría consistía en obtener el ascenso a oficial, ya que ello duplicaba todas las ventajas que conllevaba lo anterior. La clave para ello dependía de ser –o no– elegido por los superiores, por lo que resultaba vital no disgustarles. Un día, Xiao-hei fue llamado a presencia de uno de los comisarios políticos de la escuela militar. Acudió en ascuas, ya que ignoraba si lo que le esperaba era un golpe de buena fortuna o una catástrofe total. El comisario, un hombre rechoncho de aproximadamente cincuenta años de edad con ojos saltones y una voz estridente e imperiosa, se mostró sorprendentemente afable con Xiao-hei y, encendiendo un cigarrillo, se interesó acerca de sus antecedentes familiares, su edad y su estado de salud. Le preguntó asimismo si tenía novia, a lo que mi hermano repuso que no. Aquellas preguntas tan íntimas se le antojaban una buena señal. El comisario prosiguió, alabándole: «Has estudiado concienzudamente el pensamiento marxista-leninista de Mao Zedong. Has trabajado duramente, y has producido buena impresión en las masas. Claro está que debes continuar mostrándote modesto, ya que la modestia contribuye a tus progresos», etcétera. Para cuando el comisario apagó el cigarrillo, Xiao-hei se hallaba convencido de tener el ascenso en el bolsillo.

Su superior, sin embargo, encendió otro y comenzó a relatarle una historia acerca de un incendio acaecido en un molino de algodón y de una hilandera que había resultado gravemente quemada al introducirse en su interior en un intento de poner a salvo la propiedad estatal. De hecho, había sido necesario amputarle todas sus extremidades, de tal modo que había quedado reducida a una cabeza y un torso. No obstante, subrayó el comisario, su rostro no se había visto afectado, ni –lo que era aún más importante– su capacidad de procrear. Se trataba –afirmó– de una heroína destinada a obtener una amplia publicidad en la prensa. El Partido deseaba complacerla en todos sus deseos, y ella había anunciado que anhelaba contraer matrimonio con un oficial de las fuerzas aéreas. Xiao-hei era joven, apuesto, sin compromisos y con probabilidades de ser ascendido a oficial en cualquier momento...

Xiao-hei se sintió compadecido de la dama, pero de ahí a casarse con ella había una gran diferencia. Sin embargo, ¿cómo podía oponerse al comisario? No podía recurrir a ningún motivo convincente. ¿El amor? Se suponía que el amor debía permanecer ligado a los «sentimientos de clase» y, ¿quién podía merecer más sentimientos de clase que una heroína comunista? Aducir que no la conocía tampoco bastaría para librarle de su compromiso. En China se habían producido ya numerosos matrimonios arreglados por el Partido. Como miembro del mismo –y muy especialmente como miembro aspirante a oficial– Xiao-hei debía decir: «¡Obedezco resueltamente los designios del Partido!» Lamentó amargamente haber dicho que no tenía novia. Caviló aceleradamente acerca de un posible modo de negarse mientras escuchaba al comisario, quien seguía enumerando las ventajas del proyecto: ascenso inmediato a oficial, publicidad como héroe del Partido, una empleada doméstica permanente y una generosa renta vitalicia.

El superior encendió su tercer cigarrillo e hizo una pausa. Xiao-hei sopesó sus palabras. Decidió correr un riesgo calculado e inquirió si se trataba de una decisión irrevocable del Partido, ya que sabía que éste prefería que sus miembros se ofrecieran siempre «voluntariamente». Tal y como esperaba, el comisario respondió negativamente: la decisión dependía de Xiao-hei. Éste, finalmente, decidió jugarse el todo por el todo. «Confesó» que, si bien no tenía novia, su madre le había concertado una relación femenina. Sabía que su «prometida» tendría que tener ciertas cualidades para superar a la heroína, y ello implicaba que poseyera dos atributos básicos: unos antecedentes de clase adecuados y un empleo digno de encomio. Así pues, la describió como hija del jefe de una importante región militar y empleada en un hospital de Ejército. Hacía poco –añadió– que habían empezado a «hablar de amor».

El comisario se echó atrás, afirmando que tan sólo había querido comprobar la reacción de Xiao-hei y que no tenía intención de ponerle en compromiso alguno. Xiao-hei no fue castigado, y poco después fue ascendido a oficial y puesto a cargo de una unidad terrestre de comunicaciones. La heroína terminó contrayendo matrimonio con un joven de ascendencia campesina.

La señora Mao y sus secuaces, entretanto, recrudecían sus esfuerzos por impedir el desarrollo laboral del país. Su consigna para la industria era: «Detener la producción constituye por sí mismo una revolución.» Para la agricultura –sector en el que para entonces comenzaban a intervenir a fondo–: «Preferimos hierbajos socialistas a cosechas capitalistas.» La adquisición de tecnología extranjera se definió como «olfatear los pedos de los extranjeros y calificarlos de dulces». Y en cuanto a la educación: «Queremos obreros analfabetos, y no cultivados aristócratas espirituales.» Una vez más, hicieron un llamamiento a la rebelión de los escolares contra sus maestros, y en 1974 volvieron a producirse en las aulas de Pekín los mismos destrozos de ventanas, mesas y sillas que habían tenido lugar en 1966. La señora Mao afirmó que ello emulaba «la actitud revolucionaria de los obreros ingleses del siglo XVIII al destrozar su maquinaria». Toda aquella demagogia servía a un único objetivo: crear nuevos problemas para Zhou Enlai y Deng Xiaoping y generar el caos. La señora Mao y el resto de sus lumbreras no tenían otra posibilidad de «brillar» si no era a través de la destrucción. En labores constructivas no tenían nada que hacer.

Zhou y Deng habían estado realizando intentonas por abrir el país al exterior, lo que impulsó a la señora Mao a desencadenar un nuevo ataque contra la cultura extranjera. A comienzos de 1974, los medios de comunicación lanzaron una poderosa campaña de denuncia contra el director italiano Michelangelo Antonioni por una película que había rodado acerca de China. Poco importaba que nadie en China hubiera visto la película y que pocos hubieran oído hablar de ella... o de su director. La misma xenofobia se aplicó a Beethoven tras una visita de la Orquesta de Filadelfia.

Durante los dos años transcurridos desde la caída de Lin Biao, mi estado de ánimo había pasado del optimismo a una sensación de cólera y desesperación. La única fuente de consuelo era que la gente aún mostraba capacidad de lucha, y que aquella locura no campaba por sus respetos como lo hiciera en los primeros años de la Revolución Cultural. Durante este período, Mao rehusó apoyar por completo a ninguno de ambos bandos. Detestaba los esfuerzos de Zhou y Deng por poner fin a la Revolución Cultural, pero sabía que su esposa y los acólitos de ésta eran incapaces de mantener la nación en funcionamiento.

Mao permitió a Zhou continuar con la administración del país, pero le echó encima a su esposa, por entonces ocupada en una nueva campaña destinada a criticar a Confucio. Las consignas reinantes contenían una denuncia ostensible de Lin Biao, pero en realidad iban dirigidas a Zhou quien, como solía afirmarse de modo unánime, encarnaba las virtudes aconsejadas por los sabios antiguos. A pesar de la inquebrantable lealtad de Zhou, Mao aún no se decidía a dejarle las manos libres ni siquiera en un momento en el que se encontraba irreparablemente afectado por un cáncer.

Fue en aquella época cuando comencé a darme cuenta de que el auténtico responsable de la Revolución Cultural no había sido otro que Mao. Sin embargo, aún me resistía a condenarle de un modo explícito, incluso ante a mí misma. ¡Era tan difícil destruir a un Dios! Psicológicamente, sin embargo, me encontraba ya preparada para dejarme convencer de su verdadera catadura.

Dado que no resultaba fundamental para la economía y que cualquier intento por enseñar o aprender implicaba una inversión de la ignorancia que tanto había ensalzado la Revolución Cultural, la educación se convirtió para la señora Mao y su camarilla en el objetivo principal de sabotaje. Así, tan pronto ingresé en la universidad observé que había aterrizado en un campo de batalla.

La Universidad de Sichuan había albergado el cuartel general del 26 de Agosto, el grupo Rebelde que había actuado como fuerza de choque de los Ting, y sus edificios aún mostraban las cicatrices de siete años de Revolución Cultural. Apenas quedaban ventanas intactas. El estanque que había en el centro del campus, célebre en otro tiempo por la elegancia de sus lotos y sus peces de colores, se había convertido en un inmundo pantano cubierto de mosquitos. Los plátanos franceses que bordeaban la avenida que partía de la verja central habían sido mutilados.

Nada más entrar en la universidad, se desató una campaña política contra la «entrada por la puerta trasera». Claro está que no se hacía mención alguna del hecho de que eran los propios líderes de la Revolución los que habían bloqueado la «puerta delantera». Pude advertir que entre los nuevos estudiantes «obreros-campesinos-soldados» abundaban los hijos de altos funcionarios del Estado y que prácticamente la totalidad del resto contaba con poderosas conexiones: los campesinos, con sus jefes del equipo de producción o secretarios de comunas; los obreros, con sus superiores (al menos aquellos que no eran de por sí pequeños funcionarios). La «puerta trasera» constituía la única vía de acceso. Mis compañeros demostraron escaso vigor en aquella campaña.

Todas las tardes, e incluso algunas noches, nos veíamos obligados a estudiar gruesos artículos del *Diario del Pueblo* en los que se denunciaba una u otra cuestión, o bien a sostener absurdas polémicas en las que todos los presentes se limitaban a emular el lenguaje vacuo y grandilocuente de la prensa. Teníamos que permanecer constantemente en el campus con excepción de los sábados por la tarde y los domingos, e incluso estos últimos debíamos regresar antes de que anocheciera.

Por entonces, yo compartía una habitación con otras cinco muchachas. La estancia poseía dos filas de literas alineadas unas frente a otras. En el centro había una mesa y seis sillas en las que solíamos sentarnos a trabajar. Apenas quedaba sitio para nuestras palanganas. La ventana se abría a una maloliente alcantarilla descubierta.

Mi asignatura era el inglés, pero apenas había medio de aprenderlo. No había ingleses nativos. De hecho, no había extranjeros en la universidad, ya que toda la provincia de Sichuan se encontraba vedada a ellos. De vez en cuando acudía alguno de modo excepcional (invariablemente un «amigo de China») pero incluso el simple hecho de dirigirse a ellos sin autorización constituía un delito criminal. Podíamos ser encarcelados tan sólo por escuchar la BBC o la *Voz de América*. No había publicaciones extranjeras disponibles a excepción de *The Worker*, el periódico del minúsculo Partido Comunista de Gran Bretaña, de tendencia maoísta, e incluso éste solía mantenerse bajo llave en una habitación especial. Recuerdo la emoción que sentí la única vez que me permitieron echar un vistazo a uno de sus ejemplares. Mi excitación, sin embargo, se vino abajo nada más depositar la mirada sobre un artículo de la primera página en el que se comentaba la campaña destinada a la crítica de Confucio. Me encontraba allí sentada y sumida en la estupefacción cuando un profesor al que apreciaba especialmente pasó junto a mí y comentó con una sonrisa: «China debe de ser el único lugar del mundo en el que se lee ese periódico.»

Nuestros libros de texto no eran sino una ridícula colección de propaganda. La primera frase que aprendimos en inglés fue «¡Larga vida al presidente Mao!». Sin embargo, nadie osó analizarla gramaticalmente, ya que en chino el modo optativo –utilizado para expresar un deseo o un anhelo– resulta equivalente a «algo irreal». En 1966, un profesor de la Universidad de Sichuan había recibido una paliza ¡por tener la osadía de sugerir que «¡Larga vida al Presidente Mao!» era una frase irreal! Uno de los capítulos trataba de un joven «modelo» que había resultado ahogado al saltar al interior de una riada para rescatar un poste de telégrafo debido a que el poste en cuestión sería utilizado para transportar la voz del presidente Mao.

Con grandes dificultades, me las arreglé para hacerme con algunos libros de texto de lengua inglesa publicados antes de la Revolución Cultural, los cuales obtuve a título de préstamo de algunos profesores de mi departamento y de Jin-ming, quien solía enviarme libros por correo desde su universidad. En ellos se incluían extractos de escritores como Jane Austen, Charles Dickens y Oscar Wilde, así como narraciones extraídas de la historia de Europa y Estados Unidos. Su lectura constituía para mí un auténtico gozo, pero tan sólo obtenerlos e intentar luego conservarlos consumía gran parte de mi energía.

Cada vez que alguien se acercaba a mí, los tapaba rápidamente con un periódico. Ello se debía sólo en parte a su contenido «burgués», ya que resultaba igualmente importante que no te vieran estudiando con demasiado ahínco y no despertar los celos de tus compañeros leyendo algo completamente fuera de sus posibilidades. Aunque todos estábamos estudiando inglés y recibiendo por ello un sueldo del Gobierno –en parte, esto último, por nuestro valor propagandístico– no debíamos ser vistos dedicando demasiado entusiasmo a nuestra asignatura, pues podíamos recibir la calificación de «blancos y expertos». Según la absurda lógica de aquella época, la competencia profesional («experto») equivalía automáticamente a la poca fiabilidad política («blanco»).

Yo tenía la desgracia de ser mejor alumna de inglés que mis compañeros, lo que no era bien visto por algunos de los funcionarios estudiantiles –o controladores de menor nivel– que supervisaban las sesiones de adoctrinamiento político y comprobaban las «condiciones de pensamiento» de sus compañeros de estudio. Los funcionarios estudiantiles de mi curso procedían en su mayoría del campo. Mostraban un gran interés por aprender inglés, pero eran casi todos semianalfabetos y apenas poseían aptitudes para ello. Yo me sentía compadecida de su ansiedad y su frustración, y comprendía los celos que inspiraba en ellos, pero el concepto maoísta de «blanco y experto» les hacía enorgullecerse de su falta de capacidad, prestaba respetabilidad política a su envidia y les proporcionaba una perversa ocasión de dar rienda suelta a su exasperación.

De vez en cuando, algún funcionario estudiantil solicitaba un «mano a mano» conmigo. En mi curso, el líder de la célula del Partido era un antiguo campesino llamado Ming que había ingresado en el Ejército y posteriormente se había convertido en jefe de un equipo de producción. Era muy mal estudiante, y solía darme largas y solemnes charlas acerca de las últimas incidencias de la Revolución Cultural, las «gloriosas tareas de los obreros-campesinos-soldados» y la necesidad de alcanzar la «reforma del pensamiento». Se suponía que yo necesitaba de aquellos «mano a mano» debido a mis «limitaciones», pero Ming nunca iba al grano, sino que dejaba sus críticas flotando en el aire: «Las masas se han quejado de ti. ¿Sabes acaso por qué?», tras lo cual se detenía para comprobar el efecto que ello me producía. Al final, solía revelarme algunas de tales acusaciones. Como era inevitable, un día fue la de ser «blanca y experta». Otro día me dijo que era una «burguesa» porque había fracasado en la lucha por obtener la tarea de limpiar los retretes o lavar la ropa de mis camaradas, todas ellas consideradas buenas obras de índole obligatoria. Una vez, incluso, descargó sobre mí la despreciable acusación de no pasar el tiempo suficiente ayudando a mis compañeros de clase para evitar que pudieran ponerse a mi altura.

Una crítica que Ming solía realizar con voz temblorosa (evidentemente, se trataba de una cuestión que le afectaba en lo más profundo) era que «las masas han informado de que te muestras altiva. Te aíslas de ellas». En China, resultaba corriente que la gente afirmara que te mostrabas despreciativo si no lograbas ocultar el deseo de gozar de algunos ratos de soledad.

Por encima de los funcionarios estudiantiles estaban los supervisores políticos, quienes tampoco sabían apenas inglés. No me apreciaban en absoluto, y yo tampoco a ellos. Por entonces, estaba regularmente obligada a informar de mis pensamientos al encargado de mi curso, y antes de cada sesión solía deambular por el campus durante horas intentando reunir el valor suficiente para llamar a su puerta. Aunque no era mala persona –o al menos, eso creo– yo le temía. Sobre todo, sin embargo, temía la inevitable, tediosa y ambigua diatriba de rigor. Al igual que a muchos otros, le encantaba jugar al ratón y al gato para gozar de su sensación de poder. En tales ocasiones, yo tenía que mostrarme humilde y voluntariosa, y prometerle cosas que no sentía y que no tenía la menor intención de cumplir.

Comencé a experimentar nostalgia de los años que había pasado en el campo y en la fábrica, ya que entonces me habían dejado relativamente en paz. Las universidades estaban controladas mucho más estrechamente, dado que poseían un interés particular para la señora Mao. En aquella época, me encontraba entre personas que se habían beneficiado de la Revolución Cultural ya que, de no haberse producido ésta, muchas de ellas jamás hubieran llegado allí.

En cierta ocasión, algunos de los estudiantes de mi curso recibieron el encargo de compilar un diccionario de abreviaturas inglesas. El departamento había decidido que el que entonces existía era reaccionario debido a que, lógicamente, contenía un número mucho mayor de abreviaturas capitalistas que de abreviaturas aprobadas oficialmente. «¿Por qué tiene Roosevelt que tener su abreviatura –FDR– y no el presidente Mao?», preguntaban algunos estudiantes con indignación. Con gran solemnidad, intentaban concebir entradas adecuadas hasta que, por fin, se veían obligados a renunciar a su «misión histórica» debido a que, sencillamente, no existían suficientes términos aceptables.

Yo encontraba aquel entorno insoportable. Podía comprender la ignorancia, pero me negaba a aceptar su glorificación, y mucho menos su autoridad.

A menudo teníamos que abandonar la universidad para realizar actividades completamente irrelevantes para nuestros estudios. Mao decía que «debíamos aprender cosas en las fábricas, en el campo y en las unidades militares». Como de costumbre, en ningún momento se especificaba qué debíamos aprender exactamente. Comenzamos por «aprender en el campo». Una semana de octubre de 1973, durante mi primer curso, la universidad entera fue enviada a un lugar situado en las afueras de Chengdu y conocido con el nombre de Manantial del Monte del Dragón, el cual se había visto recientemente castigado por la visita de uno de los viceprimeros ministros del país, Chen Yonggui, quien anteriormente había sido el líder de una brigada agrícola llamada Dazhai. Emplazada en la montañosa provincia septentrional de Shanxi, Dazhai se había convertido en el modelo agrícola de Mao, debido –ni que decir tiene– a que había prestado tradicionalmente más atención al entusiasmo revolucionario que a las consideraciones materiales. Mao no sabía –o no le importaba– que muchos de los resultados que afirmaba haber obtenido la brigada de Dazhai fueran simples exageraciones. Durante su visita al Manantial del Monte del Dragón, el viceprimer ministro Chen había exclamado: «¡Ah, aquí tenéis montañas! ¡Imaginaos cuántos campos podríais crear!», como si las fértiles colinas cubiertas de huertos pudieran compararse con las áridas montañas de su pueblo natal. Sus observaciones, sin embargo, llevaban consigo el peso de la ley. Las masas de estudiantes universitarios dinamitaron los huertos que hasta entonces habían suministrado a Chengdu manzanas, ciruelas, melocotones y flores. A continuación, nos dedicamos a transportar piedras durante largos trayectos a base de carros y varas con objeto de proceder a la construcción de terrazas para el cultivo de arroz.

Como en toda actividad solicitada por Mao, resultaba obligatorio mostrar un enorme entusiasmo en aquella tarea. Muchos de mis compañeros trabajaron de un modo que llamaba poderosamente la atención, pero en mi caso se consideró que no demostraba el celo suficiente, en parte porque me resultaba difícil ocultar la aversión que me producía aquella actividad y en parte porque no era una persona que sudara con facilidad, independientemente de la cantidad de energía que consumiera. Aquellos estudiantes cuyo cuerpo sudaba a chorros resultaban invariablemente más ensalzados en las reuniones de planificación que se celebraban todas las tardes.

Mis colegas universitarios mostraban sin duda más apasionamiento que eficacia. Los cartuchos de dinamita que introducían en el suelo solían fallar, lo que no dejaba de ser de agradecer dado que no existían medidas de seguridad, y los muros de piedra que construíamos para rodear los bordes de las terrazas no tardaban en desplomarse. Cuando partimos, dos semanas más tarde, la ladera de la montaña era un desierto de cráteres, montones de piedras y masas informes de cemento. Pocos, sin embargo, parecían preocupados por ello. Todo el episodio no había sido más que una pantomima, una parodia... un fin absurdo alcanzado por medios no menos absurdos.

Yo detestaba aquellas expediciones, al igual que detestaba que nuestro trabajo y nuestra propia existencia tuvieran que verse utilizados para llevar a cabo aquel ridículo juego político. A finales de 1974, fui enviada a una unidad militar, nuevamente en compañía de toda la universidad.

El campamento, situado a unas dos horas de camión desde Chengdu, se encontraba emplazado en un paraje bellísimo rodeado de campos de arroz, melocotoneros y bosquecillos de bambú. Los diecisiete días que permanecimos en él, sin embargo, se me antojaron como un año. Me sentía permanentemente asfixiada por las largas carreras matutinas, magullada por las caídas y desplazamientos a cuatro patas bajo el fuego imaginario de los carros de combate «enemigos» y exhausta por las horas que pasábamos apuntando nuestros rifles o arrojando granadas de mano simuladas con trozos de madera. Se esperaba de mí que demostrara mi apasionamiento y mi competencia en una serie de actividades para las que resultaba completamente inútil. Se consideraba imperdonable que tan sólo destacara en mi asignatura: la lengua inglesa. Aquellas acciones militares constituían tareas políticas, y tenía que demostrar mi valía en ellas. Irónicamente, cualidades militares tales como la buena puntería hacían que los soldados que las poseían fueran condenados por el propio Ejército como «blancos y expertos».

Yo formaba parte de un puñado de estudiantes que arrojábamos las granadas de madera a una distancia tan peligrosamente corta que se nos apartó de la gran ocasión en que habríamos de practicar con las auténticas. Nos sentamos en la cima de una colina, formando un grupo patético. Mientras oíamos las explosiones distantes, una de mis compañeras estalló en sollozos, y también yo experimenté una profunda aprensión ante la idea de haber dado pruebas de mi «blancura».

Nuestra segunda disciplina consistía en ejercicios de puntería. A medida que nos dirigíamos al campo de tiro, pensaba para mí misma: «No puedo permitirme el lujo de fallar en esto. Tengo que pasar la prueba sea como sea.» Cuando pronunciaron mi nombre, me tendí en el suelo e intenté situar el blanco en el punto de mira, pero lo único que vi fue la negrura más absoluta. Ni blanco, ni campo, ni nada. Temblaba tanto que sentía todo mi cuerpo desprovisto de energía. La orden de fuego llegó hasta mí débilmente, como si acudiera flotando a través de las nubes desde una gran distancia. Apreté el gatillo, pero no distinguí sonido alguno, ni pude ver nada. A la hora de comprobar los resultados, los instructores se quedaron estupefactos: ninguna de mis balas había alcanzado el tablero y, claro está, mucho menos el blanco.

No podía creerlo. Gozaba de una vista perfecta. Le dije al instructor que el cañón debía de estar torcido, y él pareció creerme: mis resultados habían sido tan espectacularmente malos que difícilmente podía ser culpa mía. Me dieron otro fusil, lo que provocó las protestas de algunos compañeros que habían solicitado, sin éxito, que se les concediera una segunda oportunidad. Mi segundo intento fue algo mejor: dos de las diez balas alcanzaron los anillos exteriores. Aun así, mi nombre continuaba en último lugar entre todos los miembros de la universidad. Al ver los resultados, expuestos sobre la pared como si se tratara de un cartel mural, supe que mi «blancura» había recibido una nueva dosis de lejía. A mis oídos llegaron algunos comentarios sarcásticos de un funcionario estudiantil: «¡Bah! ¡Un segundo intento! ¡Como si eso fuera a servirle de algo! ¡Si no tiene sentimientos de clase ni odio de clase, igual daría que le concedieran cien!»

Desconsolada, me refugié en mis propias reflexiones sin apenas prestar atención a los soldados encargados de nuestra instrucción, en su mayoría campesinos de unos veinte años de edad. Tan sólo un incidente me recordó su presencia: una tarde, cuando algunas de las muchachas acudieron a recoger su ropa de la cuerda en la que la habían tendido a secar, advirtieron que sus bragas mostraban inconfundibles manchas de semen.

De regreso en la universidad, busqué refugio en los hogares de aquellos profesores y catedráticos que habían obtenido sus puestos antes de la Revolución Cultural, tan sólo por sus méritos académicos. Varios de ellos habían estado en Gran Bretaña y en los Estados Unidos antes de la llegada al poder de los comunistas, y en su presencia me relajaba y sentía que hablábamos el mismo idioma. Aun así, seguía comportándome con la cautela habitual entre los intelectuales después de tantos años de represión. Solíamos evitar los tópicos más peligrosos. Aquellos que habían estado en Occidente rara vez hablaban de su estancia allí. Yo, aunque me moría de ganas de preguntarles, lograba controlarme para no ponerles en una situación difícil.

Debido en parte a ese mismo motivo, nunca hablaba con mis padres acerca de mis pensamientos. ¿Cómo me habrían respondido de haberlo hecho? ¿Con peligrosas verdades o con prudentes mentiras? Por otra parte, no quería que se sintieran inquietos a causa de mis ideas heréticas. Quería mantenerles deliberadamente en la sombra, de tal modo que si algo me ocurría pudieran decir sin faltar a la verdad que lo ignoraban todo.

A los únicos a quienes comunicaba mis pensamientos era a los amigos de mi propia generación. De hecho, apenas teníamos otra cosa que hacer aparte de charlar, especialmente con los chicos. «Salir» con alguien –esto es, ser vista a solas y en público con un hombre– equivalía a un compromiso matrimonial y, en cualquier caso, prácticamente no existía aún forma de esparcimiento alguna. Los cines tan sólo proyectaban un puñado de películas aprobadas por la señora Mao. De vez en cuando estrenaban alguna cinta extranjera –acaso procedente de Albania– pero la mayor parte de las entradas iban a parar a los bolsillos de las personas mejor relacionadas. Frente a las taquillas se congregaban feroces multitudes de personas dispuestas a todo con tal de obtener las pocas que quedaban, y los revendedores hacían su agosto.

Así pues, nos limitábamos a quedarnos en casa charlando. Solíamos sentarnos con gran formalidad, como si estuviéramos en la Inglaterra victoriana. En aquellos días resultaba desacostumbrado que las mujeres trabaran amistad con los hombres, y una amiga me dijo en cierta ocasión: «Nunca he conocido a una chica que tuviera tantos amigos. Por lo general, las muchachas tienen amigas.» Tenía razón. Conocía a numerosas compañeras que se habían casado con el primero que se les había puesto por delante. Sin embargo, las únicas muestras de interés que obtuve de mis amigos fueron algún que otro poema sentimental y unas cuantas cartas tímidas, si bien una de estas últimas escrita con sangre y firmada por el portero del equipo de fútbol de la facultad.

Mis compañeros y yo hablábamos a menudo de Occidente. Para entonces había llegado ya a la conclusión de que se trataba de un lugar magnífico. Paradójicamente, los primeros que me metieron tal idea en la cabeza fueron el propio Mao y su régimen. Durante años, había visto condenadas como perversiones occidentales todas aquellas cosas a las que me sentía naturalmente inclinada: los vestidos bonitos, las flores, los libros, las aficiones, la educación, la dulzura, la espontaneidad, la clemencia, la amabilidad, la libertad, la aversión a la crueldad y a la violencia, el amor en lugar del «odio de clases», el respeto a la vida humana, el deseo de soledad y la competencia profesional. Como algunas veces pensaba para mis adentros: ¿cómo puede alguien no anhelar la vida en Occidente?

Sentía una enorme curiosidad acerca de posibles alternativas a la clase de vida que había llevado hasta entonces, y mis compañeros y yo intercambiábamos rumores y retazos de información que extraíamos de las publicaciones oficiales. No me impresionaban tanto el desarrollo tecnológico de Occidente y su elevado nivel de vida como la inexistencia de cazas de brujas, la ausencia de sentimientos suspicaces, la dignidad de sus individuos y el increíble grado de libertad. Para mí, la prueba definitiva de la libertad que reinaba en Occidente residía en la gran cantidad de gente que, desde allí, atacaba su sociedad y alababa nuestro país. Apenas había día en que la primera página de *Referencia* –el periódico que transmitía los artículos de prensa extranjeros– no incluyera algún elogio de Mao y la Revolución Cultural. Al principio, aquellas crónicas me indignaron, pero pronto me hicieron ver el grado de tolerancia que otras estructuras sociales podían mostrar, y me di cuenta de que ése era el tipo de sociedad en que yo deseaba vivir: una sociedad en la que se permitiera a las personas sostener puntos de vista opuestos o incluso disparatados. Comencé a advertir que el progreso de Occidente se debía precisamente a la tolerancia de que gozaban aquellos que se oponían o protestaban.

Aun así, no podía por menos de sentirme irritada por ciertas observaciones. En cierta ocasión leí un artículo escrito por un occidental que había viajado a China para visitar a algunos de sus viejos amigos profesores de universidad. Describía el regocijo con que éstos le habían revelado la alegría que les había producido verse denunciados y enviados al fin del mundo, así como cuánto se alegraban de haber sido reformados. La conclusión del autor era que Mao había logrado verdaderamente convertir a los chinos en un «pueblo nuevo» capaz de contemplar con júbilo lo que para los occidentales representaba una calamidad. Me sentí asqueada. ¿Acaso ignoraba que la represión era tanto peor cuando no se producían protestas? ¿Acaso no sabía que era cien veces más dura cuando las víctimas respondían a ella con un rostro sonriente? ¿Cómo era posible que no advirtiera el patético estado al que habían sido reducidos aquellos profesores, el horror que habían debido de atravesar para degradarse hasta tal punto? Yo misma no me daba cuenta de que la pantomima que estábamos representando los chinos constituía algo insólito para los occidentales, no siempre capaces de interpretarla.

Tampoco era consciente de que en Occidente no resultaba fácil obtener información acerca de China, que ésta era malinterpretada en su mayor parte y que personas que no contaban con experiencia alguna del régimen chino aceptaban su propaganda y su retórica al pie de la letra. En consecuencia, llegué a la conclusión de que aquellos elogios debían de ser fraudulentos. Mis amigos y yo solíamos bromear comentando que aquellos articulistas se habían vendido a la «hospitalidad» de nuestro país. Cuando tras la visita de Nixon se permitió que los extranjeros visitaran ciertos lugares restringidos de China, las autoridades se apresuraron a acordonar todas aquellas zonas a las que acudían, incluso dentro de otras zonas previamente aisladas. Los mejores medios de transporte, las mejores tiendas, restaurantes y casas de huéspedes, incluso los mejores paisajes les eran reservados mediante carteles en los que se leía «Sólo para visitantes extranjeros». El mao-tai, el licor más cotizado del país, se hallaba completamente fuera del alcance del chino corriente, pero perfectamente disponible para cualquier turista. La mejor comida se reservaba para los visitantes. Los periódicos anunciaban orgullosamente que Henry Kissinger había atribuido la expansión de su cintura a los numerosos banquetes de doce platos que había disfrutado durante sus visitas a China. Aquello había tenido lugar en una época en la que en Sichuan –el Granero del Cielo– apenas contábamos con una ración mensual de carne de un cuarto de kilo al mes, y en la que las calles de Chengdu aparecían repletas de campesinos sin vivienda que habían llegado hasta allí huyendo del hambre que imperaba en el Norte y obligados a vivir como mendigos. Entre la población se extendía un profundo resentimiento por el modo en que los extranjeros eran tratados a cuerpo de rey. Mis compañeros y yo comenzamos a preguntarnos: «¿Por qué atacamos al Kuomintang por instalar avisos que decían "Prohibido el acceso a chinos y a perros"...? ¿Acaso no estamos haciendo nosotros lo mismo?»

La información se convirtió en una obsesión. Mi habilidad para leer inglés suponía en este sentido una enorme ventaja dado que la mayor parte de los libros que había perdido la biblioteca en los saqueos a que había sido sometida durante la Revolución Cultural habían sido obras chinas. Su considerable colección de volúmenes en lengua inglesa había sido puesta patas arriba, pero se conservaba en gran parte intacta.

Los bibliotecarios se mostraban encantados de que alguien leyera aquellos libros –y más aún tratándose de estudiantes– por lo que se mostraron considerablemente cooperadores. El sistema de indización se hallaba sumido en el caos más completo, y a menudo tenían que bucear en grandes pilas de volúmenes hasta encontrar los que yo buscaba. Gracias a los esfuerzos de aquellos amables jóvenes logré hacerme con varios clásicos ingleses. La primera novela que leí en inglés fue *Mujercitas*, de Louisa May Alcott. Novelistas como ella, Jane Austen y las hermanas Brontë me resultaban mucho más fáciles de leer que otros autores tales como Dickens, y me sentía asimismo más cercana a su modo de ser. Leí una breve historia de la literatura europea y norteamericana y me sentí profundamente impresionada por la tradición democrática de Grecia, el humanismo renacentista y el ansia de sabiduría de la Ilustración. Cuando leí los *Viajes de Gulliver* y llegué al pasaje acerca del emperador que «publicó un edicto por el que bajo severas penas ordenaba a todos sus súbditos que rompieran los huevos por el extremo más pequeño», me pregunté si Swift habría estado alguna vez en China. No existen palabras que puedan describir el gozo que experimentaba al notar cómo mi mente se abría y expandía.

Cada vez que me quedaba a solas en la biblioteca me parecía estar en la gloria. A medida que me aproximaba a ella –casi siempre al atardecer– iba disfrutando de antemano del placer de la soledad en compañía de los libros y del aislamiento del mundo exterior. Cuando ascendía por la escalinata del edificio –un conglomerado de estilos clásicos–, el olor de los viejos libros almacenados durante tanto tiempo en estancias desprovistas de aireación producía en mí un estremecimiento de excitación. Detestaba aquellas escaleras por lo largas que eran.

Con ayuda de algunos diccionarios que me prestaron los profesores fui conociendo a Longfellow, a Walt Whitman, la historia de Norteamérica... Me aprendí de memoria la Declaración de Independencia, henchido el corazón ante las palabras «Consideramos estas verdades evidentes por sí mismas: que todos los hombres nacen iguales», así como frente a las que se referían a los «Derechos inalienables» de las personas, entre ellos «la Libertad y la búsqueda de la Felicidad». Tales conceptos resultaban insólitos en China, y al conocerlos sentía que se abría ante mí un mundo nuevo y maravilloso. Las libretas de notas que constantemente llevaba conmigo se encontraban repletas de pasajes como aquéllos, a veces copiados con profundo apasionamiento y lágrimas en los ojos.

Un día de otoño de 1974, una amiga mía me enseñó con grandes precauciones un ejemplar de *Newsweek* en el que aparecían fotografías de Mao y de la señora Mao. Ella no sabía leer inglés, pero sentía un enorme interés por saber lo que decía el artículo. Aquélla fue la primera revista extranjera original que llegó a mis manos. Una de las frases del artículo me deslumbró como un relámpago. Decía que la señora Mao era «los ojos, los oídos y la voz» del propio Mao. Hasta aquel momento, nunca me había detenido a considerar la evidente conexión entre las obras de la señora Mao y su esposo, pero aquello equivalió a ver al líder desenmascarado. Fue como si la difusa percepción que hasta entonces rodeaba su imagen hubiera cobrado súbitamente nitidez. Era Mao quien había inspirado toda aquella destrucción y sufrimiento. Sin él, la señora Mao y sus esbirros de pacotilla jamás hubieran logrado durar un solo día. Por primera vez, experimenté la emoción de desafiar abiertamente a Mao desde el fondo de mi mente.

27

«Si esto es el paraíso, ¿cómo será el infierno?»

La muerte de mi padre

(1974-1976)

Durante todo aquel tiempo, y a diferencia de la mayoría de sus colegas, mi padre aún no había sido rehabilitado, ni tampoco nombrado para desempeñar puesto alguno. Desde su regreso de Pekín en compañía de mi madre, en otoño de 1972, había permanecido sentado en nuestra casa de la calle del Meteorito sin hacer nada. El problema era que había llegado a criticar a Mao por su nombre. El equipo que investigaba su caso intentó mostrarse comprensivo y atribuir a su enfermedad mental algunas de las cosas que había dicho acerca del líder, pero hubo de enfrentarse a una feroz oposición por parte de las autoridades superiores, las cuales exigían que fuera sometido a una severa condena. En cuanto a sus colegas, muchos de ellos se mostraban solidarios con él y le admiraban, pero se veían obligados a pensar en su propio pellejo. Por otra parte, mi padre no pertenecía a ninguna camarilla ni contaba con un protector poderoso, lo que quizá podría haberle ayudado. Por el contrario, tenía numerosos enemigos situados en puestos elevados.

Un día en que mi madre se hallaba disfrutando de uno de sus breves períodos de libertad, allá por 1968, vio a un antiguo amigo de mi padre en un establecimiento de comida callejero. Estaba acompañado por su mujer, a la que de hecho había conocido a través de mi madre y de la señora Ting cuando ambas trabajaban en Yibin. A pesar del evidente deseo de la pareja de no intercambiar con ella más allá de un simple ademán de saludo, mi madre se dirigió a su mesa, se sentó con ellos y les rogó que intercediesen frente a los Ting para que perdonaran a mi padre. Tras escucharla, el hombre sacudió la cabeza negativamente y dijo: «No es tan sencillo...» A continuación, mojó el dedo en su taza de té y escribió el carácter *Zuo* sobre la mesa, tras lo cual dirigió a mi madre una mirada significativa, se puso en pie junto con su esposa y partió sin decir una palabra más.

Zuo era un antiguo colega de mi padre, y uno de los pocos funcionarios de alto rango que no habían sufrido persecución alguna durante la Revolución Cultural. Se había convertido en el niño bonito de los Rebeldes de la señora Shau y en amigo de los Ting, pero supo sobrevivir a su caída y a la de Lin Biao y siguió en el poder.

Mi padre se negó a retirar sus palabras contra Mao, pero cuando el equipo le sugirió que fueran atribuidas a su crisis mental la angustia le impulsó a aceptar.

Entretanto, iba sintiéndose cada vez más descorazonado ante la situación general. No había principios que gobernaran el comportamiento de las personas ni la conducta del Partido. La corrupción inició un regreso en gran escala. Los funcionarios daban prioridad absoluta a sus familias y a sí mismos. Independientemente de la calidad de sus trabajos, los maestros otorgaban a todos sus alumnos las mejores calificaciones por miedo a recibir una paliza, y los conductores de autobús no cobraban los billetes. La consagración al bien común era un concepto abiertamente escarnecido. La Revolución Cultural de Mao había destruido simultáneamente la disciplina del Partido y la moralidad cívica.

Mi padre, consciente de que ello sólo serviría para incriminar aún más a su familia y a sí mismo, tenía dificultades a la hora de controlar su impulso de continuar diciendo abiertamente lo que pensaba.

Dependía por completo de los tranquilizantes. Cuando parecía que el clima político se encontraba más relajado reducía la dosis, pero volvía a aumentarla cada vez que las campañas se intensificaban. Cuando los psiquiatras reponían sus existencias, sacudían la cabeza con gesto dubitativo y le advertían de que era muy peligroso continuar tomando dosis tan elevadas. Él, sin embargo, apenas lograba abandonar las pastillas durante cortos períodos. En mayo de 1974, sintiendo que se encontraba al borde de una nueva crisis, solicitó ser sometido a tratamiento. Aquella vez fue rápidamente hospitalizado gracias a que sus antiguos colegas habían recuperado sus puestos en la administración sanitaria.

Yo pedí permiso en la universidad y acudí junto a él para hacerle compañía en el hospital. Había sido puesto a cargo del doctor Su, el mismo psiquiatra que ya le había tratado anteriormente. El doctor Su había sido condenado durante el gobierno de los Ting por emitir un diagnóstico veraz acerca del estado de mi padre, y se le había ordenado escribir una «confesión» en la que afirmara que éste había estado fingiendo su locura. Él se había negado, motivo por el que había sufrido numerosas palizas y asambleas de denuncia y se había visto expulsado de la profesión médica. Yo misma le había visto un día, en 1968, vaciando cubos de basura y limpiando las escupideras del hospital. Aunque sólo tenía treinta años, su cabello había encanecido. Tras la caída de los Ting, fue rehabilitado. Al igual que la mayoría de los doctores y enfermeras, se mostró sumamente amigable con mi padre y conmigo. Todos ellos me dijeron que cuidarían bien de mi padre y que no tenía necesidad de permanecer junto a él, pero yo insistí: quería hacerlo. Opinaba que necesitaba cariño por encima de cualquier otra cosa, y me inquietaba lo que podría ocurrir si sufría una crisis sin tener a nadie a su lado. Su presión sanguínea era peligrosamente alta, y había sufrido ya numerosos ataques cardíacos de menor importancia que le habían provocado ciertas dificultades de locomoción. Parecía siempre a punto de desplomarse, y los doctores me habían advertido de que una caída podría resultarle fatal. Así, me instalé con él en el pabellón de hombres, en la misma habitación que había ocupado durante el verano de 1967. Cada habitación podía acomodar a dos pacientes, pero a mi padre se le permitió disfrutar exclusivamente de la suya, y yo pude ocupar la cama libre.

No me separaba de él ni un instante por temor a que se cayera. Cuando acudía al lavabo, yo esperaba fuera. Si permanecía en su interior más tiempo de lo que se me antojaba razonable, comenzaba a imaginar que había sufrido un ataque al corazón y me ponía a mí misma en ridículo llamándole repetidamente. Todos los días daba largos paseos junto a él en el jardín trasero, siempre lleno de otros pacientes que, ataviados con sus pijamas de rayas grises, vagaban incesantemente con la mirada perdida. Su contemplación siempre me asustaba y entristecía.

El jardín era un muestrario de vivos colores. En el césped podían verse blancas mariposas revoloteando sobre los amarillos dientes de león, y los macizos de flores circundantes aparecían adornados por un álamo temblón chino, varios bambúes de gráciles movimientos y el intenso color granate de unas cuantas flores de granado que asomaban tras un seto de adelfas. A medida que caminábamos, yo componía mis poemas.

En un extremo del jardín había un gran salón de recreo al que acudían los internos para jugar a las cartas y al ajedrez u hojear los escasos periódicos y libros recientemente aprobados. Una enfermera me contó que en las primeras etapas de la Revolución Cultural se había utilizado aquella sala para que los pacientes estudiaran las obras de Mao, ya que el sobrino de éste, Mao Yuanxin, había «descubierto» que para los enfermos mentales el Pequeño Libro Rojo constituía una forma de cura mucho mejor que el tratamiento médico. Las sesiones de estudio –añadió la enfermera– no habían durado mucho, debido a que «cada vez que un paciente abría la boca todos nos sentíamos aterrorizados. ¿Quién sabía qué iba a decir?».

Los internos no eran violentos, pues el tratamiento les despojaba de toda su vitalidad física y mental. Aun así, resultaba inquietante vivir en su compañía, y especialmente por la noche, cuando mi padre se sumía en el profundo sueño de sus pastillas y un denso silencio se adueñaba del edificio. Al igual que el resto de las habitaciones, la nuestra carecía de cerrojo, y varias veces me desperté sobresaltada para descubrir junto a la cama a un hombre que había alzado la mosquitera y me contemplaba con la mirada intensa de los perturbados. En aquellas ocasiones me inundaba un sudor frío y tenía que alzar el edredón para ahogar un grito, ya que lo último que deseaba era despertar a mi padre. El sueño era fundamental para su recuperación. Al cabo, el paciente terminaba por marcharse arrastrando los pies.

Transcurrido un mes, mi padre regresó a casa. Sin embargo, aún no estaba completamente curado. Su mente llevaba demasiado tiempo en tensión, y el entorno político era aún demasiado represivo para que pudiera relajarse. Tuvo que continuar tomando tranquilizantes. Los psiquiatras nada podían hacer. Su sistema nervioso se desgastaba gradualmente, al igual que su cuerpo y su mente.

Por fin, el equipo de investigación redactó el borrador de su veredicto. En él se afirmaba que había cometido graves errores políticos, lo que suponía encontrarse a un paso de recibir la calificación de «enemigo de clase». De acuerdo con las normas del Partido, el veredicto fue entregado a mi padre para que lo refrendara con su firma. Cuando lo leyó, sus ojos se inundaron de lágrimas. Pero firmó.

Las autoridades superiores no aceptaron el veredicto. Exigían otro aún más severo.

En marzo de 1975, mi cuñado Lentes era uno de los candidatos a ascenso de la fábrica en la que trabajaba, y al departamento de mi padre acudió un equipo de funcionarios de personal encargados de realizar la investigación política de rigor. Los visitantes fueron recibidos por un antiguo Rebelde del grupo de la señora Shau, quien les dijo que mi padre era anti-Mao. Lentes no obtuvo su ascenso. Prefirió no revelárselo a mis padres por temor a disgustarles, pero un amigo del departamento de mi padre vino a visitarnos y mi padre alcanzó a oír cómo se lo contaba a mi madre en un susurro. Dando muestras de un dolor indescriptible, pidió disculpas a Lentes por poner en peligro su futuro. Con lágrimas de desesperación en los ojos, dijo a mi madre: «¿Qué he hecho para que incluso mi yerno tenga que verse hundido de este modo? ¿Qué tengo que hacer para salvaros a todos?»

A pesar de que continuaba tomando grandes dosis de tranquilizantes, casi no durmió durante los días y noches que siguieron. La tarde del 9 de abril anunció que se iba a echar una siesta.

Cuando mi madre terminó de hacer la cena en nuestra pequeña cocina de la planta baja, decidió dejarle dormir un poco más. Por fin, subió al dormitorio, y al descubrir que no lograba despertarle comprendió que había sufrido un ataque al corazón. No teníamos teléfono, por lo que salió corriendo hacia la clínica del Gobierno provincial, situada a una manzana de distancia y pidió ayuda a su director, el doctor Jen.

El doctor Jen era un médico sumamente competente, y antes de la Revolución Cultural había tenido a su cargo a los pacientes de mayor rango del complejo. A menudo había visitado nuestro apartamento para interesarse solícitamente por nuestro estado de salud. Sin embargo, cuando comenzó la Revolución Cultural y caímos en desgracia se tornó frío y desdeñoso hacia nosotros. Ya en numerosas ocasiones había sido testigo de comportamientos como el suyo, y nunca dejaron de sorprenderme.

Cuando mi madre llegó, el doctor Jen se mostró claramente irritado y le dijo que acudiría cuando hubiera terminado lo que estaba haciendo. Ella le dijo que un ataque al corazón no podía esperar, pero él la miró como diciéndole que con su impaciencia no arreglaría nada. Transcurrió una hora hasta que se dignó venir a casa acompañado por una enfermera y sin su equipo de primeros auxilios. La enfermera hubo de regresar al hospital a buscarlo. El doctor Jen hizo girar unas cuantas veces a mi padre en el lecho y a continuación se sentó a esperar. Así, pasó otra media hora, al término de la cual mi padre había muerto.

Aquella noche yo estaba en mi dormitorio de la universidad, trabajando a la luz de una vela como consecuencia de uno de los frecuentes apagones, cuando llegaron algunos miembros del departamento de mi padre, me introdujeron en un coche y me llevaron a casa sin darme explicaciones.

Mi padre se encontraba tendido sobre un costado, y su rostro mostraba una expresión insólitamente apacible, como si se encontrara sumido en un sueño tranquilo. Había perdido su aspecto senil, y parecía incluso más joven de lo que podría esperarse de sus cincuenta y cuatro años de edad. Al verle, sentí como si se me desgarrara el corazón y rompí en sollozos incontrolables.

Durante varios días lloré en silencio. Pensé en la vida de mi padre, en su malgastada abnegación y en sus sueños destrozados. No tenía que haber muerto y, sin embargo, su muerte parecía inevitable. Para él no había lugar en la China de Mao porque había intentado ser un hombre honrado. Se había visto traicionado por algo a lo que había dedicado toda su vida, y aquella traición le había destruido.

Mi madre exigió que el doctor Jen fuera castigado. De no haber sido por su negligencia, acaso mi padre hubiera sobrevivido. Sin embargo, su solicitud fue rechazada y calificada de «emotividades de viuda». Ella decidió no insistir, ya que prefería concentrarse en una batalla más importante: conseguir un discurso fúnebre digno para mi padre.

Se trataba de una cuestión extremadamente importante, ya que todo el mundo lo interpretaría como la valoración definitiva del Partido con respecto a mi padre. Su contenido sería incluido en su expediente personal y continuaría determinando el futuro de sus hijos aun después de muerto. Tales discursos se atenían a modelos predeterminados y a fórmulas establecidas de antemano, y cualquier desviación de las expresiones habitualmente utilizadas para un funcionario rehabilitado se interpretarían como una reserva o una condena del difunto por parte del Partido. Se redactó un borrador que fue presentado previamente a mi madre. Su contenido era un cúmulo de distorsiones condenatorias. Mi madre sabía que con aquel discurso de despedida nuestra familia jamás lograría verse libre de sospechas. En el mejor de los casos, tendríamos que vivir en un estado de inseguridad permanente, aunque lo más probable es que nos viéramos discriminados generación tras generación. Rechazó numerosos borradores.

Aunque todo parecía en su contra, sabía que existía un fuerte sentimiento de simpatía hacia mi padre. Para una familia china como la nuestra, había llegado el momento de recurrir a un cierto grado de chantaje emocional. Tras la muerte de mi padre, mi madre había sufrido un colapso, lo que no la impidió batallar desde su lecho con infatigable voluntad. Amenazó con denunciar a las autoridades durante el funeral si no obtenía un discurso aceptable. Convocó a los amigos y colegas de mi padre y les dijo que depositaba en sus manos el futuro de sus hijos. Todos ellos prometieron apoyar a mi padre y, por fin, las autoridades cedieron. Aunque nadie se atrevía aún a referirse a él como un personaje rehabilitado, la declaración se modificó hasta adoptar una forma relativamente inocua.

El funeral se celebró el 21 de abril. De acuerdo con el procedimiento habitual, fue organizado por un comité funerario compuesto por antiguos colegas de mi padre en el que se incluían algunas de las personas que habían participado en su persecución (entre ellas Zuo). El acontecimiento fue cuidadosamente planificado hasta el último detalle, y a él asistieron las aproximadamente quinientas personas de rigor. Todas ellas habían sido seleccionadas de modo proporcional entre las docenas de departamentos y secciones del Gobierno provincial, así como entre las oficinas que dependían del departamento de mi padre. Incluso la odiosa señora Shau se encontraba presente. Se requirió de cada organización que enviara una corona de flores de papel, especificando en todos los casos el tamaño de la misma. En cierto modo, mi familia se alegró de que se tratara de un acto oficial. En el caso de una persona de la posición de mi padre, una ceremonia privada hubiera resultado algo inusitado, y se habría interpretado como la prueba de que había sido repudiado por el Partido. Yo no alcancé a reconocer a todos los presentes, pero al acto acudieron todos aquellos de mis amigos a cuyos oídos había llegado la noticia, entre ellos Llenita, Nana y los electricistas de mi antigua fábrica. Comparecieron igualmente mis compañeros de clase de la universidad, incluido el funcionario estudiantil Ming. Mi viejo amigo Bing –a quien me había negado a ver tras el fallecimiento de mi abuela– también se presentó, y nuestra amistad se reanudó desde aquel mismo instante en el mismo punto en el que se había interrumpido.

El ritual prescribía que un representante de la familia del fallecido debía tomar la palabra, papel que me correspondió a mí. Recordé ante los congregados el carácter de mi padre, sus principios morales, su fe en el Partido y su apasionada consagración al pueblo. En aquel momento, confiaba que su trágica muerte dejara a los asistentes con mucho en qué pensar.

Al final, cuando todos desfilaron para estrecharnos la mano, pude ver lágrimas en los rostros de muchos antiguos Rebeldes. Incluso la señora Shau mostraba un aspecto lúgubre. Evidentemente, contaban con la máscara apropiada para cada ocasión. Algunos de los Rebeldes susurraron a mi oído: «Lamentamos mucho cuánto tuvo que sufrir tu padre.» Acaso fuera cierto, pero ¿qué diferencia tenía? Mi padre ya no vivía... y todos ellos eran en gran medida responsables de su muerte. Me pregunté si someterían a otros al mismo padecimiento en la próxima campaña.

Una joven a la que no conocía apoyó la cabeza sobre mi hombro y rompió en violentos sollozos. Sentí cómo me introducía una nota en la mano. Más tarde la leí. En ella aparecían garabateadas las siguientes palabras: «Siempre me he sentido profundamente impresionada por el carácter de tu padre. Debemos aprender de él y aspirar a ser sus dignos sucesores para la causa que ha dejado atrás: la gran causa revolucionaria del proletariado.» ¿Acaso era realmente aquello el único resultado de mi discurso?, pensé. Tenía la sensación de que no existía modo de evitar la apropiación por parte de los comunistas de cualquier principio moral o sentimiento de nobleza.

Un día, algunas semanas antes de su muerte, me había sentado con mi padre en la estación de Chengdu, adonde habíamos acudido a esperar la llegada de un amigo suyo. Nos encontrábamos en la misma zona semidescubierta en la que mi madre y yo habíamos aguardado casi diez años antes cuando ésta viajó a Pekín para interceder por él. El recinto de espera no había cambiado mucho; si acaso, parecía aún más deteriorado y mucho más concurrido que entonces. Más y más viajeros abarrotaban la gran plaza que se abría ante la estación. Algunos dormían; otros, sencillamente, aguardaban sentados; algunas mujeres daban el pecho a sus hijos; unos cuantos pedían limosna. Se trataba de campesinos del Norte que huían del hambre que imperaba en sus tierras como consecuencia en parte del mal tiempo y en parte del sabotaje de la cuadrilla de la señora Mao. Habían viajado hacinados sobre los techos de los vagones, y circulaban numerosas historias de personas que habían caído de los trenes o habían resultado decapitadas al atravesar los túneles.

De camino a la estación, había preguntado a mi padre si podríamos viajar al Sur para pasar las vacaciones de verano en el Yangtzê. «La prioridad de mi vida –dije– es pasarlo bien.» Él había sacudido la cabeza con desaprobación: «Cuando se es joven, la prioridad debe residir en el estudio y el trabajo.»

Volví a sacar el tema a colación en la zona de espera. Una empleada barría el suelo. Al llegar a cierto punto, su camino se vio parcialmente interrumpido por una campesina del Norte que aguardaba sentada en el suelo junto a un fardo raído y dos niños de corta edad cubiertos de harapos. Sin mostrar la menor turbación se había descubierto el pecho, negro de suciedad, y amamantaba a un tercero. La empleada siguió barriendo y arrojó todo el polvo sobre ellos, como si no se encontraran allí, pero la campesina no movió un músculo.

Mi padre se volvió hacia mí y dijo: «Viendo el modo en que vive toda esta gente a tu alrededor, ¿cómo puedes pensar en divertirte?» Yo guardé silencio. No me decidí a decirle: «Pero ¿qué puedo hacer yo, un simple individuo más? ¿Acaso debo vivir a disgusto para nada?» Aquello hubiera sonado espantosamente egoísta. Había sido educada según la tradición de «contemplar el interés de toda la nación como mi propio deber» (*yi tian-xia wei ji-ren*).

Ahora, en el vacío que se abría ante mí tras la muerte de mi padre, comencé a cuestionar todos aquellos preceptos. No quería enfrentarme a misiones grandiosas, ni a «causas»; tan sólo deseaba vivir mi propia vida, ya fuera tranquila o frívola. Le dije a mi madre que quería ir a pasar las vacaciones de verano en el Yangtzê.

Ella me animó a ir, y lo mismo hizo mi hermana quien, junto con Lentes, se había instalado con nosotros nada más regresar a Chengdu. La fábrica de Lentes –en teoría responsable de su alojamiento– no había vuelto a construir nuevos apartamentos desde el comienzo de la Revolución Cultural. Por entonces, muchos de sus empleados –incluido el propio Lentes– eran solteros, y habían optado por alojarse en dormitorios de ocho personas. Ahora, diez años después, la mayoría se habían casado y tenían hijos. No tenían lugar donde vivir, por lo que se veían obligados a instalarse con sus padres o sus suegros. Resultaba habitual ver a tres generaciones sucesivas viviendo en la misma habitación.

Mi hermana no había podido obtener un empleo, ya que el hecho de que se hubiera casado antes de contar con un trabajo en la ciudad la excluía de ese derecho. Ahora, sin embargo, se le había concedido un puesto en la administración de la Escuela de Medicina China de Chengdu gracias a una norma que decía que a la muerte de un empleado estatal un miembro de su descendencia podría ocupar su lugar.

Partí en el mes de julio en compañía de Jin-ming, quien a la sazón estaba estudiando en Wuhan, una gran ciudad situada junto al Yangtzê. Nuestra primera escala fue la cercana montaña de Lushan, dotada de una exuberante vegetación y un clima excelente. Allí se habían celebrado importantes conferencias del Partido –entre ellas la que en 1959 había servido para denunciar al mariscal Peng Dehuai– y el lugar se hallaba considerado de interés especial «para aquellos que deseaban obtener una educación revolucionaria». Cuando sugerí que fuéramos a visitarla, Jin-ming dijo con tono incrédulo: «¿Acaso no quieres descansar de tanta "educación revolucionaria"?»

Tomamos numerosas fotografías, y al final habíamos agotado un rollo entero de película con excepción de una foto. Durante el camino de descenso pasamos junto a una villa de dos pisos semioculta por un bosquecillo de pinos de sombrilla, magnolios y pinos comunes. Su aspecto era casi el de un montón de piedras dispuestas al azar frente a las rocas. Se me antojó como un lugar particularmente encantador, por lo que aproveché para sacar la última fotografía. De repente, un individuo surgió de no sé dónde y me ordenó con voz baja –pero imperiosa– que le entregara la cámara. No vestía uniforme, pero advertí que portaba una pistola. Abrió la cámara y veló todo el contenido del carrete, tras lo cual desapareció como si se lo hubiera tragado la tierra. Algunos turistas próximos a mí me susurraron que aquélla era una de las residencias veraniegas de Mao, y yo experimenté una nueva punzada de repulsión hacia el líder, si bien no tanto por sus privilegios como por la hipocresía de permitirse una vida de lujos y al mismo tiempo decir a sus súbditos que incluso las simples comodidades eran perjudiciales para ellos. Ya fuera del alcance del oído del guardián, yo me lamentaba por la pérdida de mis treinta y seis fotografías cuando Jin-ming me dijo con una sonrisa: «¡Eso te pasa por curiosear en lugares sagrados!»

Partimos de Lushan en autocar. Como todos los de China, circulaba abarrotado de viajeros, y teníamos que estirar el cuello desesperadamente para poder respirar. Prácticamente no se habían vuelto a construir autocares nuevos desde el comienzo de la Revolución Cultural, época durante la cual la población urbana había aumentado en varias decenas de millones de personas. Al cabo de unos minutos de trayecto, nos detuvimos repentinamente. La puerta delantera se abrió y un hombre de aspecto autoritario y vestido de paisano logró abrirse paso hasta el interior. «¡Agachaos! ¡Agachaos! –ladró–. ¡Se aproximan unos visitantes norteamericanos y es malo para el prestigio de nuestra patria que vean vuestras cabezas desaliñadas!» Intentamos agacharnos, pero el autocar estaba demasiado atestado. El hombre gritó: «¡Es deber de todos salvaguardar el honor de nuestra patria! ¡Debemos mostrar un aspecto digno y pulcro! ¡Agachaos! ¡Doblad las rodillas!»

Súbitamente, oí el vozarrón de Jin-ming: «¿Acaso no nos ha instruido el presidente Mao para que jamás nos arrodillemos ante los imperialistas norteamericanos?» Aquello equivalía a buscar problemas, ya que el sentido del humor no era una cualidad apreciada. El hombre dirigió una severa mirada en nuestra dirección, pero no dijo nada. Paseó la vista rápidamente por el interior del autocar y partió apresuradamente. No quería que los «visitantes norteamericanos» fueran testigos de una escena. Ante los extranjeros había que ocultar cualquier forma de discordia.

Por doquiera que viajábamos en nuestro recorrido a lo largo del Yangtzê veíamos las secuelas de la Revolución Cultural: templos destrozados, estatuas derribadas y antiguos poblados destruidos. Apenas quedaban testimonios de la antigua civilización china. El daño, sin embargo, no quedaba ahí. China no sólo había destruido la mayor parte de sus más hermosos tesoros sino también su capacidad para apreciarlos, y ahora era incapaz de reponerlos. Con excepción de sus paisajes –cubiertos de cicatrices pero aún arrebatadores–, China se había convertido en un país feo.

Al término de nuestras vacaciones, tomé yo sola un vapor desde Wuhan para ascender de regreso a lo largo de las gargantas del Yangtzê. El

501

viaje duró tres días. Una mañana, me encontraba asomada por la borda cuando una ráfaga de viento me desató el peinado y arrojó mi horquilla al agua. Un pasajero con quien había estado charlando señaló en dirección a un afluente que se unía al Yangtzê en aquel mismo punto y me relató una historia.

En el año 33 a.C., el emperador de China, en un intento de aplacar a sus poderosos vecinos septentrionales del país, los hunos, decidió enviar una mujer para que se desposara con el rey de aquellos bárbaros. Realizó su selección entre los retratos de las tres mil concubinas de su corte, a muchas de las cuales nunca había visto. Dado que el destinatario era un bárbaro, escogió el retrato más feo, pero el día de la partida descubrió que aquella mujer era, en realidad, sumamente hermosa. Su retrato era feo debido a que se había negado a sobornar al pintor de la corte. El Emperador ordenó ejecutar al artista, mientras la mujer, sentada junto a un río, lloraba por tener que abandonar su país para habitar entre los bárbaros. El viento le arrebató la horquilla y la dejó caer en el agua como si con ello quisiera conservar algo perteneciente a ella en la tierra que la había visto nacer. Posteriormente, la mujer se suicidó.

Según la leyenda, las aguas del río se tornaban intensamente cristalinas en el lugar en que había caído la horquilla, y allí la corriente se llamaba río del Cristal. Mi compañero de viaje me dijo que era aquel afluente que veíamos. Con una sonrisa, añadió: «¡Ay, es un mal presagio! Podrías acabar viviendo en una tierra extraña y casándote con un bárbaro.» Yo sonreí ante aquella nueva muestra de la obsesión tradicional china por considerar a las demás razas como bárbaros, y me pregunté si para aquella mujer de la antigüedad no hubiera sido mejor casarse con el rey bárbaro. Al menos, de ese modo hubiera podido estar todos los días en contacto con las praderas, los caballos y la naturaleza. Con el Emperador chino tenía que vivir en una lujosa prisión en la que ni siquiera habría habido árboles, ya que su presencia podría haber permitido a las concubinas trepar por ellos y escapar. Me sentí como las ranas del pozo en una leyenda china, quienes afirmaban que el tamaño del cielo era el de la redonda abertura del brocal. Experimenté un deseo intenso y urgente de ver el mundo.

En aquella época, yo aún no había hablado nunca con un extranjero, pese a que ya tenía veintitrés años y llevaba casi dos estudiando inglés. Los únicos extranjeros que había visto había sido en Pekín, en 1972. En cierta ocasión, mi universidad había recibido la visita de un extranjero, uno de los escasos «amigos de China». Era un cálido día de verano y yo me encontraba echando una siesta cuando una compañera irrumpió en nuestro dormitorio y nos despertó con un chillido: «¡Ha venido un extranjero! ¡Vamos todos a ver al extranjero!» Algunos la siguieron, pero yo decidí quedarme y continuar con mi siesta. La idea de ir todos a mirar a alguien boquiabiertos como si fuéramos zombis se me antojaba ridícula. Por otra parte, ¿de qué nos serviría verle si se nos prohibía dirigirnos a él a pesar de tratarse de un «amigo de China»?

Nunca había oído hablar a un extranjero, salvo en una única ocasión y por medio de un disco de *Linguaphone*. Por entonces comenzaba a aprender el idioma y conseguí un disco y un fonógrafo para escucharlo en nuestra casa de la calle del Meteorito. Algunos vecinos congregados en el patio sacudieron la cabeza con los ojos muy abiertos mientras decían: «¡Qué sonidos tan curiosos!» Cuando terminó, me rogaron que volviera a ponerlo una y otra vez.

Hablar con un extranjero era el sueño de todo estudiante, y un día se presentó por fin mi oportunidad. Al regresar de mi viaje por el Yangtzê supe que mi curso había de ser enviado en octubre a una ciudad portuaria del Sur llamada Zhanjiang para practicar el inglés con marineros de otros países. La perspectiva me llenó de júbilo.

Zhanjiang se encontraba a unos mil doscientos kilómetros de Chengdu, lo que suponía un viaje de dos días y dos noches en tren. Era el más meridional de los puertos importantes del país, próximo a la frontera con Vietnam. Parecía una ciudad extranjera, con sus edificios coloniales de principios de siglo, sus arcos pseudorrománicos, sus rosetones y sus grandes porches adornados con sombrillas de brillantes colores. La población local hablaba cantonés, idioma que casi resultaba una lengua extranjera. El aire se hallaba impregnado por el olor poco familiar del mar, el cual se mezclaba con el de su vegetación tropical y con el aroma de un mundo más grande.

Sin embargo, la emoción que experimentaba al encontrarme allí se veía sometida a constantes frustraciones. Viajábamos acompañados por un supervisor político y tres profesores, quienes decidieron que aunque nos encontrábamos a poco más de un kilómetro del mar no debía permitírsenos aproximarnos a él. El propio puerto permanecía siempre cerrado por miedo a sabotajes o deserciones. Se nos dijo que un estudiante de Guangzhou se las había arreglado para ocultarse en la bodega de un buque sin advertir que habría de permanecer allí encerrado durante varias semanas. Para cuando le descubrieron, había muerto. Debíamos restringir nuestros movimientos a una zona claramente definida que apenas comprendía unas pocas manzanas en torno a nuestra residencia.

Aquella clase de normas formaban parte de nuestra vida cotidiana, pero nunca dejaban de exasperarme. Un día, me vi asaltada por una necesidad irrefrenable de salir. Fingiéndome enferma, conseguí que me dieran permiso para acudir a hospital situado en el centro de la ciudad. Recorrí las calles desesperadamente, intentando sin éxito distinguir el mar. Los habitantes locales no se mostraron en absoluto cooperadores: les disgustaba la gente que no hablaba cantonés, y se negaron a comprenderme. Permanecimos en aquel puerto durante tres semanas, y tan sólo una vez –y a título excepcional– se nos permitió visitar una isla para ver el mar.

Dado que el objetivo de nuestra estancia allí era poder conversar con los marinos, fuimos distribuidos en pequeños grupos que se turnaban para trabajar en los dos lugares que podíamos visitar: el Almacén de la Amistad –en el que se vendían diversos artículos a cambio de divisas– y el Club de Marinos, el cual contaba con un bar, un restaurante, una sala de billar y otra de ping-pong.

Existían normas estrictas acerca de cómo debíamos dirigirnos a los marinos. No se nos permitía hablar con ellos a solas más allá de unas pocas frases intercambiadas sobre el mostrador del Almacén de la Amistad. Si nos preguntaban el nombre y dirección, bajo ningún concepto podíamos darles los auténticos. Después de cada conversación teníamos que escribir un informe detallado de todo cuanto se había dicho (práctica habitual para todos aquellos que tenían contacto con extranjeros). Se nos advirtió una y otra vez de la importancia de observar la «disciplina en los contactos con extranjeros» (*she wai ji-lu*). De otro modo, nos decían, no sólo tendríamos serios problemas sino que se prohibiría que acudieran más estudiantes.

De hecho, nuestras oportunidades de practicar el inglés eran escasas y muy espaciadas entre sí. No todos los días llegaban barcos, y no todos los marinos descendían a tierra. La mayor parte de ellos no eran ingleses nativos, sino griegos, japoneses, yugoslavos, africanos y también numerosos filipinos, la mayoría de los cuales apenas hablaban un poco de inglés. No obstante, conocimos también a un capitán escocés y a su mujer, así como a algunos escandinavos que hablaban un inglés magnífico.

Cuando aguardábamos en el bar la llegada de nuestros anhelados marinos, yo solía sentarme en el porche trasero, y allí me dedicaba a leer y a contemplar los bosquecillos de cocoteros y palmeras dibujados contra el cielo de color azul zafiro. Teníamos tantas ganas de conversar que, tan pronto como entraban nuestros interlocutores, nos poníamos en pie de un salto y prácticamente saltábamos sobre ellos intentando, eso sí, mantener la mayor compostura posible. A menudo advertía en sus rostros una expresión de extrañeza cuando rechazábamos sus invitaciones para tomar una copa. Teníamos prohibido aceptar bebidas de ellos. De hecho, no se nos permitía beber en absoluto: las elegantes botellas y latas occidentales que se alineaban en las estanterías se hallaban destinadas exclusivamente a los extranjeros. Nos limitábamos a permanecer allí sentados en grupos de cuatro o cinco jóvenes de distinto sexo y expresión solemne e intimidatoria. Yo ignoraba entonces lo extraña que aquella situación debía de resultar para los marinos... y lo distinta de su alegre concepto de vida portuaria.

Cuando llegaron los primeros marineros negros, las muchachas fuimos discretamente prevenidas por nuestros maestros de que debíamos tener cuidado: «Se encuentran menos desarrollados, y aún no han aprendido a controlar sus instintos, por lo que son propensos a demostrar abiertamente sus sentimientos siempre que pueden, ya sea por medio de caricias, abrazos... incluso besos.» Ante un auditorio de rostros sorprendidos y asqueados, nuestros maestros nos contaron que una de las mujeres del último grupo se había puesto a gritar en medio de una conversación porque un marinero gambiano había intentado abrazarla. Había pensado que iba a ser violada (rodeada como estaba por una muchedumbre de chinos), y se asustó tanto que no fue capaz de hablar con ningún otro extranjero durante el resto de su estancia.

Los miembros masculinos del alumnado –y, sobre todo, los funcionarios estudiantiles– eran responsables de nuestra protección. Cada vez que un marinero negro se dirigía a una de nosotras, nuestros compañeros intercambiaban fugaces miradas y corrían al rescate, desviando el tema de conversación y situándose entre nosotras y nuestros interlocutores. Es posible que sus precauciones pasaran desapercibidas para los marineros negros, especialmente si se tiene en cuenta que rápidamente comenzaban a hablar de «la amistad entre China y los pueblos de Asia, África y Latinoamérica». «China es un país en vías de desarrollo –declamaban, siguiendo el libro de texto al pie de la letra–, que siempre se mantendrá del lado de las masas oprimidas y explotadas del mundo en su lucha contra los imperialistas norteamericanos y los revisionistas soviéticos.» Ante aquello, los negros solían mostrarse a la vez desconcertados y conmovidos, y a veces abrazaban a los estudiantes de sexo masculino, quienes correspondían con gestos de camaradería.

Siguiendo la «gloriosa teoría» de Mao, el régimen solía insistir en que China formaba parte del grupo de países en vías de desarrollo. Sin embargo, el líder intentaba presentarlo como si ello no equivaliera al reconocimiento de un hecho sino que se tratara de una actitud magnánima por la que China se permitía descender a dicho nivel. Su modo de decirlo no dejaba lugar a dudas con respecto a la noción de que habíamos ingresado en las filas del Tercer Mundo para guiarlo y protegerlo, lo que nos proporcionaba una presencia tanto más grandiosa frente al mundo.

Aquella actitud arrogante me irritaba profundamente. ¿Por qué motivo habíamos de considerarnos superiores? ¿Por nuestra tasa de población? ¿Por nuestro tamaño? En Zhanjiang pude comprobar que los marinos del Tercer Mundo –equipados con elegantes relojes, cámaras y bebidas que jamás habíamos visto antes– se encontraban en una posición infinitamente mejor e incomparablemente más libre de la que, con la excepción de unos pocos, disfrutaban los chinos.

Los extranjeros me inspiraban una tremenda curiosidad, y me sentía impaciente por descubrir cómo eran realmente. ¿Qué diferencias tenían con los chinos, y qué similitudes? Sin embargo, me veía obligada a disimular mi interés ya que, aparte de ser una actitud peligrosa, podía contemplarse como una pérdida de prestigio. Bajo el dominio de Mao, al igual que durante los días del Imperio Medio, los chinos daban gran importancia a mantener su dignidad frente a los extranjeros, lo que equivalía a mostrar una actitud distante e inescrutable. Una forma corriente de lograrlo consistía en no mostrar interés alguno por el mundo exterior, por lo que muchos de mis compañeros jamás formulaban preguntas a nuestros visitantes.

Acaso debido en parte a mi irreprimible curiosidad y en parte a mi nivel de inglés –más avanzado que el del resto–, todos los marineros parecían especialmente interesados en hablar conmigo, incluso a pesar del hecho de que yo procuraba hablar lo menos posible con objeto de proporcionar a mis compañeros mayores ocasiones para practicar el idioma. Algunos de nuestros visitantes se negaban incluso a hablar con los demás estudiantes. Me convertí asimismo en la preferida del director del Club de Marinos, un tipo enorme y fornido llamado Long. Ello despertó la ira de Ming y de algunos de los supervisores. Para entonces, nuestras asambleas políticas incluían un examen del modo en que cada uno observaba la disciplina en los contactos con extranjeros. Se dijo que yo había violado dicha disciplina debido a que parecía «demasiado interesada», «sonreía demasiado» y «abría demasiado» la boca al hacerlo. Fui asimismo criticada por gesticular con las manos al hablar: se suponía que las estudiantes debíamos mantener las manos bajo la mesa y permanecer inmóviles.

En gran número de sectores de la sociedad china aún se esperaba que las mujeres mantuvieran una actitud recatada, que bajaran la mirada si algún hombre las contemplaba y que restringieran sus sonrisas a una leve curva de los labios que no llegara a descubrir sus dientes. Jamás debíamos gesticular al hablar. Cualquiera que contraviniera aquellas normas de comportamiento era acusada de coqueta y, bajo el régimen de Mao, coquetear con los extranjeros constituía un crimen incalificable.

Aquellas insinuaciones me enfurecían. Eran mis propios padres comunistas quienes me habían proporcionado una educación liberal. Precisamente, siempre habían contemplado las restricciones a que se hallaban sometidas las mujeres como la clase de costumbres a las que la revolución comunista debía poner fin. Ahora, sin embargo, la opresión de las mujeres avanzaba de la mano de la represión política al servicio del resentimiento y de los celos más mezquinos.

Un día, llegó un buque paquistaní. El agregado militar de Pakistán se trasladó desde Pekín, y Long nos ordenó que limpiáramos el club de arriba abajo y organizó un banquete para el que solicitó mis servicios como intérprete, lo que despertó las envidias de muchos otros estudiantes. Pocos días después, los paquistaníes ofrecieron en su barco una cena de despedida a la que yo fui invitada. El agregado militar conocía Sichuan, y habían preparado un plato especial sichuanés en mi honor. Tanto Long como yo nos mostramos encantados ante la invitación.

Sin embargo, ni los ruegos personales del propio capitán ni las amenazas de Long de no admitir más estudiantes en el futuro hicieron cambiar de opinión a mis profesores, quienes dijeron que no se permitiría a nadie subir a bordo de un navío extranjero. «¿Quién asumiría la responsabilidad si alguien se marcha en el buque?», decían. Se me ordenó que adujera que aquella tarde iba a estar ocupada. Por lo que yo sabía entonces, se me estaba obligando a rechazar la única ocasión que jamás tendría de realizar un recorrido por el mar, disfrutar de una comida extranjera, tener una conversación en inglés como es debido y obtener cierta experiencia del mundo exterior.

Aun así, no logré con ello acallar los rumores. «¿Por qué gusta tanto a los extranjeros?», preguntó Ming mordazmente, como si hubiera algo sospechoso en ello. Al concluir el viaje posteriormente, el informe que redactaron acerca de mí calificaba mi conducta de «políticamente dudosa».

En aquel puerto encantador, con su clima soleado, su brisa marina y sus cocoteros, vi todos los momentos que deberían haber sido motivo de júbilo convertidos para mí en experiencias miserables. Contaba en el grupo con un buen amigo que siempre intentaba animarme contemplando mi amargura desde un punto de vista distinto. Evidentemente, decía, lo que me veía obligada a sufrir no eran sino contratiempos de menor importancia si se comparaban con lo que habían padecido las víctimas de la envidia durante los años previos a la Revolución Cultural. Sin embargo, cada vez que pensaba que aquello era lo mejor que jamás podría esperar de la vida me deprimía aún más.

El joven en cuestión era hijo de un colega de mi padre. El resto de los estudiantes procedentes de la ciudad también se mostraban amigables conmigo. No resultaba difícil distinguirlos de los jóvenes procedentes del campesinado, especialmente abundantes entre los funcionarios estudiantiles. Los estudiantes de ciudad se mostraban mucho más firmes y seguros de sí mismos al enfrentarse al ambiente nuevo de un puerto marítimo y, en consecuencia, no se sentían tan ansiosos por mostrar agresividad hacia mí. Zhanjiang constituía un severo cambio cultural para los antiguos campesinos, cuyos sentimientos de inferioridad alimentaban el origen de su permanente obsesión por hacer la vida imposible a los demás.

Tras una estancia de tres semanas, me despedí de Zhanjiang con una mezcla de alivio y pesadumbre. Durante el viaje de regreso a Chengdu, algunos amigos y yo fuimos a visitar la legendaria Guilin, un lugar en el que las montañas y los ríos parecían extraídos de las pinturas clásicas chinas. Allí había turistas extranjeros, y un día vimos a una pareja acompañada de un niño que el hombre sostenía en sus brazos. Nos sonreímos e intercambiamos un saludo de «Buenos días». Tan pronto como desaparecieron de nuestra vista, un policía de paisano nos detuvo para interrogarnos.

Regresé a Chengdu en el mes de diciembre. La ciudad hervía de indignación contra la señora Mao y tres hombres de Shanghai, Zhang Chunqiao, Yao Wenyuan y Wang Hongwen, quienes habían unido sus fuerzas para defender el baluarte de la Revolución Cultural. Habían alcanzado una relación tan próxima que ya en julio de 1974 Mao les había prevenido de que no formaran una Banda de Cuatro, si bien la población aún ignoraba esto último. Para entonces, el líder –que a la sazón contaba ochenta y un años– les apoyaba por completo, cansado ya de las pragmáticas perspectivas de Zhou Enlai y de Deng Xiaoping, quien se había ocupado de la gestión cotidiana del Gobierno desde enero de 1975, época en la que el primero había ingresado en el hospital aquejado de un cáncer. Las interminables y absurdas minicampañas de la Banda habían llevado a la población al límite de su paciencia, y en círculos privados comenzaban a circular rumores como única fuente de la que disponían los ciudadanos para descargar su profunda frustración.

Las especulaciones más intensas se desarrollaban en torno a la señora Mao. Dado que aparecía frecuentemente en compañía de un actor de ópera, un jugador de ping-pong y un bailarín de ballet ascendidos personalmente por ella a los máximos cargos de sus respectivas profesiones, y dado igualmente que todos ellos eran jóvenes y apuestos, la gente comenzó a decir que había hecho de ellos concubinos masculinos, cosa que anteriormente se le había oído recomendar en público que debían hacer las mujeres. Sin embargo, todo el mundo sabía que ello no se hallaba destinado a la población en general. De hecho, hasta la Revolución Cultural de la señora Mao los chinos nunca se habían visto sometidos a una represión sexual tan extrema. Como consecuencia del control que durante diez años ejerció sobre las artes y los medios de comunicación, toda referencia al amor se vio eliminada de los mismos con objeto de evitar que pudieran llegar a los ojos y oídos de la población. Cuando una compañía vietnamita de canto y danza acudió a visitar China, un presentador anunció a los pocos afortunados que pudieron acudir a ver su actuación que una de las canciones que oirían, en la que se mencionaba el amor, se refería «al afectuoso compañerismo entre dos camaradas». En las escasas películas europeas autorizadas –casi todas ellas procedentes de Albania y Rumanía– se censuraron todas las escenas en las que aparecían hombres y mujeres en estrecha proximidad (y no digamos si se besaban).

En autobuses, trenes y tiendas era frecuente asistir a escenas de mujeres que imprecaban y abofeteaban a los hombres. En algunas de tales ocasiones, los hombres negaban las acusaciones y se producía un intercambio de insultos. Yo misma fui objeto de varios intentos de abusos sexuales. Cada vez que ocurría, me limitaba a escabullirme fuera del alcance de las temblorosas manos o rodillas que lo habían provocado. Aquellos hombres me inspiraban lástima. Vivían en un mundo en el que no existía forma alguna de descarga para su sexualidad a no ser que tuvieran la suerte de lograr un matrimonio feliz, para lo que contaban con pocas probabilidades. El secretario adjunto del Partido para mi universidad, un hombre de edad avanzada, fue sorprendido en unos grandes almacenes con los pantalones empapados de semen. Se había visto empujado contra una mujer que había junto a él por la acción de la multitud. Fue conducido a la comisaría de policía y expulsado del Partido. Las mujeres lo pasaban igualmente mal. No había organización en la que una o dos de ellas no fueran condenadas como «zapatos desgastados» por haber sostenido relaciones extramatrimoniales.

Aquellas normas no afectaban a los líderes. El octogenario Mao solía aparecer rodeado de hermosas jóvenes. Aunque las historias que circulaban en torno a él eran difundidas en forma de cautelosos susurros, las que se referían a su esposa y sus amigos de la Banda de los Cuatro solían transmitirse de modo abierto y desinhibido. A finales de 1975, China era un hervidero de encendidos rumores. Durante la minicampaña titulada «Nuestra Patria Socialista es un Paraíso», muchos sugirieron abiertamente la pregunta que yo ya me había formulado a mí misma ocho años antes: «Si esto es el paraíso, ¿cómo será el infierno?»

En 8 de enero de 1976 murió el primer ministro Zhou Enlai. Para mí, al igual que para muchos otros chinos, Zhou había simbolizado un gobierno comparativamente sensato y liberal que creía en la necesidad de asegurar el funcionamiento del país. Durante los tenebrosos años de la Revolución Cultural, Zhou había representado para todos una débil esperanza. Tanto mis amigos como yo nos sentimos anonadados por su muerte. Nuestro dolor por su desaparición y el odio que sentíamos hacia Mao, su camarilla y la Revolución Cultural se convirtieron en dos sentimientos inseparablemente entrelazados.

Zhou, sin embargo, había colaborado con Mao en la Revolución Cultural. Él había sido el encargado de pronunciar el discurso de denuncia de Liu Shaoqi como «espía norteamericano». Se había reunido casi diariamente con los guardias rojos y los Rebeldes para darles órdenes. En febrero de 1967, cuando la mayoría del Politburó y de los mariscales de la nación habían intentado detener la Revolución Cultural, Zhou les había negado su apoyo. Siempre había sido un fiel servidor de Mao. Empero, quizá había actuado de ese modo para evitar un desastre aún más horrendo, tal como la guerra civil que podría haber estallado de haberse producido un desafío generalizado a la política de Mao. Al mantener China en funcionamiento, había dado lugar a que Mao la sumiera en el caos, pero probablemente también había salvado al país de un derrumbamiento total. Dentro de los límites de la seguridad, había procurado proteger a cierto número de personas, entre ellas a mi padre durante algún tiempo, y había evitado la destrucción de algunos de los más importantes monumentos culturales del país. Al parecer, se había visto atrapado en un dilema moral insoluble, si bien no hay que descartar la posibilidad de que siempre hubiera dado prioridad a su propia supervivencia. Debía de ser consciente de que sería aplastado si osaba enfrentarse a Mao.

El campus se convirtió en un espectacular océano de blancas coronas de papel y de carteles y pareados que expresaban el luto general. Todos lucían un brazalete negro y una flor blanca prendida sobre el pecho, y sus rostros mostraban una expresión apesadumbrada. Se trataba de un luto en parte espontáneo y en parte organizado. Las muestras de dolor por su fallecimiento constituían para la población en general y para las autoridades locales un medio de expresar su desaprobación de la Banda de los Cuatro, ya que era sabido que en el momento de su muerte Zhou estaba siendo atacado por sus componentes, quienes habían ordenado que el luto se mantuviera dentro de unos límites discretos. No obstante, había muchos que lloraban a Zhou por motivos muy distintos. Tanto Ming como otros funcionarios estudiantiles de mi curso encomiaban la supuesta intervención de Zhou en la supresión del alzamiento contrarrevolucionario de Hungría en 1956, su contribución al establecimiento del prestigio de Mao como líder mundial y su absoluta lealtad al mismo.

Fuera del campus se producían chispas de disensión aún más esperanzadoras. En las calles de Chengdu aparecían pintadas escritas en el borde de los carteles, y grandes multitudes se agrupaban estirando los cuellos en su intento por leer la diminuta caligrafía. Un cartel rezaba:

> El cielo se ha tornado oscuro,
> una gran estrella ha desaparecido...

Garabateadas al margen, podían leerse las palabras: «¿Cómo puede estar oscuro el cielo? ¿Qué hay del "rojo, rojo sol"?» (en referencia a Mao). Una consigna mural exhortaba: «¡Freíd a los perseguidores del primer ministro Zhou!» y, junto a ella, una pintada respondía: «Vuestra ración mensual de aceite es tan sólo de dos *liang* [95 ml]. ¿Con qué pensáis freírlos?» Por primera vez en diez años, era testigo de expresiones públicas de ironía y humor, y sentí que mi ánimo se enardecía.

Mao nombró a un inútil don nadie llamado Hua Guofeng para suceder a Zhou y montó una campaña destinada a denunciar a Deng y responder ante el regreso de la derecha. La Banda de los Cuatro difundió los discursos de Deng Xiaoping como objetivos de denuncia. En uno de ellos, pronunciado en 1975, Deng había admitido que los campesinos de Yan'an se hallaban entonces en peor situación que cuarenta años antes, a la llegada de los comunistas tras su Larga Marcha. En otro, había declarado que un jefe del Partido debía decir a los profesionales: «Vosotros me guiáis, yo os sigo.» En un tercero había esbozado sus planes para mejorar el nivel de vida, permitir una mayor libertad y poner fin a las persecuciones políticas. Comparados con las acciones de la Banda de los Cuatro, aquellos documentos convirtieron a Deng en un héroe popular y llevaron a un punto de ebullición el odio que la población sentía hacia la Banda. Yo no daba crédito a mis ojos, y pensaba: ¡parecen despreciar a la población china hasta el punto de que dan por supuesto que la lectura de estos discursos hará que odiemos a Deng en lugar de admirarle y que, encima, les admiraremos a ellos!

En la universidad recibimos la orden de denunciar a Deng en interminables asambleas multitudinarias. Casi todos, sin embargo, mostrábamos una resistencia pasiva, y durante aquellas pantomimas rituales deambulábamos por el auditorio o charlábamos, leíamos, hacíamos punto e incluso dormíamos. Los oradores leían sus guiones preparados de antemano con voz monótona, inexpresiva y casi inaudible.

Dado que Deng procedía de Sichuan, circularon numerosos rumores según los cuales iba a ser enviado de regreso a Chengdu como una forma de exilio. A menudo podía ver grandes multitudes alineadas a lo largo de las calles porque habían oído que el dirigente estaba a punto de llegar. En algunas ocasiones, su número se contaba por decenas de miles.

Al mismo tiempo, existía una animosidad cada vez más generalizada contra la Banda de los Cuatro, conocida también como Banda de Shanghai. Dejaron súbitamente de venderse bicicletas y otros artículos fabricados en Shanghai. Cuando el equipo de fútbol de Shanghai acudió a Chengdu, sus miembros fueron abucheados durante todo el partido, y la multitud se reunió frente al estadio para insultarlos a la entrada y a la salida.

En toda China comenzaron a desencadenarse diversos actos de protesta que alcanzaron su punto culminante durante el Festival de Barrido de Tumbas de la primavera de 1976, tradición mediante la cual los chinos presentan sus respetos a los difuntos. En Pekín, cientos de miles de ciudadanos se congregaron durante varios días seguidos en la plaza de Tiananmen para llorar a Zhou. Portaban coronas especialmente elaboradas, y pronunciaron discursos y apasionadas declamaciones de poesía. Sirviéndose de un simbolismo y un lenguaje codificados que, sin embargo, todos comprendían, vertieron todo el odio que sentían hacia la Banda de los Cuatro e incluso hacia Mao. La protesta fue aplastada en la noche del 5 de abril: la policía cargó sobre la muchedumbre y detuvo a varios cientos de personas. Mao y la Banda de los Cuatro denominaron aquel episodio una «rebelión contrarrevolucionaria al estilo húngaro». Deng Xiaoping, que a la sazón se encontraba incomunicado, fue acusado de organizar y dirigir las manifestaciones y bautizado con el nombre de Nagy chino (Nagy había sido el primer ministro húngaro en 1956). Mao depuso oficialmente a Deng e intensificó la campaña en contra de él.

Pese a que la manifestación fue sofocada y ritualmente condenada por los medios de comunicación, el solo hecho de que se hubiera producido sirvió para cambiar el estado de ánimo del país. Se trataba del primer desafío abierto en gran escala que había sufrido el régimen desde su fundación en 1949.

En junio de 1976 mi curso fue enviado a pasar un mes en una fábrica de las montañas para aprender de los obreros. Al concluir nuestra estancia, partí con algunos amigos en un viaje de ascensión al magnífico monte Emei, La Ceja de la Belleza, situado al oeste de Chengdu. El 28 de julio, cuando ya descendíamos de regreso, oímos una emisión de radio que un turista escuchaba a gran volumen a través su transistor. Siempre me había irritado profundamente el insaciable apetito de la gente por aquella máquina de propaganda. ¡Y encima en un paraje escénico! Como si nuestros oídos no hubieran sufrido ya bastante con la absurda baraúnda que escupían los omnipresentes altavoces... Aquella vez, sin embargo, algo captó mi atención. Se había producido un terremoto en una ciudad minera cercana a Pekín llamada Tangshan. Comprendí que debía de haberse tratado de una catástrofe sin precedentes, pues los medios de comunicación raramente anunciaban malas noticias. En efecto, las cifras oficiales ascendían a doscientos cuarenta y dos mil muertos y ciento sesenta y cuatro mil heridos graves.*

Aunque posteriormente inundaron los medios de comunicación con declaraciones propagandísticas en las que manifestaban su interés por las víctimas, los miembros de la Banda de los Cuatro advirtieron que el terremoto no debía distraer la atención del país de su prioridad anterior: la denuncia de Deng. La señora Mao dijo públicamente: «Tan sólo hubo algunos centenares de miles de muertos. ¿Y qué? La denuncia de Deng Xiaoping afecta a ochocientos millones de personas.» Incluso viniendo de ella, aquellas palabras resultaban demasiado ignominiosas, pero lo cierto es que fueron oficialmente difundidas.

La zona de Chengdu se vio alertada por numerosas alarmas de terremoto, por lo que a mi regreso del monte Emei me trasladé con mi madre y con Xiao-fang a Chongqing, considerado un lugar más seguro. Mi hermana, que prefirió permanecer en Chengdu, durmió durante aquellos días bajo una robusta mesa de grueso roble cubierta por mantas y edredones. Los funcionarios organizaron grupos de personas para construir refugios improvisados y despacharon equipos que se turnaban durante las veinticuatro horas del día para vigilar el comportamiento de diversas especies animales a las que se atribuía el poder de presentir los seísmos. La Banda de los Cuatro, sin embargo, continuó ocupada en instalar consignas murales en las que descargaban frases tales como «¡Manteneos alerta ante el criminal intento de Deng Xiaoping por explotar el pánico producido por los terremotos para suprimir la revolución!», y convocó una concentración para «condenar solemnemente a los seguidores del capitalismo que se sirven del miedo de la población a los terremotos para sabotear la denuncia de Deng». El acontecimiento resultó un fracaso.

Regresé a Chengdu a comienzos de septiembre. Para entonces comenzaba ya a remitir el miedo colectivo producido por los seísmos. El 9 de septiembre de 1976 por la tarde, me encontraba yo en clase de inglés. A eso de las tres menos veinte se nos dijo que a las tres de la tarde se emitiría un importante comunicado y que deberíamos reunirnos todos en el patio para escucharlo. Ya en otras ocasiones se habían producido convocatorias parecidas, y salí al patio sumida en un estado de irritación. Era un nuboso día de otoño típico de Chengdu. Podía oírse el rumor de las hojas de los bambúes al rozar contra los muros. Poco antes de las tres,

---

* En efecto, tal fue la cifra anunciada por la agencia de noticias New China News Agency. No obstante, el terremoto de Tangshan ha pasado posteriormente a considerarse según otras fuentes el más devastador de los tiempos modernos, con un índice de mortandad que oscila entre seiscientas cincuenta y cinco mil y –más probablemente– setecientas cincuenta mil personas. *(N. del T.)*

mientras el altavoz aún emitía los habituales chasquidos que indicaban que estaba siendo sintonizado, la secretaria del Partido de nuestro departamento se situó frente a los que nos hallábamos allí congregados. Contemplándonos con expresión apesadumbrada, comenzó a titubear con dificultad las siguientes palabras: «Nuestro Gran Líder el presidente Mao, Su Reverencia Venerable (*ta-lao-ren-jia*), ha...»

De repente, comprendí que Mao había muerto.

28

Luchando por emprender el vuelo

(1976-1978)

La noticia me inundó de una euforia tal que durante unos instantes permanecí paralizada. Mi autocensura, tan profundamente enraizada, se puso en marcha de inmediato: advertí el hecho de que a mi alrededor se había desencadenado una orgía de sollozos a la que debía contribuir con una actuación apropiada. No parecía haber otro lugar en el que ocultar mi incapacidad para experimentar las debidas emociones que el hombro de la mujer situada ante mí, una funcionaria estudiantil aparentemente desconsolada. Rápidamente, hundí la cabeza en él y comencé a sacudir los hombros tal y como exigía la ocasión. Como tan a menudo sucede en China, aquel tímido ritual bastó para salvar la ocasión. Gimiendo desgarradoramente, realizó un movimiento como si pretendiera darse la vuelta y abrazarme. Yo descargué todo mi peso sobre su espalda para impedir que cambiara de postura, en la confianza de que obtuviera la impresión de que me encontraba en un estado de incontenible desconsuelo.

Durante los días que siguieron a la muerte de Mao me entregué a intensas reflexiones. Sabía que se le consideraba un filósofo, e intenté imaginar en qué consistía realmente su «filosofía». Me daba la sensación de que su principio básico consistía en la necesidad –¿o el deseo?– de mantener un conflicto perpetuo. El núcleo de dicho pensamiento parecía estribar en la idea de que el esfuerzo humano constituía la fuerza motivadora de la historia, y en que para hacer historia se precisaba una creación continua y en masa de «enemigos de clase». Me pregunté si habrían existido otros filósofos cuyas teorías hubieran dado lugar al sufrimiento y muerte de tanta gente. Pensé en el terror y la miseria a que había sido sometida la población de China. ¿Para qué?

Las teorías de Mao, sin embargo, podían no ser sino una prolongación de su personalidad. En mi opinión, había sido por naturaleza un luchador incansable y competente. Había comprendido la índole de instintos humanos tales como la envidia y el rencor, y había sabido cómo explotarlos para conseguir sus propios fines. Su poder se había sustentado en despertar el odio entre las personas y, al hacerlo, había llevado a muchos chinos corrientes a desempeñar numerosas tareas encomendadas en otras dictaduras a las élites profesionales. Mao se las había arreglado para convertir al pueblo en el instrumento definitivo de una dictadura. A ello se debía que bajo su régimen no hubiera existido un equivalente real del KGB soviético. No había habido necesidad de ello. Al nutrir y sacar al exterior los peores sentimientos de las personas, Mao había creado un desierto moral y una tierra de odios. Sin embargo, me resultaba imposible determinar el grado de responsabilidad moral que cabía atribuir en todo ello al ciudadano ordinario.

La otra característica fundamental del maoísmo, pensé, había sido la instauración del imperio de la ignorancia. Animado a la vez por su conjetura de que las clases cultivadas constituían el blanco evidente de una población en gran parte analfabeta, por su propia y profunda antipatía hacia la educación y quienes de ella gozaban, por su megalomanía –la cual le había llevado a despreciar las grandes figuras de la cultura china– y por el desdén que le inspiraban aquellos aspectos de la civilización china que no comprendía (tales como la arquitectura, el arte y la música), Mao había destruido gran parte del legado cultural del país. Tras él había dejado no sólo una nación asolada sino también un territorio deforme cuyos habitantes apenas sabían admirar las escasas glorias que de él quedaban.

Los chinos parecían estar llorando a Mao con sincera amargura. No obstante, me pregunté cuántas de aquellas lágrimas serían auténticas. La gente había aprendido a fingir con tal maestría que muchos llegaban a confundir sus parodias con sus sentimientos reales. Quizá, llorar a Mao no constituía sino un nuevo acto programado de sus igualmente programadas vidas.

Pese a todo ello, el estado de ánimo de la nación reflejaba un rechazo inconfundible a seguir adelante con la política de Mao. El 6 de octubre, menos de un mes después de su muerte, la señora Mao fue detenida junto con el resto de los miembros de la Banda de los Cuatro. No contaban con el apoyo de ningún sector: ni del Ejército, ni de la policía... ni siquiera de sus propios guardias. Tan sólo habían contado con Mao. En realidad, la Banda de los Cuatro se había mantenido en el poder debido a que se trataba de una Banda de Cinco.

Cuando advertí la facilidad con que los Cuatro habían sido depuestos, me sentí invadida por una oleada de tristeza. ¿Cómo era posible que aquel diminuto grupo de tiranos baratos hubiera podido atropellar a novecientos millones de personas durante tanto tiempo? Sin embargo, mi emoción principal era un sentimiento de alborozo. Por fin, habían desaparecido los últimos tiranos de la Revolución Cultural. Mi júbilo era compartido por doquier. Al igual que muchos de mis compatriotas, salí a proveerme de los mejores licores con objeto de celebrar el acontecimiento con mis familiares y amigos, pero descubrí que todas las existencias se habían agotado en las tiendas: había demasiada gente deseosa de manifestar espontáneamente su alegría.

También se celebraron conmemoraciones oficiales, pero me enfureció comprobar que se trataba exactamente de las mismas concentraciones habitualmente convocadas durante la Revolución Cultural. Me irritó especialmente el hecho de que en mi departamento fueron los supervisores políticos y los funcionarios estudiantiles quienes, con imperturbable fariseísmo, se encargaron de la organización de aquellas pantomimas.

El nuevo liderazgo aparecía encabezado por el sucesor elegido por Mao, Hua Guofeng, cuyo único mérito, creo, residía en su propia mediocridad. Uno de sus primeros actos consistió en anunciar la construcción de un enorme mausoleo para Mao en la plaza de Tiananmen. Al enterarme, me sentí escandalizada: como resultado del terremoto de Tangshan, cientos de miles de personas continuaban aún sin hogar y obligadas a vivir en cobertizos temporales construidos sobre las aceras.

Con su larga experiencia, mi madre advirtió inmediatamente que se anunciaba el comienzo de una nueva era. Al día siguiente de morir Mao, se presentó a trabajar en su departamento. Había permanecido en casa durante cinco años, y anhelaba volver a emplear su energía para alguna finalidad de provecho. Se le adjudicó el puesto de Séptima Directora Adjunta del departamento que había dirigido antes de la Revolución Cultural, pero no le importó.

Para mí, más impaciente que ella, las cosas parecían continuar igual que antes. En enero de 1977 concluyó mi estancia en la universidad. No se nos examinó, ni tampoco se nos concedió título alguno. A pesar de la desaparición de Mao y de la Banda de los Cuatro, aún permanecía en vigor la norma de Mao según la cual todos debíamos regresar a nuestros orígenes. Para mí, ello significaba volver a trabajar en la fábrica. El concepto de que una educación universitaria tuviera que influir en la posición de cada uno había sido condenada por el líder como una «formación de aristócratas espirituales».

Desesperadamente, busqué algún modo de evitar mi regreso a la fábrica. Si ello sucedía, perdería cualquier ocasión de aprovechar mi inglés: no podría traducir nada ni practicar el idioma con nadie. Una vez más, recurrí a mi madre, quien me dijo que sólo existía una salida: la fábrica tenía que negarse a aceptar mi regreso. Mis antiguos compañeros de trabajo convencieron a la dirección para que redactara un informe dirigido al Segundo Departamento de Industria Ligera en el que declaraba que aunque yo era una buena trabajadora, no por ello dejaban de ser conscientes de que debían sacrificar sus propios intereses por una mejor causa: nuestra madre patria debía poder aprovechar mis conocimientos de inglés.

Una vez que aquella florida misiva hubo sido enviada, mi madre me envió a ver al director general del departamento, un tal señor Hui, quien anteriormente había sido colega suyo y había desarrollado un gran cariño hacia mí durante mi niñez. Mi madre sabía que aún conservaba cierta debilidad por mí. El día siguiente a mi visita, convocó una asamblea de su consejo en la que se decidió someter mi caso a estudio. El consejo se hallaba formado por unos veinte directores que debían reunirse invariablemente para tomar cualquier decisión, por nimia que fuera. El señor Hui logró convencerles de que debía concedérseme una oportunidad de emplear mi inglés, y el consejo escribió una recomendación formal dirigida a mi universidad.

Aunque anteriormente mi departamento había procurado hacerme la vida imposible, por entonces necesitaban profesores, y en enero de 1977 fui nombrada profesora adjunta de inglés por la Universidad de Sichuan. El hecho de trabajar allí despertaba en mí emociones contradictorias, ya que tendría que residir en el campus bajo la vigilancia de los supervisores políticos y de varios colegas tan ambiciosos como envidiosos. Peor aún: no tardé en saber que durante un año no se me permitiría relacionarme en absoluto con mi profesión. Una semana después de mi nombramiento fui enviada a una zona rural de las afueras de Chengdu como parte de mi programa de «reeducación».

Durante mi estancia allí trabajé en los campos y hube de asistir a aburridas e interminables asambleas. El tedio, el descontento y la presión a que me veía sometida por no tener novio a la avanzada edad de veinticinco años me impulsaron por entonces a encapricharme sucesivamente con dos hombres. A uno de ellos jamás le había visto anteriormente, pero solía escribirme unas cartas sumamente hermosas. Sin embargo, mi enamoramiento cesó tan pronto como le puse la vista encima. El otro, Hou, había sido un líder Rebelde. Inteligente y falto de escrúpulos, cabía considerarle como un producto de la época. Logró fascinarme con su encanto.

Hou fue detenido durante el verano de 1977 tras el inicio de una campaña destinada a capturar a los seguidores de la Banda de los Cuatro. Entre ellos se incluían los jefes de los Rebeldes y cualquier otra persona que hubiera intervenido en actos violentos y criminales, categoría vagamente descrita que abarcaba la tortura, el asesinato y la destrucción o saqueo de propiedades estatales. La campaña concluyó al cabo de unos cuantos meses. El motivo principal era que en ella no se repudiaba a Mao, ni tampoco la Revolución Cultural como tal. Todos aquellos que habían cometido actos de maldad adujeron que lo habían hecho obedeciendo a la lealtad que sentían hacia Mao. Tampoco existían criterios claros para juzgar el grado de criminalidad de cada acto, salvo en los más flagrantes casos referidos a torturadores y asesinos. El número de aquellos que habían participado en asaltos domiciliarios, luchas entre facciones y destrucción de monumentos históricos, antigüedades y libros era demasiado elevado. El horror más espeluznante de la Revolución Cultural –la abrumadora represión que había llevado a cientos de miles de personas a la locura, el suicidio y la muerte– había sido obra colectiva de toda la población. Prácticamente todo el mundo –incluidos los niños pequeños– había participado en las brutales asambleas de denuncia, y muchos lo habían hecho en las palizas a que eran sometidas las víctimas. Lo que es más, numerosas víctimas habían pasado a convertirse posteriormente en verdugos y viceversa.

Tampoco existía un sistema legal independiente con capacidad para investigar y juzgar. Eran los funcionarios del Partido quienes decidían quién debía ser castigado y quién no, y a menudo los sentimientos personales constituían el factor decisivo. Algunos fueron condenados a severas penas, mientras que otros quedaron prácticamente impunes. Entre los perseguidores de mi padre, Zuo no recibió castigo alguno, y la señora Shau fue sencillamente transferida a un puesto menos ventajoso.

Los Ting se encontraban detenidos desde 1970, pero no fueron llevados ante la justicia, ya que el Partido no había establecido criterios a los que pudiera recurrirse para juzgarles. Lo único que les ocurrió fue que tuvieron que asistir a asambleas incruentas en las que las víctimas pudieran «verbalizar su amargura» contra ellos. En una de ellas, mi madre relató la persecución a la que ambos habían sometido a mi padre. Tanto él como ella hubieron de permanecer detenidos a la espera de juicio hasta que, en 1982, fueron condenados a veinte y diecisiete años de prisión, respectivamente.

Hou, cuya detención me había tenido tantas noches sin poder dormir a causa de la inquietud, no tardó en ser puesto en libertad. Sin embargo, las amargas emociones resucitadas a lo largo de aquellos días de reflexión lograron apagar cualquier sentimiento que hubiera podido experimentar hacia él. Aunque nunca llegué a conocer su auténtico grado de responsabilidad, era evidente para mí que en su calidad de líder de la Guardia Roja durante los años más sangrientos no podía encontrarse totalmente eximido de ella. A pesar de todo, no lograba detestarle personalmente, si bien dejó de inspirarme compasión alguna. Confié en que el peso de la justicia terminaría por alcanzarle tanto a él como a todos aquellos que lo merecían.

¿Cuando habría de llegar aquel momento? ¿Podría hacerse justicia algún día? Teniendo en cuenta, además, lo soliviantados que ya estaban los ánimos, ¿cabía esperar que ello fuera posible sin despertar aún más animosidad y amargura? Por doquier podían verse facciones que en otro tiempo habían librado sangrientos enfrentamientos entre sí y ahora convivían bajo el mismo techo. Los seguidores del capitalismo se veían obligados a trabajar codo a codo junto a antiguos Rebeldes que otrora les habían denunciado y atormentado. El país se encontraba aún en una situación de tensión extrema. ¿Cuándo –si es que tal momento llegaba– lograríamos vernos libres de la pesadilla desencadenada por Mao?

En julio de 1977 Deng Xiaoping fue rehabilitado una vez más y nombrado adjunto de Hua Guofeng. Cada uno de sus discursos era como una bocanada de aire puro. Terminarían las campañas políticas. Los «estudios» políticos exigían «exorbitantes impuestos y exacciones» que debían ser eliminados. La política del Partido debía basarse en la realidad, y no en los dogmas. Más importante aún: resultaba erróneo seguir al pie de la letra todas las consignas de Mao. Deng estaba reorientando el rumbo de China. A pesar de ello, comencé a sufrir una nueva forma de ansiedad: temía que aquel nuevo futuro nunca llegara a hacerse realidad.

De acuerdo con el espíritu de Deng, mi condena en la comuna llegó a su fin en diciembre de 1977, un mes antes de que se cumpliera el año originalmente establecido. A pesar de tratarse de tan sólo un mes, aquella diferencia me llenó de un júbilo desproporcionado. Cuando regresé a Chengdu descubrí que, aun con retraso, la universidad estaba a punto de convocar exámenes para 1977: los primeros exámenes como es debido que habían de tener lugar desde 1966. Deng había anunciado que el ingreso en las universidades debía depender de los resultados académicos, y no de las «puertas traseras». Así, hubo que retrasar los cursos de otoño con objeto de preparar a la población para las modificaciones que implicaba el abandono de la política de Mao.

Fui enviada a las montañas del norte de Sichuan para entrevistar a los solicitantes que deseaban ingresar en mi departamento. Acudí de buen grado. Fue durante aquel viaje, mientras me trasladaba de condado en condado a través de aquellas carreteras serpenteantes y polvorientas, cuando concebí por vez primera una idea clave: ¡qué maravilloso sería poder abandonar el país para estudiar en Occidente!

Algunos años antes, un amigo me había contado su historia. Había llegado originalmente a la «madre patria» en 1964, procedente de Hong Kong, pero no había podido partir de nuevo hasta 1973 cuando, gracias a la apertura provocada por la visita de Nixon, había obtenido por fin autorización para ir a visitar a su familia. Ya en la primera noche que había pasado en Hong Kong, había oído a su sobrina hablando por teléfono con Tokio para organizar un fin de semana de turismo. Aquel relato, aparentemente inconsecuente, llegó a convertirse para mí en una fuente de constante perturbación. Me atormentaba aquella libertad para ver mundo, algo hasta entonces inconcebible para mí. La imposibilidad de viajar al extranjero había hecho que la idea permaneciera firmemente enterrada en mi inconsciente. Cierto era que anteriormente se habían concedido permisos ocasionales para disfrutar de becas en el extranjero pero, claro está, los candidatos habían sido previamente elegidos por las autoridades, y la pertenencia al Partido había constituido uno de los requisitos exigidos. Dado que yo ni era miembro del mismo ni gozaba de la confianza de mi departamento, no hubiera tenido posibilidad de algo así aunque la beca en cuestión hubiera recaído en mi universidad como llovida del cielo. Ahora, sin embargo, mi mente empezó a alimentar la idea de que dado que se habían reinstaurado los exámenes y que China comenzaba a despojarse de su camisa de fuerza maoísta acaso existiera la oportunidad de lograrlo. Apenas había comenzado a soñar con ello cuando me obligué a mí misma a abandonar la esperanza. Temía demasiado el momento en que habría de enfrentarme a la inevitable decepción final.

Al regresar de mi viaje, me enteré de que a mi departamento le había sido concedida una beca destinada a algún profesor joven o de mediana edad que quisiera viajar a Occidente, y también de que la elección había recaído sobre otra persona.

Aquella noticia devastadora me fue comunicada por la profesora Lo, una mujer de setenta y pocos años que, pese a caminar con paso vacilante y ayudada por un bastón, se mostraba ágil y despierta en todos los demás aspectos de su actividad. Hablaba inglés a gran velocidad, como si se encontrara impaciente por descargar todos sus conocimientos. Había vivido en los Estados Unidos durante treinta años aproximadamente. Su padre había sido Juez Supremo en la época del Kuomintang, y había sido su deseo proporcionar a su hija una educación occidental. En Norteamérica había adoptado el nombre de Lucy, y se había enamorado de un estudiante llamado Luke. Ambos habían planeado casarse pero, al saberlo, la madre de Luke había dicho: «Lucy, siento por ti un gran aprecio pero ¿qué aspecto tendrían vuestros hijos? Sería todo muy difícil...»

Lucy había roto con Luke porque era demasiado orgullosa para dejarse aceptar por la familia a regañadientes. A comienzos de los años cincuenta, poco después de que los comunistas tomaran el poder, había regresado a China pensando que, al menos, podría ser testigo de cómo su pueblo recuperaba la dignidad. Jamás pudo olvidar a Luke, y terminó por casarse a destiempo con un compatriota que trabajaba como profesor de inglés al que nunca llegó a amar y con quien discutía ininterrumpidamente. Ambos habían sido expulsados de su domicilio durante la Revolución Cultural y vivían en un cuartito diminuto de aproximadamente dos metros y medio por tres atestado de viejos papeles descoloridos y libros polvorientos. Resultaba conmovedor ver a aquella frágil pareja de blancos cabellos, incapaces de soportarse el uno al otro y obligados a sentarse respectivamente en un extremo de la cama de matrimonio y en la única silla que admitía su habitación.

La profesora Lo me tomó un gran cariño. Solía decir que veía en mí su extinta juventud de cincuenta años atrás, cuando también ella había sido una muchacha inquieta y deseosa de conseguir la felicidad. Había fracasado en su intento, decía, pero quería que yo lo lograra. Cuando se enteró de la existencia de aquella beca para viajar al extranjero –probablemente a Norteamérica– se mostró terriblemente excitada, aunque también preocupada por el hecho de que yo estuviera de viaje y no pudiera presentar mi solicitud. Por fin, la beca fue concedida a una tal señorita Yee que tenía un año de antigüedad más que yo y era ya funcionaria del Partido. Durante mi estancia en el campo, tanto ella como el resto de los jóvenes profesores de mi departamento licenciados desde la Revolución Cultural habían ingresado en un programa de preparación destinado a mejorar su inglés. La profesora Lo había formado parte de su grupo de tutores. Solía enseñar sirviéndose de artículos extraídos de publicaciones inglesas que había obtenido de amigos que residían en ciudades más abiertas, tales como Pekín y Shanghai (Sichuan continuaba siendo una provincia vedada a los extranjeros). Durante aquel tiempo, procuré asistir a sus clases siempre que regresaba del campo para realizar una visita.

Cierto día, el texto versaba acerca de la utilización de la energía atómica por parte de la industria norteamericana. Una vez que la profesora Lo hubo explicado el significado del artículo, la señorita Yee alzó la mirada, se enderezó y exclamó con gran indignación: «¡Es preciso leer este artículo desde un punto de vista crítico! ¿Quién puede esperar que los imperialistas norteamericanos hagan un uso pacífico de la energía atómica?» Al oírla repetir como un loro aquellas frases extraídas de la propaganda cotidiana me sentí profundamente irritada. Impulsivamente, repuse: «¿Y cómo sabes que no pueden hacerlo?» La señorita Yee y casi todos los demás miembros de la clase me contemplaron con estupefacción. Para ellos, aquel tipo de preguntas seguían resultando inconcebibles, incluso blasfemas. En ese instante distinguí una chispa de simpatía en los ojos de la profesora Lo, animados por una expresión sonriente que sólo yo era capaz de detectar. Me sentí comprendida y reconfortada.

Aparte de la profesora Lo, había otros profesores que también preferían que fuera yo, y no la señorita Yee, quien viajara a Occidente. No obstante, y a pesar del hecho de que todos ellos habían comenzado ya a ser nuevamente respetados bajo la nueva atmósfera reinante, ninguno de ellos poseía influencia alguna. Si alguien podía ayudarme, tendría que ser mi madre. Siguiendo su consejo, acudí a visitar a algunos de los antiguos colegas de mi padre, quienes a la sazón se hallaban a cargo de las universidades, y anuncié que tenía que formular una queja: dado que el camarada Deng Xiaoping había dicho que el acceso a las universidades debía depender de los resultados académicos y no de las «puertas traseras», debía ser a buen seguro incorrecto no basarse igualmente en dicho procedimiento a la hora de conceder becas de estudio en el extranjero. Les supliqué que me concedieran una oportunidad justa de defender mis méritos, lo que no podía equivaler sino a un examen.

Mientras mi madre y yo nos dedicábamos a nuestros cabildeos, llegó súbitamente una orden de Pekín: por primera vez desde 1949, las becas para estudiar en el extranjero serían concedidas según el resultado de exámenes académicos a nivel nacional que no tardarían en ser convocados en Pekín, Shanghai y Xi'an, la antigua capital en la que futuras excavaciones habrían de descubrir el célebre Ejército de terracota.

Mi departamento tenía que enviar tres candidatos a Xi'an. Tras cancelar la beca de la señorita Yee, escogió dos candidatos –ambos excelentes profesores de aproximadamente cuarenta años de edad– que llevaban enseñando desde antes de la Revolución Cultural. Debido en parte a las órdenes de Pekín de basar la selección en las aptitudes profesionales y en parte a las presiones ejercidas por la campaña de mi madre, el departamento decidió que el tercer candidato –alguien más joven– fuera escogido entre las dos docenas de personas que se habían licenciado durante la propia Revolución Cultural, para lo cual se convocaron exámenes orales y escritos que habrían de tener lugar el 18 de marzo.

Obtuve en ambos la puntuación máxima, si bien es cierto que mi superioridad en el examen oral obedeció a motivos un tanto irregulares. Teníamos que entrar de uno en uno en una estancia en la que aguardaban sentados dos examinadores, la profesora Lo y otro catedrático ya veterano. Frente a ellos, podían verse unas cuantas bolas de papel sobre una mesa: nosotros teníamos que escoger una y responder en inglés a la pregunta que en ella se formulara. La mía rezaba: «¿Cuáles son los puntos principales del comunicado emitido por la recientemente celebrada Segunda Sesión Plenaria del Undécimo Congreso del Partido Comunista de China?» Ni que decir tiene que no tenía la menor idea de la respuesta, por lo que permanecí inmóvil y estupefacta ante el tribunal. La profesora Lo me miró a los ojos y extendió la mano para que le entregara el papel. Tras echarle una ojeada, mostró su contenido al otro profesor. A continuación, y sin pronunciar una palabra, lo introdujo en su bolsillo y me indicó con la mirada que cogiera otro. Esta vez, la pregunta era: «Di algo acerca de la gloriosa situación actual de nuestra patria socialista.»

Todos aquellos años de exaltación forzosa de la gloriosa situación de nuestra patria socialista habían terminado por aburrirme mortalmente, pero aquella vez encontré que tenía mucho que decir. Acababa entonces de redactar un apasionado poema acerca de la primavera de 1978. El brazo derecho de Deng Xiaoping –Hu Yaobang–, recientemente nombrado jefe del Departamento de Organización del Partido, había iniciado un proceso de rehabilitación masiva de todo tipo de «enemigos de clase». El país iba liberándose poco a poco del maoísmo de un modo palpable. La industria funcionaba a pleno rendimiento, y las tiendas aparecían cada vez mejor abastecidas. Las escuelas, los hospitales y el resto de los servicios públicos funcionaban correctamente. Comenzaban a publicarse numerosos libros prohibidos durante largo tiempo, y a menudo la gente guardaba colas de hasta dos días de duración frente a las librerías para obtenerlos. Volvían a escucharse risas en las calles y en los hogares.

Comencé a prepararme frenéticamente para los exámenes de Xi'an, para los cuales apenas quedaban tres semanas. Varios profesores me ofrecieron su ayuda. La profesora Lo me proporcionó una lista de lecturas y una docena de libros ingleses, pero al final decidió que era imposible que me diera tiempo a leerlos todos, por lo que despejó bruscamente el contenido de su mesa repleta de papeles y se pasó las dos semanas siguientes mecanografiándome resúmenes de los mismos en inglés. Con un pícaro guiño, me reveló que así era como Luke la había ayudado cincuenta años antes con sus propios exámenes, ya que por aquel entonces ella solía mostrarse más aficionada a los guateques y salas de baile.

Acompañados por el secretario adjunto del Partido, los dos profesores y yo tomamos el tren de Xi'an, situada a un día y una noche de trayecto. Tendida sobre el estómago en mi «litera dura», pasé el viaje ocupada en anotar los apuntes de la profesora Lo. Dado que en China cualquier información se consideraba secreto de Estado, nadie conocía con exactitud qué becas o países podían obtener los ganadores. Al llegar a Xi'an, no obstante, nos enteramos de que habría un total de veintidós opositores procedentes de cuatro provincias del oeste de China. El pliego sellado que contenía los exámenes había llegado por avión el día anterior procedente de Pekín. El examen escrito constaría de tres partes y habría de ocuparnos toda la mañana. Una de ellas consistía en un largo pasaje de *Raíces*, de Alex Haley, que debíamos traducir al chino. Al otro lado de las ventanas de la sala de examen podía distinguirse una blanca lluvia de flores de sauce que flotaban sobre la ciudad abrileña como si interpretaran una magnífica danza rapsódica. Al concluir la mañana nuestros pliegos fueron recogidos, sellados y enviados directamente a Pekín, donde habrían de ser corregidos junto con los recibidos de Shanghai y los allí realizados. Por la tarde tuvo lugar el examen oral.

A finales de mayo me enteré extraoficialmente de que había aprobado ambos exámenes con nota. Tan pronto como mi madre supo la noticia, se apresuró a intensificar la campaña destinada a rehabilitar el nombre de mi padre. Aunque éste ya había muerto, su expediente aún había de servir para decidir el futuro de sus hijos. En él se encontraba aún incluido el borrador del veredicto en el que se declaraba que había cometido «graves errores políticos». Mi madre sabía que a pesar de la nueva actitud liberal que comenzaba a imperar en China aquello podía bastar para que mi solicitud se viera rechazada.

Intervino ante antiguos colegas de mi padre ya restituidos a sus posiciones de poder en el Gobierno provincial. Para apoyar su petición recurrió a la nota de Zhou Enlai en la que el antiguo dirigente afirmaba que mi padre había estado en su derecho al apelar a Mao. Mi abuela, dando muestras de gran ingenio, la había puesto a buen recaudo cosiéndola en el interior del dobladillo de algodón de uno de sus zapatos, y ahora, once años después de recibirla de manos de Zhou, mi madre había decidido entregarla a las autoridades provinciales encabezadas por Zhao Ziyang.

Se trataba de un momento propicio, ya que la maléfica influencia de Mao comenzaba a perder parte de su poder paralizador gracias a la considerable ayuda de Hu Yaobang, quien por entonces se encontraba a cargo del programa de rehabilitaciones. El 12 de junio, se presentó en la calle del Meteorito un funcionario superior que portaba el veredicto del Partido acerca de mi padre. Alargó a mi madre una delgada hoja de papel en la que aparecía escrito que mi padre había sido «un buen funcionario y un buen miembro del Partido». Con ello, su figura quedaba formalmente rehabilitada. Sólo entonces fue mi beca finalmente sancionada por el Ministerio de Educación de Pekín.

La noticia de que habría de viajar al Reino Unido me fue nerviosamente transmitida por un grupo de amigos del departamento antes incluso de que las autoridades me lo comunicaran. Numerosas personas que apenas me conocían se alegraron sinceramente de mi buena fortuna, y recibí abundantes cartas y telegramas de felicitación. Se organizaron varias fiestas para celebrar el acontecimiento, y también se derramaron abundantes lágrimas. Viajar a Occidente se consideraba una experiencia singular. China había permanecido sellada durante décadas, y todo el mundo se sentía asfixiado por la falta de aire. Yo era la primera persona de mi universidad –y, que supiera, de la provincia de Sichuan, habitada entonces por unos noventa millones de personas– a quien se permitía estudiar en Occidente desde 1949. Por si fuera poco, lo había conseguido por méritos propios, ya que ni siquiera era miembro del Partido, lo que constituía otro síntoma de los drásticos cambios que se estaban produciendo en el país. Ante la gente comenzaban a abrirse nuevas oportunidades.

No obstante, la emoción no me embargaba tanto como hubiera cabido esperar. Había conseguido algo tan deseable –y a la vez tan inalcanzable para el resto de las personas que me rodeaban– que no podía por menos de sentirme culpable ante a mis amigos. El hecho de mostrarme contenta se me antojaba una actitud embarazosa e incluso cruel frente a ellos y, por otra parte, disimular mi alegría hubiera sido poco honesto. Así, opté inconscientemente por adoptar una postura reservada. También me entristecía pensar cuán estrecho y monolítico era mi país, y cuántos de sus habitantes habían carecido de oportunidades y de vías por medio de las cuales dar rienda suelta a su talento. Sabía lo afortunada que era por el hecho de proceder de una familia privilegiada, por mucho que ésta hubiera sufrido. Ahora que parecía anunciarse el desarrollo de una China más abierta y más justa me sentía impaciente por el aceleramiento de unos cambios que habrían de transformar su sociedad totalmente.

Sumida en mis propias reflexiones, logré abrirme paso a través del inevitable y complicado proceso necesario entonces para abandonar China. En primer lugar, me vi obligada a acudir a Pekín para realizar un curso especial de formación para aquellas personas que habían de viajar al extranjero. Soportamos un mes de sesiones de adoctrinamiento, seguidas por otro mes de viajes por todo el país. El objetivo de estos últimos era dejar tan poderosamente impresa en nuestras mentes la belleza de nuestra patria que jamás llegáramos a contemplar la posibilidad de abandonarla definitivamente. Se tomaron todas las disposiciones necesarias para autorizar nuestra salida del país y se nos entregó cierta cantidad de dinero destinada a la adquisición de ropa. Teníamos que mostrar un aspecto elegante ante los extranjeros.

Durante mis últimos atardeceres di frecuentes paseos a lo largo de las orillas del río de la Seda, cuyo cauce describía amplios meandros a través del campus de la universidad. Su superficie relucía bajo la luz de la luna y la difusa neblina de las noches veraniegas. Al pasar revista a mis veintiséis años advertí que había experimentado tanto privilegios como denuncias, que había sido testigo de la valentía y el miedo, y que había conocido tanto la bondad y la lealtad como las profundidades de la crueldad humana. Rodeada de sufrimiento, muerte y desolación, había contemplado sobre todo la indestructible capacidad humana para sobrevivir y buscar la felicidad.

Me sentía embargada por toda suerte de emociones, especialmente al pensar en mi padre, mi abuela y la tía Jun-ying. Hasta entonces, había intentado ahuyentar los recuerdos que conservaba de ellos debido a que sus respectivas desapariciones continuaban atormentando mi corazón. Ahora, por fin, podía recrearme pensando lo felices y orgullosos que se hubieran mostrado ante mí.

Me trasladé en avión a Pekín. Había de viajar con otros trece profesores de universidad, uno de los cuales actuaba en calidad de supervisor político. Nuestro avión tenía prevista su salida a las ocho de la tarde del 12 de septiembre de 1978, y me faltó poco para perderlo debido a que algunos de mis amigos habían acudido al aeropuerto para despedirme y no me pareció apropiado consultar el reloj continuamente. Cuando por fin me recliné en mi asiento me di cuenta de que apenas había abrazado a mi madre como se merecía. Ésta, mostrando una actitud casi distraída y sin asomo alguno de sentimentalismo, había acudido a despedirme al aeropuerto de Chengdu como si mi partida hacia el otro extremo del globo no fuera sino un episodio más de nuestras accidentadas vidas.

A medida que China iba quedando más y más atrás, miraba por la ventanilla y observaba el grandioso universo que se abría más allá del ala del avión. Tras un último repaso de mi vida anterior, dirigí la mirada hacia el futuro. Me consumía el deseo de salir al mundo.

Epílogo

He hecho de Londres mi lugar de residencia. Durante diez años, me esforcé por no pensar en la China que había dejado atrás. Por fin, en 1988, mi madre acudió a visitarme a Inglaterra. Por primera vez, me relató su historia y la de mi abuela. Cuando regresó a Chengdu, me senté y dejé que volaran mis propios recuerdos y que las lágrimas hasta entonces contenidas inundaran mi mente. Fue entonces cuando decidí escribir *Cisnes salvajes*. El pasado había dejado de ser demasiado doloroso para recordarlo gracias a que al fin había encontrado el amor y la plenitud y, con ellos, la serenidad.

Desde mi partida, China se ha convertido en un lugar completamente distinto. A finales de 1978, el Partido Comunista abandonó la lucha de clases de Mao. Los parias sociales –incluidos los «enemigos de clase» mencionados en el presente libro– se han visto rehabilitados desde entonces. Entre ellos se encuentran los amigos de mi madre de la época de Manchuria, calificados de contrarrevolucionarios en 1955. La discriminación oficial a que ellos y sus familias se habían visto sometidos cesó. Pudieron abandonar sus arduos trabajos forzados y obtuvieron empleos mucho mejores. Muchos de ellos fueron invitados a ingresar en el Partido Comunista y se convirtieron en funcionarios. Mi tío abuelo Yu-lin, su esposa y sus hijos fueron autorizados a regresar de la campiña a Jinzhou en 1980. Él fue nombrado jefe de contabilidad de una compañía de servicios médicos; ella, directora de una guardería.

Se redactaron veredictos en los que se rehabilitaba a las víctimas y que posteriormente fueron incluidos en sus respectivos expedientes. Los antiguos historiales de incriminación fueron arrojados a las llamas. Las distintas organizaciones de todo el país encendieron hogueras destinadas a consumir aquellos livianos pedazos de papel que tantas vidas habían destrozado.

El expediente de mi madre rebosaba de sospechas acerca de sus contactos de adolescencia con el Kuomintang. Por fin, todas aquellas palabras malditas se vieron convertidas en cenizas y sustituidas por un veredicto de dos páginas fechado el 20 de diciembre de 1978 en el que se declaraba específicamente que todas las acusaciones en su contra eran falsas. A modo de propina, se redefinían además sus antecedentes familiares, relacionándola con un inofensivo «médico» en lugar de con un indeseable «señor de la guerra».

En 1982, año en que opté definitivamente por permanecer en Gran Bretaña, mi decisión constituía aún una elección poco corriente. Temiendo que ello pudiera causarle problemas laborales, mi madre solicitó una jubilación anticipada que le fue concedida en 1983. No obstante, el hecho de tener una hija viviendo en el extranjero no le ocasionó problema alguno, a diferencia de lo que habría sucedido bajo el régimen de Mao.

Las puertas de China han ido abriéndose cada vez más. Hoy en día, mis tres hermanos viven en Occidente. Jin-ming es un científico internacionalmente reconocido en el campo de la física de los sólidos, y actualmente desarrolla sus investigaciones en la universidad inglesa de Southampton. Xiao-hei abandonó la Fuerza Aérea para dedicarse al periodismo, y trabaja en Londres. Ambos están casados y son padres de un hijo. Xiao-fang obtuvo la licenciatura superior en comercio internacional por la universidad francesa de Estrasburgo y desempeña un cargo ejecutivo en una compañía francesa.

Mi hermana Xiao-hong es la única de todos los hermanos que aún permanece en China. Trabaja en el departamento administrativo de la Escuela de Medicina China de Chengdu. En la década de 1980, tras autorizarse por primera vez la instauración de compañías privadas, solicitó dos años de permiso para colaborar en el montaje de una empresa de diseño textil, algo que su corazón siempre había anhelado. Cuando concluyó su permiso, se vio obligada a escoger entre la aventura y el riesgo de la empresa privada o la rutina y la seguridad de su empleo de funcionaria, y decidió optar por este último. Su esposo, Lentes, trabaja como ejecutivo en un banco local.

La comunicación con el exterior ha pasado a formar parte de la vida cotidiana. Las cartas tardan una semana en llegar de Chengdu a Londres. Mi madre puede enviarme faxes desde la oficina de correos del centro de la ciudad. Desde cualquier lugar del mundo en que me encuentre puedo telefonear directamente a su domicilio. La televisión ofrece a diario noticias filtradas del mundo exterior junto a la propaganda oficial. Los medios de comunicación informan de todos los grandes acontecimientos mundiales, cual es el caso de las revoluciones y alzamientos que han tenido lugar en Europa del Este y la Unión Soviética.

Entre 1983 y 1989 he acudido anualmente a visitar a mi madre, y cada vez me he visto crecientemente impresionada por la drástica disminución de aquello que más había caracterizado a China bajo el régimen de Mao: el miedo.

Durante la primavera de 1989 me dediqué a viajar por mi país realizando investigaciones destinadas a la elaboración de este libro. Fui testigo de las manifestaciones que tuvieron lugar desde Chengdu hasta la plaza de Tiananmen. Me sorprendió que el miedo hubiera sido olvidado hasta tal punto que apenas unos pocos de aquellos millones de manifestantes parecían ser conscientes del peligro. En su mayor parte, se vieron cogidos por sorpresa cuando el Ejército abrió fuego. Cuando regresé a Londres, apenas pude dar crédito a mis ojos cuando contemplé la matanza en la televisión. Me parecía imposible que hubiera sido ordenada por el mismo hombre que yo y tantos otros habíamos contemplado como un libertador.

El miedo hizo un amago de regreso, si bien ya desprovisto de la fuerza omnímoda y demoledora de que había gozado en la época de Mao. En las asambleas políticas actuales, los ciudadanos pueden criticar abiertamente y por su nombre a los dirigentes del Partido. La liberalización ha emprendido un avance irreversible. Sin embargo, el rostro del antiguo líder aún domina la plaza de Tiananmen.

Las reformas económicas de los años ochenta trajeron consigo una mejora del nivel de vida sin precedentes debida, en parte, al comercio exterior y a las inversiones extranjeras. Los funcionarios y ciudadanos de todo el país reciben con calurosa bienvenida a los hombres de negocios procedentes de otros países. En 1988, durante un viaje a Jinzhou, mi madre se hospedó en el pequeño, oscuro y anticuado apartamento de Yulin, situado junto a un vertedero de basuras. Al otro lado de la calle puede verse el mejor hotel de Jinzhou, en cuyos salones se organizan todos los días lujosos festines para obsequiar a los posibles inversores procedentes del otro lado del océano. Un día, mi madre divisó a uno de aquellos visitantes cuando éste salía de un banquete rodeado por una aduladora multitud a quien se entretenía en mostrar fotografías de sus automóviles y de su lujosa mansión taiwanesa. No era otro que Yao-han, el supervisor político de su colegio en tiempos del Kuomintang y antiguo responsable de su detención cuarenta años atrás.

Mayo de 1991

529

Cronología

Año	Familia/Autora	General
1870	Nace el Dr. Xia.	Imperio Manchú (1644-1911).
1876	Nace Xue Zhi-heng (abuelo).	
1909	Nace mi abuela.	
1911		Caída del Imperio; república; señores de la guerra.
1921	Nace mi padre.	
1922-24	General Xue, jefe de policía del Gobierno militar de Pekín.	
1924	Mi abuela se convierte en concubina del general Xue. El general Xue pierde poder.	
1927		Bajo Chiang Kai-shek, el Kuomintang unifica la mayor parte de China.
1931	Nace mi madre.

Mi abuela y mi madre se trasladan a Lulong. | Japón invade Manchuria. Los japones ocupan Yixian y Jinzhou. Se establece el Manchukuo bajo Pu Yi. |
| **1933** | Muere el general Xue. | |

Año	Familia/Autora	General
1934-35		La Larga Marcha: los comunistas hacia Yan'an.
1935	Mi abuela contrae matrimonio con el Dr. Xia.	
1936	El Dr. Xia, mi abuela y mi madre se trasladan a Jinzhou.	
1937		Los ataques de Japón se adentran en China. Alianza entre comunistas y Kuomintang.
1938	Mi padre se une al Partido Comunista.	
1940	Mi padre camina hasta Yan'an.	
1945		Rendición japonesa. Jinzhou es ocupada por rusos, chinos comunistas y Kuomintang.
	Mi padre marcha a Chaoyang.	
1946-48	Mi padre con la guerrilla en los alrededores de Chaoyang. Mi madre se convierte en líder estudiantil y se une al comunismo en la clandestinidad.	Guerra civil entre comunistas y Kuomintang (hasta 1949-50).
1948	Mi madre es detenida.	Asedio de Jinzhou.
	Mi madre y mi padre se conocen.	
1949	Mis padres se casan, abandonan Jinzhou y marchan a Nanjing. Mi madre sufre un aborto.	
	Mi padre llega a Yibin.	Se proclama la República Popular. Los comunistas toman Sichuan. Chiang Kai-shek a Taiwan.

Año	Familia/Autora	General
1950	Mi madre llega a Yibin; recogida de alimentos, luchas con los bandidos. Nace Xiao-hong.	Reforma agraria. China entra en la Guerra de Corea (hasta julio de 1953).
1951	Mi madre se convierte en líder de la Liga Juvenil bajo la jefatura de la señora Ting y en miembro oficial del Partido. Mi abuela y el Dr. Xia marchan a Yibin.	Campaña para la «supresión de contrarrevolucionarios» (Hui-ge es ejecutado). Campaña de los Tres Anti.
1952	Nazco yo. Muere el Dr. Xia. Mi padre es nombrado gobernador de Yibin.	Campaña de los Cinco Anti.
1953	Nace Jin-ming. La familia se traslada a Chengdu. Mi madre es nombrada jefa del Departamento de Asuntos Públicos del Distrito Este.	
1954	Mi padre se convierte en subdirector del Departamento de Asuntos Públicos de Sichuan. Nace Xiao-hei.	
1955	Mi madre es detenida. Los niños pasamos a distintos centros de acogida infantil.	Campaña para «descubrir contrarrevolucionarios ocultos» (Acusados los amigos de mi madre de Jinzhou). Nacionalización.
1956	Mi madre es puesta en libertad.	Campaña de las Cien Flores.

533

Año	Familia/Autora	General
1957		Campaña antiderechista.
1958		Gran Salto Adelante: hornos siderúrgicos caseros y comunas.
	Comienzo a ir al colegio.	
1959		El hambre (hasta 1961). Peng Dehuai desafía a Mao y es condenado. Campaña para capturar a los «oportunistas de derecha».
1962	Nace Xiao-fang.	
1963		«Aprended de Lei Feng»; escalada del culto a Mao.
1966		Inicio de la Revolución Cultural.
	Mi padre es utilizado como cabeza de turco y detenido. Mi madre acude a Pekín para apelar en su favor. Mi padre es puesto en libertad. Me uno a la Guardia Roja; peregrinaje a Pekín. Dejo la Guardia Roja.	
1967	Mis padres son atormentados.	Los mariscales fracasan en su intento de detener la Revolución Cultural. Los Ting al poder en Sichuan.
	Mi padre escribe a Mao; es arrestado; sufre una crisis mental. Mi madre va a Pekín y habla con Zhou Enlai. Mis padres son puestos bajo detención semipermanente en Chengdu (hasta 1969).	
1968		Se forma el Comité Revolucionario de Sichuan.
	Mi familia es expulsada del complejo.	
1969	Mi padre en el campo Miyi. Me exilio en Ningnan.	

Año	Familia/Autora	General
		El IX Congreso da carácter formal a la Revolución Cultural.
	Muere mi abuela. Trabajo como campesina en Deyang. Mi madre en el campo Xichang.	
1970	Muere la tía Jun-ying. Me convierto en «doctora descalza».	
		Los Ting, despedidos.
1971	Mi madre, muy enferma, ingresa en un hospital de Chengdu.	
	Mi madre es rehabilitada. Regreso a Chengdu, y comienzo a trabajar en los sectores del metal y la electricidad.	Muere Lin Biao.
1972	Mi padre es puesto en libertad.	Visita de Nixon.
1973	Ingreso en la Universidad de Sichuan.	Reaparición de Deng Xiaoping.
1975	Muere mi padre. Primer encuentro con extranjeros.	
1976		Muere Zhou Enlai; Deng es destituido. Manifestaciones en la plaza de Tiananmen. Muere Mao; detención de la Banda de los Cuatro.
1977	Comienzo a trabajar como profesora adjunta; se me envía a un pueblo.	Deng, de nuevo en el poder.
1978	Obtengo una beca para viajar a Inglaterra.	

AGRADECIMIENTOS

Jon Halliday me ayudó a crear *Cisnes salvajes*. Entre sus múltiples contribuciones, cabe destacar sus correcciones de mi inglés. A través de nuestras discusiones cotidianas, logré clarificar tanto estas historias como mi propio pensamiento, al tiempo que me ayudó a explorar la lengua inglesa en busca de los términos más exactos. Bajo su meticulosa vigilancia de historiador y erudito, me he sentido más segura, confiando siempre en su certero juicio.

Toby Eady es el mejor agente que cualquiera podría desear. Entre otras cosas, fue él quien me presionó afectuosamente para decidirme a tomar la pluma.

Considero un privilegio haber podido colaborar con profesionales de la talla de Alice Mayhew, Charles Hayward, Jack McKeown y Victoria Meyer –de Simon & Schuster en Nueva York– y Simon King, Carol O'Brien y Helen Ellis, de Harper Collins en Londres. Debo a Alice Mayhew –mi editora en Simon & Schuster– una gratitud especial por sus perspicaces consejos y su inapreciable dinamismo. Robert Lacey, de HarperCollins, realizó con su transcripción del manuscrito una labor magnífica por la que le quedo profundamente reconocida. La eficacia y amabilidad de Ari Hoogenboom en nuestras conferencias de larga distancia han representado para mí una fuente de energía. Vaya también mi agradecimiento a todas las personas que han trabajado en este libro.

El interés entusiasta de mis amigos ha constituido un constante estímulo. A todos ellos, mi mayor agradecimiento. He contado asimismo con la ayuda especial de Peter Whitaker, I Fu En, Emma Tennant, Gavan McCormack, Herbert Bix, R. G. Tiedemann, Hugh Baker, Yan Jiaqi, Su Li-qun, Y. H. Zhao, Michael Fu, John Chow, Clare Peploe, André Deutsch, Peter Simpkin, Ron Sarkar y Vanessa Green. Clive Lindley, con sus valiosos consejos, ha desempeñado un papel especial desde el principio.

En China, mis hermanos, mi hermana y el resto de mis parientes me han autorizado generosamente para relatar sus historias, sin las cuales la existencia de *Cisnes salvajes* nunca hubiera sido posible. Jamás podré agradecérselo lo bastante.

Gran parte del libro es la historia de mi madre. Confío en haberle hecho justicia.

Jung CHANG
Mayo de 1991
Londres, Inglaterra

POSFACIO

Cisnes salvajes se publicó por primera vez en 1991. Aquel acontecimiento cambió mi vida, ya que por fin me convertí en escritora.

Siempre había soñado con serlo, pero durante mis años de juventud, en China, la idea de escribir algo con la esperanza de verlo publicado parecía descabellada. En aquella época el país se hallaba bajo la tiranía de Mao, y la mayoría de los escritores sufrían los terribles padecimientos de interminables persecuciones políticas. Muchos eran denunciados; algunos eran enviados a campos de trabajo; y muchos se veían impulsados al suicidio. En 1966-1967, durante la Gran Purga de Mao –mal llamada «Revolución Cultural»–, la mayor parte de los libros que la gente conservaba en sus casas fueron pasto de las llamas. Mi padre, antiguo funcionario comunista que luego cayó en desgracia, se vio obligado a quemar su amada biblioteca, y ésa fue una de las cosas que más contribuyeron a arrastrarle a la locura. Incluso escribir para uno mismo era sumamente peligroso. El 25 de marzo de 1968, día de mi decimosexto cumpleaños, yo misma tuve que romper mi primer poema y arrojarlo por el retrete porque los perseguidores de mi padre habían venido a registrar el piso.

Sin embargo, latía en mí el anhelo por escribir, y seguí haciéndolo con una pluma imaginaria. A lo largo de los años siguientes, trabajé como campesina y como electricista, y mientras esparcía estiércol en los arrozales y revisaba los sistemas eléctricos encaramada a los postes de distribución, solía pulir mentalmente largos pasajes o aprenderme breves poemas de memoria.

Vine a Gran Bretaña en septiembre de 1978. Mao había muerto dos años antes, y China comenzaba a emerger del sofocante aislamiento que había impuesto al país. Por primera vez desde que se fundara la China comunista se seguían criterios académicos, y no políticos, a la hora de conceder becas para estudiar en el extranjero. Aquellos exámenes me permitieron salir del país, y tal vez fui yo la primera persona de la provincia interior de Sichuán –que por entonces tenía una población cercana a los noventa millones de habitantes– que estudiaba en Occidente desde 1949. Aquella increíble fortuna me proporcionaba al fin la libertad de escribir, y de escribir lo que yo quisiera.

Con todo, en ese preciso instante se esfumó mi pasión. De hecho, lo último que me apetecía era escribir. Para mí, hacerlo habría supuesto asomarme a mi interior y recrearme en una vida y en una época en las que detestaba pensar. Estaba intentando olvidarme de China, y al aterrizar en un lugar que se me antojaba como otro planeta me había sentido instantáneamente maravillada, sin otro deseo que el de dedicar hasta el último minuto a la asimilación de aquel mundo nuevo.

Todo en Londres me fascinaba. La primera carta que escribí a mi madre fue un efusivo elogio de algunas de las jardineras y parterres delanteros que veía durante el trayecto hasta el número 42 de Maida Vale, el lugar en el que entonces residía, propiedad de la Embajada china. Por entonces aún eran pocos los hogares chinos que volvían a adornarse con flores. En 1964, Mao había denunciado el cultivo de flores y hierba como una práctica «feudal» y «burguesa». «Deshaceos de la mayoría de los jardineros», había ordenado. De niña había tenido que unir mis fuerzas a las de muchos otros para eliminar la hierba de los jardines de nuestra escuela, y había sido testigo de cómo las macetas desaparecían de los edificios. Ello me hizo sentir profundamente desdichada, pero no sólo me había esforzado por ocultar mis sentimientos sino que me había culpado a mí misma por albergar instintos contrarios a las directrices de Mao, una reacción mental para la que me encontraba tan programada mediante el lavado de cerebro como el resto de los niños chinos. Aunque en la época en la que yo me marché uno ya podía expresar su afición por las flores sin verse condenado por ello, China seguía siendo un lugar desolado en el que las plantas domésticas y la venta de flores eran conceptos prácticamente inexistentes. La mayoría de los parques no eran otra cosa que eriales devastados.

Así, resulta imposible de describir el placer que me produjo dar un primer paseo por la inmensa extensión de Hyde Park el primer día en que me permitieron salir. Allí, bajo aquellos majestuosos castaños, cada pétalo y cada brizna de hierba me enloquecían de gozo. Un día, arriesgándome a una severa reprimenda –si no algo peor–, le propuse al supervisor político del grupo al que pertenecía que trasladáramos nuestras sesiones de adoctrinamiento de los sábados (denominadas «estudios políticos») a los prados de los célebres Kew Gardens.

Por entonces, las sesiones de adoctrinamiento semanales que tan mortalmente me habían aburrido en China seguían siendo obligatorias, y en Londres los recién llegados del continente seguíamos sometidos a un control casi carcelario. Se nos prohibía ir a ninguna parte solos o sin permiso. Desobedecer las órdenes podía significar caer en desgracia y verse enviado de regreso a China y a una vida sin futuro, pero yo, asfixiada ante la tentadora libertad londinense, me obsesioné en idear planes que me permitieran estirar o romper las normas. Algunas veces lo conseguía, como en el caso de mi propuesta de Kew Gardens, ya que al propio supervisor político le apetecía intensamente a pesar de la preocupación que le producían los posibles conflictos con la Embajada. Como resultado, un grupo de jóvenes de ambos sexos ataviados con holgados «trajes Mao», más parecidos a uniformes azules, acudimos a sentarnos junto a una rosaleda de magnífico colorido, formando así un cuadro de aspecto tan incongruente como feliz.

Y no pasó nada. Tuve suerte, porque precisamente en aquella época estaban teniendo lugar en China unos cambios espectaculares. A finales de 1978 se produjo el punto de inflexión por el que el país pasó a rechazar las esencias del maoísmo, y el año siguiente pude seguir forzando los límites de nuestras restricciones, con riesgos pero sin repercusiones. Un sitio que me llamaba especialmente la atención eran los *pubs* ingleses, ya que se nos había prohibido específicamente que los visitáramos. La traducción china de *pub* –«*jiu-ba*»– sugería por entonces un lugar indecente con mujeres desnudas que se contorsionaban en público. La curiosidad me devoraba. Un día me escabullí y me dirigí al *pub* que había enfrente de nuestra universidad. Empujé la puerta del local y me deslicé en su interior, pero no vi nada del otro mundo, tan sólo unos cuantos viejos sentados y ocupados en beber cerveza. Me sentí francamente decepcionada. Quién sabe si no fui yo la primera estudiante de la China continental que salió por sí sola en el extranjero. Un miembro del personal de la universidad a la que entonces asistía –la actual Thames Valley University– me invitó a acompañarle a Greenwich. Yo, tal y como nos tenían enseñados, le pregunté si podía «ir acompañada», y él, malentendiéndome, me dijo: «Conmigo estás segura.» Yo me sentí azorada, pero no podía explicarle lo que sucedía en realidad. Teníamos órdenes de no comunicar a nadie que estábamos obligados a llevar siempre un acompañante, y para evitarlo debíamos inventar nuestras propias excusas. Sin embargo, no me apetecía mentir, y ansiaba desesperadamente ir sin carabina, por lo que rogué al agregado de la Embajada que estaba a cargo del departamento estudiantil que me permitiera acudir. Si no lo hacía, imploré, aquel inglés pensaría que los chinos desconfiábamos de él o incluso que sospechábamos de sus motivos, lo que perjudicaría la amistad entre ambas naciones y la reputación de nuestra patria socialista. Concluida esta sarta de pamplinas, el agregado dio su conformidad, y me recomendó que fuera discreta. Sospecho que lo que realmente ocurrió fue que a él, en el fondo, tampoco le gustaba demasiado el sistema. De hecho, algo había sugerido al respecto una tarde en que nos encontrábamos solos en el edificio: veinte años atrás se había enamorado de una chica, y justamente cuando iban a casarse la muchacha se vio condenada por «derechista» a lo largo de una campaña política. Seguir adelante con la boda habría supuesto el fin de su propia carrera, a la sazón sumamente prometedora, y ella insistió en anular el compromiso. Él, tras una intensa angustia, terminó por coincidir con ella y optó por seguir su exitosa carrera diplomática. Sin embargo, nunca llegó a olvidarla ni a perdonarse a sí mismo, y me hablaba de ella deshecho en lágrimas.

No se me hacía extraño que un funcionario de Embajada que apenas me conocía desnudara así sus sentimientos. En aquellos años, las personas se hallaban tan atribuladas por sus tragedias personales que todos nos mostrábamos propensos a aquella clase de súbitos desahogos cuando percibíamos la presencia de un alma amiga. La liberalización que tenía lugar en China estaba aflojando los cerrojos que mantenían sellada la compuerta de los recuerdos de sus habitantes, y también hizo posible que el agregado se arriesgara a concederme tan inaudita autorización para salir sola de la residencia.

Aún hoy recuerdo vívidamente aquella excursión a Greenwich, que no fue nada del otro mundo, y consistió en conducir, pasear y tomar fotografías en la línea del Meridiano con un pie en cada hemisferio. Yo, sin embargo, experimentaba una sensación de vértigo producida por la tensión. Me pasaba el tiempo mirando a mi alrededor en busca de personas con aspecto chino, y cuando las veía me fijaba en sus ropas e intentaba determinar rápidamente si procedían o no del continente. Si decidía que así era, lo que sucedía con absurda frecuencia (ya que por entonces había muy pocos chinos continentales en Occidente), volvía la cabeza para evitarlos a la vez que me esforzaba por comportarme con la mayor naturalidad frente a mi compañero. Tenía miedo de que alguien pudiera verme e informar a la Embajada, en cuyo caso yo estaría perdida y el amable agregado se encontraría igualmente en peligro. El acontecimiento más crispante del día fue el exótico picnic con emparedados de queso que disfrutamos en un amplio y apacible prado, ya que me sentí en todo momento atada a aquel lugar y sin posibilidad de ocultarme en ningún sitio.

El miedo no me impidió intentar otras aventuras, y no porque me atrajera la emoción del peligro, sino simplemente porque no podía evitarlo. A medida que las normas se iban flexibilizando, fui saliendo sola cada vez más, y no tardé en trabar amistad con personas pertenecientes a distintos ámbitos de la vida. A la mayoría les ocultaba que era china y les decía que procedía de Corea del Sur, ya que además de la naturaleza semiclandestina de mis actividades tampoco quería ver la atención de la gente concentrada en mi país de origen, que en aquellos tiempos, y a causa de su hermético aislamiento, resultaba tan fascinante como el espacio interplanetario. Quería mezclarme discretamente, como cualquier otra persona normal en Londres, cosa que conseguí, y recuerdo que mi primera y más poderosa impresión fue que la británica era una sociedad maravillosamente desprovista de clases. Yo, que había nacido en el seno de la élite comunista, sabía cuán clasista y jerárquica era la China de Mao. Todo el mundo se hallaba integrado en rígidas categorías. En todos los formularios, junto a la «Fecha de nacimiento» y el «Sexo», aparecía la inevitable columna de «Antecedentes familiares», por la que uno veía determinadas su carrera, sus relaciones y su vida. Y si muchos de la élite tendían a mostrar un carácter esnob, aquellos a los que el azar había hecho nacer en una familia «mala» se hallaban destinados a llevar una vida miserable. El resultado de esta horrible realidad era el hecho de que todos estábamos obsesionados por la clase de familia de la que procedía cada cual, y a menudo la gente te lo preguntaba abiertamente ya en la primera conversación. Al conocer a los ciudadanos de Londres, sin embargo, no experimentaba nada de todo aquello. Todos parecían extraordinariamente iguales, y a nadie le importaba lo más mínimo tu procedencia.

Mi opinión se ha visto ligeramente modificada a lo largo de los años, pero tampoco creo que mi postura de entonces fuera completamente idealista. A pesar de su tradición en lo que se refiere a la diferencia de clases, los británicos poseen dignidad, y los menos afortunados no han de soportar los abusos y humillaciones habituales en el régimen de Mao. Asimismo, la justicia de su sociedad y la importancia que la nación deposita en ese concepto es algo que la China de hoy ni siquiera puede aspirar a emular.

Así, me enamoré de Gran Bretaña tanto desde la razón como desde la emoción. El primer año que pasé allí fue un torbellino de tiempo dominado por la más intensa euforia. Visité todos los museos y galerías que aparecían en la guía turística, y asistí a todos los espectáculos que ofrecían un precio simbólico para estudiantes. No me importaba caminar durante horas de un extremo a otro de Londres para ahorrar en transporte, porque todos los edificios y todas las calles despertaban mi interés. Me asomaba al interior de sórdidos clubes nocturnos y atisbaba de reojo las mercancías de las *sex-shops* del Soho. Mi primera visita a una discoteca fue un delirio, e incluso una sala de cine normal era para mí como la cueva de Aladino, con sus tapicerías rojas iluminadas por luces mortecinas y sus dorados que, aquí y allá, evocaban misterios y tesoros. Aprendía cosas de gentes de distintas culturas y solía hacer preguntas que luego he recordado como insólitas. El último tabú que rompí fue el de salir con chicos extranjeros, algo que tenía que hacer en secreto y aún temerosa de que se desencadenara la catástrofe. En mi país nos habían contado una patraña que yo aún creía firmemente; según ella, cualquiera que osara tener un amante extranjero sería drogado y devuelto a China en un saco de yute. Por ello, cada vez que me hallaba aun remotamente próxima a Portland Place –sede de la Embajada– sentía mis piernas como si estuvieran hechas de gelatina, y si pasaba en coche solía agacharme en el asiento hasta que mi cabeza desaparecía por debajo de la ventanilla. Aquélla fue la época en que me maquillé por primera vez en mi vida. Pensé que ello me brindaría un disfraz satisfactorio con el que ocultarme a los ojos de la Embajada (que, sin embargo, en absoluto estaba realizando las labores de vigilancia que yo entonces imaginaba). Mi rostro, generosamente tiznado de carmín rojo o morado y de sombra de ojos de tonos verdes y dorados, resultaba difícilmente reconocible incluso para mí misma.

Lo cierto es que resultaba divertido jugar con el maquillaje y sumergirse al mismo tiempo en un doctorado en Lingüística. Me ofrecieron una beca en la Universidad de York, una población que, antes incluso de verla, había ejercido una increíble atracción sobre mí, con su legendaria catedral, sus fortificaciones (lo más parecido, según había oído, a la Gran Muralla China), y la Guerra de las Dos Rosas. Por entonces, los particulares no podían aceptar becas extranjeras, sino que debían canalizarlas a través del Gobierno chino. Sin embargo, gracias al creciente desahogo reinante en China y a personas como el amable agregado de la Embajada pude obtener una nueva e inesperada autorización para aceptar la oferta. Como resultado, al licenciarme en 1982 me convertí en la primera persona de la China comunista que se doctoraba en una universidad británica.

Aprendí mucho más que teorías lingüísticas (en gran medida, me avergüenza decirlo, olvidadas desde entonces). Recuerdo el día en que acudí a comentar el proyecto de mi tesis con mi supervisor, el profesor Le Page, quien sólo con la sensibilidad que irradiaba contribuía a disipar la perpetua ansiedad y los súbitos temores que tan enraizados llevaba en mí. Tanto su personalidad, levemente irónica, como su benévola autoridad, me reafirmaban constantemente, al igual que la propia Inglaterra, en el convencimiento de que había llegado a un lugar justo y de que no tenía nada que temer. Sintiéndome totalmente relajada, me puse a parlotear sobre mis perspectivas acerca de las teorías lingüísticas que debía investigar. Él me escuchó, y al final me preguntó: «¿Podría enseñarme su tesis?» Yo, desconcertada, exclamé: «¡Pero si aún no la he comenzado!» «Pues parece tener ya todas las conclusiones», dijo él.

Aquella observación liberó el asfixiante nudo con el que una «educación» totalitaria había logrado atenazar mi mente. En China no se nos había enseñado a extraer conclusiones de los hechos, sino a tomar como punto de partida las teorías marxistas, las reflexiones de Mao o las consignas del Partido, y a negar e incluso condenar todos aquellos hechos que no encajaran con ellas, y yo me puse a cavilar sobre aquel nuevo enfoque de regreso a mi habitación, situada frente a un extremo del hermoso lago del campus. Las aves acuáticas habían formado una colonia bajo mi ventana y todas las mañanas me despertaban con sus cantos, y en aquel momento vi que atravesaban el cielo volando: una imagen muy apropiada para mi convencimiento de haber hallado el método de pensamiento correcto. Mantener la mente abierta: qué cosa más simple y, sin embargo, cuánto tiempo había tardado en descubrirla.

Estaba en York cuando, una noche, concebí la idea de escribir un libro acerca de mi vida pasada. Había sido invitada a asistir a la conferencia de un profesor que acababa de regresar de China. Nos mostró algunas diapositivas de una de las escuelas que había visitado. En ellas podía verse a los alumnos asistiendo a clase en lo que claramente era un gélido día de invierno. Las aulas no sólo carecían de calefacción sino que las ventanas estaban rotas. «¿Y no tienen frío?», había preguntado, solícito, el profesor. «No, no tienen frío», habían respondido los responsables de la escuela.

Tras la sesión de diapositivas se celebró una recepción, y una mujer, tal vez ansiosa por encontrar algo que decirme, comenzó: «Debe usted de pasar mucho calor aquí.» Aquella observación inocente me hirió tanto que salí abruptamente de la estancia y me eché a llorar por primera vez desde mi llegada a Inglaterra. No era tanto que me sintiera insultada como el insoportable dolor que sentía por los habitantes de mi país natal. Nuestro gobierno no nos trataba como a seres humanos, y en consecuencia había extranjeros que tampoco nos consideraban personas similares a ellos. Recordé el viejo adagio según el cual poco valía la vida de un chino, así como el asombro de cierto inglés que supo que a su sirviente chino se le hacía insoportable el dolor de muelas que padecía. Una vez más, me enfurecí al recordar los numerosos comentarios admirativos de los occidentales que habían visitado la China de Mao, según los cuales los chinos eran unas gentes extraordinarias que parecían disfrutar al verse criticados, denunciados y «reformados» en campos de trabajo: cosas, todas ellas, que para un occidental serían auténticas calamidades.

Con aquellos pensamientos girando sin cesar por mi mente, evoqué mi vida en China y recordé a mi familia y a todas las personas que conocía, y en ese instante anhelé contarle al mundo nuestras historias y describirle nuestros verdaderos sentimientos. Mi apetito por escribir había regresado.

Sin embargo, pasaron años hasta que escribí *Cisnes salvajes*. En mi inconsciente me resistía a la idea de escribir. No era capaz de escarbar en las profundidades de mi memoria. Mi familia había padecido atrozmente durante la violenta Revolución Cultural de 1966 a 1976, y me resistía a revivir aquellos años en los que hube de ver a mi abuela enferma y sin tratamiento, a mi padre encarcelado y a mi madre obligada a arrodillarse sobre cristales rotos. Las escasas líneas que escribía eran superficiales y neutras, y no me satisfacían.

Y entonces, en 1988, mi madre se reunió conmigo en Londres. Era la primera vez que viajaba al extranjero. Yo, deseosa de que disfrutara tanto como le fuera posible, dediqué gran parte de mi tiempo a salir con ella, pero al cabo de unos días comprendí que en absoluto estaba gozando de una estancia inolvidable. La veía distraída e inquieta. Un día, después de declinar mi ofrecimiento para salir de compras, se acomodó frente a la mesa negra del comedor, adornada por un hermoso ramo de narcisos dorados. Luego, sosteniendo un tazón de té de jazmín entre ambas manos, me dijo que nada ansiaba tanto como conversar conmigo.

Durante varios meses, me habló todos los días. Por primera vez en nuestras vidas me contó cosas sobre sí misma y sobre mi abuela. Supe que esta última había sido concubina de uno de los señores de la guerra, y que mi madre se había incorporado a la lucha comunista clandestina a los quince años de edad. En una China sacudida por las guerras, las invasiones extranjeras, las revoluciones y, al fin, por una tiranía totalitaria, tanto la una como la otra habían llevado una existencia de lo más azarosa, y dentro de ese torbellino general habían disfrutado de intensos romances. Supe de las odiseas de mi madre, de sus escarceos con la muerte, de su amor por mi padre y de los conflictos emocionales que padeció por él. Supe también de los espeluznantes detalles de cómo mi abuela había debido sobrellevar el suplicio de los pies vendados y de cómo se los habían aplastado bajo una gran piedra con sólo dos años para satisfacer los ideales de belleza de la época.

El turismo se convirtió en el telón de fondo de todas nuestras conversaciones. Durante nuestros periplos por la isla escocesa de Skye y el lago Lugano en Suiza, mi madre siguió hablándome en aviones, coches y barcos tanto durante nuestros paseos como a altas horas de la madrugada. Cuando yo me marchaba a trabajar ella se quedaba en casa y hablaba frente a una grabadora. Para cuando partió de Inglaterra había llevado a cabo sesenta horas de grabaciones, y es que aquí, lejos de las limitaciones políticas y sociales de China, pudo hacer algo que jamás había podido hacer en su vida: abrir su mente y su corazón.

Al oír a mi madre yo me sentía abrumada por su necesidad de verse comprendida por mí, y también me llamó la atención el hecho de que realmente le encantaría verme escribir. Parecía intuir que había depositado mi corazón en la escritura, y era como si me animara a cumplir mis sueños. Sin embargo, jamás me exigió nada; antes bien, siguió suministrándome historias que contar y mostrándome el modo de enfrentarme a mi pasado. A pesar de haber llevado una vida de tribulaciones y tormentos, sus relatos no se me hacían ni insoportables ni deprimentes, y en ellos subyacía una fortaleza que los hacía tanto más edificantes.

Fue ella la que finalmente me inspiró *Cisnes salvajes*, la historia de mi abuela, de mi madre y de mí misma a través de la turbulenta China del siglo XX. A lo largo de dos años derramé mi buena ración de lágrimas y hube de pasar alguna que otra noche en vela, y jamás habría perseverado en mi empeño de no ser porque para entonces había descubierto un amor que llenaba mi vida y me proporcionaba el cobijo de una profunda tranquilidad. Jon Halliday es para mí el caballero sin armadura, la fuerza capaz de conquistar bajo un aterciopelado exterior, y constituye el más inapreciable tesoro que me ha regalado Gran Bretaña, mi país de adopción. Mientras él estuviera ahí, todo iría bien: incluso la gestación de la historia de *Cisnes salvajes*.

Jon desempeñó un papel muy importante en la creación del libro. El inglés era una lengua que apenas había comenzado a aprender como es debido con veintiún años, y ello en un entorno completamente aislado del mundo exterior. Los únicos extranjeros con los que había hablado antes de mi llegada a Inglaterra eran algunos marineros del puerto meridional de Zhanjiang, antigua colonia francesa, adonde mis compañeros de estudios y yo habíamos sido enviados para practicar el idioma durante quince días. Aunque a mi llegada a Londres ya podía leer mucho –*1984* fue uno de los primeros libros que devoré, maravillándome al hacerlo de hasta qué punto las descripciones de Orwell se adaptaban a la China de Mao–, se me escapaba por completo el uso hablado de la lengua inglesa. Mis libros de texto habían sido escritos por personas que, a su vez, jamás habían tenido el menor contacto con extranjeros, y en su mayoría eran traducciones directas de originales chinos. El capítulo correspondiente a «Saludos», por ejemplo, nos proporcionaba el equivalente exacto de las expresiones que utilizábamos en China para decir, literalmente, «¿Adónde vas?» y «¿Has comido?», y ésa fue mi manera de presentarme a la gente durante mis primeros tiempos en Gran Bretaña.

Para escribir un libro en inglés –y más, como esperaba, un libro de calidad– necesitaba la ayuda de Jon. Él, a su vez escritor e historiador, resultó indispensable para que *Cisnes salvajes* funcionara. En todo momento dependí por completo de su juicio y de su mirada infalible, de la mirada de sus hermosos ojos de gacela, y no hay palabras que puedan expresar todo cuanto he aprendido de él sobre el oficio de escribir.

Así, durante la redacción de *Cisnes salvajes* conté con la bendición que supuso el apoyo de las dos personas más importantes de mi vida: mi madre y mi marido. Poco antes de su publicación, mi madre me escribió para decirme que cabía la posibilidad de que el libro no tuviera éxito y de que la gente no le prestara demasiada atención, pero que si así era no debía sentirme descorazonada, ya que el hecho de escribirlo había servido para unirnos aún más y, por tanto, para hacerla feliz. A ella, me dijo, le bastaba con eso, y tenía razón. Sentí que había aumentado mi respeto y mi amor por ella, pero precisamente porque la conocía mejor podía entender que su supuesta indiferencia ante el éxito no era sino uno de sus clásicos esfuerzos para intentar protegerme de cualquier posible daño. Me sentí sumamente conmovida.

La falta de presiones y la comprensión de mi madre me evitaron cualquier preocupación acerca de la acogida de *Cisnes salvajes*. Confiaba en que a los lectores les gustara, pero tampoco era un sueño en el que me recreara. Jon me animó mucho. «Es un libro magnífico», me dijo, y yo me fié de su criterio, del mismo modo que lo había hecho al tomar todas las decisiones relativas al texto y del mismo modo que aún lo hago en todos los demás aspectos de mi vida.

Cisnes salvajes resultó un éxito. A lo largo de los últimos doce años han sido muchas las personas que me han expresado su admiración en persona o por carta, llenando mi vida de continuas oleadas de dicha. Mi madre, que aún vive en Chengdu, China, es visitada por personas de muchas nacionalidades, desde diplomáticos a trotamundos, desde hombres de negocios a turistas. Ha sido invitada a países tan dispares como Holanda y Tailandia, Hungría y Brasil, y no digamos Gran Bretaña. En Japón, las mujeres la paraban por la calle con cálidas palabras de afecto junto a los rascacielos o bajo los cerezos en flor, y en cierta ocasión en que estábamos en un restaurante nos trajeron un exquisito pañuelo de quimono en bandeja de plata... para que lo autografiara. En más de un aeropuerto se ha cruzado con gente que la ayudaba a acarrear el equipaje y luego expresaba su admiración por ella. Ha hallado comprensión no sólo en su hija, sino en millones de lectores de todo el mundo.

Lo único triste de este final por otra parte feliz es que *Cisnes salvajes* tiene prohibida su publicación en el territorio de China continental, ya que el régimen parece considerar el libro como una amenaza para el poder del Partido Comunista. *Cisnes salvajes* es una historia personal, pero refleja la historia de la China del siglo XX, una historia de la que el Partido no sale bien librado. El Partido ha dictado su versión oficial de la historia para justificar su permanencia en el poder, pero *Cisnes salvajes* no se atiene a dicha versión. Sobre todo, *Cisnes salvajes* muestra el criminal sistema de gobierno que Mao aplicó sobre el pueblo chino, contradiciendo así la imagen decretada por Pekín, en la que aparece como un líder básicamente grande y bueno. Hoy en día, su retrato aún cuelga en la plaza de Tiananmen, en el corazón de la capital, y junto a la inmensa explanada de cemento que ésta forma yace su cadáver como un objeto de veneración. Los líderes actuales siguen alimentando el mito de Mao porque se proyectan a sí mismos como sus herederos y afirman en él su propia legitimidad.

A ello se debe que la publicación de *Cisnes salvajes* esté prohibida en China, del mismo modo que lo está cualquier mención del libro o de mi persona a través de los medios de comunicación. Aunque a lo largo de los años han sido muchos los periodistas chinos que me han entrevistado o han escrito sobre *Cisnes salvajes*, todas sus reseñas, a excepción de unas pocas, han mordido el polvo, ya que pocos editores han osado desafiar la prohibición, una prohibición que resulta especialmente disuasoria debido a que la orden que la sustentaba –estrictamente secreta y redactada en los términos más severos– iba acompañada, entre otras, de la firma del Ministerio de Asuntos Exteriores, algo sumamente desacostumbrado, si no único, en el caso de un libro. Ante ello, la gente reacciona con temor por la posibilidad de verse metida en serios problemas a raíz de cualquier relación con *Cisnes salvajes*, pero también con intriga; y como resultado, hay bastantes personas, incluyendo algunas que trabajan para los censores estatales, que han buscado el libro para leerlo.

En China la vida es hoy inconmensurablemente mejor de lo que la inmensa mayoría de sus habitantes alcanzan a recordar, algo de lo que no pasa un día sin que me felicite. Pero aunque reina un considerable grado de libertad personal, dista mucho de ser una nación verdaderamente libre. La prensa y las publicaciones se encuentran sometidas a un control mucho más férreo de lo que lo estaban en la época anterior al comunismo. Antes de que en 1994 entrara en vigor la prohibición sobre *Cisnes salvajes*, un editor chino presentó a los censores un texto que contenía algunos cortes, tales como mis propias reflexiones sobre Mao. Dado que se trataba de comentarios relativamente escasos, yo misma había aceptado hacerlo, bajo la condición –aceptada por el editor– de que las páginas correspondientes indicaran que «las siguientes xxx palabras han sido eliminadas». El recurso en cuestión había sido utilizado bajo la censura de los comunistas, pero no funciona con el gobierno actual. Así, la versión cortada terminó por aparecer, pero sólo en edición pirata. Ni siquiera las editoriales piratas osaban publicar la versión completa.

Ha llegado a mis oídos que existe otra edición también pirata desprovista de cortes. Probablemente se trata de una fotocopia de la edición en chino publicada en Taiwan y en Hong Kong, donde las normas de publicación no se han visto afectadas por su incorporación de 1997. En China han entrado numerosos ejemplares (ya que las aduanas rara vez registran el equipaje de los viajeros), y yo misma los he introducido sin problemas, pero aquellos que he enviado por correo nunca han llegado a su destino. Un gran cineasta chino a quien admiro enormemente ha intentado llevar el libro a la pantalla, pero en vano, pues se le ha dicho que no estaba permitido hacerlo, y que si lo intentaba en el extranjero, el resto de sus películas y su equipo de colaboradores se verían negativamente afectados. Así, de resultas de esta represión por parte del régimen, la mayor parte de la población china no ha oído hablar jamás de *Cisnes salvajes*.

El libro, sin embargo, ha alcanzado cierta fama en el país, ya que existe una comunicación bastante fluida con el mundo exterior. De hecho, ha llegado a verse aprovechado económicamente por algún que otro timador avispado. Uno de ellos parece ser un impostor de poca monta procedente de mi ciudad de origen, Chengdu. Según informaba el periódico local el 6 de mayo de 2000, este sujeto se paseaba por los principales hoteles y lugares de interés, y en correcto inglés y algo de francés, alemán y japonés, embaucaba a los turistas extranjeros afirmando ser un buen amigo mío. Acto seguido los llevaba a comer a restaurantes que, a su vez, le entregaban un porcentaje de las considerables sumas que cobraban a los comensales.

Pero también hemos asistido a gestos conmovedores. En cierta ocasión, tras cenar juntos en un restaurante de Pekín, Jon se disponía a pagar la cuenta cuando le dijeron que alguien se había ocupado ya de hacerlo: un joven de la localidad que afirmaba haber conocido su propio país «gracias al libro de su esposa».

Aunque *Cisnes salvajes* está prohibido no se persigue a la gente por leerlo o por hablar de él en privado. Yo misma puedo viajar libremente por China sin sentirme vigilada. Obviamente, el libro se considera una amenaza, pero no así yo, y ello debido a que no convoco reuniones, ni pronuncio discursos ni llevo a cabo ninguna labor de tipo clandestino. Censurada como estoy en los medios de comunicación, no soy más que una simple ciudadana desprovista de voz pública. Hoy en día el régimen concentra al máximo su represión, centrándola únicamente en aquello que le amenaza, es decir, cualquier cosa que pueda ejercer una influencia pública o derivar en una oposición organizada. Semejante enfoque constituye una inmensa mejora en comparación con el régimen de Mao, bajo el que millones de seres inocentes se vieron represaliados sin motivo alguno, pero también supone que el Partido está decidido a conservar su monopolio del poder y que 1.300 millones de chinos tendrán que seguir viviendo a merced de un puñado de hombres elegidos en secreto. A su vez, el mundo tiene que depender de la buena fortuna de que los líderes de una de las principales potencias nucleares no sean unos seres del todo abyectos.

Escribir *Cisnes salvajes* ha fortalecido mis sentimientos hacia China. Exorcizar el pasado ha hecho que ya no busque «olvidarlo por completo». Pasar demasiado tiempo lejos de mi país me produce una sensación de inquietud. Ese territorio tan antiguo, y a la vez tan poderosamente joven, con tanta tragedia a sus espaldas y sin embargo tan virgen y tan optimista, parece incrustado bajo mi piel, y regreso a él una o dos veces al año. No es un hogar en el que me sienta relajada, y a menudo regreso a Londres por completo exhausta. La euforia y la excitación, al igual que la exasperación y la indignación, son agotadoras, y unas y otras son emociones que acompañan todas mis visitas. La adicción que éstas me producen obedece al hecho de que he seguido volviendo a China para llevar a cabo las investigaciones necesarias para completar una biografía de Mao que Jon y yo hemos estado escribiendo durante los últimos diez años y que verá la luz en 2004.

Decidí escribir sobre Mao porque me sentía fascinada por aquel hombre que dominó toda mi vida en China y que arruinó la existencia de mis compatriotas, esto es: de la cuarta parte de la población mundial. Fue un personaje tan malvado como Hitler o Stalin, e hizo tanto daño a la humanidad como ellos, a pesar de lo cual el conocimiento que el mundo tiene de él es asombrosamente escaso. Si bien aquellos déspotas europeos se vieron rápida y universalmente condenados tras su muerte, Mao ha logrado la increíble proeza de ver su nombre apenas menoscabado –y, desde luego, mucho, mucho menos de lo que sus crímenes merecerían– durante las casi tres décadas transcurridas desde su muerte. Para Jon y para mí será un gozoso desafío la tarea de desenredar la madeja de mitos tejidos en torno a él.

Como cabía esperar, el régimen chino ha puesto numerosos obstáculos en mi camino, pero pocos de ellos han sido insalvables, y la mayoría no han hecho otra cosa que contribuir al disfrute de los dos autores, que nos hemos visto convertidos en algo más parecido a una pareja de detectives. Varios personajes clave de Pekín han sido prevenidos de que no deben hablar conmigo, pero parece ser que no se trata de una prohibición tan rigurosa como la de publicar o comentar *Cisnes salvajes*, sino más bien una suerte de «Ojo con lo que dices». De este modo, mientras que algunos han optado por evitarse problemas y no entrevistarse conmigo, la mayoría sí me han hablado. Hay demasiadas cosas que la gente ansía descargar de su pecho, y los chinos, además, poseen un sentimiento de deber hacia la historia profundamente arraigado. Y también la propia advertencia ayudó: se convirtió en una especie de garantía de prestigio para la biografía, pues transmite el mensaje básico de que ésta no habrá de seguir la línea del Partido, algo que para muchos constituyó un considerable incentivo a la hora de hablar. En definitiva, ha sido *Cisnes salvajes* lo que más me ha allanado el camino. La mayor parte de las personas a las que conozco o bien han leído el libro o bien han oído hablar de él, y todas parecen coincidir en que es honesto, por lo que también parecen creer que la biografía de Mao se atendrá igualmente a la verdad.

Cisnes salvajes me ha abierto asimismo las puertas a estadistas de diversos países y a fuentes de información inéditas por todo el mundo. A lo largo de mis investigaciones me recuerdo una y otra vez a mí misma cuán afortunada soy de tener como coautor a Jon, quien no sólo habla numerosos idiomas sino que es también una enciclopedia ambulante sobre política internacional, un campo del que Mao formó parte. Estos últimos diez años han sido para Jon y para mí una época maravillosa a medida que viajábamos a diferentes partes del mundo en busca de información para su biografía y trabajábamos, día tras día, año tras año, decididos a dedicarle el tiempo que fuera necesario y a no escatimar esfuerzo alguno para obtener un libro del que podamos sentirnos orgullosos.

Todos los días, en mi casa londinense de Notting Hill, me siento a la mesa y me pongo a escribir. Jon está en su estudio del piso de abajo, y de vez en cuando oigo abrirse su puerta cuando se levanta para, por ejemplo, prepararse una taza de té. En esos momentos mis pensamientos acuden de modo fugaz y placentero al instante de nuestro siguiente encuentro, al intercambio de descubrimientos que realizaremos durante el almuerzo o a la salida que esa tarde disfrutaremos con nuestros amigos. Tras la ventana de guillotina que se abre a la derecha de mi mesa el cielo aparece dominado por la cascada que forman las ramas de un enorme plátano. Nunca aparece tan deslumbrantemente hermoso el firmamento como esos días levemente lluviosos en los que el sol sonríe tras las delgadas y tenues nubes revelando su resplandor más sutil. Bajo el árbol se alza una de esas farolas negras que inevitablemente aparecen en todas las películas acerca de Londres. Por la siguiente calle se desplazan los igualmente clásicos autobuses rojos de dos pisos. Los viandantes desfilan bajo sus paraguas. Un paisaje londinense de lo más corriente. Y, sin embargo, nunca me canso de contemplarlo, del mismo modo que nunca llega a aburrirme la labor de escribir. A lo largo de estos años de duro trabajo ha habido momentos de frustración, así como ocasiones en las que he exclamado para mí misma o ante mis amigos: «¡Estoy harta!» Pero estoy en el séptimo cielo.

Jung CHANG
Londres, 2003

ÍNDICE

Nota de la autora 6

Árbol genealógico familiar 7

1. «Lirios dorados de ocho centímetros»
   Concubina de un general de los señores de la guerra (1909-1933) . . . 11

2. «Incluso el agua fresca resulta dulce»
   Mi abuela contrae matrimonio con un médico manchú (1933-1938) . 34

3. «Todos comentan qué lugar tan afortunado es Manchukuo»
   La vida bajo la dominación japonesa (1938-1945) 54

4. «Esclavos carentes de un país propio»
   Bajo el dominio de distintos amos (1945-1947) 68

5. «Se vende hija por diez kilos de arroz»
   En lucha por una Nueva China (1947-1948) 87

6. «Hablando de amor»
   Un matrimonio revolucionario (1948-1949) 109

7. «Atravesando los cinco desfiladeros»
   La Larga Marcha de mi madre (1949-1950) 135

8. «Regresar a casa ataviado con sedas bordadas»
   La familia y los bandidos (1949-1951) 146

9. «Cuando un hombre adquiere poder, hasta sus gallinas
   y perros conocen la gloria»
   La vida con un hombre incorruptible (1951-1953) 166

10. «El sufrimiento hará de vosotros mejores comunistas»
    Mi madre bajo sospecha (1953-1956) 188

11. «Concluida la campaña antiderechista, nadie osa abrir la boca»
    China, obligada a enmudecer (1956-1958) 201

12. «Una mujer capaz puede hacer la comida aunque
    no cuente con alimentos»
    El hambre (1958-1962) 218

13. «Tesorito de mil piezas de oro»
    Aislada en un capullo privilegiado (1958-1965) 239

14. «Tu padre está próximo, tu madre está próxima,
    pero a nadie tienes tan próximo como al presidente Mao»
    El culto a Mao (1964-1965) 256

15. «Destruid primero; la reconstrucción llegará por sí misma»
    Comienza la Revolución Cultural (1965-1966) 274

16. «Remóntate hacia el cielo y perfora la tierra»
    La Guardia Roja de Mao (junio-agosto de 1966) 284

17. «¿Acaso quieres que nuestros hijos se conviertan en "negros"?»
    El dilema de mis padres (agosto-octubre de 1966) 301

18. «Magníficas noticias más que colosales»
    El peregrinaje a Pekín (octubre-diciembre de 1966) 313

19. «Donde hay voluntad de condenar terminan
    por aparecer las pruebas»
    Mis padres bajo tormento (diciembre de 1966-1967) 329

20. «No venderé mi alma»
    Mi padre detenido (1967-1968) 348

21. «Dar carbón en la nieve»
    Mis hermanos y mis amigos (1967-1968) 370

22. «La reforma del pensamiento a través del trabajo»
    Hacia los confines del Himalaya (enero-junio de 1969) 389

23. «Cuantos más libros lees, más estúpido te vuelves»
    Trabajo como campesina y «doctora descalza» (junio de 1969-1971) . 419

24. «Por favor, acepta mis excusas aunque lleguen con toda
    una vida de retraso»
    Mis padres en los campos (1969-1972) 444

25. «La fragancia del dulce viento»
    Una nueva vida con el *Manual de los electricistas*
    y *Seis crisis* (1972-1973) 460

26. «Olfatear los pedos de los extranjeros y calificarlos de dulces»
    Aprendiendo inglés a la sombra de Mao (1972-1974) 475

27. «Si esto es el paraíso, ¿cómo será el infierno?
    La muerte de mi padre (1974-1976) 493

28. «Luchando por emprender el vuelo» (1976-1978) 514

Epílogo 527

Cronología 531

Agradecimientos 537

Posfacio 539

OTROS TÍTULOS PUBLICADOS

FRIDA KAHLO
Rauda Jamís

CAMILLE CLAUDEL
Anne Delbée

CISNES SALVAJES
Jung Chang

ISADORA
Maurice Lever

TINA MODOTTI
Pino Cacucci

ISABELLE EBERHARDT
Eglal Errera

SYLVIA PLATH
Linda W. Wagner-Martin

COLETTE
Herbert Lottman

IRÈNE NÉMIROVSKY
Elisabeth Gille

ALEXANDRA DAVID-NÉEL
Ruth Middleton

NATACHA RAMBOVA
Michael Morris

LAWRENCE DE ARABIA
Jeremy Wilson

TAO
Aya Goda